Anonymous

Denkschriften

Anonymous

Denkschriften

ISBN/EAN: 9783744680684

Hergestellt in Europa, USA, Kanada, Australien, Japan

Cover: Foto ©ninafisch / pixelio.de

Weitere Bücher finden Sie auf **www.hansebooks.com**

DENKSCHRIFTEN

DER

KAISERLICHEN

AKADEMIE DER WISSENSCHAFTEN.

PHILOSOPHISCH-HISTORISCHE CLASSE.

ZWANZIGSTER BAND.

WIEN.

AUS DER KAISERLICH-KÖNIGLICHEN HOF- UND STAATSDRUCKEREI.

1871.

Erste Abtheilung.

Abhandlungen von Mitgliedern der Akademie.

INHALT.

Seite

ALBANISCHE FORSCHUNGEN.

II.

DIE ROMANISCHEN ELEMENTE IM ALBANISCHEN.

VON

Dr. FRANZ MIKLOSICH,

WIRKLICHEM MITGLIEDE DER K. AKADEMIE DER WISSENSCHAFTEN.

(VORGELEGT IN DER SITZUNG DER PHILOSOPHISCH-HISTORISCHEN CLASSE AM 11. JUNI 1870.)

Nachdem ich in der ersten Abhandlung die slavischen Elemente des albanischen behandelt habe, sind dessen romanische, das ist lateinische und italienische, Bestandtheile Gegenstand der vorliegenden Arbeit. Ich war bestrebt, auch den umfangreichen romanischen Theil des albanischen Wortschatzes so vollständig als möglich darzustellen: da Hahn's Wörterbuch, von ihm selbst Beiträge zu einem albanesisch-deutschen Lexikon genannt, bei aller sonstigen Vortrefflichkeit doch den albanischen Wortschatz nur sehr unvollständig verzeichnet, so wurden für diese Abhandlung ausser den älteren Schriften von Budi, Bogdan, Blanchus die im gegischen Dialekte abgefassten Werke der Propaganda in Rom verwerthet und nicht minder die den Dialekt der Albanier Unter-Italiens und Siciliens behandelnden oder darin geschriebenen Werke der Italiener, Camarda und Rada, zu Rathe gezogen. Zur Begründung der Zusammenstellungen ist dem Verzeichniss der romanischen Elemente eine vorzüglich diesen Bestandtheil der Sprache berücksichtigende Lautlehre beigefügt, aus welcher sich die Richtigkeit mancher auf den ersten Blick überraschenden Ableitung, z. B. šęnóš aus lat. *sanitatosus, ergeben wird.

I. Verzeichniss der romanischen Elemente.

1. aculeus.

ákul sagitta. Rada, Poesie 156. Stier v. 231. Die Accentuation dieses in dieser Bedeutung seltenen Wortes ist auffallend: ákul heisst sonst glacies; dafür lese ich šakul-i ghiaccio. Raps. 70.

2. adorare.

aδęrúem (aδeruem) adorare. Bl. aδrúem. G. 243. adruem. Conf. 53.

3. aër.

ajr-i aër. B. 2. 159. 160. aijr-i, air-i. R. ajër vento. Raps. 69; neap.-it. ajero. Diez. 1. 160. serb. ajer.

4. agresta mlat.

grésto-a g. unreife Traube. H. greste omphacium (agresta). Bl. cafsce baam n greste omphacinus. Bl.; rum. agrišl m. pl.; serb. ogresta.

5. alamannus.

alamán-i (allamán) Deutscher. H.; türk. alâmân.

6. alfiere it.

alfier vexillarius. Bl.

7. altare.

ęltér: ilter. Budi 52. letêr-i. R. λoter-i. Lecce 220. liter-i. R. liter-i. Dalm. lter-i. B. 2. 22. R. λter. R. outar-i. Raps.; asl. oltarь; nsl. bulg. oltar; ahd. altâri.

8. altus.

nál'tę g. adj. altus. H. nalte sublimis. Bl. nal't. Vuk 4. I. nalt. Dalm. nalt, nelt. R. nal't g. adv. H.; rum. ęnalt, nalt; mrum. inalt. Boj. 125. Mit vorgeschlagenem in. Alb. l'ártę procerus ist mir dunkel.

9. alzare it.

altsučem. B. 1. 9.

10. amicus.

mik-u Freund. H. mich und amich. Bl. miked demin. Bl. mike-ja t., mikéšę-a Freundinn. H. mikuesc-ia amica. R. mikešeza amicula. Bl. michuši-ia. G. 261. mik'ęsi-a. Freundschaft. H. mikstše opet riamicare. R. mik'ęrišt, mik'ęsišt freundschaftlich. H. mik'enište. Macr.

11. amita.

ẹmtę-a materna: emta. Bl. empt-a zia. R. émęt-a, emt-a. Cam. 1. 36.

12. ancora, gr. ἄγκυρα.

ángurę-a ancora: ángure. Rh. 2. 4. angurre. Bl. ánkurę, ánkurę. H. ánkur-a. Cam. 1. 52; rum. angirę; kroat. ankora; russ. jakorь: hieher gehört auch serb. lenger; türk. enger, lenger, indem die mit l anlautenden Formen den Artikel bewahrt haben. Ob das alb. aus dem lat. oder griech. entlehnt ist, ist zweifelhaft.

13. angaria lat., it. angheria, gr. ἀγγαρεία.

ęngęrii-ia: ngherti-ia. R.; bulg. angariję, gariję; türk. anghârié.

14. angelus.

ęngęl-i t., éngęl-i, éngul-i g. H. engele. Bl. ngeλ-i, engiuλ-i, egnuλ-i. R. engeλ. Rh. 2. 5. angúλ. Macr. ègul-i. G. 73. angulišt. Macr.

15. anguilla.

ęngál'ę-a: ngál'ę-a g. H. K. 236. ngialla. Bl. ęngala. Cam. 1. 36. γκιάλλια τῷ τά χέλια. Tetr. 1; mrum. nhelle. K. 236.

16. angustus.

ęngúštę: ngúštę eng, karg. H. K. 226. engust. R. ngušt. Macr. ęngušt̀uem t. beengen. H. ęngúš g. beengen, zwingen. H. angusse ἄση, στενοχωρία angustia, anxietas. Rh. 2. 4. Vergl. ankohem skodr., angòìję, ankòìję io tormento, procaccio dolore; angúsa (αγγούσσα) l'angustia. Cam. 1. 163; rum. ęngúst.

17. apostolus.

apostuλ-i. R.

18. apparecchiare it.

parek'uem parare: parecchiuem. Bl. parek'im pompa: parecchim. Bl. O. 163. parek'ušim praeparato: parecchiuescim. Bl.

19. aprilis.

pril: prijl. B. Bl. priλ R. pril-i. H.

20. arancia it.

narandžë-i bittere Pomeranze. H. nerëntsa. Raps. 10; rum. nerânzę; serb. narandža; bulg. nerandžę; ngriech. νεράντζι; türk. narindž. Diez 23.

21. arbore, albero it.

árbur: arburi i barchesse malus Mast. Bl.; rum. árbore Baum; nsl. arbelo n.; serb. arbur, jarbuo Mast; ngr. ἄλμπερο.

22. arca.

árkę-a g., ark-u t. Lade. H. arca. Bl. arch-a guardaroba. R. arche-a baule. R. árkęzę. K. 223. archeze e voghele scrinium. Bl. Hieher gehört auch arachite viminate. R. 392. arachit-a gretola, vimine. R. Man vergl. Arche Grimm, Wörterbuch 1. 545. und rake in meiner Abhandlung: Die Fremdwörter in den slavischen Sprachen 121.

23. archangelus.

arkangel: arcanghiel-i. G. 63.

24. arcus.

ark, argu arcus, iris. Rh. 2. 3. arch. Bl. ark-u. Macr. R. arketuor sagittarius. Bl. arktuer. R. Der Regenbogen heisst auch kulšedra. Vuk 1. 23, eigentlich Drache, der bei H. kutšédrę-a genannt wird; rum. ark; mrum. arku.

25. area.

árę-a Acker, Feld. H. ar. Dalm. are champ. Pouq. 2. 618.

26. arena, it. arena, rena.

ránę-a g., rę́rrę-a t. Sand. H. sabulum, arena; rana. Bl. ran. Dalm.; rum. arinę.

27. argentum.

ęrgénd: argánd-i, argánt-i g. ergénd-i, ergént-i t. argentum. H. rgiand. Bl. rdjant. Dalm. rrgiant-i, argiand-i. R. visare te arit e te rgiandse auri et argenti. B. 2. 156. argántę g., ergéntę t. argenteus. H. brez i rghiande zonae. Bl. irgiande. Bl. tjeguλa t' e rgianta tetti d'argento. B. 1. 2. argantsinę-a g. ergęntsirę-a Silberzeug. H.; rum. ardžint.

28. aria it.

érę-a Luft, Wind, Geruch. H. era. Dalm. eer-a. R. ere te pl. spiritus. B. 1. 14. érrę mirę Wolgeruch. Tetr. 18. here. Bl. Vgl. aër, area; sp. vicent. era. Schuchardt 2. 530.

29. arma.

ármę-a g., áręm-a t. Waffe. H. arme-a. R. arme te pl. Bl. arm. Macr. armuem armare. Bl. Nur mittelbar aus dem lat. stammen armatisune armare. R. und armatós bewaffne, schmücke. H.; rum. ármę.

30. armacollo adv. quer über die Schulter it.

armakol'. Raps. 106.

31. armarium.

armár-i. Cam. 2. 148; ngriech. ἀρμάρι.

32. armata.

ęrmatę-a: rmata classis. Bl. rmát-a. R.; rum. armádę; nsl. armada exercitus; ngr. ἀρμάδα exercitus, classis.

33. arrivare it.

ρęvúem, ρęvúom: rrÿvoj, rrúvonnej. Raps. 63. aρúem: arrę́j. Stier. Hieher gehört vielleicht auch ęmbęrim: mberijm pervenire. Bl. arrivaro. B. 1. 19; 2. 157. mri. G. 57.

34. articulus.

artikuλ-i. R.

35. as, it. asso.

áse g.: štámę áse, stámę dų áse ein grosser Krug, je nachdem er vor Alters mit einem oder, wenn doppelt so gross, mit zwei As bezahlt wurde. H. sub voce štámę. It. asso bedeutet die Zahl „Eins“ auf Würfeln und Karten.

36. asca Splitter neap.-it., für aschia; prov. ascla.

áškę-a g. Holzsplitter, Baumrinde. H. áškę sic.-alb. Cam. 1. 87; rum. aštie. Diez 20; 1. 9; 1. 196.

37. asper.

ášpęrę rauh, herb, sauer. H. ášpęr durus. K. 224. kaše e aspre aspro, duro. Bl. kaše e aspre e checbie scaber. Bl. ašpęrój säuere, erbittere. Bl.; rum. aspru.

38. atrium.

vótrę-a focolare. R. votra. Dalm. vátrę-a t., vótęrę g. Feuerstelle, Herd. H. vatęrę: vatęrys' sing. gen. focolare. Raps. 58. Cam. 1. 89. vergleicht βάϑρον; rum. vátrę focus, fundus domus; serb. vatra ignis, womit man focus für ignis. Diez 1. 39. vergleiche. Die Zusammenstellung ist wol richtig, da sich die culina und somit auch der Herd im Atrium befand, wohin ihn Servius versetzt und was die imagines fumosae erklärt.

39. atto it.

ęmbláta uel momento aus alb. ęmbl und it. atto. Cam. 2. 153.

40. augustus mensis.

gušt-i, gošt-i. H. gušt. B. 1. 91. gust mnei sextilis. Bl. guštovjéštę September, eig. Herbstaugust. H.

41. aurum.

ár-i gearbeitetes Gold zum Unterschied von fl'ori gemünztes Gold. H. aur Bl. aar-i. R. praruem, aus pęr und ár, vergolden. H. praaruem. Bl. árte golden. H.; rum. aur.

42. avania it.

avani-a calumnia. Rh. 2. 9; ngriech. ἀβανία. Es soll türk. sein. Diez 32.

43. avunculus.

unk'-ki t., ungi-gi g. Oheim. H. ung-u: ungh-u zio, fratello del padre. R. unghe patruus. Bl. ung-i. K. 196. me t' ćater t' ûnchęl'it con li quattro suoi zii. Raps. 46. ounklie. Pouq. 2. 621; rum. ûnkjŭ. Nach Schuchardt 2. 471; 3. 52. entspringt unk' zunächst aus anculus.

44. avvento it.

avént-i: avvéntit. G. 163.

45. axungia.

ašung-i axungia. Rh. 2. 4; ngriech. ἀξύγγι sebum. K. 184.

46. bagno it.

bájo-a g. Bad. H. bagne. Bl. bagn-i. R. bańitár balneator: baguitaar. Bl.; rum. báje, das nach Diez 37. aus lat. bajae entstanden ist, balneum, fodina; asl. banja. Über die Sprache, aus der das Wort unmittelbar entlehnt ist, ist ein Zweifel möglich.

47. bailo, balio it., lat. bajulus.

bajlóz-i: bailóz-i ambasciatore. R. Unmittelbar aus dem ngriech. μπαΐλος. Pass.

48. balbutire.

bélbęrę-i, belebúk'-i g. der Stotternde. H. belbet, belbezues balbo. R. belbettuem, belbezzuem balbettare. R. i belbeti balbus. Bl. 212. belbaze: ai flet belbaze τραυλίζει, ψελλίζει. Rh. 2. 41; rum. bęlbâts, bęlbutsésk; ahd. balbizôn.

49. balcone it.

balkue fenestra. Bl.

50. ballo, ballare it.; ballatio Glossae Isid. Diez I. 40.

vále-ja Tanz. Das alb. Wort muss unmittelbar aus dem ngriech. entlehnt sein.

51. balsamo it.

báltšem-i: balem. R. báλsem-i: baλsem. R.

52. bambacium mlat., βαμβάκιον, βομβάκιον gr.; bambagio it.

pambúk-u, pumbák-u t., pambúk-u g., pumbák-u Baumwolle. H. pambákte, pumbákte baumwollen. H.; rum. bumbák; türk. pambûq, pâmûk. Das alb. stammt nicht unmittelbar aus dem lat.

53. banco it.

bángo-ja Bank. H.

54. banda it.

bánde-a t. Seite, Reihe. H.; serb. banda.

55. bandiera it.

bandjére-a Flagge. H.; nsl. bandera; serb. bandijera; ngriech. μπαμπιέρα; türk. bânderá.

56. barbas, barbanus mlat., it. barba Oheim, Vaters Bruder.

bárbe-a ϑεῖος oncle, προσφώνημα γεροντοτέρων: barbe-a. Rb. 2. 41. Diez 385; I. 34. ngriech. μπάρμπα.

57. barbatus.

varvát-i unverschnittenes Thier. H.; rum. berbát; mrum. barbatu. Boj. 39. Mann. Schuchardt 3. 50. Das alb. Wort ist unmittelbar aus dem ngriech. entlehnt: βαρβάτος fortis; ἄλογον βαρβάτον Hengst.

58. barbiere it.

berbér-i tonsor: berbeer. Bl. berbér. K. 212; serb. berberin; ngriech. μπερμπέρης. Alles unmittelbar aus dem türk.

59. barca mlat., it.

barke-a. Bl. bárkeze-a navicula: barcheza. Bl. barka-a. R.; nsl. serb. barka; türk. bârča; ngriech. μπάρκα. Aus dem griech. βάρκα: várke-a Boot. H.

60. barile it.

buril-i: burjl-i. R. variele-a βαρελλάκι. Rb. 2. 12; serb. barilo. Variele ist unmittelbar aus dem ngriech. entlehnt: βαρέλι, βαρέλα neben μπαρέλα. Pass.

61. barra it.

barré-ja g. Pfahlramme. H.: bárre-a peso. R. hingegen ist nicht entlehnt.

62. basium.

búze-a Lippe, Mundart, Spitze. H. labium. K. 236. búzen sing. acc. Raps. 76. buze. Bl. buz-a. R. Dalm. búze αἰγιαλός. Tetr. 12. buzalá-ai χείλος. Rb. 2. 45; rum. búze Lippe; buzát adj., buzellę m. grosse Lippen habend; buzišoare, buzútse demin., mrum. budze. K. 236. Die Zusammenstellung mit basium wird zweifelhaft durch u für a und namentlich durch z für s.

63. bastardo it.

baštúrt-i t. Bastard. H. bastard, bastarϑ nothus. Bl. básto-ja t. H. mbášto-ja. H.

64. bastare it.

mbastuem sufficere. Bl. mbastúem, mastúem hinreichen. H. mmastuem. G. 33; serb. basta.

65. battaglia it., mlat. battualia, quae vulgo battalia dicuntur.

bętáję-a Schrecken, fallende Sucht: bętáįǫ. H.; rum. bętàje pugna, plaga; bętelje pugna. Schuchardt 2. 470.

66. battello it.

batlel-i scapha. Bl. battello. R.

67. battesimo it., battezzare it.

pagęzúem baptizare. B. 1. 16. pagzuom. Mscr. bakęzóiję baptizo. C. 1. 139. pakęzóiję 1. 60. pagęzór der aus der Taufe Hebende. H. pakezouare baptême. Pouq. 2. 617. pagęzim-i Taufe. H. pagzim. Uḋa 228. Mscr. Dalm. pagęzimtár-i der Täufer (Ioannes). H.; rum. botéz baptismus, baptizo; mrum. petenzu. K. 186.

68. baule it.

baúλ-i. R.

69. bavarese, bavaria it.

varvarés-zi g. Deutscher. H., varvari-a Deutschland. H., varvarišt, varvarèšt adv. deutsch. H.; nserb. bavor Deutscher, serb. babur Baier. Die mit v anlautenden alb. Worte stammen unmittelbar aus dem ngriech.

70. benedicere.

beknem segnen. H. beukuo. Dalm. uj t beukuom Weihwasser. Dalm. bekim-i Segen, Lob. H. beekúem. G. 163. Vergl. maledicere. Cam. 1. 141. stellt mit bekúem zusammen bée giuramento, voto oder bes-a fede.

71. binario it. aus zwei bestehend; binare it. Zwillinge gebären.

binar-i δίδυμος. Rb. 2. 43.

72. binato it.

binák-u binato, gemello. R. Vergl. terremuoto, trotto.

73. biscotto it.

berskot panis nauticus. Bl.

74. bissextus.

bistek-u. R. visék-u Schaltjahr. H. Dieses letztere und rum. visékt wie das asl. visikostь stammen unmittelbar aus dem griech.

75. boccia it., ven.-it. bozza, sonst auch bosa.

bótsę-a neben vótsę-a, vózę-a Flasche; g. Weinfass; butsél'ę-a demin.; vats urceus terrenus. Stier. vútsę-a: vatseu sing. acc. barile. Raps. 33. bout tonneau. Pouq. 2. 622; ngriech. μπότζα, βότζα, βουτζίον. Man vergl. botte, bottiglia.

76. boccola, buccola it.

vókolę-a: vókola, vúkula fibbia, anello. Cam. 2. 106. 157.

77. bombarda it.

bumbárdę-a: bumbarḋavet. Raps. 91. bumbárdašit, welches Cam. 1. 127. 163. für lumbárdašit setzt. In derselben Bedeutung lumbarḋa. Bl.; serb. lumbardati mit Feuergewehren schiessen.

78. bonaccia it.

bunátsę-a Windstille. H.

79. botta it.

bóttę-a colpo. R. botte percussio: i ḋa e botta te percussiones dedit. Bl.

80. botte it.

búte-ja Butte. H. ndè pòr buttè veuèsè per le botti del vino. B. 1. 4; rum. bótę Fass, Kübel, Schlauch. Man vergl. boccia, bottiglia.

81. bottiglia it.

botil'e-ja Flasche. H. Man vergl. boccia, botte.

82. braca lat. it.

brékọ-a, g. nur pl. brékẹ tẹ Hose. H. brékẹ femoralia. K. 188. brakesrie-ia calzoni albanesi. R. brektelinda d. i. brek te linda bracae lineae, sic.-alb. mutande. Cam. 2. 101; ngriech. τό μπρακί.

83. briga it. Geschäft, Zank.

u brigetúem: perket ciobanevet fort me u brighetuem me daani gruunin prej egbieret sedulam navent operam pastores segregando triticum a zizania. Cuv. 9: u brighetnem wird durch mundnem erklärt. In das serb. und nslov. ist briga in der Bedeutung cura aufgenommen worden. Diez 69.

84. bronzo it.

bruntse aes. Bl. aspra bruntse aeneus nummus. Bl.; asl. bronzen adj. fuscus; ngr. μπρόντζο: μπρούτζινος ehern; μπροῦνζος cuprum; nsl. brunc; serb. bronza.

85. bubalus, gr. βούβαλος.

búal-i t., bul-i g. Büffel. H. buaλ-i, pl. buel' te. Rb. 2. 41. buλ-i. R. bualitsẹ-a t., buátsẹ-a Berat., bulitsẹ-a g. Büffelkuh. H. βολitsa. Mscr.; bual steht für buval; rum. bivol ist slav. Ursprungs. Vergl. Hehn 451.

86. bubbola, bubbula it.

púpul-a Wiedehopf; puple-a bubbola. R. Schuchardt 3. 238.

87. bucca Mund; buccea Bissen.

búkẹ-a panis. H. buche. Bl. buk-a. R. buk. Dalm. Mscr. bukkavalle-a bouchée de pain, βῶλος. Rb. 2. 46; rum. búkẹ Backe. Das alb. Wort, wie das rum. bukátẹ (klruss. bukata) und das ngriech. μπουκά, bezeichnet zunächst frustum: vergl. nsl. kruh panis, eig. frustum; und ngr. ψωμί aus agriech. ψωμίον. Man hat an das phryg. βέκος, griech. πέπτω u. s. w. gedacht.

88. bulla.

vúlẹ-a, vúl'ẹ-a Siegel. Cam. 1. 46. voule cachet. Pouq. 2. 622; mrum. vulẹ. Alles unmittelbar aus dem ngriech. βοῦλλα, neben μπούλλα, das lat. Ursprungs ist.

89. burgus, castellum parvum. vulg.

burg-u cantina, grotta, prigione. R. burgh carcere. B. 2. 60. Diez 1. 11.

90. buttagra it.

putárgẹ-a: putarghe-a, puttarche-a. R.

91. buxus, it. bosso.

buss-i mirto, palma, palmizio. R. Diez 64.

92. caballus, vulg. callus.

kál'-i, kál'ẹ-i, pl. kúaj tẹ d. i. kọvaj-tẹ für kẹbáj tẹ. H.; nach Cam. 1. 200. lautet der plur. kuáijẹ tẹ, it.-alb. kuáijẹ tẹ mit Bewahrung der Accentuation; cál'e. Raps. 40. plur. quél' d. i. kuél' 48. cáli, coale. Pouq. 2. 618. caale. Bl. kale. K. 183. kaal-i. R. köl-i. Dalm. plur. kval, kvalvet. Mscr. kvalet: fara e quallet equaria. Bl. ngalkuem mlat. caballicare, it. cavalcare. Bl. 213. galkuem. Bl. kál'úem: quélb tẹ muudign e cálbógn. Raps. 105. kal'úar-i beritten, Reiter. H. K. 197. kalore te equites. Bl. kálur-i cavaliere. R. kál'úar: viunej trimi calbúar veniva il giovane a cavallo. Raps. 42. calboor cavaliero. 64. shcói i calboor passò a cavallo. 27. kal'urí-a, kal'orí-a g., kal'ẹrí-a t. Reiterei. H. kal'órẹs-i Reiter. H. kal'óre-ja Reitgerte. H. kalafrē: kalafree retinacula. Bl.; rum. kal, pl. kai und kaui; mrum. kalln. Boj. 24: ngriech. καβάλα, καβαλικεύω, καβαλλικεύω. Pass.; rum. kẹlare eques; kẹlerésk equito; ostlomb. cabál, caal. Schuchardt 3. 64.

93. cacare.

kákę-a merda. H. chakergia e miut muscerda. Bl.; rum. kak, kękáre cacare; kákę merda.

94. cadus.

káde-ja Gährbottig. H.; vergl. asl. kadь.

95. caelata: it. celata.

tšeláte-a: celat-a. R. chalata galea. Bl. cielat-a lamiora. R.; dagegen chalate-a lorica. R.; ngriech. τζελάδα; nsl. čelada Helm.

96. caelum.

k'il-i g., k'iel-i t. Himmel. H. kiel. Bl. kkiel. K. 215. kiel. Pouq. 2. 618. cieλ-i. R. k'ieλ-i. Dalm. chielja. B. 1. 26. chieλse sing. gen. B. 2. 13. tschielt. Klem. Wind. 87. k'ilęzę-a g., k'iélęzę t. palatum. H. tschieltza Gaumen. Klem. Wind. 86. k'elárę g., k'iéltę t. caelestis. H.; rum. tšérjü caelum; tšérjü gurej palatum.

97. caepa.

k'ępę-a Zwiebel. H. chiepa. Bl. k'épę. K. 205. kiépe-a. R. cheep. Pouq. 2. 621. kep. Marr.; rum. tšeápę; serb. kapula, kapulica; nsl. čebula, čbula, žbul; ahd. zipolla, zivolle, zwibollo; mrum. tsjápę. K. 205.

98. caerimonia, it. ceremonia.

tsirimoni-a. H.

99. calamarium.

kalamár-i Tintenzeug. H. K. 198; rum. kęlęmárjü; mrum. kęlęmaru; asl. kalamarь; ngr. καλαμάρι.

100. calamita.

kalamitę-a: kalamit-a. R.

101. calamus.

kálęm arundo. K. 198. kaλem. B. 2. 106. kaλm-i d. i. kálęm-i καλάμι Rohr. Rh. 2. 68. kalęm-i. Cam. 1. 55. kalamé-ja Stoppel. H. Cam. 1. 55. kaλma arundo. Dalm. kálmęra plur. cannae, loca palustria. Stier. calamee t le stoppie. Raps. 77. Nur mittelbar können aus dem lat. stammen kalám-i Rohr. H. kal'ém-i Rohr, Schreibrohr. H. kalęm-i Knochen des Armes oder Beines. H.; serb. kalam Pfropfreis; türk. qualém. Man vergl. kalmák-u Binse, Strick. H.

102. calandra it.

kalandrore simile alla calandra (per voce). Cam. 1. 161; 2. 130. Die Bedeutung des alb. Wortes ist nicht sicher.

103. calare it.

kalár: u calaar discese. Raps. 41.

104. calendae, vulg. calandae.

kaλenduor Ianuarius. B. 1. 91. 144. R. kalnúr-i. R. kolęndrę-a Ringbretzel zum Weihnachtsabend. H.; rum. kolindę, nsl. koleda, serb. kolenda, koleda Weihnachtslied; bulg. kolende, kolede Weihnachten.

105. calendarium.

kal'andár-i Kalender. H.; rum. kęlindárjü.

106. caligae.

kalikie te plur. caligulae, bottines de femme. Rh. 2. 68; ngriech. τὸ καλίγι calceus. Pass.

107. calx.

kęlk'ére-ja, kęrk'éle-ja Kalk. H. chelchiere-ja. Bl. chelchiere-a. R. chelchiere calcina. R. kęlk'ér-a, kęrk'él-a, kalkérrę. Tetr. 4. kercele-ja. Dalm.; asl. klakъ; serb. klak; ahd. chalch. Das alb. Wort ist auf calcarea zurückzuführen.

108. calyx, cályeem.

k'el'k'-i Glas, g. Porzellan. H. kél'kę: kelhky biechiere. Raps. 78. kelhket plur. nom. 67. kelhkevet plur. gen.-dat. vetriere 20. tazze 58. k'élk'ę, k'élęk'ę. Cam. 1. 56. k'élk'e vitrum. K. 190. kelšéit calyx in missa, eigentlich calyx sanctus, aus k'el'k' šéit. G. 183; kalseenjt-i calice. R. 2. 86. koršajt. Macr.; mrum. kélke.

109. kamba: gamba valg.

kémbę-a t., kámę-a g. Fuss. H. kęmbę. K. 220. cambe. Bl. kamba. Dalm. kamb-a, kam-a. R. koma. Klem. Wind. 86. kęmbęzę-a t., kámęzę-a g. Drücker am Gewehre. H. kémbęs-i. H. K. 217. kambes. Bl. kámes-i g. H. Fussgänger; kęmbęsl-a t., kámęsl-a g. H. Fussvolk; kambesuer pedester. Bl. kambsuer-i, kamsúr-i. R. kambestremene loripes, che ha il piè torto; kattrekibos quadrupède. Pouq. 2. 622. Man vergl. serb. kambe pl. compedes equorum; nsl. kamba numella. Diez 1. 39; ngriech. τζαμπά femur. Pass.

110. cambiare mlat.

kęmbéj tausche, wechsle. H. kęmbéca-i Tauschhändler. H.; rum. skimb. Diez 1. 12.

111. cámera Gewölbe; it. camara.

kámęrę-a: kamra cubiculum. Bl. camaryt d. i. kamarę̈t sing. gen.-dat. Raps. 44. kámarę it. camera. Cam. 2. 90. 150. Aus dem griech. stammt kamáre-ja Gewölbe, καμάρα, rum. kemáre Kammer; aus dem türk., mittelbar aus dem griech., k'emér-i Steinbogen, g. überwölbtes Gemach. H. cemér-i arcata, volta. R.; zweifelhaft ist kamerte-ja g. Terrasse über einem gewölbten Gemache. H.; rum. komóarę stammt unmittelbar aus dem slavischen: serb., klruss., russ. komora.

112. cameriere it.

kamerjér-i Kammerdiener. H.

113. camisia mlat.

kęmíšę-a Hemd. H. chemisea indusium, subucula. Bl. kemise-a. R. kmiša. Dalm. Macr. kemisch. Klem. Wind. 83. chęmish. Raps. 86. kamise. Pouq. 2. 618; rum. kęmešę. Diez 1. 12; ngriech. ὑποκάμισον.

114. campana mlat. Glocke, Schnellwage.

kambánę-a t., kumbónę-a g. Glocke. H. kumbónę. K. 198. kumóne-a. R. kumbónę, kęmbónę. sic.-alb.; chembona. Bl. k'mbona. Dalm. kumbona. Macr. kęmbónę g., kęmbórę t. grosse Viehschelle. H. campane cloche. Pouq. 2. 618. chembna tympanum. Bl. chembuem resonare. Bl. cumbuem rimbombare. Raps. 53. kumbóije io rimbombo. sic.-alb. Cam. 1. 57. kęmbúem, kumbúem halle, töne. H. B. 1. 69. kambúe intonare. R. aus kęmbęnúem, kumbęnúem; campanaar campanile. Raps. 89. campanar clocher. Pouq. 2. 618. cumbim suono. B. 1. 57; rum. kúmpęnę Wagschale, Brunnenschwängel; mrum. kęmpánę tintinnabulum. K. 198. mrum. kipuru Klingel. Boj. 4; nsl. kapona, kaponъ lanx, statera; kamъbanъ campana; bulg. kęponi pl. m. statera; ngriech. καμπάνα; καμπανός, καμπανίν. Duc. Diez 1. 35.

115. campanella.

kambanel'ie καμπανέλλα. ἁρμαδοῦρα. Rh. 2. 69.

116. camurus valg.

kamburjás krümmen. H.; ngriech. καμπούρης bossu. Bent. Schuchardt 1. 175. Vergl. cambuta Krummstab. Diez 1. 35.

117. canalis.

kęnél-i g. Brunnenhahn von Metall. H. kanál-i Rinne. H.; rum. kanal; serb. konao.

118. cánape, cánapa it.

kánep-i g., kerp-i für kérep-i t. Hanf. H. kęrp. K. 199. kánęptę g., kérptę t. aus Hanf, leinen. H. Unmittelbar aus dem slav. entlehnt ist konop fnnis. Macr. R. — Rum. kęnepę; asl. konoplja; serb. konoplje cannabis; konop funiculus cannabinus. Das p lässt weder an griech. κάνναβις noch an lat. cannabis denken.

119. candela.

kęndélę-a: chendelle lampas. Bl. Nur mittelbar aus dem lat. stammen kandil-i candela. Dalm. kandile lychnus vitreus. K. 199. kandil. L. 319. kandiλ-i, kanil-i lampa. R. kandil'e-ja Glaslampe vor Heiligenbildern. H.: ngriech. καντήλα, κανδήλι. — Rum. kándelę, kandilę lucerna; asl. kanъdilo; bulg. kęndilo. Die i für e enthaltenden Formen stammen unmittelbar aus dem griech. Schuchardt 1. 336.

120. candelliere.

kandil'ér-i Leuchter. H.

121. canis.

k'en-i g., k'ęn-i t. Hund. H. kién. K. 225. chien. Bl. cien. R. k'en-i. Dalm. tyen d. i. ćen, k'en. Klem. Wind. 86. k'ę́ne-ja, k'ę́nęzę-a Hündin. H. k'ėnehu adv. nach Hundeart, verstellt. H.; rum. kęne canis; kęneáśte adv. more canum. Mit canis hängt auch irgendwie k'ęlúš zusammen: bustra, ghi ngutteté me pielle, ban chelustet verbene canis festinans caecos parit catulos. Bl. 211. Dasselbe Sprichwort lautet bei Rossi, Reg. 340: méccigha ngutseme ban duéciat t' verbueme.

122. caniscus κανίσκος.

kanisk-u Geschenk. H.

123. canistrum, ngr. κανίστρι.

kanistrę-a Korb. H. K. 199. kanistre κάνιστρον. Rb. 2. 69; rum. kęnistrę. K. 199. ngriech. κανίστρα.

124. cannata, canna mlat.

kęnátę-a Kanne. H. L. 819; rum. kánę; mrum. kęnátę. K. 199; asl. kanatica; serb. konata, konatica; ngr. κανάτα, κανάτι; türk. qântha. Alb. kanátę-a g. Thürflügel ist mir dunkel.

125. cantare.

kęndúem singen. H. canere, psallere. Bl. legere. B. 1. 13. R. λαλῶ, τραγουδῶ. Tetr. 5. knuem id. R. G. 191. kęndéce cantor, gallus. H. kendues gallus. Mscr. knim-i lezione. R. nias knim intonare. R.

126. cantarella it.

cantęrélę-a: canterelle-a neben miz-a. Rossi.

127. cántaro it.

kandár-i g., kantár-i t. Schnappwage. H. candár-i. R.; rum. kęntárjù.

128. canticum, vulg. cantecum.

kánękę-a aus kándękę g. Lied. H. kanke. Budi 41. kęngę-a. Lied. H. K. 231. kaughe cantus. Bl. konga. Mscr. kong-a canzone. R. kę́ngęra t τὰ τραγούδια. Tetr. 12. kanǵéle danza unita al canto. Cam. 1. 177. kanękętúr m. kanękętóre-ja f. g. Sänger, Sängerinn. H. konktár-i melodiante. R. kánges-i il cantante aus Lecce. Cam. 1. 150. 177. kanghetuer cantor. Bl.; rum. kę́ntekę, kę́ntek Lied; mrum. kęnteku. K. 231. Hieher gehört abulg. kandehati.

129. canto it.

kant, kándi g. Kante. kand. H. trekandois triangulus. Bl.

130. cantone it.

katúe paese: catue-et-vet nè brègh dèetit riviera, paesi alla spiaggia del mare. Rossi 697. katunár-i, katundar-i contadino. R.; ngriech. καντοῦνι. Pass.

131. capa mlat.

(kápę-a) Mantel. H.; nsl. serb. kapa; bulg. kapę. Diez 1. 35.

132. caparra it.

kapárr-i Draugeld. H. kapár. R. kaparrós gebe Draugeld. H.; rum. kępárę; nsl. serb. kapara.

133. caper: capro Dachsparren.

k'épęr-i g., k'éprç-a t. Dachsparren. H.; rum. káfer, kępriór, kornu la casa; fz. chevron. Diez 1. 36.

134. capistrum, agr. καπίστρι.

kapistrę-a g., kapistrán-i, kapistál-i t. Halfter. H. chepresa. Bl. capistren sing. acc. Raps. 92. koprésc-i capresto, cavezza, testiera. R.; rum. kępęstru; kirnes. kapestra. Man möchte auch alb. kapistál-i g. H. K. 199. hieher ziehen. H.

135. capitano it.

kapidán-i Anführer. H.; rum. kępitán; serb. kapetan; ngriech. καπιτάνος, καπετάνος.

136. capitello it. Köpfchen.

kapętél-i Bock des Packsattels. H.

137. capone it.

kapón-i, kapúa-oi Kapaun. H. capue. Bl. capógu plur. Raps. 67; rum. kępún, kopón; mrum. kępónu. K. 199; nsl. serb. kapun; ahd. chappo; mhd. kappe, kapûn. Man füge auch alb. kapóš-i. Hahn. H. hinzu.

138. capreolus.

kaprúl'-i g. Reh, Gemse. H. kapruel. Bl. kaprúλ-i, kaprúλ-a. R.; rum. kępriór Rehbock.

139. capsa mlat.

kópsę-a Hafte zur Schlinge. H.; serb. kopča, kovča; ahd. kafsa.

140. caput.

Auf caput ist zurückzuführen kaptínę-a Thierkopf. H.; rum. kępętínę Schädel. Man vergleiche auch alb. kępútsę-a Schuh mit rum. kępútę Vorderfuss, Oberleder, das Vorschuhen und kępút vorschuhen; eben so alb. káfkę-a Hirnschädel. H. mit ngriech. καύκαλον id., καύκι vase de bois.

141. carabus, it. caraba, agr. κάραβος.

karáf, karábi Schiff. H.; rum. korabie; asl. korabľь; bulg. korab; ngriech. καράβι. Der Accent des alb. Wortes macht seinen lat. Ursprung zweifelhaft.

142. caraffa it.

garáfe-ja Glasflasche. H.

143. carcassa it.

tarkás-i σκελετός. Rh. 2. 59. Vergl. crassus.

144. cardellino it.

kardelín-i. R.

145. carnarium.

kanáre-ja g. Schlachtstätte. H.; nsl. karnar ossuarium; ahd. charnâre.

146. carpio, it. carpa.

krap-i g. Scorpion, ein Fisch in der Bojana. H.; rum. krap Karpfe; nsl. serb. krap; ahd. charpho.

147. carricare mlat., it. caricare.

çngarkúem onerare. H. ngarkuo. Dalm. garkuem. Bl. çngarkím-i: ngarkím impregnatura. R. sgarkuem exonerare. Rh. 2. 60. skarikuem. Bl. škarkuem g., tškarkúem t. H. škarkím-i scusa. G. 215; mrum. çnkárku. K. 234; serb. krcati navim onerare. Diez 1. 13.

148. carrozza it.

karrótsę-a Wagen. H. R. carrotsa rheda. Bl.; serb. karuca.

149. carrus.

k'érrę-a, kàrrǫ-a Karren. H. kierre. K. 184. karre charrette. Pouq. 2. 618. chier currus. Bl. chierr plaustrum. Bl. kerr-i, cierr-i. R. ker. Macr. keredži-u Wagner. Macr.; rum. kar, demin. kęrûts; mrum. kòrę. K. 184.

150. carta.

kàrtę-a Papier. H. carte, carta. Bl. carteze demin. Bl.; rum. kartę.

151. casa: casale Weiler, Dorf; it. kleines Dorf; sp. casal Landhaus.

kęsólę-a: chessola e buchut palearium. Bl. kasóle-ja Strohhütte (Behälter). H. katsólę-a Hütte. H. kesóλ-a romitojo. R. ksoλ-a latibolo, grotta. R. kessóλe-a capanna. R. kessoλ canile. R. Für baracca findet man kessólle-a neben sólle-a. R. Diez 1. 13.

152. cassare.

kasûem obliterare: kassuem. Bl.

153. casula mlat., sp. casulla.

kęsûl'ę-a Haube. Mütze. H. K. 225. chesulle petasus, pileus. Bl. kessûλ-i berretta. R. ksula Mütze. Dalm. k'sul'a quoddam capitis tegmen. Stier. chęsulh berretta. Raps. 20. kęsûlę, kaûlę berretta, propriamente di pelle. Cam. 1. 52. 208, der an σκῦλον denkt. — Rum. kętšûlę Mütze; asl. serb. košulja indusium; mlat. casa, vestis cucullata, quasi minor casa. Isidor. Diez 1. 36.

154. castanea.

kęštéńę-a, gęštéńę-a Kastanie. H. kęštéńę. K. 199. keštégn-a, kestègne-a. R. kestegne. Bl. kāton. Macr.; rum. kęstánę, kęstân, mrum. gęstęne. K. 199; nsl. serb. kostanj; gr. κάστανον.

155. castellum.

kestjel-i castellum, arx, oppidum: chestiél. Bl. castielhl. Raps. 92; asl. kastelь; serb. kaštio, als Ortsname kostelь; mhd. kastël; ngriech. καστέλι.

156. castigare.

kastiguem. G. 17. R. kastigim-i gastigo. Q. 265. inflizione. R.; rum. kęštigę cura; nsl. kaštiga, kaštigati; serb. kaštiga, kaštigovati; ahd. chastigon.

157. cathedra, it. dial. cadréga, carega, cariga, fr. chaire.

karigę-a: karrigh-a sedile. R. carrica sedes, sella, solium. Bl. carricheza demin. Bl. Schuchardt 1. 159; 3. 81.

158. catrame it., mlat. cataramus.

katram-i Schiffstheer. Rh. 2. 70; serb. katran; ngriech. κατράνι.

159. causa für res.

kâfšę-a Sache, Thier. H. cafsce ens, res. Bl. kafš. Macr. cafsha greggi. Raps. 47. kavse animal. Pouq. 2. 617. nikafš nihil. Macr. škaf quid aus tšę kâfšę che cosa. Uda 71. Das allen anderen rom. Sprachen bekannte Wort wird rum. durch lukru ersetzt. Diez 113; 1. 37. bask. gausa. Diez 1. 365.

160. caviglia it.

kavil'ie: kavill'ie σφὴν σιδηροῦς eiserner Keil. Rh. 2. 67.

161. cella.

k'elł-a Zelle. H. killł. K. 200. k'il'ár-i Vorrathskammer. H. inferior pars domus. K. 200. celér-i canova, formacciaria. R. k'il'artšl-u Kellermeister. H.; rum. kilie; kelárjŭ; sp. cilla; asl. kelija, kela; serb. ćelija; ngriech. κέλλα, κελλί. Schuchardt 1. 338; 3. 49.

162. census.

(kunso) Steuer. H.: asl. kinъsъ tributum. Beides unmittelbar aus dem griech. des N. T. κῆνσος. Ahd. zins, daher nsl. činž.

163. cento.

kint g., k'int, kindi t. Zwickel, Einsatz. H.

164. centum.

k'int-i hundert. H. chind. B. 2. 156. chinda pl. B. 2. 22. ghind. Bl. Schuchardt 3. 47.

165. cephalus.

k'éfel-i g., k'éfél-i t. Barbe. H. céfuλ-i cefalo. R.

166. cera.

k'iri-u (k'eri-a) Kerze. H. Unmittelbar aus dem ngriech.: κηρί, κερί.

167. cerasus.

k'ęršl-a, k'iršl-a. t., keršl-a g. Kirsche. H. kersi. Pouq. 2. 618. chierssij. Bl. keršl. Tetr. 13. cerseli-a, ciqrseli-a. R. k'iršuer iunius: kirssuer. Bl. chierselor. R. 1. 91; rum. tširášę, tširéš; mrum. tseriášę. K. 200; cerasharlu iunius. Boj. 136; griech. κερασιά; türk. kirez; nsl. črêšnja; serb. kriješ, krijeŝva; ahd. chirsa. Alb. kęršl steht für kęręšl aus cerasus mit dem Suffix ljo. Über die roman. Formen Schuchardt 1. 192.

168. cerrus, it. cerro Zirneiche.

cerr-i. R.

169. certare.

k'ęrtúem t., k'irtúem g. streiten, tadeln. H. kertuem increpare. R. K'ertóiję, k'irtóiję io sgrido, rimprovero hängt nach Cam. 1. 56. mit κερτομέω zusammen. chirtuem reprehendere. Bl. ciertuem, ciortuem gridare. R. chiartuem increpare. B. 2. 72. k'árte-a Hader. H. chiarta la contesa. B. 1. 2. k'art-a la lite, lo sgridare. Cam. 2. 169; rum. tšert schelte; tšeártę Zank: vergl. kęrtéak tadle.

170. chesa it.

kézę-a: chêza plur. Raps. 43. me chêz tę lampârme con chesa fulgida. 56. kéza acconciatura di donna. Cam. 2. 139.

171. cheto it.

k'etta tacite. Stier. kettu taci. Raps. 69. k'etaze quiete. Rh. 2. 72. k'éteme io m'acquieto, taccio. it.-alb., wobei Cam. 1. 308. an κοίτη oder κεύθω denkt.

172. china it.

kinę-a Chinarinde. H.; rum. kinę.

173. chorda.

kórdę-a restis: corδa. Bl. kórdęzę-a Saite. H. K. 203. funiculus: cordeze. Bl. kurδ-a laccio. R.; rum. koárdę; mrum. kordiáo. K. 203.

174. chrisma lat., gr. χρίσμα.

krezmuem cresimare. G. 179. Mocr. kresmuom confirmare. Budi 20. krezmim cresima. G. 179. kresmój ungo. K. 237; nsl. križma; serb. krizma; ahd. chrisamo.

175. christianus.

kęšléręi t., gęršlén-i, gęšlén-i g. Christ. H. chęrshtee. Raps. 101. chęrshtéret. 30. cherstene. Bl. keršlén. G. 21. 127. kšleu. R. Mocr. kerštenim-i christianitas: cherstenimi. Bl. kestenim-i greggia di Cristo. R.; rum kreštin; asl. krъstijaninъ.

176. christus.

krišt: chrisctit. B. 2. 157. Aus Christi natalia hat sich durch eine allerdings gewaltige Verkürzung die Benennung für Weihnachten und December gebildet: kesendella (fescta t' kesendellavet. Uča 208); naten e kënčlavet (naten e kesnéllavet) la notte di natale. G. 27. 85; kešendelšit (kescendulscit) plur. abl. def. decembri. B. 1. 91; prei kesnellesc. Conf. 25; kescneλ-a, kescendeλ-a natale. R. kröndet Weihnachten. Dalm.

177. ciancia it.

tšankę-a tricae: cianca. Bl. cianciatuer garrulus. Bl.

178. cicada, it. cigala Heuschrecke.

kęngálę-a: kngala grillo. Dalm. gincalla cicada. Bl. ginkálę. L. 353. γκιναάλα. K. 230; mrum. γκιναάλε. ibid.

179. cicer.

k'ikęrę-a Kichererbse. H. Tetr. 10. kikerę. K. 222. cicer-a. R. gighere. Bl. cicerk-i. R.; rum. tšitšere; ahd. chichera; mhd. kicher; nsl. čičerka, kibra; mrum. tsetsire. K. 222.

180. cicórea.

skorie-ia. R. rcoreia. Bl. rcorie-ia. R. korréja. H. K. 221; rum. tšikoáre; mrum. tsikórę.

181. cicuta.

kukútę-a: cucúte-a. R. kokuta, kukuta, kokutęza ferula. Cam. 2. 163; rum. kukútę cicuta; mrum. arundo. K. 198. Kukútę nahm die Gestalt eines reduplicierten Wortes an. Schuchardt 3. 244.

182. cilium.

tsinora, cinora. Rh. 2. 61. 73. Cam. 1. 119. Die Zusammenstellung ist unsicher.

183. cimex.

cimech. Bl.; serb. kimak, kimka, čimavica; magy. csimaz.

184. cingulum.

kingęlę-a wollener Sattelgurt. H. k'éngel-i. Cam. 2. 165; rum. klngo cingulum. Schuchardt 3. 49.

185. cippus, it. ceppo.

cippe: ndęr cippo nei ceppi. Raps. 78.

186. circare für circuire; it. cercare.

kęrkúem circuire. Cuv. VII. peragrare, pellegrinare, girare. R. suchen. H. γυρεύω. Tetr. 9. scrutari, sciscitari, quaerere, rimari, gustare, libare. Bl. kerkues investigator: cherencss. Bl. krkuo. Dalm.; rum. tšerk suche, auf ein vulg. cercare zurückzuführen. Schuchardt 2. 58; 3. 186. Mit kęrkuem suchen vergl. man ngriech. γυρεύω indagare. Pass.

187. circus.

k'ark-u Kreis. H. Cam. 1. 38. H. k'ark, pęrk'árk adv. praep. circum. H. perchiark. Bl. pertochiark in circuitu. B. 2. 158: mit perto ist die mrum. Präposition preto durch Boj. 117. zu vergleichen; rum. tšercuésk vasi circulos inducere. Schuchardt 3. 47. vulg. cerc — Schuchardt 2. 57. 58. ja aus e spricht für den lat. Ursprung. Man vergl. tšark: ciark-u draghetto, cane dell' archibuso. R. tsjark-u fucile. Cam. 1. 226. und tsark, grátskę; mrum. tsarku decipula. K. 215; alb. grátške. L. 339.

188. civitas: civitátem.

k'ntéte-ja, k'utét-i Stadt. H. ğutet. Dalm. ğitet. Dalm. gytet, giythet. Bl. gyteia Bl. giytet. B. 2. 9. giytete. B. 2. 158. ğutetes civis: giytethes. Bl. djutedia. Klein. Wind. 68; rum. tšetáte; mrum. tsitáte; serb. cavtat, captat aus civitas für Ragusa Vecchia; nsl. čedat neben Staro Mesto Cividale. Nach Schuchardt 2. 130; 3. 48. ist k'ntéte zunächst aus civtas entstanden.

189. clarus, it. chiaro.

k'ar rein, heiter. H. k'ọrúem t., k'irúem g. reinigen, putzen. H. chiaruem purificare. Bl. kierúam purus. K. 197. kirúar καθαρός. Tetr. cirue mundare. R.

190. cocchio it.

kotśi-a Wagen. H. cocci-ia. R. coccia quadriga. Bl.; rum. kotšie; nsl. kočija; serb. kočije. Das alb. und rum. Wort mögen unmittelbar aus dem slav. stammen.

191. coccola it.

kókḷẹ-a: cocle e dẑiit coccola del ginepro. R. Vergl. coccum.

192. coccum, gr. κόκκος.

kok'e-ja Saatkorn, Beere. H. cochie granelli. B. 2. 160. kokkie-ia pillula. Rh. 2. 74. koke granum K. 226. kokkie σπόρια. Tetr. 18. còke-ja il seme. Raps. 28. kokra grano. Dalm. kókrẹ-a: cocre-a acino, coccola, chicco. R. škok foliis, valvulis privo. Stier. Vergl. coccola.

193. coctum.

koftó-i geschroteter Weizen. H.

194. cogitare, ait. coitare, sp. cuidar.

kuituem cogitare, speculari, putare, pensare, meditari, opinari. Bl. contemplari. B. 1. 8. kuitój nebeu kuitóhem, śknitónem besinne mich, denke. H. u perkuituem recogitare. Bl. kuitnes speculativus. Bl. kuitim permeditatio, cura. Bl. cuidés pensiero. Raps. 19; rum. kùdžet. Schuchardt 3. 211.

195. cognatus, vulg. cugnatus.

kunát-i m., kunátẹ-a f. des Ehemannes oder der Frau Bruder oder Schwester. H. R. kunata fratria. Bl.; g. kunát-i des Mannes Bruder; kunatól-i der Frau Bruder. H.; rum. kumnát m.; kumnátẹ f. Schuchardt 2. 127; ngriech. κουνιάτος.

196. colare.

kulúem seihen. H. percolare, purificare, manare. Bl. kuluem limpidus. Bl. te kuluemi te limpitudo, perspicuitas. Bl. giak i kulúem Vollblut. Rh. 2. 75.

197. colezione.

kolatsion. R. G. 153.

198. collare it.

kul'ár-i das gebogene Holz, welches, dem Ochsen um den Hals gelegt, ihn an das Joch anschirrt. H.; asserb. kolarinь.

199. collera Cholera.

colér-a. R.

200. colletta it. Einsammlung.

kulétẹ-a Beutel. H. marsupio. R. crumena, marsupium. Bl. koulete bourse (valeur). Pouq. 2. 617. pésẹ kuléta πέντε τάλαντα. matth. 25. 16. culetta e berϑevet scrotum. Bl. Kuléta bringt Cam. 1. 125. mit κολεός, κουλεός in Verbindung.

201. colonna it.

kolónẹ-a Säule. H. kolonnne. Pouq. 2. 618; ngriech. κολόνα.

202. colonnato it.

kolonátẹ: mike bálẹ-kolonátẹ amica dalla fronte d'argento (colonnato). Cam. 2. 24.

203. colostrum.

kulostrę-a. Bl. kulostre-i, κυλοστερ-i, kuloster-i. R. kloistre-a πρωτόγαλα. Rh. 2. 77; rum. korástę; klruss. kol'astra, kulastra, kurastra; magy. gulasztra, gulaszta.

204. coltra, caltra, cóltrice it. aus lat. culcitra.

kúltrę-a coperta: kultre. R. lodix: coltra e strati. Bl.; nsl. kolter; mhd. kulter.

205. columba.

columbrii-ia, colummerti-ia tortora. R. kurmi-a Lachtaube. H.; rum. kolúmb.

206. coma.

k'ime-ja Haar. H. chime pilus. Bl. koïm poil. Pouq. 2. 621. k'imęsécs g. kraushaarig. H. nchimeas, nleasci scortens, d. i. lanens. Bl. Die Zurückführung des k'ime auf coma ist wegen des i für o nicht sicher.

207. commercium, mgr. κομμέρκιον; **agr.** κουμέρκι.

kumérk'-i, kurmék'-i Zollstätte. H. kumerk'ár-i Zöllner. H.; mrum. kumérke. K. 204; aserb. kumerъkъ, wofür jetzt das unmittelbar aus dem türk. entlehnte djumruk, alb. ģymrýk-u. R.

208. communicare, vulg. communecare.

kungúem zum Abendmahl gehen. H. Budi 48. dare la comunione. Cam. 1. 141. mu (d. i. me u) kungue comunicarsi. G. 149. Dalm. cnucoin. Raps. 50. kungim-i Abendmahl. H. G. 39. 203. kúngę-a der den Laien verschlossene Theil der griechischen Kirchen: ἱερά, τέμπλον. H.; rum. kuminok; asl. komъka, komъkati; bulg. komkę; komka vb.; arnes. komkati; komkanije. Cam. 1. 99. denkt an κοινωνία, κοινωνικός und an das rechte, 123. 141. nur an κοινός.

209. communicatum.

kungátę-a geweihtes Brod und Wein des Abendmahls. H.

210. cómpater, it. compare.

kúmptęr-i g. der zur Trauung zugezogene Laie, Taufpathe. H. Mit it. Accent: kumár-i compare, paraninfo. R. kumarti-ia cognazione spirituale. R.; sic.-alb. knutri (d. i. kuntęr-tri) compare stellt Cam. 2. 151. mit der Präposition kúntrę zusammen: es ist jedoch nur eine Verunstaltung von kúmptęr.; rum. kumę́tru m., kumę́trę f.; asl. kąpetra f. (kupetra); pol. kmotr; ngriech. κουμπάρι, κουμπάρος, κουμπάρα. Noch mehr verunstaltet sind asl. kumъ, kuma; nsl. serb. bulg. kum.

211. compieta it. l'ultima delle ore canoniche.

kompjétę-a: compiete-a. R.

212. condemnare, it. condannare.

kondenúem. B. 2. 76.

213. confine, confino it.

kufi, kufini g. Grenzstein. H. konfin-i, confli. -ini. R.; nsl. konfin; serb. kunfin.

214. confirmare.

konfirmúem. G. 105.

215. confiteri.

refújem, rfújem confessare. R. rrefúem. Budi 22. reflu-i, rflm-i, rfúm-i confessione. R. rfųm. Uda 228. refųés-i, rfųés-i confessatore. R.

216. consecrare.

konsakrúem. G. 115. 183. konsakrim-i consecrazione. G. 183.

217. considerare.

konsideruem reputare. B.

218. consilium.

kęšil-i: kesciįl, kescilli. Bl. chęshiil risolvimento. Raps. 47. kšil. G. 147. kšil, kšiλ. R. kšilę-a g. geheime Unterredung. H. do kemi c'šil'e θα 'χωμεν λόγια für ἔριδα. Rh. 2. 97. kšilûe consigliare. G. 137. c'šλonem causer. Rh. 2. 97. keslls consiliarius. Bl. kešijtar consiliator, symmusta: cheseijtaar. Bl. Neben der alten Form kęšil findet man auch kunsil'. Cam. 2. 108. 158.

219. consobrinus.

kušęri, -rini m., kušęrinę-a f. g.; kušęri-u m., kušęrirę-a f. t. Geschwisterkind. H. cuscerij consobrinus. Bl. kušrii, -ini discendente. R. kušerin-i cognazione carnale. R. cuscerign sobrini. Bl. cuscerin-i affine. R. u kušerinûe imparentare. R. Schuchardt 2. 107; 3. 48. churw. cusrin, suvrin. Alb. kušęri kann auf consobrinus und auf cusorinus zurückgeführt werden, nicht auf cosinus.

220. consocer.

krušk-u m., krûškę-a f. verschwägert. H. krušk m., kruška f. Mser. krušk'i-a Schwägerschaft. H. krusc-i corte, corteggio, comitiva nuziale. R. crushch affine. Raps. 50. crushk, crushkę paraninfi. Raps. 105. 106. Über krušk-kę sagt Cam. 2. 151: la radice potrebbe credersi quella di χρώς superficie del corpo umano, corpo, onde ἐν χρῷ, εἰς, πρὸς χρόα per indicare tutto ciò che tocca da vicino alla persona. Rum. kûskru m., kûskrę f. Schuchardt 3. 51. Diez 1. 207.

221. consolari.

ęngušęldem allegrare: ngnesελne. R. ngnšuλne. Uša 103. ngušlue. G. 253. ęngušęlim consolatio, solatium. Bl. gnscelim. Bl. n'gusceλim conforto. R. 1. 3. gloria. 1. 8. ęngušęlncšm allegro: ngusceλuesem. R.

222. constare.

kustûem valere: kachic custon tanti est; custon ma praevalet. Bl. kustim pretium. Bl.; sel. koštati; ngriech. κοστίζω; mhd. kosten.

223. consul, vulg. cunsul.

kûšulę-a consul. H. kôrsuλ-i intermunzio. R. korsulát ambasciata: corsuλát. R.; korn. armor. cusul. Schuchardt 2. 130; ngriech. κούσουλος. Duc.

224. contentus.

kondend. Bl. kutęntûem: entęntói fece contento. Raps. 46. kontenduem. B. 2. 79.

225. contra.

kóndrę, kûndrę t., kûndęr g. gegen. H. cundra adversus. Bl. R. cundre contra. Bl. kundra gegenüber. Mser. kundrueλ in contrario. R. incontro. B. 1. 107. cuntrelba incontro. Raps. 68. kundrék' t., kundrêj g. adv. praep. gegenüber. H. kundrchi. Mscr. kundré. K. 182. kundęrtár obvius, intercessor: cundertaar. Bl.

226. contrastare.

kundęrsthem repugnare: cunderstuem. Bl. contrastare, contradire. R. kundraštûe, kunnerštûe contrariare. R. kundęrsti quaestio: cunderstij. Bl. kundęrstár-i Widersacher. H. kunnerstár-i, kunnerštár-i chi contraria. R. kundraštim-i contrasto. R. kunderštnom contrario. G. 267. kundraštuoám id. G. 245.

227. conventum Zusammenkunft, Verabredung; conventare.

kuvęnd-i t., kuvęn-i g. Unterredung. H. cuvend concilium. B. 1. 12. synagoga. Bl. kuvén-i monasterio. R. kunvén-i abboccamento. R. kuvęndûem sich unterreden. H. loqui. K. 211. kuvendue parlamentare. R. Vergl. kuvise g. Unterredung. H. cuvenease pactum. Bl.; rum. kuvęnt sermo, pactum, vocabulum; kuvęnt loquor. ngriech. κουβέντα discours, κουβεντιάζειν discourir. Schuchardt 3. 50. Diez 1. 13. Man vergl. ngriech. ὁμιλῶ loquor und serb. divaniti und zboriti loqui mit divan und zbor conventus.

228. cophinus, it. cófano, gr. κόφινος.

kofinę-a Korb. H. koši. Mscr. kofin-i, kofil, -ini calato, paniere. R. kofin sporta. K. 204. kóši, -ini vaso per attinger aqua. R. cuffen. Raps. 41. sctatte coffign sette panieri. B. 2. 65; rum. korfitsę, korfûtsę; ngriech. κοφίνι; rum. kûfęr ist unmittelbar deutsch dial. Kupfer aus coffre; it. cófano. Diez 1. 150.

229. coquus.

kok: coc. Bl.; rum. kok Laib Brot.

230. cornutus.

kẹrrûtẹ-a gehörntes Schaf. H.: rr aus rn wie sonst.

231. corona.

koróno̧-a, kuróro̧ t., kunórẹ-a g. Krone, Kranz, Brautkrone. H. kurórẹ. K. 226. dii curoor due corone. Raps. 41. cunora corona. Bl. cunór. G. 79. krora te le ghirlande. Cam. 2. 76. kunorûem coronare. G. 41. 93. R. kunorzûem g. ein Brautpaar trauen. H.; rum. kunúno̧, korónę; kunun vb.; mrum. kurûne; asl korona, koruna, kruna. Schuchardt 2. 147. ngriech. κορῶνα.

232. corpus.

korp-i. Bl. B. 2. 161. Macr. pl. corpi decune cadaver. Bl. paa corp incorporeus. Bl. kurm-I Körper. H. kourm. Pouq. 2. 618. kurmẹrIÂt leiblich. H.; bulg. korem venter; ngriech. κορμί. Vergl. kurómẹ-a, kẹrmẹ-a Ann. H.

233. corsare it.

kursár-i. G. 141. kursẹrẹ te λῃσταί. Tetr. 17. kusÁr-i t. Dieb; g. Räuber. H. fur. 13. 1. 106. ladro. R. pirata. Leake. cussaar praedo, pirata, latro, rapax, fur, grassator. Bl. cussaar. Raps. 96. corseggiatore. R. kusár ladro. Cam. 2. 170. gusar ladro. Dalm. Macr. kuśẹri-a t. Diebstahl; g. Raub. H. cusserya, wol für cusserija, latrocinium, rapacitas. Bl. kusarli-ta furto. R. kusẹri, kusẹriÂt adv. diebisch. H. kuserûem praedari, latrocinari. Bl. Budi 37; rum. kursárjû; ngriech. κουρσάρης, κοῦρσον, κουρσεύω; türk. qursân pirata; nserb. kursar, gursar, gusar, hursar, husar.

234. corte it., chors, vulg. cortes.

kört-i corte. R. kurt. K. 204. kurtetÁr-i corteggiano Höfling. R. B. 2. 41; rum. mrum. kurte. Schuchardt 2. 123. Diez 1. 151.

235. corvus, it., corvo, corbo.

korp, korbi Rabe. H. corb. Bl.; rum. korb; mrum. korbu.

236. covus.

kóvẹ-a kleines, gebauchtes Gefäss, Schöpfgefäss. H. Lat. covus ist wol gleichbedeutend mit cavus. Darüber und über die roman. Formen siehe Schuchardt 1. 178; 3. 91. 318.

237. coxa, it. coscia.

kóśẹ-a Hüfte. H. cofsca. Bl. kośś-a anca, inguine. R.; rum. koápsẹ.

238. crassus.

tráśẹ dick, grob. H. tráśẹ-a Dicke. H. trache barbare. Pouq. 2. 617. traś g. verdicke. H. Nach Cam. 1. 71. ist tráśẹ ruvido, aspro, grossolano mit τραχύς verwandt.

239. creare.

krẹjúem: kriúem erschaffen. H. krijuem. Bl. B. 2. 15. krnjúe, kriúe, krjúem, krjuem. R. crinom creazione. G. 127. crijues creator. Bl. B. 1. 41. krietár-i g. Schöpfer. H. criusem creator. G. 35. kriátte serva ist it. criata. Stier.

240. creatura.

kreatúrẹ-a. B. 2. 162. krauture. Budi 7.

241. crema it.

krem-a. R.

242. cremisi it.

kromés-i. R.

243. crispare.

kreśpęrúem erzürnen. H.; nsl. krišpati; serb. grápati, nagrápati, nakrešpati.

244. crista lat.; vulg. lat. it. cresta.

kréśtę-a g. Mähne, Borste, Zwiebelwurzel. H. acta: plot me creste setosus. Bl. gréśte-a Zopf. H. kreśte obscoene de monte veneris mulierum. Rh. 2. 78; rum. kréastę; serb. kresta. Schuchardt 2. 62; 3. 48.

245. crocetta it.

kurtsétę-a: kurtsét-a vezzo, collana: da crocetta, perchè d'ordinario vi è appesa una croce di metallo. Cam. 2. 203.

246. crusca it.

kréśkęm: cresbchym cruscoso. Raps. 74.

247. crux: crucem.

kruk'-i Kreuz; auch adj. und adv. H. cruch patibulum. Bl. chruch crux. B. 2. 158. kriukk. K. 226. kruc-i, krug-i, krucie-ia. R. crik. Raps. 68. krik'a, kruk'-a, kriuk'-a. Cam. 2. 201. kruk'ęsúem crucifigere: chruchicsauem. B. 2. 157. kruk'ás, kruk'ęzúem sich bekreuzigen. H.; rum. krúttše; krutsiś kreuzweise; mrum. krútse. K. 226; asl. križь; nsl. serb. kriš; ahd. chrûzi, chriuzi.

248. crystallus.

kristál-i, krustál-i. H.; rum. kristáje, kristárju.

249. cubitus; fr. coude.

kut-i Elle. H. Macr. kuut. B. 2. 41; rum. kot. Alb. kut aus kúvęt; rum. kot aus kóvęt cubitus. Schuchardt 2. 149.

250. cucumis.

kokomáre-ja Melone. H.; serb. kukumar; nsl. kumara.

251. cudere.

kúdęrę-a Amboss. H.

252. culmus, it. colmo, culmine.

kúlm-i g. Dach; t. Dachfirste. H. colmo, cima, culmine. R. tectum. G. 15. Zinne. Macr.; rum. kúlmę Gipfel.

253. culmus, it. colmo.

kulm-i cumulus σωρὸς σίτου ἐπὶ τῆς ἅλω. Rh. 2. 75. Mlat. combius aus cumulus. Vergl. Diez 106. Schuchardt 3. 216.

254. cuminum.

k'imino-i t., k'imión g. Kümmel. H.; rum. kimin; nsl. kumin, čimin, kum, kumić; serb. komin, čemin, čimin, mčin; gr. κύμινον.

255. cupa, cuppa; it. coppa; fr. coupe.

kúpę-a Trinkglas. H. crater. K. 204. tazza. Cam. 1. 52. poculum, scyphus, patera: cupe, cuppe. Bl. kúpę-a: kup-a coppa; kupe misura di grano. R. kiup vas ansatum. K. 219. kupę coppa. Raps. 78. cuppy d. i. kúpę. 41. kúpezę-a demin. Cam. 1. 52. kupats-i Trinkglas. H. Cam. 1. 52. vergleicht κύπη; rum. kúpę, kófę; mrum. kupę crater; kiupę vas ansatum. K. 219; ngriech. κοῦπα; nsl. serb. kupa, kupica.

256. cuppa, woraus auch deutsch Kuppe.

kûpę-a Spitze, Gipfel: i nalte për mbij giđe cuppe te chiełët. B. mbreuda cuppeseit se chiełet dentro dalla cima dei cieli. 2. 160.

257. cuprum.

k'ipręa Kupfer. H. kipre bronze. Pouq. 2. 617. k'ipertę kupfern. H.; ahd. chuphar; nserb. kupor.

258. curtus.

škûrtę, škûrtęrę adj. kurz. H. škûrtęr. K. 202. scurtene brevis. Bl. škurt brevis. G. 53. škurt g. adv. beinahe. H. škurtûem verkürzen. H. škortuem raccorciare. R. škurt-i Februar, eig. der kurze Monat. H. škûrtę-a, škûrtęzę-a Wachtel. H. škurta. Dalm. kurtséj, kurséj spare, schone. H. kurtsim-i t., kursim-i g. Sparsamkeit. H.; rum. kurt, skurt brevis; skurt, skurtez contraho; mrum. škurt K. 202; magy. kurta, klruss. in Nordungern kurtyj; ahd. churz brevis; rum. kruts spare, schone. Mit curtus hängt auch perkuorm parco. R. zusammen; die Begriffe des kleinen und des Knauserns sind verwandt: vergl. fz. chiche bei Diez. Auch perkuerim temperante gehört hieher.

259. cydonium.

ftûa-oi Quitte. H. K. 205. ftue-oi. R.; lis i ftonit quince tree. Marr. ftoń te struthia mala: ftoign te. Bl.; rum. gutie; mrum. gutûnne. K. 205; asl. gdunja; bulg. dunja; serb. tkunja, tunja, dunja und mrkatunja aus malum cydonium.

260. daemon.

djémon-i: djemen demone. B. 2. 152. 157. R. djemn-i. R. diabolus; stepia e diemenet infernus. Bl. fort diemn arcidiavolo. R. u djemenuem indiavolarsi. R. djemnue. R. đajmón-i Dämon. H. đajmonis mache rasend. H. đajmoniśt dämonisch.

261. damnare; dannare it.

dęmuûem: demnuem. R. denûem. B. 2. 159. 160. dennóiję. Cam. 1. 104, der an δεννάζω erinnert; dnnem, dnuom. G. 39. 47. 111. 125.

262. damnum.

dâm-i g., dęm-i t. Schaden. H. dęm t. vergeblich. H. dam. Bl. Dalm. damn-i. R. damûem g., dęmûem t. schade, verschwende. H. dęmętûem t. schaden, verschwenden. H. dęmętár-i Verschwender. H. damnuer damnosus. Bl.

263. danubius.

dunavu. Bl. tune-a. R.; mrum. tuna. Boj. 131; serb. dunavo, dunav, dunaj; nsl. dunava, tonava; asl. dunav, dunaj. Dunavu stammt unmittelbar aus dem slav.

264. daphine vulg.

đáfęnę-a: đáfyn. Raps. 42. đafnę. Cam. 1. 65. dafnę-a Lorbeer. H.; rum. dafin Lorbeerbaum. Schuchardt 2. 412; 3. 289.

265. debere.

dûaj ich soll, bin schuldig. H. dûhetę il faut.

266. debilis.

debinem indebolito. R.

267. debitor: debitorem.

detores debitor, obnoxius. Bl. u detuerune obligari (unrichtig obligare). Bl. Auf *debitura ist deture debitum. Bl. zurückzuführen.

268. delfino it.

delfin. K. 191. dalfino, für dulf, delfi. Bl. Schuchardt 1. 214; 3. 249.

269. denarius.

dęnár-i denarius, nummus, moneta: denaar. dnaar. Bl.; rum. dinárjŭ; asl. denar: dagegen asl. dinarь, serb. dinar unmittelbar aus griech. δηνάριον.

270. densus.

dęnęsúem verdichten. H. Vergl. dand g., dęnd t. dicht machen. H; rum. des.

271. desiderare.

dęšęrúem sich sehnen. H. dešernem desiderare, optare. Bl. dišernem. R. dišruo. Dalm. diširuem. G. 63. 135. dešir desiderium, optatum. Bl. dišir. R.: unrichtig ist wol diširir. G. 135; dęšęrim-i neben ęngašęrim-i Sehnsucht. H. discirim. G. 271. dišernes chi agogna. R. dešernešim optabilis. Bl. dišernešm. R.

272. devoto it.

devote. Bl. dęvótšęm: devotscim divoto. R. devoem. R. dvoem. R. divosem. G. 153.

273. diabolus, vulg. diabulus.

djál-i Teufel. H. diauli. Bl. diaaλ-i. R. diάλ i. G. 279. djág-i. sic.-alb. Cam. 1. 98. dial, tziale. Ponq. 2. 618. djalęsi-a g., djalęzi-a t. Teufelei. H. djavlši-ia: plot diavlij insidiosus. Bl.; rum. diávol; asl. dijavolъ; serb. djavo. Alb. djál aus djávęl.

274. diaconus.

djakon-i clericus. Dalm.

275. dignus.

dèi d. i. děj, deń. G. 19. 73. degne. H. Bl. 2. 162. u degnuem degnare. G. 93.

276. diluvium.

diλuv-i, diluv-i. R.: falsch ist wohl deluðe te inundationes. Bl.

277. directus, vulg. derectus, drectus; directum für ius.

dęréjtę irretortus, sincerus: dereite. Bl. iustus. B. 1. 21. per te dereite re vera, sane. Bl. B. 1. 6. fie dereit dritto giudica. Bl. 213. dréjtę adj. gerade, recht. H. iustus. K. 192. rectus. 197. dereit, dreit diritto. R. dreit giusto. G. 61. drék'ę. Cam. 1. 140. 143. drek dritto adv. Raps. 39. drek droit. Ponq. 2. 618. drejk' adv. gerade aus, direct. H. dreita giustizia. G. 247. mme t' dreit con verità. 215. drejtoni-a Gerechtigkeit. H. dereitúe indirizzare, inviare, innalzare. R. ęndęrek': nderece, ndrec indirizzare, preparare. R. ndrech dirigere. G. 251. Dass u ndereçh s' inviò. Ponq. 2. 56. ęndęrek'uae (ndereehiune) dirigere. B. 2. 158. erigere. Bl. ęndrék'ę io indirizzo, addirizzo. Cam. 1. 40. 140. hieher gehören, ist sehr wahrscheinlich. Zweifelhaft bin ich hinsichtlich des dęrtuem bereite, verfertige. H., das Cam. 1. 139. mit διορθόω zusammenstellt; dęrgúem schicken. H. lässt an dirigere denken. Rum. drept directus, iustus; mrum. dreptu. K. 192; rum. dreaptę; mrum. deriaptę dextera. K. 191; prov. dreit. Diez 1. 240. Schuchardt 2. 73. 422; 3. 48. Cam. 1. 43. leitet drék'ę von ἀτρεκής ab.

278. dis.

Das lat. Praefix „dis“ tritt im alb. nach Verschiedenheit des folgenden Buchstaben und der Mundart unter sehr verschiedenen Gestalten auf: nämlich als ts, dz; s, z; tš, dž; š, ž; ausserdem können dzb und dzv in zd, džb und džv in žd übergehen und endlich können z und ž in zd und žd abfallen, in welchem Falle d allein das Praefix dis repräsentiert.

ts: tskalęmúem evertere (*kalęmúem: vergl. ngalmúem fest nageln); tspodisem stolpere (ęmbodis hindere);

dz: dzbarϑ dealbare (barϑ albus); me liδune e me dzgiδune ligare et solvere; dzbęl'úem it. scoprire (ęmbul'uem);

s: skšilúem it. sconsigliare (kšilúem); srud it. screspare (ruδ); smuhurlis entsiegeln (muhurlis);

tš: tškarkúem it. scaricare (karkúem); tšpiĺhem werde gelenk (ẹmbĺhem erstarre); tškul' evellere (ẹngul' infigo);

dž: dževeš exuere, bei Hahn dšveš, bei Stier dšeš-ur nudus: (veš induere);

š: škarkúem it. scaricare (karkúem); škjep it. scucire (kjep); šlirúem it. lenare, scemare (lirúem);

ž: žgarkúem it. scaricare (karkúem); ždreϑ retorquere (dreϑ); ždrit it. far chiaro (drit);

zd: zdeš exuere, bei Rossi sdeš (veš induere);

žd: ždáϑun exuere aus dzbáϑun (embáϑ induere); ždeš exuere, bei Rossi šdeš (veš induere); ždrip descendo, das auch zdrụp (sdrụp), ždrụp (šdrụp) geschrieben wird, hängt mit hip, hụp ascendere zusammen, nach einem mir allerdings nicht klaren Lautgesetze, obgleich sich bei Hahn strụp und trụp in der Bedeutung descendere findet.

d: deš exuere aus daveš, bei B. 1. 121. dveš, bei Blanchi bdeš (veš induere).

Die Bedeutung dieses Praefixes ist die des Auseinander, der Trennung, und wenn das Verbum an sich eine Trennung ausdrückt, die der Verstärkung, die wohl auch in anderen Fällen eintritt: lirúem, šlirúem lenare, scemare; ẹmbraz (aus praz), tšpraz, špraz leeren; hieher rechne ich auch škúrtẹ kurz aus lat. curtus. Eine Verstärkung erblicke ich auch in dzbẹm, zbẹm gelb machen (*bẹm); in dzbukurúem, zbukurúem neben bukurúem verschönern, in dzbutune mitigare von bútẹ mitis; špẹrbées ist wohl zu beurtheilen wie it. spergiuro neben pergiuro, das im alb. špabesem breche den Vertrag aus pabésẹ treulos ein Pendant hat. špražúe entspricht vollkommen dem it. sparlare. In šẹmptúem entstellen ist dis abgefallen, da dieses wohl nur für dis-šẹmbẹltúem stehen kann, das wieder auf similitát zurückzuführen ist. Befremdend ist, dass provúem und šprovúem in der Bedeutung nicht unterschieden sind und beide it. provare bedeuten. Mit diesem Praefix identisch ist s in Compositionen wie svjeft untauglich, svjefśm, svuešn che ha perduto la sua bontà. Rossi. neben vjefśin operoso. Rossi, wie nicht minder ausser der Composition: s' jánẹ non sunt. Vielleicht ist auch disá quidam hieher zu ziehen, dessen Bedeutung dann eigentlich diversi wäre: aus disá ist t. tsa. Hahn, tsẹ. Tetr. 9. entstanden. Die mit dis verbundenen Verba sind in dieser Verbindung entlehnt: disk'arúem interpretari. Bl. dišpẹrúem für und neben u desperẹem. Bl. desperare. Im rum. haben wir des: deskark lade ab; mrum. dispolliátu nudus. K. 190. dusvésku exuo. 189. Kse, ngriech. ξε, wird manchmal statt dis angewandt: ksedzura ξέμαϑα. Rh. 2. 13. ksenderúem disonoro. Cam. 1. 124. ksefaçis ξεσπερματίζω. Rh. 2. 10. Doppelt ist die Bedeutung der Präposition dis ausgedrückt in ksešpẹrbl'éj redimo. Hahn.

279. doctor.

doktuer doctus. Bl. doktore te. Bl. dottuer. B. 2. 22. dottouer. 1. 14.

280. doga, dova mlat.; it. doga.

δógẹ-a Bret, Diclo. B. Diez 1. 15. Vergl. die Fremdwörter in den slavischen Sprachen. 83. Hahn 418.

281. donare.

δurúem, δẹrúem schenken. H. durój. K. 236. Cam. 1. 45. 139. denkt an δωρέομαι.

282. draco, gr. δράκων.

drek'-i: drek, dregi diabolus; dreć-i. Dalm. dreghi. dregi. Bl. drecc-i diavolo. R. drec-i empio. R. drejk'-i Teufel. H. drek' (τρεκ). K. 192, wofür Leake 310 dria bietet; drety d. i. drek'. Klem. Wind. 87. drékẹzẹ-a: drékezit le drekes. Raps. 20. drejk'ẹzi-a Teufelei. H. dreenti-ia stregheria. R. dreccnuem indemoniato. R. pass dréccini te esser indemoniato. R. drangúa-oi g. Drache. H. drangoń-i dragone. R. dragońe pl. dragoni. B. 2. 160; rum. drak diabolus; asl. drakonъ; nsl. drak; serb. drakun.

283. duca it.; gr. δούκας.

dúkẹ-a regulus: duko. Bl.; aserb. duka.

284. ducatus.

dukát-i: ducat. Bl. ducát. Raps. 48; nsl. serb. dukat.

285. durare.

durṫem perdurare. Bl. durṫem, dęrṫem ausdauern, ertragen. H. durim i Geduld. H. durûatśm t., du rnâm g. ausdauernd, geduldig. H. s durueśim intoleranter. Bl.; kroat. serb durati; mhd. tûren, dûren; nhd. dauern; mgriech. δουρῶ. Duc.

286. ecclesia.

kîšę-a g. k'išę-a t. Kirche. H. kisce. Bl. kisc-ia. R. kiša. Dalm. chishen sing. acc. Raps. 104. klišia. Cam. 1. 46. klišo-a. Rh. 2. 77. klisse. Pouq. 2. 619. kištár ecclesiastico: kisctàar-i. G. 129. 235.

287. eccu'modo.

akoma t. noch. H.; rum. akûm, amû nunc, iam, modo, in praesentia; sard. como nunc; ngriech. ἀκόμα, ἀκόμη: man vergl. rum. koló, akoló aus eccu'illoc. Ascoli, Zeitschrift 16. 122. Ähnlich ist alb. ńašta: gniascta sic. G. 15. zusammengesetzt aus ńe (gne) ecce und ašta sic.

288. effigies, it. effigie.

fîdza, fîdzja il viso. sic.-alb. Cam. 1. 98.

289. eleemosyna; it. limosina; gr. ἐλεημοσύνη.

lęmóšęnę-a: lemoscena. Budi 22. Bl. lemoscne-a, lemóscie-ia, lmóscie. R. limose. G. 225. 257. Aus dem griech. entlehnt sind l'ejmosin-i id.; eleimosin-i id.; l'ejmonis misereor; l'eimońár misericors. H.; nsl. almožna; pol. jalmužna unmittelbar aus dem ahd. alamuosan; mhd. almuosan.

290. episcopus.

ųpeškof. Macr. upéšk-u. H. ipeskuv-i. R. ipesckvi. G. 161. upeskep: upeschep. Bl. piškóp-i. H. pesh pęcherat i vescovi. Raps. 72. upeškępij-a episcopatus: muer upeschepyne obtinuit episcopatum. Bl.; serb. biskup; nsl. škof unmittelbar aus dem ahd. piscof; churw. uvesclig Schuchardt 2. 59. 381; 3. 48. 59.

291. erica.

rikę-a. Raps. 48.

292. ericius.

irik'-i Igel. H. ricc-i porco spinoso. R. irik'i zi vespertilio; rum. aritśjŭ; mrum. aritzu. K. 200. 224. Diez 288. Schuchardt 2. 247 379; 3. 247.

293. esame it.

ezám-i. G. 207. ezaminṫem. G. 207.

294. esca it. Zunder.

éškę-a t., ešk-u g. Feuerschwamm. H. esch-a miccia, esca. R.; rum. jáskę. Diez 131; 1. 38. Alb. esch-a bedeutet ausserdem nach R. arnione, rognone.

295. est lat.

ištę, éštę. Schuchardt 3. 47. 51.

296. evangelium.

ungjil-i. H. ungiλ. B. 1. 107. ugniλ. G. 151. 243. ungiλ-i: ungijλ Budi 9. B. 1. 16. ungijl Bl. ungjilę. Cam. 1. 98. oungil. Pouq. 2. 619. ugniλsem ovangelico. G. 105.

297. excutere, it. scuotere.

škund: sheund dibatti. Raps. 29. sheundyn scuote. 60. sheunde si discusso. 51. σκουντ d. i. škund quasso. K. 230. škûndur excussus, perterritus. Stier; rum. skot abigo, effero; mrum. skóturu quasso. K. 230.

298. exemplum.

ksómplę-a. H. Unmittelbar aus dem ngriech. ξόμπλι.

299. expeditare.

špętúem t., štępúem g. retten. H. scpetuem affrancato. R. liberato. B. 1. 3. špętój aufugio. K. 190. špętúem liber. K. 193. spitón γλυτώνει. Tetr. 13. spitúanę ἐγλύτωσαν. Tetr. 16. špetúem, šptuem. R. špętim-i Rettung. H. spettim. B. 1. 107. Durch Umstellung der Consonanten p und t entstanden: pęštúem: pštuem liberare. R. puštúem. R. pęštúem: pšhtoi fuggisti. Raps. 64. štępésę-a g. Befreiung. H. štępúam g. freigelassen. Hieher scheinen auch einige „Eile“ bezeichnende Worte zu gehören: špejtúem g., tšpejtúem t. eilen. H. cpeitnem sollicitare. Bl. cepeituess sollicitator. Bl. scpeituem accelerare. Bl. špéitę celer. K. 214. shpeit presso. Raps. 48. tšpeitę: cpeite praepes, ὠκύς. Bl. kaale i cpeite sonipes. Bl. cpeit properanter, celeriter. Bl. baum per te cpeite tumultuarius. Bl. shpeit presto. Raps. 48. špéjtę g. tšpéjtę t. schnell. H. scpeit-i agile. R. špéitę-a g., tšpéitę-a t. Eile. H. scpeitini prestezza. G. 131. špejtšim accurato: scpeitsem. R. cepeitucscim sollicite. Bl. Man beachte auch folgende Formen: cpierte velox, rapidus, properus. Bl. cpiertucscim raptim. Bl. Špéitę, sagt Cam. 1. 304, suole riferirsi ad ἄσπετος veloce, pronto, ma potrebbe aver che fare con la radice di σπεύδω, σπουδή, o con πέταμαι, analogo all'albanese š-petóiję (ἐκπέταμαι) io m'involo.

300. exponere.

špun. Divra. zeigen. H.; rum. spun sage; mrum. spunu ostendo. K. 191. narro. Boj. 171. ostendo. 200; it. sporre. Schuchardt 2. 367.

301. extra.

jáštę. Schuchardt 3. 47; rum. estre.

302. faba.

fávę-a Erbse. H.

303. fabrica.

fárkę-a: fark-a ferriera neben fabrik-a fabbrica. R.; fz. forge; prov. farga; sp. farga Schmiede. Diez 152.

304. fadiga ven.; it. fatica.

fędigę-a labor, operatio, vertigo: fedighe. Bl. fedige. Budi 16. fattigh-a. R. fędigę-a g. Fötus: káštę me fędigę sie ist schwanger. H. u fedigune laborare, operari. Bl. fediges laboriosus. Bl. fędigętár-i operator: fedighetaar. Bl.; kroat. fadiga labor; fadigati; pol. fatyga.

305. facies.

fák'e-ja Antlitz, Wange, Oberfläche. H. fakié face. Pouq. 2. 619. fachie-ia facies. Bl. Budi 16. faće. Vuk 3. 7. Mscr. faćes sing. gen. Dalm fachie-ia, faccie-la, fage-ia. R. fatje. Klem. Wind. 86. faketę faccia. Raps. 75. fák'çza adv. offen, ohne Rückhalt. H. tafák'ę io manifesto. Cam. 1. 69. fatsiói affacció. 2. 112. Damit hängt zusammen fętúrę-a species: feture. B. 2. 160. imago. 2. 156. fytúrę-a Gesichtszüge, Farbe. H. K. 237. fytyra color. Bl. fetyres coloratus. Bl. summe fytyres multicolor. Bl. ftyr-a faccia. R. ftyr per ftyr faccia a faccia. G. 55. ftyr specie. G. 185. Cam. 1. 31. leitet fętira, fytýra von der Wurzel φυ ab. Rum. fátsę.

306. falco.

falkue falco, aquila. Bl. faikúa. K. 182. fekua. Leake 295. faikúa; falkói, fulkúa, fal'kói: fajkói. Cam. 2. 70.

307. fallire it.

fęl'úem, fęjúem fehlen, sündigen. H. errare, offendere. Bl. fajúem. Mscr. fyéj pecco. Mscr. fyem offendere. G. 207. errare. R. fęjéj pecco. K. 234. fye dir villanie. R. faj-i Fehler. H. peccatum. Mscr. erratum. Bl. fáję-a, fál'a la colpa. Cam. 1. 79; 2. 6. faitúar-i, fajętór-i; fáitur-i g. Sünder, sündhaft. H. fajetori pl. B. 2. 153. fajętór; fajętúar t., fajętúer g. Cam. 1. 20. Nach Cam. 1. 144. von σφάλλω. Nsl. serb. faliti errare; mhd. bair. fâlen.

308. familia.

fęmil'ę-a Argyrok. Cam. 2. 76. fęmlję-a t. Familie. g. Wickelkind. H. fęmlję familia. K. 233. femija familia. Bl. ati i femijese pater familias. Bl. fęmi-u Kind männlichen oder weiblichen Geschlechtes bis zehn

Jahren. Dalm. fmia plur. Dalm. fëmij-ia fanciullo. B. 1. 5. fmli-a moltitudine di fanciulli. R. fanciullo, fanciulla. R. fmli liberi. G. 237. femija creatura. B. 2. 162. fmoli-ia fanciullezza. R.; mrum. fomélle. K. 233; ngriech. φαμηλιά.

309. famulus.

fámul-i Täufling im Verhältniss zum Taufpathen. H. figlioccio. G. 237. R. famul-a figlioccia. R. famulı-a parrocchia. G. 163. prifti i fambulliase parochus. Bl. famuλi-ia parrocchia. R.

310. fango it.

fang planities: fangh. Bl.

311. fara it. Landgut; langob. fara Nachkommenschaft, Familie.

fárę-a: fare-a seme, stirpe. R. stirps. K. 189. tarne sterminare. R.; mrum. fárę γενιά. Tetr. 19; bulg. farę cognati. Milad. 534.

312. fascia.

fášę-a: fascie-ia fascia, lenza. R. (fáškę) Windel. H. faškuem ein Kind einwickeln. H.; rum. faše Windel; mrum. fasha die Binde. Boj. 154; mgriech. φασκία; goth. faskja. Daneben findet man šperǵę́, šperǵáni g. H. scpergai. Uča 104. aus griech. σπάργανον: sic.-alb. ist špárgarę specie di manto donnesco. Cam. 1. 85.

313. fatum; fata für parca.

fat-i Verhängniss, Zufall. H. K. 232. fatti la fortuna. Raps. 39. fázezę (aus fat und zezę schwarz) unglücklich. Cam. 2. 204. fatos fortunatus. Bl. fatkeć homo miser. Macr. fati-a eine der drei Frauen, welche am dritten Tage nach der Geburt am Bette des Kindes erscheinen, um sein Schicksal zu bestimmen. H. fatuem augurare, congratulare. R.; it. fata; sp. fada, hada; fz. fée ein dämonisches schicksalbestimmendes Wesen. Diez 140.

314. faux.

fęlkínę-a t. Kinnbacken, Spanne mit dem Daumen und Zeigefinger. H. in der zweiten Bedeutung auch táfalki-a. H. felchigna maxilla. Bl. felcli-ia, felcin-a, felcin-i, felcign-a gota, mascella, ganascia, guancia, mandibola. R. Cam. 1. 124. vergleicht falx und ähnliches. fléinet plur.: fléinjet maxilla, serb. vilica. Dalm. bultschi Backen. Klem. Wind. 66; rum. mrum. fálkę Kinnlade, maxilla. K. 222, das auch Schuchardt 2. 495. unbedenklich mit faux in Zusammenhang bringt. Ersetzung des au durch al findet allerdings statt: alb. lelduo. Dalm. für l'ęvduem aus laudo; florent. lalde für laude. Diez 1. 160.

315. fazzoletto it.

fatsolét-i: fazzolett. R. farsul'átę-a Hals-, Schnupf-, Kopftuch. H.; nsl. faconetel, facanetel.

316. februárius.

fruér: fruer. B. 1. 91. flur-i. R.: flur setzt eine von der lat. abweichende Betonung früer voraus. Dasselbe gilt von fror-i. Cuv. 152.

317. feluca it.

feλukke-a λέμβος canot. Rh. 2. 10; serb. fiuga.

318. femina, vulg. femena.

fémęnę-a g., fémęrę-a t. weiblich. H. fémęr. K. 196. fémbęrę. Cam. 1. 122. femena femina. Bl. femne-a. R. femmene. R. femeneza muliercula. Bl. femúar-i t. Weichling. H. u femnúe infemminire. R.

319. fenestra, it. finestra.

fęnestrę-a: fniestra. Bl. finéstra te plur. Cam. 2. 100. finestrashit plur. abl. def. Raps. 83.

320. festum.

fėstę-a. G. 127. festat. plur. 107. festete e katundevet paganilia. Bl. festuem celebrare. B. 1. 14. Tetr. 8. festeggiare. G. 127. festúosem festivo. G. 127.

321. ficcare it.

fik rovinare, ammorzare. R. u fik miscadere, languire. R. Die Bedeutungen werden jedoch schwer zu vereinigen sein.

322. ficus.

fik-u Feige. H. K. 228. R. Dalm. fich. Bl. baam fijg plicare. Bl. σῦκα. Tetr. 10. ficchessa te zoigh ficedula (beccafico). Bl. zoghu fichut. R.; nsl. figa; ahd figa.

323. fidanza it.

fidę̂ntsę-a: fidynts tregua. Raps. 81.

324. fidare it.

fejúem promettere verloben. G. 235. fejúem vaizen fare gli sponsali. R. fiúem fidanzare. R.

325. fides, vulg. fedes.

fe-ja g. Glaube. H. Bl. fea. Dalm. i pas fee infidelis, perfidus. Bl.; it. fede, fe; afz. fe; ladin. feda, fe; mrum. fedea. Boj. 3. Schuchardt 2. 9. 10; 3. 48. 166.

326. figlioccio, figlioccia it.

filiots-i m., filiotse-a f. βαπτιστικός, βαπτιστική Rh. 2. 10.

327. figura.

figur-a, fugur-a figura, figolino. R.

328. filius.

fijàn-i g. der aus der Taufe gehobene. H. aus *filianus; rum. fin; daraus klruss. fijin.

329. filix, it. felce.

fier-i g., fúer-i t. Farrenkraut. H. Der Zusammenhang wird durch r für l zweifelhaft gemacht. Rum. ferïtše aus vulg. félicem.

330. filum.

fil-i Faden. H. fie-ja Faden, Gespinnst. H. me filhe aar con fili d'oro. Raps. 46. Damit scheint auch filúem anfangen, wofür auch zá fill g., eigentlich den Faden ergreifen, gesagt wird, zusammenzuhangen; rum. fir; mrum. hirn. Boj. 3.

331. findere.

Damit scheinen verwandt fęndúel-i t. Schusterahle. H. und fendeveja subula. Bl.

332. finis.

áfęr prope. H. Die Zusammenstellung ist zweifelhaft: hinsichtlich der Begriffe vergleiche man serb. kon, kod prope; die Lautveränderung ist möglich: a ist mir allerdings dunkel.

333. fitto it. Zins.

fitúem gewinnen. H. guadagnare. R. acquistare. G. 15. κερδαίνειν. Tetr. 16. fitim-i Gewinn. H. avanzo. R. fytim κέρδος. Tetr. 16. Diez 147. Die Bedeutung lässt an profitto denken, dessen pro dann als abgefallen anzunehmen wäre. Cam. 1. 132. vergleicht φυτεύω.

334. flaccus lat., it. flacco.

flakúošęm: grükela frutón gazmimin i flaccúosem la gola produce vana allegrezza. G. 273.

335. flamma.

fiámę-a: flamme-a raffredore. R. fiáme. Pouq. 2. 619.

336. flammula, flammulum mlat. Fahne, Hauptbanner eines Heeres, wegen seiner zackichten Gestalt so genannt.

flamure vexillum. Bl. flamur-i insegna. R. flamur-i: flamurin, flammurin sing. acc. bandiera. Raps. 63. fl'amur-i. Cam. 2. 165; mgriech. φλάμουλον; ngriech. φλάμπουρον. Diez 698.

337. flare.

Mit flare stehen vielleicht in Zusammenhang fl'ojére-ja, floére-ja Flöte. H. fl'eredžì-u Flötenspieler, bei Hahn fl'eredží Flötenspiel; fúel. Tetr. 14; rum. flúerę, flúer; mrum. fluera Flöte. Boj. 159. flujara; pol. fujara; klruss. flojara; serb. frula.

338. floccus.

fl'ok, fl'ógu t., fl'ok, fl'óku g. Flocke, Hauptbaar. H. floku dlaka. Dalm. fl'okáte-ja weisswollener Überrock. H.; ngriech. φλοκάτα.

339. florinus, it. fiorino.

fl'orí, fl'orini g., flori-u t. unverarbeitetes oder gemünztes Gold. H. fliori or. Pouq. 2. 621; ngriech. φλουρί, φλωρί; bulg. florin ducatus; serb. forinta ist unmittelbar aus dem magy. entlehnt: forint.

340. fluctuare; it. fluttuare.

fl'uturúem flattern, fliegen; fl'úturę-a Schmetterling; fl'uturák-u, fl'uturákę-a Geflügel. H. flúturęϑa la farfalletta. sic.-alb. Cam. 1. 165. fl'úturϑa 2. 192; rum. flútur moveor, volito; flútur, flúture papilio: floccus nivis. Diez 1. 239.

341 flumen.

l'úmę-i, plur. l'úmęra tę t., lúmena te g. Fluss. H. lhúmit sing. gen.-dat. Raps. 46. liumerat τὰ ποτάμια. Tetr. 1. lume flumen, torrens. Bl. lum-i. R. Schuchardt 3. 48.

342. focacius, it. focaccia.

pogaccie-ia, pokaccie-ia azimo. R. placenta collybium: pogaccia, bogaccia. Bl. Das Wort ist unmittelbar aus dem slav. entlehnt: serb. nsl. pogača; rum. pogače; ngriech. πογάτζα, φογάτζα: türk. pogača, boghača.

343. folium.

terfoiene trifolium. Bl.; rum. foaie.

344. forma.

fórmę-a g. Aussehen. H. Cam. 1. 99. denkt auch hier an ein griech. Wort: μορφή; rum. frumós pulcher.

345. fortis.

fórtę adj. stark. H. foorta plur. B. 2. 71. fórtętę-a Stärke. H. te fortele fortitudo. Bl. fort adv. sehr. H. δυνατά. Tetr. 4. fore. Vuk 1. 5. for. 2. 12. Cam. 1. 167. denkt an griech. φορά, woher alb. fórę, und an das Suffix tę; fórtęšime forte. Cam. 1. 304; rum. foárte valde.

346. fortuna it.

furtúnę-a Sturm. H. K. 234. fortune-a. R. frtuna procella, tempestas, naufragium. Bl.; rum. fortúnę; nsl. fortuna; serb. fortuna, frtuna und vrtuna; ngriech. φορτοῦνα, φουρτοῦνα; türk. fortuna. Schuchardt 2. 123.

347. forza it. aus lat. fortia.

fórtsę-a Kraft. H. B. 1. 5. fortsát-i Kraft. H. forts virtù. G. 93. fortsúem stärken. H. vallare, permunire, cogere. Bl. rinforzare. G. 190. u fortsuo sforzarsi. Dalm. fortsim rinforzo. G. 205. fórtšim stark. H.

348. fossa.

fósę-a fossa, scroba: fosse. Bl.

349. francus, gr. φράγκος, φράγγος.

frangi-a g. Frankenland, Schiessscharte. H. frangúzę-a g. neben fáguzę-a Krebskrankheit. H. frẹngiúzę lepra. K. 207. frantsik-n franco (moneta). R. frántsę-a: frantse-a Francia. R.; asl. fragъ.

350. frangia it.

frầnsę-a: frans-a. R.

351. frate it.

frat-i g. katholischer Geistlicher. H. monaco. R. prifteni te e fratorni te. Budi 52. frati-a communitas: fratija. Bl. (fratiništ) brüderlich. H.; rum. frate Bruder.

352. fraxinus.

fráş̌ẹn-i g., fráş̌ẹr-i t. Baum, aus welchem Fassreife gemacht werden; sein Holz dient zum Gelbfärben. H.; rum. frásin fraxinus.

353. frenum.

frẽ, fréni g., frẹ̃, frẹ́ri Pferdegebiss, Zaum. H. frẽ. Macr. free habena. Bl. free te e caalit. Bl. callafree retinacula. Bl. freen-i. R. 380. fre. K. 223. 235; rum. frẹn.

354. fresco it.

freškúem rinfrescare. R. frescuem refrigerare. Bl. freškim-i: freschim rinfrescamento. R.

355. fricare, it. **fregare.**

fẹrkúem reiben. H. fercuem perfricare. scalpere. Bl. perkohna pass. Macr. fercúe fregare. R. fajkúem glätten, polieren. H. Cam. 2. 142. denkt an ein türk. fark. Rum. frek.

356. frigere.

fẹrgúem in der Pfanne backen. H. fẹrgésẹ-a g. in der Pfanne Gebackenes. H. fẹrtérç-a Pfanne. H. fẹrtére sartago. K. 230. furtere-ia frixorium, patella, sartago. Bl. furterie-ia, feltér-a sartagine. R.; rum. frig, fript; nsl. kroat. frigati; serb. prigati; kroat. presura, prsura frixorium; ven.-it. fersora.

357. frittata it.

fritátẹ-a: frittat-a. R.

358. fructus.

frujt-i fructus, profectus: fruit. Bl. Budi 12. 21. B. 1. 7. friut d. i. frụt. K. 199. frut. Macr. G. 63. R. Cam. 2. 18. fruit. G. 77. fruitúem proficere. Bl. produrre. It. frutúem produrre. G. 271. R. fruitues uber. Bl. fruitesse fructifica. Bl.; rum. frupt, frukt.

359. fugere.

fugúem currere. Bl.; rum. fug fugio.

360. fundus.

funt, fundi Grund, Boden, Tiefe. H. fundi fundus. Bl. fuunt d. i. fund profunditas, pavimentum. K. 186. 217. fun-i, fund-i fondo. R. fond. Pouq. 2. 619. perfundit infra, inferius. Bl. perfundi di sotto. B. 1. 9. perfundi unten. Macr. i perfundsem inferior. Bl. n' fun t' ferrit nell' inferno. G. 17. sprofundnem e retsuem ruere. Bl. fundos den Boden einschlagen. Macr. funtós t. eintauchen. H. K. 188; rum. fund; mrum. funtosesk mergo. K. 188.

361. furca.

fúrkẹ-a hölzerne Heugabel, Spinnrocken, Rockenstab (hat in Albanien Gabelform). H. fúrkẹ colus. K. 222. furch-a forca, conocchia. R. furca n hecuri pastinum. Bl. furk-u Pfahl zum Spiessen von Menschen. H. sfurk-u, tsfurk-u hölzerne Strohgabel; g. Pfahl zum Spiessen von Menschen; Scorpion. H.: s, ts ist lat.

dis. furkulitsę Gabel furcella. K. 218; rum. furtši, ngriech. φοῦρκα Galgen; mrum. fùrkę colus. K. 222. Gabel, Spinnrocken. Tetr.; bulg. fùrkę colus, fusus; mhd. nhd. furke.

362. furia.

furli-ia. R.

363. furnus, arch. fornus.

fùrrę-a Ofen. H. K. 234. furre furnus. Bl. furrè furno, fornace. B. 1. 3; 2. 159. furr-a forno. R. fùrne fornax. Bl. four per bone four à pain. Pouq. 2. 619. furretaar pistor. Bl.; ngriech. φοῦρνος; bulg. furunę, furnę; serb. furuna, vuruna; türk. furun. Schuchardt 2. 176.

364. fúscina Dreizack.

fuššánę-a: fussgnana. Bl. fussgnan-a tridente. R. fišúr tridens. K. 198.

365. fusta it.

fùstę-a biremis: fusta. Bl.; ngriech. φοῦστα; nsl. serb. pol. fusta; mhd. vûst.

366. fustagno it.

fustán-i. R. fustàn-i t., fustáne-ja Weiberrock, Fustanelle. H.; ngriech. φουστάνη, φουστανέλα interula alba lanea. Pass. φουστάνιον in einer italo-griechischen Urkunde des 12. Jahrhunderts. Morosi 164; fz. futaine. Diez 157.

367. gabbare it.

gabúem ingannare, errare, sbagliare. R. ingannare. G. 239. 241. gabim-i errore, imperfezione. R. Diez 158.

368. gaglioffa chw., lomb. gajoffa Schleppsack.

gal'ófę-a tasca. Cam. 1. 40.

369. gálbinus.

ǵélbęr viridis: η γγέλλμπαρ, η γκιέλλμπαρ. K. 221. 236. é guelbre bleu (falsch). Pouq. 2. 617; rum. gálbin; mrum. galbenu. K. 201.

370. galleggiare it.

ęngaleńųem superare, praemiari, lucrifacere: ngalegnuem, gallegnuem. Bl. ęngaleńųes victor: ngalegnues. Bl. ęngaleńųešim: i pas gallegnuescim invictus. Bl. ęngaleńim victoria, praemium, lucrum: ngalegnim, galegnim, nagallegnim. Bl.; rum. gęlędžie virtus heroica.

371. gámbero it., sp. gámbaro von cammarus Seekrebs.

gafórre-ja g., ngafór-i Krebs. H. gafór. K. 197. gaffor-i. R. gaforreia. Bl. Vergl. mrum. kavúru, ngriech. κάβουρας. K. 197. Diez 163. Die Betonung und f für mb macht die Zusammengehörigkeit der Wörter zweifelhaft.

372. gaudere.

gęzúem erfreue. Schuchardt 2. 321. Kopitar, Wiener Jahrbb. 46. 105. gas, gázi Freude. H. gęzim-i Freude. H. Die Verwandtschaft wird wegen des z für d einigermassen zweifelhaft.

373. gaúsapa, gr. γαυσάπης zottiger Wollenzeug.

gęzóf-i Pelz. H. gzof. Meer. ghezoff: mbulnem nde ghezoff. Bl. Diez 1. 29. Schuchardt 1. 158. hat sp. gazapo aus dasypus.

374. gavetta it. hölzerner Napf.

gováte-a Tragbrett für Mörtel. H.

375. gemere.

ģęmóem t., ģimńem g. tönen. H. ghimùe gemere. G. 77. gimue gemere, muggire (del mare). R. ģęmę-a Jammer. H. ghémon tonnerre. Pouq. 2. 622. ģęmim t., ģimim g. Stimme, Donner. H. ģęmętimę: giemetime. Rb. 2. 66; rum. dzem.

376. gener.

ʒę̂ntęr-i t., ʒ̂antęr-i g. Bräutigam. H. ʒ̂ęntęrt-a Hochzeit. H. ʒ̂ę̂ndęr. K. 188; rum. dzinere; mrum. dzinere. Boj. 7. Zweifelhaft.

377. genesta, genista.

ginéstę-a: ginést-a ginestra. R. Schuchardt 2. 62. 63.

378. gens, gentem.

ģind gens: gind. Bl. B. gind-ia gentaglia. R. Hieher gehört auch ginje-a gente; ginje-ia, ginii-ia gentaglia. R. ģent-a Verwandtschaft: a iscte m' genti me tu? Conf. 43. giac e genij consanguinei. Bl. Cam. 1. 42. schreibt ģindia, ģinnia und vergleicht γενιά, womit Diez 1. 57. it. genia zusammenstellt. Mrum. gintę: γκίντα. K. 193. Schuchardt 3. 49.

379. gentile it.

gentil-i pagano. G. 243. R. gentilt. plur. G. 109. gentilat gentilità. R. gentili-a paganesimo. G. 243.

380. genziana it.

genzian-a. R.

381. ghiro it., lat. glis.

ger-i: gher-i. R. Diez 172.

382. girare it.; gyrare.

ęngerùem: cuse ka ugiernem ʒ̂ene qui circuivit terram. B. 2. 41. Diez 1. 18.

383. giubbone it.

gipun-i. Raps. 31. Diez 175.

384. glans: glandem; glandula; it. ghianda.

lèndę-a: lend glans. Bl. lende-a ghianda. R. ģândęrę-a g., ģęndęrę-a t. Drüse. H. gonder id. Macr.; rum. ginde glans; gindurę glandula; serb. glanda struma.

385. godere it.

godit. Dalm. Verschieden davon ist das aus dem slav. entlehnte godit treffen.

386. gotto it. Becher, Trinkglas.

got-i: gott-i coppa, nappo, bicchiere. R.

387. governare it.

guvernùem praesidere, tractare. Bl. governare. R. guvernim-i regimen. Bl. guvernatuor rector. Bl.

388. graecus.

grek-u, gęrk'-i graecus. H. greeh. Bl. gherchijscit dai greci. B. 2. 71. gęrk'i-a graecia. H. gerghia. Bl. grekiŝt, gęrk'iŝt graece. H. gergiast. Bl. gęrkińę-a graeca. H. grekęri-a graecia. H.; rum. grek; gretšie graecitas; gretšésk; gretšéšte graece; asl. grъkъ; serb. grk; goth. krêk.

389. granum.

grun-i g., grur-i t. Weizen, Getreide. H. gruriŝt, grùńę von Weizen. H. grun-i frumento. R. grùrę. K. 224. gronre blé. Pouq. 2. 617; rum. grȩn, grȩu Weizen.

390. gradella it. geflochtener Fischbehälter von crates.

grędélę-a: gradele-a, gredelle gratella, grada, graticola. R. Vergl. die Fremdwörter in den slavischen Sprachen 90. Diez 180.

391. graffio Haken; grampa Kralle; grappa Klammer, Kralle it.

krábę-a t., kęrrábę-a g. Haken. H. krabbe-a ἀντζουγίδα πρὸς ἄρπαξιν τῶν σπορῶν. Rh. 2. 78. Die it. Wörter beruhen auf deutschen, die mit k anlauten; die alb. setzen eben so anlautende it. voraus. Diez 180. 181.

392. grex, gregem; it. gregge, greggia.

grig-i grex: grig. Bl. grik'-i g. H. grigia grex. Bl. griggie-ia. R. grigge. K. 202.

393. grispognolo it. Gänsedistel.

grespin-i. R.

394. grumulus Häufchen.

grúmuλ-i mucchio, aggregamento, moggio, massa, masiera. R. grumuλuem accumulare, aggrumolare, aggruzzolare. R. grubulo, wohl für grumbulc, cumulus. Bl. grumbule modius. Bl. grumbuluem cumulare. Bl.; rum. grum Haufen. Schuchardt 2. 109. Diez 185.

395. gula.

góľę-a, gója-a os (oris). H. góję. K. 227. golia. Pouq. 2. 617. gojáś-i Krummmaul. H.; rum. gúrę. Schuchardt 2. 155; 3. 48. 50; ngriech. γοῦλα gula. Pass; mgriech. für φάρυγξ. Duc.

396. gunna mlat.; it. gonna.

gúnę-a Mantel. H. guña. Mscr. gun-i sottana. R. guneze tunica. Bl. B. 1. 106. gunez-i, sgun-i tunica. R.; rum. gúnę; ngriech. γοῦνα; nsl. gunja; serb. gunj. Diez 1. 40.

397. gutta.

gútę-a podagra: gutta. Bl. gutte. R.; rum. gútę; nsl. guta apoplexia; serb. guta; ngriech. γοῦτα

398. hasta.

héštę-a: hesct für paterscian lancia. Uča 141.

399. hectica.

ohtikę-a, oftiká-ja Schwindsucht. H.; ngriech. ἔχτικας, ατικό, χτικό. Die Accentuation des ngriech. ἔχτικας beweist seinen lat. Ursprung.

400. hirundo.

delandúše-ja t., dalendýše-ja g. Schwalbe. H. dolondúšie. K. 236. ndalandishe, ndalanishe. Raps. 37. 57. Entstellung eines lat. *hirundula, prov. randola. Schuchardt 1. 183; rum. rępduncá, rępdureá aus *hirundinella; mrum. landurę. Boj. 135. lęndurę aus hirundinem. K. 236.

401. hispania; it. spagna; spagnuolo.

spaña. Bl. spañuel hispanus. Bl. spagnúl. R.

402. honor: honórem.

ęndér-i honor, laus: ndeer. Bl. B. 2. 159. nnéer. G. 67. nnéer ossequio. R. ęndërnne venerari, revereri: ndeernne. Bl. nnernem. G. 117. nnero imperat. G. 107. ęndert-a honestas: ndeeria. Bl. ęnderšim honestus: ndeerscim. Bl. Vergl. tmer aus timor: timorem. Nur äusserlich einigermassen ähnlich ist alb. ęndér dem churw. hundrar, hondrar.

403. hora.

órę-a: hore te e dittesse horae diei. Bl. hora e dielit solarium. Bl. ište me ore εἶναι μὲ τὴν ὥραν του il a ses mauvaises heures. Rh. 2. 5; rum. óarę; nsl. ora, ura; serb. urica; nhd. bair. Or, Hor.

404. hospitium.

štępi-a Haus. H. štepi. Mscr. stipy. Pouq. 2. 620. stepia domus. Bl. sctepie-ia, scpii-ia. R. špi-a casa. sic.-alb. sctpia. G. 141. špij Küche. Mscr. stepiza ligellum (casetta). Bl. štepiár-i g. Hausgenosse. H. Cam. 1. 42. 100. glaubt das Wort mit σπίος oder στέγος zusammenstellen zu sollen, allerdings die Möglichkeit seiner Entstehung aus hospitium zugebend. Ich zweifle jedoch nicht, dass es aus hospitium durch Umstellung der Consonanten p und t entstanden ist: ho ist wie im ngriech. σπίτι abgefallen.

405. hostia.

hoste-ja. Bl. hoste. G. 183. hostia l'ostia. G. 185. hosetia. Uđa 230.

406. idolum.

iδúλ-i. R. idoule. Pouq. 2. 620. iδuλatrii-ia idolatria. R. Wenn iδúλ richtig accentuiert ist, dann findet eine Abweichung von der späteren lat. Accentuation statt: idōlum nach εἴδωλον. Schuchardt 1. 172, der auch afz. idre. Diez 1. 190. seine Entstehung verdankt.

407. ilia.

il'a tę, ija tę Eingeweide. H. iję. K. 206; rum. ille. Alb. iję-a g. die Seite von der Schulter bis zum Knie. H. hat mit lat. ilia vielleicht nichts zu schaffen.

408. imperans, imperantem.

perę̄ndi-a g., perndi-a t. Gott. H. imperator: perendia i turchijse imperator Turciae. B. 1. 7. reg e perendij rè e imperatore. B. 2. 156. deus: perendij-a. Mscr. perendi. Pouq. 2. 618. perę̄ndi-a. Tetr. 1. 3. 17. perę̄ndiie di principessa. Raps. 56. perę̄ndi-a, das Abstractum von *perę̄nt, lat. imperant, bedeutet eigentlich Herrschaft: perendii-ia imperio. R. regnum. Budi 25. perendijne sg. acc. imperio. B. 2. 156. 615. perendilek-u, mit türkischem Suffix, imperio. R. Von *perę̄nt stammt auch perę̄ndešę-a imperatrix: perendesca. Bl. perendesc-ia. R. perę̄ndéšh principessa. Raps. 19. 64. perę̄ndéša. Cam. 1. 160. perę̄nduem occidere von der Sonne wie ngriech. βασιλεύω: diλl perendón sol occidit. Mscr. perndil'éme-ja g. Mutter Gottes. H. perndišęm göttlich. H. Auf das Thema *perę̄nt sind auch perendór imperator. B. 1. 146; 2. 20. 22. cesare. R. perandor. Budi 16. und perendorea f. Uđa 170. zurückzuführen. Neben perę̄ndi besitzt das alb. für Gott die Ausdrücke zot, eigentlich dominus; zotune, eigentlich dominus noster. Bl.; i maδe in zot. Pouq. 6. 618; lumizot, eigentlich beatus dominus. Klem. Wind. 87; ágo-ja, das mit agój vb. tage zusammenhängt; das türk.-arab. aλhā-i und das dunkle hu-i.

409. imperator.

ęmbrét-i, plur. ęmbrétęre tc. Sultan. H. bęrét rex. K. 187. bret-i. Vuk 2. 5. bret roi. Pouq. 2. 622. mret. Mscr. mberet-i. R. meret. R. imbreti. Dalm. ęmbrétę, mbęrétę, plur. mbrétęra. Cam. 1. 158. 200. ęmbretęnuem g., ęmbretęruem t. herrschen. H. ęmbretęni-a g., ęmbretęri-a t. Königthum. H. mretni-a Reich. Mscr. ęmbretęnéšę-a g., ęmbretęréšę-a t. Königinn. H. ęmbretęništ g., ęmbretęrišt t. königlich. H.; rum. ęmpęrát.

410. implere.

ęmbl'uem füllen. H.

411. indovinare it.

ęndivenuem: ndivenue. R. ndivenej indovinò. B. 1. 178. ndivènèjèmè prophetamus. 1. 6. divenyes vates. Bl. ęndivenę-a: ndè ndivènessè in aenigmate. B. 1. 6. dęvęnátęs: devenates Wahrsager. Budi 40. geht auf ein Thema *indivinatum zurück.

412. ingannare it.; vulg. gannat χλευάζει.

ęngenuem: negegunem. Budi 64. decipere: ghegauem. Bl. ęngenim-i inganno. R. nghegnime praestigiae. Bl. Diez 1. 39.

413. ingratus.

ingrat misero, misagiato; engrate, d. i. e ingrate, misera. R. aingrat-e infelix. Rh. 2. 3.

414. inimicus.

anẹmik-u g., armik-u t. Gegner. H. anemich hostis. Bl. anmicut. G. 85. anemij te plur. B. 1. 107. armikẹri-a t. Gegnerschaft. H. anẹmik'ẹsi-a g. id. H. anemighesia. Bl. Vergl. churw. anamig. Schuchardt 1. 219.

415. inspirare.

sperydim inspirazione. B. 2. 73.

416. inter.

ẹndér inter. Cam. 1. 73. 318. ẹndẹr: ndr. Mscr.

417. intra, intus.

ẹmbrénda: mbrẹnta intus, intro. Stier; brẹnda. H.; brende. Bl. Die Erklärung Stier's aus per intus ist nicht unwahrscheinlich: man vergl. rum. pentru propter aus per entru.

418. Italia.

Taleia. Bl.

419. italianus.

tal'án-i. H. talian italicus. Bl. tal'aništ adj. adv. H.

420. jejunare.

ẹṅgińuem. Mscr. ngiuuem. R. Bl. angeunom. Budi 48. ẹṅgenim-i jejunium. Bl. ẹṅgenneśim jejunus: ngeunescim. Bl. guinuescim digiuno. B. 2. 41. aģẹnuem g., aģẹruem t. faste. H. αγγιερόγ. K. 213. τὰ ἀγκιρώνας νὰ νηστεύῃς. Tetr. 8. aģẹnim-i g., aģẹrim-i Fasten. H. argirimẹ sic.-alb. Cam. 1. 80. aģẹnuśm g. Fasten haltend. H. ǵinuem: guinue. R. G. 149. guiness digiuno. G. 153. 273. guinuesem. G. 201; rum. ažun; mrum. αντζούνου d. i. adžunu; it. giunare; sp. ayunar. Schuchardt 2. 460; 3. 48. ǎcžin jejunium. Dalm. ist it. digiuno.

421. judaeus.

ǵudij: giučij. Budi 6. giudijerit pl. abl. B. 1. 124. giudcresce hebraea. B. 2. 155.

422. judex: judicem, vulg. judecem.

guk'-i Gericht. H. güüg jus. Bl. güüig. Bl. güüchi te iustitia. Bl. giügg. R. giüch. B. 2. 159. ghiügh. G. 33. 85. güüch. Budi 23. ghiüghia la legge. G. 125; rum. žudek judico; žudéts judex.

423. judicare.

ǵukúem richten. H. Bl. 207. R. ǵukuo. Dalm. giükue. R. gikue. R. ghicue. G. 33. gikim-i giudizio. R. güenes judex. Bl. ǵukẹtár-i Richter. H. giüggtäar-i. R. ghiügtäar. G. 111.

424. judicatum.

ǵukátẹ-a g. Gericht. H. giucata fortuna. Bl. ǵükátẹs-i Richter. H. giucatess syndicus. Bl. giüggkatarm giudicante. R. Man vergl. fz. oubli, oublier; sp. olvidar vom lat. oblitum. Diez 1. 143. 191.

425. junctura.

ǵumtụrẹ-a junctura, membrum: giümtüre, gimtüra. Bl. giümtür-a congiuntura. B. 1. 106. R. articolo, nodo. R. giümtụr t. pl. G. 125. gumpture. Budi 12. djütura Glied am Finger. Klem. Wind. 86. gni nierij giuturim un' uomo stroppiato. B. 2. 55.

426. juncus.

junss-i. R.; serb. žuka, žukva.

427. laborare.

livrûem araro, lavorare la terza coll' aratro. R. livruo. Dalm. livrue token lavorare la terra. G. 126. livruem arante. R. levruem. B. 2. 22. tè levruem il lavoro. B. 2. 65. l'ęvrûamę-ja, ditę e l'ęvrûame Werktag. H. lerróinę ἐργάνουν. Tetr. 5. lavre-a aramento, terra lavorata. R. lavertār-i aratore. R. lavrtar. Macr.

428. labrax.

l'ábrik. K. 206; mrum. l'ábriku; λαῦραξ; ngriech. λαβράκι loup-marin. K. 206.

429. labrusca,

l'arrúšk-u g., l'errúsk-u t. wilde Weinrebe. H. larušk-a lambrusca. R. larušk-u vite selvatica. R.; rum. leurúškę.

430. lactuca, vulg. lattuca, laptuca.

latúgę: lattúgę. K. 209; rum. lęptúkę; mrum. lęktúkę. K. 209; fz. laitue; ahd. ladducha. Schuchardt 1. 128. 135; 3. 48. 65. Loǵikę-a: logiche. Bl. stammt unmittelbar aus dem serb. loćika; asl. loštika.

431. lacus.

lake lac. Pouq. 2. 620. l'ękë, l'ęk'éni. Skodr. Sec. II. lekiee. Bl. leebiēe, -ni, lechèe, -ní lago, stagno, guazzo. R. likieni i Skoders. Hecq. 5. lechienǝ laghetto. B. 2. 56; rum. lak. Schuchardt stellt 2. 490. l'ęk'ë mit lacuna zusammen.

432. lagaena; gr. λάγυνος; ngriech. λαγίνα, λαγίνι cruche, cruchon.

l'ęgén-i, lején-i t., l'ë, l'éni g. Waschbecken. H. leghen bacile, nappo. R. legén. Macr. l'aǵén-i Weinkrug. H. l'aggin (λιαγγίν) lagena. K. 206. l'egén pelvis. K. 207. lagij vas. Bl.; rum. ligian; mrum. lęginu. K. 206. ligene griech. λεκάνη. Boj. 149; ngriech. λεγένι. Pass.; serb. legen, ledjen; türk. legan. Schuchardt 2. 279. Cam. 1. 66. trennt legénę und lagén-i.

433. lamina Platte, Blech.

lamni-a Flintenlauf. H.

434. lampa it.

lampáręm fulgido: me chëz ty lampárme con chesa fulgida. Raps. 56. lampador-i lampore. 31.

435. languere.

l'ęngiem siechen, leiden. H. l'ęngóiję io sono ammalato, l'ëngimę debolezza. Cam. 1. 55. Schuchardt 2. 490; 3. 48.

436. laqueus.

l'ak-u Schlinge, Lederriemen. H. laqueus. K. 188. lach laqueus, tendicula. Bl. lacch-u laccio. R. lecchie lacci. B. 1. 3. lachess plicatilis. Bl.; rum. lats.

437. lardum.

larǝ lardum, succidia. Bl.; rum. lard.

438. largus.

l'árgę t., l'ark g., adj. weit, fern. H. absens: largh. Bl. larg, lerg assente. R.; l'ark adv. weit, fern. H. largh longe. Bl. chiosťe largh abesit. Bl. l'ark praep.: l'ark fšatit fern von dem Dorfe. H. l'árgut t., l'árgu, pęr taç l'árgu g. von weit her. H. l'árgętę t., l'árktę g. adj. der von weit her ist. H. l'argúem entfernen. H. allontanare. B. 1. 6. larguem, languem, laguom. R.; rum. larg amplus; alérg fugio; ngriech. ἀλάργα, ἀλάργου lontano. Comparetti 89.

439. lasciare it.

lęšúem t., l'išúem g. entlassen, verlassen. H. l'ęšóuem t., l'išóhem g. stürze los. H. lešuem sinere, praetermittere, relinquere, repudiare (uxorem). Bl. lišuem abbandonare, assolvere. R. lšoj deseru. Vuk 8. 6. lęšúem: lhęsbón lebera. Rapo 59. lesiúe uin irrigare. R. lešuem petulans, protervus. Bl. lšúem gualoppo. R. lešuešim. Bl.; rum. las, lęsáre.

440. latinus.

l'ęti, l'ętini; l'iti, l'itini g., latin-i Lateiner, Katholik. H. latij latinus. Bl. letii, letii. R. letij te i latini. B. 1. 4. neá ðeu lhętii dalla terra latina. Rapo. 48. latiništ, latinęrišt adj. adv. lateinisch. H. l'itiništ g. lateinisch. H. latiništ, latništ, letništ, ltiništ. R. latijnste latine. Bl. lhętisht alla latina. Rapo. 82.

441. laudare.

l'ęvdúem, lęvdurúem t., l'avdúem, l'avdurúem g. loben. H. lebduem laudare. Bl. u lebduem ostentare. Bl. levduem. B. 1. 15. levduem, livduem. R. lelduo. Dalm. leodue. Conf. 23. Durch Metathese vęldóiję. Cam. 1. 99. lebduem laudatus. Bl. lbduem spectatus. Bl. levdues, livdues laudator. R. levduešim, livduešim. R. lebduešim laudabiliter. Bl. l'evdim-i t., l'avdim-i, l'avdęrim-i g. Lob, Ruhm. H. levdim-i, livdim-i. R. labdurij minaciae. Bl. lavd. Budi 19. labdetăr ostentator. Bl. laudatăr laudator. R. labd laus ostentatio. Bl. l'aft-i g. Ruhm. H. laud laus. B. 1. 6. hymnus. ibid.; rum. laud, laudo; láudę laus; lęudát laudatus; mrum. me alaudu glorior. K. 200.

442. laurus.

lár-i. Bl.; rum. laor, laore datura stramonium; serb. lovor.

443. lavare.

l'aj lavo. H. K. 207. 213. lš. Dalm.; rum. láu, lęuáre.

444. leggere it.

letsúe: lezúe leggere. R. letsues chi legge. R. n' t' letsúomi t divosem in lezioni devote. G. 153.

445. lenire.

l'ęnúem erleichtern. H. Schuchardt 2. 490.

446. lenzuolo it.

lentsue linteolum. Bl. lentsol-i. R.

447. leo: leonem.

luáa, luáni. R. luá. Bl. leo; luáne-a. R. luana leaena. Bl.; rum. léu; asl. lьvъ; nsl. lev; serb. lav; ahd. leu.

448. lepus: leporem.

l'épur-i Hase. H. K. 206. liepuro. Bl. lepor. R. liepurið demin. Bl.; rum. jépure; mrum. l'epur. K. 206. ljepure. Boj. 5.

449. lettera it.

létęrę-a: lettere epistola. Bl. léttrę-a, l'éttrę-a g. Brief, Papier, Karte. H. letr liber. Macr. Dahn. letter-a, letre-a, ltre-a lettera. R. lettera te pl. libri. Bl. letterăr litteratus. Bl. letteruer litterosus. Bl. litoure. érudit. Pouq. 2. 619.

450. lex: legem.

l'igę-ja t. geschriebenes Gesetz, Reim, Klagelied um einen Verstorbenen. H. liggia lex. Bl. ligia. Budi 21. ligie-ia legge. R. ligia lex. B. 1. 120. ligh d. i. lig legge. G. 21. 43. ligiúe, ligierúe legalizzáre. R. ligierúe istituire. R. l'igęrúem um einen Todten klagen. H.; rum. léadže.

451. liber.

livóre-a baccello, guscio, scorza, buccia Hülse, Schote. R.

452. liber.

liber. B. 1. 38. libre te pl. Bl. livęr-i. Rapa. 103. liberë libellus. Bl.

453. liberare.

liberuem. Budi 31. libruem assolvere. R. emancipare. R. liberare. G. 165. Mscr. libruom liberare. Dalm. lirüem retendere. Bl. emancipare. R. abspannen, nachlassen. H. allentare, render lento, abbassare, diminuire il prezzo. R. levroñę it.-alb. Cam. 1. 53. šliruem, š für dis, id. R Damit steht in Zusammenhang lire: te lire libertas: me mos zane te lire cafsecuet refrenare. Bl. me ðane te lijr concedere. Bl. lir-i arbitrio. R. liir-i indulto. R. l'ir adj. adv. schlaff, wolfeil, leer. H. l lire fort ndc te ðane prodigus. Bl. del'ir g. erleichtern. H. Vergl. auch delirune per se düüti repurgare. Lir, l'ir stellt Cam. 1. 53. mit griech. λευρός, λεῖος, λύτρον zusammen. It. liverare, livrare; fz. livrer übergeben. Diez 206; rum. jert absolvo ist ein Denominativum von libertus: livert, liert, l'ert, jert

454. licenza it.

leséntsę-a. Cam. 1. 42.

455. lilium.

lil'-i: ligl-i. R. lilis. Bl.; rum. lilie; nsl. lilija, liljan.

456. lima, limare.

l'imę-a Feile. H. limę-a: lime-a. R. lüma. Bl. lüm-a. R. limöe glätten. R. rum. limę. K. 207; serb. lima. g. l'imę-a Teller ist ngriech. λίμβα. H.

457. limbus Vorhölle.

limb-i. Budi 19. G. 29. B. 2. 162; kroat. limbuš.

458. limus.

lim-i melma Schlamm. R. lim-i, λom-i impostime. R.

459. linter neben lunter.

l'undrę-a Flussfähre, g. Kahn. H. scapha. K. 186. lündre-a, lunder-a battello, navicella. R. lundradáli-a barcajuolo. R.; rum. luntre; mrum. léuntурę, d. i. léndurę. K. 186. Schuchardt 2. 235.

460. linum.

l'i, l'iri t., l'i, l'ini g. Lein, Flachs, g. auch Hemd, insbesondere Frauenhemd. H. li, lini; λi, λini. R. lli. K. 207. Tetr. 18. linar. Pouq. 2. 620. (ngriech. λινάριον). l'inte g., l'ijtę, l'itę t. leinen. H. tę l'inta tę Unterbeinkleider. H. l'ünę-a t. Hemd. H. linneri bechele. Mscr.; rum. in; in; mrum. llinu; asl. lьnъ; nsl. lan, an; ahd. mhd. lin.

461. litania; it. letanie.

letenuti-ia, letuti-ia. B.

462. lixivia lat.; it. lisciva.

alsivę-a Lauge. H. alsive. Pouq. 2. 620; ngriech. αλουσίβα, αλουσία; fz. lessive; kymr. lisiu; rum. léšie; serb. liksija, lušija, luša. Diez 206; 1. 173.

463. lontra it.

ludre-a. R.

464. lucanica, nach Lucanien benannt.

lukanika tę plur. farrimen: lucanica te. Bl. lukanik. K. 208: rum. lukanika: mrum. lukanku. K. 208; mail.-ven. lugánega; ngriech. λουκάνικον. Das Wort hat sich auch im bask. lukhainca erhalten. Diez 414.

465. lucerna.

l'uk'ére. K. 208.

466. lucta, luctari.

l'úftę-a Krieg. H. K. 220. lufta pugna, certamen, bellum. Bl. lufte-a battaglia. R. loufte guerre. Pouq. 2. 619. te luftuem valor. Bl. leftuem pugnare, praeliari. Bl. l'eftúem, l'iftúem, l'uftúem kämpfen, sich bemühen: ngriech. πολεμῶ. H. Durch Metathese fęltóñę. Cam. 1. 99. lhuftósh. Rapo. 57. leftuem, liftuem. R. liftuem. Bl. lottój. K. 216. luftetár bellator, miles, pugnax. Bl. luftär bellicoso. R.; rum. lúptę, lupt; mrum. alupta pugno. K. 216. Schuchardt 3. 49.

467. lupus.

Dieses Wort scheint in l'ugát, Berat. l'urgát fz. loup garou zu stecken. H. lugát-i necromante, spirito folletto, mangione. R. lugat revenant. Hecq. 342.

468. lutum.

l'útsę-a, l'utsl-a, jutsl-a t., lútsę-a g. Schmutz, Koth. Schuchardt 2. 490.

469. macellum; it. macello.

mak'el'l-a Schlachtstätte. H.; rum. mętšelęrie; asl. makelija; griech. μάκελλον.

470. machina, it. màcina Mühlstein; macinare malen.

mókęrę-a Mühlstein. H.; rum. mátsin; mrum. matzen. K. 183. male. Diez 415.

471. maciulla it. Hanfbreche.

mánkę-a: manch-a scossio, maciulla. R. Diez 415. Das alb. Wort geht auf ein rom. maca zurück, wie afz. maque.

472. madia it. Backtrog von magis, magidis, gr. μαγίς.

mágé-ja Mulde, Trog. H. maggie-ia mattera, arco ove si fa il pane. R. Diez 415. Cam. 1. 120.

473. magia.

magí-a Zauberei. H. magie-ia farmaco. R. męnglj-a: mungli-ia. mgnli-ia malia, fascino, incantamento, divinazione. R. magistjar-i t., magistár-i m. magistáre-ja f. g. Zauberer, Zauberinn. H. męngistár-i: mungistáar-i, mungistare-ja, mgnistare-ja mago, maga, incantatore, incantatrice. R.

474. magister, vulg. magester, it. maestro.

mještęr opifex. K. 210. miescter-i industrioso. R. mještrę-i magister, opifex: miestre. Bl. (mjéštrę) Meister, Maurer. H. miestre n druu faber lignarius. Bl. miestri i scolesse ludi magister. Bl. miester μάστωρ. Tetr. 13. miesctre-a maestra. R. miestra magistra. Bl. miesctrúe industriare. R. maštruem decipere. B. 1. 4. maistruem fallere, seducere, pellicere. Bl. maysctruom fallere. Budi 64. maštruem impastocchiare. R. Macr. G. 247. maistrues pellax (ingannatore). Bl. maesctrii-ia industria. R. maistri-a: pa ndogna maistrij simplicitas. Bl. mješterij ars. B. 2. 20. maštrij dolus. B. 2. 151. mastrim-i artificio. R. masctrim-i frode. G. 271. mještrist industriosamente. Bl. magistrik magus. K. 208; rum. męjéstru, meáster; mrum. mastor; serb. majstor; nsl. mešter; ngr. μάστορας; ahd. meistar; mrum. magistru magus. K. 208. 71.

475. maglio it., lat. malleus.

maj malleus: mai. Bl. maiʒ malleolus. Bl. maiz magliuolo. R. maietner malleator. Bl.; rum. maj malleus: mrum. malliu. K. 206; rum. męjůg malleus stuparius; kroat. serb. malj.

476. maius mensis.

màj-i. H.; asl. nsl. maj.

477. malanno it.

malęnůem tristis: malegaųem. Bl. malọ́ním-i tristitia: malegnim. Bl.

478. male.

malafrántsę-a g., molofréntsę-a lues venerea. H.

479. maledicere.

malękůem verfluchen. H. maλekuem. B. 2. 21. malkůom scomunicare. G. 235. malkuo maledire. Dalm. malecuem detestabilis. Bl. maλkue diavolo. R. i malcua verdammt. Klem. Wind. 88. malękécs zum verfluchen bereit. H. malękím-i Fluch. H. mallcchim interdictum. Bl. maλchim anatema. R. malkim maledizione. G. 121.

480. malum, vulg. melum.

mólę-a Apfel. H. K. 211. moλe. G. 263. Mscr. molle. Bl. mol-a. R.; mólę fákesę maxilla; ngriech. μάγουλον. K. 208. molat t' faćes. Dalm.; rum. męr Apfelbaum; meáre Apfel; mrum. méru de fátsę. K. 208; it. melo. Dem Lat. malum entspricht it. und rum. melo und męr und alb. mólę. Diez 417. Schuchardt 1. 187. 188. Nach Pott, Zeitschrift für Alterthumswissenschaft 1854. 219. findet sich melum schon in Denkmälern des IV. Jahrhunderts.

481. mamma vulg.

mámę-a: mama mère. Pouq. 2. 620. mámęzę-a: mamęza nutrice. Raps. 80. Diez 1. 10.

482. mancare it.

menguem mancare. B. 2. 148. 160. meguem. Bl. 207. menghim mancanza. G. 221. maugar: maugari ἄττα ἐκόπασεν ὁ ἄνεμος. Rh. 2. 35; nsl. serb. manjkati.

483. mancipium Sclave; μάγκυφ pistor.

magúp-i: magiųp-i zingaro. R. magup egizio. B. 1. 118. madjub Zigeuner. Klem. Wind. 85. maǵųp-i Knabenschänder. H. Vergl. Die Fremdwörter in den slavischen Sprachen 107. Die slavischen Elemente im Albanischen. 25. Man vergl. auch span. mancebo junger Mensch, Liebhaber und fz. bougre.

484. manco it. mangelhaft.

mangh-u, mengh-u adj. meno, manco. R. mangu. Budi 8. mangh, meng adv. meno. R. męngut, mángut, mętę aus męngutę. Skodr. mangelhaft H. mengůem: mangůe, mengůe scemare, menovare, far minore. R. menguom. Budi 8. mengůem g. verringere. H. te mguem crimen. Bl. męngim-i: maughim mancanza. R. i pa menguem, i pa mangůesem inesauribile, inesausto. R.: vergl. méńij d. i. menj g. entziehe. H. Hieher gehört auch męńǵerę t. adj. link. H. menger sinistra. K. 195. me tę mengirt μὲ τὸ ζερβί. Tetr. 11. męńǵáš-i linkhändig. H. Dunkel ist mir stemancte laevus, sinister, ambidexter — mancte, — mangte. Bl. dora e stemancte laeva. Bl. setemancte. Budi 10. mbe tè setemanjtet, setemajtet a sinistris. B. 2. 153. štmanka manus sinistra. Dalm. neben u stemangune refugere. Bl. u setemangun ritirarsi. R., eigentlich wohl sich entziehen: in štemang laevus scheint stęnkę (mrum. stę́nkę sinistra. K. 195. it. mano stanca) mit mang verbunden zu sein. Serb. maganjati mancum reddere aus dem ven.-it. magagna, magagnar. Pol. mańka manus sinistra.

485. mandorla it.; ven. mandola.

mendula. Bl.; rum. migdálọ, amigdálọ; asl. migdalъ; bulg. mindal; serb. mjendela; ahd. mandala.

486. mandragóla it.

mandragure planta. Rb. 2. 35; rum. mętręgúnę.

487. mane.

męngúem, mengúem. Berat. früh aufstęhen; rum. mę̂nek summo mane proficiscor; alb. μεγγιέσγια d. i. męngḗsę aurora. K. 185.

488. manere.

męnúem rimanere: męnogn. Raps. 96. tardare: męnói. 56. męnóhę t. und sic.-alb. neben g. vęnóiję. Cam. 1. 44. mọnúem t. aufhalten, zögern. H. (męnúa) langsam. H. męnessa l'indugio. Raps 35.

489. manica.

mángę-a g., mę́ngę-a t. Ärmel, Armvoll, Meerenge. H. mę́ngę-a. K. 209. mángę-a Haufe, Versammlung. H. manga d. i. mâga manica. Bl.; rum. męnekę; mrum. męnikę; ngriech. μανίτσα. μανίκι.

490. maniera it.

męndúre-a: mendyr-a, manièra, guisa, forma. R. mèndurè. B. 1. 7; 2. 159. me giđe mendure in ogni modo. Bl. mnur maniera. G. 77. R. tmnur-a maniera di procedere. R.

491. manso it. zahm aus mansuetus; manzo zahmer Ochse, Ochse.

maz-i poledro, mulo piccolo. R. męz pullus equinus. K. 221. mes, mézi t., mas, mázi g. männliches Füllen. H. mę́zę-a t., mázę-a g. weibliches Füllen. H. męzát-i: mezát, mazát, mzat toro, vitello di due anni, manzo, manza, giovenco, bue giovane. R.; rum. męnz pullus equinus; mę́nzę equula; menzát oblactatus von der Mutter entwöhnt; mrum. mę́ntzu, d. i. mę́ndzu, pullus equinus. K. 221. męs. Leake 344.

492. mantile.

mandil'e-ja Schnupf-, Hals-, Kopftuch. H. mantil'ę, mantil-i gualdrappa. Cam. 1. 106. 157.

493. manualis.

manálje-ja Kirchenleuchter, worauf viele Kerzen gesteckt werden. H.; ngriech. μανουάλι grand chandelier d'église.

494. mappa.

náppę-a Käsetuch, grobes Tuch; g. auch Weiberschleier. H.; fz. nappe. Diez 1. 137.

495. marathum, gr. μάραθον, μάραθρον

moráję-a g. ein wohlriechendes Kraut. H. meraalj foeniculum; marathron. Bl. (maraj) Anis. H. (morate) Fenchel. H.; serb. morač.

496. margarita.

margaritár-i. K. 209; mrum. mergeritáre. ibid.

497. Maria.

Męrii. Raps. 75. Mrii. R. Maer. Mbrija. Bl. Mbrii-ia. R. Mria. G. 67.

498. marinaro it.

marinar-i nauta. Bl.; serb. mrnar; ahd. marnaere.

499. maritare.

martúem verheiraten. H. maritare, coniungere. Bl. u martuem nuptiari. Bl. u martuo maritarsi. Dalm. martuem nuptus. Bl. martim-i Heirat. H. martésę-a. Heirat. H. matrimonio. G. 231; rum. męrit.

500. mariuolo, mariolare it.

marjól-i Schelm, schelmisch. H.; ngriech. μαργιόλος, μαργιολιά, μαργιόλικος.

501. marmor.

mármur-i. R. Raps. 93. marmár-i t., mermér-i g. Marmor; marmure. Bl. mermér-i. R. K. 209. marmori marmoreus. Bl. marmeratore plur. lapidatores. Bl.; rum. mármure; mrum. mármur; asl. mramorъ: nsl. serb. mramor; ahd. marmul.

502. marte: martedì it.

márte-a Dinstag. H. e mart-ia. R. e martea. Dalm. t' marten. G. 81. te márteṇ. Tetr. 7. dita e mart dies martis. Bl. mare, e mare. Rh. 2. 34. e mart. Klem. Wind. 85; rum. martsi; mrum. mártsa.

503. martyr.

martuji, martie plur. martyres. B. 1. 107; 2. 156. martiretsúem martirizzare. ibid. martiritsuem. R.

504. marzo it.

mars-i März. H. Bl. R. marss-i. R.; rum. mártie; serb. marać, mrać; bulg. mart.

505. maschera it.: lat. masca für striga.

maskár-i sannio, scurra: mascaar. Bl. maskará-i Possenreisser. H. maskarę ludio. K. 210. u maskaruem scurrari. Bl. mascherli-ia scherzo. R.; rum. meskáre Schimpf, Zote; mrum. meskerę ludio. K. 210.. Diez 1. 40.

506. mascus, masculus.

máške adj. männlich. H. máškul'-i männlich, Knabe; maškul. Macr. K. 185. masculo mas. Bl. mascuλ-i. R. mascuλi. B. 1. 14. maškulfęmerę t. H. maškulfemen g. Macr. Zwitter; rum. máskur, máskure verschnittenes Thier.

507. mataxa mlat. Rohseide aus dem agr. μάταξα, μέταξα, μετάξι.

męndáśk-i Seide. H. męndáš-i: mendásc-i, mundásc-i. R. mandáśi. Tetr. 17. mundaśkę, mundaśi; męndašę, mudašę. Cam. I. 45. 65 82. mundáštę adj. H. 132. mendasctār-i, mundascgli-la setajuolo. R.; rum. mętásę. Schuchardt 1. 216.

508. matricula oder nutricula.

ęndrikulę-a obstetrix: ndricalla. Bl. ndricuλ-a madrina, commare, paraninfa, levatrice. R. ndricula plur. le commari. Raps. 102. drikuole commère. Pouq. 2. 618.

509. maxua, mazzuola it.

matsoλe-a σφυρός ξύλινος. Rh. 2. 35; rum. metsúkę; serb. maćuga; ngriech. ματζούκα.

510. medicus.

mjek-u medicus: miech. Bl. miek-u. R. myeck. Budi 10. g. das Besprechen von Krankheiten durch Zauberformeln. H. mjekúem mederi, medicari. Bl. R. miecóket si cura. G. 171. mengj-e remedium: mengij. Bl. mengij medicamen. B. 1. 4. mieghii-ia. R. mieghia medela, medicina. Bl. miekúes chi medica. R. miekim medicina. R. Eine eben so gewaltige Verkürzung hat das Wort sonst erfahren: asp. mege, menge; pr. metge; afz. mege. Diez 222; 1. 141.

511. mel.

mjal: mial. Pouq. 2. 620. mjáltę-a H.

512. mens: mentem.

męnd-i t., ment-i g.; męnde-ja, mente-ja t., méndę-a, mendi-a g. Verstand, Sinn, Wille. H. mend mens, memoria, cerebrum. Bl. ment. K. 190. mend-ia mente, intelletto; i paa mend furiosus; Bl. i marre mendiss stupidus. Bl. mend trasce raudus. Bl. men mens. G. 71. Col mendi Nicolas le judicieux. Hecq. 177. men-ia pensiero. R. mendúem, mentúem denken. H. mentúem bedenken, sich erinnern. H. menduem (μεννώνω d. i. mendóṅ) cogitare. K. 227. mentónem t., mentóhem g. denke nach, bereue. H. te menduem attenzione. R. mennue d. i. mendue meditare, pensare. G. 83. 151. mendim pensiero. G. 33. mennim-i pensiero.

R. méntsęm, méntšum g. męntšurę t. klug. H. menscmnia la diligenza. G. 275. mentvéri-u g. unbeständig, eigentlich Südwindsinn habend; rum. minte; mrum. mentueska cogito. K. 227; sp. mentar erwähnen. Diez 223.

513. mensa.

męsálę-a Tischtuch, Gastmahl. H. missaλ-i tovaglia, linteo, asciugatojo. R. msala mappa (tovaglia). Bl.: vergl. masari-a: massarij te e stepijsse suppellex. Bl.; rum. másę Tisch; męsęritsę Tischtuch; mrum. misálo mensa. K. 231. misale τραπέζι Mahlzeit. Boj. 150; sp. mesa; mgriech. μέσα.

514. mentha.

méndęrę-a: mēnder-a. R. méndęręzę-a: myndęrzyn, myntęrzyn la menta sing. acc. Raps. 27.

515. mercato.

markat-i: marcat. Raps. 101.

516. mercurius.

dita e merkūr dies mercurii: dita e mercuur. Bl. tę markúrę. Tetr. 7. te mercur, e mercur. R. e mercuria. Dalm. te mrkur. Macr. t' mercūr. G. 157. e mkur. Klem. Wind. 85; rum. mérkuri.

517. meriggiare it., lat. meridiari.

mertséj ich ruhe während der Mittagshitze, feiere, ruhe aus. H. ngriech. σταλλιάζω, serb. plandovati; mberzeiū μεσημβριάζω (ἐπὶ ποιμνίων, ἐπὶ ἀνθρώπων): ri nani e mberze' far sieste, star ozioso. Rh. 2. 42; mgriech. μερενδίζειν. Duc.

518. meritare.

meritoem promereri. Bl. B. 1. 10. meritare. G. 43. meritim merito. G. 17. 67.

519. mespilum lat., it. nespola, ahd. Mispel.

mušmúlę-a. H. musmule-a. R.; rum. miškúlę; magy. naspolya; nsl. nešplja; serb. mušmula; griech. μέσπιλον; ngriech. μούσμουλον; sp. nespero; türk. mušmulo; ahd. nespil; fz. nèfle. Diez 1. 257.

520. miagolare.

miagolūe. R.

521. miglio it. Meile.

migl-i, mije-ia. R. (mill). H.

522. milione it.

millūn, -ūni. R. milón. R.; ngriech. μιλιούνι.

523. milium; it. miglio.

mél'-i. Hirse. H. meλ miglio, panico. R. mel-i. Dalm. mell. K. 201; rum. méjū; mrum. mélliu.

524. mille.

miję; mil'ę Argyrokastron. H. mije. B. 1. 2. gna mije. Bl. mij. Macr.; Davon rum. milę,mil; asl. milija; serb. milja, milj; mgriech. μίλιον; ngriech. τὸ μίλι; ahd. mila. Schuchardt 3. 47.

525. milza it.

męltśí-a t., męltśí-a, multśí-a Leber. H. męltśí e zézę eigentliche Leber; męltśí e kúk'e rothe Leber, d. i. Lunge. H. melsi foie. Pouq. 2. 619. Diez 229. Mulšia, mul'tšiu il fegato sembra appartenere alla radice di mulceo u. s. w. Cam. 1. 123.

526. miraculum.

mrekule miraculum, Bl. merekalle prodigium. Bl. mrékuλè. B. 1. 9. merekúλ-i, mrakuλ-i miracolo. R. u merekuluem stupere. Bl. u mrekuλuem mirari: mbrecnλuem. B. 1. 8. u mreculuem obstupescere. Bl. mrekuli-a mirabilitas. Bl. mrekuλi-ia miracolosità. R. baam mrekulij miracula facere. Bl. brekulim-i miraculum. R. 196. mrekullues prodigiosus. Bl. merekuluešim portentosus. Bl. mrekuλuesecem ammirabile. R. mbrecuλuescim. B. 1. 12. 107. mreculist, mereculist mirabiliter, prodigiose. Bl. Durch eine leichte Änderung des Lautes geht das Wort vom Gebiete des Wunders in das des Spasses über: merraculuem oggaaire (cianciare). Bl. mrraculuem nugari. Bl. mrrakuli nugae. Bl. mrraculues nugator. Bl.; vulg. mere für mire; it. meraviglia; fz. merveille. Schuchardt 2. 78.

527. miscere it.

mickeli-ia, migeli-ia intriso, miscuglio. R. miškilie μίγμα mélange. Rh. 2. 38.

528. miserere.

mešerièr mue miserere mei. B. 1. 5. mišerere, o zot abbi pietà. Conf. 13. mešeriére-ea misericordia: mescerieria. Bl. mescerier venia. Bl. i paa mescerier immisericors. Bl. misciriere-ia misericordia. R. miširiéria. G. 17. Conf. 61. nana e mišieriérs mater misericordiae. G. 83. mescerierscim misericorditer. Bl. miseiriérscmit gen. G. 77; vulg. meserecors. Schuchardt 2. 7.

529. missa.

mešę-a Liturgie, Messe, g. auch Weihbrot. H. mešra plur. προσφοραί. Tetr. 15. mesc, mescia. G. 151. mešńem Messe lesen. H. mešetár-i sacerdos. Macr. mešťár-i. G. 151. missaλ-i missale. R.; rum. mišę; asl. mьša; nsl. meša, maša; serb. maša, misa; ahd. mēssa; mgriech. μίσσα.

530. modius.

(mod) Scheffel. H.

531. modulus.

módug'a d. i. módula moine, belle maniere, carezze. Cam. 2. 203.

532. molere.

bluem aus ęmbluem macinare. R.

533. monacha.

monakéšę-a: monakésc-ia. R.

534. monasterium.

munestér-i. R.

535. moneta.

munétę-a: denaar munete talentum. Bl. monédę-a Münze, Geld. H. K. 211; urum. monédę; ngriech. μονέδα.

536. moria it.

morii-ia moria, mortalità pestilenziale. R. Vergl. serb. morija.

537. mors: mortem.

mort. Macr. Tetr. 17. mortia. Bl. moortie-ia, mordie-ia, morčie-ia. R. pre mordie. Dalm. morne sing. acc. Bl. 211. mórde morte. G. 277. mórdia la morte. ibid. mordes sing. gen. G. 279. n' fiλ t' mors tempore mortis. G. 273. mort-i: paa mortit. B. 1. 117. mortšim mortale. B. Hieher gehört auch murtáję-a Pest. H. B. 2. 158. murtaja pestis. Bl. murtaje. Tetr. 17. mortáje-ia mortalità. R.; eben so morϑ-i ne door manignone, gelone alle mani. R.; rum. moárte. Schuchardt 3. 48.

538. mortalis.

mortár. R. G. 33. 175. murtäar-i, mortäaλ-i. R.

539. mortarium.

murtir-i. Rh. 2. 39; nsl. kroat. motar; ahd. morsâri.

540. mortificare.

mortifikim-i mortificazione. G. 225.

541. mostacchio it., gr. μύσταξ.

musták-u. R. mustak'-i. Rh. 2. 39. musták'e-ja g. Schnurbart. H. mustáke. K. 212. mustačet plur. Dalm.; rum. mustáts; nsl. mustači; bulg. mustak; ngriech. μουστάκι, μιστάκι.

542. mostra it.

mustre-a. R. Schuchardt 2. 126.

543. mucus: it. mucido schimmelig.

muk-u tanfo, muffa, fetore della muffa. R. cera e mukut. R.; rum. mutšczálç.

544. mulino it.; vulg. molina für mola.

mull-lini g., mull-u; mull, mulliri Mühle. H. mulij pistrinum. Bl. muλí, muλini driϑit. Macr. mulli, -iu macina, mulino. R. mulini. Dalm. mulið demin.: stomacho mulíði, gbi chaa nieri nde bark. Bl. mulinaar-i mulinaro. R.; rum. moárç von mola. Bei Pouq. 2. 620 findet sich auch mole moulin.

545. murmurare.

mormurúem murmurare, tonare. Bl. te murmuruemi te e ujt murmur aquae. Bl. mrmruem tonare. Macr. murmurim mormorazione. G. 275.

546. murus.

mür-i Mauer. H. mur. K. 229. muur murus, paries. Bl. mure te e Romese. Bl. muri. Dalm. miestre m muri tector. Bl. muratuar-i muratore. R. murnem murare. R.; rum. mur; nsl. kroat. serb. mir; pol. mur; ahd. mûra.

547. muscatus: moscadella it.

muskatele: darða muscatelle moscatula. Bl.

548. muschio, moscado it.

misk-u. R.

549. musculus.

muškęni-a g., muškęri-a t. Lunge. H. muschenij ficatum (fegato), iecur, hepar. B. muškeni. Macr. musckenij te le viscere. B. 2. 160. muschnia e barϑ polmone. R. buschkni Leber; buschkni te bara (richtig barð) Lunge. Klem. Wind. 86. moustiri poumon. Pouq. 2. 621. Hieher gehört auch mušk-u, plur. múšk'i tę durch gli omeri übersetzt. Cam. 2. 108 158; rum. múškī Muskel, Hüfte, Lungenbraten. Schuchardt 3. 50.

550. musica it.

muzik-a musica. R. muzikúe musicare. R.

551. mustum.

mušt-i eingekochter Most. H. R. K. 212. must uvens. Bl.; rum. must; asl. мъстъ; serb. mast, must, mastika; ngriech. μούστος; nhd. Most.

552. nappa it. seidene Quaste.

náppę velo (panno trasparente) sic.-alb. berretta. Cam. 1. 201.

553. natare, vulg. notare.

notúem schwimmen. H. πλέω. Tetr. 12. çndotúem. Macr. mnotój nato. K. 202. notętár-i Schwimmer. H. çndodetar, çndotar. Macr. mnotgli-ia natatore. R. not-i das Schwimmen. H. bęj not. H. une bije çndot schwimme. H. naän m not natare. Bl. Die o enthaltenden Formen setzen ein altes notare voraus. Diez 240. Schuchardt 1. 175; 3. 48.

554. natalis.

nata. Bl.

555. natura.

natų̈rę-a Natur: natūr. G. 25. natūra sexus. Bl. nantūra natura. Bl. natūrëm naturale. G. 37. 174.

556. naviglio it.

navil navigium. Bl. vascello. R.

557. navis.

návę-a ratis: nave. Bl.; kroat. nava; ahd. nâwa.

558. népos, nepótem.

nip-i plur. nipęre tę Neffe, Enkel. H. nip nepos. Bl. nipę-a: nip-a nezza. R. Vergl. mbes neptis. Macr. rum. nepót, nepoátę. Dem alb. nip liegt, wie die Accentuation zeigt, der Nominativ zu Grunde.

559. nodus.

nųe nodus. Bl. nųe-a, neu. R. nuųe d. i. ęndūe vincolo. G. 233. néję-a Knoten, Holzknorren, Gelenk. H. nųem nodare. Bl. nųes nodosus. Bl. neñese nodosus: nognese drun. Bl.; rum. nod, vergl. nuĕ Ruthe.

560. nonno, nonna it. Grossvater, Grossmutter.

nun-i Pathe. H. compare. R. nuu paraninfo. Raps. 63. nonna Mutter. Klem. Wind. 86. nunert-a Gevatterschaft. H. Cam. 2. 151; rum. nun, nunę; ngriech. νοῦνος, νουνά. Schuchardt 2. 117. Diez 240.

561. novercus*, noverca.

ńerk-u Stiefvater. H. ńérkę-a Stiefmutter. H. nierca. Bl.

562. numerus, numerare.

nûmęr-i, nę́męr-i Zahl. H. numer. G. 207. numur. K. 185. numęrûem, nęmęrûem zählen. H. numruom. G. 89. ęndęmęrûem (ndęm-) H. nęmbróiję. Cam. 1. 45; rum. numęr; churw. dumbrar. Schuchardt 3. 48.

563. oblata.

blate-a hostia, oblata. Rb. 2. 5. blatetuar, blatetori für suffraiđe d. i. σφραγὶς τῆς προσφορᾶς. Rb. 2. 5. ml'atur-i, l'atûr-i g. die Holzform, welche als Siegel auf die geweihten Brode gedruckt wird. H.: vergl. me sacrificuem mblaϑ te tine zot sacrificare. Bl. Dasselbe Werkzeug heisst suffraiđe. Rb. 2. 5. und farastûa-ot. H.: beide Worte sind aus σφραγίς entstellt.

564. offizio it.

fitsę offizio divino. Cam. 1. 98.

565. oleum.

val'i, vaj-i t., võj, vóji g. Öl. H. voj-i R. val, vaie baile. Pouq. 2. 620. vojûe inoliare. R. volm-i extrema unctio. Uda 228; rum. oléj: asl. olĕj, jeléj; nsl. olej, olje; serb. olaj, ulje; ahd. olej, oli.

566. oliva.

ull-u t., ulf, ullui g. oliva. H. uλl-a. Dalm. ulf. Macr. ully d. i. ullij. Bl. uλli, -ini. R. uliśto oletum: ullyste, d. i. ullijste. Bl. ultui oleaginus: ullyni, d. i. ullijni. Bl. uliñ: συλλέγων ἐλαίας. Tetr. 10. mbe mal te uλigne t in oliveto. B. 2. 158. olivi olives. Pouq. 2. 621. Nsl. olika; serb. uljika.

567. opera.

vépęrę-a opus: veperë. B. 1. 19. vépręę-a g. Werk, That. H. veper. G. 259. vepra plur. Conf. Cam. 1. 27.

568. operari.

vepęrúem agere, facere: vepernem. B. 1. 4. 21. voprnem. G. 113.

569. orare.

urúem augurare. R. Glück wünschen. H. urólję saluto, faccio buon augurio. Cam. 1. 39. orátar-i begbino. R. urim-i congratulazione. R.; rum. ur, urare gratulari; uratsie gratulatio.

570. oratum.

urátę-a Segen. H. oratio: urata. Bl. urata. Macr. urate t orazioni. G. 47. vendi i urateve sanctuarium. Bl. urates orator. Bl. uráta la benedizione stellt Cam. 1. 39. mit ἀρατός zusammen.

571. orbus für caecus.

verp, vérbi g. blind. H. verbene g. orbus. Bl. caecus. Bl. verben. Macr. vérbęrę t. blind. H. verbęr. K. 232. verber-i στραβός strabo. Rh. 2. 13. verbet-i caecus. B. 1. 119; 2. 159. R. te verbeti te caecitas. Bl. verbúem blind machen. H. orbare, caecare, obcaecare. Bl. verbęsinę-a g., verbętsirę-a t. Blindheit. H. Hieher gehört auch vorf-i g., várfęrę t. verwaist, arm. H. várfęr orphanus. K. 215. pauper. K. 221. varfen verwaist. Macr. vorfen orfano. R. vórfen g. Cam. 1. 98. vorfen inope. R. Macr. vorfn povero. G. 253. vorfuni d. i. vórfęni. Dalm. varfer. Rh. 2. 12. varfęrúem arm machen. H. varfęnі-a g., varfęri-a t. Armuth. H. Arm und verwaist werden auch in den slavischen Sprachen durch dasselbe Wort ausgedrückt. Gegen die Zusammenstellung von vórfen mit ὀρφανός scheint der Accent zu sprechen. Ungeachtet des h und f glaube ich, dass sich verp, vérbi aus orb zu vórfen verhält wie šurd zu šurden. Rum. orb caecus; mrum. oárfęnu orphanus. K. 215. orbus heisst auch in der späteren Latinität blind. Diez 244; 1. 21.

572. ordinare.

urdęnúem g. befehlen. H. urdenuem iubere, praecipere, sancire. Bl. urdenuo. Dalm. urdnúhet si commanda. G. 117. urdęrúem t. befehlen. H. urdaruém t.: urdaról ἐπρόσταξε. Tetr. 2. urdęnim-i g. Obrigkeit. H. urdenim regula, imperatum, scitum. Bl. urdnim. G. 13. urdęrim t. Befehl. H. ourdonrime commandement. Pouq. 2. 618. urdenúos-i reggitore. G. 111. urdęnár-i Vorgesetzter. H.

573. ordo: ordinem, vulg. ordene, urdene.

urdene ordo, mandatum, licentia. Bl. ordine. B. 1. 2. urden-i decreto. R. úrdęr-i Befehl. t. H. urdn ordine (sagramento). G. 171. Schuchardt 2. 23. 121.

574. oryza; it. riso.

oris, orizi; ris, rizi Reis. H. oris. K. 222; rum. oriz, uręz; mrum. orizu. K. 222; bulg. oriz; ngriech. ῥύζι. Diez 291.

575. ovum, vulg. ovum.

vo-ja g., ve-ja Ei. H. ve. K. 186. voo, vo g., vee, ve t. Cam. 1. 44. voe. Bl.; rum. ou. Schuchardt 2. 472.

576. pacatum.

pak'óiję, pajtóiję io pacifico; paiktóiję id., und io patteggio, prendo a nolo; pajtóiję io difendo. Cam. 1. 334. pajktóiję, pajtóiję, pak'óiję io concilio, proteggo, pattuisco. Cam. 1. 105. paituem pacificare, placare. Bl. transigere. R. als partic. pacatus. Bl. paictaar-i riconciliatore. R. pajtór pacificatore, avvocato. Cam. 1. 334. paitues pacator, pacificator, reconciliator. Bl. paitim pacificatio. Bl. paitim-i rappacificamento. R. paitimtar-i riconciliatore. R. paitimtáar-i propiziatorio. G. 187. Hahn hat in der Bedeutung versöhnen, g. auch miethen neben paituem die Formen paiktuem und pak'uem: bei „miethen" liegt der Gedanke an pactum, ngriech. πακτώνω, nahe. Wenn die Bedeutungen der alb. Worte genauer angegeben wären, könnte man diese vielleicht unter pacatum und pactum vertheilen.

577. paganus.

pegan: i pegani gentilia. B. 1. 2. 4; 2. 23. pegán-i idolatra. R. Damit stehen einige, Unreinlichkeit bezeichnende Ausdrücke in Verbindung: pegām sordidus, immundus: pegaam. Bl. pegam pollnere, inquinare: pegaam. Bl. pęgėj beschmutze. H. inquino. K. 208. pugâ g. verunreinige. H. pugánęs-i der Verunreinigende. H. pugansí-a Unreinlichkeit. H. pęgęrę-a Unrath. H.; rum. pęgę́n paganus; pęngęréak polluo; mrum. pęngęnésku inquino. K. 208; asl. poganinъ; nsl. pogan gentilis, foedus; bulg. serb. pogan impurus. Diez 248.

578. pagare it.

paguem persolvere. Bl. G. 223. pagno. Dalm. pagój, pogój, und pagúaj, pogúaj zahle. H. págę-a salarium. Bl. g. Abgabe. H. paga prezzo. B. 1. 106. pagb-a guiderdone. R. paġę (πάγια) dos. K. 221. pageturę-a stipendium. Bl. paghetur-a guiderdone. R. Mit dis: špaguem g. vergelten, rächen. H. špageatár-i g. Vergelter, Rächer. H.; nsl. pagadur Rentmeister.

579. pala it. Schaufel.

palaree e maze patina (piadena). Bl.

580. palam.

špal offenbare. H. špálę in manifesto, scopro. Cam. 1. 240.

581. palatium.

palát-i Palast. H. pęlás. Raps. 39. pėlas. B. 1. 2. pellas. Bl.; rum. polátę, pęlútę, pęlát; asl. polata; nsl. serb. polača; bulg. polati; gr. παλάτιον; ahd. phalanza. Von den rum. Worten ist polátę unmittelbar aus dem slav. polata entlehnt; pęlát ist lat. palátium; pęlútę ist dunkel.

582. palla.

pál'ę-a: paalb. Raps. 56.

583. palma.

pęlámę-a g., pelémpę-a t., richtig wohl pęlémbę-a Spanne. H. K. 218. pellamba. Bl. pęlemb palmi. Raps. 28. plámę-a g. plę́mbę-a t. neben pęlámę-a und pęlę́me-a. Cam. 1. 40. plom. Mscr. Rum. pálmę.

584. palumba neben palumbus und palumbes.

pęlúmpę-a, richtig wohl pęlúmbę-a; pęlúm-i t., palúmę-i g. Taube. H. palúmb für pęlúmb. K. 218. pelumb. Bl. polumb-i, pλum-i. R. plumbi. Dalm. pluma. Mscr. pęlúmba tę plur. Tetr. 5. pumbe. Rh. 2. 50. Vergl. lumbarda plur. colombi marini. Raps. 68. Colombo selvatico heisst lapatán oder pλum i egre. R.; rum. porumb; mrum. pęrúmbu. K. 218. Schuchardt 3. 51.

585. palus, pali.

pálę-a g. Pfahl; Holzschlägel, womit die Wäsche gebläut wird. H.

586. palus, paludem, vulg. padulem.

pęl-i Wald. H. pųųl-i selva. R. pųųl saltus. Bl. pil forêt. Pouq. 2. 619. pilia bosco. Spata 64. pulę; pielę it.-alb. Cam. 1. 52. pielę, pilę sic.-alb. Cam. 1. 92, der an griech. ὕλη denkt. Rum. pędúre Wald; it. padule; asp. pg. paul. Schuchardt 1. 29. Diez 421; 1. 41. pųl steht für pęųl, pędųl.

587. pancia it. Wanst.

pénsę-a Bauch. H. Man vergl. auch plęnsę. Cam. 1. 347. pl'ęndęs-i t. pl'ándęs-i g. innerer Bauch; bl'éndsę-a Bauch. H. plants-i. R. intestina. Dalm. plontsi venter. Mscr. plonssi. Klem. Wind. 86. und rum. pęntetše; mrum. pęnteku. K. 201; lat. pantex. l macht Schwierigkeiten. Cam. 1. 347. denkt an die Wurzel πλη u. s. w.

588. panicum, it. panico.

pęnik: penik. B. 2. 160. penek ibid. pönik. Bl. panik-a. R.

589. paniere it.

panarę̄zę-a: panarezyn sing. acc. Raps. 39.

590. panziera it.

pantsir-i. R. petšir thorax: pecijr. Bl. pecir. R.; serb. pancijer, pancir; mhd. panzier.

591. pappagallo it.

papagal-i. R.

592. parabola, gr. παραβολή, woraus it. parola.

pęrrálę-a g., prálę-a t. Fabel. H. perraalla. Budi 41. perrala fabula, tricae. Bl. práλe-a chimera. R. prala Fabel. Macr. praλegli-a moltiloquo. R. pęrrálem g. unterhalte mich. H. perales fabulator. Bl. paareze für peλareze. Rh. 2. 50. paravull-a, paravoli. Cam. 2. 1. ist griech. παραβολή. Diez 253. Der Accent des alb. Wortes beweist dessen Entlehnung aus dem lat.

593. paradisus.

paradis-i, parris-zi Paradies. H. paradis. K. 217. parijs. Bl. parrijs. B. 1. 22. Budi 9. parráis-i. sic.-alb. Cam. 1. 98.

594. parens.

pęrind-i Vater; pęrindę Eltern. Tetr. 8. print-i g., richtig prindi, H. prindit sing. gen. B. 1. 7. print padre e madre. G. 107. prind-ia, prindie-ia genitore, padre, parente. R. printe e pare. Budi 9. perin. N. T. bei H. prindę, plur. prindęra sic.-alb. Cam. 2. 160. prindęri-a la paternità. ibid.; rum. pęrinte; mrum. parinte. Boj. 163.

595. parroco it.

parok-i. G. 235. Diez 253.

596. pars, it. partita.

parti-a g. das Gastmal, das die Schwiegereltern dem Schwiegersohne bald nach der Vermählung geben. H.

597. partigiana it.

paterzánę-a iaculum, sarissa, telum: paterzana. Bl. paterzane-a, patersciau-a lancia. R.

598. pasqua.

páškę-a jedes der vier hohen Kirchenfeste. H. pasche to pascha. Bl. pasch-a. R. paškt Ostern. Dalm.

599. passus von pati.

pęsúem t., męsúem g. dulde. H. pęsúem. Tetr. 18. K. 216. pessuem pati, tolerare. Bl. pesim passio: pessim. Bl. B. 1. 107. pesuešim veteranus: pessuecim. Bl. Man vergl. auch pęsúem, ęmpęsúem in der Bedeutung lernen, lehren, was Cam. 1. 139. mit παθῶ zusammenstellt. Rum. pat.

600. passus von pandere.

paš-i Längenmass, Klafter. H. orgyia. K. 215. passus. Bl. m pass, passem gradatim. Bl. pasc-ia passo. R.; rum. paš; pęšék gradior.

601. patata it.

batákę-a: batakke-a. Rh. 2. 41.

602. paucus.

pákę adj. klein, unbedeutend. H. paucus. Bl. K. 214. adv. wenig. H. parum, paululum: pach. Bl. ka pak ka pak paulatim. Bl. pakeziđ pauxillus. Bl. pákęzę ein wenig. H. parumper: pacheze. Bl. pagz parum. Macr. pakitz micolino. R. pákęta g. Enthaltsamkeit. H. pakńem g., pakętsúem t. vermindern. H. pakúe indiminuire, mancare. R. pakęsóiję diminuisco. Cam. 1. 142. mpakúe indebolire. R. paa pakúescm inesauribile. R. Cam. 1. 53. vergleicht paucus und ein griech. πίκκον, μίκκον, μικρόν. Churw. pac. Schuchardt 2. 307.

603. pavo; it. paone, pavone, pagone.

pagúa-oi Pfau. H. palua, wohl statt pagua. K. 215. pavón-i. R.; rum. pęún. Schuchardt 2. 105; ngriech. παβόνι, παγόνι; nsl. serb. pav; ahd. phâwo. pagúa ist it. pagone. Diez 1. 176.

604. pax.

pák'e-ja Friede. H. pać. Macr. pacc-i, pac-i, pag-i. R. pákki. K. 193. paći. Dalm. paich pax, tranquillitas. Bl. t' lum t' pacht beati i pacifici. G. 253. pak': jéni pak' siamo in buona armonia; ęmpák'e in pace. Cam. 1. 305. paciúe quietare. R.; rum. páĭće.

605. peccatum.

mękát-i, mukát-i g. Sünde. H. meat. G. 83. 167. peccatum, crimen, culpa. Bl. mkat. Dalm. mpcat. Bl. 207. Budi 9. mukátęs-i g. Sünder. H. mkatnuem peccare. G. 113. immacolare. R. n permkatnuem peccare. Bl. mękátia sic.-alb. Auch hier weist Cam. 2. 199. die Ableitung vom lat. peccatum zurück und zieht die vom griech. μόγος, μογέω vor: il vocabolo sarebbe per la composizione simile a *μογητος d. i. *μουγατος, quasi „atto a produrre pena". Welche Anstrengung, um überall griech. Einfluss nachzuweisen, den lat. überall abzuweisen!

606. pedica.

pénge-a pedica: peenghe. Bl. pengúem fesseln, necken t., ein Bein stellen g. H. impastojare. R. peguem impedire: peeguem. Bl. von *pedicare: impedicare. Diez 1. 18. Cam. 1. 139. bringt pengóiję mit pango in Verbindung. Rum. peádekę; fz. piége. Diez 1. 140. Schuchardt 2. 3.

607. pegolare it.

peguluem picare, oppicare. Bl.

608. pellegrino it.

paligrí, -grini peregrinator: pulligrij. Bl.; mhd. pilgrím.

609. penna.

péndę-a g., pénię-a t. Flügel, Flugfeder. H. péndę penna. K. 234. pend-a. R. pende penna, calamus. Bl. penda pinna. Bl. penda plur. πτερούγια. Tetr. 6. penduem pennatus. Bl. pennula plur. vanni, penne (delle ali). R. Hieher gehört auch špen-i uccello. R.; rum. peánę. Vergl. sp. pendone it. pennone. Diez 259.

610. pepo: peponem: ngriech. πεπόνι; agriech. πέπων, πέπονος.

pjépęn-i g., pjépęr-i t. Zuckermelone. H. piépęr. K. 217. pjepene melo. Bl. piepen mellone. R.; rum. peápęn; mrum. peápine. K. 217; bulg. pepun; serb. pipun; nhd. bair. Pfeben. Die Betonung von pjépen scheint für die Entlehnung aus dem agriech. zu sprechen.

611. per it.

per denare pro pecunia. Bl. 214. Schuchardt 3. 47.

612. pergola it.

pjérgulę-a: piérguλ-a. R.; ngriech. πέργουλο.

613. periculum.

perricolle. Budi 56. perikuλúem: periculonte pericolava. B. 2. 66.

614. permettere it.

permetuem probare. Bl. te permetuemi te permissione. B. 2. 160. permetesse promessa. B. 1. 106. Vergl. promettere.

615. persa, maggiorana it.

pérsę-a: pers a. R. ngriech. πέρσα, angeblich von πράσον Lauch. Diez 423.

616. pertaedet.

pęrtésę-a noja. Cam. 2. 145. purtésę-a, pęrtim-i, purtim-i aus pęrtędim Faulheit; partúam g. träg; pęrtój, purtój t. faulenzo. H.

617. pesca, persica.

pjéškę-a. K. 222. piescha. Bl. piesch-a. R. piesheh. Raps. 23. pieski pêrhes. Pouq. 2. 621; mrum. πχίσκα, d. i. pjéškę. K. 222; rum. peársek, peárseke. Schuchardt 3. 48.

618. peso, pesare it., lat. pensum, pensare.

péšę-a onus, pondo, statera, trutina, libella: pesce, pesca, pessca. Bl. pesc-ia. R. pescim-i importanza. R. pešuem g. wägen. H. pessuem trutinare, pendere. Bl. pessenem librare. Bl. pesenem ponderare. Bl. petsuem sarcinare. Bl. pesciim importanza: pešim. G. 121.

619. pesolo, penzolo it.

pésuλ-i. R. pésuλ, mbi crab di peso, av. tolto sullo braccia. R.

620. petroselinum.

pjetroseli. Bl. prezemolo. R. Schuchardt 1. 391.

621. pezza, pezzo it.

pjésę-a pars, portio: piesse. Bl. paa piesse expers. Bl. me daam piesse piesse secernere. Bl. piéssemo parziale. G. 225. pétsę-a: pezz-a pezza. R. Rum. fehlt.

622. phaseolus.

fasúli ngriech. φασούλι. Tetr. 10. fasole haricots. Pouq. 2. 620. frašúle-ja g. Bohne. H. frassuel. Bl.; rum. fasóle; mrum. fasúlliu; neap. fasúle; nsl. bažulj, fažolj; türk. fasul.

623. phasianus.

fasandue pavo. Bl. fassaudue-i pavone. R.

624. plantare it.

k'antúem: kiantói it.-alb. Raps. 63.

625. piazza it.

k'átsę-a: kiazz it.-alb. Raps. 86.

626. picca, piccare it.

pikę-a punto: piche. plur. B. 1. 39. pik-a. R. pikuem punteggiare. Cam. 1. 143. Vielleicht hängt mit diesen Worten auch pike-a gutta: piche. Bl. pik-a colpo apoplettico. R. und pikúem stillare. K. 226. gocciolare. Cam. 1. 143. zusammen; rum. pik gutta; stillo; mrum. kiku, aus piku, stillo. K. 226.

627. piccione it.

bedšúnę-a t. junge Taube. H.; ngriech. πιτσούνι. Pass.

628. piegolare: impiegolare it. verpichen.

pjeguλúe. R.

629. pignus.

peń pignus, obses: pengh. Bl. peng caparra. R. đane pengh, setli pengiat impegnare. R. peńúem oppignerare: penguem. Bl. pengúe impegnare. R.

630. piper.

piper-i Pfeffer. H. bibeer. Bl.; asl. pьpгъ; nsl. prper; serb. papar neben biber; ngriech. πιπέρι; ahd. pfeffar; türk. biber.

631. pipita it.

pepitę-a: pepita. Cam. 1. 42. pepitte. Rh. 2. 49.

632. pirus it. dial.

pirû, -ûni g., pirûn-i t. Gabel. H. pirûn. Mscr. pirûn-i sic.-alb. pirón-i forchetta. R. perûs clavus. K. 199. perónę-a Nagel. H. peróna καρφιά. Tetr. 4. Cam. 1. 161; rum. pirón, piróną clavus ferreus; mrum. perónę. K. 199; ngriech. περόνι. Pass. πηρούνιον furcula.

633. piscina.

pišinę-a: piscine-a. R.

634. piscis, vulg. pescis.

pišk-u t., pešk-u g. Fisch. H. pešk. K. 238. pesch. Bl. pešku. Dalm. pišk. Mscr. pešk, plur. piski. Rh. I. 7. pische poisson. Pouq. 2. 621. peschtsch. Klem. Wind. 86. peškuem piscari: pescuem. Bl. R. peśketar piscator: peschetaar. Bl. pišketár. Marc. I. 16. piškętór-i, plškadži-u Fischer. H. peškadži-u. Mscr. (fišk'ár-i) Angelruthe. H. peškari-a piscaria (pescaria). Bl.; mrum. pésku; rum. peáště. Schuchardt 2. 59.

635. pistola it.

pistol'e-ja g. Jagdflinte. H. pišk'ólę-a t., pisńóle-ja g. Pistole. H.; rum. pištól; bulg. pištoli; ngriech. πιστόλα.

636. pittore it.

pitûr-i: pitur-i. R. pitturûe dipingere. R.; ngriech. πιτόρος. Pass.

637. piviale, pieviale it.

pivial-i, pievial-i. R. Diez 423.

638. pizzicare it., ven. pizzare.

pisch-u pizzico. R. piskuem vellicare: piscuem, wohl piškuem. R. piskûem pizzare, pizzicare, morsicare. R.; rum. pitsig zwicke.

639. placere.

pęl'k'ęem gefallen, Wohlgefallen haben. H. pęlk'ęem placere, complacere, obsequi: pelchyem. Bl. pel'kén piace. Raps. 65. pelchyem placidus. Bl. pęl'k'im-i Wolgefallen. H. pelchim placitum, oblectamentum, solatium. Bl. pelcim-i gradimento. R. pęl'k'ýšęm g. angenehm. H. pelchyescim lepidus, urbanus. Bl. Mit dis: spelk'im merore, tristezza: spelcim. R. Cam. I. 55. vergleicht ausser placeo griech. καλλικί. Rum. plak, plętšoáre.

640. plaga.

pl'ágę-a Wunde. H. K. 219. plaga, vulnus, ulcus: plaghe. Bl. piake plaie. Pouq. 2. 621. plaguem vulnerare, sanciare, percutere. Bl. ferire. R. Mit griech. Ausgang pl'agós verwunde. H.; mrum. pleágę. Boj. 9.

641. plumbum.

pl'ump, pl'úmbi t., pl'um-i g. Blei. H. plumb. Bl. Dalm. Rh. 2. 51. plum. Mscr. plumb-i, plum-i. R. ploum. Pouq. 2. 621. plumbuem plumbare. Bl. plumbûe, pluminûe, impiombare. R.

642. poenitere.

u penduem. B. 2. 159. dolersi. R. u peennúe pentirsi. G. 207. pendóhem g. bereue. H. pendésę-a poenitentia, piaculum, expiatio. Bl. B. 2. 41. peennés penitenza. G. 83. 171. pendim-i Reue. H. peenim-i pentimento G. 209. peeunúos penitente. G. 223.

643. polizza it. aus polyptychum, polecticum. poleticum.

politseze-a syngrapha: policeze. Bl. Diez 269.

644. poltrone it.

poltrú segnis: poltrau. Bl.

645. poma.

péme-a: pémmę Obst. H. péme. K. 221. pem-a frutta. R. mela; péma plur. πωμικά. Tetr. 8. pema frutta. R. pema Obstbaum. Dalm. pem Obst. Macr.; rum. poáme: rum. pomu. Schuchardt 2. 217.

646. pópulus.

popul-i. Bl. pópuλ-i. R. B. 1. 4. auditorio. R.; rum. popór.

647. populus, vulg. plopus.

pl'ep-i Pappel. H. plep. Bl. Macr.; rum. plop; mrum. plŭpu; it. pioppo; sp. chopo. Schuchardt 2. 196. 217; 3. 48. Diez 266.

648. porrum.

pur-i: purri. Macr. purrijt. plur. B. 1. 4; nsl. serb. por; ahd. phorro, porro.

649. porta.

pórtę-a Thor. H. K. 220; rum. poártę; aserb. porta; bulg. portę; ngriech. πόρτα.

650. portogallo it.

portugaλ-i, portugall-i cedro, cetrangolo. R. portokále-ja t., portokál-i g., protokále-ja citrus aurantium dulce Orange. H. portogale. Pouq. 2. 621. mike fák'e-protokále amica dal viso di portogallo (melarancio). Cam. 2. 24; ngriech. πορτογαλεά, πορτογάλλι; kurd. portoghal. Hehn 331.

651. posare aus und neben pausare it.

pušúem quiescere, recubare: puscuem. Bl. Tetr. 5. Macr. R. pušuem cessare. Cam. 2. 50. puscuem: pušuem quietus, sedatus. Bl. aver fine. B. 2. 160. pusciće feriare. R. pušim-i Aufhören, Stille. H. puscim quies, sedatio. Bl. puscim-i riposo. G. 147. Diez 256; 1. 22. 159. Cam. 1. 53. vergleicht ein griech. παυσείω.

652. postea.

póštę infra. H. póšterę-i, póšterm-i t., póštem g. inferus. Schuchardt 3. 47.

653. potestas: potestatem.

puštét-i potestas. B. 1. 19. g. Eroberung. H. puštetia valentia, potentia, facultates. Bl. puštetšim potens, omnipotens: pustetscim. Bl. puštúem g. erobern. H. possidere. Bl. vincere. B. 1. 4. puštues possessor, praetor: pustuess. Bl puštuešim omnipotens. B. 1. 19. poštuešim. Conf. 11. puštušm omnipotens. G. 35. puštúošmę g. Cam. 1. 178. puštim-i g. Eroberung. H. Dass puštéte aus potestatem durch Ausstossung des ę in puteštéte entstanden ist, zeigen die Formen puctette und puctuoscim, d. i putštete und putštuošim. Budi 8. 11. Puštóiję è probabilmente, sagt Cam. 1. 178, da riferirsi ad ἐπιστάω od a potestas: si ricordi anche l'alb. štóiję lo aggiungo.

654. pozzo it. aus puteus.

pus Brunnen. H. K. 218. puss-i pozzo. R. pous puits. Pouq. 2. 622. puss puteus, cisterna. Bl.; rum. puts; mrum. pútsu. K. 218; serb. puć; nhd. Pfütze.

655. praeda; it. preda.

prèdę-a. Rapa. 38.

656. praedicare lat., predicare it.

predikuem. B. 1. 16. R. predikuem, perdikuem. Bl. preðkûe. R. predik'im-i predica: predichim. B. 2. 159. predik-u panegirico. R.; nsl. pridigati, prodikati, predgati, predga: ahd. prediga.

657. praesentare lat., presentare it.

presentuem repraesentare. Bl.

658. presbyter.

prift-i, plur. priftęre tę t., prifteni te g. priftęra. Cam. 1. 200. Priester. H. presbyter, sacerdos. Bl. priftę, pertfętę. Cam. 1. 98. priftęneše-a g., priftęrešę-a, priftęrešę-a t. Priesterfrau. H. priftenesca sacerdotissa. Bl. priftenia sacerdotium. Bl. priftnii-ia. R. prisienijsse sing. gen. B. 1. 94; rum. preót; istr.-rum. prevtu; mrum. preftu. K. 216. Boj. 24. prefteasę. Boj. 38. Die alb. und die rum. Form beruht auf dem lat. prebiter. Schuchardt 2. 264. 359; 3. 274: in prift ist b in f, in preot in o übergegangen; auf dieselbe vulg. Form sind mail. prevet; aven. prevede; neap. priévete zurückzuführen. Diez 272.

659. presciutto it.; ven. persuto.

bersut petaso. Bl. bersuteia e ðiut perna. Bl. bersute-ia. R.; serb. pršut, pršuta; nsl. pršutina.

660. primavera it.

prendevērę-a ver: prendeveera. Bl. prendvér-a. R. παρνταβέρα ἄνοιξις. Tetr. 6. pranvera. Mscr. prajevér. Dalm. paravéra it.-alb. Cam. 1. 133. pranvér-a. R. G. 157. prodvera. Klein. Wind. 85; rum. primęveárę.

661. princeps.

prink-u. Pouq. 2. 516. und bei Kopitar, Wiener Jahrbücher 46. 87. prenk Leeb, wohl princeps Alexander, Hecq. 236. prink'ę. Cam. 2. 160. Pouq. 2. 621. bat tatt, prink (für print) père.

662. prode, prode, produm mlat. Nutzen.

proðę-a: kane proðe iuvantur, eigentlich habent utilitatem. Cav. 4, wo es durch dobij erklärt wird; proðuem proficere. K. 238. prodesse. B. 2. 68. proðoine. Cav. IX. it. prode, pro. Schuchardt 504. prode esse für prodesse: prodius comparativ; proda proventus in Adelung's Glossar. Pott, Etym. Forsch. II. Theil. IV. Abtheilung 236.

663. profundus.

šprofundûe precipitare. R.

664. provare it.; lat. proba.

provûem versuchen, prüfen. H. provûe, seprovûe provare. R. mos me provue disapprovare. R. pravohet. G. 147. pa provûesem non probabile. R. prov-a prova. R. seprovim-i prova. G. 261; serb. probati; mhd. prüeben. Diez 1. 23.

665. promettere it.

permetuem promittere, polliceri, spondere. Bl. premptuem. Conf. 11. premtuem. G. 119. prentuem. R. permetim promissio, pollicitum, sponsio. Bl. premtim promessa. G. 121. proponimento. G. 211. Vergl. permettere.

666. pronia it. in venet. Denkmälern.

prónę-a: prone-a villa, luogo di spasso. R. Vergl. die slav. Elemente im Alb. 31.

667. prophetizare, it. profeteggiare.

profetitsuem. B. 2. 153.

668. prora.

provę-a: conop provese corda per legare la nave sulla riva. R. plor-i (prora). Cam. Index. Das Wort hängt wohl nicht mittelst des serbischen prova. Prip. 249. mit lat. it. prora, prua zusammen.

669. pruina, vulg. pruna; it. brina; it. trient. bruma.

brum-i. H. brúmę-a, brimę-a Reif. H. brụmę. K. 217. brụm-a. R. brụm-i i paro September. Bl. B. 1. 91; 2. 5. brụmi i dụto October. Bl. B. 1. 91; rum. brúmę. Schuchardt 2. 519; 3. 51.

670. publica.

puke: uče puuch via publica. Bl. Man vergl. auch pauk-a vinzza. R.

671. pugnale it.

piñál-i g. Dolch. H. Cam. 1. 342; ngriech. πουνιάλι. Pass.

672. pugnus.

paué-éa coup de poing (poignée). Rh. 2. 51; rum. pumn.

673. pulaster.

pulastrij. Bl.

674. pullus.

púl'ę-a Huhn. H. gallina. K. 215. pul'a. Mscr. pulla gallina. Bl. 216. pul-a gallina. R. poule poule. Pouq. 2. 621. pula. Dalm. pul'a plur. Vuk 12. 7. Tetr. 4. pulĺát-i Follen. H.; rum. pûjü pullus; mrum. púllin avis, pullus. K. 221; ngriech. πουλί avis. Pass.; bulg. serb. pulẹ pullus asini.

675. pulmo.

plemón-i Lunge. H.; rum. plumę́nę. Cam. 1. 119. leitet das alb. Wort vom griech. πνεύμων ab.

676. pulpa Klumpen Fleisch; it. polpa.

púlpę-a Wade. H. K. 184. pulp-a polpa. R. pulpe te pulpae. Bl. pulpa e cambesse sura. Bl. pulpa plur. Tetr. 15. pulp ἄντζα. Leake. pulpi komes Wade. Mscr.; rum. púlpę. Diez 1. 54.

677. pulpitum.

púlpet-i. R.

678. punctum.

punte punctus, wohl für punctum. Bl.

679. puppis.

púpę-a puppis: puppa e barchesse. Bl. pupp-a. R. Bei H. findet man pupę Quaste.

680. purgatorium.

purgatuor-i. G. 223. purgatór-i. G. 31. 47. 83. purgatorit. G. 223. burgatóri. B. 2. 159. burgatuer. Mscr.

681. putana it.

putánę-a Hure. H.

682. quadragesima lat.; it. quaresima.

kréšmę-a Fastenzeit. H. kresem. G. 149. 155. kresma plur. σαρακοσταῖς. Tetr. 10. kresme te. Budi 48. kreśmuem fasten. H.; asl. serb. korizma; rum. pęreásimi plur.; bask. garizuma. Diez 1. 365.

683. quadrans.

(kodrant) Heller. H.

684. radica it., vielleicht eben so vulg.

rángę-a, rráńę-a: range-a, rragne-a. R. ragna. Bl. rę́ńę. K. 222. H. réńa. Cam. 1. 96. rráńę-a, rránzę-a, rę́zę-a. H. ranze te le radici. B. 2. 71. rennóiję, razóiję, rązóije io abbatto fino alla radice. Cam. 1. 96. Vergl. pedica. Rum. rędętáinę; mrum. rrędętsinę. K. 222. aus *radicina, woher auch fz. racine.

685. radius.

rózę-a: réez-ia raggio. R. réze radius, cardo. K. 183. rezé-ja g. Lichtstrahl, Thürangel. H. rezeia e dielit. Bl. reza lo splendore. B. 1. 9.; rum. rázę; mrum. rátzę (wohl statt rádsę) radius. K. 183. rézę cardo. K. 227; it. raggio, razzo Strahl; razza Speiche. Diez 279. Schuchardt 3. 48.

686. radix.

rríkę-a g. Rettig. H. rich-a raffano. R. rilk-u sic.-alb. Cam. 1. 178; rum. rędíkę; nsl. retkev; mhd. retich, ratich.

687. ramo it., lat. aeramen.

remb-ia metallo, bronzo. R.; rum. arámę. Diez 279; 1. 7. Schuchardt 1. 169. 223.

688. ramus.

remb. Bl. remb-i lisit. Bl. rémę-a: reme-a ramicello di albero. R. rem-a ramo, ramo della pianta R. rémez-a ramicello. R. rémbę ramo. sic.-alb. Cam. 1. 130; rum. ram; churw. romm. Schuchardt 1. 169.

689. rapa.

rap. Bl. rep-a. R. rep-i. Dalm.; rum. rapicę; nsl. rêpa; serb. repa; bulg. rêpo; ahd. râbâ, ruobâ; mgriech. ῥάπα. Duc.

690. rarus; vestis ralla.

rrálę adj. adv. selten. H. raal rare, paucice. Bl. mjekra-raaλ barbuccino. R. raλ schütter. Mscr. rralúem verringern. H. u rāaλúe diradarsi. R. Cam. 1. 76. vergleicht griech. ῥᾴδιος und ῥαδινός; rum. rar. Diez 1. 23.

691. raspa, raspare it.

respę-a: respe-a. R. respue raspare. R. Diez 282.

692. rastrum, it. rastro, rastrello, rastello.

rastjél-i: rastiel. Bl. rasctieλ-l rastrello. K. 402. Diez 282.

693. ratio lat., raggione it.

arsùe-ja ragione. G. 111. 181. arsųia la ragione. 249. aresųe ratio, modus, sententia. Bl. aresen i nierit status hominis. Bl. arresųeja arresųovet causa causarum. B. 1. 5. mbe aesme aresegne plurifariam. Bl. mos iep aresųųe ne respondeas. Bl. aręsų́em t. tadeln, fortjagen. H. aresųųe reprobare. Bl. razenuem colloqui. Bl. te razenuem colloquium. Bl. razenim raggionamento. Bl.

694. regina.

regínę-a: regine. Bl. regineśę-a: reghinesce. G. 68.

695. regius.

reg: ndè mal te reg sopra il monte reale. B. 2. 18.

696. regula, regulare.

reguλ-i regola. R. regulúem governare. G. 45. regolare. G. 171. regulúesem religioso. G. 167. regolin-regola. R.

697. religione it.

religion-i. G. 115. regilion. sic.-alb. Cam. 1. 99.

698. religioso it.

religioze. Bl.

699. remus.

ram, rem. Macr. remb-a. rrem-a. R. plur. remet. R. remba. K. 901. barca a cater remasa quadriremis. Bl. barche trerembase. Bl.

700. repentinus.

repinę-a nimbus (pioggia subita): repina. Bl.

701. resina.

ršinę. B. 2. 160. racine-a succo resinoso. R.

702. respondere.

respondnem. Bl.

703. rete.

rjétę-a Netz. H. B. 1. 13. rjet. Bl. rêt-i. R. ret. Macr. rjetze retiaculum. Bl.

704. rex: regem.

reǵ-i: reg. Bl. reg-i. R. regi i regiet. B. 1. 8. dvesciané regenijsciit se vet spogliata dei suoi rè. 1. 121. regiasc 2. 2. reginli-a regnum: regh- G. 51. reǵenli-a provincia, regio: regenij. Bl. regienijse. Budi 13; ngriech. ῥήγας; aserb. riga.

705. riga it.

rigę-a: righ-a riga per rigare, regolo. R.

706. ripa.

ripę-a: ripp-a precipizio. R.

707. risico, risco it.

rezik pericolo. G. 201. rezich. R. rezich periculum. Bl., rizikó-i Gefahr. H. rezichie plur. G. 77. rezikuem periculum subire. Bl. rezikuę correr pericolo. R. rizikónem wage. H.; bulg. aserb. rizik; ngriech. ῥιζικόν. Diez 291.

708. roba it.

rróbe-ja g., rróbę-a t. Kleid. H. roba habit. Pouq. 2. 620. robbe per te scitune promercalia. Bl.; nsl. roba merx; serb. ruba vestis.

709. roga.

rógę-a Sold. H. rrogę honorarium. K. 222. mercede. G. 289. roga salarium, merces. Bl. rogh-a mercede, guiderdone. R. rogętár-i Taglöhner. H. rogetaar mercenarius. Bl. roghtáar-i mercenaio. R. roktar-i servus. Dalm. roktesa serva. Dalm.; mrum. rúgę, K. 222; bulg. rúgę; russ. ruga; ngriech. ῥόγα merces. Pass.

710. rosa.

rósę-a: rose-a corona. R.; rum. rúžę. Diez 1. 150; rúdzę beruht auf der slav. Form roža.

711. rosalia mlat.

ršai aus ręšali pentecoste. R. Conf. 25. G. 75. 91. mali uskrs. Macr. ršait dubovi. Dalm.; rum. rusale, rusali; asl. rusalija; nsl. risale; serb. rusalje, rusalji; ngriech. ῥουσάλια. Siehe meine Abhandlung: Die Rusalien. Sitzungsber. 46. 385. V. Hehn, Culturpflanzen und Hausthiere. 171.

712. rosario it.
ruzáre-a. G. 79. ruzáre-ia. R.

713. rosmarino it.
rosmarine. Bl. rosmarli, -ini. R.

714. rota.
rrótę-a Rad. H. rrotovil'e-ja g. Rädchen. H. Befremdend ist ruota. Klem. Wind. 83. vergl. ródę intorno, in giro. Cam. 1. 323. Rum. roátę; ngriech. ῥόδα.

715. rotolo it.
rrótulę-a Wulst der Spindel. H. rotuλ rotolo. R. possi rotulle rotundus. Bl. rotuλe-a vertèbre. Hb. 2. 21. rottulák-u globo. R. rrótulę adv. praep. circum; arrótula d'intorno. Raps. 19. rotul. Cam. 1. 323. rrotulúem, rrutulúem im Kreise drehen, rund machen. H. rotuλúe rotolare. R. ruttuλúe girare, muovere in giro. R. ro-tulnem orbiculatus. Bl. rotuλar rotondo. B. 2. 58. Schuchardt 3. 47.

716. ruga mlat. für platea.
rrúgę-a Gasse. R. rug-a via. Mscr. ruga strada. G. 141. via. G. 173. rughen acc. via. G. 103. rungh vico. Raps. 20. rrugętár-i Reisender, Laufbursche. H. Diez 1. 43; ngriech. ῥούγα.

717. russus.
rus-i blond. H. flavus. K. 213; mrum. rus; rum. rośu; nsl. serb. rus; griech. ῥούσιος.

718. ruta.
rútę-a: rutt-a. R. rude. Bl.; rum. rutę; nsl. ruta; ahd. rutâ.

719. saburra, it. savorra Schiffsballast.
savórrę-a. K. 222. savúrę-a. H.; rum. sabúrę; mrum. sebúrrę. K. 222; ngriech. σαβούρρα.

720. saccharum.
tsahare. Bl. tsahar-i. R. Aus dem türk. stammt šekér. K. 195. seccier-i. R.; mrum. záhare. K. 195; serb. zahara neben cukar und šećer.

721. saccus.
(sak) Netz. H. šákul-i g. Käsesblauch. H. sciacuλ-i manticetto. R. šákulę otre. Cam. 1. 161; rum. sak; asl. sakъ saccus; nsl. sak rete; russ. sakъ saccus, rete; griech. σάκκος; ngriech. σακκί, σακκούλι, σακκούλα mhd. sac.

722. sacramentum.
sakrament. Bl. sakramen. G. 173. 175.

723. sacrare.
šękruem: sceeruem. Bl. consecrare. B. 2. 22. sceeruem sacer. Bl. vend i sceeruem sacrarium. Bl. šakrúe. Conf. 41. sciagrue. G. 93. 165. R. baghm sciaguruem geweihtes Öl. Uda 229. seekrim il sacro. B. 2. 72. sregrim-i sacrificamento. R. sacruem, sciacre-a sacra, sagra. R.

724. sacrestia it.
sakresti-a sacrarium. Bl. sacrestia. R.

725. sacrificare.
sakrifikuem. B. 1. 14. R.

726. saeculum.
šekul-i saeculum, mundus: seculle. Bl. 211. Welt. H. šekuλ mondo: seceuλ. G. 33. 261. gni seceule. B. 1. 2; 2. 159. šékul. Cam. 2. 16. sekular secolare. G. 133.

727. sagitta, it. saetta.

šęgëttę-a t., šigéttę-a, šogétęl g. Pfeil, Weberschiffchen. H. secgeta, seegetta. B. seieghiet-a, sgiet-a, sget-a, sgette-a saetta, freccia, giavellotto. R. šęgétta. Cam. 2. 60. šetetār-i sagittarius: seeettetaar. B. σαΐτγια. K. 222; rum. sęǆeátę; mrum. σουντζιάτα, d. i. sudžiatę. K. 222; ngriech. σαΐτα.

728. sagum.

šag: seagh. Bl.

729. sal.

šęll salze: šellíñ. H. ule te seellijm aqua salsa. Bl. šellire trop salé. Rb. 2. 28. šelina salsedo. Bl. šęllinę-a g., šęllirę-a t. Salzlacke, Salzbrühe. H.; rum. sare; sęr, sęréz.

730. salata it.

salátę-a, solátę-a Salat. H. salátę-a. K. 222; rum. sęlátę; ngriech. σαλάτα.

731. salix: salicem; salce, salcio it.

šelk, šelgu Saalweide. H. šelku ἰτέα. Tetr. 1. šeltše. Macr. selce-i, selc-i. R.; rum. salkę, saltše.

732. salsa.

šáltsę-a g. eine Art gesalzene Sauermilch. H.

733. salterio it.

saltér-i. R.

734. salvare.

šelbúem g. erlöse: šellbój. H. seelbúe salvare. G. 243. šelbues-i salvator. B. 1. 5. šelbúos. G. 27. šelbóis. Cam. 1. 50. šelbim-i g. Erlösung: šellbim. H.

735. salvia.

šerbél'ę-a g. H. scerbella. Bl. šerbelle-a. R. sabl-a. Berat. H.; rum. salbie, salvie, žalie, žale; serb. slavulja; türk. sâlbie.

736. sanare.

šęrúem g. heile. H. tę šęrńet νὰ ἰατρευθῇ. Tetr. 10. šęróušin sanavano. Raps. 47. šęrim-i Heilung. H. Hieher gehört auch širóję io rimetto in forza, guarisco, das Cam. 1. 72. vom griech. ἰσχυρός ableitet.

737. sanctus.

šëit d. i. šenjt. G. 63. 109. šenjt. B. 1. 6; 2. 23. šęint t., šéñit d. i. šenjt g., šejt, šajt. Macr. šint. Bl. Rb. 2. 4. Roma šinte. Bl. šiént. K. 181. šin g. H. chin. Pouq. 2. 622. chinda Maria. ibid. šen: šen Mašei. Bl. 214. šę. H. š: š Pietrit. G. 45. š Mrii. G. 83. šeiñtęnúem g., šęintęrúem t. heiligen. H. šajtnuem. Macr. šëitnúem d. i. šenjtnúem. G. 107. 127. šintenuem sanctificare. Bl. šenjtenuor sanctificans. B. 1. 151. šenjtenešim sanctissimus. B. 1. 16. seëitnuesem. G. 25. 67. šeiñtęni-a g., šęintęri-a t. Heiligkeit. H. šenjteni sanctitas. B. 1. 4. seintenia sanctimonia. Bl. šajteni. Macr. šinteniš sancte. Bl.; rum. sęnt; mrum. sęmtu. K. 181; asl. sanitъ, sanъtъ, santъ; nsl. šent: Šempeter Sanctus Petrus; š: Škocjan Sanctus Cantianus.

738. sanguisuga für hirudo.

šęšuñęzę-a hirudo, sanguisuga: scesengueza. Bl. scescugnez-a. R. Diez 1. 24.

739. sanitas: sanitatem.

šendet, šendetia sanitas, salus, valetudo. Bl. šęndét. K. 232. shęndét'. Raps. 66. shęndeen sing. acc. 73. scendet-ia, scenet-ia, sened-ia. R. šęndéta. Cam. 1. 86. šęntét-i Gesundheit. H. šudet. Macr. šendoše valens, sospes, salvus. Bl. sceundos. Bl. šęndóšę. K. 189. šęndóñę io son sano. Cam. 2. 191. šęntóšę gesund. H. šęndóš: σωφρονέως γερός. Tetr. 10. schtosch. Klem. Wind. 87. šendošune sanare. Bl. šęntóš heile. H. šndoš. Macr. u šendošune sanescere, revalescere. Bl. šnošet si risana. G. 173. šnet: nkšen scneten restituisce la sanità. G. 229. secnosc, secnosciun guarire. R. persecndet salutare. Budi 35. Vergl. šend-i g. jubelnde Freude. H. šendúem erfreuen. H.; rum. sęnętáte, sęnętós; mrum. sanitate, sanitoš. Boj. 150. 222.

740. sapo: saponem, it. sapone.

sapun-i t., sapua-oi g. Seife. H. sapun-i. R. K. 223. sapunis einseifen. H.; rum. sępon; mrum. sępúne. K. 223; serb. sapun; nsl. sopun; griech. σάπων; ngriech. σαπούνι; türk. sâbûn; ahd. seifâ.

741. sardella it.

sardélle-ja. H. sarδélę. K. 223; rum. sardeá; mrum. sarδélę. K. 223.

742. sarmentum, it. sarmento.

šermendę-a sarmento: scermend. Bl. R. šerméndc-ja g. abgeschnittener Rebschoss zur Feuerung. H.; rum. šormęnt.

743. savanum, sabanum.

saván-i t., sávę-a g. Leichentuch. H.; griech. σάβανον; mlat. savanum, sabanum; ahd. saban; russ. savanъ. Diez 1. 59.

744. scabies.

sk'ébe-ja t., ģébe-ja g., dzjébe, zjébe t. Aussatz. H. zghebe-ia scabies. Bl. sghebete scabiosus. Bl. zgébie-ia, zgeb-a, sgebb-ia, sgebbe, zgheb-a rogna, lepra. R. zgebet-i rognoso. R. ζγγέμπι. K. 238. skepoa d. i. skebea. Tetr. 18. sk'ebóuem t., ģebósem g. werde krätzig. H. dzjéburę, zjébure t., sk'ébunę g. aussätzig. H.

745. scala.

škálę-a Treppe, Stufe, Leiter. H. scala. K. 224. sckaλ-a, schaλ-a. R. scale scala. Bl. škal. Mscr. shcálvet. Raps. 41. scala étrier. Pouq. 2. 619. Ursprünglich damit identisch ist sckeλ-ia molo (nei porti). R. skeλe-ia dectit baja, seno di mare. R. me dal ndè scheλ venire a riva. R. me raam ndè scheλ approdare. R. Dunkel ist mir schele me cambe proterere. Bl. me scheλ ruacin nd' cazza annostare; skéllinę πατεῖν. Tetr. 17: es erinnert an it. scalzare für calcare. Rum. skárę; asl. serb. skala gradus; serb. skala portus; skela traiectus; ngriech. σκάλα; fz. échelle; türk. iskele.

746. scamnum: subsellia, vulgo scamna.

škęmb. K. 197. skamb scamnum, scabellum: scamb. Bl. B. 2. 150. škom Stuhl. Mscr. škam g. Fels, Thron. H. skam-i panca, seggiola. R. škamb t. Fels. H.; rum. skaun; mrum. skamnu. K. 197. 224; asl. skamija, skomьnъ; bulg. skomen; serb. skamija; griech. σκαμνί; türk. iskemle; ahd. scamal.

747. scampo, luogo scoscese.

skamp-i. R.

748. scandaglio it. Senkblei.

skandálę-a. H. Diez 305.

749. scandalum.

skandule: scandule. Bl. scanduλe. B. 2. 152. škaunul aus škandul. G. 137. Unmittelbar aus dem griech. skándalo-ja Ärgerniss. H. skandalis ärgern. H.

750. sesta it. Zirkel zum Messen.

šestę-a circinus: sesto. Bl. scest-i compasso. R.; serb. šestar, šestak.

751. schieto it.

skjeto: skieto chiaramente. G. 139.

752. schioppo it. aus sclopus.

shcupéttavet plur. gen.-dat. dei moschetti. Raps. 91. Diez 1. 26.

753. schiuma it.

škúmẹ-a Schaum. H. Mscr. škúmbẹ. K. 186. škumúem, škumẹzúem schäumen. H. škumbuem. Mscr. Dagegen rum. mrum. spúmẹ; aspúm schäume.

754. schola.

skól'ẹ-a g. Schule. H. schole. Bl. schoλ-a. R. skolár-i scholasticus: schollaar. Bl. skoλar-i alumnus. R. skolí-a g. t. H.; rum. škoálẹ; serb. škula; nsl. škola, šola; ahd. scuola.

755. sciarra, lite it.

šerrẹ-a: šerra. Cam. 1. 342.

756. sciatica it.

scittè. B. 1. 44.

757. scindula mlat. Holzziegel.

šindrẹ-a: me vandúem scindra t nè culm impiallenare. R.; mrum. škẹndurẹ asser. K. 223; mgriech. σκινδύλιον. Duc.

758. scintilla, vulg. scentilla.

škẹndijẹ-a, škẹndi-a Funke. H. škẹndéj sprühe Funken. H. škendil'e-a scintilla σπινθήρ: škendill'e. Rh. 2. 30. schendíi-ia, schennli-ia, schuli-ia scintilla, favilla. R. scheunnẹ scintillare R.; rum. skẹnteáe.

759. scirocco it.

širók-u: prej mies ditte ndo prej scirokut ab austro sive meridie. Conc. 56.

760. sclavus mlat.

sklaf, sklavi, plur. sklef tẹ t., sklavẹ tẹ g.; sklávẹ, plur. sklévẹ tẹ schiavo. Cam. 1. 201. Vergl. die slav. Elemente im alb.

761. scoglio it. Klippe aus scopulus.

skoj-i. R. Diez 1. 324.

762. scoria it. Schlacken.

zgúrẹ (ζγκιούρα). K. 225; rum. sgúrẹ d. i. zgúrẹ; mrum. zgurrie (ζγκουρρίε). K. 225. Bei Hahn findet sich skuri-a Rost, aus dem ngriech. σκουριά.

763. scorpio.

škrap-i g., škrápjẹ-a Scorpion. H. škrápiọ. K. 225. škrápe-ja t. škrupi. Cam. 2. 150; rum. skorpie; mrum. skorpionẹ. K. 215; asl. skrapij, skorpija.

764. scribere.

škruem: scruem. Bl. škrúaj t., škruj g. schreibe. H. škrúaj. Mscr. škrues-i scriba: scruesi. Bl. škrónẹ-a Geschriebenes. H. scrime-a scrittura. R. Vergl. krúaj t., kruj g. kratze. H. skruan lettre. Pouq. 2. 620. krúaj scalpo. K. 214; rum. skriu.

765. scrinium.

skrínẹ-a: scrigno. Bl.; rum. sikrij, richtiger sẹkrij; asl. skrinija, skrinja; nsl. škrinja; ahd. skrini; mgriech. σκρίνιον.

766. scrivano it.

skriva litterator (quello che insegna a scrivere): scrivaa. Bl.

767. scudella, scodella it., lat. scutella.

škudélẹ-a: scudella. Bl. kotél'e-a Holzschüssel. H. Gram. 161. scodella; mgriech. σκουτέλα. Duc. Cam. 1. 42. denkt an griech. κοτύλη.

768. scutum.

sk'ųt-i Skodr. Schild. H. schiat scutum, parma, umbo. Bl. schiutë pelta (brocchiero). Bl. (skutųre) Schild. H. schiutë, scutë scudetto. R.

769. secchia it., mlat. sicla aus situla, sitla.

šéke-ja g., šékęzę-a t. hölzernes Milchgefäss. H. secchia urna. Bl.; churw. setsch. Diez 312; 1. 144.

770. secretus, vulg. scretus.

škrétę einsam. H. vend i screte solitudo. Bl. sekret esiliato. G. 77. sekret solitario, inabitato, inospite, infausto. R. škrétę propriamente abbandonato, isolato, diviso, si prende per sciagurato. Cam. 1. 227. škrêt wüst, vergeblich. H. štrétę wüst. H. škrétę-a, šrétę-a Einöde. H. lane seret render sodo. R. škretuem verwüsten. H. sekretue render infelice. R. sekretetlj desolatio. B. 2. 156. sekretetuem in solitudinem ponere. B. 2. 152. sekretli deserto. G. 155. esilio. G. 77. sheretlia infortunio. Raps. 62. škretętinę-a g., škretętirę-a t. Einöde. H.; rum. sekrét desertus; sekreátę desertum. Schuchardt 2. 423. Vergl. mhd. soltâne von solitaneus Wüste. Diez 1. 25.

771. securus.

secur securo. R. suguru certamente. R. sugurue, sciugurue accertare, rassecurare. R. sugurim-i sicurtà. R. siguro adv. sicher. H. sugur arcicerto. R. siguri-a Sicherheit. H. sigurêps in Sicherheit bringen. H.; rum. sękûre; mgriech. σιγοῦρος, σιγοῦρος. Duc. σίγουρος; kroat. seguran sicurus; serb. sigurati.

772. selinum.

selin-i Petersilie. H. apium. K. 223; rum. sęlinę; mrum. seliánę. K. 223. Hieher gehört auch alb. sellér-i sellaro, sedano. R.

773. sella.

šal'ę-a Sattel. H. šal'ię (σαιάλια). K. 223. šal. Macr. scialλ-a sella. R. scialλ-i cintura temminile. R. scialλue sellare. R. scilλue kaalin domare. R. šil'nem satteln. Vuk 1. 8; sël'ę-a: sëlhen sing. acc. Raps. 62. sélha plur. 26; mrum. šao sella. K. 223; rum. šeálę lumbi; griech. σέλλα. Zu sella gehört auch seli-a Stuhl. Macr. selij trono. B. 1. 12. sedes. 2. 153. selli-a panca, seggiola. R.

774. seppia.

supjé-ja Tintenfisch. H. tsupiję-a g. H.; aserb. sipija; serb. sipa; griech. σηπία; ngriech. σουπιά; npr. supia, supi. Schuchardt 3. 244.

775. serie it.

siri-a. Cam. 1. 159; 2. 198.

776. serra, vulg. sarra.

šárrę-a Säge. H. K. 222. scarra. Bl. šarrüem sägen. H. šarüem. Macr. šarręd̈zi-u Säger. H.; rum. šárrę. K. 221. Schuchardt 1. 210; 3. 48.

777. servire.

šęrbijem g. dienen. H. servire, subministrare. Bl. adorare. R. u šerbijem uti, it. servirsi. Bl. šerbim servitus. Bl. šęrbéšę-a Dienst. H. šerbqes sedulus. Bl. šerbetûar-i, šerbetór-i Diener. H. scerbetuerre. B. 2. 59. šerbetuor famulus. Bl. šerbetuer servus. Bl. šerbetore te. B. 1. 3. šerbetore-ja ancilla. Bl. šerbetorie-ia. R. šerbetória. G. 73. šerbetyrę-a servitium, officium. Bl.; rum. šerbesk servio.

778. sigillo it.

šitell-i sigillum: scizil. Bl. šitsiluem sigillare: scizilnem. Bl.

779. signum, vulg. segnum, it. segno.

šiń-i indicium, nota: scign. Bl. scign i cheich omen, wörtlich malum signum. Bl. me šane te cheich sceign obscoenare. Bl. šeń segno: scëgni. G. 71. scël d. i. šeń. G. 21. sceë-i, scegn-i segno, liccia, lizza. R.

šëję-a g. Zeichen. H. šęña segno, raggio. Cam. 1. 42. šęngę segno. Cam. 2. 153. šęnjęzę-a t. šöjęzę-a g. Sternbild. H. šeńuem strahlen. H. šęnętár-i strahlend. H. šenjit g. ausgezeichnet. H. šeńϑ signaculum: sceiϑ. Bl. šiñuem signare: sciguuem. Bl. signeuuem perpura praesignificare. Bl. šenûem aufzeichnen. H. šeńuem significare: scĕgnóiu, scĕgnóhet. G. 65. 179. scegnûe. R. scegnáλ-i segnale. R. siñál-i it.-alb. Cam. 2. 154; rum. semn. Schuchardt 2. 52.

780. similis, vulg. simelem, semeleter.

šęmbęlńem gleichen, ähnlich sein. H. šęmbęlim-i Ähnlichkeit. H. šemelúńem praefigurare: scemelgnuem. Bl scemegnuem. Budi 7. šemeltųre spectamen: chescemeltųre. Bl. šembeλture-a simiglianza. R. šembeλture figura, ritratto. B. 1. 3. 7. šemtųr esempio. G. 15. šemtár-i g. Beispiel. H. Hieher gehören auch šemptúem t., šumptúem g. entstellen. H. semptuem. B. 1. 20. šęntóńę io sfiguro, guasto. sic.-alb. Cam. 83. šumti-a g. Hässlichkeit. H. šemptuošem entstellt. Macr. šęmtúmę, šumtumę g., šęntúamę bruto, deforme. Cam. 1. 83. šęmtúare rovinato. 2. 36: in diesen Wörtern scheint das Präfix dis abgefallen zu sein. Rum. asćámen gleich machen. Schuchardt 2. 14. 20; it. sembrare, fz. sembler aus simulare. Diez 1. 144.

781. sinapi.

sináp-i. H. Bl.; asl. sinapъ; griech. σίναπι; nhd. Senf.

782. socius.

šok'-i Ehemann. H. scoki coniux. Bl. scoghi vicinus. Bl. 207. scioch socius. Bl. scioghit sing. gen. Bl. 213. šok-u Genosse. H. sok camarade. Pouq. 2. 618. sciocun sing. acc. prossimo. G. 105. soc-i, scioc-i compagno. R. šoi šok'-i einander. H. šók'e-ja Ehefrau. H. scoke-ja coniux. Bl. sciocà zotis, dylber iride. R. šok'ęni-a g., šokęri-a t. Genossenschaft. H. sciochienijne. Budi 11. sciogbenia societas, cohors. Bl. šok'ęnuem sociare, stipare: sciogbennem, sciochennem, sciochiennem. Bl. šokęroiję io accompagno. Cam. 1. 143.

783. soldato it.

soldat miles. Bl.

784. solea.

šóllę-a Sandale; g. Fusssohle. H. šúal-i Sohle. H. šuel solea: scuel. Bl. sciuλ-a suola (della scarpa). R. šólę, šúalę. Cam. 1. 50; nsl. šolen Schuh; goth. sulja; ahd. solâ. Diez 337.

785. sorbere.

surp für surb g., surbúem t. schlürfen. H. surbój. K. 222. súrbul'tę g. schlürfbar. H.; rum. sorb.

786. sors: sortem.

šort-i, šórte-ja Loos. H. scort. Bl. stijm scorδ sortiri. Bl. sciortûe me suų inocchiare, annestare. R. šortár-i aus šortetár Wahrsager. H. K. 209. sciortaar mago, incantatore, ammaliatore. R. sciortáre-ia incantatrice. R. šortetí magia: sortetij. Bl. Man vergleiche auch škúrtęzę-a: múarn'e šúnę škurtęzęn presero a gittar le sorti. Cam. 2. 114, welcher 2. 159. hinsichtlich des k wohl mit Recht auf šk'úfur-i aus sulfur verweist. Rum. soárte.

787. sorte it.

sort Art. Macr.

788. spago it. von spacus.

spángo-ja t., spángę-a g. dünner Bindfaden. H. spagh-u. B.; nsl. špaga; ngr. σπάγος; nhd. Spagat. Diez 1. 43.

789. spalle it.

spale te scapulae, humeri: spalle te. Bl.

790. spata.

špátę-a Schwert. H. K. 225. špata. Macr. gladius, acinaces: scpata. Bl. špateze *κάσσαλός τις τοῦ ἀρότρου*. Rh. 2. 29. spata. Cam. 2. 164; rum. spátę; russ. spata; ngriech. *σπάϑα*. Diez 1. 25.

791. spathula Schulterblatt, die breiten Rippen der Thiere.

špátnlę-a Schulter, Schulterblatt. H. špátnlę-a. Cam. 2. 158. scpatnλ-a scapola. R. spatola dos, épaules. Pouq. 2. 618. 619. špatulęzę-a: shpatulyz spalla. Raps. 68; rum. spáte plur. Rücken; fz. épaule, it. spalla. Diez 326; 1. 25. Schuchardt 3. 48. Hieher gehört auch sk'étulę-a g., škétulę-a, šétulę-a, sjétulę-a t. Achsel, Achselgrube, Schulterblattknochen der Schafe und Ziegen. H. sjétulę, sgétulę (σιιτουλα, σγιέτουλα) axilla. K. 184. 210. sjetnλ. Mscr. sietnλ-a ascella. R. siétulle Schoos. Budi 13. sk'e kann aus spje für spa entstanden sein oder, wie Schuchardt 2. 497. dafürhält, einer Vermischung von scapula mit spatula sein Dasein verdanken. Man vergl. spatula für scapula. Diez 1. 54.

792. specie, spezie it. Gewürz; lat. species.

spetsę-a Pfeffer. H. spets-a peperone. R. spetz piper. K. 219. Diez 1. 25.

793. spelunca.

špélę-a Fels, Felsenhöhle. H. K. 225. spella specus, spelunca. Bl. scpeλ-a eremo. R. speλ-a grotta, latibolo, romitoio. R. spélle-a spelonca. R. Cam. 2. 22. trennt špélę-a, spéla lo scoglio, il sasso, und špéela la grotta, und vergleicht jenes mit griech. σπιλάς, dieses mit σπήλαιον. Mrum. spiláie. K. 225; griech. σπήλαιον. Vergl. die Fremdwörter in den slavischen Sprachen 33. Das Wort ist mir dunkel.

794. spensa mlat.; it. spesa.

spéntsę-a impensa: spents. Bl. spentsnem erogare. Bl. spentsues promus, opsonator. Bl.; aserb. spenьza expensa; serb. spenza pecunia; ahd. spisa. Diez 1. 139.

795. sperare.

šperúem, šprúem hoffen: špęréj, šprej hoffe. H. špęréj. K. 194. speruom. Bl. B. 1. 106. špęręsę-a, špręsę-a Hoffnung. H. spresa. Bl. šperese. B. 2. 160. špnesa. G. 15. 113. 243. scpresa-a, scpenes-a. scpnes-a. R. šprës t., šprešúem g. sperare. H. špnesúem. G. 17. 63.

796. sperone, sprone it.

špör-i, spor-i calcar. Bl. spor-i, spron-i. R. shpoor. Raps. 62.

797. spiegare it.

špjegúem: sepigue, scpiegue parafrasare. R. spiegnem: spiguem. G. 139. spieghim spiegazione. G. 65.

798. spina.

špinę-a g., spińę-a t. Rücken, Rückgrat. H. špińę. K. 222. scpin-a dorso, schiena. R. spina, scpina dorsum, tergum. Bl. mbas spine a tergo. Bl.; mrum. skinorátu spina dorsi. K. 222.

799. spinace it.

spinák'-i, špinák'-i Spinat. H. spanákk. K. 225; mrum. spęnáku; ngriech. σπανάκι. K. 225.

800. spinula; it. spilla, spillo; neap. spingola; fz. épingle.

špingulę-a: spingulat plur. Raps. 83; bask. ispilinga. Diez 328.

801. spione it.

spiún-i. H. K. 226. scpignnn. R.; mrum. spiúnu; ngriech. σπιοῦνος.

802. spirare.

špirę pulmo. K. 220. 233.

803. spiritus.

špirt-i g., špirt-i, špyrt-i t. Geist, Leben, Mann. H. spijrt animus, anima. Bl. spijrti scint. Bl. spirtoš animula. Bl. peršpirtšm spiritualis. G. 59. 153.

804. spissus, it. spesso.

špéšę g. adj. häufig. H. spese, spess, sepess spissus, densus. Bl. špeš g. oft. H. spess, sepess saepe, frequenter. Bl. špešúem g. oft thun. H.; ngriech. spithia. Compar. 90. Diez 327.

805. splene it.

splinę-a Nieren. H. spleńie-ia splen tumidus. Rh. 2. 27. šprètkę-a Milz. H. šprétkę lien. K. 226. špęnétkę-a g. Nieren. H. spenetka, speneteha splen, lien (milza). Bl. sepenetek-a milza. R. šprétkę ist nach Cam. 1. 85. aus šprèktę entstanden. Rum. mrum. splinę; sard. spreni; bulg. splinę; asl. splina. Diez 229.

806. spongia, vulg. spungia, sfungia.

spúzę-a: spuza. Bl. spuz-a. R.; rum. špongie, špongie; nsl. špongija; magy. spongya; kroat. spuga. Unmittelbar aus dem griech. entlehnt ist wohl alb. sfęngér; mrum. sfungu spongia; ngriech. σφουγγάρι. K. 228. Schuchardt 2. 117.

807. sporta it.

špórtę-a Henkelkorb. H. K. 198. sepört-a, sepoörte-a calato, canestro. R. epuorta, eporta d. i. těporta sportula, cista. Bl. spoort-i paniere. R. spoorta plur. B. 2. 69. eporteze quasillus. Bl.; serb. sprtva.

808. spranga it. Riegel.

prángę-a: prangh-a lande, spranghe. R. me vuum sciulin o prangh deres imbarrare. R. Diez 438.

809. stampa it.

štampę-a: sctamp-a. R. stámbę. K. 226. štampe, štömbe τύπος. Rh. 2. 29. sctampúem stampare. R. štambar τυπώνω. Rh. 2. 29. štampues, štampatuor stampatore. R.; mrum. stámbę; serb. štampa, štampati.

810. stanga it.

štángę-a patibulum, vectis (cadenazzo): stanghe. Bl. štage baculum. Vuk 9. 3. stangh-a leva per alzare pesi. R.; rum. šteángę. Diez 332; mgriech. στάγγα vectis. Duc.

811. stato it.

štát-i Statur. H. stat pulchger nanus. Bl. štat corpus. B. 1. 21. štatçgát gross von Gestalt. H.

812. sterilis.

štérrę-a sterile: sctarre. B. 1. 7. scterre-a sterile, giovenca. R. msctierre-a vacca sterile. R. štjérra, šk'erra plur. agnelli. Cam. 1. 68. stiéra agneau. Pouq. 2. 617. sctèrrun infecondo, sterile. R. štérpę sterilis. K. 226. šterp infecondo, sterile. R. scterpe-a vacca sterile. R. sterpe sterilis. Bl.; rum. sterp sterilis; ngriech. στέρφα sterilis. Pass.; serb. štirkinja; nhd. Sterke, Kalbe, junge Kuh; griech. στεῖρα.

813. sternere.

štrúem; sctrúe me tuλat mattonare, impianellare mit Ziegeln decken. R. sctrúe per s' dyyti riadornare. R. u shtrúa si stese. Raps. 65. i shtról li stese. 68. shtronnej triesyn apparecchiava la mensa. 102. sctruem pavimento. B. 2. 76. te sctruemi te id. 2. 55. štrúem steht für štęruem. Mrum. sternutu gepflastert. Boj. 164.

814. stiletto it.

šk'ulét-i pugio: schiyglet. B. schiyyletö pugiunculus. Bl. sciyletz-i. stiletto. R. sciyletuem stilettare. R.; ngriech. στιλέτο, στιλετιά. Pass.

815. stima it.

stímę-a: stime-a stima. R. me mos baam stime nihil pendere. Bl. stimuem revereri, multi facere. Bl. stimúe, sctimúe estimare, pregiare. R.; nsl. štimati putare; ngriech. στίμα.

816. stomachus.

stomáh-u Magen. H. K. 227. stomahu. Bl.; rum. stomáh; asl. stomahъ; serb. stomah; griech. στόμαχος; ngriech. στομάχι.

817. stra it.

In Zusammensetzungen: straklęšéčęr: straclyshéčyr rè dei dragoni; strapetrit sovrana delle aquile. Raps. 71; bei H. kulšédrę-a Drache und petrit-i Raubvogel. Mrum. trà: trà tšudę vortrefflich. Boj. 150.

818. strambo it. schiefbeinig.

štremene curvus, tortus, sinuosus, obliquus: stremene. Bl. ri stremene torto siede. Bl. 213. pa ndogna te stremene rectus; seucon stremene strabo. Bl. setremena l'opposito. B. 1. 18. setrembet torto, curvo. R. setremun torto. R. sau setremun guercio. R. strémun inginsto. R. setremt torto. R. štremt curve. Macr. štrémętę g., štręmp, štrémbęrę t. krumm, verkehrt, bösartig. H. stremb obliquamente. R. štrémbęr στραβὸς curvus, gibbosus. K. 227. setrem torto, curvo, indiretto. R. me keiur setrem guardar cagnesco. R. setrem-a piegatura. R. setremseim obliquamente. R. štręmbúem t., štremęnúem g. krümmen. H. setremnúe curvare, piegare. R. stremmun (si ark) inarcato. R. stremennem curvare, torquere, sinuare, obliquare, reflectere. Bl. stremennem gojene ringi. Bl. štremen impius: setremeinė sing. acc. B. 2. 153. štrmojt sinister. Macr. dor stremále, dor ermdje, dor estemant mano sinistra. R.; rum. stręmb curvus, iniquus; mrum. στραβὸς curvus, gibbosus. K. 227; ngriech. στραβά oblique. Pass.

819. stratum.

štrat-i Bettstelle. H. strat cubile, lectus. Bl. setrat letto. R. stratǒ lectulus, grabatus. Bl. štratə lectulus. K. 205; mrum. šternutla Federbett. Boj. 148.

820. strictus.

štrejt angustus: streit. Bl. setreit illiberale, avaro. R. te streite angustiae. Bl. streite restrictus, parcus (scarso). Bl. štręǹtę g. štréitę t. kostbar. H. štrǒjt, štrajt theuer. Macr. mik stret ami intime. Pouq. 2. 617. štrejtúem g., štręntsúem t. theuer werden. H. n setreitúe incarare. R. štrejtclék carestia. R. strentętirę ἀκρίβεια. Tetr. 8. Vergl. štreite-a ἀράχνη. Rb. 2. 30. Mit štrejt und štręnjte vergl. man it. stretto und strinto. Cam. 1. 47; rum. strent, stremt, strens arctus, adstrictus; mrum. strimt. K. 226.

821. striga Nachtvogel, Hexe, it. strega.

štrigę-a Hexe. H. Macr. striga, setriga saga, pharmaceutria. Bl. setrigh-a lamia. R. štrig-u, štrige-a, štrigeze-a ist bei Rb. 2. 30. eine Waise: dialle e vašeze pa tatte a pa mömme. štrigeni-a stregaria: setrighenij. B. 1. 3. setrighnli-ia incantesimo. R. striginia praecantatio. Bl. setrigán-i mago, incantatore. R. setrigăit gli stregoni. G. 115; rum. strigój m. strigóe f.; slovak. striga; pol. strzyga; ngriech. στρίγλα. Diez 1. 26.

822. stringere.

štręngúem t., sterngúem g. drücken, nöthigen. H. štręngúem stringere. K. 228. šterguem stringere, obstringere, restringere, exstringere, opprimere: sterguem. Bl. me sterguem me bee obiurare. Bl. setrenguem strignere, stringare, condensare. R. setringuem stringere. R. stringuem obbligare. Conf. 65. setringuem frenare. G. 249. shtęrngeón stringe. Raps. 64. styrueói strinse. 76. seterguem strignere. R. ristretto. B. 1. 17. sterguem restricte neben i streite restrictus. Bl. štręngúm g., štrengúam, štongúam t. gedrückt, geizig. H. štrgúem fest. Macr. štęrngim-i g., štęrngésę-a g., štręngim-i Zwang, Strenge. H. setringhim-i rigore. G. 247. setergbimisct severamente. G. 279. sterguescio restrictim. Bl. setringnosem rigoroso. G. 249. štręngútę g. beengt. H.; rum. mrum stręng stringo. K. 228. string teneo. K. 204; prov. estreit; fz. étroit aus estreit strictus. Diez 1. 146. 187. 240.

823. stroppiare it.

strupljuem. B. 2. 158.

824. studiare it.

studejuem studere. Bl. Der Inf. študiat ist durch das slav. Infinitivsuffix t für ti gebildet: une duo me študiat io voglio studiare. Dalm. (studionem) ich studiere. H.

825. studio it.

studie studium. Bl.

826. stupa.

štûpę-a stuppa. K. 227. Tetr. 18. stupe. Bl. štupa Werg. Macr. stupi-a, štupi-a. H. stuppe-a στουπί παυτ. Rh. 2. 30; rum. stûpę; mrum. tsúpu. K. 227. plur. tsûki. Tetr. 18; ngriech. στουππί. Diez 333. Man vergl. auch alb. (stûpę) Pfropf. H. stupómç-a id. H. stupós zupfropfen. H.

827. sulfur lat.; it. solfo, zolfo.

súlfurr-i. R. sulfure. Bl. surfal. Macr. súlful-i, sulfuλ-i. R. sk'ûfur, šk'ûfur. H. sk'ûfur. K. 196. šk'ûfurtę schwefelig. H.; mrum. skllifurę. K. 196; kroat. serb. sumpor. Schuchardt 3. 48. Diez 323.

828. super.

sipęr t., tsipęr g. oben. H. siper, siprę. Cam. I. 52. Pott 1. 682—685, wo manches andere alb. abgehandelt wird. Schuchardt 3. 47.

829. surdus. vulg. sordus.

šurð: jane sciurðe te. B. 1. 5. sciurð. G. 151. scurðene. Bl. šurðen. Macr. šúrðęr. K. 204. šurder. Rh. 2. 29. šurðan. Macr. šçrðûem, šurdûem betäuben. H. sciordûe offender l'udito. R. u šurðûem obsurdescere: u surðuem. Bl. šurðim-i Taubheit. H. Macr.; rum. surd; asurzésk betäube. Schuchardt 2. 175.

830. suspendere.

suspendûem. B. 2. 72.

831. tabarro it.

tabárr-i, tabáarr-i. R.

832. taberna, it. taverna.

tavérę-a: taverres vinarius. Bl. Vergl. die Fremdwörter in den slavischen Sprachen 133.

833. tabula.

tavle-a σανίδι. Rh. 2. 58. Unmittelbar aus dem griech. τάβλα; türk. tâvla; asl. tavlija.

834. tagliare it.

tajër quadra: taieer. Bl.

835. tagliere it.

taul'áre-ja g. Teller. H. tal'ur-i: talbûryt i piatti. Raps. 67. 102. Vergl. tál'ęr-i Bottig. H.; asl. talër: serb. tanur; ngriech. ταλέρι. Taul'áre stammt unmittelbar aus τάβλα.

836. tallero it.

tallr-i: talllr-i. R.; ngriech. τάλερο.

837. tara it.

târę-a. H.; serb. dara.

838. tazza it.

tas-i metallene Reisetrinkschale. H. taas-i nappo, coppa. R.; rum. serb. tas Almosenteller.

839. tegula.

tjégulę-a, tsjégulę-a Dachziegel. H. tjégulę. K. 200. tiegula. Bl. tiéguλ-a. R. tjeguλa. B. 1. 2. tûlę-a Backstein. H. tuλa. Macr. stjégulę-a Regentraufe. H., das von Cam. 1. 161. mit στέγη, welches allerdings auf das alb. Wort scheint eingewirkt zu haben, zusammengestellt wird; tjegęlatâl-u Ziegelbrenner. H. Hahn leitet das alb. Wort von djek brennen ab. Rum. téglę, tsiglę; magy. tégla; ngriech. τοῦβλον; bulg. tuvlę. Alb. tûlę later coctilis; mrum. túvlę sind auf ngriech. τοῦβλον zurückzuführen: denselben Ursprung hat túvlę-a thönerne Wasserröhre. H. Diez 344.

840. tela.

telár-i trama. R.

841. tempia it.

tampęli tę g. plur., tęmpęl'á tę t. plur. Schläfe. H.; rum. tęmplę.

842. templum, it. tempio.

témblę-a der dem Laien unzugängliche Theil der griechischen Kirche. H. mori i templese mori templi. Ilndi 9; rum. tęmplę frons altaris; ngriech. τέμπλον.

843. tenta, it. tenda.

tándę-a g., téndę-a t. Reisigdach zum Schutze der Heerde gegen die Sonne. H. tand-a padiglione. R.; rum. tindę Vorhaus; mrum. téndę tentorium. K. 229; abulg. tenta tentorium; ngriech. τέντα.

844. tentare.

tęndúem: teaduem. Bl. tnduem d. i. tęnduem. Bl. 208. tduem d. i. tęduem. Bl. tundue. R. tnue. R. tnuem. G. 61. 147. tendim tentatio. Conf. 51. tundim-i. R. tnim tentatio. G. 61. 103. tundúesem, tnúesem. R.; nsl. têntati; serb. natentati.

845. teriaca, triaca it.

triákę-a: triák-a. R. Schuchardt 2. 425.

846. terrazzo it. aus *terraceus.

tarátsę-a t. Dach, Thurm, Balkon. H. dęrrásę-a Steinplatte, besonders zur Dachdeckung. H. Diez 1. 171. Nach Hahn aus dru Holz und rásę Steinplatte.

847. terremuoto, tremuoto, tremoto it.

termék-u: termech. Bl. termék-u. R. tremék-u. B. 2. 157. R. Hinsichtlich des k für t vergl. trotto.

848. testimoniare vulg.

dešmuem testificare. R. 1. 16; 2. 157. desemue verificare. R. desem-i chi attesta. R. dešmij testis. B. 1. 17. desmij. Bl. desmi te signatores. Bl. dišmiin sing. acc. G. 43. desemintl-ia testimonianza. R. dišmiúeni-a testatio: desmignenia. Bl. desemignienia. B. 1. 6. 15. Vergl. fz. témoin.

849. tigna it., tinea lat.

téiñ-a (d. i. wohl téñę-a) g., tênnę-a t. Motte, Bandwurm. H. tigne-a, tign-a tignuola, tarlo, vermello. R. téñę (τένγα) tinea. K. 203.

850. timone it., temo lat.

temón-i Steuerruder. H. timón. R. tomún-oi Mosak. Deichsel. H. timue temo. Bl. ai chi mba timuone. nauclerus. Bl. temonár-i Steuermann. H. dųmé, duméni g. Steuerruder. H. duméu. K. 230; mrum. timóne. K. 230; nsl. timon; serb. timon und dumen; türk. dumen; ngriech. τιμόνι.

851. timor: timorem.

tmér horror. B. 2. 160. mueer timor, terror. Bl. spavento. R. mueeria timiditas. Bl. u mueernem timere. Bl. tmerohem g. stanne. H. mueerues inandax. Bl. mueeruesim timidus, pavidus, tremendus; mueersim meticulosus. Bl. tmeeruosim. Budi. muerueseim timidamente. Bl.; rum. teámę, it. temere.

852. tina Weingefäss; it. tina; fr. tine.

tinę-a g. Weinkübel, Skodr. auch Butterfass. H. tinár-i g. Holzkübel. H. Diez 1. 26; schwed. tina.

853. todesco, tedesco it.

tudeschi te teutones. Bl.; serb. tudešak, tudeškinja.

854. tombola it.'

tumbul-a. R.

855. torchio, torcolo it.

tork-u g. torcular, praelum: torch. Bl. der pressende Balken. H. tork-u, torch-u soppressa, torcolare. R.; nsl. torkula Ölpresse; serb. trkulj vinacea; mhd. torkul, torkel; nhd. bair. Torkel.

856. torta it. ein Backwerk, tortum eig. etwas gewundenes.

tórtę-a jeder weiche gerundete Gegenstand. H. la polpa di carne. Cam. 2. 210; daneben torte-a corda, fune. R.; rum. türtę Kuchen.

857. tractare.

traituem concinnare. B. 2. 152. aedificare: sctepijne. Bl. te traituem aedificium. Bl. traitim id. Dunkel ist mir traituem lucuro segmentatus segnis. Bl.

858. traditare.*

traditüem prodere. Bl. traditucr proditor. Bl. traditür. Raps. 52. traðitür. 94.* traitur προδότης. Rh. 2. 60. traditi-a proditio: traditij. Bl. traðili-in infedeltà. R. traðtüe ingannare. R. traðtüos traditore. G. 201. traðtim-i tradimento. R. Dunkel ist mir tręgüem, tęrgüem t. zeige an, verrathe. H.

859. trameggia it. Mühlrumpf.

tęrmól'ę-a: tyrmolba. Raps. 74.

860. travaglio it.

travaje-a tribulatio. B. 2. 156. avversità. R.; ngriech. τραβάω travaglio. Pass.

861. trave it., lat. trabs: trabem.

trā-u trave: trāa. R. tra, tráu und trári, plur. tráre tę und tra tę. Tyranna; trà, tràni. Kroja. Tragebalken. H. traa trabs, tignus. Bl. trani. Dalm. Vergl. nsl. tram; nhd. bair. Tram. Les gens de Croja appellent trani une poutre, tandisque ceux de Tyranna la nomment traon. Hecq. 257.

862. tregua it. Waffenstillstand: mlat. treuga securitas praestita rebus et personis, discordia nondum finita.

treg nundinae: tregh. Bl. me mij te ha e pi, e treg mos ban con gli amici mangiare e bere, e non entrar in partida. Bl. 208. tregetär mercator: treghetaar. Bl. tregeti-a nundinae, mercatura. Bl.; aserb. trojba.

863. tremere.

trem g., tremb t. schrecken, terrere. H. tremb obstupesco. K. 214. trémun impaurire. R. trymbem io temo. Raps. 52. trembune perterrere, terrefacere. Bl. u trembune intremere. Bl. timere. B. 1. 106. u tremlo timere. Dalm. trem-a timore. R. trémęs-i g. tręmęrák-u, trymbęl'ak-u der Furchtsame. H. tremscim terribilis. Bl. Vergl. prov. cremer; afz. criembre; nfz. craindre. Diez 1. 140. 201. Schuchardt 1. 161.

864. trifoglio it.

trifoi-ia, terfoi-ia. R. falsch ist wohl trifól-i für cerfoglio. R.; rum. trifój. Diez 355.

865. triforcato it.

tęrfúrk-u: terfúrk-u triforcato, forca, fiocina, bidente. R.

866. trial.

triul-a trinità. G. 43.

867. trinitas.

ęndrijtat-i: še, šent ndrijtat. B. 1. 5. 13. scendrijtatne sing. acc. Budi 10.

868. tripolo it.

tripol-i. R.

869. tristis.

trisetúe attristare, angustiare. R. trisctuo. Budi 9. trisctim-i afflizione. R.; rum. trist.

870. trivella it., dial. trevella.

trujélę-a, turjélę-a Bohrer. H. truiella terebra. Bl. tréeλ-a, turieλ-a, turiell-a. R. trujéla o turjéla sembra meglio accostarsi a τρίβω io foro. Cam. 2. 206.

871. tructa, truta; griech. τρώκτης; it. trota; fz. truite.

tróftę-a Skodr. Forelle. H. troft-a. R. Diez 1. 44. Schuchardt 2. 114.

872. tromba it.

trúmbę-a tuba. Bl. tibicen. Bl. tromb-a pompa d'acqua. R. trumbétę-a g., drubétę-a t. Trompete. H. trombét-a tamburo. R.; it. trombetta; rum. trimbitę; asl. trąba; nsl. trombeta, trobenta; ahd. trumba; nhd. Trompete.

873. trotto, it. Trott.

ǫntrok-u: ntrok-u. R. etsune ntroch succussare. Bl. kaalle ghi ve ntroch succussator. Bl. ots ntrok, trokolit trottare. R. ntroke-i, trokolits-i trottatore. R. tui etsuu ntrok trottone. R. k für t findet sich auch in tremek: vergl. terremuoto. Man vergleiche auch trokeluem me kambe pedire: trocheluem mu cambe. Bl. trokeluem: trocheluem ude stepij perstrepere. Bl.

874. trulla Schöpfkelle; fz. truelle.

trųllę-a (τρύλλα). Cam. 2. 206.

875. truncus.

trunk-u Strunk, Stamm. H. truugh-u tronco, torso. R. truncua. Bl. B. 1. 7. tronc. Pouq. 2. 622. sdröng: u böše sdröng ἔγινα ξύλον. Rh. 2. 27. Mit truugh-u mutilo. R. vergl. it. tronco. Rum. trunk.

876. tuffo it., fz. touffe Büschel.

tůfę-a Strauss, Menge, Heerde. H. tuf, plur. tuffa mazzetto. Raps. 27. 56. tuff-a nappa, fiocco. R. tuff Quaste. Klem. Wind. 82. gua tuffe lule stemma. Bl. tufra florum fasciculi. Stier. tuff-a, tub-a masnada, compagnia. R. guo tuffe trima phalanx. Bl. gui tuffè gind una copia di gente. B. 2. 60; rum. tůfę Staude, Gebüsch; mrum. tufę Blumenstrauss. Boj. 161, welches Diez 736; 1. 157. vielleicht richtig mit griech. τύφη zusammenstellt.

877. tufo it.

stuf-i: guur stuffi pumex. Bl.

878. turbare, turbulus.

u terbue rabbiarsi (del cane). R. u terbuem obludere. Bl. oggamire (ciauciare). Bl., wobei das Passivum sehr auffällt; tęrbúem wüthend machen. H. turbuem rabbioso. R. terbuem arrabbiato. B. 2. 55. trbonem wüthe. Mecr. tęrbóhem furo. K. 208. tęrbim-i Hundswuth. H. trbim furor. Mecr. tęrbim turbamento. Raps. 83. Sicher mit turbare verwandt sind auch die folgenden an fz. trouble, troubler erinnernden Wörter: túrbul-i, trubul-i trübe, Trübe. H. túrbuλ-i torbido. R. trubul. Mecr. turbuliem, trubulúem trübe machen, verwirren. H. turbuluem turbare. Bl. turbuluem turbidus, perturbatus, praeposterus. Bl. ujε te turbuluem aqua turbida. Bl. turbluem schwindelig. Mecr. turbulues turbator. Bl. turbuluescim praepostere. Bl. trubulinę-a g., trubulirę-a t. Trübe. H. droupoulire trouble; troubouliré émeute. Pouq. 2. 619. 622. turbuλim-i tribolazione. G. 57; rum. turb rabere; turbát rabidus; turbáre rabies; túrbur turbare; mrum. turb furo. K. 208. kuturburu turbo. Boj. 213; klruss. turbovaty turbare. Schuchardt 3. 222.

879. turibulum.

turribule. Bl. turribul-i. R.

880. turma, it. torma.

túrmę-a t., trúmę-a g. Menge, Heerde. H. túrmę-a das ungezähmte in der Heerde mitlaufende Pferd. H.; rum. túrmę grex; ngriech. τοῦρμα; asl. truma caterva; serb. turma Karavane. Schuchardt 2. 176.

881. turpis.

turp-i t. túrpe-ja g. Schimpf, Schande. H. turp disdoro. Raps. 67. turpęnúem g., turpęrúem t. beschimpfe, beschäme. H. turpenohna werde beschimpft. Mscr. turpnue lordare. R. túrpšim schüchtern. H. turpšime-ja Schüchternheit. H.

882. turtur, it. tortora.

túrtul-i g., tárrę-a, túrro-ja t. Turteltaube. H. túrtul. K. 231; rum. turtureá; mrum. túrture. K. 231. Alb. turtuλ-a für tordo. R. ist wohl falsch.

883. tutulus.

tutul-i la sommità del capo verso la fronte. Cam. 2. 209.

884. ululare.

ul'uri g., ulęrij, ulęrás t. heule. H. uleruem ululare. Bl. ulerime ululatus. Bl. ulurió. Rb. 2. 3; rum. urlu.

885. uncia.

unce. Bl.

886. uncinus.

angin: angin i boštit ἄγκιστρον τῆς ἀτράκτου uncus fusi. Rb. 2. 4.

887. unctura.*

undúrę-a: undúr-a untume, untosità, che ha in se dell' unto. R.; rum. untúrę Schmeer; unt Butter.

888. ungere.

ęngújem cintunken, färben. H. unguem tingere, pingere. Bl. ngye tingere. Dalm.; rum. ung.

889. urceolus.

urtsuel urceolus, vas. Bl. urtsuelë demin. Bl.; rum. úrtšeor; ahd. urzeól, urzōl. Hieher gehört auch asl. vrъčь; goth. aurkeis, beides aus lat. urceus.

890. vampa it.

vámpę-a aestus. Stier.

891. vapor.

ávul-i t., ávęl-i g. Dunst. H. avulúem dampfen. H. Rum. ábore; aboréak. Avulonnej fumava. Raps. 28. Schuchardt 3. 51. Die Zusammengehörigkeit dieser Wörter ist nicht sicher. Diez 390. Auch vápę Hitze. H. ndę vapt nel caldo. Raps. 65. scheint mit vapor nicht zusammenzuhangen.

892. velare.

ęmvlúem (mvluem. R.), ęmbęlúem (mbèluem. B. 1. 13.), ęmbulúem (mbuluem. Bl. mbul'úem. H.), ęmblúem (mbluem. Bl. R. mbl'úem. H.), ęmlúem (mluem. Mscr. mlue. R. mluo. Dalm.), męl'úem. H., mul'uem. H. velare, tegere, operire, recondere, servare, nubere. Bl. mbulim-i Decke, Deckel. H. tegumentum. K. 224. mbul'ésę-a Berat., mul'ésę-a Decke, Deckel, Pfropf. H. mbulitsę-a, bulitsę-a kleiner Weiberschleier. H., mbglę, mbulęs g. verschlossen, leuteschen. H. mbúlęs, mbilęs Deckel. Man vergl. auch ngriech. μπάλιον, ἐμπάλιον velum. Pass.

893. velluto it.

k'éngęlę tę vil'ústę (saravil'ústę) cingbia di velluto. Cam. 2. 165. vergleicht lat. vellus, it. vello, villoso. Das Wort ist nicht ganz klar. Ngriech. βελοῦδο.

894. velum.

vel velamen. Bl. vél'a tę Segel. H.; serb. veo, gen. vela; mhd. vêle.

895. venenum.

vẹner-i g., vẹrer-i. vrẹ̈r-i t. Galle. H. venéer g., veréer t. Cam. 1. 85. vner. Macr. v'rer: vrere te λύπη. Rh. 2. 13. vrértẹ gallicht. H. veremiar giftig. Rh. 2. 13. v'reret: ište vreret καιρός σκοτεινός temps obscure. Rh. 2. 13. v'reroiň: u v'rerua kŭroi le temps s'est troublé. Rh. 2. 13. u perveneruu inquietarsi. R.; rum. venin, verin Gift, Galle; veninós, verinos; mrum. nerrẹire ira. K. 215. nvernáre tristitia. K. 208. virinlu Gram. Boj. 130. inverinata traurig. 168. Schuchardt 3. 50.

896. venezia it.; *venedicus.

venett-a, Cam. 2. 114. venedik-u Venezia. R. mike bálẹ-venetike amica dalla fronte d'oro (zecchino di Venezia). Cam. 2. 24. Vergl. auch velénzẹ-a gewebte Wolldecke. H. velentsa obstragulum (coperta). Bl.; serb. velenca lodicula; velenac stragulum; magy. velencze Venedig; ngriech. τό βελέσι. Pass.

897. ver.

vẹ̈rọ-a Frühling, Sommer. H. aestas: vera. Bl. voér-a estate. R. verrẹ καλοκαίρι. Tetr. 5. vora aestas. Dalm. véére été. Pouq. 2. 619. verúem den Frühling zubringen. H. verinaϑ, -nadi πῶλος νεότευος Jährlingsfüllen. Rh. 2. 13. Hinsichtlich des Genus von vẹ̈rẹ erinnere man sich an alb. prẹndẹvẹ̈rẹ und it. primavera. Man vergl. veri-u, Skodr. ver-i Westwind. H. Rum. várẹ Sommer. Schuchardt 3. 51.

898. veritas.

vẹrtétẹ-a, vertétẹ-a veritas, verus, justus. H. vẹrtét. Raps. 28. o verteta veritas. Bl. 215. B. 1. 4. i vertete verax. Bl. vertét adj. G. 39. vọrtét, me vọrtét; vẹrté, me vẹrté; vọrtéta wahrlich. H. vertet realmente. B. 1. 19. verum. Bl. per te vertete nempe, sane. Bl. me te vertete porro. Bl. vẹrtetúem versichern. H. u vertetue verificarsi. R. vèrtètuno verificare. B. 1. 7. 106. verteťšim. Rh. 2. 13.

899. versare it.

vẹrśuem überschwemmen. H.; rum. vẹrs fundo; mrum. versu. K. 237.

900. versus.

vjerš-i verso, maniera. Cam. 1. 175. 198. vjerš. Bl. vjerša plur. poëma. Bl. vierści te plur. R. vjerš riga. B. 1. 39. vierśeine improvvisare. R. vjeršetär poëta: viersectaar. Bl. vierśctáar. R. Vergl. rruvjéskulẹ-a Zeile eines Buches. H.; rum. verš.

901. vescus.

vešk, veškem t. vyšk g. welke. H. veškem: u vešk fiku. Rh. 2. 14. vesck appassare, appassire. R. fiškem μαραίνομαι. Rh. 2. 10. Cam. 1. 106. führt vešk auf vjet annus zurück. Rum. veašted *vescidus. Schuchardt 3. 51. 165.

902. vesica.

mẹšikẹzẹ-a g. Brandblase, Seidencocon. H. mpsikẹzẹ mendáfšit Seidencocon. H. pšik'ẹ-a Blase. H. pšigẹ vesica (πασίγκα). K. 234. fšikẹ-a Harnblase. H. fšikẹ-a g., fšitskẹ-a t. Blatter, Blase. H.; rum. mrum. bešikẹ Urinblase, Blatter. Schuchardt 1. 353; 3. 245.

903. vestiarium.

vistár-i tesoro, erario. R. vissaret tesori. B. 2. 156. mgriech. βεστιάριον, βιστιάριον, auf welches das alb. Wort zurückgeführt werden kann.

904. vestire.

veš kleiden. H. Die Entlehnung kann bezweifelt werden.

905. vetus.

vjétẹrẹ alt. H. vjétẹr. K. 216. vjetr. Macr. vieter. Pouq. 2. 622. vjetẹrúem alt machen, abnützen. H. u vietrúe inveterare. R.; rum. veakjŭ.

906. viaticum.

viátek-u. G. 205.

907. vicinus, vulg. vecinus.

fkiñ: fkinn. K. 189. fkin: fkin tę tu τούς γείτονάς σου. Tetr. 8. fk'iúę-a t., fk'iúę-a g. vicinia Nachbarschaft, Nachbar. H. fgignesse al prossimo. Bl. 207. fchignie te. Budi 32. fk'luñem, fk'inçrúem angrenzen. H.; rum. vetšin; mrum. vitsinu. K. 189; gall. it. avsén. Schuchardt 2. 71.

908. vicus.

vik-u Steg. H. vik-u, vikę ponticello o cavalletto, viottolo di passaggio. Cam. 1. 95; 2. 57. Über die Bedeutung des lat. vicus rue, quartier. Académie des Inscriptions et Belles-Lettres. Comptes rendus. 1869. 33.

909. vidua.

e véję. K. 230. vé. H.; mrum. véduę. K. 286; rum. vędúvę.

910. vigil.

vil'e snella, svelta. it.-alb. Cam. 2. 165; ngriech. βιγλίζω.

911. vigiliae.

mguiλ-a, guiλ-a, ungiλ-a. R. mguille. G. 149. 155. migille. Conf. 47.

912. vinum.

vénę-a g., vérrę-a t. Wein. H. vene. Bl. veen-a. R. ven. Dalm. Mscr. vénu, vénu g. Cam. 1. 85. vérę. Tetr. 11. verre, vain vin. Pouq. 2. 622. vèšt, plur. vęnéšta g., vęšt, plur. vréšta t. Weinstock, Weinberg. H. veeste. Bl. ndeper venštenat per le vigne. B. 2. 21. veneštena te le vigne. 2. 22. βρέστα d. i. vréštę ἀμπέλια. Tetr. 9; rum. vin; romagn. ven. Diez 1. 143. Schuchardt 2. 80.

913. viola.

violez-a demin. Bl.

914. vipera.

nepérkę-a t., nepkórę-a Viper. H. nepértkę. K. 215; mrum. nępértikę. K. 215; rum. nępérkę; norkę Sumpfotter. Cam. 1. 340. zieht griech. πέρκος schwarz herbei: quasi νήπερκος; andere stellen das alb. Wort mit mrum. nępértikę zusammen, quasi indivisibile, senza parti: über die Vorschiebung eines n im ngriech. vergleiche man meine Abhandlung: Die slavischen Elemente im Neugriechischen sub voce ἔβορός; im mrum. ist pre numeri auf der Schulter. Boj. 160. und im alb. nędriote gli Idrioti. Cam. 2. 88. zu merken.

915. virgo: virginem.

virǵene: virgene. Bl. virgin-a. G. 35. 93. virǵir, vérǵerę. Cam. 1. 44. virgir. K. 217. virglenet. Budi 45. virǵinéšę-a g., verǵęréšę-a t. Jungfrau. H. vierginesc-ia. R. verginésc-ia. R. virǵini-a g., verǵęri-a Jungfrauschaft. H. virghinii. G. 67. 167. virginitat. Budi 45; mrum. virgira; rum. vérgurę; afz. verge; fz. vierge. Schuchardt 2. 58.

916. viridis.

verδ, vérdę gelb. H. verde viridis. Bl. verδ-i verde, giallo. R. vreδ gelb. Dalm. e verde janne. Pouq. 2. 620. vert. 2. 622. verdak' g. gelb. H. verδ gelb färben. H. verδóš, verδašák t. gelblich. H. verδatsák-u gelblich. H. vęrδęsinę-a g. gelbe Farbe. H.: l'alb. prende spesso i vérδę per giallo e i ǵélburę lo trasporta al senso di verde. Cam. 1. 340; rum. veárde; it. verde; churw. verd. Schuchardt 2. 29.

917. virtus: virtutem.

vęrtút-i g. Kraft. H. vèrtüt virtù. Budi 63. B. 1. 4. virtyta la virtù. G. 271. vertut-ia forza, vigorosità. R. Budi 15. 64. vertytia robur, vis. Bl. i paa vertyt invalidus. Bl. vertúa, vertia vigore, rigoglio. Cam. 1. 42. vertu, verti δύναμις. Rh. 2. 13. vertytsim valens, viriatus. Bl.; mrum. vęrtúto δύναμις. K. 193. rum. Kraft, Stärke, Tugend; vęrtós stark; vrtos λίαν. Boj. 123. Schuchardt 3. 50.

918. visciola it.
višulę-a: visciul-a. R. Diez 373.

919. viscus, viscum, it. visco, vischio.
véštaλ-a. R. vestnλóe invescare. R.

920. visitare it.
vizitue. R.

921. visus, it. viso.
viz-i: viiz-i. R.

922. vitrum, it. vetro.
vitrę; vitr-i sic.-alb. Cam. 1. 178. vergl. Index.

924. vitulus.
vitš-i plur. vitšęre tę Kalb. H. vitšę. Cam. 1. 200. vits-i Wiener Jahrbücher 46. 103. 104. vicc-i. R. vić. Dalm. vici-a vitella. R. vjetevat (für vjetavet). B. 1. 44; rum. vitę Rind; vitsél m., vitseá f.; mrum. jitsęllu. Wiener Jahrbücher 46. 103. 104. gitzęlu. K. 211. So wie aus lat. vetulus, veclus it. vecchio, rum. veákjŭ, so ist auch aus vitulus, viclus alb. vić, das die echte Form sein möchte, entstanden. Schuchardt 1. 160; 2. 405; 3. 51.

924. volática it.
volatik impetigo. K. 207. Flechte. H.

925. voluntas: voluntatem.
vullendette. Budi 16. voλundet-ia. R. vuλndet-ia. R. volendet voluntas. B. 1. 9. voλendet, volendetja. B. 1. 9. valedetja. Bl. vuλnet-ia. R. volenduem consentire. B. 1. 3. volnésę-a Skodr. Wille. H. vulnéesa. G. 51. vulnesa-a. R. G. 167. valdesa-a. R. volundeschia. Klem. Wind. 89. vulnéem volontario. G. 147. vergl. vol-i g. Wille. H. Vulnésa, volnésa leitet Cam. 1. 79. von βούλομαι, *βόλνομαι ab.

926. vomer.
húmer-i coltro, sorta di vomero. R. vergl. um-i vomero. R.

927. zaffo mlat.: pedites et zaffones. Schmeller 4. 66; it. zaffo Scherge.
tsaf: tsaff te satellites. Bl.; serb. caf satelles. mik.; nsl. caf lictor. Diez 394.

928. zappa it. Haue, Karst; zappare graben.
Man vergl. mit diesem Worte sopátę-a Axt. H. Macr. sępátę securis. K. 230; rum. sápę ligo; rum. mrum. sap fodio; serb. capa; türk. tšâpa. Diez 376.

929. zelus, it. zelo, griech. ζῆλος.
zèλ-i cura, applicazione, premura. R. zéel Skodr. Cam. 1. 46. zèλúem zelare, inanimire, attendere. R. zeλtár accurato. R. zeeltár ansioso. R. zelscim ferventemente. R. Diez 376.

930. zuppa it.
súpę-a Suppe. H. Diez 323.

II. Bemerkungen über die Lautlehre der romanischen Elemente.

Die Bemerkungen über die Lautlehre betreffen entweder *A.* die Vocale oder *B.* die Consonanten.

A. Vocale.

a) Allgemeines.

Wie in anderen Sprachen, so übt auch im albanischen der Accent auf die Qualität der Laute einen grossen Einfluss, indem accentlose Vocale abgeschwächt und in Folge dessen nicht selten ausgestossen werden. Accentlose Vocale können namentlich in den Vocal ẹ übergehen. ẹ scheint dem a am nächsten zu stehen, welches in den romanischen Sprachen in accentloser Silbe häufig für e oder i eintritt: it. danaro, balanza für denarius, bilanx. Diez 1. 162.

Der Accent trifft regelmässig jene Silbe, welche im romanischen betont ist: ẹmkát für pẹkát aus peccatum; péngẹ aus pédica; djál aus djávẹl, diábolus u. s. w. Die Regel erleidet eine Ausnahme in allen jenen Fällen, in denen ein betontes albanisches Suffix an den romanischen Stamm antritt, daher ẹmkatnúem peccare; pengúem impedire; djalẹzí malitia u. s. w. Aber auch ausserdem gibt es einige, allerdings nicht ganz sichere Ausnahmen: cóphinus, griech. κόφινος, it. cófano, fz. coffre: kofínẹ, wobei jedoch zu bemerken ist, dass im griech. i auch lang sein kann, was lat. cophīnus ergibt, und dass das Wort ngriech. κοφίνι n. lautet; liber Bast: livórẹ Hülse, Schote; pepónem: pjépẹn, ngriech. πεπόνι; agriech. πέπων, πέπονος: pjépẹn stammt vielleicht aus dem agriech. Der Auslaut ik wird stets betont: pánicum: pẹník; prédica it.: predík; rísico it.: rezík. rángẹ aus rákẹ ist nicht auf radícem, sondern auf *rádica, it. rádica, zurückzuführen. Diez 1. 236; stahús, mrum. astahó. K. 185, und stomáh, mrum. stomáhu. K. 227, beruhen auf griech. ἀστακός und στομάχι, nicht auf lat. ástacus und stómachus.

Im Nachfolgenden wird von den Veränderungen gehandelt, welche die einzelnen Vocale in accentloser Silbe erleiden und zwar im Anlaute und dann im Inlaute vor und nach der betonten Silbe.

1. α) a geht im Anlaute in ẹ über: altare: ẹltér. Schreibweisen: lteer, λteer; leteer, λeteer; liteer; al'tär. andreas: ẹndré: ndre. B. 1. 91. anguilla: ẹngál'ẹ-a: ngál'ẹ t., nál'ẹ g. H. antonius: ẹndóun: ndoun. R. reg. 47. augustus: ẹngúštẹ: ngúštẹ. H. argentum: ẹrgánd: ergẹ́nt t., argánt g., rgant. B. Dalm. rrgant. R., argánd. armata: ẹrmátẹ: rmata. Bl. Das griech. ἄγκιστρον lautet mit lat. Accentuation ẹngíštrẹ-a Angelhaken, Angel: ngíštrẹ-a, ngístrẹ-a, angístrẹ-a bei Hahn, der das Wort vom alb. ngit anhängen ableitet. Zwischen gréstẹ-a g. unreife Traube. H.; mik-u Freund; pril-i April; ránẹ-a g. Sand und den entsprechenden lat. Worten agresta, amicus, aprilis und arena scheinen als vermittelnde Formen angenommen werden zu müssen ẹgréstẹ, ẹmík, ẹpríl und ẹránẹ. In gušt-i augustus mensis und uuk'-i t., ung-i neben ung-u g. avunculus sind au und av abgefallen. Dass sich in adcrúem adorare a erhielt, scheint der Nebenaccent auf der ersten Silbe bewirkt zu haben. Neben ẹndaje (ndaje) wird andaje geschrieben. H.; neben ankúe lamentari. R. findet man nẹkím: nekim lamento. B. 1. 93.

β) a geht im Inlaut in ẹ über. *a)* vor der betonten Silbe. battalia: bẹtájẹ-a Schrecken, fallende Sucht. H.: rum. bẹtáje plaga, pugna. caballus: kál-i aus kẹvál-i, fz. cheval. calcara it.: kẹlk'ére-ja, kẹrk'éle-ja. H. kertšele-ja. Dalm. camisia: kẹmíšẹ-a. H., kmiša. Dalm.: rum. kẹmeášẹ. campana: kẹmbónẹ-a, minder gut kumbónẹ g., kẹmbórẹ-a t. grosse Viehschelle. H.: rum. mit dem Accent auf der ersten Silbe kümpẹnẹ lanx. cantare: kẹndúem. H. R. knduem. R. cerasus: k'ẹršij für k'ẹrẹšij aus k'ẹrẹš. chiarare it.: k'ẹrúem t., k'irúem. corsare it.: kursár, kusár-i und davon kusẹrij-a furtum, rapina. damnare lat., dannare it.: dęnúem (dennuem. B. 2. 160); dnúem. G. 39; condenogn d. i. kondęnoń condemno. B. 2. 76. damnum: dam-i. G., dem-i t.; damúem g., dęmúem t.; dęmǫtúem verschwenden. factura: fę-túrę-a (fetura. Bl.) color; species (feture. B. 2. 160); vultus (futǫrę-a. H.); faccia (ftür. G. 55): rum. fękę-túrę factura, forma, species externa, incantatio; fęptúrę factura, res creata, species externa: vgl. sic.-it. fattura für malia. Vigo 221. Das unter facies stehende ist demnach zu verbessern. fallire it.: fǫl'úem, fęjúem fehlen; fúem statt fęjúom. Conf. 13, dagegen faj-i Fehler; fajętór-i Sünder. familia: fęmí, fęmíl'ę-a, fę-miję-a Familie, Kind; fmíi. R.: rum. familie stirps, familia ist junge Entlehnung. imperans, imperantem: poręndíj-a imperium, imperator aus perę́nd für ǫmperę́nd durch ij gebildet. Von perę́nd sind auch perędór imperator und porędę́šę abgeleitet. laborare: lęvrúem: levruem araro. B. livrúem. R., dagegen lávrę: lavre aratura. R. lavertár ebi ara. R. lasciare it.: l'ęšúem t., l'išúem g. H. lešúem. Bl. lišúem. R. ľšoj lascio. Vuk.: rum. las, lęsáre. latinus: l'ęti, l'ętini: l'iti, l'itini neben latin, latini. laudare: l'ęvdúem neben dem minder richtigen l'avdúem und livdúem. H. levdúem. B. lebdúem. Bl. leidúo. Dalm. lbdúem. Bl., dagegen land-i, labd-i, laft-i; l'avdurúem neben l'ęvdurúem; labdetár-i laudator; l'avderóbem laudor. mancare: męngúem (mengúem, mangúem, mungúem. R. mungumun). mane: mǫngúem, mungúem frühe aufstehen: rum. męnek. manere: męnúem aufhalten, zögern; męnę́sę Aufenthalt. maniera it.: męndúrę (mendur) und mǫúrę (mour). R. Maria: Męrí-a (mria. G. 67. mrii, mbrii. R. mbria. Bl. mrija). paganus: pęgán (pegan) gentilis; pęgę́j, pagá inquino. palumbes: pęlúmpǫ-a (richtig pęlúmbę-a), pelúm-i t., pulúmę-i g., richtig pęlúmǫ-i Taube. parabola: pęrrálę-a g., prálę-a t. Fabel. parens, parentem: pęrind und daraus prind. passus von pati: pęsúem. męsúem dulden. placere: pęl-k'úem. sacrare: šękrúem (šekruem. Bl.), šukrúem. Conf. 41; šugrúem. G. 93. sagitta: šęgéttę-a, šigéttę-a, šęgétęl-i. salvare: šęlbúem erlösen. sanare: šęrúem heilen; šęrim-i Heilung. sanitas, sanitatem: šęndéte-ea, šendét-i Gesundheit; šnet aus šęndét; šęntóš (richtiger šęndóš) sanus. Noch sei erwähnt das wahrscheinlich mit gaudium zusammenhangende (vergl. rezo und radius) gas, gázi Freude, wovon gęzúem erfreuen. H. gzúe. G. 21. neben gazmumun. Luc. 15. 24. gazmę́nd ἀγαλλίασις. Luc. 1. 14. gazemend allegrezza. B. 1. 160. und gazmenim consolazione. R. Das aus dem griech. aufgenommene męlágę μαλάχη erscheint als mellágh-a, mulágh-a, mllagh-a. R. męlág-a, mlág-a. Cam. 1. 40. 55. Selten wird die Verwandlung des a in ę unterlassen: paguem für pęgúem solvere.

b) nach der betonten Silbe. calamus: kaλm-i. Rh. 2. 68. aus káλęm-i. canapa: kánęp-i g., kǫrp-i t. aus kę́ręp-i. cephalus: k'éfęl, mrum. kéfalu. K. 201. Speciell im Auslaute. fortuna: fęrtúnę-a (furtúnę-a. H., frtuna. Bl.), rum. furtúnę. furca: fúrkę-a, rum. fúrkę. Junctura, it. giuntura: gumúrę-a iunctura, membrum. Bl. litra: litrę-a neben litęr-a (littre-a. R.). missa: méšę-a. noverca: ńérkę-a. plaga: pl'ágę-a. tenda it.: tándę-a g., tę́ndę-a t.

Wie im alb., so sinkt auch im rum. und im bulg. unbetontes a zu ę herab, und es ist zu bemerken, dass in diesen Sprachen das Gesetz sogar mit grösserer Strenge durchgeführt erscheint als im alb. Rum. Im Inlaut: rum. kęstánę castanea; rum. skęldáre, skald excaldare, lavare; rum. fęrínę farina; rum. lęptúkę, mrum. lęktúkę, alb. lattúgę. K. 209; rum. las, lęsát lassen; rum. męrgęritárjú, alb. margaritar margarita. K. 209; rum. męrit, alb. martój eloco filiam; mrum. męstręṕę, alb. mastrapá. K. 210; rum. pęlát, mrum. pęlátę, alb. palat. K. 216; mrum. pęzáre, alb. pazár forum. K. 216; mrum. sęátę, alb. sahát hora. K. 238; sęnętáte, alb. šęndét; rum. sępón, mrum. sępúne, alb. sapún sapo. K. 223; rum. skap, skępáre liberare; rum. stafídę, mrum. stęfídę, alb. stafídę uva passa. K. 226; rum. tęrzíu tardus; mrum. zęnáte, alb. zanát. K. 229. Im Auslaut: litrę; rúgę precatio, mrum. rúgę honorarium, alb. rógę. K. 222; mrum. sel'ánę apium u. s. w. Bulg. Im Inlaut: Dem asl. sladъka steht nach Verschiedenheit der Betonung slátkę und sletká gegenüber, wenn auch nur slatka geschrieben wird. Im Auslaut: gramádę, grívę, knígę u. s. w. Das bulg. kennt wohl kein unbetontes a.

2. e. *a*) e fällt im Anlaut ab, nachdem es zu ę abgeschwächt worden. ecclesia: kišę-a g., k'išę-a t., klišę-a (kliše-a. Rb. 2. 77.). eleemosyna: lęmóšęnę-a (lemoseena. Bl.). ęlmóšę-a (lmoscie-ia. R.). Man

beachte auch episcopus: upésk. H., upeškev. H., ipeškuv (ipeschuv. R.), upeškep. B. 1. 17, vielleicht für ępésk u. s. w. evangelium: uuǵil-i. H., ungiλe. B. 1. 16, vielleicht für ęvęuǵil.

β) e geht im Inlaut in ę über a) vor der betonten Silbe. battezzare it.: pagęzúem (pagezuem. R.); pagęzór-i der Täufer. H. certare: k'ęrtúem t., k'irtúem g. streiten, tadeln. creare: kręjúem (krijúem. B. 1. 19. krujúem, kriúem, krjúem, krjúem. R.). expeditare: špętúem, štępúem, šptuem, pštuem, puštuem. februarius: fruér aus fęvruér. gemere: ǵęmúem t., ǵimúem g. tönen, rauschen; ǵęmim-i t., ǵimim-i g. Stimme, Donner. graecus: grék-u neben gęrk-u; greklišt neben gęrklišt; gęrk'ij-a Griechenland; gęrk'inę-a Griechin. liberare: librúem, lirúem aus libęrúem, livęrúem. mensa: męsálę-a Tischtuch, Gastmal H., bei Bl. msala; missaλ-i asciugatojo. R. mercurius: męrkúr (t' mercūr mercoledì. G. 157. te mrkur. Mecr.) neben tę markúrę. Tetr. 7. peccatum: mękát-i, mkat-i; ęmpkat-i (mpcat. Bl. 207.), mukát-i. pesare it.: pęsúem (pesuuem trutinare. Bl.). praedicare: predikúem neben pęrdikúem (perdikuem. Bl.). resina: ręšinę-a aus ręšinę (racine. R. B. 2. 160.). secretus: škrétę einsam, wüst aus šękrétę. sellare: šil'úem, šiλúem aus šęl'úem, šęλúem, dagegen šál'ę-a aus sella: a für e vor ę erinnert an ein rum. Lautgesetz. servire: šęrbúem. sperare: špęrúem, šprúem, daraus špęrésę-a, šprésę-a Hoffnung; špenes-a, špues-a. R. tentare: tęndúem (tentuem. Bl. tunduem. R.) tuúem; tęndim-i (tendim. Conf. 51.). venenum: vęnér-i g., vęrér, vrér t. Gallc. veritas, veritatem: vęrtét. versare it.: vęršúem überschwemmen. velare: ęmvlúem, ęmlúem, ęmblúem u. s. w. Alle Formen sind auf vęlúem, ęmvęlúem zurückzuführen.

b) nach der betonten Silbe. camera: kámrę-a (kamra. Bl.) aus kámęrę-a. caper: k'épęr-i g., k'éprę t. Dachsparren. H., rum. káfor: kapriorn, kornu la kasa. cicer: k'ikęrę-a. H., k'ikere. Tetr. 10. compater; kúmptęr-i, rum. kumétru, kuméträ. cudere: kúdorę-a Ambos. lettera it.: létrę-a (letra. Dalm.) aus létęrę-a. liber: livęr-i. Raps. 103. opera: vépęrę-a neben véprę-a; vepęrúem operari. vetus, veterem: vjétęrę.

Rum. Im Inlaut. sękúre securis; rum.-pękurárjú, mrum. pikuraru. Boj. 159, it. pecorajo; rum. vęrátek aestivus: *veraticus. Auslautendes e geht weder im rum. noch im bulg. in ę über.

3) i. α) i geht im Anlaut in ę über. imperans, imperantem g.: peręndi, t. perndi, aus ęmp-, deus, eigentlich dominus, wie zot dominus und deus zugleich bedeutet. H. imperator: ęmbrét. H. bret. incaricare: ęngarkúem. indovinare it.: ęndivenúem: ndivenuem. R. ingannare: ęngęnúem; t. gęnéj fallo. H. engeńim inganno. R. Vergl. inter: ęndęr. H. nędr, ndr sub. Das anlautende a in anęmik g., armik t. scheint unter dem Einfluss des Nebenaccentes für ę zu stehen. In nál'tę g. altus ist ę für i abgefallen, wie aus rum. nalt neben ęnált, mrum. analt. Tetr. 6. hervorgeht.

Im Anlaute vieler albanischen Worte steht ęn, das nicht immer auf die Präposition in zurückgeführt werden kann, sondern in der Vorliebe des Albanischen für den Nasalismus seinen Grund hat. consolari: ęngušęlúem. numerare: ęndęmęrój neben nęmęrój. trinitas, trinitatem: ęndritát. B. velare: ęmbęluem. B. ęmbuluem. Bl. t. ęmbul'ój. H. ęmbluem, ęmvluem. R. mluo. Dalm. g. męl'jój, mul'ój. H. Von einheimischen Wörtern vergleiche man ęngęrtsęll mit kęrtsęll knirsche mit den Zähnen. H.

β) i geht im Inlaut in ę über a) vor der betonten Sylbe. benedicere: bekúem neben beukúem aus benędękúem. caballicare: ęngalkúem aus ęngalękúem. capitello it. Köpfchen: kapętél-i Bock des Packsattels. christianus: kęršténę, gęršténi g., kęrštęnę (cherstene. Bl.). cichorium: ęrkoré-ja (reore-ia. Bl.); ęrkorle-a (reorie-a. R.); skorle-a (scorie-a. R.); korré-ja. H. Alle diese Formen gehen auf kękoré-ja zurück. circare: kęrkúem herumwandern, suchen: das alb. Wort hängt unmittelbar, nicht durch das griech. κιρκεύω, mit circare zusammen. civitas, civitatem: k'utéte-ja, k'utét-i aus kęvętéte, kęvtéte. Schuchardt 2. 440; 3. 48. führt k'utéte auf civtas zurück: sp. cindad, pr. ciutat, ciptat u. s. w. communicare: kungúem, richtig wohl kęngúem, aus kęmęnękúem. debitor, debitorem: detórę (detores. Bl.) aus devętórę. Vergl. detórjú. debitura*: detúrę. (deture. Bl.) aus devętúrę. desiderare: dęšęrúem aus dęsędęrúem; daneben findet man diširúem und diśrúem. directus: dęréjtę (dereite. Bl.) irretortus und daraus dréjtę gerade, recht. fricare: fęrkúem reiben, daraus fajkúem glätten, rum. frek. frigere: fęrgúem;

fęrtérę-a Pfanne. H. K. 230, minder gut furterie-ja frixorium. Bl., wie es scheint, aus *frictorium. inspirare: sperųscim d. i. spęrušim inspiratio. B. 2. 73. indicare: ǵnkúem aus ǵndękúem. limare: limúem neben lęmnem oder ęlmúem (lmuem. R.). litania: lętęnil-ia (letuli-ia) neben letenoli-ia. R. maledicere: malkúem. malękúem aus malędękúem. Vergl. benedicere. maritare: martúem ans marętúem. miraculum: mrękulj-a (mreculij. B.) aus merękulj; n męrękulúem (mereculnem) stupere. ordinare: nrdęnúem und daraus urdnúem. primavera it.: prępvérę-a (prnvera. Mser.), pranvér-a. R. G. 157. aus prępęvérę-a: doch findet man auch die mir dunklen Formen prendevcera. Bl. und pyrdęvérę. Tetr. 6, preudvér-a. scintilla: škęndlj-a (scheudli-a, schenuli-a, sckuli-a. R.); škęndil'e-a (škendill'e- l'a. Rh. 2. 30.); škęndúem (schendne, sckunye. R.), škęnúem (scheunne. R.) scintillare. scribere: škrúem aus škręvúem. similare, simulare: šęmbęlúem ähnlich sein. signare: šęnúem. H. šinúem. Bl. stringere: štręngúem, šterngúem. H. neben štringúem. R. G. 249; štręngim-i, šterngim-i Strenge. H. štringim-i. G. 247. strinto neben stretto it.: štręntsúem theuer werden. H. timor, timorem: tmér aus tęmér neben mnér. trifolium: terfói-a (terfói-a. R. terfoiene. Bl.) neben trifoi-a. trivella it.: trujélę-a, turjélę-a. H., truiella. Bohrer. Bl. turieλ-a. R. 848. turiell-a, treeλ-a. R., richtig tręjélę, tęrjélę. veritas, veritatem: vęrtétę-a neben vertétę-a. vicinus: fk'in tę τοὺς γείτονας. Tetr. 8. fkinn, d. i. fkin. K. 189; fk'inę-a t. Nachbarschaft, Nachbar. vigiliae: múλę-a (mgniλea sing. gen. R.) aus vęǵiλę-a. virgo, virginem: verǵęri-a t., virǵini-a g. Jungfrauschaft. H. virtus, virtutem: vęrtút-i g. Kraft. štępi-a domus, wofür auch špi-a vorkommt, ist wie ngriech. σπίτι auf hospitium zurückzuführen.

b) nach der betonten Silbe. canticum: kęngę-a Lied aus kęndękę-a. cubitus: küt-i aus küvęt. daphina aus daphna: ðáfęn (ðafyn. Haps. 42). femina: fémęnę-a g., fęmęrę-a t. galbinus: (gélbęrę) grün, fabl. H.; rum. gálbin. medicus: mjek aus mjédęk; mjekúem aus mjedękúem. machina: macina it.: mókęrę-a Mühlstein. publica: púkę (nde puuche publica via. Bl.).

Derselben Erscheinung, nämlich der Verwandlung eines unaccentuierten i vor n im Anlaute, begegnen wir im rumunischen: imbracare: ęmbrák. imperator: ęmpęrát m., ęmpęręteásę f. implere: ęmplu. incarricare: ęnkárk. indirectare: ęndirépt, ęndrépt. infrenare: ęnfręnéz neben infren. ingannare: ęngę́n.

Auch im rum. scheint manches anlautende ęn durch die Vorliebe für den Nasalismus erklärt werden zu sollen. ęnkálek caballicare; ęnjépt iacto; ęnkréd credo; ęnnód nodo; ęnnót (alb. me rä m not) nato; ęnvęlésk (alb. mbęlúem) volare; mrum. ęnvernáre: nvernáre tristitia. K. 208. von venenum; in ęmblętésk vom slav. mlati triturare ist ę ein dem rumunischen Munde nothwendiger Hilfslaut. Mit rum. ęnvęlésk aus volare ist mrum. ęnvjástę: nviástę nurus. K. 213. aus bulg. nevěstę zu vergleichen. Auch im neapolitanischen Dialekt des italienischen sinkt anlautendes in, im zu n, d. i. wohl zu ęn, ęm herab: 'nginria. Diez 1. 81. Eben so im sicilianischen: 'n corte Vigo 37. 'ntra la settimana 42. 'nciammari (inflammare) 140. 'nfama (mala fama) 163; 'ngelica 195 für angelica u. s. w. Nicht selten ist der Vocal ein blosser, etymologisch unerklärbarer Vorschlag: Neapolitanisch: nce (it. ci), a Nnapole, nbè (bene), mperò (però), wobei zu beachten ist, dass die Kinder in der Schule die Namen der Buchstaben nur mit diesem Vorschlage aussprechen können. Wentrup 16. 17. ncapo (in capite), nfi (in finem), ntiso (intensum), ntreppetare (interpretari); mparare (imparare), mpoppa (in puppi): so entstehen die für uns unaussprechbaren Formen nnitto (in dicto), nnutto (inductum), nnabissare (in abyssus) und mmattere (imbatuere), mmortale (immortale), mmideja (invidia) u. s. w. Wentrup 9. 17. Man vergl. osk. embratur.

ę für inlautendes i findet sich nicht selten: rum. lákręmę, vulg. lat. lacrema. Schuchardt 2. 20; rędęčínę: *radicina, woher fz. racine; skęnteáe scintilla; seámęn semino; stręng stringo neben mrum. string teneo. K. 204; tętéáne titio u. s. w., doch auch vetšin vicinus neben alb. fkin.

4) u. u geht im Inlaut in ę über. durare: dęrúem neben durúem. luctari: l'ęftúem t. H. leftúem. Bl. lftuem. Bl. l'iftúem g. H., dagegen l'üftę. H. numerare: t. nęmęrój und g. numęrój. pulmo, pulmonem: plemón aus plęmón. H. surdus: šęrdúem neben šurdúem. turbare: tęrbúem wüthend machen. H. tęrbó-

hem werde wüthend. H. ungere: man vergleiche çugğe colorire. R. reg. 59. Entlehnt ist auch sfęngér, ngr. σφουγγάρι, mrum. sfungu. K. 228. Von den einheimischen Worten möge angeführt werden l'ękúnt (wohl für l'ękúnd) agito neben lęk'ęndisem agitor. H.

5) o. α) o geht im Anlaut in u über: oliva: ull-u t., ull, ulini g. orare: urúem. In oblata ist o abgefallen: bláte-a (blate. Rb. 2. 5.); blatetúar, -ori suffraldo r. i. σφραγὶς τῆς προσφορᾶς: dasselbe bedeutet ul'a-túr-i, l'atúr-i. H.

β) o geht im Inlaut in u oder ę über. Wie o wird auch on behandelt. a) vor der betonten Silbe: *caballarius: kal'ęrij-a t., kal'orij-a, kal'urij-a g. Reiterei. Rum. kęláre Reiter und kęlęrésk stützen sich auf caballárius. cogitare: kujtúem. H. cognatus: kunát-i. colare: kulúem. collecta: kul'étę kleiner Sack. communicare: kungúem aus kumęnękúem. confiteri: ręfğem. H. rrefgem. Budi 22. für kęfğem: vergl. rękoré cichorium. consilium: kęšíl-i (kesciji, kescilli. Bl.); kšílę-a Unterredung. H.; kšiλ, kšil. R.; kišiλtár-i consigliere. R. consobrinus, vulg. cusorinus: kušęrí, -ini m. kušęrinę-a f. g. consolari: ęngušęlúem (ngušuλne. Uča 103; ngusceλne. R.) corsaro it.: kusár-i. H.; gusar. Dalm.: rum. kursárjn. donare: ďurúem, ďęrúem. H. fortuna: furtúnę-a. H. neben fęrtúnę-a (frtuna. Bl.): rum. furtúnę. bonor, bonorem: ęndęr-i (udèr. B. 2. 159. unĕr. R.) aus ęuer: vergl. neap. nore. laborare: lęvrúem (levrnem. B. 2. 22.), livrúem aus lęvęrúem, lęvrúem. noverca: úérkę-a aus nuvérkę-a oder ńęvérkę-a. posare it.: pušúem. promittere, it. promettere: pęrmętúem, pręmtúem (permetne, premtue. R.). Dieselbe Form pęrmętúem (permetnem. Bl.) entsteht aus permittere, it. permettere. potestas, potestatem: puśtéte-a, puštét-i aus putęštéte, putęštét. probare: pruvúem. rosalia: ręšai plur. (rśai. B. R.) pentecoste aus ręšai. rosmarino: ręzmarin (resmarine. Bl. rezmarin-i. R.) neben rosmarin. R. sorbere: surbúem t. testimonium: dešmij-a oder dęšmij testis aus tęštęmęnij oder tęštęmęnij. voluntas, voluntatem: volęndét (volendetja. B. 152. volundét-ia, vuλndét. R. vullendet. Budi 65. 83). Man füge hinzu bęgát dives und bul'ár optimatum unus aus slav. bogatъ und boljarъ.

b) nach der betonten Silbe. consocrus: krušk-u m., krúškę-a f. verschwägert aus kúšekr, kúšekrę, rum. kúskru, kúskrę. daemon, daemonem: djémęn: stepia e diemenet infernus. Bl. diemn. R. lepus, leporem: l'épure.

Auch im rum. geht tonloses o in u über. dureá dolere neben dor dolet. murim neben móriu. purtá portare neben pórtu porto u. s. w. Diez 1. 335. mrum. durńire dormu; purtáre portu u. s. w. Boj. 8. Dasselbe gilt vom bulg.

Im Vorstehenden sind die Fälle verzeichnet worden, in denen die Accentlosigkeit die Schwächung eines Vocals zur Folge hat. Der Vocal ę tritt jedoch nicht selten auch in betonten Silben ein, und zwar nicht blos im alb., sondern auch im rum. und im bulg., im alb. und im rum. namentlich vor m, n. amita: ęmte-a: emta. Bl. empta. R. angelus: ęngęl. calendae: kolęndrę-a Ringbretzel zum Weihnachtsabend. camba: kęmbę-a t., kámę-a g. conventum: kuvęnd-i. damnum: dęm-i t., dam-i g. fidanza it.: fidęntsę-a (fidynz. Raps. 81). mens, mentem: męnd-i. paganus: pęgęrę a Unrat. σέρμα: sęrmę. tenda it.: tęndę-a t., tándę-a g. Rum. fęntęnę, it. fontana; będ foedus; lęndzed languidus; lęnę lana; męk mandueo; męn mino; męnę manus; mormęnt monumentum; pęmęnt terra aus pavimentum; plumęnę pulmo, pulmonem; mrum. pęlmúnę. K. 220; ręntšéd rancidus; rę́pę ripa; ręs risus; rumęn romanus; sęn sinus; šormęnt sarmentum; stęng extinguere; stręmur stimulus; stręmt, mrum. strimt angustus. K. 226; tęmplę templum Vorderseite des Altars; tęmple tempora Schläfe. Im rum. wird ęn im Anlaute durch ꙟ, im Inlante hingegen durch ън oder ѫн ausgedrückt: ръмчед, стъигъ, пъмѫнт wiedergegeben; im mrum. wird hingegen ęn stets auf dieselbe Weise ausgedrückt. Der Laut ist meiner Beobachtung zufolge immer derselbe: die leise Modification ist nicht in dem Vocal, sondern in dem darauf folgenden Consonanten gegründet. Vergl. jedoch Diez 1. 336—341. Dasselbe tritt im bulg. ein, auch im Auslaute bradę́, brazdę́ u. s. w.

Eben so kann der Übergang des o in u auch ausser dem Fall der Tonlosigkeit eintreten: gipún. Raps. 31. aus giubbone. traitúr προδότης. Reinh. 2. 60. Eben so im rum.: frúnzę frondem; frúnte frontem; kępûn caponem; kęrbûne carbonem; kulk colloco; kûrte chortem; pûnu pono; rôšę rosa; sun sonus u. s. w.

ę hat in manchen Fällen eine blos euphonische Bedeutung, indem es zur Erleichterung der Aussprache eingeschaltet oder angehängt und beim Anwachsen des Wortes wieder aus- oder abgestossen wird: aręm arma. Io. 18. 3. armęt. Luc. 11. 22. l'etęr. Marc 10. 4. l'otręn. Matth. 5. 31. l'ibęr. Marc. 12. 26. l'ibri. Matth. 1. 1. l'undęr, l'undra. Matth. 4. 21; 4. 22. l'itęr litra. Io. 12. 3. ltvęr-i. Raps. 103. aus librum. mieštęr. Matth. 8. 19. mieštri. Matth. 9. 11. Pjôtęr (Pietyr. Raps. 18. 100.) aus Petrum. vâtęrę (vaturë. Raps. 58) neben vâtrę Heerd, vielleicht aus atrium. k'iprę aus cuprum neben k'ipęr tę cupreus u. s. w.

ę verlässt seine ursprüngliche Stelle nach den Consonanten r und l und tritt vor dieselben. christianus: kęrštén, gęrštén g. fricare: fęrkûem neben fajkûem, rum. frek und fętsuésk. frigere: fęrgûem. graecus: grek neben gęrk; grekišt neben gęrkišt; gęrk'ij-a; gęrkiûę-a. linter: l'undręzę deminut. Io. 6. 22. l'underzę. Marc. 4. 36. praedicare: prędikûem neben pęrdikûem. (predikuem, perdikuem. Bl.) presciutto it.: bęrsûte-ia (bersute-ia. R.). stringere: štręngûem neben štęrngûem; štręngutę αὐστηρός. Luc. 19. 21. štęrngutę τεθλιμμένος. Matth. 7. 14. tramoggia it.: tęrmôl'ę (tyrmolba. Raps. 74). trifolium: trifoi. R. neben terfoi, wohl tęrfoj (terfoi. R.). turbare: tęrbûem für trębûem wüthend machen. Man vergl. tûrbul neben trûbul trübe. Man findet auch pęrpara neben prepara. Rb. 2. 8 placere: pęlk'ųem: rum. plak, plętšeâre. Eben so drimis neben dęrmis; grišânę-a neben gęršânę (gherscìâne-a) forbice. R. tręgûem neben tęrgûem prodere. H., das wohl auf tradere zurückzuführen ist. Meist anderer Art sind die Versetzungen, von denen Diez 1. 191. handelt. Diese Eigenthümlichkeit in der Stellung des Vocals ę findet sich auch im bulg., indem hier, abweichend vom asl., ę vor und nach r und l stehen kann: bęrdo, brędo und bęlbe, blęhę. Vergl. Gramm. 1. 272. Diese Abweichung des bulg. vom asl. dürfte ihren Grund in der Sprache der mit den Illyriern, den Ahnen der Albanesen, verwandten Urbewohner Bulgariens haben.

Der Halbvocal ę wird manchmal nicht gehört: cichorium: rkoré-ja (rcoreia. Bl.). frkma cito. Vuk 8. 1. frtuna procella. Bl. mercurius: te mrkur dies mercurii. Macr. neben tę markûrę. Tetr. resina: rŝinę (rŝine. B. 2. 160). stringere: štrguem. Macr. turbare: trbim furor. Macr. placere: plk'ųem. Derselbe Laut findet sich in brdak-u urceus. Dalm., brlit clamare. Dalm., rλia vitis. Dalm., trguz-i funis. Dalm.

Die Schwächung der Vocale ist oft die Vorläuferin ihres Ab- und Ausfalls. Denn es fällt *a*) die anlautende Silbe ab: arrivare: pęrûem (rryvól pervenne. Raps. 63). avunculus: unk'. H. casula: sôlę neben kęsôlę baracca. erica griech. ἐρείκη: rikę-a. Raps. 48. hospitium: štępi durch Umstellung für špęti: ngriech. σπίτι. Der Accent von štępi ist alb. ἀσίνησα: nisem mache mich reisefertig. H. nis fange an; nisęję Abreise, Anfang: bulg. da kinisam. infernus: ferr. Nicolaus: koλ-a neben Nikoλ-a. Dieselbe Einbusse erleiden romanische Sprachen: rum. annotinus: noâtin, richtiger wohl noâten; autumnus: toâmnę neben mrum. tuomna. Boj. 134. Hinsichtlich der anderen rom. Sprachen vergl. man Diez 1. 162, 273; neapolitanisch: nore, spetale, luccine aus honorem, hospitalis, ilicina von ilex. Wentrup 8. 9. 14.

Es fallen *b*) einzelne Vocale und ganze Silben im Inlaute aus. benedicere: bekûem und benkûem aus benędękûem, benędękûom. Vergl. malekûem. caballus: kâl-i aus kęvâl-i; plur. kûaj tę für kęvâj tę aus kęvâli tę mit verschobenem Accent; ęngalkûem aus ęngalękûem für caballicare, wofür it.-alb. kâl'ûem. calendae mit dem Suffix ûer: kalnûr neben kaλendûer ianuarius. R. campanare: kęmbûem, minder richtig kumbûem hallen, tönen, aus kęmbęnûem von kambânę-a campana. cantare: knûem aus kęndûem; knim aus kęndim: die volleren Formen scheinen jedoch gebräuchlicher zu sein. canticum: kęngę-a. H. kânkę-a aus kândękę. χειμωνικόν Wassermelone: himikó-ói. Reinh. 2. 9. christianus: kšten neben kęrštén, gęršten; kštenim-i Christenheit. H. civitas, civitatem: k'utéte-ja und k'ntét-i aus civętéte. communicare: kungûem, richtiger wohl kęngûem, aus kumęnękûem; kunkûem it.-alb.; daraus kungim communio: man vergl. asl. komukati. communicatum: kungâtę-a, richtiger kęngâtę, geweihtes Brot und Wein im Abendmale, aus kęmęnękâtę. consocer: krušk-u. cubitus: kut-i aus kûbęt, kûvęt. debitor, debitorem: detóręs (detores. Bl.) aus devętóręs. Vergl. rum. detórjû. *debitura: detûrę-a (deture) debitum aus devętųrę. desiderare: dęšerûem aus dęšędęrûem, wofür auch diširûem und dišrûem vorkommt: davon dešír und dišír desiderium. expeditare: špętûem salvare aus špędętûem; durch Umstellung der Consonanten p und t štępûem. Von demselben Verbum scheint špejtuem g., tšpejtuom t. eilen abzustammen. fabbrica it.: fárkę aus fávrękę neben fábrikę. februarius: fruér aus fęvruér. Der Accent ist hier nach dem lat. Worte gesetzt. iudicare: ǵukûem, ǵykûem aus ǵudękûem, ǵydękûem; davon ǵuk'i iudicium. indicatum: ǵukáte-a g. indicium. H. gincata fortuna. Bl.; ǵukátęs index. H.; ǵukętár-i iudex. H. κουνδάτιον: knoš aus kęndóš neben kondóš für kęndóš paludamento. R. laborare: lęvrûem (levruem. B. 2. 22) aus lęvęrûem; lerûem; livrûem; dagegen lávrę-a (lavre. R.) aratio; lavętar-i (lavertár. R.) arator. liberare: lirûem retendere. Bl. neben librûem aus livęrûem und libęrûem; davon stammt te lire libertas. Bl. lir-i arbitrium; l'ir adj. adv. schlaff, leer, wohlfeil. H. luctator, luctatorem: luftár-i neben luftętár (luftetar. Bl.): tar ist jedoch ein alb. mit dem lat. tor nur verwandtes Suffix. maledicere: malękûem, maλekûem, maλkuem aus malędękûem; malkûem, maλkûem; davon malękim, malkim maledictio. manica: mángę g., męngę t., bei Bl. manga d. i. mága. maniera: mąnrę-a (mayr. G. 77.) für und aus męndųrę-a (mèndyrè. B. 1. 7). mediens: mjek-u aus mjédęk medicus. R. g. das Besprechen von Krankheiten durch Zauberformeln; mjektár der solche Zauberformeln weiss. H.; mjekim, mjekij medicina. R. Vergl. pedica. medicari: mjekûem aus mjedękûem. natator, natatorem: ndotár-i neben und aus ndotętár-i, notętár-i. Vergl. luctator. noverca: ńérkę-a; für *novercus besitzt das alb. ńerk-u: ńérkę-a und ńerk-u aus nęvérkę-a oder nuvérkę-a, nęvérk-u oder nuvérk-u. palus, paludem, vulg. padulem: pųl aus pędųl, pęųl: vergl. fz. chûte aus caduta. parabola: pęṕálę-a g., prálę-a t., praλ-a. R. Fabel aus pęrrávulę. paradisus: parrís-zi aus parędís, parędís. pedica: póngę-a (peenghe. Bl.) aus pédękę, woraus pékę und, nach Einschiebung des n, péngę. Vgl. medicus. *pedicare: pengûem fesseln, ein Bein stellen, bei Bl. pegûem impedire, aus pedękûem. Vgl. pedica. potestas, potestatem: pušté te-a, puštét-i aus putęštét; puštûem vincere aus putęštętûem und puštim-i expugnatio aus putęštętim; puštûešim potens aus putęštętûešim; Budi 8. bietet puštet aus putęštet. presbyter: prift-i, plur. priftęre tę aus présbętęr, présbęt, presbt: man vergl. priftęneše-a g., priftęreše a t. Priestersfrau. Der Accent spricht für die Entlehnung aus dem lat.: aus πρεσβύτερος würde sich eine andere Form ergeben. publica: pųkę (uče pouche. Bl.) aus pųblękę, puvlękę: das Wort habe ich nur bei Bl. gefunden. quadragesima, it. quaresima: kréšmę. sanguisuga: šešųnę, im Deminut. šešųnęzę. R. sanitas, sanitatem: šęndéte-a (šendetia. Bl.), šęndót-i (šęntét-i. H.) Gesundheit aus šęnętét, woraus nach Ausfall des ę vor t: šęndét; daneben findet man šnet aus šęndét. G. 229; šęndošę (šendoše. Bl.) valens aus šęndętošę; šendóšun guarire. R. šnóšet si risana. G. 173. aus šęndętóšun, šnóšet. Wenn šend m. jubelnde Freude hieher gehört, so hängt es mit dem Nominativ sanitas zusammen. scribere: škrûem aus škręvûem. Vergl. jedoch krûem kratzen. secretus: škret aus šękrét und davon škretij-a desertum. G. 155. neben und aus škretętij-a desolatio. B. 2. 156; škretûem verwüsten. H. neben und aus škretętuem. B. 2. 152. similare, simulare ähnlich machen, nachahmen, woraus it. sembiare, sembrare, fz. sembler: šęmbęlųem gleichen, ähnlich sein; šęmbęltųrę-a (šembeλtųr-a. R.) allegoria; šęmęltųrę-a (šemeltųre. Bl.) spectamen und daraus šemtųr exemplum. G. 15, bei H. šemtúr-i. sors, sortem: šortij-a magia. R. neben und aus šortętij-a (sortetij. Bl.): eben so šortár-i Wahrsager aus einem nicht nachgewiesenen šortętár. sternere: štrûem aus štęrrûem. tentare: tnûem. G. 147. neben und aus tęndûem (tentûem. Bl.); tnim-i. G. 61. neben und aus tęndim-i. testimonium: dešmij-a (desmij. Bl.) aus deštęmęnij durch das Suffix ij aus *deštęmęn; daraus dešmûem für deštęmęnûem. timor, timorem: mnér timor, terror, neben und aus tmér für tęmér. trivella it.: turjélę-a, trujélę-a. H., turieλ-a, treλ-a. R. aus tręvélę, tręvélę. voluntas, voluntatem: vulnésę-a. H., vulnésę-a. G. 51. R. vuλdésa-a. R. aus volundét-ia, vuλndét-ia. R. volèndèt. B. 1. 9; vulnétšm voluntarius. G. 121. aus vulendétšm. Man vergleiche sic.-it. pricolo, librari, spranza, mraculu für pericolo, liberare, speranza, miracolo. Vigo 37. 118. 256. 309. Dergleichen auf dem Accent beruhenden Wortverkürzungen begegnen wir auch in romanischen Sprachen: manduco: rum. męnk; mrum. manku. Boj. 139; it. mangio; fz. mange. *sanitatosus: rum. sęnętós; mrum. sanitós aus rum. sęnętáte und mrum. sanitato. Boj. 150. carrico: fz. charge. computum: fz. comte.

fabrica: fz. forge. mediens: afz. miege. pedica: fz. piége. dubito: sp. dudo. Man vergleiche über diese ganze Materie Grammatik und Wörterbuch von Fr. Diez; H. Schuchardt, Der Vocalismus des Vulgärlateins; G. Paris, Étude sur le rôle de l'accent latin dans la langue française. Paris 1862; A. Brachet, Du rôle des voyelles latines atones dans les langues romanes im Jahrbuch für romanische und englische Literatur. Leipzig 1866. VII. 301—315.

b) Besonderes.

1) Betontes a wird in manchen Wörtern in e verwandelt. braca: brékę-a. canis: k'en. calyx, calycem: kel'k (plur. gen. dat. kel'kevet. Raps. 58). carrus: k'érrę-a neben kárrę-a. draco: drek', dreği diabolus; drejk': vergl. kym. dreic. Schuchardt 1. 191. gallus: ģel'. radius: alb. reze radius. K. 183; mrum. rátzę. K. 183; alb. reze cardo. K. 183. mrum. rézę. K. 183. ramus: rémę-a. raspa it.: réspę-a. salix, salicem: šelk, šelgu. Namentlich geht a in dem lat. Suffix tat in e über. civitatem: k'utéte. potestatem: puštéte. sanitatem: šendéte. veritatem: vertétę. Dasselbe tritt im fz. ein: cité, santé, vérité afz. citet, sanitet, vertet. Diez 1. 138. Karitát-i, endrijtát-i für caritatem, trinitatem; virginitát-i. Budi 10. 45. 73. sind keine volksthümlichen, sondern gelehrte Entlehnungen, nicht Entlehnungen des Ohres, sondern der Augen: Les mots d'origine populaire sont faits avec l'oreille, les mots d'origine savante ne sont faits qu'avec les yeux. A. Brachet im Jahrbuch VII. 302.

2) Betontes o wird manchmal in langes betontes e verwandelt. honórem: ęndér. pómum: péme; rum. poámę. terrae mótus: termék. timórem: tmér aus tęmér. Umgekehrt finden wir o aus e in mólę aus malum, mlat. melum, rum. męr plur. meri neben meáre.

3) Betontes sowohl als unbetontes u geht vor einfacher Consonanz in ų über. crux, crucem: krųk'-i; rum. krúče. *debitura: detųrę-a (deture. Bl.). *factura: fętųrę-a, fųtųrę-a vultus, color. flumen: lųme neben l'úme. indicare: ģųkúem, ģikúem neben ģukúem; davon ģųk'i iudicium. mucus: mųk-u tanfo, fetore della muffa. R. natura: natųrę-a (natųra. Bl.). palus, paludem, vulg. padulem: pųl aus pędųl, pęųl. *similatura: šęmęltųre-a (scemeltųre. Bl.) spectamen; šęmbęltųrę-a (scembeλtųr-a. R.) allegoria. scutum: sk'ųt. H. neben šk'ut (schiut. Bl.). virtus, virtutem: vęrtųt robur. fructus lautet frųjt und frųt: vergl. fz. und korn. fruit. In ģęmtųrę und ųndųrę aus iunctura für membrum und aus *unctura Speisefett hat Assimilation stattgefunden, wenn nicht dabei j für e im Spiele ist. Selten entspricht ų lat. i: lima: lųmę-a neben limę-a; męndųrę ist it. maniera. u kann durch die Mittelstufe ų in i übergehen: cuprum: k'iprę; pugnale: pišál; super: sipęr. Im alb. Worte für indicare finden sich alle drei Vocale: ģukúem, ģųkúem, ģikúem. Schuchardt 2. 191. Dagegen finden wir u für i: linter: l'úndrę und, in Folge der Assimilation, fugurę neben figurę. Der Artikel lautet nach gutturalen Consonanten und nach einigen Vocalen u, sonst i: bark-u venter; fik-u ficus; vęλa-u frater. R.; Noe-u. R., dagegen gur-i lapis; prift-i presbyter; zot-i dominus. Denselben Wechsel gewahren wir in der 3. sing. aor.: prékų tetigit; vrráu occidit und šęrbéų servivit neben érδi venit; kendói cecinit; lίδi ligavit u. s. w. Dass man es weder in dem einen noch in dem anderen Falle mit zwei etymologisch verschiedenen Elementen zu thun hat, das ist mir klar: ob aber i oder u das ursprüngliche ist, wage ich nicht zu entscheiden.

4) au geht, bei der Abneigung des alb. vor Diphthongen, in einsilbigen Wörtern in á, sonst in av, af über: aurum: ár. laurus: lár. Paulus: Paλ. neben laus, laudem: lavd. causa: káfšę. Dagegen rum. taurus: taur.

5) on geht in ue, ua über. Eine mir räthselhafte Verwandlung. balcone it.: balkue fenestra. Bl. caponem: kapúa-oi. H. kapue. Bl. neben kapón-i: rum. kępún. cydonium: ftúe-oi. R. ftúa-oi Quitte. H. lis i ftonit Quittenbaum. Mscr. plur. ftoign te d. i. ftoñ tę struthia mala. Bl. draconem: drangúa-oi g. falconem: faikúa aquila. K. 182. *λαγών, ngriech. λαγωνικόν lévrier: l'angúa-oi Windhund. H. langúe-oi neben langón-i veltro, cane da presa. R. pirún it.-dial.: perúa clavus. K. 199. neben pirú, piruni g. und

pirún-i t. Gabel; rumm. perúnç. παγόνι neben παζόνι ngriech.: pagúa-oi Pfau. H. timo: timne. Bl. tomúa-oi Deichsel. H. neben temón-i Steuerruder. H. Man füge hinzu die einheimischen Wörter kroe-a neben kroи-i fonte, origine. R., bei Hahn krúa, krói, plur. krónе tę Quelle, bei Reinh. I. 7. krua, plur. kronie; pęgúa-oi Flussbett, Thal. H.; ϑúa, ϑói Fingernagel, Klaue. H. im plur. ϑoñ. Rh. I. 7: arzúe aus it. ragione verdankt sein ŋ wohl dem vorhergehenden i: denselben Ursprung scheint razlj (me ken razli approvare) zu haben.

6) Hinsichtlich der aus dem romanischen entlehnten Nomina entsteht die Frage nach der Bildung jener Form, welche der albanischen Declination zu Grunde liegt. Die Antwort lautet: Wie in den romanischen Sprachen der normale Casus dem lat. Accusativ sing., so verdankt auch im albanischen das Declinationsthema seine Form regelmässig dem lat. Accusativ sing., ausnahmsweise dem Nominativ sing.; für den Accusativ und gegen den Nominativ sprechen die Form und der Accent: męnde, mórte weisen ebenso auf méntem, mórtem wie luá, mit dem Artikel luáni, pęrind und puštét auf leonem, paréntem und potestátem. Wie in den romanischen Sprachen, so ist auch im albanischen das auslautende m abgefallen; das nach dem Abfall des m im Auslaute stehende a wird, tonlos, zu ę geschwächt, betont, hingegen in e verwandelt; u, es mag altem o oder u gegenüberstehen, fällt spurlos ab; e behauptet sich: coronam: alb. koróne, rum. korónę; coxam: alb. kóšę, rum. koápsę; cristam: alb. kréštę, rum. kreástę; dem it. barra, roba steht gegenüber barré und robé neben róbę; cognatum: alb. kunát, rum. kumnát; cusorinum aus consobrinum: alb. kušęrí; consocerum: alb. krušk, rum. kúskru; kumérk' aus commercium. Analog entsteht korp aus corpus. Adjectiva nehmen nicht selten ę an: áspęrę, ęngúštę, l'árgę, pákę, trášę aus asperum, angustum, largum, paucum, crassum; seltener tritt diess bei Substantiven ein: kal'ę neben kál' aus caballum. Aus faciem, legem, mentem, pacem und scabiem entsteht fák'e, l'igę, męnde, pák'e und zébje neben sk'ébe; aus civitatem, potestatem, sanitatem, virtutem und voluntatem — k'utéte, mit dem Artikel k'utéteja; puštéte, mit dem Artikel puštetia statt puštęteja; šęndét, šęndétia; vęrtút, vęrtútia; vulendéte, vulendétia. Doch nehmen Substantiva fem. auf em nicht selten auch das genus masculinum an: daher pak', krųk' (crucem). lavd (laudem), k'utét, puštét, vertút, und mit dem Artikel pák'i, krųk'i, lávdi; k'utéti, puštéti, vertúti. Manche Substantiva auf om und em gehen zu den am-Stämmen über: cupram: k'iprę; scrinium: skríñę. asl. skrinija; cicerem: k'íkęrę; eben so das Adjectiv fórtę aus fortem; analog entsteht aus retem, in der Lex Salica für rete, rjétę. fe steht für fede aus fidem; nátę nox ist vielleicht nicht entlehnt. Auf den Nominativ sind nur wenig zahlreiche Themen zurückzuführen: dráco: drek', dregi; népos: nip; imperátor: ęmbrét für ęmperét; présbyter: prift wie fz. prêtre und deutsch Priester.

B. Consonanten.

a) Allgemeines.

1) Nach den nasalen Consonanten sinkt die Tenuis k, p, t zur Media g, b, d herab. Man beachte jedoch dabei folgende Bemerkung: me u mpiim, me u mbiim istupidirsi (di qualche membro) col p si dice da Clementini, col b da Scuttarini. Lecce 214, nach welcher die Verwandlung der Tenuis in die Media eine Eigenthümlichkeit der Städter ist. banco it.: bángo-ja. canticum: kęngę-a Lied. centum: k'int, kinti, richtig k'indi. H. chind. B. 2. 156. contra: kóndrę, kúndrę t., kúndęr g.: pa cindrim irresistibilmente. inter: ęndęr. linter, lintrem: l'úndrę. maneare: męngúem. manco: męngęrę link. mane: męngúem früh aufstehen: rum. męnek. *matricula: ęndrikulę-a (ndricullc. Bl.) obstetrix. mens, mentem: męnde. parens, parentem: pęrint, pęrindi. poenitere: u pendúem aus pençtúem. sanitas, sanitatem: šęndét. Bl. sarmentum: šerméude-ja. stampa it.: štámbę. tentare: tęndúem (tentuem. Bl.), tęndim-i (tendim. Conf. 51.) tentatio. truncus: trung-u. *unctura: ųndúrę-a. Im rum. gilt das Gesetz nicht: dinte, ferbinte tindę Hausflur stammt aus dem ngriech. τέντα, it. tenda Zelt; doch ving.

vindžere, vinco. Dagegen herrscht es im ngriech. ohne irgend welche Einschränkung und macht sich in dem italienischen Dialekt der Albanesen Siciliens geltend, welche tembo und indundo statt tempo und intanto sprechen. Spata 70. Im neap. findet man mbiso, mpiso (impensum), mbresso (praesto) neben cumprito (completus) and ntiso (intensum). Wentrup 5. 6. 7., welcher 3. auch oskisch embratur (imperator) anführt.

2) Das albanische hat eine besondere Vorliebe für die Resonanten m und n: The chief peculiarity of the Albanian utterance is its predilection for nasal sounds. Leake, Researches 262. Diese Vorliebe, die sich sowohl im An- als im Inlaute geltend macht, gibt den Wörtern in vielen Fällen ein ihren Ursprung verdunkelndes Gepräge. Mit der Vorsetzung oder der Einschaltung eines m oder n ist nach dem Vorhergehenden die Verwandlung der Tenuis in die Media verbunden.

a) Im Anlaut: caballicare: ęngalkúem. consolari: ęngušęlúem. gyrare: ęngeruem: ngieruem circuire. B. 2. 41. leinnare: ęnginúem (nginuem. Bl.). oblata: ęmbl'atúr-i (ml'atúr-i. H.) neben blatuar-ori σφραγίς τῆς προσφορᾶς. Rh. 2. 5. trinitas: ęndrijtat (ndrijtat. B. 1. 5). Der Vorliebe für die Resonanten verdanken auch die Formen ęndotúem für und neben notúem natare; ęndęmęrúem neben nęmęrúem numerare u. s. w. ihre Entstehung. Auch mder für und neben tmér aus timorem möchte ich aus dieser Vorliebe erklären. In anderen Fällen ist der Resonant etymologisch begründet: imperátor: ęmbrét-i plur. ęmbrétęre tę (mbret. H.) Sultan. implere: ęmbl'úem, ęmbul'úem t., męlúem, mul'úem g. ęndręk'úne dirigere, erigere scheint mit *indirectare zusammenzuhangen, obgleich man für dieses ęnderejtúne erwartet. ęmbę́s neptis neben nip nepos hängt irgendwie mit dem lat. Worte zusammen. In poręndíj-a imperium, imperator aus imperans, imperantem ist der Resonant abgefallen. Wirkungen derselben Vorliebe begegnen wir in mehreren mit v anlautenden Wörtern: velare: ęmvlúem (mvluem. R.), ęmbęlúem (mbeluem. B. 1. 13). vigilia: mólię-a (mgulię. R.), ńilę-a (gnil-a. R). vipera: nepę́rtkę. K. 215. nepę́rkę. H. Dies ist indess vielleicht aus dem mrum. in das alb. eingedrungen: nępę́rtikę vipera. K. 215, womit rum. nórkę, magy. nyértz Sumpfotter verglichen werden kann; mrum. ist auch nępelrę ira aus venenum. K. 215. In derselben Sprache findet man númeru humerus. K. 238. Aus dem ebw. hat Schuchardt 2. 112. nuvigl, nuvill ovile beigebracht. Man vergl. ngriech. νεζερός aus slav. jezero; νεσικόρις für σίκονρις; νουβαρός aus slav. obor; νουρά für οὐρά; νώμος für ὦμος und endlich Navarin für 'Αβαρῖνος. Slavische Elemente im Neugriechischen 23. Dagegen ist n abgefallen im alb. alban t., nalban g. Hufschmied, türk. nalbend, rum. nęlbán, ngriech. ναλμπάντης.

β) Im Inlaut: cicala it. aus cicada: ģinkálę-a g. draco, draconem: drangúa-oi Drache. magia: męngíj-a (mungíi-ia, mingíi-ia. R.), davon męńistár (mungistár, mgnistár. R.) nicht von mjek, woraus durch das Suffix íj mjeklj-a. R. μεταξι: męndáš-i, mendáš-ę, mendáš-i, mandaš-i. R. neben męďáśę-a und mudáśę-a seta. Cam. 1. 45. pedica: péngę-a aus pékę für pédękę; das denominative Verbum lautet pengúem binden, ein Bein stellen. H. neben peguem impedire. Bl. strabus, it. strambo: štręmp, štręmbęrę t. und štrémętę g. krumm, verkehrt; štręmbúem t., štremęńúem g. krümmen. tremere: tremb obstupesco. K. 214. Der Vorliebe für die Resonanten verdankt auch pendę-a (pende. Bl.) aus penna seine Entstehung; eben so pęlámbę-a (pellamba. Bl.) neben pęlámę-a. H. palma; remb-a neben rrem-a remus. R.: barke trerembaš triremis. Bl.; remb-ia metallo, bronzo. R. aus it. rame; špingulę-a spilla aus spinula; škęmb scamnum. K. 197. neben skam-i. R.; šęmbęlúem ähnlich sein aus similare, simulare; škúmbę-a spuma. K. 186. Dasselbe bemerkt man in dem, wie es scheint, slavischen mjegul-a. R. und mjengul-i Nebel. Rh. 2. 37.

3) Die Consonanten vor e werden in betonten Silben jotiert: dadurch entstehen die zusammengesetzten Laute k' und ģ, so wie l' und ń. Bei den anderen Consonanten wird ein deutliches j gehört. l wird in der Regel jotiert. pesca: pjéškę. vetus, veterem: vjétęrę. mediens: mjek. castellum: kastjel'.

tegula: tjégulę. daemon: djémęn. noverca: nérkę. fenestra: fnéstrę-a. Dieselbe Erscheinung findet sich im rum.: miel aus melum für malum; piedekę aus pedica; piept aus pectus. Diez 1. 341. und im neapolitanischen Dialekt des italienischen in Position: argiento, lietto (lectus), surriento, apierto, viento, miedeco, castiello, diente. Wentrup 7.

Ursprüngliches mb und nd wird nach Verschiedenheit der Gegenden im An-, In- und Auslaut wie mb und nd oder wie mm und nn ausgesprochen. Im neapolitanischen geht nd in nn, mb in mm über: nnitto (in dicto), nnutto (inductum), cannela (candela), mennetta neben bennetta (vindicta) — mmattere (imbatuere), gamma (gamba), palumme (palumbes): vergl. auch tamorro mit pers. tambûr aus griech. τύμπανον. Wentrup 8. 9. 10. 11. 12. 15, der auf die „fast einzige“ oskische Assimilation des nd in nn (opsannam für operandam) aufmerksam macht 3. und dem zufolge auch die römische Volksprache nn für nd gebraucht. 4. Das Zusammentreffen des albanischen namentlich in seinen romanischen Bestandtheilen mit den süditalienischen Dialekten scheint mir beachtenswerth.

b) Besonderes.

1) v geht einigemal im Anlaute in f über. vescus: vékem neben flékem μαραίνομαι. vesica: flakę mit verändertem Accent. filnákç Gabel. Klem. Wind. 87, das mit slav. vila zusammenhängt. Im Auslaut finden wir f für h in orbus: vorf g., wozu auch várfęrę t. gehört. Diez 1. 267. Schuchardt 1. 183.

2) p geht in m über. corpus: kurm-i, das als κορμί in das ngriech. eingedrungen ist. In dem plur. dromza fragmenta scheint m aus b entstanden zu sein: slav. drob, woher drobiti conterere; rum. drob frustum. Wenn für slav. bogat neben bugát auch mugát sich findet, so ist die Vermittlung beider Formen in der auf der Vorliebe für die Resonanten beruhenden Form ęmbugát zu suchen, so wie zwischen pęsúem pati von lat. passum und męsúem eine Form mpęsúem anzunehmen ist.

3) pj geht im italienisch-albanischen in kj über. kjantúem (kiantói) plantare. Raps. 63; kjátsę (kiazz) piazza. Raps. 86. Diese Erscheinung ist aus dem neapolitanischen Dialekt des italienischen in das albanische eingedrungen: chianto, chiú aus pianto, piú. Diez 1. 81. Wentrup 11. Ähnlich ist das kliment. Tyetri (d. i. K'etri) für Pjetri aus Petrus. Wind. 86. Die Formen g. sk'étulę und lat. spathula sind durch *spjatulę zu vermitteln.

4) b zwischen Vocalen und vor r geht in v über. caballus: kál' aus kęvál', wie aus dem plur. kuaj tę hervorgeht. diabolus: djál aus djávęl, wovon djavltj neben djalęstj. laborare: livrúem aus lęvęrúem, neben lerrúem. labrusca: larúskę, l'aṛúskę-a aus l'avrúskę-a, lavrúskę. liber Bast: livórę, mit abweichendem Accent, Schote, Hülse. liberare: lirúem aus lęvęrúem, neben liberuem, d. i. libęrúem, und librúem: b scheint hier wegen livrúem aus laborare festgehalten worden zu sein. taberna: tavérrę. Aus trabs, trabem ist zuerst trave und daraus trav, tra entstanden, welches im Nominativ sing. nicht nur tra-u, sondern auch trã, tráni bildet. túlę Ziegel und túvlę thönerne Wasserröhre sind ngriech. τοῦβλον. Die Verwandlung des b in v findet auch im rum. statt: caballus: kal aus kovál, daher im plur. kaui für kǫuai; sebum: séu; faber: fávru; ähnlich labrusca: leurúskę; *libertare: iertáre für livertare; nebula: nor für névurę: vergl. mrum. nonrazę τανυσγιάζει. Boj. 106; sambucus, sabucus: sok aus sęvúk; súlę für súvulę aus súbula; mrum. ljertu ignosco. Boj. 146. aus livertu, *liberto. Diez 1. 138. 143. 152. 153. Schuchardt 1. 171; 2. 155. 480. Neapolitanisch: cravone (carbo), guveto (cubitus). Wentrup 11.

5) lv und rv gehen in lb und rb über. salvare: šellbúem: šelbúem. salvia: surbél'ę; šęrbélę (šerbéla). corvus: korp, korbl. servire: šęrbęem. Dieselbe Regel gilt im rum.: malva: nálbę. vervex, vulg. berbex: berbeátše, fz. brébis. pulvis: púlbere. salvia: sálbie. silvaticus: selbátik. volvere:

vólbure Wirbelwind. cervus: tšerb. cervix, cervicem: tšerbiške. mrum.: pulbere, berbeka. Boj. 35. 39. Eben so it. serbare für lat. servare. Über die Verwechselung der Buchstaben b und v im Vulgärlatein und in den romanischen Sprachen vergl. Diez 1. 139. 143. 265. 266. 267. Schuchardt 1. 131; 2. 503; 3. 67.

6) mj geht in nj über. njégulę-a nubes, caligo, das wohl mit dem slav. mgla verwandt ist, lautet auch ńégulę-a nebula, caligo. Schuchardt 2. 502. bringt ńégul mit nebula in Verbindung. Demselben Übergang begegnen wir im mrum.: mel: ńare. K. 210, rum. mjáre, alb. mjáltę; rum. miel, d. i. mjel: ńel agnus. K. 185. Boj. 5; rum. merg: ńarzemu imus. Boj. 157. Vergl. Diez 1. 344.

7) Ursprüngliches t geht manchmal in k' über. terrae motus: tennék. trotto: çutrók. R. trok. Bl. In drejk directus ist wohl k in j und t in k übergegangen. Im Anlaut finde ich nur tráše für crassus. Vergl. rum. tjingę für kingę cingulum. Clemens 6.

8) d geht häufig in δ über. adorare: aδęrúem neben adrúem. bastardo it.: bastárδ (bastarϑ. Bl.). idolum: iδuλ neben plur. idnji te. B. 1. 119. iudaeus: ǵuδeréšę hebraea. B. 2. 155. lardum: larδ. Bl. ordo, ordinem: úrδęnę (urδene. Bl.). praeda: préδę. Rapa. 38. praedicare: preδkúem neben predikúem. prode: proδúem prodesse. sardella it., sardinia: sarδélę, ngriech. σαρδέλα. surdus: šurδ. tradere: traδuos traditore. G. 201; traδtim tradimento; traδtj infedeltà neben trajtúr προδότης. Man beachte noch δ aus roman. v: deluδe plur. inundationes. Bl. und umgekehrt v aus δ: avrue. R. neben aδrue adorare; i viet für δjétę decem. Klim. Wind. 85

9) d geht manchmal in z über. gaudere: gęzúem erfreuen. radius: rezé-ja Sonnenstrahl. spodium: špúzę glühende Asche. rum. auz audio; frunzę frondem.; mez medius; spúze spodium; sturz turdus. Diez 1. 150. vergl. prov. gauzion gaudebundus; venza vidua. Diez 1. 17. 144. 218. 344. 346. Schuchardt 2. 116.

10) d zwischen Vocalen fällt nicht selten aus. fidare: fęjúem (fejúem. G. 235.) aus fęδúem in der Bedeutung fidanzare: fiúe für fęúe. R. fides: fè aus fede: vergl. it. fede neben fè; afz. fe; ladin. feda, fe. Schuchardt 2. 10; 3. 166. nodus: nuię d. i. ndúe vincolo. G. 233. nye nodus. Bl. néję Knoten. H. padulem aus paludem. palus: pųl aus pędų̈l; it. padule. Schuchardt 1. 29. radicem: rikę aus rędikę. vidua: véję. K. 236. vé für vèrę verwitwet. H. vergl. fz. veuf, veuve. prov. niu nidus. Diez 1. 143. 212. 216. Schuchardt 3. 87. Neapolitanisch: mo (modo), oje (hodie), pojo (podium), aornato (adornato), paraviso aus paraiso, paradiso. Wentrup 15.

11) Statt δ wird auch λ gesprochen. barλ. Dalm. für barδ albus. dárλa. Dalm. für dárδę-a Birne. λeti. Dalm. für δeti decem. λamb. Dalm. für δamb-i dens. R. maλ. Dalm. für maδ magnus. maλštj für maδštj superbia. R. Man vergleiche auch u λmuo adirarsi. Dalm. und mbleλ raccogliere. Dalm. mit iδęnúem g. erbittern. H. und ęmbęl'eϑ. H. und lále-a neben δále-a saure Milch. H. Umgekehrt k'eδ, k'eϑ. Dalm. für k'eλ caelum. Man vergl. auch úδę t., úlę g. Strasse. H. und úλa. Dalm.; ferner yeϑ-i stella. Dalm. und yl-i. H.; endlich δrti, δrta vitis. Raps. 47. und rλia. Dalm. Im calabrischen, sicilianischen und sardinischen Dialekt des italienischen ist der Übergang des l, ll in d häufig: dievuru (lepre), dibr (libro); aneddu (anello), capiddi (capelli). Dasselbe findet sich in Folge des Einflusses des calabrischen Dialektes im griech. in Terra d'Otranto: vaddo (βάλλω), maddi (μαλλίον), puddi (πουλίον), foddéa (ψαλίδα). Morosi 110. Über die Verwechslung von d und l vergl. man Diez 1. 82. 219. Schuchardt 1. 86; 3. 73. 74. Neapolitanisch: rito aus dito. Diez 1. 81. lattere (dactylus), lasceunere (descendere), pelagra (podagra), tiepolo (tepidus), veletta (tosk. vedetta). Wentrup 15. Schuchardt 1. 141. 142; 3. 73. Auch wechseln δ und r: irenim Zorn. Klem. Wind. 87. und iδęnúem erbittern. H., das vielleicht mit ira zusammenhängt. Damit vergleiche man osk. fere-

les (fidelis). Wentrup 3. und neapol. renare (denarius), rurece (duodecim), mmiria (invidia), pere (pedem), rárece (radicem). Wentrup 13. 14. 15.

12) In einigen Fällen findet Einschaltung eines r statt. aršik-u innamorato. R.: serb. ašik aus dem türk. farsul'átę-a aus fazzoletto. H. frasuel-i phaseolus. Bl. mjérgule-a Nebel. H. rášk' uter. Bl. aus serb. mješić. tšpierte properus. Bl., wie es scheint, aus expeditus. rum. korfiltse, korfútse aus cophinus. neapolitanisch: tresoro (fz. trésor), frusta (fustis). Wentrup 18. sp. frisol Bohne. 4. Ausgestossen wird r in kusár neben kursár aus corsaro.

13) Das lat. und griech. l wird vor Vocalen regelmässig erweicht, eine Erscheinung, welcher die Erweichung des deutschen l im polnischen und russischen entspricht. laudare: l'ęvdūem; leporem: l'épure; lucta: l'úftę; plaga: pl'ágę-a; oblata: ml'atūr-I Holzform, welche als Siegel auf die geweihten Brode gedrückt wird u. s. w. Man beachte, dass im katalanischen jedes anlautende l erweicht wird. Diez 1. 192.

14) Vor l fällt l meist aus; doch gibt es Dialekte, die es bewahren. Die in einzelnen Worten nachweisbare Mittelstufe ist l'. apostolus: apostuji te, plur. von apostuλ. B. 1. 120. battalia: bętáję-a Schrecken, fallende Sucht: rum. bętáje plaga, pugna. discipulus: dišipuji te, plur. von dišipuλ. B. 1. 120. ecclesia: k'išę, kišę, anderwärts klišę. Raps. 104. Cam. 1. 46. Reinh. 2. 77. Pouq. 2. 619. fallire: fęl'ḡem neben fęjḡem. familia: fęmil'ę-a neben fęmiję-a Familie, Wickelkind. filius: fijān-i der aus der Taufe Gehobene. gula: göl'ę-a neben göję-a Mund: rum. gúrę. idolum: iδuji te plur. von iduλ. malleus, it. maglio: maj. mille: mije neben mil'ę. oleum: vál'ę neben váję t., voje, voi g. rosalia: ręšai (ršai) pentecoste. scoglio it.: skoj-i. R. travaglio it.: travaje tribulatio. B. 2. 156. trifolium: trifój-i, terfój-i. R. In mall'ęštij, das mit maiestas unmittelbar nicht zusammenhängt, ist ll statt δ eingetreten. Rum. mujáre, mrum. muljere. Boj. 39. fl' geht in fj über. fjamur: fiammurin sing. acc. bandiera. Raps. 63. fjámę: flāme Flamme. Pouq. 2. 619. pjagę: piake plaie. Pouq. 2. 621.

15) Lat. s geht regelmässig in š über. agresta: gréštę-a unreife Traube. camisia: kemišę-a. castanea: kęšténę-a. christianus: kęrštén-i. crista: kréšę-a, gréštę-a; rum. kreastę. desiderare: dęšęrūem. eleemosyna: lemóšęnę-a (lemoseena. Bl.). esca: éškę-a Zunder. miserere: mešerier venia, misericordia. missa: méšę-a. passus von pati: pęšūem dulden. piscis: pešk. quadragesima, it. quaresima: kréšmę-a. saeculum: šékul-i. sagitta: šegéttę-a. salvare: šelbūem. salire salzen: šeli salze ein. salvia: šęrbélę. sanitatem: šęndét. sarmentum: šerméude-ja. schiuma it., mundart. scuma: škúmę-a. scribere: škrūem. scintilla: škendij-a (schendli-a. R.). secretus: škrétę, aus šękrétę, einsam. sella: šál'ę-a. signare: šiūem. similare: šembęḡem ähnlich sein. sperare: šperḡem. spina: špine-a Rücken, t. spiñę-a. spissus, it. spesso: špéšę häufig. surdus: šúrδene (surdene. Bl. šurδen. Mscr.). versare it.: veršūem überschwemmen. vescus dünn, schwach: vešk. Vergl. neap. sciorta (sors). Wentrup 15.

16) Das albanische duldet im Auslaute in vielen Fällen kein n, denn es verwandelt der gegische Dialekt diesen Consonanten mit dem denselben vorhergehenden Vocal zu einem nasalen Vocal, wie das asl. und das fz., während der toskische Dialekt an die Stelle beider Laute einen langen Vocal treten lässt und erst bei der Erweiterung des Wortes das n durch r ersetzt. confinis: kufī, mit dem Artikel kufīni. consobrinus, cusorinus: kušęri, kušęrini; t. kušeri, kušęriu. cophinus: kofī, kofīni. Mscr., bei H. kofinę-a. frenum: frẽ, fréni; t. frę̄, frę́ri; rum. fręnn, fréu. lagena: l'ẽ, l'éni aus lęgén, lején. latinus: l'ętī, l'ętīni. leo, leonem: luá, luáni, wahrscheinlich für lęa, lęáni: ā für on findet sich sonst nicht. linum: l'ī, l'īni, t. li, l'iri. laterano it.: laterá, lateráni. mus: mī, mīni; t. mi, miu: vergl. trabs. mulino it.: mulī, mulīni, t. muli. mulin neben muli, mulíri. pirou it. dial.: pirū, pirūni, t. pirūn, pirūni. poltrone it.: poltrū, poltrūni

(poltrun. Bl.). rosmarino it.: rosmarí, rosmaríni. scrivano it.: škrivá, škriváni (skrivan. Bl.) litterator (quello che insegna a scrivere). trabs, trabem: tra, trán und trári neben trȁ, tráni. Man vergleiche auch somû, richtiger wohl somū, und mit dem Artikel somúni. Dalm. serb. somun aus dem türk. Einheimisch sind hȁ fece. G. 17; blī, blíni storione. R.; mȁ magis. G. 13; pȁ sine. G. 19; vȁ mettere. G. 113. u. s. w. Man vgl. neap. nfi (in finem). Wentrup 9.

17) Ursprüngliches n geht namentlich im toskischen in r über; dagegen bevorzugt das gegische das n. campana: kembórẹ t., kembónẹ g. cannabis: kẹrp t., kànẹp g. consulatus: korsulát. R. corona: kurórẹ t., dagegen durch Versetzung kunórẹ g. donare: dẹrúem t. galbinus: gélbẹrẹ t. granum: gru, grúri t., grȕ, grúni g. εἰκόνα Duc.: kórẹ t. K. 193. rum. ikoánẹ. inimicus: armik t., anẹmik g. λάχανα: l'ákrẹ-a t., l'áknẹ-a g. H. lákenẹ-a. R. sanare: šẹrúem. venenum: vẹrér t., vẹnér g. vinum: vérrẹ-a t., vénẹ-a g. virginem: vergẹri t., virgini g., virgir t. K. 217. Man vergl. rum. amenluta neben amerluta bedrohe, lat. minor; parink panicum; mrum. virinlu der Gram (venenum). Boj. 130. virgiru (virginem). K. 217. prov. veré (venenum). Diez 1. 139. Dagegen findet man g. špnésẹ neben šprésẹ spes von špẹrǵem spero und rum. kunúnẹ (corona), suspinȁ (suspirare). Diez 1. 208. Über diesen Übergang vergl. man Diez 1. 344. Schuchardt 1. 140; 3. 72. neap. fortura (fortuna), reverzo (universum). Wentrup 16.

18) rn geht in rr über. cornuta: kẹrrútẹ gehörntes Schaf. furnus: fúrrẹ, fz. four. Diez 1. 155. infernus: ferr. Bl. R. fer. H. lucerna: luk'érẹ, wohl für luk'érrẹ. taberna: tavérrẹ in taverres vinarius. Bl.; im Vulgärlatein taberracula aus tabernacula. Schuchardt 1. 111; im sardischen Dialekt des italienischen carre, corru, furru. 3. 73.

19) Lat. k, g gehen vor e, i meist in k', ǵ über, welche Laute indessen hie und da den Lauten tš und dž weichen, was Hahn 2. 20. hinsichtlich des k' bezeugt. caelum: k'iel t., k'ïl g. caepa: k'épẹ-a. cella, κέλλιον: k'elī. centum: k'int. cerasum: k'ẹrśī. certare: k'ẹrtúem. chiarare it.: k'ẹrúem. cicer: k'ikẹrẹ. commercium: kumérk'. crux, crucem: krẹk'-i. H. crūé. Uda 13. indicium: ǵuk'. socius: šok' maritus neben šok-u socius. Man beachte carrus: k'érrẹ neben kárrẹ. scabies: sk'ébe-ja, zǵébe-ja, dzjébe-ja und zjébe-ja. H. Vor ẹ finden wir auch k: circare: kẹrkúem. cigala it.: ǵinkálẹ-a. H. gallus: ǵel'-i g. Hahn, t. Truthahn. H. djeλ-i. Dalm. gemere: ǵemúem t., ǵimúem g. gentem: ǵind-i g. Volk, Geschlecht. Aus *glandinem von *glando für glans entsteht zunächst gl'ándẹrẹ und nach dem Ausfall des l: ǵándẹrẹ; eben so aus serb. globa zunächst gl'óbẹ und aus diesem ǵóbẹ; sk'étulẹ entsteht aus spathula durch folgende Mittelstufen: spétulẹ, spjétulẹ, skétulẹ: man vergl. Klem. Tyeter d. i. K'étẹr aus Petrus und rum. tjingẹ aus kingẹ (cingulum). Clemens 6.

20) Vor Consonanten gehen k und g in j über. crux, crucem: krúk'ẹ, woher der sing. gen. krujse. B. 1. 93. und embij kruj te Kriśtit in cruce Christi. B. 1. 13. directus: dẹréjtẹ, dréjtẹ directorius. *indirectare: dẹrejtúem. facies: fák'e: n' fan' (aus fajn') fak'e facie ad faciem. B. 1. 6. fructus: frujt. B. 1. 7. Bl. frujtuem. Bl. neben frut und frujt. grex, gregem: griǵ-i, woher der plur. abl. grijš: ni fuše reθúem grijš un prato circondato da greggi. B. 2. 5. inimicus: anẹmij te. B. 1. 107. lex, legem: l'iǵe, woher der sing. acc. lijnè: kam me dane lijnè teme dabo legem meam. B. 1. 126. pax, pacem: pak'e, woher sing. gen. pajse: zoti j pajse princeps pacis. B. 1. 121. pajtúem pacificare. Bl. Neben pák'e findet man auch pajk' (paich. Bl.). pactum: pajtúem g. miethen. sanctus: šent aus šenjt. socia: šók'e, woher der sing. acc. šone für šojne. Bl. s. v. succuba; doch šokt plur. i compagni. Raps. 25. tractare: trajtúem aedificare. Bl. Dasselbe Gesetz gilt für die vielleicht auch entlehnten Numeralia octo und decem: téte ist aus otéte, ojtéte, oktéte; déjte aus dékte entstanden. Man vergl. auch kijne sing. acc. von kiuk agnus, bei H. k'enk'-i g.: cogitare und kujtúem; plej t. B. 1. 126. d. i. plej te aus plek' te die Alten, sing. plak. In fẹtýrẹ-a species: furtore-ja neben fẹrtérẹ-a aus *factura und frictorium für frixorium; šectetár-i. Bl. sagittarius von šẹgétẹ-a ist der Guttural spurlos ausgefallen.

Abweichungen treten bei ks und kt ein. *a*) ks geht nämlich in fš. š über. coxa: kófšę-a. axungia: ašung-i. Vergl. rum. coxa: koápsę; fraxinus: frásin; laxare: las, lęsà; metaxa: mętásę. Diez 1. 241.

b) kt geht in einigen Fällen in ft über. cydonium: ftûa-oi aus kęd-, kęt-, kt- Quitte, it. cotogna, fz. coing. lacta: ľaftę-a. tructes: tróftę-a Forelle: lat. in Glossen des 9. und 10. Jahrh. troita, truita; fz. truite. Das rum. kennt neben doktor auch doftor; regelmässig geht jedoch kt in pt über: dirépt, dreáptę; friptúre; frupt neben frakt; kopt; fęptúre (factura) Geschöpf, Gestalt; leftikę. Diez 1. 239. mrum. friptu gebraten; kaftatsi suchet captare; keptinu pectino; keptu pectus; lapte lac; luptu luctor. Boj. 4. 15. 35. 102. 147. 150.

— —

Abkürzungen.

B. Petrus Bogdan, Cuneus prophetarum. Patavii. 1685.

Bl. Fr. Blanchus, Dictionarium latino-epiroticum. Romae. 1635.

Boj. Mich. G. Bojadschi, Romanische oder macedonowlachische Sprachlehre. Wien. 1813.

Budi. Pietro Budi, Dottrina christiana. Roma. 1664.

C. Demetrio Camarda, Saggio di grammatologia comparata sulla lingua albanese. Livorno. 1864. Appendice Prato. 1866 Saggio als Band I, Appendice als Band II bezeichnet.

Conf. Confessione pratica italico-epirotica. Romae. 1663.

Cav. Cavendi i Arbenit. Nde Rome. 1868.

Dalm. So bezeichne ich die bei den Albaniern Dalmatiens vorkommenden Wörter.

G. Gegisch.

G. G. Guagliata, Dottrina cristiana. Roma. 1845.

H. J. G. v. Hahn, Beiträge zu einem albanesisch-deutschen Lexikon. Wien. 1853.

Hecq. H. Hecquard, Istoire et description de la Haute Albanie ou Guégarie. Paris. s. a.

Hehn. V. Hehn, Kulturpflanzen und Hausthiere. Berlin. 1870.

K. Th. A. Kaballiotes, Πρωτοπειρία in J. Thunmann's Untersuchungen über die Geschichte der östlichen europäischen Völker. Leipzig. 1774. 176—239.

Klem. Wisd. von Windisch, Von den Klementinern in Sirmien. Ungarisches Magazin. Pressburg. 1782. II. 77—89.

L. Fr. Maria da Lecce, Osservazioni grammaticali nella lingua albanese. Roma. 1716.

Milad. D. i K. Miladinovci, Bulgarski pěsni. Zagreb. 1861.

Mrum. Macedorumunisch.

Nerr. So bezeichne ich die einem gegischen Albanier abgefragten Wörter.

Pass. A. Passow, Τραγούδια ῥωμαϊκά. Lipsiae. 1860.

Pouq. F. C. H. L. Pouqueville, Voyage dans la Grèce. Paris. 1820—21. II. 617—623.

R. Fr. Rossi, Vocabolario italiano-epirotico. Roma. 1866.

R. Regole. Fr. Rossi, Regole grammaticali della lingua albanese. Roma. 1866.

Rap. Rapsodie d'un poema albanese raccolte nelle colonie del Napoletano tradotte da G. de Rada. Firenze. 1866.

Rh. C. H. Th. Reinhold, Noctes pelasgicae. Athenis. 1855.

Rum. Rumunisch.

Schuchardt. H. Schuchardt, Der Vocalismus des Vulgärlateins. Leipzig. 1866—68.

Spata. Gius. Spata, Studi etnologici di N. Chetta su la Macedonia e l'Albania. Palermo. 1870.

Stier. Th. Stier, Hieronymi de Rada carmina italoalbanica quinque. Brunsvigae. 1856.

T. Toskisch.

Tetr. Λεξικὸν τετράγλωσσον. s. l. 1802.

Uča. Uča e sceltes erųe. Roma. 1862.

Vigo. S. Vigo, Canti popolari siciliani. Catania. 1857. Canti siculoalbanesi von G. Crispi. 338—354.

Vuk. So bezeichne ich die Wörter der von Vuk Stefanović Karadžić aus dem Munde eines Albaniers aus der Gegend von Prizren aufgezeichneten Lieder.

Wentrup. S. Wentrup, Beiträge zur Kenntniss der neapolitanischen Mundart. Wittenberg. 1855.

Verbesserungen.

18. l. 17. für kuåçri lies kusçri. 22. vor 279. ist discipulus, it. discepolo. diåipuλ. H. 1. 120. einzuschalten. 28. l. 18. für perkohna lies ferkohna. richtig fęrkohna. 32. l. 38. richtiger ist wohl çndivçnúem. 32. l. 42. ist hinzuzufügen gęnéj t. fallo. II. 44. l. 23. númęr g., nęmęr t. 67. l. 32. richtiger tęrfoi.

ANNA VON LUXEMBURG.

KAISER KARLS IV. TOCHTER, KÖNIG RICHARDS II. GEMAHLIN, KÖNIGIN VON ENGLAND.

1382—1394.

VON

CONSTANTIN HÖFLER.

VORGELEGT IN DER SITZUNG DER PHILOSOPHISCH-HISTORISCHEN CLASSE AM [illegible] JULI [illegible]

Inhaltsverzeichniss.

Historia est proxima poetis et quodammodo carmen solutum est.

M. Fab. Quintiliani institut. orat. Lib. X. c. 1. §. 31.

II.

Einleitung. Innere und äussere Zustände Englands bei dem Tode K. Eduards III. 1377.

§. 1.

Ausnahmsstellung des mittelalterlichen Englands. Das Königreich ein päpstliches Zinsreich.

Die Geschichte Englands trägt wie die Böhmens unter ihrer ersten und einheimischen Dynastie einen einheitlichen und concentrirenden Charakter.

Wie in Böhmen die einzelnen Stämme und Gebiete allmälig in das čechische Herzogthum der Přemysliden aufgehen und an Prag einen bleibenden Mittelpunkt erhalten, schwinden in England die Reiche: Kent, Sussex, Essex, Ostangeln, Wessex, Mercia, Northumberland, vor dem einheitlichen Königthum, das übrigens mehr als Ein Jahrhundert bedarf, um diese Operation durchzuführen. Erst im Anfange des XIV. Jahrhunderts vertauscht Böhmen sein einheimisches Herrschergeschlecht, das die Königskrone vom deutschen Kaiser erlangt hatte, mit Königen aus deutschem Geschlechte. England besass schon im XI. Jahrhundert erst dänische Herrscher, echte Normannen, dann wurde es die Beute französischer Normannen. Wilhelm des Eroberers und seines kriegerischen Gefolges. Fremde, ein fremder König und ein fremdes Volk, führen von nun an die Herrschaft über die Angelsachsen und theilen sich in Grund und Boden, ein Schicksal, dem in gleicher Ausdehnung Böhmen niemals verfiel, wenn es auch vom Anfang bis zum Ende im Staatensysteme des deutschen Kaiserthums zu verharren hatte. Auf das normännisch-französische Königshaus, das kein volles Jahrhundert in England regierte, folgte ein Graf von Blois, endlich das Geschlecht der Grafen von Anjou (Plantagenet), gleichwie französische Fürsten sich allmälig in Castilien, in Portugal, in Sicilien, in Ungarn einrichteten.

Dadurch erhält die ganze Geschichte Englands einen andern Charakter, als sie in den angelsächsischen Zeiten von der Mitte des V. Jahrhunderts bis 1066 an sich getragen, ja einen andern Charakter, als die Geschichte aller übrigen Völker des Mittelalters.

Statt an der Vereinigung der ganzen Insel zu arbeiten und nicht eher zu ruhen, als bis auch Schottland und England vereinigt wären — ist es doch schon eine Aufgabe, die verschiedenen Nationalitäten Englands zu vereinigen, — bildeten die Besitzungen auf dem Continente, die Eroberung der Touraine, Maine, der Bretagne und Guyenne ebenso viele Klammern, durch welche England aus seiner Isolirung herausgerissen und in die Angelegenheiten Frankreichs und des Continentes hineingezogen, seiner eigentlichen Aufgabe entfremdet wurde. Es gestaltete sich ein Dualismus von Tendenzen, von welchen jede in ihrer Art berechtigt war: das Streben, nach dem Continente auszugreifen, das Streben, sich von den äusseren Angelegenheiten fern zu halten und das eigentliche Leben in der Entwickelung des Innern, der Verfassung, sowie der Eroberung Schottlands, zu erblicken. Der Herzog von der Normandie, welcher 1066 England eroberte, blieb noch als König Vasall der französischen Krone, wie er es für die Normandie vor der Eroberung gewesen war. So viele französische Lehen er aber auch nachher noch erlangen mochte, das französische Königthum blieb ihm verschlossen, während dem Könige von Böhmen, Vasallen des deutschen Reiches, als Kurfürsten desselben die Verfügung über die römische Kaiserkrone und, wenn er wollte, mehr als einmal diese selbst offen stand.

Die Sache wurde in den Tagen der Plantagenet nicht besser, wohl aber das Streben um so begründeter, sich einer Zwitterstellung zu entziehen, die um so unerträglicher ward, als sie sich auch nach einer andern Seite hin gestaltete. Der englische König aus einem französischen Grafenhause, das den Westen Frankreichs an sich brachte, und der französische König aus dem Hause der Capetinger, das die französischen Carolinger entthront hatte, selbst aber nur mit Mühe gegen die grossen Kronvasallen sich auf dem so geschmälerten französischen Throne erhielt, waren und blieben natürliche Gegner und zwar, wo ihre Politik zusammentraf, im Oriente wie im Occidente, im deutschen Reiche, wie in Schottland, in Spanien oder in Italien, zu Wasser oder zu Lande, im XII., im XIII., im XIV. Jahrhunderte und durch Traditionen und Interessen fast bis zum heutigen Tage.

Nun kam aber für England noch eine ganz eigenthümliche politische Gestaltung dazu, welche Frankreich fehlte, das zwar im VIII. Jahrhunderte mit Zustimmung der Päpste die merovingische Dynastie beseitigt, die carolingische zur königlichen erhoben, diese im X. Jahrhunderte wieder verdrängt, nichts desto weniger aber seine volle politische Unabhängigkeit von den Päpsten bewahrt, ja selbst, wenn auch nur vorübergehend, das Kaiserthum und damit die höchste Stufe der Macht im christlichen Abendlande erlangt hatte.

Nach römischen Berichten hatte erst Ina, König der Westsachsen, dann Offa, König der Mercier, endlich Ethelwulf als Gesammtkönig dem römischen Stuhle, durch dessen Bemühungen den Angelsachsen das Christenthum zu Theil geworden war, den St. Peterszins gewährt, einen Tribut der Dankbarkeit, entrichtet von jedem Hause des Freien, welcher einen Pfennig jährlich zahlte, theils dem Papste, theils der Schule der Angelsachsen in Rom und dem mit der Marienkirche der Sachsen verbundenen Hospitale daselbst.

Einen anderen Charakter schien die Sache im XI. Jahrhunderte anzunehmen. Als der Normannenherzog Wilhelm seine Ansprüche auf den englischen Thron gegen K. Harald geltend machte, geschah es unter der Fahne des heiligen Petrus, die ihm Papst Alexander II. geschickt hatte, dem üblichen Zeichen der Belehnung.

Unter dieser Fahne kämpfte und siegte Wilhelm am 1. October 1066 bei Hastings und erlangte er zum Herzogthume der Normandie die Königskrone des angelsächsischen Reiches. Freilich als dann Papst Gregor VII. die Consequenzen ziehen wollte und den neuen König der Angelsachsen und Normannen aufforderte, ihm und seinen Nachfolgern Treue zu leisten, und den St. Peterspfennig einzusenden, so erwiderte Wilhelm sehr unzweideutig: „Treue wollte ich und will ich nicht leisten, weil ich sie weder versprach noch finde, dass meine Vorgänger sie Deinen Vorgängern leisteten, wohl aber werde ich den St. Peterspfennig übersenden.“ 1079. Nichts desto weniger rief ihn Papst Gregor VII. in seinen Bedrängnissen mit dem deutschen Könige als Getreuen des heiligen Petrus auf, ihm Hilfe zu leisten. 1080. Man konnte schon damals bei dem ersten grossen Zusammenstosse kaiserlicher und päpstlicher Macht sagen, dass England bei weitem eher zum päpstlichen als zum kaiserlichen Staatensysteme gehöre, eher sich an die Staaten anschliessen werde, die, wie Ungarn, Polen, Kroatien, bald nachher auch Sicilien ihre Kronen dem heiligen Petrus verdankten, als an diejenigen, welche, wie Böhmen, ihre Königskronen aus den Händen der deutschen Kaiser empfingen, oder deren Kronen, wie die deutsche, lombardische und arelatische, die Grundlage der Kaiserkrone bildeten. Hatte doch Wilhelm der Eroberer im Angesichte des Todes und in der Erinnerung an alle Gewaltthätigkeit seiner Regierung nur Gott selbst sein Königreich zu vermachen den Muth gehabt. Der rasche Tod der Erben Wilhelms konnte nicht anders als früher die Schlacht bei Hastings, als ein Gottesurtheil angesehen werden. Erst der Begründer der Dynastie Plantagenet, Heinrich II., nahm den Gedanken einer grösseren politischen Concentrirung und zwar nach der westlichen Seite (Wales und Irland) wieder auf. Der glückliche Umstand, dass damals ein Engländer Brakespeare (Adrian IV.) Papst wurde, beseitigte alle Rechtsbedenken. Einerseits erkannte Adrian auf Grund der für echt erachteten konstantinischen Schenkung[1]), dass Irland und alle Inseln, denen die Sonne der Gerechtigkeit, Christus, leuchtet, und die sich dem Christenthume zuwandten, zum Reiche des heiligen Petrus und der römischen Kirche gehörten. Er investirte mittelst eines Ringes als oberster Lehensherr den englischen König mit Irland[2]) und wies die Celten an, den König der Normannen und Angelsachsen als ihren Herrn zu verehren. Andererseits gab der Beherrscher der Normannen und Angelsachsen dem Papste die Absicht kund, das celtische Irland zu betreten, um das Volk Gesetzen zu unterwerfen und die Laster auszutilgen. Er wolle von jedem Hause einen Denar jährlich dem heiligen Petrus entrichten und die Rechte der Kirche daselbst wahren. Auf dieses ermächtigte der angelsächsische Papst den Sohn des Grafen von Anjou und der Prinzessin Mathilde (Enkelin Wilhelms I.), Heinrich II., zu dem Zuge nach Irland (1159), welcher mit Ausnahme von Ulster und Connaught das celtische Irland mit dem angelsächsisch-normännisch-französischen Staate vereinigte.

Dadurch bestand dieser aus drei Theilen, welche durch zwei Meere von einander getrennt waren und Deutsche, Normannen und Celten unter Einem Scepter vereinigten. Der volle Eintritt der grossen Monarchie des Hauses Plantagenet in das päpstliche Staatensystem erfolgte aber erst 1173, vier Jahre, ehe Friedrich Rothbart, römischer Kaiser, zu Venedig sich dem Papste Alexander III. unterwarf. Heinrich II., welcher erst 1164 durch die Constitutionen von Clarendon den Versuch gemacht hatte, die Kirche in England in den Lehensverband einzuschnallen, erklärte im Gedränge mit seinen Söhnen dem Papste, dass das Königreich England unter der Jurisdiction des Papstes stehe, er selbst aber sich als Lehenträger des römischen Stuhles gebunden fühle[3]). Er rief den Schutz des Papstes gegen seine Söhne auf und empfing ihn auch wirklich, das Reich aber erlangte bereits durch seinen Entschluss „jene höhere Weihe und grössere Sicherheit", von welcher nachher Innocenz III. sprach, da das Königthum ein päpstliches (priesterliches) ward und das Priesterthum königlich, wie schon Paulus und Moses gesprochen, Worte, welche zwar erst an Heinrichs

---

[1]) Siehe die Werke des Johann von Salisbury od. Giles V. 206, welcher gestand, dass diese päpstliche Sentenz auf sein Bitten erfolgt sei.

[2]) Döllinger, Papstfabeln. S. 60, Note.

[3]) Vestrae jurisdictionis est regnum Angliae et quantum ad feudatarii juris obligationem vobis dumtaxat obnoxius teneor et obstringor. Experiatur Anglia, quod possit Romanus pontifex, et quia materialibus armis non utitur, patrimonium B. Petri, d. h. England, spirituali gladio tueatur. Baron. 1173, 9.

Sohn K. Johann gerichtet wurden, aber schon auf Heinrich II. in Anwendung gebracht werden konnten.

Der römische Stuhl unterstützte Heinrichs Nachfolger K. Richard I., als diesen Kaiser Heinrich VI. der Staufer gefangen hielt, wie Richard die Wahl seines Neffen, des Welfen Otto IV., zum römischen Könige unterstützte, den Papst Innocenz gegen den Staufer Philipp begünstigte. England gehörte nach dem Ausspruche des Gründers des Hauses Plantagenet zum patrimonium S. Petri. Auf diese Grundlage erfolgte dann in den Zwistigkeiten mit Philipp II., König von Frankreich, durch Heinrich's II. jüngsten Sohn, K. Johann Lakland, die völlige Unterwerfung der englischen Krone unter den römischen Stuhl.

Schon der dritte König aus dem wilden und leidenschaftlichen Geschlechte der Plantagenets, das fortwährend schwere Unfälle als Dämpfer seiner natürlichen Wildheit bedurfte, sah sich theils durch seine Unthaten, theils durch den eigenen Adel dazu gebracht, kniend in die Hände des päpstlichen Legaten sein Reich und die Krone des Königreiches England zu übergeben und zwar so, dass er und seine Erben für ewige Zeiten England vom Papst zu Lehen tragen und einen jährlichen Tribut von 1000 Marken entrichten sollten.

Die Unterwerfungsurkunde lautete auf England, Wales und Irland, auf des Königs gesammtes Erbrecht, Herrschaft (dominium) und Patronat, und zwar geschah die Unterwerfung mit Zustimmung aller Prälaten, Grafen, Barone, Ritter und Freien am 15. Mai 1213. Man läugnete dieses Ende des XIV. Jahrhundertes und that, als hätte Johann ohne diese Zustimmung gehandelt, aber ohne Grund. Die Sache war geschehen[1]).

Der päpstliche Legat empfing die Krone und behielt sie (nomine seysinae) fünf Tage lang als Zeichen der Confiscation. Man zürnte noch Ende des XIV. Jahrhundertes am römischen Hofe einem päpstlichen Legaten, wenn er vor dem Könige von England sein Käppchen lüftete. England befand sich in einer völligen Ausnahmsstellung und die Worte K. Johanns: er wolle das Kostbarste, was er besitze, sein Königreich England, Wallis, Hybernia und seinen eigenen, obwohl ganz elenden Leib (corpus nostrum licet vilissimum) erniedrigen, waren buchstäblich in Erfüllung gegangen. Diese Demüthigung des Königs war, wie bekannt, die eigentliche Grundlage der Magna carta libertatum, welche K. Johann auf die Statute K. Eduards bei der Villa Stanes auf der Wiese Rowmed am 15. Juni 1215 ertheilte[2]). Das englische Königthum war seitdem zweifach gebunden, erst an den römischen Stuhl, dann an die Nation. K. Johann, von wilder grausamer Gemüthsart, wandte sich wie ein Eber, der in den Netzen des Jägers gefangen war. Unfähig, seinen Thron von dem Papste loszumachen, wollte er, was er selbst verschuldet, an seinen Unterthanen rächen. Um wenigstens nach dieser Seite hin frei zu werden, rief er seinen geistlichen Lehensherrn gegen seine Unterthanen auf[3]) und obwohl diese nur den König gezwungen hatten, zu den Gesetzen K. Heinrichs I. und Eduards zurückzukehren, erklärte sich P. Innocenz III. für den König[4]). Er erklärte die Magna charta

---

[1]) Die Argumente dagegen bei Vaughan, life and opinions of John de Wycliffe. Sec. ed. I. S. 285.

[2]) Rymer ed. Clarke. I, p. 135.

[3]) John in his letter to the pope states that the earls and barons of England has been devoted to him before he had surrendered his kingdom to the pontiff, but that since that time they had violently risen against them and specially on that account. Turner hist. of England, edit. 2. Vol. I, p. 419.

[4]) Papa de regno, cujus dominus de novo effectus erat sollicitus, bemerkt fast spöttisch Bartholomaeus Cotton de rege Johanne p. 103 (Edited by H. Richards Luard. 1859) barones excommunicavit ad petitionem regis. Novus enim papalis vassallus in omnibus meruit favorabiliter exaudiri.

für eine Erpressung, welche an dem mit dem Kreuze bezeichneten Könige verübt worden sei, für eine Verminderung der königlichen Rechte, worin er allerdings Recht hatte, für eine Schmach Englands; er erklärte sie für null und nichtig und bannte ihre Urheber. Die Folge war, dass der Adel sich an den französischen Thronfolger Ludwig (VIII.) wandte und diesen zum Könige von England zu erheben suchte, als der König, nach dem Verluste der Normandie, Bretagne, Maine, Anjou, Poitou, Limoges, Auvergne, Angoulême — ja kein Land, noch sich selbst im Frieden besitzend, starb[1]). Der Tod Innocenz' III.[2]) im gleichen Jahre 1216 brachte die Dinge in ein friedliches Geleise. P. Honorius III. schützte den Knaben Heinrich (III.) auf dem väterlichen Lehensthrone[3]), wie es sein Vorgänger Innocenz III. mit dem Knaben Friedrich von Sicilien gethan hatte, während andererseits die Magna charta aufrecht erhalten wurde. Wie Honorius thaten auch seine Nachfolger Gregor IX. und Innocenz IV.

Der entscheidende Schritt war durch König Johann erfolgt. England gehörte rechtlich zum päpstlichen Staatensysteme, wie das Königreich Sicilien, das damals den Hohenstaufen gehörte, in noch stärkerem Grade als das Königreich Arragonien, als Ungarn, Croatien und so manche andere Reiche, deren Herrscher oder Völker Kronen von den Päpsten begehrt und erlangt hatten. Die christliche Welt des Abendlandes schied sich dadurch in zwei Theile, ein päpstliches und ein kaiserliches Staatensystem. Zu letzterem zählte das deutsche Königreich, das italische, das arelatische, die mit der Kaiserkrone in der Person des römischen Kaisers vereinigt waren, die böhmische Königskrone, welche damals einer andern Dynastie als der kaiserlichen gehörte. Wie die Päpste an der Vermehrung ihres Staatensystems arbeiteten, that es auch der Staufer, Friedrich II., welcher, als König Siciliens Vasall des römischen Stuhles auch die Krone von Jerusalem erwarb und später aus Corsika und Sardinien, welche der römische Stuhl als seiner Herrschaft angehörig betrachtete, für seinen Sohn Enzio ein Königreich bildete. Da aber der Einfluss des Papstes im XIII. Jahrhunderte in Betreff des Kaiserthumes sehr massgebend geworden war, ja schon 1245 zur Absetzung K. Friedrichs geschritten wurde, so stand eigentlich beinahe nur das französische Königreich als gänzlich unabhängiger, keiner äusseren Macht unterworfener Staat da; es erlangte dieser somit einen Rang unter den übrigen christlichen Staaten, welchen namentlich England in keiner Weise behauptete. Dieses galt dafür als ein Königreich, auf welches der Papst ein besonderes Recht habe[4]), das P. Innocenz IV. als sein Paradies bezeichnete und K. Friedrich II. von dem Tribut zu befreien versprach, womit Innocenz III. es belastet hatte[5]).

Jetzt erst bei der ungeheuern Übermacht, welche die Kirche gerade damals durch Niederwerfung eines ihrer Vasallen, des Königs von Sicilien und Kaisers Friedrich II. erlangte, 1245, fühlten die englischen Grossen, in welche Lage sie das Königreich zu stürzen geholfen hatten. Eine böse Stimmung bemächtigte sich ihrer besonders unter Innocenz IV., die endlich

---

[1]) Ab hac vita post hujus saeculi multas perturbationes et labores inutiles in multa mentis amaritudine subtractus transmigravit, nihil terrae immo nec se ipsum possidens. Math. Paris. Er starb 19. October 1216, 39 Jahre alt.

[2]) Vere stupor mundi et immutator saeculi. B. Cotton l. c.

[3]) Fecit homagium S. R. ecclesiae. Math. Paris. Ed. Paris 1541. p. 200.

[4]) In quo jus dignoscitur habere speciale. Schreiben der Cardinale an K. Heinrich III. bei Matth. Paris. p. 443.

[5]) Regnum Angliae a tributo quod injuste Papa Innocentius III. illud ligaverat, potenter ac juste liberaret. l. c. p. 436. Der Papst befahl den einzelnen englischen Bischöfen, ihr Siegel unter K. Johanns Urkunde zu setzen; K. Heinrich aber schwur, nie mehr Tribut zahlen zu wollen. l. c. 460. Es war nicht der einzige Schwur, den Heinrich nicht hielt.

ihren Ausweg in dem gewaltsamen Auftreten des Grafen Simon Leicester gegen Heinrich III. fand. Doch schien von dem Sturze der Hohenstaufen niemand grösseren Vortheil zu ziehen, als das Haus Plantagenet. Nicht nur indem K. Heinrichs Bruder, Richard Graf von Cornwallis, statt des Staufers Konradin römischer König wurde, 1257, sondern auch, indem P. Alexander IV. schon früher, 1255 den zweiten Sohn K. Heinrichs, den Prinzen Edmund auf den sicilischen Thron berief. Da Heinrich selbst eine der Erbinen der Provence, die Gräfin Leonora, geheiratet hatte, jetzt aber auch noch Sicilien als sicheres Besitzthum in Aussicht stand, so träumte man am königlichen Hofe, man könne Frankreich zwischen England und Sicilien stramm in die Mitte nehmen und wie zwischen zwei Mühlsteinen zerreiben[1]). Bereits hatte Edmund die päpstliche Investitur mit dem Ringe erhalten; er war von seinem Vater als König anerkannt und in apulischer Kleidung den englischen Baronen vorgestellt worden. Aber die Anstalten des Königs, Sicilien zu erwerben, brachten die feindliche Stimmung gegen Papst, Clerus und König zum Ausbruche. Während K. Heinrich sich sehr bald nicht in der Lage sah, sich als König zu erhalten, geschweige seinen Sohn wirksam zu unterstützen, behauptete sich die Herrschaft K. Manfreds in Sicilien und Karls, Grafen von Anjou, (Bruders des französischen Königs Ludwig IX.) in der Provence. Der römische Stuhl musste sich, als auch Richard als römischer König kein Ansehen erlangte, um einen andern weltlichen Beschützer umsehen, welchen er endlich in Karl von Anjou fand. Dieser wurde König von Sicilien und vernichtete daselbst Manfred und Konradin. Die letzten Staufer starben in seinem Kerker. Von den Ansprüchen des Prinzen Edmund auf Sicilien war keine Rede mehr. Ehe jedoch diese Katastrophe eingetreten war, brach in England die Bewegung aus, die zuerst nur auf Reform des Reiches und Beseitigung des Einflusses der Ausländer, sowie des sicilianischen Projectes gerichtet zu sein schien. Selbst Anjou und die Normandie wurden damals vom Adel preisgegeben und endlich die Sache soweit getrieben, dass der König sein Heil nur mehr im offenen Kampfe erblickte. Allein dieser misslang. Die Schlacht von Lewes, 14. Mai 1264 brachte den König Heinrich und den König Richard in die Gefangenschaft des Grafen von Leicester und erhob diesen selbst — den Gemal der Prinzessin Leonora, der Schwester K. Heinrichs, — zum Gebieter von England. Da sandte P. Clemens IV. einen Legaten nach England, die Befreiung seines königlichen Vasallen zu erwirken. Allein erst als der Prinz Eduard, Sohn des K. Heinrich, aus dem Schlosse Hereford 28. Mai 1265 entrann, das wichtige Glocester nahm und dann in der Schlacht von Evesham 4. August 1265 den Grafen Simon, wie dessen Sohn, den Grafen Heinrich von Montfort, schlug und tödtete, gestalteten sich die Dinge wieder besser. Aber das schlimme Beispiel des Bürgerkrieges, der Auflehnung gegen den König, seiner Gefangennehmung war gegeben. Später, als es sich darum handelte, die nach Italien geflüchteten Söhne Simons mit ihren königlichen Verwandten auszusöhnen, überfiel Guido von Montfort seinen Vetter Heinrich von Deutschland, Sohn K. Richards, in einer Kirche von Viterbo, meuchelte ihn am Altare und hieb und stach mit den Seinigen noch auf die Leiche, als er mit den übrigen Mördern den Prinzen im Blute schwimmend aus der Kirche geschleppt hatte[2]). Der Unglückliche war mit Vollmachten seines Oheims, des Königs, nach Italien gekommen; Karl von An-

---

[1]) Math. Paris. p. 613.

[2]) Wie hübsch dieser tragische Vorfall zum Roman wurde, Guiy de Montfort die Tochter des Herzogs von Toscana heirathete, nach dem Morde zu seinem Schwiegervater ging etc., mag man bei Michaud, mémoires, T. II, p. 165, ersehen.

jou. welcher den Grafen Guido von Montfort zu seinem Vicar gemacht hatte, betrieb selbst die Aussöhnung der Vettern. Fast unter seinen Augen hatte die Ermordung des klugen und tapferen Prinzen stattgefunden, dessen Herz in goldenem Gefässe nachher Eduard, der Sieger von Evesham, vom Oriente heimkehrend nach England brachte. Ein Jahr überlebte K. Richard vom Schlage gerührt seinen gemordeten Sohn. Er starb am 2. April 1272, am 16. November K. Heinrich III.

Eduard I., eine der frischesten und kühnsten Persönlichkeiten des Mittelalters, befand sich bei dem Tode seines Vaters in Accon, selbst mühsam eines Assassinen Dolch entronnen. Da er als König in Rom mit P. Gregor X. zusammenkam, von ihm auf das freundlichste aufgenommen wurde und ihn um Bestrafung der Mörder seines Vetters — des Prinzen Heinrich — bat, ist kein Zweifel vorhanden, dass er alle Verpflichtungen eines Vasallen gegen seinen Lehensherrn erfüllte, wie er auch bis zum Jahre 1277 den Lehenszins entrichtete. Durch ihn trat England erst als Grossmacht hervor. Er hatte sein Augenmerk auf den Orient gerichtet und rüstete sich zu neuem Kampfe, als Accon fiel und alle Hoffnung, einen neuen Kreuzzug zu einem glücklichen Ende zu führen, schwand. Der König gedachte ferner die englische Herrschaft über die ganze Insel auszudehnen, als er in seinen Bemühungen ebenso an dem französischen Könige Philipp IV. als an P. Nicolaus IV. Gegner fand. Letzterer behauptete, dass auch Schottland von alten Zeiten her dem römischen Stuhle gehöre und somit, wie alle diese Länder, frei von fremder Herrschaft zu bleiben habe. Dadurch gestaltete sich die für England unheilvolle Wendung der Dinge, dass Frankreich und Schottland mit einander im Bündnisse ebenso der Ausbreitung der englischen Herrschaft auf dem Continente, als auf der Insel entgegenarbeiteten, während die Päpste dem Continentalkriege zu steuern und Schottland bei seiner Unabhängigkeit zu erhalten strebten. Aber die Vermittlung des sonst so gewaltigen Bonifacius VIII. reichte weder aus, den Frieden zwischen Frankreich und England zu sichern, noch die Unabhängigkeit Schottlands, dessen Unterthänigkeit unter die englische Krone die Engländer fortwährend zu erhärten suchten, zu wahren. Es entstand eine gräuliche Verblutung [1]) im Nordwesten Europas, ohne dass jedoch aller Kraft Eduards ungeachtet England sein Hauptziel — die volle Unterwerfung Schottlands — erreichte. Unter diesen Kämpfen entrichtete der König den Peterszins nicht mehr, so dass er bis 1316 auf 240.000 Mark Sterling anwuchs. Eduards gleichnamiger Sohn entrichtete ihn wieder. Ihm genügte selbst die eine Krönung nicht. Er wandte sich an P. Johann XXII. um eine zweite, durch welche er Herr des Orientes zu werden hoffte, da das Öl dazu von der heil. Jungfrau stamme, die es dem Apostel Thomas gegeben [2]). Eduard II. errang jedoch weder — wie er hoffte — den Orient, noch konnte er die Herrschaft Englands behaupten. Es war eine schlimme Vorbedeutung, dass auf den auswärtigen Krieg, welchen Eduard der I. mit allem Nachdrucke geführt hatte, schon unter seinem Sohne der innere Streit ausbrach, der endlich zur gewaltsamen Abdankung und Ermor-

---

[1]) Prostrati sunt autem omnes Scotti et perundique sparsi ac desolati, decollati, incarcerati, suspensi, distracti, destructi, membratim separati, nisi ille solus fugitivus, Robertus le Brays, qui in latibulis circumagat sicut latro vel vespillo. Eulog. histor. p. 191 zu 1306. — Die englische Herrschaft trägt immer einen sehr seltsamen Charakter an sich.

[2]) Dieses Öl spielt in der englischen Geschichte eine eigene Rolle. Man hatte jetzt endlich ein Gegenstück zum Öle des h. Remigius, das ja zur Salbung Chlodwigs ein Engel vom Himmel gebracht hatte! Richard II. wollte sich damit 1399 noch einmal salben lassen. Statt seiner wurde aber der Thronräuber Heinrich IV. gesalbt, nachdem er Richard II. gestürzt hatte: (Henricus IV.) primus Regum Angliae unctus est tam pretioso liquore. Walsingham hist. Anglica, ed. Henr. Thomas Riley II. p. 239—240.

dung des Königs selbst 1327 führte. Die blutige Warnung fand Niemanden, der auf sie gehört hätte.

§. 2.

England in der avignonesischen Periode.

Während der 35jährigen Regierung Eduards I. hatte das französische Königshaus Anstalten getroffen, Konstantinopel und Aragonien zu erobern, darüber Sicilien verloren, Neapel aber behauptet; Ungarn und Navarra wirklich erlangt, alles aufgeboten, das deutsche Kaiserthum oder doch wenigstens Italien zu gewinnen, das Papstthum in Abhängigkeit versetzt und nicht blos seine Verlegung nach dem Königreiche Arelat (Avignon) bewirkt, sondern es auch für 73 Jahre in die Hände von Franzosen gebracht. Allein der mit Eduard I. ausgebrochene Krieg hatte wenigstens die volle Durchführung der weit aussehenden Pläne des Hauses Capet gehindert, welche schon eine Säcularisation des Kirchenstaates in sich schlossen. Die schwache Regierung Eduards II., der eine Tochter K. Philipps IV. von Frankreich zur Gemalin, an ihr eine Geissel hatte, fällt in die Tage des Vienner Concils, der Aufhebung des Tempelherrnordens, der Bemühung P. Johanns XXII., Italien vom deutschen Reiche zu trennen, der Abreissung Lyons vom deutschen Reichskörper, des immer tieferen Sinkens des deutschen Reiches durch zwiespaltige Königswahl. Als nun in der päpstlichen Würde ein Franzose dem andern folgte, die Regierung der Kirche fast ausschliesslich in den Händen von Franzosen lag und im Cardinals-Collegium unter den vier Parteien, welche sich dort um die Herrschaft stritten, weder Deutsche noch Engländer waren, verband sich K. Eduard III. mit dem römischen Kaiser Ludwig von Baiern und begann er den Krieg mit Frankreich, dem er nun bei dem raschen Wegsterben des Mannsstammes Philipp des Schönen den Charakter eines Successionskrieges zu geben suchte. Er, der Enkel Philipps, von dessen Tochter Isabella, nannte sich dem Neffen Philipps, von dessen Bruder Karl von Valois, gegenüber, König von Frankreich [1]). Handelte es sich früher um Behauptung einzelner Theile Frankreichs, da K. Heinrich III. nur weniges noch bewahrte von dem alten Erbe, nachdem K. Johann das Ganze verloren, selbst die Normandie für das Haus Plantagenet abhanden gekommen war, so sprach jetzt K. Eduard III. nicht blos die alten Besitzungen seines und des normannischen Hauses auf französischem Boden an, sondern das Ganze. Aber nicht seine Rechtsgründe, sondern seine Waffen mussten entscheiden. Sie thaten es zuerst in der zweitägigen Seeschlacht bei Sluys, welche die Engländer zu Herren des Canals und der westlichen Küste von Frankreich machte [2]), 1340, dann bei Crecy, wo Eduard gegen 4 Könige den glorreichen Sieg erfocht, 29. August 1346 [3]), endlich bei Poitiers [4]), 1356, wo der zweite Valois K. Johann mit einem seiner Söhne in englische Gefangenschaft gerieth, worauf der Frieden von Bretigny 1360 dem gräulich verwüsteten Königreiche noch die Hälfte seines Besitzstandes entriss, ohne jedoch den Titel K. Eduards zur Wahrheit

[1]) Arma Franciae suis armis immiscuit. Walsingham hist. Anglicana ed. Riley I. p. 228 zu 1339.

[2]) Bellum navale cruentissimum, quale circa ora Angliae, Franciae sive Flandriae nusquam visum fuit. l. c. p. 227.

[3]) Dass der König von Majorca bei Crecy nicht fiel, sondern erst 1349 starb, hat schon Lingard bemerkt. Der englische Historiker hält es für wahrscheinlich, dass er sich gar nicht bei der Schlacht befand.

[4]) Inauditum est, quod aliqua conflictio per tantum tempus instaret (eum) in antiquo tempore ad 3 vel 4 vel ultimo ad 6 tractum unius sagittae homines scirent continuo, quae pars triumpharet, sed ibi omnis sagittarius centum emisit cum providentia et adhuc neutra pars cessit alteri. Eulog. histor. III. p. 225.

zu machen. Im Gegentheile, Eduard gab am 8. Mai 1360 nicht blos den Titel eines Königs von Frankreich, sondern auch die Ansprüche auf die Normandie, Anjou, Touraine und Maine auf und behielt nur Guyenne, Poitou, nebst der Grafschaft Ponthieu mit Calais und Guisnes, aber nicht mehr als französische Lehen, sondern als unabhängiges Besitzthum. Als 1364 Peter König von Cypern[1]) nach London kam mit zwei saracenischen Fürsten in seinem Gefolge, der König von Schottland, der wenige Monate nach der Schlacht bei Crecy geschlagen und gefangen worden war, nun wegen seiner Lösungsumme daselbst unterhandelte, der König von Frankreich aber, in der Unmöglichkeit den Vertrag zu erfüllen, noch als Gefangener daselbst weilte, glaubte man sich in die Zeiten K. Arthurs versetzt; die Macht Englands war auf ihren Höhepunkt gekommen. Allein die Eroberung Frankreichs war denn doch ebenso wie die von Schottland mislungen. Als K. Johann am 8. April 1364 in London starb[2]), war nicht einmal soviel errungen, dass der englisch gewordene Antheil Frankreichs aus dem Lehensverbande der französischen Krone gelöst worden wäre. Wohl glich aber das französische Königreich einer weiten Brandstätte, die Wälder verschwanden, wie der Anbau des flachen Landes und die einzelnen Städte ragten wie Inseln im Meere aus der allgemeinen Verwüstung hervor.

Hingegen erklärte das Parlament, als P. Urban V. den St. Peterszins verlangte, 1366, dass es von diesem nichts wisse. Der Papst glaubte, dass durch den Frieden von Bretigny der Moment gekommen sei, die Rückstände von 33 Jahren einzufordern. Dagegen aber wurde englischerseits eingewendet, dass weder K. Johann, noch ein anderer sich, sein Reich, sein Volk ohne dessen Zustimmung in eine solche Unterthänigkeit habe setzen können. Ein Lehenszins könne nur da stattfinden, wo auch ein Lehensschutz des Vasallen von dem Lehensherrn stattfinde. Man bezeichnete den Vorgang P. Innocenz' als Simonie, indem K. Johann nur um den Preis der Lehensabhängigkeit die Absolution erhalten habe[3]). Schon damals wurde die Doctrin laut: nur Christus sei oberster Herr, der Papst aber ein sündiger Mann, und, solang er sich in Todsünden befinde, ungeeignet für Herrschaft[4]). Man erinnerte sich nicht mehr oder wollte sich nicht mehr erinnern, dass Johann sehr wohl mit Zustimmung seines Volkes gehandelt hatte. Die Sache war zur Machtfrage geworden und England befand sich durch Eduard III. in einem ganz andern Zustande, als es unter K. Johann gewesen. Jetzt lag die Krone Frankreichs, einst mit Innocenz III. gegen England verbündet, halb vernichtet zu Eduards Füssen. Er selbst hatte sich erst 1365 durch das Parlaments-Statut praemunire wirksam gegen das Provisionssystem der französischen Päpste verwahrt, womit diese über die englische Kirche schalteten. Wir wissen, dass schon damals, 1366, der königliche Kaplan John Wycliffe, magister sententiarius, den Beschluss des Parlamentes in Oxford in der Schule vertheidigte und somit die allgemeine politische Frage zur Schulfrage machte. Seiner Feder verdanken wir die Kenntniss der Berathungen der Lords[5]).

---

[1]) Graf von Tripoli, nachgeborner Sohn K. Hugo's IV., eine der ausgezeichnetsten Persönlichkeiten des XIV. Jahrhunderts. Les familles d'outre-mer de Du Cange, publiées par E. G. Rey. 1869. p. 78. Er war der Eroberer von Alexandria (1365), Tripolis, Baya und Satalia, wurde aber 16. Jan. 1369 ermordet.

[2]) Barante, hist. des ducs de Bourgogne. T. I, p. 103.

[3]) Lewis, p. 330 und daraus Vaughan, S. 285.

[4]) The Pope is a man and liable to sin and who, while in mortal sin, according to divines — wer waren diese? — is unfitted for dominion. l. c. p. 288.

[5]) Audivi in quodam concilio a dominis secularibus etc. l. c.

Eduard nahm den Titel eines Königs von Frankreich aufs neue an, als der Friede von Bretigny von K. Karl V. von Frankreich nicht erfüllt wurde. Als aber nun der Krieg im Jahre 1369 aufs neue ausbrach und von dem Prinzen von Wales unglücklich geführt wurde, gewann zu Hause die Partei der weltlichen Lords vollends das Übergewicht. Der jugendliche Herzog von Lancaster, fünfter Sohn K. Eduards, schwang sich als Führer der Weltlichen gegen die Geistlichen an die Spitze der Regierung, auf welche er seit dieser Zeit fortwährend einen grossen Einfluss ausübte, und als es sich nun darum handelte, in der Noth des Staates die englische Kirche in die Mitleidenschaft zu ziehen, war es wieder derselbe Oxforder Geistliche, welcher die Sache der Regierung ergriff[1]), gegen seine Standesgenossen auftrat und dadurch die Aufmerksamkeit der Regierung wiederholt auf sich lenkte. Kein Wunder, wenn er im J. 1374 selbst einer ihrer Vertreter wurde, als es sich darum handelte, den Streit mit dem Papste auseinander zu setzen. Wir wissen, dass er dafür von dem Könige 60 L. erhielt[2]).

Nicht blos in England, überall war man der Herrschaft des Clerus satt. Vielleicht nirgends mehr als in Italien selbst, wo seit dem XIII. Jahrhunderte mit steigendem Ingrimm die Lombarden, insbesondere die Viscontis, sich den Sturz derselben zur Aufgabe gestellt, nunmehr aber auch die Republik Florenz, diese so eifrige Vorkämpferin der Guelfen, in die Schranken trat. Ehe das grosse Schisma der Päpste ausbrach, welches eine neue Zeit, den vollendeten Gegensatz zur avignonesischen Periode einleitete, hatten sich bereits die Florentiner 1375 gegen P. Gregor XI. erklärt. Es war ein lautes Geheimniss, dass ihre Absicht war, die Kirche, worunter man in Italien die Papstmacht verstand, zur äussersten Armuth zu bringen[3]), sie zu schwächen, so dass sie jeden Gedanken eines Widerstandes aufgeben müsste. Man behauptete, der Papst, welcher in Italien über 60 bischöfliche Städte und 10000 ummauerte Orte gebot[4]), habe durch den Aufstand der Florentiner beinahe alles verloren. Die strengen Massregeln des Papstes, die Widerstrebenden mit Gewalt zu Paaren zu treiben, führten nur zu dem Entgegengesetzten. Nicht blos die Laienwelt, auch die geistliche Welt verlangte von dem Papste Frieden und nicht Krieg. Auf der Höhe seiner Macht konnte Gregor XI. nur mehr eine Frau, die Nonne Katharina von Siena, als Vermittlerin nach Florenz senden, und auch das Leben dieser gottgeweihten Frau ward von den erbitterten Florentinern bedroht. Man kündigte ihr das Gastrecht auf, Niemand wollte sie mehr beherbergen; sie selbst aber drang mit allem Nachdrucke in den Papst, endlich Avignon zu verlassen und nach den verwaisten Altären Roms zurückzukehren. Friede! Friede! Friede![5]) und nicht mehr Krieg!, rief sie P. Gregor zu! Tragen wir gegen unsere Feinde die Waffen des heiligsten Kreuzes und das Schwert des süssen und heiligen Gotteswortes[6]). Der Rath aller Guten gehe auf die Reformation der

---

[1]) Ardua causa regis. Shirley, p. 221.

[2]) 31. Juli 1374. Pauli, Geschichte von England, IV, S. 186. Letzterer Schriftsteller ist enthusiastisch für Wycliff eingenommen, „den ersten Mann unter den Germanen, der einem Bruche mit Rom ins Gesicht sah, den aus den Angelsachsen zu werken es Gott gefiel".

[3]) Sie wollten nicht ruhen: quousque tandem ad tantam paupertatem duxissent ecclesiam, quod nullam haberet temporalem potentiam, ne posset de ipsis vindictam sumere quoquo modo.

Siehe die unter P. Bonifacius IX. verfasste Lebensgeschichte der h. Katharina von Siena, auctore Fr. Raimundo Capuano ord. praedic. magistro generali c. VIII.

[4]) L. c. p. 956.

[5]) Pace, pace, pace, patre mio dolce e non più guerra; ne pare che dio manifesti altro rimedio ne io vedo altro in lui che quello della pace. Epistole devotissime de Sancta Catharina da Siena L. V, f. VIII.

[6]) Portando el cohello dela dolce e sancta parola di Dio.

Kirche[1]). Diesen Rath müsse man befolgen und nicht den von Männern (Cardinälen), die nur ihre eigene Ehre suchten. Mit dürren Worten sagte sie dem Papste, es gehe von der Curie der Gestank infernaler Laster aus. Es ist eine lang gehegte, obwohl sehr irrige Meinung, als wenn die Opposition gegen die so sehr verderblichen Zustände auf dem kirchlichen Gebiete nur von Seiten derjenigen ausgegangen wäre, welche sich einen Standpunkt ausserhalb der Kirche gewählt hatten. Seitdem „die Kirche" Krieg führte, seitdem „die Kirche" eroberte, seitdem „die Kirche" Ländereien besass und Ländereien vergab, seitdem „die Kirche" Fürsten ein- und absetzte, veränderte sich die ganze Stellung der Laien.

Der Begriff der Kirche war ein anderer geworden, er identificirte sich mit clericaler Macht, und wie sich nun die Theologen bemühten, zu einem andern Lehrbegriffe der Kirche zu kommen, als der herrschende und thatsächliche war, darüber sich stritten, ob man darunter nur Papst und Cardinäle oder die Vereinigung aller Gläubigen zu verstehen habe, trachteten die Laien naturgemäss, aus ihrer unnatürlichen Zwangslage herauszukommen. Seit mehr als 150 Jahren hatten die Juristenpäpste mit ihren Decretalen und Entscheidungen über alle denkbaren Fälle, die sie an sich gezogen, zwischen der älteren und der neueren Zeit einen ganzen Berg von kirchen- und staatsrechtlichen Bestimmungen, Privilegien und Immunitäten aufgethürmt. Die römische Curie war das grosse Prätorium der christlichen Welt geworden, ein Gerichtshof, zu welchem man sich anfangs drängte, um Recht zu erhalten, der jetzt Alles an sich zog und die Christenheit mit Taxen belegte. In Wahrheit, wenn eben nicht einzelne Fürsten, wie die Könige Frankreichs, darin ihren Vortheil gefunden hätten, so müsste man sich nur darüber wundern, dass die Laienfürsten nicht eines Tages ihre Streitigkeiten sammt und sonders bei Seite legten und sich vereinigten, die Rückkehr zur apostolischen Reinheit von den Päpsten zu erzwingen.

Grosse und bedeutende Staaten waren förmlich wie in Knechtschaft gerathen, das deutsche Reich, die deutsche Nation geradezu von aller Theilnahme an der Regierung der Kirche durch die französischen Päpste systematisch ausgeschlossen worden, jedoch nicht von der allgemeinen Betheiligung an drückenden Taxen für die in Avignon schwebenden Processe, an Annaten für die erledigten, aber nicht mehr auf dem Wege der Wahl zu besetzenden Reichsbisthümer. In einem ähnlichen Verhältnisse befand sich auch England, in welchem die Päpste systematisch die Wahlfreiheit vernichteten, um die Bisthümer nach ihrem Ermessen zu besetzen[2]).

Da hatte im Erzbisthum Canterbury P. Clemens der VI. die einstimmig erfolgte Wahl des grossen Theologen Thomas Bredwardyn verworfen, um Eduards Kanzler Johannes Offord 1348 zu erheben, der aber 7. Juni 1349 an der Pest starb. Dann versah erst Clemens VI. das Erzbisthum mit Bredwardyn, welchen das Capitel übrigens schon gewählt hatte; er starb aber 1349. Hierauf wurde wieder durch päpstliche Provision[3]) Simon von Islep Erzbischof, unter

---

[1]) El consiglio de boni attenda solo al honore de Dio, alla salute del anime et alla reformatione della Sancta chiesa. f. XI.

[2]) Man sehe z. B. Barthol. Cotton. de episcopis Angliae. Leider geht derselbe nur bis 1292 (S. 418). Da heisst es p. 371: Bonifacio archiepiscopo Cantuariensi successit ex dono D. Papae Roberto Burnelto cassato et Adam priore Cantuariae jus resignante Robertus de Kylewardby 1272. Cui successit iterum ex dono papae in Curia Johannes de Pecham 1278, und erst diesem ex electione Mag. Robertus de Wincheloe 1294. Nur darf man nicht vergessen, dass früher reges (Angliae) sine omni electione pro libitu conferebant episcopatus. l. c. p. 391. Vergl. Math. Paris. p. 443.

[3]) Spreta electione facta de eo. — Stephani Birchingtoni vitae archiepiscoporum Cantuariensium, p. 43.

welchem 7 Bischöfe Englands 1360 an der Pest starben, die alle Nachfolger[1]) durch den Papst erhielten. Auf Simon von Islep († 1366) folgte wieder durch päpstliche Provision Simon von Langham, Bischof von Ely[2]).

Im nächstfolgenden Jahre gab Urban V. 24. Juli 1367 der Kirche von Winchester den Wilhelm von Wykeham[3]), Kanzler von England[4]). Simon wurde am 23. September 1368 Cardinal, seit der Erhebung Robert Kylwardby's 1279, das erste Beispiel dieser Art. Nun wurde wieder durch den Papst Whilhelm von Whitlesey, Bischof von Winchester, Erzbischof und dann 1375 der bisherige Bischof von London, Simon von Suthbery, dem noch in den Tagen K. Richards II. erst 1381 Wilhelm von Courtenay, Bischof von London, dann Thomas von Arundel, erst Bischof von Ely, dann Erzbischof von York, als Erzbischof von Canterbury nachfolgten[5]) In ähnlicher Weise war es auch in Winchester ergangen. Im Bistum Rochester[6]) nicht minder wo selbst, wenn eine Wahl stattgefunden hatte und der Papst gegen den Gewählten nichts einwenden konnte, derselbe doch nur auf dem Wege der Provision die Bestätigung erhielt, wie William Witlesey, 1361, und Thomas Trilleck, 1364, oder der Gewählte geradezu verworfen wurde, wie Johann von Hertley, den Thomas von Brynton auf dem Wege der Provision verdrängte, 1373, und nach dessen Tode 1389 William von Botlesham den Johann Barnet, der Freund Urbans VI.[7]) gewesen war. Es ist aufgezeichnet, dass erst, nachdem siebenmal das Bisthum Worcester von den Päpsten auf dem Wege der Provision besetzt worden war[8]), endlich 1339 Wulstan von Braunsford als Wahlbischof durchdrang. Als er 1349 gestorben war, sorgten die Päpste dafür, dass dieser vereinzelte Fall nicht wieder eintrat, statt dessen aber die Bischöfe desto öfter versetzt wurden, so dass von 1349—1401 acht Bischöfe nachfolgten, unter diesen auch Robert Tydeman, des Königs Arzt[9]). Mit gleicher Consequenz wurden die Wahlen im Bisthum Ely[10]) von den Päpsten umgestossen und Bischöfe von andern Bisthümern dahin, oder die von Ely versetzt. Niemand kann im Angesichte dieser Thatsachen läugnen, dass es sich hiebei um systematische Durchführung eines kirchlichen Absolutismus handelte, der alle Rechte beseitigte. Wenn daher gegen derartige Zustände sich endlich das englische Nationalgefühl regte und gebieterisch Abhilfe verlangte, konnte man sich höchstens darüber wundern, dass dies nicht früher geschah. Handelte es sich doch, abgesehen von allen andern Gründen, um die Verfügung über den dritten Theil des Grundbesitzes von England! Da aber ganz gegen den älteren Gebrauch der Kirche die Päpste ein Vorrückungssystem von einem minder einträglichen Bisthume zu einem einträglicheren einführten, die häufige Erledigung wegen der

---

1) Boni clerici et doctores per Innocentium VI. papam p. 45.

2) Exultant coeli; hiess es damals, quia timor transitat Ely, ad cujus adventum flent in Kent millia centum.

3) Spreta electione ejus. Über diesen tüchtigen Mann vita Wilhelmi Wykham, autore Thoma Chaundlero in der Anglia Sacra II, p. 355 und R. Lowth, the life of William of Wykeham, 3. edit. 1777, p. 37 ff.

4) Als solcher eröffnete er das Parlament von 1369 (Lowth, p. 46) mit der Darlegung des Bruches des Friedens von Bretigny durch die Franzosen und der Erklärung, dass Eduard aufs neue den Titel eines Königs von Frankreich annehme. Eben so auch 1370. Beide Reden wurden nicht englisch, sondern französisch vorgetragen. Der Lord Chanceler legte sein Amt nieder, als die Lords und Commons den König gebeten hatten, die obersten Stellen mit Laien zu besetzen.

5) Nach dem Canonicus Lichfeldensis: translatus est a Sede Eboracensi ad Cantuariensem. cfr. bulla Bonifacii IX. 1396. VII. cal. Oct.

6) Successio episcoporum Roffensium. Anglia sacra I, p. 378.

7) Der Cod. Palat. Vindob. 4217 enthält literae Urbani VI. P. ad Angelum Acciajoli quibus ei canonicatum in ecclesia Meneveusi adsignat.

8) Continuatio historiae de episcopis Wigorniensibus. Anglia S. I, p. 534.

9) Wie Albicus in Prag.

10) Monachi Eliensis hist. Eliensis. Anglia S. I. p. 663—665.

damit verbundenen Taxen wünschten und betrieben, andererseits den Bischöfen selbst damit wieder ein Gefallen geschah, so war, solange dieser Cirkel nicht gewaltsam durchbrochen wurde, von dieser Seite wenig Abhilfe zu erwarten. That nun auch der König nicht das Seinige, eine Besserung der Zustände herbeizuführen, so häuften sich die Übelstände in so drohender Weise, dass zuletzt nach irgend einer Seite hin nothwendig ein Bruch erfolgen musste. Es war etwas zu Künstliches, zu Unnatürliches darin, dass die Bischöfe einerseits sich von der päpstlichen Gewalt alle die zahlreichen Exemtionen gefallen liessen, die ihre eigene Wirksamkeit in England schmälerten[1]), die englischen Pfründen dem Cardinalscollegium in Avignon zur Verfügung stellten und andererseits sich für die Einbusse an Macht, Ansehen und Wirksamkeit dadurch entschädigen liessen, dass sie selbst durch die Päpste zu einträglicheren Bisthümern „avancirten". Man wird es unter diesen Verhältnissen ganz begreiflich finden, wenn ein echter Engländer daran dachte, der Staat müsse vor Allem saecularisirt werden; wenn man der Meinung war, es könne dieses nur in doppelter Weise geschehen: erstens, wenn man das bisherige Vasallenverhältniss der Krone zu Rom und den Päpsten löste und die Unabhängigkeit der englischen Monarchie ausspräche, d. h. sie in einen Rechtszustand gleich der Krone Frankreichs versetzte; zweitens, wenn man den Einfluss der englischen Geistlichkeit auf die Regierung des Staates als zu sehr von französischen Päpsten abhängig möglichst beseitigte und den Clerus auf seine eigentliche Aufgabe reducirte. Das Erste enthielt nicht mehr noch weniger als die Lösung eines Rechtsverhältnisses und hatte mit dem Dogma und dem Wesen der Kirche nichts zu thun. Das Rechtsverhältniss war unter besonderen Umständen entstanden und konnte jeden Augenblick auf rechtlichem Wege, d. h. mit beiderseitiger Zustimmung gelöst werden. Das Zweite schloss die äusserst wichtige Frage in sich, ob zur chancery, treasury, dem geheimen Siegel, zu den Gerichtshöfen, zur common's bench, zur king's bench, zum exchequer statt des hohen und des reichen Clerus Laien zugelassen werden sollen, und diese Frage hatte wieder mit Dogma und Kirche sehr wenig oder gar nichts, mit dem Clerus freilich sehr viel zu thun.

Es handelte sich aber darum, ob die Bildung der Laien bereits so weit vorgeschritten war, um ohne Gefahr für den Staat den Clerus abzulösen und dass die ganze Opposition nicht in eine blosse Plünderung der Kirche auslaufe[2]). Charakteristisch ist nun, dass der Impuls dazu von einem sogenannten evangelischen Doctor oder Reformator kommen musste und kam, damit sich eine „häretische" Bewegung verband, während das alles mit dem Glauben gar nichts zu thun hatte und — sollte man meinen — sich in selbstverständlicher Weise hätte abwickeln können. Es war aber ganz natürlich, dass der König, wenn er sein Vertrauen in Staatsgeschäften nicht den Prälaten[3]) zuwenden durfte, nun es Rechtsgelehrten schenkte. Sehr bald

---

[1]) Es ist für die englischen Zustände charakteristisch, dass einerseits die Engländer sich beklagten, wenn die Päpste Abteien vergaben, wie z. B. 1379 Bourg St. Edmund (Mon. Evesh. p. 10), andererseits das chronicon abbatiae de Evesham vom Abt Roger Zatton rühmend erwähnte: expulit gratiose et viriliter et magnis expensis Willielmum Cowrtenay, archiepiscopum Cantuariensem, qui, ut dicebatur, voluit tunc attentare contra privilegia nostra et visitare nos. Edit William Dunn Macray 1863, p. 306. Es war ein Attentat, wenn der Erzbischoff visitirte und eine Grossthat, wenn der Abt die canonische Visitation hinderte. Welche Verkehrung der Begriffe! Vergl. Walsingham II, 189—192 zum J. 1389. Continuatio Eulogii hist. p. 338 ad 1371.

[2]) Monach. Evesh. hist. p. 10.

[3]) Wie lange war es denn, dass es als Haupttugend der englischen Prälaten gepriesen wurde:

Felix homo qui pro domo / Dei murum se futurum
Publicat. / Ante reges pravas leges
Execrando, detestando / Coelum sibi vendicat?!

Radulfi de Diceto imagines historiarum, etc. p. 655.

zürnte man aber auch über diese Massregel[1]), da man sich wohl überzeugen konnte, dass die Rechtsgelehrten eher die Macht des Königs zu vermehren, als zu vermindern trachteten.

Damals war es, dass durch Vermittlung des Papstes ein Congress zu Bruges stattfand, um den Frieden zwischen Frankreich und England zu bewerkstelligen. Englischerseits nahmen an diesen Conferenzen zwei Männer Antheil, welche in demselben Jahre, 1324, geboren, nach verschiedenen Richtungen thätig, immer mehr in den Vordergrund traten, John von Wycliffe und Wilhelm von Wykeham, der eine den Reformatoren der Kirche zugesellt, der andere als Bischof, Kanzler, Staatsmann und Bauherr den bedeutendsten Männern Englands beizuzählen. 1374. An letzteren richtete auch P. Gregor XI.[2]) ein Schreiben, in welchem er ihn beinahe demüthig ersucht, von dem reichen englischen Clerus (qui in redditibus habundat) und, da das Königreich jetzt Frieden geniesse, ihm eine Geldunterstützung zukommen zu lassen. In diesem Schreiben an den Bischof von Winchester ist von einem Lehensverhältnisse Englands zu dem römischen Stuhle nichts erwähnt, wohl aber wird auf ein früheres Schreiben hingewiesen. Es enthielt bereits die Keime einer grossen Crise und konnte man noch nicht sagen, von woher das Heil kommen werde, so machten sich wenigstens immer mehr die Anfänge einer allgemeinen Auflösung der damaligen Rechtsverhältnisse bemerkbar.

Als aber nun der Papst im Streite mit den Florentinern von K. Eduard III. in Kraft der Lehensverpflichtung K. Johanns eine Steuer[3]) zu seiner Hilfe verlangte[4]), berief der König, welcher seit langem einen Widerwillen wider die avignonesischen Päpste hegte, eine grosse Versammlung geistlicher und weltlicher Barone und vier der ausgezeichnetsten Theologen nach Westminster, 1374. Dort befrug der Kanzler zuerst den Erzbischof von Canterbury, Wilhelm von Whitlesey, Magister der Theologie, und dann die übrigen Prälaten, ob der Papst gemäss dem Vicariate Christi „Herr der Engländer sei“, eine Auffassung der obschwebenden Frage, die ebenso aus der behaupteten Universalität der päpstlichen Herrschaft, als aus dem päpstlichen Lehenrechte über England hervorging. Die Weltlichen sollten sodann am andern Tage sagen, was sie von der Verpflichtung K. Johanns hielten. Der Erzbischof und nach ihm die übrigen Bischöfe erklärten nun, sie könnten nicht leugnen, der Papst sei Aller Herr[5]), ein Ausspruch der ganz im Sinne der Decretalisten und des berühmten päpstlichen Theologen Augustinus Triumphus war. Dagegen meinte jedoch der Provincial der Predigermönche, er müsse zuerst den heil. Geist anrufen, ehe er auf eine so schwierige Frage antworte. Mag. Joh. Owtrad, Mönch von Durham, wollte seine Meinung durch Auseinandersetzung der Lehre von den beiden Schwertern begründen, als ihm Mag. Johann Mardisle, Minorit, zurief: „stecke Dein Schwert in die Scheide!“ und nun auseinandersetzte, Christus habe die weltliche Herrschaft nicht besessen, der heil. Petrus das geistliche Vicariat, nicht das weltliche

[1]) Lowth, p. 56.

[2]) Avin. XIII. Cal. April, anni V. Lowth app. p. 17.

[3]) Denys, welcher einen Brief P. Gregors (er meinte des VII., während es wohl der XI. war) citirt (Codices manuscripti II, p. 2637) findet selbst das Geschrei über diese englischen Beträge lächerlich. Die Summe von 200 libr. 6 sh. 8 den. brachte freilich noch keine Verarmung Englands hervor, wie man damals sich auszudrücken pflegte. Es handelte sich dabei aber um eine viel wichtigere Frage, um das Verhältniss der Krone Englands zum Papstthume, um die Freiheit des Staates, hinter welcher sodann eine weit wichtigere Freiheit verfochten wurde, die der Wissenschaft und der eigenen Überzeugung: um die Gleichstellung Englands mit anderen Staaten, namentlich mit Frankreich.

[4]) Das Ganze nach dem Eulogium, Chronicon ab orbe condito usque ad ann. 1366 a monacho quodam Malmesburiensi exarratum. Edit. by Frank Scott. Heydon. Lond. 1863, II, p. 337. (Continuatio.)

[5]) Ipse est omnium dominus.

empfangen, erst P. Bonifacius VIII. sich zum Herrn aller Königreiche erklärt. Der vierte Theologe, der Augustiner, Magister Thomas Ashburne, endlich erklärte seine Meinung dahin, dass Petrus die Schlüssel, Paulus das Schwert trage, und forderte geradezu den König auf, das Schwert des Paulus zu erheben[1]), worauf Petrus (der Papst) den Paulus schon anerkennen werde.

Der Erzbischof, durch das Benehmen der Mönche unangenehm berührt, ja eigentlich in die Enge getrieben, äusserte jetzt verdriesslich, es habe in England gute Rathschläge auch ohne die Brüder gegeben; allein der König erwiderte ihm heftig: „wir mussten diesen Rath berufen wegen deiner Dummheit und hätten mit deinem Rathe das Königthum verloren.“ Als nun am andern Tage die Berathung fortgesetzt wurde, benahm sich der Erzbischof noch ungeschickter. Er erklärte, er wisse nichts zu sagen, erhielt nun aber von K. Eduard die Antwort: Esel! Du solltest uns belehren, worauf der Primas endlich votirte: der Papst sei nicht Herr in England, worin dann die übrigen Prälaten und auch die Magister ihm beistimmten: „Wo sind nun,“ frug der König den Mönch von Durham, „deine zwei Schwerter?“ — „Herr, erwiderte Mag. Owtrad, ich bin jetzt besser vorgesehen (unterrichtet) als früher[2]).“ Die Nacht hatte weisen Rath gebracht. Die Barone votirten nun, K. Johann habe ohne Zustimmung des Königreiches und der Barone gehandelt, somit sei seine Urkunde ungiltig[3]). Königliche Boten überbrachten diese Antwort dem Papste. Das war zwar noch nicht das Ende des päpstlichen Anrechtes auf England, aber doch der Anfang vom Ende des päpstlichen Staatensystems, die Aufkündigung desselben von Seite Englands. Allein der Papst hatte doch gesiegt. Die Conferenz von Bruges bestimmte die Unterstützung des Papstes auf 40.000 Fr. und wenn der Friede zwischen den zwei feindlichen Kronen zu Stande komme, auf 60.000[4]). Noch mehr, der König leistete 1275 auf das Statut praemunire von 1365, welches gegen die päpstlichen Provisionen gerichtet war, Verzicht.

Bereits begannen die Anfänge grosser innerer Zwistigkeiten. Bei dem hoffnungslosen Zustande des Prinzen von Wales, der an der Wassersucht darniederlag, und dem Alter und der Gebrechlichkeit des Königs musste vor allem die Thronfolge geregelt werden. Sie stand bei dem Tode Eduards von Angoulême, ältesten Sohnes des Prinzen von Wales, auf zwei Augen, auf Richard von Bordeaux. Starb dieser, so war Johann von Gaunt, Herzog von Lancaster, als zunächst (lebender) ältester Sohn Eduards III. dessen Erbe. Allgemein war damals der Glaube verbreitet, der Herzog trachte seinem Neffen nach dem Leben; er verlangte, dass die Thronfolge für den Fall des Todes des Prinzen Richard schon jetzt geregelt und die weibliche Nachfolge ausgeschlossen werde[5]), wodurch die Linie des Herzogs von Clarence, des zweitältesten Sohnes des Königs, beseitigt wurde. Er verband sich mit Alice Perers, der Geliebten des Königs, die von Lancaster unterstützt die Zügel der Regierung in ihre Hand nahm. Jetzt aber arbeitete der Prinz von Wales diesen Plänen entgegen. Er brachte es dahin, dass das Parlament d. J. 1376 eine Verstärkung des königlichen Rathes durchsetzte; dann wurde an der Beseitigung der bisherigen Räthe, welchen grosse Verschwendung zur Last gelegt

---

[1]) Vos solebatis esse Paulus, portantes gladium.

[2]) Jam sum melius provisus, quam fui.

[3]) Carta sive donatio non valuit.

[4]) Lowth, p. 57, mit Berufung auf das Registrum Wykeham.

[5]) Lowth, p. 90, Note.

wurde, gearbeitet. Lord Latimer (Lord Chamberlain) und Alice Perers gestürzt und vom Hofe entfernt, damit der Einfluss des Herzogs von Lancaster gebrochen. Da die Opposition von Sir Peter de la Mare[1]) und der Partei des Edmund Mortimer Earl of March, Gemahl der Prinzessin Philippa, Tochter des Herzogs von Clarence, geleitet wurde, war die Absicht klar. Ehe noch der König, ehe der Prinz von Wales, ehe Richard von Bordeaux gestorben waren, haderte schon die zweite Linie Eduard's III. mit der dritten, die weibliche Succession mit der männlichen.

Während die Veränderung des Cabinetes und zwar auf ziemlich gewaltsamer Weise vorbereitet wurde, erlag am 8. Juni 1376 der Prinz von Wales, 46 Jahre alt, seinem Leiden, der Wassersucht[2]), nachdem ihm noch das Schwerste beschieden worden, die Fruchtlosigkeit seiner Siege, den Verlust der Eroberungen, die Zerrüttung Englands gewahren zu müssen. Schlachtenmuthig und tapfer wie ein griechischer Held, hatte er in Limoges nicht Weiber noch Kinder geschont und den Krieg mit einer Wildheit geführt, welche an den Albigenserstreit erinnerte. Es war Zeit, dass dieses Geschlecht, das im französischen Kriege verwildert war, einem friedlicheren Platz mache[3]).

Mit Ungestüm verlangten Parlament und Volk, der neunjährige Knabe Richard solle zum Prinzen von Wales ausgerufen werden. Dann erklärte sich das Parlament gegen die Ausbeutung der englischen Kirche durch die Cardinäle von Avignon, die englische Pfründen bezogen, gegen die Unfreiheit der kirchlichen Wahlen, gegen die päpstlichen Collecten und andere Missbräuche. Es ist ganz irrig, in diesen Beschwerden etwas Wycliffisches in dem Sinne zu sehen, in welchem nachher das Wort gebraucht wurde. Die Gemeinen befanden sich in ihrem vollen Rechte. Nicht etwa vom wycliffischen, sondern vom strengkatholischen Standpunkte aus musste getadelt werden, wenn vom Kircheneinkommen jährlich mehr als 20000 Mark dem in Avignon residirenden Papste und den Cardinälen zuflossen[4]), von welchen man sich nach kurzer Zeit (1378) überzeugen konnte, wie wenig ihnen die Interessen der Kirche am Herzen lagen. Ihre Interessen bestanden darin, dass ein Cardinal Dechant von York, ein anderer von Salisbury, ein dritter von Lincoln, drei andere Erzdechanten von Canterbury, von Durham und Suffolk, mehrere Praebendarien von Tham, von Nassingdon, von York waren. Man klagte einerseits, England habe zwei Drittel seiner Bevölkerung und seines Wohlstandes eingebüsst, schrieb aber, was wieder übertrieben und ungerecht war, dies den Einflüssen der avignonesischen Päpste zu, die für ihre Collectoren ein eigenes Haus und Bureau in London hatten. Ob mit Recht oder mit Unrecht, die Engländer gewahrten in den päpstlichen Beamten Spione, welche den Franzosen die Geheimnisse des Staates mittheilten. Mit den aus England gehobenen Summen löse der Papst in Kriegsgefangenschaft gerathene Franzosen aus. Das Schlimmste aber war wohl die Klage, dass gelehrte Geistliche in England mit Mühe ein Einkommen von 20 Mark erringen konnten, Tausende jedoch denen zukämen, welche ihre Pfründen am Hofe zu Avignon verzehrten[5]).

---

1) Steward by Edmund Mortimer, Earl of March. Lowth. p. 95.

2) Pauli, Aufsätze zur englischen Geschichte, S. 19.

3) Unter denjenigen, welche der Prinz zu Vollstreckern seines Testamentes machte, war auch der Bischof von Winchester, der durch das Parlament von 1376 wieder in den königlichen Rath gekommen war.

4) Urban VI. nahm noch später einem Anhänger des Gegenpapstes Clemens die Präbende von St. Davids in Wallis und gab sie dem Angelo Acciajuoli, Erzbischofe von Florenz und nachherigem Cardinale. Sie trug 60 Mark Sterling. Vergl. oben S. 101 n. 7. Denys Cod. Ms. I, II, p. 1279.

5) Diese Klagen sind in der von Sir Robert Cotton übergebenen Bittschrift enthalten. Vaughan, S. 350 ff.

Allein der König war alt, seine Kraft gebrochen. Er glaubte genug gethan zu haben, wenn er in Avignon auf Abschaffung der Missbräuche drang, die schon kein Papst mehr antasten konnte, ohne sich nicht selbst mit dem Cardinalscollegium zu überwerfen. Die Gemeinen hatten den Sturmanlauf zu rasch begonnen. Latimer und Alice Perrers kehrten zurück; letztere gewann ihre alte Gewalt über K. Eduard, andererseits nahm der Herzog von Lancaster die Zügel der Regierung in seine Hand und die siegreiche Opposition verfiel nun seiner Rache[1]). Der Sprecher des Unterhauses ward zu ewigem Gefängniss verurtheilt, dem ausgezeichneten Bischof von Winchester, William von Wykeham, dem Freunde des Prinzen von Wales, ward ein schimpflicher Process angehängt, das Consil von 12 königlichen Räthen aufgelöst, der Graf von March dahin gebracht, auf seine Würde als Marschall von England Verzicht zu leisten, und eine sehr drückende Kopfsteuer ausgeschrieben.

Die siegende Partei kannte weder Scham noch Recht und erhob gegen Wykeham dieselbe Anklage[2]), welche das Parlament gegen den Herzog von Lancaster geschleudert hatte. Anfänglich lautete sie auf eine Verschwendung öffentlicher Gelder im Betrage von 1 Mill. Pfd. und fiel dann bis auf 40 Pfd.[3]). Als der König eine Generalamnestie ertheilte, schloss er den Bischof von Winchester aus. Die Hand des Herzogs von Lancaster, welcher damals schon mit Katharina Swynford im Concubinate lebte, lastete schwer auf ihm. Man erzählte sich als Grund des Hasses gegen den Bischof, die Königin Philippa habe auf dem Todbette dem Bischofe aufgetragen, ihrem Gemahle zu eröffnen, der 1340 geborene Herzog sei nicht ihr Sohn. Man nahm dem Bischof jetzt seine Temporalien, er durfte weder nach Hofe, noch zum Parlamente, und beraubte ihn zugleich der Möglichkeit, sich zu vertheidigen, so dass die Convocation des Clerus seine Angelegenheit als eine gemeinsame betrachtete und vertheidigte. Bald konnte man sich noch mehr überzeugen, wohin das Reich komme, wenn der Herzog von Lancaster die Zügel der Regierung in seine Hand nehme!

§. 3.

Erstes Auftreten Johanns von Wycliffe.

Bereits hatte sich unter den Geistlichen selbst die geeignete Persönlichkeit gefunden, die kirchlichen Verhältnisse zum Bruche zu bringen. Frühe hatte sich John Wycliffe aus angelsächsischem Geschlechte an der Universität Oxford, als deren Blume (flos Oxoniae) er später bewundert wurde, durch Geist, Gelehrsamkeit, Scharfsinn und eine bewunderungswürdige Thätigkeit bemerkbar gemacht[4]). Wahrscheinlich 1324, also in dem Jahre geboren, in welchem das bedeutendste theologisch-politische Werk jener Tage, der defensor pacis des Marsi-

---

[1]) Vaughan übernimmt merkwürdiger Weise die Vertheidigung dieser Lola Montes des XIV. Jahrhunderts I, S. 348.

[2]) Wykehams Vertheidigung gegen die 8 Artikel bei Lowth, p. 107 ff.

[3]) l. c. p. 115.

[4]) Doctor in theologia eminentissimus in philosophia nulli reputabatur secundus, in scolasticis disciplinis incomparabilis. Henricus de Knyghton de eventibus Angliae lib. V, p. 2644. Dazu Thomas Waldensis doctrinale antiquitatum fidei. Venit. 1571. f. 5. qui haeresiarcham Vuitcleff extollunt in moribus, humilitatem ejus et castitatem laudantes sinceritatem atque modestiam; sed si mansuetudinem ejus veraciter, illam fuisse fictam, scripta ejus amarissima satis probant. Venenum enim aspidum sub labiis ejus. Die Heftigkeit seiner Ausdrücke kann nicht geläugnet werden, aber auch nicht sein eingezogenes Leben, die ganz gewaltige Concentrirung seines ungemein scharfsinnigen und productiven Geistes auf die von ihm in Angriff genommenen wissenschaftlichen Probleme. Thomas von Walden lässt es übrigens an Schmähungen gegen Wycliff auch nicht fehlen; z. B. f. 10 princeps cocorum infernalium.

lius von Padua gegen P. Johann XXII. erschien[1]), — soll er Schüler des berühmten Wilhelm Occam, des scharfsinnigen und hartnäckigen Gegners P. Johann's XXII. gewesen sein[2]). Seit 1361 Priester und master oder warden des Balliot-Collegium in Oxford — als solcher erscheint er 1361 — wurde er später Rector von Fyllingham in Lincolnshire, endlich Rector von Luttelworth. Nach einem unverwerflichen Zeugnisse waren es vorzüglich die Anschauungen über die evangelische Armuth, wie sie in der ersten Hälfte des XIV. Jahrhundertes, den Tagen seiner Jugend, durch die gegen P. Johann XXII. verbundenen Franziskaner geltend gemacht wurden, die ihn mächtig anzogen, so dass er den alten Streit für sich erneuerud, P. Johann XXII. als schlechten Theologen bezeichnete[3]). Der grosse Kampf, welcher die wichtigsten Fragen über das Verhältniss der weltlichen und geistlichen Macht nicht minder berührte als die der wahren Aufgabe des Christenthums, die Rechte des Papstthums, den Ursprung aller Gewalten, des Eigenthums, wie des wichtigen Verhältnisses der Laien zu den Päpsten hatte England nur gestreift. Wilhelm Occam hatte sich an die Bewegung angeschlossen, aber England verlassen, der Streit hatte sich überhaupt nach Welschland gezogen, Romanen waren seine hauptsächlichsten Träger gewesen und an dem Werke eines Italieners Marsilio Rainalducci hatte er seinen umfassendsten Ausdruck gefunden (dem defensor pacis). Kein Buch hatte die Welt zu Avignon mit grösserer Entrüstung erfüllt. Man konnte es Ludwig dem Baier nicht vergeben, dass er auf Anstiftung des Marsilius und Johann von Chandun, den Papst Johann für einen Ketzer erklärte und das Recht ihn abzusetzen behauptet hatte[4]). Das war nun freilich vorüber, beinahe als wäre es nie dagewesen. Die Zeit Karls des IV., 30 lange Jahre hatten Ruhe gebracht und was etwa in seinen Tagen ein Miliz für Ansichten aufgestellt hatte, das war ja laue Milch gegen den schäumenden Wein gewesen, welcher in dem von Marsilius der Welt gebotenen Pokale perlte. Allein die Ideen waren nicht verloren gegangen, ja man durfte sich nicht wundern, wenn sie plötzlich auch unter anderer Form in gemässigter Gestalt auf's Neue hervortraten und sich als Fragen zeigten, auf deren Lösung die Zeit gebieterisch drang. Gab es für einen rechten Christen, einen Gläubigen, wie er sein sollte, einen Priester, Bischof oder Mönch, wie für die Kirche selbst ein Recht, Eigenthum, Temporalien zu besitzen? war er noch rechtmässiger Priester, Bischof oder Fürst, wenn er den theuersten Pflichten eines Gläubigen, eines Christen entsagte? Hatte nicht Christus seine Kirche auf Armuth gestellt, und war somit der Besitz von Reichthum nicht fast eine Art von Verbrechen? Es waren Fragen von immenser socialer Tragweite, die nicht blos den rechtlichen Bestand der Dinge in Frage stellen mussten, sondern ihrer Natur

---

[1]) Das beweiset mit der heiligen geschrift das der Bobest ander einen keyser sol sin und beweiset auch des Bobestes und der Cardinale grit und hochfart und symonye. Königshofen, S. 478.

[2]) Allein dieser Annahme widerspricht die Thatsache, dass Occam sich in München aufhielt und von da aus seine Aussöhnung mit Rom betrieb (1349). Thomas Waldensis. lib. II. art. I. c. 7., p. 155—157, sagt: Wilhelmum nostri Wicleff magistrum. Wicliff selbst äussert sich in einem Tractate (bei Denys CCCXI.): nec sumus primi, qui invehimus contra ipsos (fratres), sed recenter Beatus Ricardus Armacanus episcopus laboravit ad purgationem ecclesiae — et laboravit Occam cum multis aliis fratribus fidelibus ad purgationem fratrum suorum qui a primaeva regula declinarunt. Wycliff selbst knüpfte so an die Zeit Ludwig der Baiern und ihre Bewegungen an.

[3]) Das hatten übrigens auch andere namentlich im Betreff seiner Predigten über den Zustand der Seelen nach dem Tode behauptet. P. Johann nahm übrigens selbst seine dogmatischen Irrthümer zurück. Tandem eodem Papa in extremis laborante misit in omnes fines terrae nuncios suam erroneam opinionem revocando. Chron. Guill. Thomae de rebus gestis abbat. S. Augustini Cantuariae c. XXXVII. 2. p. 2067.

[4]) Collatio facta in processibus factis contra Bavarum in coena domini XIII die Aprilis Anno (Clementis P. VI) IV. 1346. Cod. Palat. 4195 f. 142. 144.

nach mehr als alle andern geeignet waren, wenn sie den Massen mundgerecht gemacht worden waren, diese in ihren Tiefen aufzuwühlen.

Es war gar nichts natürlicher als dass man sich auch in Oxford damit beschäftigte. Warum sollte auch der scharfsinnigste unter den dortigen Theologen sie nicht in der Weise aufgreifen, die ihm die geeignetste erschien?

Es war die Eigenthumsfrage die brennende Frage der Zeit, die in tausendfacher Abwechslung immer von Neuem widerkehrte, gerade den scharfsinnigen wie auf die Besserung der Zeit gerichteten Mann unwiderstehlich anzog, sich mit ihr zu beschäftigen. Kein Wunder wenn es auch Wycliff that und er seine Gedanken in der Schrift: de dominio civili zusammenfasste, die eigentlich, und nicht die ihm fälschlich zugeschriebene Schrift über das letzte Zeitalter der Welt[1]), der Ausgangspunkt, das Ei ist, aus welchem seine übrigen Ansichten hervorgingen. Es ist aber wohl auch kein Zweifel, dass abgesehen von seinen philosophischen Untersuchungen er sich früh mit der Erklärung des Mysteriums des Altarsacramentes abgab, hier aber wie in so manchem andern Dinge er nach dem Gebrauche der Universitäten anfänglich mehr einen Streitsatz, als eine durchgebildete Überzeugung aufstellte[2]). Er war um die Vorstandschaft des Collegiums der Canterburyhall, die er 1365 erlangte, dann verlor, in einen Streit mit dem Erzbischof von Canterbury Langham gekommen, welcher nach Avignon gezogen, dort aber zu Wycliff's Ungunsten entschieden wurde, 1370. Man hat einer Fehde mit den Bettelmönchen[3]) einen viel zu grossen Werth beigelegt. Theologische Streitigkeiten waren so häufig, so selbstverständlich, dass aus ihrem Vorhandensein noch kein weiterer Schluss gezogen werden darf. Er soll — wie Walden wiederholt behauptete[4]) — sich vergebliche Hoffnungen gemacht haben, Bischof von Worcester zu werden. Seine erste wissenschaftliche Bedeutung verdankte er wohl seinen philosophischen Werken, die früh sich nach dem Continente verbreiteten und die er, wie er selbst sagte, nach dem geistigen Bedürfnisse seiner Schüler verfasste. Im J. 1374 war er mit mehreren andern zu einer Mission nach Brügge verwendet worden, die ihm grosse Lobeserhebungen von Seiten P. Gregors XI. eintrug. So sonderbar dieses klingt, wenn man liest, wie er schon damals den weltlichen Herren das Recht zuerkannte, den Geistlichen die Temporalien zu entziehen, und dass Niemand gehalten sei, schlechten Pfarrern den Zehenten oder Gaben zu bringen, so liess sich in dem Zeitalter so grosser Verweltlichung und bei einer puritanischen Gesinnung, wie sie dem Eiferer für Armuth und strenge Pflichttreue eigen war, sehr wohl der Gedanke begreifen, dass nur durch drastische Mittel Hilfe möglich sei;

---

[1]) The last age of the world.

[2]) Nach einem MS. Bodleian behauptete er zuerst: quod licet accidentia sacramentalia essent in subjecto, tamen quod panis in sacramento desinit esse; da er aber nicht angeben konnte, was das subjectum illorum accidentium sei, stellte er endlich den Satz auf: quod panis manet post consecrationem et est subjectum accidentium.

Shirley., p. XV. r. 4.

[3] Allein auch diese ist nicht der Ausgangspunkt seines Streites. Es ist jetzt nachgewiesen (Vaughan the life of Wycliffe I, p. 267 n. 6), dass die objections to friars 1382 geschrieben wurden. Wycliff stand dem Princip der Bettelorden weit näher, als man gewöhnlich glaubte. Im XIII. Jahrhunderte geboren, wäre er wohl selbst Franciskaner geworden. — Anno 1378 Johannes Wycliff magister in theologia dictus flos Oxoniae determinando disputavit contra possessiones immobiles ecclesiae, religionem fratrum minorum multum commendans, dicens eos esse Deo carissimos. Cont. eulogii, p. 345. Das lautet etwas anders, als man die Sache gewöhnlich auffasste. Auch Lechler hat, wie ich aus dem prologus zu Wicliffs Trialogus p. 8 ersehe, nachdem dieses langst geschrieben war, die Ansicht, dass sein eigentlicher Kampf mit den Mönchen viel später (1381) falle.

[4]) Shirley, p. XVII. Ich konnte die aus Thom. Wald. nur oberflächlich citirte Stelle nicht finden, kann mich daher auch nicht für noch wider diese Behauptung entscheiden.

entzog sich der Clerus der Reform, diese dann durch die Laien und zwar so zu erfolgen habe, dass dem Clerus die Mittel zu sündigen entzogen würden. Ebenso begreiflich war es aber auch, dass derartige Sätze als Theorie des Umsturzes angesehen wurden und heftige Entgegnung fanden, wie denn der Karmeliter Johannes Kynyngham dagegen auftrat 1376[1]) und der Kampf schon damals in ernster Weise begonnen hatte[2]). — Hatte er sich für's Erste um den Ursprung der Ideen, um das vernünftige Sein der Creatur[3]) und die Erweiterung der Zeiten[4]) bewegt, so ward der Streit bald in andere Regionen getragen, als Wycliff seine natürliche Stellung verliess und sich zum Sachwalter des Herzogs von Lancaster in seinem Streite mit den englischen Bischöfen machte.

Schon zu dem J. 1377 theilt Thomas Walsingham die Nachricht mit, Wycliff habe seine Jünger in rothe Talare von grobem Tuch gekleidet, jedoch mit blossen Füssen zum Zeichen höherer Vollkommenheit ausgesendet[5]), die nun das Volk belehrten, das Altarsacrament sei nur figürlich, die römische Kirche nicht das Haupt der übrigen, so wenig als Petrus das Haupt der Apostel war; der Papst besitze in der Kirche keine höhere Macht als jeder Priester[6]); die weltlichen Herrn könnten nicht blos, sie müssten einem sündigen Geistlichen die Temporalien wegnehmen[7]). Es genüge zum christlichen Leben das Evangelium und es bedürfe keiner andern Regel von Heiligen. Die Kerker für Geistliche müssten abgeschafft werden[8]) und jeder Strafbare (delinquens) könne sich hinwenden, wohin er wolle. Allein wenn man die Sätze durchgeht, welche nach Walsingham als wycliffisch an den Papst gebracht wurden, so findet sich darin noch nichts von dem Altarsacramente, wohl aber ein ausgebildetes System über das Eigenthum, über die Wirksamkeit der Excommunication, über die Macht des Papstes und das Recht der Laiengewalt über die Kirchengüter zu verfügen[9]). Auch fasste man in Avignon diese Sätze[10]) nicht sowohl als geistiges Eigentum Wycliffs, sondern als Sätze des Marsilius von Padua und Johannes von Chandun, seines Kampfgenossen, somit als eine Wiedererneuerung des alten Streites unter P. Johann XXII. auf. Man hätte noch Wilhelm Occam hinzufügen können, dessen Angriffe gegen die päpstliche Obergewalt sich Wycliff besonders eigen machte, so dass man ihn nicht nur den Lehrer (praeceptor), sondern auch den Erzieher Wycliffs nannte[11]). So war ganz unerwartet zu all' den innern Zerwürfnissen und äusseren Kämpfen Englands noch ein neuer gekommen, der die hohe Kraft der Wissenschaft darlegte, welche hinreichte,

---

1) Walter Waddington Shirley (fasciculus zizaniorum M. Johannes Wycliff cum tritico) untersucht p. XVI das Datum der drei Tractate Kynynghams. Den Tractat Wicliff's de dominio divino setzt er spätestens in d. J. 1364.

2) Die 13 Sätze, welche Kynyngham, als Wycliff Doctor geworden war, 1372/3 angriff, im fasciculus zizaniorum p. 2. Kynyngham (Kuningham) war confessor illustris principis Johannis ducis Lancastriae — des Gönners Wycliff's, so dass also dessen zwei geistliche Vertraute sich mit einander stritten.

3) De esse intelligibili creaturae.

4) De ampliatione temporis.

5) Talaribus indutos vestibus de raffeto (grobem rothen Tuch).

6) Später hiess es der Papst sei fons gratiae omnis in ecclesia vigentis. Supplem. trial. p. 123.

7) Dieser Satz bildete sich später dahin aus, quod domini temporales adjuvare debent populares contra fratres, und 2. quod populares possunt corrigere dominos delinquentes. Trialogus ed. Lechler. Oxonii 1869., p. 377 u. 849.

8) An einer anderen Stelle erklärt er als diabolische Einrichtung: praelatorum caesareorum, das sind die von Stiftungen und Schenkungen lebenden Geistlichen, — excommunicatio, citatio, incarceratio et redditus pecuniarum vindicatio. Walden. l., p. 244.

9) Walsingh. Historia anglicana I., S. 353.

10) Walsingh., p. 353—355, S. 325 war von 23 häretischen Thesen die Rede.

11) Walden, p. 244. Ebendeshalb auch Wycliffes Angriffe gegen P. Johann XXII. den Gegner Occams. Cont. Eulogii, p. 347.

eine Bewegung fast ohne Gleichen hervorzurufen und Adel und Geistlichkeit, Bauern und Bischöfe in ihren Kreis zu ziehen. Hatte sich England in Folge der innern Zerwürfnisse unter Eduard II. und der Kriege unter Eduard III. von den grossen Streitigkeiten ferngehalten, welche unter Ludwig dem Baiern, Avignon und Rom, Deutschland und Italien erschütterten, so war jetzt, wenn auch etwas spät, der Moment gekommen, eine Stellung zu ihnen zu nehmen. Was jetzt Wycliff practisch versuchte, wurzelte übrigens schon in den Bestrebungen, die Franz von Assisi im Anfange des XIII. Jahrhundertes zur That erhoben hatte. Nur war der Begründer des Minoritenordens von der Idee unmittelbarer Inspiration ausgegangen und hatte er auf diese den Kern seiner Lehre, die Beobachtung „der Armuth, der Freiheit und des hl. Evangeliums“ begründet. Er verschmähte die Wissenschaft, und seiner Ansicht nach sollte ein ungelehrter Laie im Orden so viel gelten, als ein Geistlicher. War doch nach der Chronik von den Ordensministern seine Regel, als das authentische Exemplar verloren gegangen war, durch ein Wunder ersetzt werden! Auch Wycliff näherte sich der Inspirationstheorie und zwar in dem Maasse, in welchem er sich von der Autorität der Kirche entfernte. Seine armen Geistlichen, die Lollarden, welche er aussandte, im Gegensatze zu der „reichen Kirche“, die seit dem Jahre 1000 dem Teufel verfallen war, eine neue zu begründen, hatten nach seinem Ausdrucke durch ein besonderes Geschenk Gottes [1]) Kenntniss und Auftrag [2]) das Evangelium zu predigen — wie weiland im XIII. Jahrhunderte die Franciscaner. Während aber die letzteren ihre Regel der höchsten christlichen Autorität zur Bekräftigung vorlegten, wagte Wycliff den logischen Sprung, zu sagen: weil sie Kenntniss und Auftrag durch ein besonderes Geschenk Gottes erhielten, sei es weder Gott noch den Menschen erlaubt, sie in der Erfüllung des Wortes Gottes zu hindern, damit die Predigt Christi desto freier sich entfalte. Ebendeshalb sei es den Bischöfen nicht erlaubt [3]), diese Geistlichen in ihrem Beginnen zu hindern. Auch Wycliff stützte sich auf die Armuth [4]) als auf die eigentliche Grundlage des Christenthums und genügten ihm die bisherigen Bettelorden bald nicht mehr, da sie jenen Grad der Vollkommenheit nicht besassen, den er für die Seinigen, für die wahren Vertheidiger von Godslaw, vom Gesetze Gottes verlangte. Waren doch jene auch den Päpsten unterworfen, deren Lehren und Satzungen Wycliff, als im Widerspruche mit der wahren Kirche stehend, bekämpfte. Er wollte an den Lollarden einen neuen Orden (Secte) begründen, welchen er auf seine Autorität für die wahre Kirche auszugeben für gut fand. Seine Einrichtungen sollten ja die ganze Kirche betreffen; er verkündete „Godslaw“, das Gesetz Gottes, das, seit die Kette des Teufels im J. 1000 gelöst worden war, der christlichen Welt abhanden gekommen war. Mehr als er sich selbst es klar machte, verband ihn, den nachher so grimmigen Gegner der Bettelorden, „jene Braut“ mit ihrem Begründer, von welcher der herrliche Dichter gesungen, sie sei bis zu Franz von Assisi ohne Gatten gewesen [5]), man könne Francesco e povertà nicht mehr trennen. Wie dieser seinen

---

[1]) Ex speciali dono dei. Thomas Waldens. I., p. 361.

[2]) Notitiam et animum.

[3]) Sed nec licet Deo nec homini impedire eos, ne in hoc impleant verbum Dei, ut currat sermo Christi liberius. Ergo non licet episcopis in hoc impedire dictis presbyteris.

[4]) Cod. Palat. Vindobon. 1338: Conclusiones XXXIII sive de paupertate Christi. Es ist bemerkenswerth, dass er noch im Trialogus mit einer gewissen Achtung vor Franz von Assisi und Dominicus spricht. Dominicus Franciscus et ceteri fratres incorperunt facere aliqua bona de genere. p. 361. Sein Kampf ging auch am meisten gegen die: Carmelitas, Augustinenses, Jacobitas u. Minores, die er C. A. J. M unter dem Worte Caym (Cayn) zusammenfasst. Trial., p. 362.

[5]) Dante Paradiso c. V. Questa privata del primo marito Mille e cent'anni e più dispetta e scura Fino a costui si stette senza marito.

Orden vor allem auf die Laienwelt zu gründen suchte, so meinte auch Wycliff, was Armuth und Keuschheit betreffe, könne auch die Laienwelt der geistlichen gegenüber gestellt werden[1]). Es war daher ganz begreiflich, wenn von den Fernestehenden sein Auftreten anfänglich nur als eine Wiedererneuerung des Streites angesehen wurde, den unter dem Schutze K. Ludwigs des Baiern Marsilius von Padua und Johann von Chandun (Gendunum)[2]) erhoben hatten, und wenn eben deshalb der Papst auf den König einzuwirken suchte, damit nicht die Laiengewalt, der Wycliff so sehr das Wort redete, seinem Auftreten erst eine Stärke verleihe, wie jenen, welche durch den Kaisermantel Ludwigs gedeckt, die Tiare mit Steinwürfen verfolgt hatten. Es war ebenso natürlich, wenn man den Engländer Wilhelm Occam, den Bundesgenossen jener beiden gewaltigen Kämpfer wider päpstliche Übermacht, für Wycliff's Lehrer und Erzieher ansah. Dieser aber selbst Franciskaner hieng mit Michael von Cesena und den übrigen Franciskanern, die gegen Johanns XXII. Entscheidung über die Armuth aufgetreten waren, auf's Innigste zusammen. Man befürchtete offenbar von Seiten des Papstes eine Wiedererneuerung des so hartnäckigen Kampfes de paupertate Christi und entschloss sich eben deshalb gleich anfänglich zu scharfen Massregeln. Waren aber jene Männer Wycliff's geistige Väter, so musste mit ebenso vielem Rechte auch auf den Primas von Irland, Richard Fitzralph hingewiesen werden, dessen Satz es war[3]), dass jedes Eigenthum (dominium) durch den Stand der Gnade bedingt sei. Nach Wycliff aber war Christus selbst ein Bettler gewesen, eine Anschauung, die er übrigens im Werke de Dominio Christi den Fratricellen und Wilhelm von Occam entlehnte[4]). Überhaupt ist es ganz irrig anzunehmen, das Auftreten Johanns von Wycliffe sei erfolgt, wie nach der Mythe das der jungfräulichen Tochter des Zeus, die geharnischt aus dem Haupte ihres Vaters gesprungen. Der Streit des Franciskanerordens mit P. Johann den XXII., welcher, was in der ganzen Geschichte bis dahin unerhört gewesen, zur Aufstellung eines Gegenpapstes aus dem Schosse der Minoriten und eines ganzen Cardinalcollegiums geführt, zugleich aber die tiefeinschneidendsten Fragen über das Eigenthum, wahre Armuth, die Grenzen des Gehorsams, das Verhältniss der geistlichen Gewalt zur weltlichen angeregt hatte, war wie ein langsam verhallendes Gewitter vorübergezogen. Von Zeit zu Zeit leuchteten noch statt der Blitze Holzstösse auf, auf welchen apostasirende Minoriten verbrannt wurden, die, weil ihnen P. Johann häretisch erschienen, auch dessen Nachfolger in kindischem Eigensinne nicht als rechtmässig anerkannten. Die offene Opposition des Ordens verzog sich, als der Ordensminister Michael von Cesena sich mit seinen bedeutendsten Anhängern, nachdem sich der Gegenpapst schon früher unterworfen, dem römischen Stuhle unterwarf. Aber die angeregten Fragen harrten noch einer andern Lösung, als durch Reue oder persönliche Unterwerfung der Einzelnen. Der Streit war unter P. Clemens VI. in neuer Form ausgebrochen, indem jetzt Minoriten und Predigermönche über den wahren Sinn der Armuth haderten. Clemens VI. hatte zwei Doctoren der Theologie und den Primas von Irland, Richard, Erzbischof von Armagh, aufgefordert, den Gegenstand in wissenschaftliche Erörterung zu ziehen, letzterer auch ein grosses Werk in 7 Büchern darüber geschrieben, welchen er später ein achtes hinzufügte[5]). Richard stellte sich namentlich, was die Seelsorge betraf, auf Seite der Weltpriester, die mit

[1]) Purgatorium sectae Christi. Auct. Joh. de Wycliffe.

[2]) Johannes de Genduno natione Gallicus. Continuatio chronici Giraldi de Frachato ap. Bouquet XXI, p. 68.

[3]) Tabulae III, p. 329, lit. 4613.

[4]) Schwab: Johannes Gerson, p. 522.

[5]) Denys. cod. manusc. p. DXLVII.

Missfallen sahen, wie das Volk von ihren Beichtstühlen weg zu denen der Brüder sich wende. Als nun im J. 1357 sein Werk defensorium curatorum adversus fratres mendicantes erschien, ging der Streit auf's Neue los; der englische Franciskaner Roger Conway vertheidigte gegen den Primas seinen Orden; letzterer brachte am 8. November 1357 die Sache vor den P. Innocenz VI.[1]), er starb aber nach englischer Angabe um 1360 (?) in Avignon[2]), ehe die Sache erledigt war. Nach seinem Tode brachte Adalbert Rançonis von Iglau die Schrift Richard's nach Prag[3]), wo er selbst an der Universität eine hervorragende Stelle einnahm und wo nun der Streit mit den Mönchen gleichfalls begann und von Deutschen und Nichtdeutschen — Waldhauser und Milic — aufgegriffen wurde. Auch der defensor pacis, die Quelle aller staatskirchlichen Erörterungen jener Tage, hatte bereits seinen Weg nach Böhmen genommen[4]). In England aber griff Wycliff nicht bloss den Hauptsatz der Fratricellen wieder auf, dass Christus kein Eigenthum besessen habe, sondern er schritt auch zu der ganz natürlichen Consequenz, dass, wenn Christus ein Bettler war, auch alle Cleriker und Prälaten sich selbst expropriiren sollten und die christliche Vollkommenheit mit dem Besitze des Eigenthums (dominium) unverträglich sei[5]). Gegen diesen Satz war aber Johann XXII. und mit ihm die ganze Kirche mit Ausnahme der Fratricellen mit aller Schärfe aufgetreten[6]).

Gleichzeitig war aber auch diese Frage in Böhmen wie in England in ein neues Stadium getreten. In Böhmen, wo durch erzbischöfliche Entscheidung die Freiheit der Bauern der Prager Kirche gewährleistet wurde und zwar gegen Adalbert Ranconis, der in den Bauern nur Lumpen erblickte; in England, wo sich die Bauern Abschriften des Domsdaybook K. Wilhelms zu verschaffen suchten, um ihre Verpflichtungen auf das Maass des XI. Jahrhunderts zu beschränken und das Übermaass der Bedrückung, sei es auf rechtlichem, sei es auf gewaltsamem Wege abzuschütteln trachteten.

Daran hatte freilich K. Wilhelm der Eroberer nicht gedacht, dass eine Zeit kommen würde, in welcher die englischen Bauern auf das Domsdaybook als auf ihr Rechtsbuch blicken würden; aber er hatte, als er die normännischen Gesetze einführte, wider seinen Willen den Weg zu den Umwälzungen gebahnt, die dazu führten, den Stolz und die Politik seines Regierungssystemes umzustürzen und während die englische Nation das Buch als das härteste Denkmal seiner Tyrannei ansah, hatte er selbst damit Grundsätze ausgesprochen, welche geeignet waren allmälig die Unabhängigkeit seiner Krone zu zerstören[7]). Es war eben Vieles zusammengekommen, was nun mit einem Male Abhilfe verlangte. Grosse Übelstände hatten sich langsam angehäuft und jetzt sollte mit einem Male alles Krumme gerade, alles Unebene eben werden.

---

[1]) Propositiones factae in consistorio coram papa ac cardinalibus et praelatis ad utilitatem cleri super materiam mendicitatis ac privilegiorum, quae fratres de ordinibus mendicantium quibuscunque apud Adviniouem die VIII mensis Novemb. a. S. 1357 (proposuerunt). Tabulae codicum Ms. in bibl. Palat. Vienn. III, p. 55. n. 3693, 3935.

[2]) Nach den Wiener Codices hielt er noch am ersten Sonntag in der Fasten 1361 eine Predigt in St. Paul. Tabulae n. 4214.

[3]) Denys l. II., p. 2078. Es befindet sich im Archiv des Domcapitels zu Prag.

[4]) Wie das Werk des Uberto da Casale de paupertate Christi. Denys. cod. DXLI.

[5]) In Frankreich griff diese Sache unter Urban V. Nicolaus von Oresme 1364 auf.

[6]) Christus mendicabat non solum in suis membris sed etiam in propria persona — Omnes clerici et specialiter praelati ecclesiae debent vivere expropietarie sicut Christus. Wald. p. 485, p. 567.

[7]) Palgrave the Rise of Commonwealth p. VXI.: By introducing the law of Normandy William prepared the way for the revolutions, which were destined to subvert the pride and policy of his government and when forming the volumen, which the englich nation considered as the most grievous monument of his tyranny, he was establishing the principles, which destroyed the independence of the crown.

Da handelte es sich nicht mehr darum, ob die Bettelmönche die Rechte der Pfarrer verletzten, indem sie auf ihren Kirchhöfen die Todten begruben, durch ihre Predigten den Pfarrern die Gemeinde abwendig machten und wie die Klagen sonst schon im XIII. Jahrhunderte gelautet hatten. Dieser Streit war ja von Anfang an kein Localstreit, sondern ein allgemeiner gewesen, der in jedem Lande ausbrach und zu Klagen Anlass gab, die wir im Zeitalter der Reformation auf deutschem Reichsboden wiederfinden.

Wycliff, welcher einen glühenden Eifer besass, das Krumme gerade, das Unebene eben zu machen, eiferte gegen die Art und Weise, wie die Mönche predigten, die Fabeln, Legenden, zweifelhafte Wunder auf die Kanzeln brachten, und verlangte, dass sie das Evangelium predigten. Aber auch in dieser Beziehung stand er nicht allein da, es war namentlich in Deutschland eine grosse Anzahl von Gottesgelehrten vorhanden, welche von der Überzeugung ausgingen, es müsse die Kirche zu ihrem eigenen Heile zur Einfachheit apostolischer Zeiten zurückgeführt werden[1]). Befand sich da Wycliff denen gegenüber, welche in mittelalterlichen Satzungen und Gebräuchen die wahre Entwicklung der Kirche fanden, im Rechte, und fühlte er sich, je mehr die schlimmen Consequenzen des avignonesischen Papalsystems hervortraten, desto mehr auch in seiner aggressiven Haltung bestärkt, so war es immerhin noch eine andere Frage, ob er in demjenigen Recht hatte, was er an die Stelle der von ihm bekämpften Ordnung der Dinge zu setzen gedachte und ob seine eigenen Anschauungen und Doctrinen nicht mehr wycliffitisch als evangelisch seien, d. h. blos auf seiner individuellen Überzeugung beruhten, die freilich durch die Schärfe ihrer Behauptung einen nicht blos vorübergehenden Eindruck auf Viele zu machen geeignet waren.

Geschah nicht bei Zeiten ein entscheidender Schritt, so erlebte man das Unglaubliche, dass sich unter dem Schutze einer Universität und eines katholischen Priesters eine Gemeinde bildete, die die Kirche seit dem Jahre 1000 als der ärgsten Häresie für verfallen erklärte, alle ihre Einrichtungen verwarf, ihre Dogmen beliebig änderte, das Papalsystem wie das Episcopalsystem gleich sehr verabscheute, nicht blos der Hierarchie, sondern der ganzen bestehenden Kirche den Krieg erklärte und sie durch neue, angeblich echte evangelische Einrichtungen zu ersetzen suchte. Niemals war für die Kirche eine grössere Gefahr aus ihrem eigenen Schosse hervorgegangen; nur stand sie damals 1377—1378 noch nicht so unabwendbar da, war das neue System erst im Werden begriffen und wohl im Kopfe seines Autors noch nicht so reif und fertig, um nach allen Richtungen ins Leben treten zu können. Wohl aber nahm die Verachtung des Altarsacramentes Jahr für Jahr mehr zu[2]), wenn es auch noch nicht dahin gekommen war, dass Mädchen sich die Consecration erlaubten[3]); war die Profanation im vollen Gange und wenigstens dafür gesorgt, dass der Angriff auf allen Punkten mit unermüdlicher Thätigkeit erfolge, jede Art von Waffe dazu verwendet werde. Es gab zuletzt kein Dogma, kein Gebot, kein Sacrament, keinen Gebrauch, keine Einrichtung, kein Recht der katholischen Kirche, welches Wycliff nicht angegriffen, bemängelt, als grundlos oder gar als Einrichtung des Teufels bezeichnet hätte. Geistreich, beredt und scharfsinnig, gelehrt und unablässig

[1]) Vergl. Höfler, concilia Pragensia. Einleitung.

[2]) Thomas Wald gibt in dieser Beziehung einzelne merwürdige Daten, wie man denn gelegentlich von ihm höchst interessante Notizen empfängt; z. B. II., p. 105, über Radolf von Griesborst, den Gesandten Heinrichs V. zu K. Sigmund 1413 und andere; über die Johanna Metles, die Della von Schidam, über die Verbrennung eines wycliffitischen Schneiders. II, S. 108 im J. 1422. De sacram. I. 204—206.

[3]) Thom. Wald. II., p. 49.

bemüht, sich und anderen neue Gebiete des Wissens zu erschliessen, mit Fähigkeiten und Vorzügen ausgerüstet, die zu allen Zeiten aus ihm eine bedeutende Persönlichkeit gemacht hätten, nur seinem Berufe lebend, und in diesem rastlos, voll Aufopferung und unermüdlich thätig, nahm er das Rüstzeug früherer Häresien, wo es passte, wieder auf, fügte zu dem, was diese nicht angegriffen, neue Angriffe hinzu, bis endlich Alles untergraben und angegriffen, der ganze rechtliche Bestand der Lehre, der Disciplin, der Hierarchie und der sacramentalen Ordnung in Frage gestellt war. Das Abendland hatte keinen gewaltigeren, keinen umfassenderen Angriff bis dahin gesehen. Hier war, wenn Wycliff nicht selbst einlenkte, kein Pactiren möglich; es handelte sich um Sein oder Nichtsein. Von einem Nebeneinanderbestehen war keine Rede. Weder Wycliff wollte es, noch die Kirche, die er angriff. Hieraus aber konnte, ja musste selbst ein grosses Unheil für England entstehen, wenn die so nothwendige Reform der kirchlichen und religiösen Zustände sich in einen Umsturz des Bestehenden verkehrte, und diejenigen, welche keine Reform wollten, aus der Überstürzung der Reformfreunde und ihrem blinden Drange, alles zu Recht Bestehende für Unrecht zu erklären, Waffen gegen alle und jede Reform sich erholten. Dann wurde aus der Reformfrage eine blosse Machtfrage. Sobald sie aber diese geworden war, war ihr Schicksal vorauszusehen; die unbesonnenen Reformer wurden durch den Bund der Kirche mit dem Staate, sobald er zu Stande kam, zermalmt, wenn sie nicht vorzogen, sich klug zu unterwerfen und mit den Machthabern ihren Frieden zu machen[1]). Es kam nun darauf an, ob die wissenschaftliche Bewegung sich im Kreise akademischer Disputationen, wo vieles hartnäckig behauptet ward, um Widerspruch hervorzurufen, oder weil es einmal vor Collegen oder Schülern ausgesprochen worden war, erhalten oder ob sie die Schwellen der Universität überschreiten und in das Leben hinausfliessen werde, wo sie dann Gefahr lief, von den herrschenden Parteien als Mittel zu ihrem Zwecke benützt und ausgebeutet zu werden. Dazu aber gab Wycliff selbst Anlass, als er den wissenschaftlichen Boden verliess und als Prediger dem Volke gegenüber den Papst und noch dazu denjenigen, welcher von Avignon nach Rom zurückkehrte, als Antichrist, als den hochmüthigen, weltlichen Priester von Rom, den verdammtesten Gelderpresser und Beutelschneider bezeichnete. Diese Sprache des evangelischen Doctors konnte nicht ohne Entgegnung bleiben, musste selbst einem berechtigten Tadel begegnen. Ehe jedoch von Seiten des Papstes eine Aufforderung, gegen Wycliff einzuschreiten, erlassen worden war, hatte ihn der Erzbischof von Canterbury zur Verantwortung nach London vorgeladen.

Er erschien am 19. Februar 1377 (Donnerstag[2]) in der St. Pauluskirche, begleitet von dem Herzog von Lancaster und dem Grossmarschall von England, Heinrich Percy, der angeklagte Priester umgeben von den höchsten Würdenträgern des Staates, den entschiedensten,

---

[1]) So hatte Wycliff unstreitig in vielem Recht, was er gegen die Mönche sagte; ihre Verdammung in Bausch und Bogen, die gemeinen Ausdrücke, welche er hiebei gebrauchte, die colossalen Übertreibungen mussten aber jeden zurückschrecken, der nur ein massvolles Vorgehen für zweckdienlich erachtete. Er hatte Recht, wenn er gegen die bildliche Darstellung der Trinität sich erklärte, sehr Unrecht, wenn er sich gegen die Bilder überhaupt erklärte. Unendlich viele Ceremonien waren sinnlos geworden. Wozu aber das Wesen der Sache angreifen, und wie konnte er gegen die Stiftung von Mönchsorden eifern, nachdem er selbst ohne weitere Autorität seine Wanderprediger einführte? Wie konnte er sich beklagen, dass diese verfolgt wurden, nachdem er in der ganzen kirchlichen Ordnung seit Sylvester I. und K. Constantin, d. h. seit 1000 Jahren nur ein Werk des Teufels erblickte? Konnte er es seinen Gegnern verargen, wenn sie seine Abendmahlslehre, seine Reform, seine selbstgeschaffenen Dogmen gleichfalls als Werke des Teufels ansahen und so behandelten?

[2]) Pauli, Geschichte von England V., S. 497. Nach dem Harleian Ms. bei Lowth., p. 126. am 22. Febr.

theilweise auch verhasstesten Parteimännern. Als der Bischof von London das Ansehen des Gerichtes gegen die beiden Herren zu wahren suchte, erfolgten Drohungen, die bis dahin gingen, der Herzog wolle den Bischof bei den Haaren aus der Kirche schleifen. Diese Rohheit erzeugte bei den anwesenden Londonern lauten Ausdruck der Missbilligung; der Herzog und der Earl-Marschall entfernten sich mit ihrem Schützlinge. Das Gericht wurde unterbrochen und die Londoner Bürger, ohnehin fürchtend, es möchte die Leitung der Stadt dem Mayor entzogen werden, erhoben einen offenen Aufstand, so dass sich der verhasste Herzog und der Lord-Marschall flüchten mussten. Sie begaben sich nach Kensyngton zu der Prinzessin von Wales und ihrem Sohne, dem Thronerben Richard, und reizten diese mit den Schilderungen der Londoner Unruhen so, dass es kein Wunder war, wenn die Herzogin sich auf die Gegenseite stellte und den Schützling Lancasters begünstigte.

Ausdrücklich erwähnt übrigens Capgrave[1]): Wycliff (John Wycliff maystir of Oxenforth) habe in St. Paul seine Meinungen abgeschworen[2]). Die Londoner verlangten damals, man solle sowohl den Bischof von Winchester als den eingekerkerten Peter de la Mare zur Verantwortung zulassen[3]). Der Herzog setzte jedoch die Entfernung des Mayors von London durch; die Londoner wurden zu einer, wenn auch leichten Strafe verurtheilt. Diesmal hatte Wycliff nicht gesiegt, in Bezug auf die Londoner wohl die Gewalt triumphirt, die Sache selbst aber eher verwickelt als gelöst. Der Streit war aus der Schule in die Kirche gedrungen, aus der Kirche auf die Gasse gezogen worden. Der Krieg mit Frankreich schien langsam, aber sicher in einen innern Kampf in England zwischen Geistlich und Weltlich umzuschlagen, der in den Kirchen, auf der Strasse, an der Universität Oxford, wie im Parlamento geführt wurde und ebenso in die höheren Kreise jetzt schon drang, als er die unteren Schichten gleichfalls zu ergreifen vermochte.

Wycliff war vom Erzbischofe Stillschweigen auferlegt worden. Er verfasste um diese Zeit die Abhandlung: warum arme Priester, d. h. die Seinigen, keine Pfründen haben. Er erklärte, es geschehe, um sich von Simonie frei zu erhalten; 2. damit ferner die den Armen gehörigen Einkünfte nicht schlecht verwendet würden; 3. weil sie durch ihr Wandern von Ort zu Ort mehr Gutes stiften könnten. Er war noch beherrscht von dem Streite der Fratricellen und den Anschauungen der sogenannten Bettelmönche, welche die Armuth für die hervorragendste christliche Tugend erklärt hatten. Gab es in England wandernde Richter, warum sollte es nicht auch wandernde Geistliche geben, die dem in weltlichen Geschäften, Pomp und Herrlichkeit verlorenen Clerus die Mühe der Seelsorge, wenn auch unfreiwillig, abnahmen?

Hier aber tritt denn nun die bemerkenswertheste Seite Wycliffs ein. Mag er in dem Bestreben, der prachtvollen äusseren Entfaltung der Kirche, ihren Staaten und Throne erschütternden Macht die prunklose Einfalt apostolischer Zeiten entgegenzustellen, oftmals zu weit gegangen sein oder fehlgegriffen haben — und wer wird dieses läugnen? — nichts war innerlich so begründet, so nothwendig, als ein energischer Ruf, über den Genuss erworbener Güter nicht den ursprünglichen Endzweck ihrer Stiftung aus dem Auge zu verlieren, das Evangelium als Maassstab des christlichen Lebens zu erkennen und der Armen eingedenk zu sein, während man von

[1]) Chronicle of England, ed. Franc. Charles Hingeston 1858, d. 232: and so he ded in the presens of the duke of Lancaster.

[2]) Vaughan, the life and opinions of John de Wycliffe II. edit. 1831. I, p. 356 ist in auffallender Verlegenheit, da der Ausgang des Conciles nicht für Wycliffe günstig war, mit der Wahrheit herauszurücken.

[3]) Lowth, p. 126.

den Reichthümern der Kirche einen genussvollen Gebrauch machte[1]). In früheren Zeiten hatten die Orden den Aufbau eines schneidenden Gegensatzes zwischen der in der Weltgeschichte beispiellosen Entwicklung der Kirche und den Anforderungen der sogenannten evangelischen Räthe und des evangelischen Lebens übernommen. Sie hatten durch ein grossartiges Beispiel die Welt mit sich fortgerissen, aber der Höhepunkt ihrer siegreichen Entwicklung stand in der Regel ihrem Verfalle so nahe wie Tag und Nacht, so dass es bei manchem selbst an der vermittelnden Dämmerung gebrach. In Deutschland war durch Ekhard, Suso, durch Tauler's armes Leben Christi eine ähnliche, aber mehr nach innen gerichtete Bewegung entstanden, während der Teutonicus Wycliff, wie man ihn im Gegensatze zum normännischen Engländer nannte, die wichtigsten Fragen ebenso von der theoretischen wie von der praktischen Seite aufgriff und dadurch seine Erfolge erzielte. Er bezeichnet den in der Kirchengeschichte so tragischen Moment, in welchem eine Reformation der Kirche nur mehr durch Häresien und Spaltungen ermöglicht wurde, welche von Geistlichen oder öffentlichen Lehrern ausgingen und wie ein zweischneidiges Schwert zum Sitze der Seele drangen, nicht mehr aufhörten, bis nicht zum Schisma der orientalischen Kirche, das Geistliche, Mönche, Bischöfe, Patriarchen hervorgerufen, sich auch ein abendländisches Schisma und der Abfall einer grossen Anzahl der lebensvollsten Völker und Staaten gesellte. In ruhigeren Zeiten wäre diese Bewegung, inwieferne sie von England ausging, durch den Verein der beiden Schwerter erdrückt worden; es bedurfte der eingetretenen Schwäche Englands, um ihr wenigstens vorübergehend Raum zur Ausbreitung zu gewähren.

§. 4.

K. Eduard's III. Tod.

Damals war es, dass nach längerem Siechthum, ein Jahr nach dem Tode des Prinzen von Wales, am 21. Juni 1377 K. Eduard III. starb, drei Tage nachdem er dem Bischof von Winchester endlich seine Temporalien zurückgegeben[2]). Es war, als wenn alle seine Siege mit ihm gestorben wären. Er hatte sich bis zum letzten Augenblicke in den Händen der Frau eines andern, seiner Geliebten, der Dame Alice Perres (Pereres)[3]) befunden. Sie verliess ihn erst, nachdem sie dem Sterbenden die kostbarsten Ringe vom Finger gezogen. Die Thränen im Auge, ohne ein Wort der Reue mehr hervorbringen zu können, lag der Held von Crecy da, das Kreuz küssend, welches ihm ein Priester mitleidig vorhielt. Man meinte, so lange er lebte, von England, es gebe kein Reich auf Erden, das einen so edlen, grossherzigen und glücklichen König besessen, und dass nach seinem Tode kein Reich einen ihm ähnlichen König sehen werde. Es musste aber bereits hinzugefügt werden, dass Eduard sein Glück und seinen Glanz überlebt hatte und sein Alter dem Ruhme seiner Jugend nicht gleichkam, ein Ruhm, der freilich zum

---

[1]) Et istud foret frenum rectoribus ne lascivirent in esculentis vel quibuscunque concernentibus personam propriam dominantis elemosynis subditorum ut est de instrumentis dorsariis, aulicis bancariis, pulvinaribus et sumptuosis domorum ceteris ornamentis. Et idem judicium de vestibus ac aurearum splendencia.

Johannes de Wicliff tractatus de officio pastorali ed. G. V. Lechler. Lipsiae 1863. p. 25.

[2]) Am 31. Juli wurde die ganze Anklage niedergeschlagen und William von Wykeham für unschuldig erklärt. Lowth., p. 131. ff. Er hatte durch dieses Verfahren einen Verlust von 20000 Mark. Der Herzog von Lancaster fühlte das Bedürfniss, unter der neuen Regierung sich populär zu machen.

[3]) Capgrave, p. 231.

Theile darin bestand, in Zeit von sieben Wochen über 500 französische Dörfer und Städte verbrannt zu haben (1355).

Hingegen hatte K. Eduard in dreiundfünfzigjähriger Regierung mehr als siebenzigmal das Parlament versammelt. Die stete Geldnoth des Königs hatte dieser Körperschaft eine Bedeutung, ihrer Einberufung eine Regelmässigkeit gegeben, welche ihr früher nicht zugekommen waren. England war ein aristokratisches Reich geworden. Die Seigneurs regierten, da sie im Parlamente die Herrschaft führten, dieses aber sich jährlich versammelte, alle wichtigen Angelegenheiten in seine Hände nahm, Bittschriften empfing, die grössten Streitigkeiten, wie über Hochverrath, entschied, ja bereits einmal die Absetzung des Königs (Eduards II.) vorgenommen hatte.

Wenn ein Reich heftigen Erschütterungen preisgegeben werden soll, die von Geschlecht zu Geschlecht eher neue Nahrung finden, als sich verziehen, so muss zu den Unordnungen im Innern noch die religiöse Frage in einer Weise angeregt werden, dass eine Verbitterung der Gemüther, aber keine Besserung eintreten kann. Bei Eduards Hinscheiden reichten sich die staatlichen Unordnungen und die religiösen Zerwürfnisse die Hand. Die lange Regierung hindurch hatte die Sorge um die Fortführung des Krieges in Schottland und Frankreich alles andere auf die Seite geschoben. Wollte man es für einen Gewinn erachten, dass nach und nach alle, auch die kleinsten Güter des Clerus besteuert wurden und die weltlichen Lords es als eine besondere Ehrensache ansahen, wenn sie die Kirche mit Auflagen und Tallagien belasten konnten; die Entwicklung der Verfassung selbst war dadurch nur nach einer Seite gefördert worden. Die Bauern seufzten im schweren Joche der Leibeigenschaft, die Bürger hatten eine unbegrenzte Hochachtung vor dem Adel, dieser erlangte Vermehrung und Stärke durch seinen Zusammenhang mit dem königlichen Hause, was in solchem Grade wohl nirgends der Fall war. Der kriegerische Ruhm schmückte ihn gleichfalls und, wenn er auf seinen Schlössern die Capläne nicht viel anders behandelte, als seine Diener und Hausknechte, so gab er dadurch nur zu erkennen, wie er eigentlich im Betreff des Clerus denke. Den Papst in Avignon gewöhnte man sich als den natürlichen, offenen oder versteckten Feind Englands anzusehen. Die Summen, die er aus England zog, wurden als Subsidien für Frankreich erachtet und ein tiefer Groll, welcher nur nach dem Ausbruche sich sehnte, zog sich so in die englischen Herzen. Wäre damals ein durch Kenntniss und Gelehrsamkeit ausgezeichneter Erzbischof vorhanden gewesen, er hätte vielleicht den Sturm beschwichtigt; allein auch dieser war nicht da und die Anforderungen, welche man in Avignon an einen künftigen Bischof und Prälaten stellte, bezogen sich wahrlich nicht auf Frömmigkeit, Gelehrsamkeit und christliche Tugend, sondern vor allem auf jene Dinge, die Christus einst vermocht hatten, die Geissel im Tempel zu Jerusalem in die Hand zu nehmen. Hatten die siegenden Engländer Gold und Silber massenhaft aus Frankreich hinweggeschleppt, in Avignon machte man bei den Annaten, Taxen und neu erfundenen kirchlichen Auflagen keinen Unterschied, ob das von England kommende Geld ursprünglich französisch war oder nicht. Es erschien aber als eine Art grosser Unparteilichkeit, als die englische Nation endlich doch ein Mitglied im Cardinals-Collegium (Simon Langham) erlangte, während die deutsche Nation in dem obersten kirchlichen Rathe, aus welchem die Päpste hervorgingen, noch immer keinen Vertreter besass!

Im Todesjahre K. Eduards verlegte P. Gregor XI. den Sitz des römischen Papstes von Avignon nach Rom. Selbst aber der italienischen Sprache nicht mächtig, von französischen Cardinälen umgeben, dachte er sein eigenes grösstes Werk zu vernichten, als er am 27. März

1378 unter der Befürchtung des nahen Ausbruches eines Schisma's unter den Cardinälen [1]) starb.

Obwohl K. Eduard an dem so ungemein folgenreichen Ereignisse der Rückkehr der Päpste nach Rom keinen Antheil hatte, so steht dasselbe doch in einem gewissen Zusammenhange mit seinen französischen Siegen. Wäre die französische Macht nicht durch so grosse Schläge erschüttert worden, niemals hätten sich die limosinischen Päpste soweit ermannt, den Kaiser anzurufen, damit sie zu den verödeten Altären Roms zurükkehren konnten. Man fühlte in Frankreich sehr wohl, welche Fülle von Einfluss auf die allgemeinen Angelegenheiten entgehe, als das Werk der List K. Philipps IV. und der Schwäche P. Clemens V. wie in Dunst verging, die langgehegten Pläne einer Einwirkung auf das deutsche Kaiserthum, auf die Eroberung Italiens schwanden, die französische Krone sich des Papstthums nicht mehr als eines Mittels zum Zwecke bedienen konnte.

Es war begreiflich, dass die französischen Cardinäle, welche von den Weinen, Fischen etc. Italiens die seltsamsten Vorstellungen hatten und die wichtigste Angelegenheit der gesammten Christenheit so materiell und engherzig als möglich behandelten, sich in Rom ganz unglücklich fühlten, von der Tiber, dem ungesunden Rom, seinen antiken Ruinen und den einstürzenden Kirchen und Palästen sich an die Rhone, den prachtvollen Papstbau von Avignon und die landschaftlichen Reize von Vaucluse zurücksehnten. Wie durch ein Wunder wurde jetzt nach einem Zwischenraume von 73 Jahren (1303—1378) ein Nichtfranzose, Urban VI., ein Neapolitaner, Papst. Beinahe unmittelbar nachdem die wählenden Cardinäle den Fürsten und Völkern die Rechtmässigkeit der Wahl verkündet, reute es sie, einen Italiener gewählt und dadurch sich die Rückkehr nach Avignon abgeschnitten zu haben. Der erste Reformversuch, den Urban der VI. unternahm, trieb die französischen Cardinäle zur verzweifelten That, dem Abfalle von Urban, der Wahl eines Gegenpapstes, dem Ausbruche des Schismas, 1378. Es schien als sollte dieses in Anagni geschehen, der Stadt, welche 75 Jahre früher der Schauplatz jener scheusslichen Unthat des Überfalles Bonifacius' VIII. durch Wilhelm von Nogaret und die Söldlinge jenes Philipps IV. gewesen war, den dafür Dante mit dem Titel des neuen Pilatus schmückte. Plötzlich aber, als graucte es ihnen vor Anagni, verliessen die Cardinäle diese Stadt, um nach Fondi zu gehen, wo sie unter dem Schutze des dortigen Grafen Onorato Gaetani am 20. September 1378 den Cardinal von Genf als Clemens VII. wählten. Für England selbst war die Stellung zum neu auftauchenden Schisma nicht zweifelhaft. Das Parlament von Glocester, October 1378, sah die Abgesandten der beiden Päpste, welche um die Anerkennung Englands buhlten; der Ausspruch des Erzbischofs von Canterbury entschied: wie ich es für Gott verantworten will, nehmet Urban VI.[2]). Als Clemens VII. Avignon zu seiner Residenz nahm, K. Karl V. ihn anerkannte, durfte Guido von Malesicco, Cardinalpriester und Legat des Gegenpapstes, den Boden Englands nicht betreten[3]). Allein die politische Lage des Reiches wurde dadurch nicht besser; die Könige von Frankreich, Schottland, Castilien[4]), Ara-

[1]) Sermo frat. Hieronymi ap. Denys cod. ms. l. III. 2578.

[2]) Eulogium hist., p. 347. Vergl. auch die rationes Anglorum et responsiones ad illas. Ap. Baluz. II. n. CCXIII.

[3]) Prima vita Clementis VII. Ap. Baluz. Vitae Paparum avinionensium I, p. 492. Dass der Brief König Eduards an die Cardinäle in der secunda vita Clementis ap. Baluz p. 557 nicht echt sein kann, geht aus der Chronologie hervor.

[4]) König Heinrich von Castilien hing sterbend Urban VI. an. Baluz. I, p. 494. Dasselbe thaten nachher omnes reges Hispaniarum. Die prima vita setzt aber p. 517 ff. auseinander, wie K. Peter von Aragonien sich auf Seite des P. Clemens schlagen wollte u. K. Johann es that. Cfr. Baluz. II. p. 920 ad 1381.

gonien, Navarra[1]) erkannten Clemens VII. an. England isolirte sich im Westen vollkommen und konnte höchstens auf Portugal rechnen, das damals mit sich selbst genug zu thun hatte.

Ganz unvermuthet war das Schisma der Päpste erfolgt, der nationale Rückschlag auf die lange Bevormundung, welche die französischen Cardinäle und Päpste ausgeübt hatten. Die Pläne der ersteren, das Papstthum von einer französischen Oligarchie abhängig zu machen, waren durch Gregor XI. durchkreuzt worden, der trotz ihres Widerstrebens von Avignon nach Rom zog. Als nun vollends ein Italiener die lange Reihe von französischen Päpsten durchbrach, trat der Racenkampf auf dem klerikalen Gebiete ein. Mochten die Cardinäle auch die christliche Welt versichert haben, sie hätten bei der Wahl P. Urbans VI. auf Antrieb des heil. Geistes gehandelt, jetzt hiess es, sie hätten aus Todesfurcht so handeln müssen, da die Römer durchaus einen Italiener statt eines Franzosen zum Papste verlangten[3]). Freilich hatten die Cardinäle, welche den Cardinal Robert von Genf wählten, der dann nach Avignon zurückging, keine Ahnung, welchen Umsturz der Dinge sie veranlassten; welche masslosen Veränderungen im ganzen Verhältnisse der Völker und Staaten zu dem bisher alles beherrschenden Papsthum dadurch entstünden; welcher Bruch des Absolutismus, welcher tiefe Fall auf die vorausgegangene Höhe, welch' jähes Schwinden priesterlicher Macht und Herrlichkeit. Das ganze System, wie es seit Gregor VII. aufgerichtet worden war, die Schöpfung der Innocenze, die Machtfülle eines Bonifacius VIII. und Clemens VI. waren in Frage gestellt, als die oberste Einheit sich spaltete. Was die Franken und die Staufer nicht vermocht, geschah durch die Päpste selbst und nicht sie, sondern nur mehr die ganze Christenheit, die eintretende Conciliarperiode des Abendlandes, brachte die Sache wieder in ein Geleise. Alles hatte sich in der avignonischen Periode den Päpsten fügen müssen. Sie sahen das Kaiserthum zu ihren Füssen; es war durch die Kirche Ludwig dem Baiern entzogen, durch die Kirche Karl IV. gegeben worden. Die Kirche kriegte in Italien, die Kirche verfügte über Könige und Völker. Der Papst war der Gott der Erde geworden, als ihn das Schisma ebenso tief erniedrigte als das Papstthum sich durch Bewältigung des Kaiserthums auf einsame Höhe gestellt hatte. Nach dem Vorbilde der Päpste parteiten sich jetzt auch die Völker, die Macht der Weltlichen stieg, die der Geistlichen sank durch den Bürgerkrieg in ihrer eigenen Mitte. Schon musste der Papst um die Gunst derjenigen betteln gehen, die die päpstlichen Legaten nicht mit entblösstem Haupte hätten grüssen sollen!

§. 5.

Richard von Bordeaux, Enkel und Nachfolger K. Eduards III. 1377—1399.

Ein ganz seltsames Geschick hatte sich Ende des XIII., Anfang des XIV. Jahrhundertes mit dem Hause Capet im Königreich der Franzosen begeben. Zu den schweren Prüfungen K. Ludwigs IX. gehörte auch, dass er 1260 seinen ältesten Sohn Louis verlor[4]). Dasselbe Schicksal wiederholte sich bei Ludwigs zweitem Sohne und Nachfolger Philipp III.[4]). Auch dieser verlor 1276 seinen ältesten Sohn Ludwig[5]). Der Tod dieses Prinzen bahnte dem verwegenen

[1]) Prima vita Clementis VII, p. 519.
[2]) Höfler, Wenzels von Luxemburg Wahl zum röm. Könige, p. 671.
[3]) Secunda vita Gregorii P. XI. Ap. Baluz. I, p. 449. Quod nisi eligeremus et sine mora Romanum vel Italianum, statim interficeremur.
[4]) Chronique de Reims. Ap. Bouquet XXII, p. 325.
[5]) La branche des royaux lignages v. 12240.

Philipp IV. den Weg zum Throne. Drei Söhne folgten Philipp IV. nach. Der älteste, Ludwig X., le Hutin, verstiess seine Gemahlin[1]), liess deren Buhlen hinrichten, erkannte aber die Prinzessin Johanna als rechtmässig an[2]). Seine zweite Gemahlin gebar ihm erst 6 Monate nach seinem Tode einen Sohn Johann, welcher 7 Tage nach der Geburt starb, 1316. Es folgte Philipps zweiter Sohn, Philipp V., der Längste des hochaufgeschossenen Geschlechtes, schwach und mager; auch er befand sich in Zerwürfnissen mit seiner Gattin, versöhnte sich jedoch mit ihr und ward Vater von 5 Töchtern[3]). Als er 1322 starb, folgte ihm sein Bruder Karl IV., welcher seine erste Gemahlin einkerkern liess. Von der dritten hatte er 3 Töchter. Der Mangel an männlichen Nachkommen bahnte seinem Vetter Philipp von Valois, Neffen Philipps IV. von Karl Grafen von Valois, Sohn Philipps III., den Weg zum Throne, der nun vom Vater dem Sohne in regelmässiger Folge zukam.

Wie das Jahr 1378 in der allgemeinen Geschichte der Christenheit bezeichnete das Jahr 1377 in der Englands einen tiefreichenden Abschnitt. Nicht blos deshalb weil seine Herrschaft des Meeres verloren gegangen war, von welcher Eduard III. einst gesprochen, seine Ahnherrn hätten sie besessen, und die er anfänglich behauptet, dann unwiderbringlich verloren. Vor allem durch den Umstand, dass mit Eduards Tode eine vormundschaftliche Regierung eintrat und bald sich herausstellte, dass die zahlreichen Oheime des Knaben Richard diesem weniger eine Stütze verliehen, als durch die Verschiedenheit ihrer Bestrebungen und politischen Anschauungen eher geeignet waren, das Reich in Aufregung zu erhalten als zu beruhigen.

Nebst dem früh verstorbenen schwarzen Prinzen und zwei Wilhelmen, welche als Knaben starben, hatte aber K. Eduard noch vier Söhne: Lionell, Johann, Edmund, Thomas und fünf Töchter, von denen eine, Blanche, früh starb. Lionell, Herzog von Clarence, vermählte seine Tochter erster Ehe mit dem Grafen Edmund Mortimer von der March und begab sich selbst 1368 nach Mailand, dort eine viscontische Fürstentochter zu heiraten, starb aber daselbst am 17. October. Prinz Johann von Gaunt, durch seine erste Gemahlin Herzog von Lancaster[4]) und Erbe des Hauses Leicester, heiratete nachher die ältere Tochter des Königs Peter des Grausamen von Castilien, Constanze de Padilla, und sein jüngerer Bruder Edmund, Graf von Cambridge (nachher Herzog von York), deren jüngere Schwester Isabella.

Der Herzog von Lancaster überragte sowohl diesen, als den jüngsten Bruder[5]) — den nachherigen Herzog von Gloccester, geb. 1356, an staatsmännischen Eigenschaften und an militärischer Erfahrung, an Reichthum und persönlichem Ansehen. Er war schon, ehe der Prinz von Wales seinem langdauernden Siechthum erlag, die bedeutendste Persönlichkeit unter den Prinzen des königlichen Hauses, ja in England überhaupt, damals aber noch nicht von den schweren Erfahrungen betroffen, welche ihn später trafen und zum besonnenen Manne reiften.

Wieder hatte sich das eiserne Verhängniss gezeigt, das vom Hause Wilhelm des Eroberers sich auf das Haus Plantagenet, wie der Fluch des Geschlechtes vererbt hatte. An dem ältesten von den drei Söhnen Wilhelms I. war die Erbfolge vorübergegangen und hatte sie erst den

---

[1]) l. c., p. 146.

[2]) l. c., v. 7712.

[3]) Anonymi chr. regum Franciae ap. Bouquet P. XXII, p. 20.

[4]) Chron. Angliae per Robertum de Boston ad 1361. Obiit strenuus dux Lancastriae dominus Heinricus et dominus Johannes comes de Rychemon et filius regis qui filiam praedicti ducis Henrici nomine Blanchiam duxerat in uxorem, ducatum ejus recepit.

[5]) Ser Thomas Wodstok, herl of Bokyngham, the Kyngis unkil. Capgrave's chronicle, p. 235.

zweiten, dann den dritten Sohn — Wilhelm II. und Heinrich I. getroffen. Der eine von diesen war kinderlos, der andere verlor als König zwei Söhne, so dass die weibliche Linie Wilhelm des Ersten rasch die männliche verdrängte. Dem Gründer des Hauses Plantagenet, Heinrich II. folgte nicht der erste, noch der zweitgeborene Sohn, sondern der dritte (Richard) und dann der fünfte (Johann) nach. Dann lenkte das Königshaus in die Pfade der Erstgeburt, bei Heinrich III. (dem Sohne K. Johanns) und dessen Sohne Eduard I., des letzteren Nachfolger, ein. Der unglückliche Eduard II., der abgesetzt und grausam ermordet wurde, überlebte jedoch seine drei ältesten Söhne, die vor ihm starben, und erst der vierte, Eduard (III.) folgte ihm nach. Dieser erlebte den Tod nicht blos seines ältesten Sohnes, des schwarzen Prinzen, sondern noch dreier Söhne (zweier Wilhelme und Lionells, Herzogs von Clarence). Aber auch der Prinz von Wales hatte den Tod seines Erstgeborenen erlebt[1]), so dass jetzt die Succession auf einem eilfjährigen, leicht erregbaren Knaben ruhte, dessen schwächliche Mutter sich keines Ansehens erfreute, und der selbst nur durch den Tod seines älteren Bruders und seines, nicht als König verstorbenen Vaters das Thronrecht erlangt hatte.

Es war eine schwerwiegende Thatsache: Richards Oheime waren Königssöhne, aber nicht er, der König. Nun kam aber zur Verwicklung der Verhältnisse noch dazu, dass ausser den drei Oheimen des Königs es noch viele Personen vom hohen Adel gab, welche sich zur königlichen Familie rechneten. Dazu gehörte vor allem der Graf von March (Mortimer † 1382), weil er des Herzogs von Clarence Tochter geheiratet, und der Enkel Lionells sah sich selbst für den Fall des kinderlosen Todes Richards und des Erlöschens der Linie des schwarzen Prinzen als den nächstberechtigten Erben an; die Stiefbrüder des Königs, der Graf von Kent und Thomas von Holand, später Herzog von Exeter, wie ihre Schwester, die Herzogin von Bretagne[2]); der Graf von Pembroke, welcher Margaretha von Windsor, Tochter Eduards III. geheiratet; da Humphred von Bruce eine Tochter Eduards I., Elisabeth, geheiratet hatte, von welcher er 5 Söhne erhielt, wurde das Haus Courtenay mit dem königlichen verwandt. Die Tochter des einen dieser Humphrede, welcher die Gräfin Johanna von Arundell geheiratet, heiratete dann den Grafen Heinrich Derby, Sohn des Herzogs von Lancaster und Enkel K. Eduards III.; so auch Sir Thomas Mowbray (earl of Notingham), später Herzog von Norfolk, um von andern[3]) nicht zu reden.

Auch in diesem Bereiche that ein dominirender Geist Noth, um so manchen ungezähmten Ehrgeiz in Schranken zu halten und die Krone in ihrer Unabhängigkeit von den Gliedern des königlichen Hauses selbst zu wahren. Diese besassen übrigens noch den besonderen Vorzug körperlicher Schönheit, wodurch sich sowohl die Prinzen als die Prinzessinnen auszeichneten. So K. Richard selbst und nicht minder seine Stiefschwester Mathilde, Witwe Peters von

---

[1]) Ausser der Ehe hatte der Prinz von Wales noch einen Sohn, Richard von Clarendon, welcher 1404 sein Leben am Galgen verlor, als er den Mord seines Halbbruders und königlichen Herrn an Heinrich IV. zu rächen suchte.

[2]) Johanna, Tochter des von Mortimer hingerichteten Grafen Edmund von Kent, hatte in erster Ehe den Grafen Wilhelm von Salesbury geheiratet, war von ihm geschieden worden und heirathete Thomas von Holland, dem sie zwei Söhne und mehrere Töchter gebar. Nach dessen Tode heiratete sie am 10. October 1363 den Prinzen von Wales, dem sie 1365 den 1371 verstorbenen Prinzen Eduard und am 6. Jänner 1367 den Prinzen Richard gebar. Sie wohnte in des Königs great Wardrobe. (Benjamin Williams chronicque de la traison et mort de Richart deux roy d'engleterre, p. 143. nota).

[3]) Hist. fundationis Waldensis coenobii im Monasticum Anglicanum I., p. 447 u. Hist. coenobii Lanthoniensis. Monast. II., p. 65.

Courtray, welche nachher den Grafen von St. Pol, Valeran von Luxemburg, heiratete[1]), der, seit 1374 K. Eduards Gefangener, am 12. Juli 1379 seine Freiheit erhielt und mit seiner Gemalin[2]) nach Frankreich zog.

In ähnlicher Lage hatte auch der Herr von Coucy seine Gemalin Isabella, Tochter K. Eduards III. und Schwester des schwarzen Prinzen, kennen gelernt. Engerand, Herr von Coucy und Graf von Soissons, war 1360 unter jenen französischen Geiseln nach England gekommen, die für den 1356 gefangenen K. Johann sich verbürgten. So unfreiwillig in England lebend, gewann er die Gunst K. Eduards, welcher ihm am 27. Juli 1365[3]) mit seiner ältesten Tochter, Isabella von Woodstocke (geb. 16. Juni 1332) vermälte und ihn mit der Grafschaft Bedford und andern Besitzungen beschenkte. Nach Frankreich zurückgekehrt, trat Engerand, um als französischer Vasall den Krieg mit seinem Schwiegervater zu vermeiden, 1370 in päpstliche Dienste und kämpfte für P. Urban V. und P. Gregor XI. gegen die Visconti's[4]). Nach dem Tode K. Eduards ging er nach Frankreich zurück und trat nun ganz auf die französische Seite[5]), so dass er selbst den Garterorden zurückschickte und nur seine älteste Tochter Marie von Coucy bei sich behielt. Die jüngere Philippa, welche mit ihrer Mutter nach England zurückkehrte, heiratete daselbst Robert de Veere, Grafen von Oxford, welcher somit gleichfalls dem königlichen Hause angehörte. Der Vater, von welchem das Sprichwort galt: „ich bin nicht König und auch nicht Prinz, noch Graf, ich bin der Herr von Coucy“[6]), endete später als Gefangener der Osmanen in Brusa. Seine älteste Tochter soll nach Williams den Grafen von Cilly geheiratet haben und Mutter jener Barbara von Cilly geworden sein, welche in zweiter Ehe K. Sigismund, Karls IV. jüngerer Sohn und zweiter Nachfolger im römischen Reiche nicht in guter Stunde zur Frau nahm[7]).

Da eine Königin Witwe nicht am Hofe war, sondern nur eine Herzogin Witwe, letztere aber kränklich und mit getheiltem Interesse, weil ihr Herz nicht blos am eilfjährigen Könige, sondern auch an ihren Söhnen erster Ehe hing, war eigentlich Constanza de Padilla, Herzogin von Lancaster als spanische Königstochter die erste Frau am Hofe, hatte jedenfalls, wenn K. Richard sich vermählte, seine Gemahlin eine eigene Stellung zur Mutter ihres Gemahles — Johanna von Kent, die nur eine Königskrone getragen. Aber auch die Stellung der Herzogin von Lancaster war eigenthümlich, da ihr Gemahl sie vernachlässigte und Katharina Swynford, seine Geliebte, ihn fortwährend mit Kindern beschenkte. Am schwierigsten aber war die Stellung des Königs selbst, der unmündig die schwersten politischen, kirchlichen und selbst socialen Fragen sich zur Bergeshöhe aufthürmen sah, durch das siegreiche Andenken seines Vaters und Grossvaters fortwährend in Schatten gestellt wurde, eifersüchtige Verwand-

---

1) Sans le consentement du roy (Charles VI.) J. Juvenal: hist. de Charles VI, p. 342. Hist. de Charles VI, lib. I. c. 4. Der Monach. Evesh. nennt sie Johanna Courtray, p. 18. Auch Walsingham bezeichnet sie als Johanna Courtenay, soror Regis I, p. 340.

2) One of the handsomest women in Europe. Benjamin Williams, p. 153.

3) Pauli, genealogische Tabelle zu Bd. V. der Gesch. von England.

4) Vergl. Williams, chronicle of the betrayel, p. 165. nota.

5) Auf dies wurden am 15. März 1379 alle seine englischen Güter nach Parlamentsbeschluss (de forisfactis Ingelrami de Coucy. ap. Rymer VI., p. 214) confiscirt und nur für den Lebensunterhalt der Princessin Isabella (dum in regno nostro Angliae steterit) Sorge getragen. Dieses ist, um spätere Ereignisse zu verstehen, von grosser Wichtigkeit.

6) Je ne suis Roi ne duc, ne Prince ne Comte aussi: Je suis le Sire de Couci.

7) L'art de vérifier les dates III. 2, p. 255. Nach Krones, Umrisse des Geschichtslebens der deutsch-österreichischen Ländergruppe, Innsbruck 1863, S. 189 war die Mutter der Barbara von Cilly, Elle Gräfin von Schaumburg, Gemahlin Hermanns II. von Cilly, Grafen von Zagorien (seit 1399, Ban von Croatien).

ten, einem unbändigen Adel, einem aufgeregten Volke gegenüber sich befand und, wenn er eine kriegerische Laufbahn einschlug, das Land erschöpfte, ohne voraussichtlich die ruhmvollen Tage von Crecy und Poitiers erneuern zu können; wenn er aber dem Lande den so nothwendigen Frieden schenkte, den Vorwurf auf sich lud, tief unter seinen Ahnen zu stehen, und Gefahr lief, mit der Achtung des kriegerischen Adels auch dessen Gehorsam zu verlieren.

II.

Die Vermählung der Kaisertochter Anna von Luxemburg mit Richard II., König von England (und Frankreich).

§. 1.

Die Unterhandlungen wegen Vermählung K. Richards mit Anna von Luxemburg.

Auf Sanct Andreas Abend, 29. November 1378, war Kaiser Karl IV., der zweite luxemburgische König Böhmens, der Begründer der Grossmacht dieses Landes, nur 62 Jahre alt, den Mühen und Beschwerden seines hohen Amtes erlegen. Eilf Tage lang fanden in allen Kirchen und Klöstern Prags die Exequien statt, während die Leiche selbst im grossen Saale der Königsburg lag. Am 12. Tage nach seinem Tode (Samstag vor Lucia) wurde die Bahre 14 Ellen lang, 4 breit, 5 hoch, von den Bannerherren bis zur Moldaubrücke getragen. Hier wurden sie von 30 Rathsherrn der Alt- und der von ihm begründeten Neustadt abgelöst. Diese, in Schwarz gekleidet, trugen die Bahre bis Sct. Clemens, dann 30 andere zum Rathhause der Neustadt, wo die besten Bürger der Stadt sie ablösten, um die Leiche in das Windisch-Kloster (nach Emaus) zu bringen, von wo wieder 30 andere sie in das Burggrafenhaus auf dem Wyssehrad trugen. Hundert und fünfzig schwarzgekleidete Handwerker mit Wachskerzen folgten, 300 Zechkerzen (der Zünfte) wurden vor der Bahre getragen. Dazu kamen 28 schwarzgekleidete „Unterkäufl und trug jeder ein gülden oder ein seiden Tuch von dem Rathe zu Prag". König Wenzel allein hatte 114 schwarzgekleidete Kerzenträger, der Rath aber 1300 gestellt. Es kamen 1800 Pfarrschüler, je 100 von einer Pfarre Prags, die Domherren mit ihren Schülern, sämmtliche Mönche, deren Zahl leider nicht angegeben wird, endlich die Universität, Artisten und Juristen, an 7000 [1]) Studenten und ander Geleit (Graduirte). Sie beklagten den Verlust ihres Stifters.

Der Kaiser selbst war gekleidet in Purpurhosen und Krönungsmantel, mit Handschuhen und kostbaren Ringen, die Kaiserkrone auf dem Haupte, die Kronen des deutschen, italischen und böhmischen Königreiches, Reichsapfel, Scepter und Schwert auf beiden Seiten der Bahre. Zwölf Ritter trugen über dieselbe den goldenen Himmel, hinter derselben fuhren die Kaiserin Elisabeth, Prinzessin von Pommern-Stettin, seit 1363 (vierte) Gemalin K. Karls, die Königin Johanna, Gemalin Wenzels und die Markgräfin (wohl Gemalin des damals in Prag anwesenden Jobst von Mähren) — zweifelsohne auch die am 11. Mai 1366 geborene Prinzessin Anna, Tochter K. Karls und der Kaiserin Elisabeth, bei dem Tode ihres Vaters 12 Jahre alt. In 20

[1]) Das ist zugleich die erste sichere Angabe von der Zahl der Studirenden in Prag. Seit der Gründung waren gerade 30 Jahre verflossen. Vergl. Benk. Ziak Augsb. Chronik. Öfele I, p. 258. Hegel, Chroniken, V. S. 22.

Wagen kam das schwarzgekleidete weibliche Gefolge der Fürstinen, aber in 26 die Bürgerinen. Dann wurden die Panner getragen[1]). Voran die böhmische Oriflamme, das rothseidene „Feurinpanner", das von Bauzen mit 3 Gewappneten, deren weisse Rosse auf seidenen Decken dasselbe Wappen trugen; das Panner von Görlitz, das von Lützelburg, von Lausnitz, von Schweidnitz, vom Breslauerlande, jedes Panner von 3 Gewappneten begleitet. Dann kam „mit 3 verdeckten Ross" das Panner des Königreiches Böhmen; hierauf der schwarze Adler im goldenen Felde, gar köstlich, das Panner des heil. römischen Reiches, „und ritt ein Ritter auf einem verdeckten Pferd und fürt eine gülden Kron auf einem Helm auf seinem Haupt", den Helm bedeckt mit „ainem Hermendeck, das Schwert entblöst, aber die Spitze zur Erde gesenkt". Dann kam erst noch eine Fahne des heil. Reiches, ein weisses Kreuz mit einem langen Zagel (Schweif)[2]) auf rothem Felde, ein anderes mit einem brennenden Adler im silbernen Felde, endlich die Rennfahne des Reiches, mit schwarzem Adler auf goldenem Grunde, aber das Haupt verkehrt „gen tale" (Erde?) mit allen Wappenschildern und Kleinodien der einzelnen Länder. Endlich an 500 Landherrn, Ritter und Edelleute alle schwarz gekleidet.

Man führte dann die Leiche wieder in die Stadt zurück, nach St. Jacob, wo sie in der Nacht auf den 13. Dezember gestanden war, umgeben von einem Himmel von 500 Wachskerzen, jede ein halbes Pfund schwer, was offenbar damals schon sehr viel war, da es besonders hervorgehoben wird. Von St. Jacob kam sie in die Marienkirche der Kreuzherren, endlich am 14. December in das Haus der Landherren, deren wohl 100 gekommen waren, „und da beging man jn gar köstlich, das nymant gesagen kann".

Vierzehn Tage lang gab K. Wenzel je 100 Kerzen, jede 6 Pfund schwer zur Feierlichkeit und brannten ununterbrochen 500 Kerzen Tag und Nacht. Alles das aber war gering gegen die Begräbnissfeier selbst, als der Umzug vollendet war, die Leiche in den von Karl IV. und dessen Vater gegründeten Dom gebracht wurde, wo nun ein Himmel mit 1500 brennenden Kerzen sich über die Leiche erhob. Der zweite Erzbischof Prags, umgeben von 12 geinfelten Bischöfen, verrichtete den Gottesdienst. Sämmtliche Panner mit 26 verdeckten Rossen wurden als Opfer dargebracht, die Panner zu dem Adler gelegt, ebenso der Schild des Reiches, den 2 Landherren trugen, und der Helm mit einer goldenen Krone hereingetragen vom Markgrafen Jost. Dann ging K. Wenzel mit den anwesenden Fürsten und Landherren zum Opfer, hierauf kamen die Kaiserin, die Königin und die Markgräfin mit ihrem Gefolge von 100 schwarzgekleideten Jungfrauen. Die Kaiserin sollte im kaiserlichen Ornate die Krone auf dem Haupte zum Opfer gehen und die Krone auf den Altar legen. Sie vermochte es jedoch nicht und gab die Krone der Königin. Dann kamen noch die Bürger und Bürgerinen, worauf das Begräbniss stattfand. In vollster kaiserlicher Pracht legte man die Leiche in den zinnernen Sarg mit goldener Krone, Scepter und Schwert, seinem goldenen Kleide, dem Sturmschild des Reiches und den Rennschild daran[3]). 16. December.

Von allen Fürsten jener Tage war keiner an Länge der Regierung, an Ausdauer und Glück der Unternehmungen Eduard III. von England näher gekommen, als Karl IV., und

---

[1]) Von Burkard Zink nicht erwähnt. Wohl aber vom Cod. Germ. Monac. 369.

[2]) Bei Zink mit einem ainige vogl. Zagel nach Westenrieder's Glossarium: cauda.

[3]) Von All diesem ist jetzt nichts mehr vorhanden als der Schädel, welchen ich vor Jahren in der Hand hatte, ebenso den K. Georgs und einen überaus schönen weiblichen mit vortrefflich erhaltenen kleinen Zähnen, und die Reste eines Mantels, mit welchem K. Wladislaus, was damals von K. Karl noch übrig war, bedecken liess.

hatten wohl kaum zwei Fürsten grössere Verschiedenheiten in Betreff des Characters ihrer Regierungen gezeigt. Im Leben selbst waren sie nur wenig in unmittelbare Berührung zu einander getreten. Zuerst in Amiens, wo Karl Zeuge war, als Eduard 16. Juni 1329 dem französischen Könige den Lehenseid leistete[1]), dann standen sie sich bei Crecy feindlich gegenüber, als Eduard III. erst Bundesgenosse Ludwigs IV. und dessen Vicar, dann von Ludwig verlassen, hier mit des letzteren grössten Gegnern, den Luxenburgern, kämpfte, K. Johann erschlagen wurde, K. Karl mit schweren Verwundungen den siegreichen Engländern entging. Schon Anfang 1349 aber hatte sich bei Karl wie bei Eduard die feindliche Politik in das Entgegengesetzte verändert. Es handelte sich selbst um nichts Geringeres, als um eine Verlobung Karls mit der ältesten Tochter[2]) K. Eduards III., der im J. 1332 gebornen Prinzessin Isabella, derselben, welche 1368 den Herrn Ingelram von Coucy heiratet und die Mutter der Prinzessin Philippa, nachher Gemahlin Robert de Veer's, Grafen von Oxford und Herzogs von Dublin, wurde. Sie starb ein Jahr nach Karl IV., 1379, welcher statt ihrer in zweiter Ehe die Pfalzgräfin Anna von Wittelsbach heiratete, die Mutter des 1340 geborenen, 1351 verstorbenen Prinzen Wenzels.

K. Karl IV. hatte seit langer Zeit mit der Ahnung eines verhältmässig frühen Todes, und von der Überzeugung erfüllt, dass die Abnahme seiner physischen Kräfte mit der Bürde seines kaiserlichen Amtes unverträglich sei, alles aufgeboten, den Übergang von der einen Regierung zu der andern soviel als möglich unmerkbar zu machen. Die Erwerbung der brandenburgischen Marken, woran er mit ebenso grosser Consequenz gearbeitet, als das Haus Wittelsbach auf ihre Erwerbung wenig Werth gelegt hatte, war der Anfang zu neuen Zerwürfnissen, zugleich aber auch zu einer ruhmvollen Stellung geworden, die K. Karl im Norden Deutschlands einnahm, wo er das polnische und dänische Übergewicht zurückdrängte. Die Vereinigung der Marken mit der Krone Böhmens war aber andererseits eine That gewesen, welche von einem sorgsamen Kaiser aus einem andern Hause wohl eben so eifrig würde gelöst worden sein, als sie Karl zu Stande brachte. Überhaupt fühlte der Kaiser sehr wohl, dass es ihm zwar vergönnt war, ein grosses Reich zu schaffen, die Erhaltung des Gewonnenen aber davon abhänge, dass in denselben Principien fortgefahren würde; wenn nicht, so war das Ganze eine ephemere Schöpfung, wie deren im Osten von Europa bereits so viele entstanden waren. Die Erwerbung der Marken steht daher in einem innigen Causalzusammenhange mit dem Bestreben, seinem ältesten Sohne noch bei seinen eigenen Lebzeiten die Krone des römisch-deutschen Reiches zu verschaffen, da er nur zu sehr fühlte und es auch dem päpstlichen Nuntius nicht verhehlte, wie schlimm die Dinge werden könnten, wenn die Krone auf einen andern — wahrscheinlich meinte er den Markgrafen Otto aus dem Hause Wittelsbach — übergehen würde. Als auch dieses nach Überwindung unsäglicher Mühen erlangt war, geht das Bestreben des Kaisers unverwandt darauf, seinen Sohn in die Reichsgeschäfte einzuführen, und, wie er früher im Betreff der Krone Böhmens eine Gemeinsamkeit der Handlungsweise in allen Fällen eintreten liess, so ist es jetzt in Bezug auf Deutschland. Der Sohn handelt natürlich, so wie der Vater will; dieser aber scheint nicht anders handeln zu wollen, als wie der Sohn; beide sind in vollster Übereinstimmung, erst gegen die Städte, dann in Betreff der Anordnungen mit

[1]) Le livre des fais et bonnes moeurs du sage roy Charles (V.). Michaud, nouvelle collection des mémoires. Paris 1887. II. p. 113.

[2]) Nach Walsingh. I. p. 701.

Frankreich, endlich zur Herstellung des Reichsfriedens wie zur Hebung des kirchlichen Schisma's. Karl feierte sterbend[1]) den Triumph, dass er wirklich im Sohne fortzuleben schien, nicht wie gewöhnlich der Sohn die dem Vater entgegengesetzte Richtung einschlägt, sondern das grösste Unglück, das einem Lande und dessen Fürsten begegnen kann, die zu grosse Jugend und damit geistige Unreife des Nachfolgers, durch das Festhalten am Geleise des Vaters wenigstens die ersten eilf Jahre nicht zum Vorschein kommt.

So schien denn im römischen Reiche deutscher Nation die Ordnung der Regierung viel fester begründet, als im Königreiche England, ungeachtet der Erbe Karls nicht viele Jahre mehr zählte, als der Enkel K. Eduards. Kaiser Karl hatte zudem noch nach zwei Seiten hin die künftige Regierung in die Geleise der eigenen gebracht; die eine betraf die Anerkennung Urbans VI. als rechtmässigen Papstes, die andere die politische und verwandtschaftliche Verbindung K. Wenzels mit dem französischen Königshause. Als am 8. Januar 1378 K. Karl V. im Louvre zu Paris in Gegenwart des Kaisers, seines Sohnes, des „roy de Behaigne", der französischen Prinzen, des geheimen Rathes, seine Klagen über das Verfahren des (bereits verstorbenen) Prinzen von Wales und der englischen Krone in ausführlicher Rede kund that, erklärte sich Kaiser Karl für Frankreich. Am darauffolgenden Tage aber (9. Januar) sprach sich der Kaiser noch viel unumwundener für den französischen König aus und stellte diesem seinen Sohn, seine andern Kinder, alle seine Verwandten, Bundesgenossen und Freunde und seine ganze Macht zur Verfügung[2]). Da K. Carl noch dazu den Dauphin auf Lebenszeit zum kaiserlichen Generalvicar im Königreiche Arles ernannte[3]), die Könige von Castilien, Portugal und Schottland mit der französischen Krone verbündet waren, dasselbe wohl auch von Ungarn und Polen gesagt werden konnte, schien fast ganz Europa 1378 in Waffen gegen K. Richard II. zu starren, als K. Karl starb, und nun die Erklärung K. Karls V. zu Gunsten des Papstes Clemens gegen Urban VI. die weit verzweigte Verbindung erst erschütterte, dann auflöste. Der Tod K. Karls V., der als Vicar Gottes in Frankreich[4]) noch die Seinigen sterbend segnete und den Dauphin, „wie Abraham[5]) den Jakob" gesegnet (26. September 1380)[6]), brachte dann in die Lage der Dinge bei der Unmündigkeit seines Sohnes Karls VI. von selbst eine vollständige Veränderung in den Staatenverhältnissen hervor.

Wohl die grösste war die Verbindung der Häuser Luxemburg und Plantagenet.

Der gerechte Zorn K. Wenzels über das Benehmen der französischen Cardinäle, welche das Schisma hervorgerufen hatten und deren Papst nach Avignon zurückgekehrt war, in

[1]) Tantae fuit industriae, bonitatis et justitiae, quod verisimile creditur, divisionem illam ecclesiae nullo modo durasse longo tempore, si omnipotentis Dei pietas eum tam subito post ejus divisionis exordium de hoc medio (mundo) minime subievasset. Tract. de longaevo scismate. Carolus, vir prudens et astutus, qui multa bona statuit, amator cleri, in cujus favorem legem edidit pro eorum et sacrarum rerum libertate, quae dicitur Carolina. Chr. episc. Verd. ap. Leibn. II. p. 230.

[2]) Il vouloit que tous sceussent que luy, son filz le roy des Romains, ses autres enfans et tous ses parens alies et amis et toute la puissance, il vouloit et offroit au Roy estre tous siens contre toutes personnes à aydier et garder son bien honneur et royaume et ses enfans et freres et amis. Le livre des fais et bonnes moeurs du sage roy Charles. f. 114.

[3]) Die Behauptung der Quarta vita Gregorii XI. ap. Baluz. Vitae Pap. Addid. I. p. n. 63. Parisius — ubi coronavit (Carolus IV.) filium Caroli V. Regis Francorum de facto in Regem Arelatensem ad decennium tantum, widerlegt sich von selbst.

[4]) Qui m'a) as institué ton vicaire, betete Karl auf dem Todbette.

[5]) Schon Michaud hat aufmerksam gemacht, dass dieses nicht Abraham, sondern Isaak war. II. p. 144. not.

[6]) Nach dem livre des fais starb K. Karl 26. Sept. p. 144, nach Jean Juvenal des Ursins (p. 235), am 16. Sept.

zweiter Reihe gegen Karl V., welcher sich für Clemens VII. ausgesprochen, sicherte noch bei Lebzeiten des letztgenannten Königs von Frankreich den Weg dazu. Schon am 20. Mai 1379[1]) ergriff K. Wenzel die Initiative, um an K. Richard zu schreiben und ihm gegenüber der von Clemens VII. und dessen Anhange ausgestreuten Unwahrheiten zu eröffnen, dass sowohl er selbst als die deutschen Prälaten und sein Bruder Sigmund, König von Ungarn, nach dem Beispiele ihres Vaters K. Karls Urban VI. als den rechtmässigen Papst ansähen und an ihm festhalten würden[2]). Eine Copie dieses Briefes sandte sodann am 14. September 1379 Richard an den König Peter von Arragonien, um diesen aufzufordern, sich gleichfalls für Urban auszusprechen[3]).

So rasch waren selbst die Vorgänge im Louvre vergessen worden, dass deutscherseits an Pabst Urban VI. die Zumuthung gerichtet wurde, den Krieg (Kreuzzug) gegen den König von Frankreich predigen zu lassen[4]); das deutsche Reich, Flandern, wo ohnehin eine gegen Frankreich und den französischen Adel höchst feindliche Stimmung herrschte, und England, das gegen Frankreich nicht noch besonders aufgestachelt zu werden brauchte, würden sich gegen Karl V. verbünden. Ein Abgesandter des Gegenpapstes, welcher über Metz nach dem Reiche wollte, erlangte gar nicht die Erlaubniss, dasselbe zu betreten[5]).

So hatten die Missverhältnisse, welche aus dem Schisma erwuchsen, bereits den Prager und den Londoner Hof einander näher geführt, als am letzteren die Frage entstand, welche Braut man für den jugendlich aufblühenden König, den einzigen Sprössling der Primogeniturlinie, auswählen solle.

Nach Froissart, mit welchem hier das Eulogium übereinstimmt[6]), war die öffentliche Meinung in England für eine niederländische Prinzessin, theils weil Philippa von Hennegau, K. Eduards tugendhafte Gemalin, daher stammte; mehr noch weil man durch eine Verbindung der Krone England mit den Niederlanden eine Stärkung gegen Frankreich zu erlangen hoffte.

Um so mehr bemühten sich auch die Franzosen, die Erbin von Flandern, Margaretha, für einen Prinzen ihres Königshauses zu gewinnen, wie sie denn auch Philipp Herzog von Burgund heimführte[7]).

Auch an eine Tochter des Herzogs von Lancaster sei als Braut für K. Richard gedacht, der Plan jedoch theils wegen zu naher Verwandtschaft, theils der Hoffnung wegen, im Auslande einen Stützpunkt zu erhalten, aufgegeben worden.

Dann wird eines Projectes erwähnt, den König mit einer Tochter des reichen Herrn von Mailand, Barnaba Visconti zu vermählen (1379), nachdem schon 11 Jahre früher Richards Oheim, der Herzog von Clarence, Lionell, sich um Violante Visconti beworben. Es scheint der Plan von Mailand ausgegangen zu sein. Die Angelegenheit wurde als Staatssache betrachtet

---

[1]) Pragae die XX. Maji regnorum nostrorum Bohemiae XVI. Romani vero III.

[2]) Raynaldi annales ecclesiastici. 1379. n. 40.

[3]) l. c. n. 42.

[4]) Vergl. den Brief des Bischofs von Cordova Menendes an König Peter von Aragonien. Rayn. 1379. n. 46.

[5]) l. c. 1379 n. 41.

[6]) p. 355.

[7]) Hoc anno, sagt die cont. eulogii p. 355 Rex Annam — solutis pro ea 22. m. marcis sine consensu regni desponsavit. Oblata sibi fuit filia comitis Flandriae, quam si habuisset jure suo postea Flandriam habuisset. Dux autem Burgundiae ipsam duxit, qui nunc comitatum habet. Philipp der Kühne war der Bruder K. Karls V. von Frankreich. Margarethens Grossvater Graf Ludwig II. fiel zu Crecy. Ihr Vater ward von Johann Herzog von Berry 1381 erstochen. Sie selbst starb 1406.

und im geheimen Rathe von England verhandelt. Die Gesandten des Herrn Barnaba waren nach London gekommen und der geheime Rath hatte auf dieses eine Commission,[1] bestehend aus dem Baneret Michael de la Pole, Johann (Simon) von Burle, Ritter der königlichen Kammer, und dem Dechanten von Lincoln, Johann von Shepeyr, ernannt, nicht nur wegen der Heirath, sondern auch wegen eines Bündnisses mit Mailand zu unterhandeln (18. März 1379).

Es ist unter den erwähnten Verhältnissen nicht nothwendig, die Frage aufzuwerfen, wie es kam, dass plötzlich der Name der Kaisertochter Anna in den Vordergrund tritt. Es lag nahe genug, wenn K. Wenzel und K. Richard sich in der wichtigsten Frage der Zeit, der Behandlung des Schismas geeinigt, wenn die Angelegenheit der Vermälung des jugendlichen Königs als Staatssache erwogen wurde, in London so gut an die Heirat mit einer Kaisertochter zu denken, als dieser Gedanke König Karl V. in seinen letzten Tagen zu Paris wegen seines Sohnes beschäftigte.

Kaiser Karl besass von seiner letzten Gemahlin, der starken Elisabeth, eine so reiche Nachkommenschaft, dass sie selbst für den Fall der bisherigen Kinderlosigkeit des Kaisers hingereicht hätte, die Fortdauer des luxemburgischen Hauses zu sichern. Am 11. Mai 1366 geboren, hatte die Prinzessin Anna den 1368 gebornen Prinzen Sigmund, nachher König von Ungarn, den 1370 gebornen Prinzen Johann, nachher Herzog von Görlitz und Markgrafen der Lausitz, und die Prinzessin Margarethe, welche schon vor ihrer Geburt (1373) mit einem gleichfalls noch nicht gebornen Burggrafen von Nürnberg verlobt war, zu rechten Geschwistern. Die Prinzessinnen Margarethe und Katharina, letztere in erster Ehe Gemahlin H. Rudolfs von Österreich, dann 1366 des Markgrafen von Brandenburg Otto aus dem Hause Wittelsbach, endlich Elisabeth, 1366 Gemahlin Herzog Albrechts von Österreich[2]), die aber schon 1373 starb, gehörten wie K. Wenzel andern Müttern des viermal vermälten Kaisers, ihres Vaters, an. — So die älteste einer neuen Reihe von Prinzen und Prinzessinnen, wurde Anna schon mit fünf Jahren in die politischen Combinationen ihres Vaters hineingezogen, der seine Töchter als geeignetes Material für seine wechselnden politischen Bündnisse ansah. Sie wurde im Jahre 1371 dem Herzoge Wilhelm von Baiern-Holland als Braut zugesagt; der Bräutigam heiratete jedoch 1386 die Prinzessin Margaretha, Tochter Philipp des Kühnen, Herzogs von Burgund. Er brauchte sich keine Gewissensscrupeln zu machen, denn seine Braut war schon 1373 mit einem Sohne des Landgrafen Friedrich von Thüringen verlobt worden; 10.000 Schock Prager Münze waren ihr deshalb auf die Städte Brüx und Laun verschrieben worden[3]). Sollte aber die Heirat aus Verschulden des Kaisers oder der Prinzessin nicht stattfinden, so sollten beide Städte an den Landgrafen fallen. K. Wenzel bestätigte seinerseits am 1. Mai 1373 diesen Vertrag, der wieder nicht zur Ausführung kam. So zweimal verlobt und niemals vermält, näherte sich die Kaisertochter ihrem 14. Jahre, als man in England an ihre wirkliche Vermälung dachte.

Zweifelsohne mit Michael de la Pole begab sich der Ritter Simon von Burley, welcher das ganze Vertrauen des Prinzen von Wales besessen hatte[4]) und wohl von diesem mit der

---

[1]) Rymer, foedera. VII. p. 213.
[2]) Beneš p. 388.
[3]) Pelzel. K. Wenzel. I. S. 33.
[4]) Sage et grand traiteur durement. Froiss. II. c. 69.

Sorge um K. Richards Erziehung betraut worden war, über Calais nach Brüssel, wo er nach Froissarts Erzählung den Bruder Kaiser Karls, den Herzog Wenzel von Luxemburg und Brabant, die Grafen von Blois und St. Pol, die Herren von Namur und viele Ritter vom Hennegau und Brabant fand. Als er dem Oheime der Prinzessin Anna und ihrer Muhme mittheilte, er reise auf Brautschau nach Prag, wurde er nicht blos auf das Freundlichste aufgenommen, sondern auch mit Schreiben an K. Wenzel ausgerüstet, zu welchem sich die Gesandtschaft über Löwen und Köln begab.

Wahrscheinlich fanden Burley und die Seinigen den König in Frankfurt, wo am 27. Feber (und nachher am 17. September) 1379 Wenzel mit den Kurfürsten das Bündniss wider den Gegenpapst abschloss, dem das Reich beitrat[1]). Ausdrücklich wissen wir aus einem Briefe des Minoriten Peter von Aragonien, dass die Procuratoren K. Richards sich in Frankfurt befanden[2]), als der erwähnte Bund abgeschlossen wurde. Ob die Gesandtschaft diesmal nach Prag kam, ist somit die Frage. Wohl aber ist es von Interesse zu erfahren, dass unter dem Gesandtschaftspersonal sich mit Robert Braybrocke, dem k. Secretär, auch der Ritter Bernard von Sedlec[3]) befand, dessen Name an die gleichnamige böhmische Abtei erinnert. Dass Michael de la Pole sei es auf dieser, sei es auf einer andern Gesandtschaftsreise nach Deutschland in Gefangenschaft gerieth und längere Zeit seiner Freiheit beraubt war, wissen wir aus jenes Staatsmannes späteren Lebensschicksalen.

Am 12. Juni 1380 erhielten sodann Ritter Simon, Robert Braybrocke und der Ritter von Sedlec den Auftrag, sich, wie es heisst, um die Hand der Prinzessin Katharina zu bewerben, welche der Herausgeber der englischen Staatsverträge nach den ihm vorliegenden Urkunden erst zu einer Tochter K. Ludwigs[4]), dann K. Wenzels macht. Man sieht aber deutlich, dass dies eine blosse Namensverwechslung ist und es sich hier um niemanden anders, als um die Prinzessin Anna handelte.

Die Gesandtschaft hatte ihre Schuldigkeit erfüllt. Schon am 26. December 1380[5]) machte K. Richard bekannt, dass seine Wahl auf die Kaisertochter Anna gefallen sei, nicht blos wegen ihrer vornehmen Geburt, sondern vor allem wegen ihrer weitberühmten Herzensgüte[6]). Von ihrer Schönheit, wie bei der nachherigen Braut K. Karls VI., der nach sorgfältiger Probe untadelhaft befundenen Isabella von Baiern, war keine Rede. Das Geschlecht Karls IV., wenn es dem Vater nachschlug, war auch eher unschön als schön zu nennen, und die Stimmen der

---

[1]) Auf diese und die nachherigen Septemberbeschlüsse bezieht sich auch das Schreiben des Pfalzgrafen Ruprecht an Karl V. bei Balus, Vitae Pap. Avenionens. II. n. CCX. p. 887. Einer Zusammenkunft Wenzels in Frankfurt mit den Fürsten und dem Cardinal von Ravenna erwähnt der Bischof von Cordova. Rayn. 1379. n. 46. Ebenso Pfalzgraf Ruprecht an Karl V. in parlamentis regalibus in quadragesima proximo praeteritis et nuper de mensi Septembri Bal. II. p. 388. Dann der Erzbischof Friedrich von Köln im Schreiben vom 25. Juli über die Beschlüsse zu Frankfurt zu Gunsten Urbans, die nuper geschehen waren. Rayn. 1378 n. 39.

Über das ganze Weizsäcker: deutsche Reichstagsacten II. S. 232—260 ff.

[3]) Bernardum van Sedles.

[2]) Ap. Raynald. 1379 n. 38 imperator tenuit consilium, in quo interfuerunt omnes praelati et barones Alemanniae procuratores regis Angliae, comitis Flandriae, ducis Brabantiae.

[4]) Rymer VII. p. 257.

[5]) Schreiben des Königs an Thomas von Holland, Grafen von Kent, Marschall Englands, und an Johann Bischof von Hereford, königliche Bevollmächtigten. Rymer setzte dieses Schreiben in das Jahr 1381; es kann aber nur 1380 zu verstehen sein, da vor 26. December 1381 Anna schon in England war. (VII. p. 281.)

[6]) Placuit nobis nedum propter ipsius nobilitatem, sed propter famam celebrem bonitatis ipsius nostris auribus instillatam. Der Charakter Richards verlangte eine sanfte, nachgiebige Lebensgefährtin.

Engländer, welche sich über Anmuth und Lieblichkeit der äusseren Erscheinung der Prinzessin Anna aussprachen, sind auch äusserst sparsam.

Es war die höchste Zeit, dass man sich englicherseits darüber schlüssig machte, da auch von französischer Seite auf dasselbe Ziel hingearbeitet wurde. Es klingt denn doch ziemlich früh in Frankreich die Ansicht hindurch, dass man sich mit der Anerkennung P. Clemens' VII. übereilt habe. Die Pariser Universität machte geltend, dass es das Beste wäre, wenn man statt beider Päpste die Wahl eines dritten betriebe. Im königlichen Rathe aber erwog man, wie Deutschland durch den Zwist der Häuser Habsburg und Wittelsbach gespalten sei[1]) und hoffte daraus für die Anerkennung Clemens' VII. Capital zu schlagen. Herzog Leopold von Österreich übernahm es, mit K. Wenzel wegen eines Concils zu unterhandeln; ebenso H. Wenzel von Brabant, offenbar damit, wenn der römische König nicht für das Eine gewonnen werden könne, er doch Urban VI. preisgebe und dem Projecte einer Neuwahl sich zuwende. Allein K. Wenzel erklärte, dass er weder von einem allgemeinen, noch von einem Particularconcil, ja nicht einmal von einer Besprechung von Gelehrten oder Geistlichen etwas wissen wolle, wodurch das Recht P. Urbans VI. in Zweifel gezogen werden könnte. Er, der römische König, würde durch eine derartige Nachgiebigkeit nur seinen Vater zum Ketzer machen, welcher im guten Glauben an das Recht P. Urbans VI. gestorben war[2]). Man überzeugte sich in Frankreich sehr bald, dass die Hoffnung, Wenzel zu anderer Ansicht zu bringen[3]), nur noch darauf beruhe, dass man ihn bewege, seine Schwester Anna dem Könige von Frankreich — dem erst 1368 geborenen Karl VI. — zur Gemahlin zu geben. Hatte doch Karl V. gerathen, man solle für ihn eine Gemahlin in Deutschland suchen und damit ein starkes Bündniss gewinnen[4]). So konnte die Kaisertochter, wenn ihre Wahl frei war, zwischen den mächtigsten Königen von Westeuropa wählen, von welchen der eine um ein, der andere um zwei Jahre jünger war, als sie selbst.

Die Franzosen hatten sich trotz der Weisheit K. Karls in eine Sackgasse verrannt. Man konnte sich keiner Täuschung hingeben, dass das Project eines Concils unausführbar sei. Es war ein höchst merkwürdiges Geständniss, das damals der Cardinal Petrus von Sortenac in einem Schreiben an seine Collegen Francesco Corsini und Simon von Brossano ablegte, dass, seit jeder einzelne König in seinem Lande sich als Kaiser ansehe[5]), auch die Möglichkeit der Einberufung eines Concils durch einen Kaiser geschwunden sei, abgesehen von dem Umstande, dass (durch Wenzels unheilvollen Aufschub eines Römerzuges) jetzt nicht einmal ein Kaiser vorhanden sei! Hatte man doch französischerseits alles aufgeboten, um das Kaiserthum ohnmächtig zu machen; jetzt freilich hätte man nichts dagegen, wenn es in Kraft vorhanden ge-

---

[1]) Epistola Petri de Sortenac Card. ad Franciscum de Corsinis et Simonem de Brossano Cardinales. Ap. Baluz. II. n. CCIII. p. 868.

[2]) Doch hatte bereits Wenzel dem Marggrafen Jost von Mähren den Auftrag ertheilt, mit K. Karl ein Bündniss zu schliessen. Baluz. II. n. CCXII.

[3]) Nec est spes eum pro nunc revocandi, nisi per tractatum matrimonii, qui pendet de sorore sua danda regi Franciae, in quo tractatu speratur, quod possit informari de justitia domini nostri et de praeservatione famae et honoris patris sui mortui et per consequens reduci. Siehe das Schreiben des Card. Peter von Sortenac bei Baluz. Vit. Pap. Avin. II. p. 869.

[4]) Froissart und nach ihm Barante hist. des ducs de Bourgogne. I. p. 204.

[5]) Cum quilibet rex se reputet quasi imperatorem in regno suo. Bal. l. c. p. 864. Der Brief selbst kann nicht mit Baluz. in das J. 1381, sondern muss schon wegen der Erwähnung der mit Anna obschwebenden Verhandlungen in das Jahr 1380 gesetzt werden.

wesen wäre, vorausgesetzt, dass es von der französischen Politik sich in das Schlepptau nehmen lasse. Aber auch die Partei des Gegenpapstes hielt die Berufung eines Concils für unstatthaft[1]) und eben deshalb war auch von einer Vermählung Karls VI. mit der Prinzessin Anna für diesen Zweck nichts zu hoffen.

Dagegen wurde nun von Seiten K. Richards die Angelegenheit mit allem Ernste aufgegriffen. Eine Zusammenkunft der beiderseitigen königlichen Bevollmächtigten sollte auf Epiphania 1381 in Flandern stattfinden, und zu diesem Ende wurden auch Thomas Graf von Kent, der Seneschall Hugo Segrave und der Kämmerer Simon von Burley als Bevollmächtigte K. Richards bestimmt, die Heirath abzuschliessen[2]). Es erfolgte dann im März 1381 die Mission des Cardinals Pileus von S. Praxede, des Herzogs von Teschen[3]) und vieler anderen Herren, die im Auftrage K. Wenzels wegen des Abschlusses der Vermählung nach England zogen.

Auf dieses ertheilte K. Richard am 12. Juni 1381 dem Grafen Thomas von Buckingham und dem Bischof Johann von Hereford den Auftrag, nicht blos die Heirath mit der Prinzessin Anna, sondern auch ein Bündniss mit K. Wenzel abzuschliessen[4]). Ihrerseits ernannte die Kaisertochter nach dem Rathe ihres Bruders, des römischen Königs, und ihrer Mutter, der Kaiserin Elisabeth, den Herzog Primislaus von Teschen, ihren Verwandten und die königlichen Räthe, Conrad Krayger[5]) und Peter von Wartenberg zu ihren Procuratoren am 23. Jänner[6]). Die Kaiserin bestätigte durch eigene Urkunde von Prag die Vollmacht, für die excellens virgo domicella Anna die Ehepacten zu schliessen. Der römische König aber, welcher die Sache nicht blos als ein Familienereigniss, sondern als ein Staatsgeschäft ansah, trug den drei Procuratoren nach dem Rathe seiner Fürsten, Barone und Vornehmen[7]) auf, mit K. Richard ein Bündniss abzuschliessen zur Aufrechthaltung P. Urbans VI. und seiner legitimen Nachfolger, und erklärte, alles, was sie in Ordnung brächten, treu beobachten zu wollen. (Nürnberg 1. Feber[8].)

Schon am 29. März berief Richard[9]) die Procuratoren zu sich nach Westminster und bevollmächtigte er den Grafen Edmund von Canterbury, seinen Oheim, nebst Hugo Segrave und Alfred de Veer die Unterhandlungen zum Abschlusse zu bringen. Der König war offenbar über den Fortgang der Angelegenheit hoch erfreut, da er schon am 1. Mai dem Herzoge von Teschen, der sich zu ihm begeben hatte, auf Lebenszeit einen Jahresgehalt von 500 Mark Sterling, dem Bořivoj von Svinar 500 Goldgulden, dem Peter von Wartenberg 250 Mark, dem Sifrid Foster (scutifer) und dem Ritter Konrad von Ridburg, je 200 Goldgulden, dem Luipold von Krayger, Sohne des Konrad Krayger, 50 Mark Sterling verlich[10]).

Der Vertrag selbst wurde von Seiten des römischen Königs durch den Herzog von Teschen, den Hofmeister Konrad Krayger, den Kammermeister Peter von Wartenberg aus-

---

[1]) l. c. p. 871.

[2]) Rymer VII. p. 280.

[3]) Duce Caesiliae heisst es bei dem Mon. Evesh. p. 27.

[4]) Rymer VII. p. 281.

[5]) Kreyger, Crerar, Creyeger. Rymer.

[6]) Burgleins, X. Cal. Feb. 1381. Rymer VII. p. 282. Sie gebrauchte (quia proprio sigillo nondum uti consuevimus) das ihres Bruders und der geistlichen und weltlichen Zeugen.

[7]) 30. Januar 1381. Rymer VII. p. 288.

[8]) Rymer VII. p. 294. 295.

[9]) Rymer VII. p. 283.

[10]) l. c. p. 286.

gefertigt[1]). Englischerseits traten Edmund Graf von Canterbury, Hugo von Segrave (senescallus Hospitii) und der Kämmerer Alfred von Veer ein. Es wurde 2. Mai 1381 bestimmt, dass auf Kosten des römischen Königs die Prinzessin Anna als Braut des Königs von England und Frankreich bis nächsten Michaeli sei es nach England, sei es nach dem englischen Calais würdig ausgestattet[2]) gebracht werde. Beide Könige schliessen für sich und ihre Erben Freundschaft und Bündnisse ab, so dass die Feinde des Einen die Feinde des Andern seien.

Dieser Bund gelte aber vorzüglich den Schismatikern, ohne dass jedoch beiden Königen das Recht benommen sei, weitere Bündnisse abzuschliessen. Die Vasallen und Unterthanen des Königs Richard sollten mit ihren Waaren[3]) ungehindert und unbeschwert in die Reiche und eigenen Lande K. Wenzels kommen und sich daselbst aufhalten können, ohne dass sie von irgend jemanden gefangen genommen oder ihre Güter willkürlich mit Beschlag belegt werden dürften[4]). Von einer Reciprocität für die böhmischen und deutschen Kaufleute war keine Rede. Der Cardinal Pileus, der Erzbischof Simon von Canterbury, die Bischöfe von London, Winchester, Hereford, Sarum, der Herzog von Lancaster, Titularkönig von Castilien und Leon, die Grafen Richard von Arundell, Hugo von Strafford, Wilhelm von Suffolk und mehrere andere Barone und Ritter beschworen in die Seele ihres Königs den Vertrag. Der freigebige Bräutigam gewährte nun seinem neuen Schwager ein Anlehen von 20.000 Goldgulden (9000 Goldnobel)[5]), wofür Wenzel am 2. Mai 1382 zu Nürnberg alle seine gegenwärtigen und zukünftigen, beweglichen und unbeweglichen Güter verpfändete, aber nicht wie es Sitte war, wenn wirklich an das Zurückzahlen gedacht wurde, ein bestimmtes Schloss und ein bestimmtes Land. Die Schuldverschreibung der Botschafter des römischen Königs über diese Summe, London am 5. Mai, enthielt den Schlusssatz, dass dieselbe von dem Augenblicke an werthlos sein solle, in welchem die Prinzessin Anna nach England oder Calais gebracht worden sei[6]). Kein Wunder, wenn die Engländer urtheilten, Wenzel habe seine Schwester an sie verkauft, noch dazu, da am 6. Mai 1381 K. Richard urkundlich dem K. Wenzel versprach, ihm innerhalb 14 Tagen nach Übergabe der Prinzessin Anna die Summe von 80.000[7]) Goldgulden zur Bestreitung seiner Ausgaben in Brügge auszahlen zu lassen. Die Summe von 20.000 fl. erhielten die Gesandten gleich in London ausbezahlt, in Betreff der 80.000 fl. aber versprach K. Richard seinen Schwager nicht zu behelligen, sondern ihm die Quittung zurückzugeben[8]) (6. Mai 1381). Richard ernannte sodann den Simon von Burley, Robert Braybrocke, Walter von Skirlam, Nicolaus Dageworth und Bernard von Sedlec zu seinen Bevollmächtigten, um mit den deutschen Kurfürsten alle nöthigen Bündnisse zu Gunsten seiner Unterthanen abzuschlies-

---

[1]) Nach Baluz. Vitae Pap. Avin. I. p. 1361 war auch der Cardin. Pileus bei diesen Unterhandlungen thätig. Sein Name erscheint auch bei dem Heiratsvertrage vom 2. Mai 1381. Rymer VII. p. 211. Über diesen charakterlosen und zwischen den Parteien hin- und herschwankende Mann — man nannte ihn nur Cardinalis de Tricapelli, weil er von drei verschiedenen Päpsten den Hut empfangen, siehe die I. vita Clementis VII. ap. Baluz. I. p. 524.

[2]) Competenter dotatam et apparatam l. c. p. 290.

[3]) Cum rebus et mercandis suis.

[4]) Nisi ratione delicti vel contractus commissi sive initi infra destrictum suum et hoc juris ordine observatis.

[5]) Wie Wenzel sagt: ad opus nostrum pro nostris negotiis peragendis et necessitatibus subportandis.

[6]) Rymer VII. p. 297.

[7]) l. c. p. 301.

[8]) l. c. p. 302.

sen (10. Mai 1381)[1]. Nichtsdestoweniger hebt das Eulogium hervor, Richards Heirat sei ohne Zustimmung des Königreiches geschehen. Es bezieht sich dieses Urtheil wohl darauf, dass kein Parlamentsbeschluss die für K. Wenzel so günstigen Verträge genehmigte, wesshalb man denn auch hieran eine Handhabe hatte, unter veränderten Umständen den eigentlichen Unterhändler Simon von Burley, wenn man wollte, zur Verantwortung zu ziehen.

Die angesehensten Personeu des Hofes betheiligten sich an der so wichtigen Sache. Zuerst der Herzog von Teschen Primislaus, Konrad Krayger, Johann Erzbischof von Prag, Konrad Bischof von Lübek; Heinrich Herzog von Schlesien und Herr von Brieg, Markgraf Procop von Mähren, beide, gleich Primislaus, Blutverwandte (consanguinei) der Prinzessin, Andreas und Heinrich von Duba, Thimon von Colditz, Botho von Czastalowitz, Beneš von Duba[2]; Zdenko von Waldstein, Hofmeister der Kaiserin, der Burggraf Hermann von Kussnyk[3]), endlich die Herzogin von Leuchtenberg als Brautführerin.

Wir können nicht genau angeben, wann die Königsbraut ihre Mutter, Brüder und Schwestern verliess, um unter dem Geleite ihres Vetters, des Herzogs Přemysl von Teschen und mit einem stattlichen Gefolge, zu welchem zweifelsohne die nachher so berühmt gewordene Dame Landskrona gehörte, den Weg in ihre neue Heimat anzutreten. Wohl stellte Richard am 28. October 1381 einen Geleitsbrief für einen Lombarden aus, der im Auftrage der Königin Anna nach England reisen wollte. Am 1. December[4]) (Samstag nach Andreas) bestimmte sodann der König seinen Bruder Johann Holland, den Senneschall Johann de Montagu und seinen Kämmerer Simon von Burley die Königin Anna nach England hinüberzugeleiten. Das Gefolge der Königin sollte nicht nach Hause geschickt, sondern in mässiger[5]) Anzahl mit der Braut aus den Händen der Commission K. Wenzels in Empfang genommen und all ihre Habe auf königliche Kosten herübergeleitet werden. Die Prinzessin muss um diese Zeit bereits in Brüssel eingetroffen sein, wo sie bei ihren Verwandten als Madame Anna de Behayne länger, als ihr lieb war, über einen Monat verweilen musste.

Wenn uns auch nähere Angaben über die Königin fehlen, so ist wohl der Verfasserin ihrer Lebensbeschreibung, Miss Strickland, zu glauben, dass ihre Züge wie sie auf ihrem Grabmale erscheinen, keine besondere Schönheit darthun. Das Geschlecht Karls IV. erfreute sich überhaupt nicht, wie das Haus Plantagenet, des Ruhmes schöner Körperbildung, etwa die Prinzessin Katharina ausgenommen, von deren jugendlichen Erscheinung Heinrich Truchsess von Diessenhofen entzückt war. Hingegen war für die geistige Ausbildung der luxemburgischen Frauen mehr als an einem anderen Hofe geschehen. Wir wissen, wie Johann Bischof von Olmütz Tractate des heil. Augustinus, Briefe des Hieronymus und anderer Kirchenväter für die mährische Markgräfin Elisabeth ins Deutsche übersetzte; dass für K. Wenzel und seine deutsche Gemahlin eine prachtvolle Bibelübersetzung und zwar in deutscher Sprache veranstaltet wurde; dass die Prinzessin Anna eine lateinische, deutsche und czechische Übersetzung des

---

[1]) L. c. p. 305. Es dauerte aber dann noch bis zum 12. December 1381, an welchem Tage die vier erwähnten Geschäftsträger mit neuen Vollmachten zur Beendigung der ganzen Angelegenheit ausgefertigt wurden, p. 306. Die Bestätigung K. Wenzels für alles, was die Gesandten beschlossen, erfolgte Prag 1381 in (soll wohl heissen) III. Cal. Mens. Septemb. p. 331.

[2]) Bei der Urkunde der Prinzessin Anna. Rymer VII. p. 282.

[3]) Bei der Urkunde der Kaiserin l. c.

[4]) Rymer VII. p. 334.

[5]) Cum moderata familia.

Kaiserkrone zu erlangen. Die erste war wieder zurückgekehrt und hatte dann den Grafen Gottfried Plantagenet, den Gründer des englischen Königshauses, geheiratet, Isabella aber ein freudenloses Dasein in den apulischen Schlössern K. Friedrichs II. geführt. Jetzt kam eine Kaisertochter aus dem Stamme Karls des Grossen und der trojanischen Helena, wie ja Kaiser Karl IV. in der grossen Halle des Karlsteins hatte darstellen lassen, auf den Boden Englands, in das Land der Tafelrunde, die ihr Grossvater K. Johann einst nach Osteuropa verpflanzt hatte.

Noch vor Weihnachten, Mittwoch den 18. December 1381[1]), betrat die Königsbraut umgeben von den Herren, die K. Richard ihr entgegengesandt, in Dover den Boden Englands, ihrer neuen Heimat[2]). Sie wurde mit Jubel begrüsst. Der König, jung und schön, hatte die zarte Aufmerksamkeit gehabt, ihren Namen mit einer grossen Amnestie in Verbindung zu bringen, welche er eben jetzt am 13. December für diejenigen ertheilte, die im verflossenen Jahre sich an den schweren Aufständen betheiligt, deren Opfer er selbst beinahe geworden war. Er gedachte den Ruf ihres guten Herzens in dem feierlichsten Momente ihres Lebens zu bethätigen.

Glücklich hatte die Kaiserstochter die britische Küste betreten, als plötzlich einer jener heftigen Stürme ausbrach, welche schon im Alterthume die celtische Insel in Verruf gebracht, und vor den Augen der Königin das Schiff, welches sie herübergebracht, vom Sturme ergriffen, scheiterte und zu Grunde ging. Man kann sich denken, zu welchen Deutungen dieses nicht ungewöhnliche Naturereigniss, das jetzt gewaltsam sich in eines der schönsten Feste einmischte, Anlass gab. Es ist nicht aufgezeichnet, wo sich die Verlobten zum ersten Male sahen, ob in Dover oder in London, wohin auf königliches Aufgebot von allen Seiten der Adel Englands zum hohen Feste Epiphanii 6. Jänner 1382, dem 16. Geburtstage Richards, zusammenströmte.

Schwere Zeiten waren, seitdem die Unterhandlungen um die Hand der Madame Anna de Behaigne eröffnet worden, über England hereingebrochen und, während der König sich im Osten Europas eine Gemahlin aussuchte, waren sein Thron wie sein Leben der höchsten Gefahr ausgesetzt gewesen. Glich doch England, als die jugendliche Königin es betrat, einem Vulkane, der kaum zur Ruhe gekommen, neuen Stoff zu einem neuen Ausbruche sammelte.

Der jugendliche König war wenige Wochen nach dem Tode seines Grossvaters mit ganz ausserordentlicher Feierlichkeit gekrönt worden. Er hatte den üblichen Krönungseid geleistet[3]), seinen Oheim Thomas von Woodstocke zum Grafen von Bukingham, den Herrn von Percy zum Grafen von Northumberland, den Herrn von Mowbray zum Grafen von Notingham und den Sethard von Angoulême zum Grafen von Hutingdon erhoben, so dass die Regierung

---

[1]) cum grandi comitatu apud Doveriam applicuit. Mon. Evesh.

[2]) Applicat Anna cito terrae regina futura
Regis adusque thorum nupta remansit ovans.

Lat. Verse auf Eduard III. und Richard II. bei Wright p. 458. Nach dem Mon. Evesh. geschah es circa festum S. Thomae apostol. (21. Dec.) Nach Froissart an einem Mittwoch. Das alles giebt den 18. Dec.

[3]) Er lautete: Servabis ecclesiae Dei cleroque (et) populo pacem ex integro et concordiam in Deo secundum vires tuas? Servabo.

Facies fieri in omnibus judiciis tuis aequam et rectam justiciam et discretionem in misericordia et veritate secundum vires tuas? Faciam.

Concedes iustas leges et consuetudines obtinendas et promittes per te, eas esse protegendas et ad honorem Dei conservandas, quas vulgus elegerit, secundum vires tuas? Concedo et promitto.

Richards mit Wohlthaten gegen diejenigen begann, von welchen er den schnödesten Undank erleiden sollte. Die Regentschaft für den unmündigen Fürsten wurde festgesetzt, und zwar sollte sie aus 2 Bischöfen, 2 Grafen, 2 Baronen, 2 Baronets, 2 Rittern und einem Rechtsgelehrten bestehen, die jährlich neu gewählt wurden[1]). Der Herzog von Lancaster zog sich auf dieses nach Schloss Kenilworth zurück[2]). Allein die Dinge gestalteten sich sehr übel. Die Franzosen, welche bis auf Calais und Bordeaux beinahe alle englischen Besitzungen auf dem Continente in ihre Hände gebracht hatten, plünderten die englischen Küsten, landeten wo sie wollten, und benahmen sich als Herren der See. Doch gelang es durch einen Vertrag mit dem Könige von Navarra 1378, das wichtige Cherbourg für die Krone England zu gewinnen, so dass den Engländern drei Thore gegen Frankreich offen standen. Und als nun vollends der Herzog von Bretagne sich von Frankreich abwandte, konnte die Kriegspartei unter dem englischen Adel wieder frohe Hoffnung auf Wiedererneuerung der alten blutigen Scenen auf französischem Boden schöpfen.

Vorderhand schien freilich eher der Rauch in den Krater zu schlagen, und war von dem Hasse des englischen Adels gegen die Freiheiten der Kirche, von den steten Streitigkeiten des Königs mit der römischen Curie wegen Besetzung der Abteien und Bisthümer ungeachtet der Fortdauer des schottischen und französischen Krieges eher der Ausbruch der Gährung im Innern als eine Machtentfaltung nach Aussen zu erwarten.

Man machte sich auch, als am 13. October 1377 das erste Parlament K. Richards versammelt war, kein Hehl daraus, dass sich das Königreich in grösserer Gefahr befinde[3]), als je vorher, und traf Anstalten, dieser zu begegnen. Die alten Freiheitsbriefe wurden bestätigt, willkürlichen Schenkungen und Dispensen ein Ziel gesetzt, Alice Perrers vor Gericht gezogen und wegen ihrer Einmischung in Staatsgeschäfte verhört, sie selbst verbannt und die ihr gegebenen Ländereien dem Könige zurückgegeben[4]), William von Wykeham völlig restituirt[5]), endlich Vorsorge getroffen, dass die Landschaften der Gascogne, Irland, die Herrschaft in Artois und die schottische March nicht durch schlechte Beamte fortwährend sich in Gefahr befänden. Bereits fürchtete man nichts Geringeres, als dass die Hörigen[6]), welche sich Abschriften vom Domesdaybook K. Wilhelms I. zu verschaffen wussten, sich den Diensten, Abgaben und sonstigen Giebigkeiten ihrer Herren daraufhin zu entziehen suchten, nicht blos selbst zur Rebellion schreiten, sondern auch bei einem feindlichen Einfalle den Feinden Hilfe leisten möchten. Schon fanden unter ihnen Versammlungen statt und die „Commune des Königreiches" wandte sich deshalb an den König und den Rath des Parlamentes mit der dringenden Aufforderung, in dieser wichtigen Sache einzuschreiten. Es geschah aber nicht, indem man Abhilfe der Beschwerden brachte, sondern indem man zu Einkerkerungen[7]) schritt. Man häufte den Zwang, ohne zu bedenken, wie nahe der Tag sei, der eine blutige Erhebung der

---

[1]) Thom. Hearnius hist. vitae et regni Richardi II., Angliae Regis a monacho quodam de Evesham consignata. Oxoniae 1729. 8. p. 3.

[2]) Lowth p. 140.

[3]) Rot. Parl. II. p. 4.

[4]) p. 14.

[5]) Lowth. p. 145.

[6]) Les vylleyns et terretenaunts en villenage. Rot.

[7]) Sans estre deliverez hors de Prison par maynprise bail, n'autrement sans assent de lour seignieurs. Rot.

Gedrückten bringe, die auf das Dringendste eine Revision der Unterthansverhältnisse verlangten[1]).

Zum unglücklichen auswärtigen Kriege gesellte sich auch noch die sehr nahe liegende Gefahr eines neuen Aufstandes. Es erschien daher als eine sehr grosse Besserung der Zustände, als der König bewilligte, dass jedes Jahr das Parlament sich zu versammeln habe. Der König selbst wünschte nichts mehr, als in dem Alter zu sein, um jedem Gerechtigkeit zu verschaffen[2]) und ordnete deshalb schon 1379 in den Grafschaften Friedensrichter an, um bessere Gerechtigkeit zu spenden. Aber fortwährend erlaubte sich der Adel grosse Bedrückungen. Jedoch erst als die Krone selbst bei Erhebung der Steuern die Unterthanen habsüchtigen Einnehmern Preis zu geben schien, erinnerten sich diese, dass „Adam kein Edelmann gewesen", sie selbst aber Waffen zur Abwehr besässen. Die Meinung, dass es für den gemeinen, den armen Mann kein Recht gebe, sondern nur Druck und Strafe, Kirche, Königthum, Adel und Parlament sich wie zum Untergange des Armen verschworen hätten, erzeugte jene Stimmung der Verzweiflung, welche dann in plötzlicher Erhebung sich Luft machte und ganz England mit jähem Untergange bedrohte[3]).

§. 2.

Wycliff's Stellung zur Krone, zum Adel, zum Papste, zur Kirche.

Wenn irgend etwas die Regierung Richards II. für alle Zeiten merkwürdig machte, so war es die Freiheit, mit welcher unter ihm John de Wycliffe Lehren verkündete, welche nothwendiger Weise zu einem Bruche mit dem bisherigen Kirchensysteme führen mussten und die christliche Dogmatik selbst nicht blos obenhin streiften. Eine erschöpfende Darstellung dieser wichtigen Vorgänge hat aber noch immer ihre grossen Schwierigkeiten und es

---

[1]) Darin liegt denn doch wohl der Hauptgrund zu dem Bauernaufstande vom J. 1381.

[2]) Parl. 1397. Le roi ne voet mie que l'eir deinz age et en sa garde ne perde rienz pur le temps qu'il est en sa garde; mais quant il vient a son pleine age sue et droit serra faite a l'une partie et a l'autre. Rot. p. 59—76.

[3]) Den wahren Aufschluss über die bitteren Gefühle, welche unter den Bauern herrschten, gibt das unendlich lehrreiche Gedicht the complaint of the ploughman bei Thomas Wright, political poems and songs relating to english history. Lond. 1859. Vol. I. p. 304—345.

So p. 324: Wonder is that the parliament
And all the lords of this lond,
Hereto taken so little entent,
To helpe the people out of her hond
For they ben harder in their bond
Worse beat and bitter bread
Than to the King is understond.
God him help this to amend.

Die weltliche Macht that nichts das Elend zu bessern; wandte man sich aber an die Kirche und meinte man, da sollte nicht Reichthum den Ausschlag geben, so hiess es p. 341.

Thou shalt be brant in balefull fire
And all thy sect I shall destrie;
Ye shall be hanged by the swire.
Ye shallen be hanged and to—draw,—
Thou shalt be cursed with book and bell
And dissevered from holy church
And cleane ydamned into hell
Otherwise but ye woll worch.

wird noch vieler Zeit und tief eingehender Studien bedürfen, um auf diesem Gebiete zu einer vollständigen Sicherstellung der einschlägigen Thatsachen zu gelangen.

Der römische Stuhl hatte gerade in der avignonesischen Zeit, die man als die Periode seiner Knechtschaft unter der französischen Krone zu betrachten pflegt, eine absolute Herrschaft in der Kirche theils durch die Theorie der Decretalisten, dieser schlimmsten Sorte kirchlicher Schriftsteller, theils durch die Praxis erlangt, die nothwendig zu einer Knechtschaft des Episcopates wie der Laienmacht führen musste.

Der Papst war als Nachfolger des hl. Petrus, als Stellvertreter Christi auf Erden, der monarcha mundi, die einzig lautere Quelle des öffentlichen, geistlichen und weltlichen Rechtes, der höchste Richter der Christenheit, nicht blos Lehrer, er war Herr aller Ordnungen, dem die unbedingte Verfügung über alles zustand. Ein derartiger Zustand der Dinge, eine so ausgedehnte Willkürherrschaft mit göttlichem Nimbus über denkende Völker, freie geordnete Staaten war noch nicht dagewesen. Man hatte wohl in Constantinopel in den Tagen der Isaurer den Satz gehört: ich bin Kaiser und Priester; man hatte in Avignon das Kaiserthum von dem Papstthume abhängig gemacht, dass es nur mehr ein Schatten seiner früheren Grösse war. Man hatte eine nationale Exclusivität durchgeführt, dass die Kirche nur mehr eine Faction zu sein schien, und den Bereich päpstlicher Dispensen bis zur Dispensation nicht blos geleisteter, sondern auch erst zu leistender Eide[1]) getrieben. Dass sich dagegen eine wissenschaftliche Opposition erhob, lag in der Natur der Sache, und wenn diese nun ihrerseits die Schranken des Erlaubten auch überschritt, so war dieses wohl zu bedauern, aber jedenfalls sehr begreiflich. Sie konnte übrigens sehr weit gehen, bis sie das Übermass erreichte, bis zu welchem das avignonesische Treiben auf allen Gebieten sich erschwungen hatte. Am wenigsten aber durfte man es den Engländern verübeln, wenn sie sich im Zustande der Opposition befanden, und zwar nicht etwa der eine oder der andere, sondern die ganze Nation. Die eigenthümliche Stellung, in welcher sich das Reich seit Innocenz III. befand, brachte für sie die Nothwendigkeit hervor Alles aufzubieten, dass die Macht der Päpste und vor Allem der französischen Päpste sich nicht noch mehr erweitere, nicht noch andere Gebiete als die bisher occupirten erlange. Seit langer Zeit verfolgte daher das Parlament mit grösster Consequenz das Ziel, die Verleihung englischer Pfründen durch die französischen Päpste zu hindern, kurz England von dem vermeintlichen oder wirklichen, jedenfalls drohenden Joche der letzteren zu emancipiren. Kein Wunder, wenn auf diesem Punkte Geistliche und Weltliche sich einander als Verbündete begegneten, der englisch-französische Krieg, eine Art von allgemeiner Conspiration Englands gegen das geistliche Frankreich in Avignon, hervorrief!

Wir wissen, dass im ersten Jahre der Regierung K. Richards eines der hervorragendsten Mitglieder der Oxforder Universität, der schon früher erwähnte John Wycliff zweifelsohne durch den Einfluss des Herzogs von Lancaster zu einem Gutachten über die Frage aufgefordert worden war, ob das Königreich England zu seiner unmittelbaren Vertheidigung den Reichsschatz zurückbehalten könne, damit er nicht in das Ausland gebracht werde und zwar selbst gegen die päpstlichen Censuren, wenn der Papst in Kraft des Gehorsams dieses verlange[2]). Hinter der seltsam gestalteten Frage, welche eigentlich nur Eine Antwort zuliess,

[1]) Dachery spicileg. Paris 1861. T. IV. p. 276 ut confessor vota nec non juramenta per vos praestita et per vos praestanda in posterum, quae vos servare commode non possetis vobis commutare valeat in alia opera pietatis. Clemens VI. an K. Johann von Frankreich.

[2]) Fasciculi zizaniorum p. 258—271.

barg sich ziemlich unverblümt die andere, ob der Lehenstribut noch ferner entrichtet werden solle? Der geheime Rath ertheilte John Wycliff einen grossen Beweis seines Vertrauens, als er ihn zu dem folgereichen Gutachten aufforderte. Die Absicht aber lag in der Fragestellung klar auseinander gelegt, und Wycliff entledigte sich auch der Aufgabe in diesem Sinne mit einem mehrfach motivirten Nein.

Er hatte dadurch seine Stellung bei Hofe befestigt und da die Sache mit strengem Amtsgeheimnisse belegt wurde, war für ihn selbst keine persönliche Gefahr verbunden.

Über Wycliffs damalige Verbindung mit dem geheimen Rathe stehen uns zwei Berichte zu Gebote; der erste ein von Shirley in den fasciculis zizaniorum herausgegebenes Gutachten Wycliffs, der zweite, wenn ich nicht irre, bisher unbekannt, und mehr fragmentartig, findet sich unter den Schriften Wycliffs in der Handschriftensammlung der Prager Universitätsbibliothek vor. Es beginnt mit dem Hinweise auf den Eid, welchen Arnold (de gruario?) P. Gregors XI. Collector in England, dem Könige am 13. Februar 1372 in Westminster in Gegenwart des Kanzlers Robert Torp, des Schatzmeisters Richard von Scrop[1]), des Johann Streville Bestal, des Nicol Caren, Bewahrers des geheimen Siegels, des Johann Krunt, Justitiar des Königs, und anderer Herren geleistet habe[2]). Der königliche Rath hatte dem Collector durch eine Reihe von Verpflichtungen das Handwerk gänzlich gelegt. Nichtsdestoweniger wurde jetzt der englische Clerus genöthigt, die ersten Früchte seiner Einkünfte in barer Münze nach London zu erlegen, und zwar geschah dies, wie es S. 233 ausdrücklich heisst, unter dem jugendlichen Könige, somit unter Richard II.

Dagegen und gegen das Auftreten Arnolds, welcher angeblich seinen Eid gebrochen hatte, eifert nun Wycliff nicht ohne mannigfaltige Seitenhiebe gegen den Papst, der von den Laien Almosen erpresse. Die Schrift bricht aber gerade da ab, wo man vor allem ihre Ausführlichkeit wünscht.

In der erstgenannten Schrift übergeht Wycliff, was sich vom Standpunkte des canonischen, des englischen und des Civilrechtes über den Gegenstand sagen lässt, und entscheidet sich für die aufgeworfene Frage zuerst nach den Principien des Gesetzes zu Christo, dann nach dem evangelischen Gesetze, wobei der Satz gegen den Papst in Anwendung kommt, dass Christus von Almosen gelebt, und eine entgegengesetzte Ansicht als die des Antichrists gedeutet wird. Endlich wird behauptet, dass die weltlichen Herren nach dem Gesetze des Gewissens verpflichtet seien, für die frommen Vermächtnisse einzutreten und die Abführung englischen Geldes an den römischen Hof zu verbieten. Dieses vorausgeschickt ergeht sich Wycliff in eine pathetische Aufforderung an die Gewissen der regierenden adeligen Herren, nicht zu dulden, dass England verarme, das Volk herabkomme und Englands Feinde durch englisches Geld gekräftigt, die Engländer aber verlacht würden wegen ihrer eselhaften Dummheit[3]). Der Papst würde den Frieden um so eher schliessen, wenn er kein Geld besitze. Es sei auch nicht zu befürchten, dass der Papst im Falle der Verweigerung der Gelder England mit dem Interdict belege. Ein ungerechter Bann sei übrigens gar nicht zu fürchten. Dem Papste stehe zu dem kein Recht zu, um seine Neffen zu vermählen oder um selbst weltlich zu leben, wegen des Patrimoniums Petri Rache zu nehmen. Wohl müsste aber das englische Volk hiebei einstimmig

---

[1]) Richard le Scrop, Seigneur de l'Hostiel du Roi. Rot. Parl. Ric. II. p. 35. cum 1378. u. J. 1379 Chanceller. p. 55.

[2]) Cod. III. g. 11. f. 232. Die Namen sind offenbar sehr verschrieben. Über einen päpstlichen Collector enthält das Notinghamer Parlament 1380 einen Beschluss. Rot. p. 95.

[3]) Ex asinina nostra stultitia.

sein, da es all sein Unglück den jetzt Regierenden zuschreibe. Man möge daher viel Fleiss verwenden, damit nicht persönliche Gunst oder Privatnutzen den allgemeinen des Königreiches gefährde, — ein Weg der Klugheit, um auf das Volk einzuwirken, den Johann von Wycliff stets vortrefflich einzuschlagen verstand.

Ehe noch K. Eduard das Zeitliche gesegnet hatte, entschied sich P. Gregor XI., selbst bereit dem Andringen auf Reform der Kirche in ihrem Haupte Genüge zu leisten, sich gegen die in England ausgebrochene Bewegung zu erklären. Er that dieses durch eine Reihe von Bullen, die alle unter demselben Datum erlassen wurden (Rom bei Santa Maria Maggiore 22. Mai 1377)[1]). Er wandte sich mit Vorwürfen an die Universität Oxford, die es ruhig geschehen liess, dass der Magister der Irrthümer, Johannes Wycliff, mit seinen Lehren die kirchliche wie die weltliche Ordnung zugleich umstürze. Er gebot ihr bei Verlust aller Privilegien nicht blos zu verhindern, dass künftighin jene Sätze, welche in Anzahl von 18 er selbst bezeichnete, gelehrt würden, sondern auch Wycliff zu verhaften und ihn dem Erzbischofe von Canterbury und dem Bischofe von London gefänglich zu überliefern. Zugleich wurden die letztgenannten beiden Prälaten aufgefordert, K. Eduard, seine Söhne, die Prinzessin Johanna, die Barone und die geheimen Räthe des Königs zur Vertilgung der Irrthümer „des Professors der Theologie“ aufzufordern. Ein anderes Schreiben an dieselben trug ihnen auf, Wycliff vorläufig zu verhaften und seine Äusserungen über die von ihm veröffentlichten 18 Sätze aufzuzeichnen und versiegelt nach Rom zu senden. Sollte aber Wycliff sich durch die Flucht der Haft entziehen, so sollte er durch einen öffentlichen Erlass in Oxford und anderswo aufgefordert werden, nach Rom zu gehen, und sich da binnen drei Monaten persönlich zu verantworten. Ob er erscheine oder nicht erscheine, nach Ablauf dieser Frist werde gegen ihn vorgegangen werden[2]). Ein eigenes Schreiben machte den König mit den Aufträgen bekannt, die der Papst den beiden Prälaten gegeben und forderte ihn auf, sie in Verfolgung dieses Geschäftes zu unterstützen.

Allein dazu war K. Eduard nicht mehr stark genug. Es folgte der Thronwechsel, die feierliche Krönung des 10jährigen Knaben, die erwähnte Verwendung Wycliffs durch den geheimen Rath und sein Gutachten gegen Rom, was wohl mit der Parlamentssitzung vom October 1377 zusammenfällt und dann erst am 28. December 1377[3]) die Aufforderung des Erzbischofs und des Bischofes an die Universität Oxford, aber nicht Wycliff zu verhaften, sondern ihm zu

---

[1]) Das Datum der Urkunden bietet einige Schwierigkeiten. Walsingham setzt die 3 einschlägigen Schreiben, darunter auch das an K. Richard in dasselbe Datum XI. cal. Jun., so dass der Papst am 22. Mai den K. Eduard auffordern liess, gegen Wycliff aufzutreten, und unter demselben Datum sich an den K. Richard wandte, welcher erst am 21. Juni König wurde. Das geht nicht zusammen. Die fasciculi zizaniorum. ed. Shirley setzen das päpstliche Schreiben an die Universität Oxford in das VI. Jahr des Pontificates P. Gregors XI., und zwar prid. cal. Jul. (Romae apud S. Mariam Majorem,. Am 30. Juni 1376 war aber P. Gregor noch nicht in Rom, sondern in Avignon. Somit ist Shirleys Argumentation falsch. Hingegen irrt sich auch Walsingham, wenn er die zweite von ihm veröffentlichte Bulle an den Erzbischof von Canterbury und den Bischof von London (I. p. 350—352) XI. cal Jun. setzt, während sie bei Raynald an. 1377 n. 4 unter II. cal. Jun. angegeben ist; — dass der unter dem Namen Richards bei Walsingham befindliche Brief an den König Eduard zugehört, hat schon Riley p. 352 n. 1. bemerkt. Merkwürdig ist, dass in diesen Briefen von den Verhandlungen am 19. Febr. keine Rede ist, sondern der Papst sich des Ausdruckes bediente, super plurimorum fide dignorum significatione percepimus, nicht aber ex vestra relatione sagt, ein Beweis, dass die englischen Bischöfe keine, wie wir zu sagen pflegen, officielle Anzeige nach Rom gemacht hatten.

Das Datum der Briefe bei Vaughan 11. Juni ist ganz falsch. (I. S. 370.)

[2]) Walsingham. hist. Angl. ed. Riley. I. p. 349.

[3]) Nach Pauli (V. S. 513) der sich auf Wilkins bezieht 28. Dec., nach Hefele Conciliengeschichte (VI. S. 815), der sich auf Mansi bezieht, 18. Dec. 1377, für letzteres auch Vaughan. II. Aufl. S. 377, Lingard nennt den 29. Dec.

eröffnen, er habe sich binnen 30 Tagen vor dem Erzbischofe zu verantworten. Wycliff selbst war wohl bekannt, dass nach englischen Gesetzen jeder Gebannte, der sich vom Banne nicht löste, nach 40 Tagen eingekerkert wurde; dass es jedoch auch jedem Collegium, das gebannt wurde, erlaubt war, gegen die kirchliche Excommunication an den König und dessen Rath zu appelliren[1]). Hatte Wycliff schon hieran ein Rechtsmittel, so konnte ihm auch nicht unbekannt sein, dass wegen der Abtei Burg St. Edmund Zwistigkeiten zwischen dem Papste und dem Könige ausgebrochen waren. Man sah übrigens von Seiten der englischen Prälatur selbst die Sache mit andern Augen an als in Rom, wo man gut befehlen konnte. Man übereilte sich weder in Canterbury noch in London oder Oxford mit der Ausführung der Befehle, und hätte man ahnen können, dass der Papst im März 1378 sterben würde, man hätte sich wohl noch viel weniger beeilt.

Es ist uns leider nicht möglich, die chronologische Folge der Wycliff'schen Schriften festzuhalten, so belehrend dieses auch für die genetische Darstellung seines Wirkens wäre. So wissen wir auch nicht anzugeben, in welcher Reihenfolge zu seinen „Conclusionen" eine Schrift Wycliffs über die Verurtheilung der 18 (19) Sätze stehe, wenn auch gewiss sein dürfte, dass sie in das erste Regierungsjahr K. Richards zu setzen sei. Sie beginnt mit einem heftigen Angriffe gegen jene, welche da erwähnen, der Papst kann nicht fehlen (est impeccabilis)[2]) und was er befehle, sei gerecht, so dass er, wenn er wolle, die ganze hl. Schrift verkehren könne. Mehr aber als alle Worte vermöchten Thaten; der Papst und die Priester sollten das arme Leben Christi nachahmen, worauf die Schrift sich vorzüglich der Besprechung zweier Sätze zuwendet (17. und 19.), und dagegen die Behauptung aufstellt, wenn diese Sätze häretisch seien, seien auch der Glaube Christi und die Wahrheit der Schrift gänzlich vernichtet[3]). Sie fordert dann pathetisch die Ritter Christi, und zwar sowohl die weltlichen als die geistlichen, vor allem aber die Bekenner evangelischer Armuth und die Vertheidiger des Reiches Gottes auf, bis aufs Blut einzustehen, sonst könnte der Papst alle Reiche sich aneignen, den Laien alle Güter, selbst Weiber und Kinder rauben[4]).

Jedenfalls ist so viel gewiss, dass Wycliff eine ganz ungemeine Thätigkeit entwickelte, um dem Schicksale zu entgehen, mit welchem ihn die Bullen P. Gregors XI. bedrohten. Zu diesen Bemühungen gehört nun auch der Versuch, das Parlament in seine Angelegenheiten hineinzuziehen[5]). Man sollte glauben, er werde als Engländer den Schutz der Gesetze in Anspruch nehmen. Nun ist aber dieses nicht der Fall, sondern die Denkschrift beginnt mit einer Erklärung, dass er bis zu seinem letzten Athemzuge mit Wort und That die Wahrheit bekennen, sich aber demüthig der Unterweisung, correctioni, der Kirche unterwerfen wolle. Sie schliesst mit einem ungewöhnlich starken Ausfalle gegen den Clerus, das Geschlecht des Antichristes und die Söhne des Teufels. Zwischen dem demüthigen Anfange und der Enderklärung, dass er 18 Conclusionen zusammengestellt habe, um den Weizen des Glaubens von der Streu zu sondern, aus welcher das Unkraut des Antichristes sich für das Feuer bilde, folgen die 18 Sätze,

[1]) Walden I. p. 393—395.

[2]) Cod. Univ. Prag III. G. 11. p. 227. Der Ausdruck intimatum est auribus Romani pontificis, qui misit aparsim bullas aliquas ad capiendum hunc evangelicum professorem, dürfte Bedenken erregen, ob die Schrift von Wycliff selbst herstamme. Möglicher Weise verschleierte sie sich absichtlich so.

[3]) Dissolutae.

[4]) p. 230.

[5]) Libellus M. Joh. Wycliff, quem porrexit Parliamento R. Ricardi contra statum ecclesiae. Fasc. ziz. p. 245.

denen er ihre blosse Schulbedeutung entzieht, um ihnen als Grundlage seines Systems die Anerkennung durch das Parlament zu verschaffen. Ich lasse sie, um die Erzählung nicht durch ihren oft schwer zu enträthselnden Sinn und ihre schwerfällige, unangenehme Form störend zu unterbrechen, hier weg.

Wycliffe hatte die Absicht, nicht bloss sich durch das Parlament zu decken, sondern seine Sache wo möglich zur allgemeinen zu erheben. Gelang es ihm die Laien zu überzeugen, dass er eigentlich ihre Sache verfechte, so konnte er, wie aus einer sichern Burg seine Angriffe gegen den römischen Stuhl fortsetzen, von welchem sich ja doch erst zeigen musste, ob er durch seine Rückkehr nach Rom auch die Sitten, Gebräuche und Anschauungen von Avignon geändert habe. Geschah letzteres nicht in vollem Maasse, so mussten früh oder spät die Laienfürsten die Reform der Kirche in ihre Hand nehmen und dieselbe, sei es mit dem Clerus, sei es gegen denselben durchführen. Andererseits zögerte Wycliffe auch nicht, den von kirchlicher Seite ihm drohenden Sturm zu besänftigen. Ganz entgegen der Ansicht, welche man sich von ihm als Reformer zu machen pflegt, wobei wir Deutschen an den unbeugsamen Trotz und die verwegene Halsstarrigkeit des Knappensohnes von Eisleben zu denken pflegen, suchte Wycliffe, wie regelmässig, so auch jetzt, seinen angegriffenen Sätzen einen streng rechtgläubigen Sinn zu geben, obwohl es oft grosser Kunst und mehr als dialectische Gewandtheit erforderte, ihnen nothdürftig einen derartigen Sinn, ein katholisches Gepräge zu verleihen. Man darf sich auch nicht wundern, wenn ein Verfahren, einerseits die Grenzen der kirchlichen Lehre soweit zu überschreiten, als es nur immer beliebte, andererseits, wenn persönliche Gefahr drohte, das Schild der Rechtgläubigkeit über sich zu halten und so sich zu decken, die Zeitgenossen unangenehm berührte, ihm selbst den Vorwurf der Zweideutigkeit und Charakterlosigkeit, ja selbst der Heuchelei zuzog. Er habe sich durch das Eine die Gunst der Laien erworben, durch das andere Mittel die Bischöfe zu verlachen vermocht, sich selbst aber in Sicherheit gebracht. Die Darsteller freilich gehen über diese Beschuldigungen als Parteistimmen hinweg, ohne zu bemerken, dass dieses ihr Verfahren auch parteiisch, nur nach der anderen Seite hin ist [1]), während es die Aufgabe des Geschichtschreibers ist, nachzuweisen, wie so verschiedene Urtheile entstehen konnten, bis zu welchem Grade das eine oder das andere berechtigt ist, und den Leser in den Stand zu setzen, sich dadurch seine eigene Anschauung zu begründen.

Es bezeichnet Wycliff's Auftreten, dass er, welcher fortwährend einen Einfluss auf die Gegenwart zu gewinnen suchte, so oft für die Berechtigung thatsächlicher Verhältnisse keinen Sinn zu haben scheint, sondern für alles einen abstracten Standpunkt hat, ein ideales Mass anlegt. So versucht er gleich anfänglich dem Besitzrechte eine derartige Basis zu geben. In der Schrift: de dominio divino setzt er auseinander, dass dominium nicht ein Recht oder eine Macht sei, sondern eine Eigenschaft (habitudo) der vernünftigen Natur, welche eigentlich nur Gott zukommt [2]). Gott theilt sie den Menschen unter der Bedingung aus, seinen Befehlen zu gehorchen. Todsünde bricht dann diesen Verband und beraubt den Einzelnen seiner Autorität, so dass also jemand welcher sich im Stande der Todsünde befindet, weder Herrschaft noch Priesterthum besitzt. Daraus ergibt sich dann von selbst die Theorie, dass die Geistlichen, welche in Sünde lebten, von den Weltlichen ihres Besitzthums beraubt werden könnten, eine geistliche

---

[1]) Wie man es mit J. Huss, dem nicht sehr geistreichen Nachtreter Wycliffs zu machen pflegt.

[2]) Denys. ms. CCCCV.

Herrschaft zu weltlichen Zwecken verwendet, Sache des Antichristes sei. Speciell auf England angewendet brachte die Theorie die Folge mit sich, dass der Papst zu seinen Zwecken englisches Kirchengeld nicht benützen dürfe, der König, der Adel, die Weltlichen aber die Ausfuhr desselben so verhindern sollten, dass sie sich selbst in den Besitz der Kirchengüter setzen konnten, unter gewissen Verhältnissen setzen mussten.

Die Wiederherstellung des primitiven Zustandes der Kirche, welche er nach und während der avignonesischen Periode als die Aufgabe seines Lebens betrachtete, konnte nach ihm nur mit Aufgebung des weltlichen Besitzstandes der Kirche geschehen und durch Heranbildung eines neuen Priesterstandes, der nicht durch die von seinem Standpunkte aus ganz sündigen Bischöfe und Päpste ordinirt worden war[1]). Abgesehen hievon hat Niemand in gleicher Weise König und Adel in England fortwährend gegen den Papst aufgehetzt, als Wycliff. Unter grosser Strafe sollten ohne königliche Bewilligung keine päpstlichen Bullen nach England geschickt oder in geistlichen Angelegenheiten[2]) Nuntien kommen dürfen; dann würden die päpstlichen Provisionen bald aufhören.

Er kann nicht müde werden bis zur äussersten Übertreibung zu versichern, welche Schwäche dadurch England erleide. Man sollte den Bann nicht fürchten, England von den Netzen des Teufels befreien und in der Freiheit des Gesetzes Gottes Gott dienen, wie es die Inder, die Griechen[3]) und andere Nationen machten. Unter allen Pflichten der Weltlichen seien keine grösser, als ihre Unterthanen (tenentes) und die Armen des Königreiches vor den Fallstricken des Antichristes zu vertheidigen[4]).

Niemand beraube die armen Unterthanen mehr, als die Prälaten, weshalb erstere durch die Weltlichen zur Freiheit gebracht werden sollten[5]). Selbst die Einrichtung des heiligen Franciscus und sein Appell an die Armuth und das Betteln findet allmälig vor ihm keine Gnade; auch letzteres sei aus teuflischem Instincte eingeführt[6]), weil es im Deuteronomium heisst, es solle keine Bettler geben. An einer anderen Stelle heisst es: England solle wie in den Tagen Beda's ein Bauernland werden. Durfte man sich wundern wenn diese Theorien bald Anwendung fanden?

Endlich wurde das ganze System in 33 Sätze zusammengestellt und ausführlich begründet[7]). Christus unser Gott, das Haupt der allgemeinen Kirche, war für die Zeit seines Erdenwallens der ärmste Mensch. Christus war sowohl nach seiner Göttlichkeit als nach seiner Menschlichkeit, nachdem er den Titel weltlicher Herrschaft abgelegt, der reichste Mensch. Alle christlichen Priester, Päpste, Cardinäle, Bischöfe, Äbte, Prioren oder ihre Untergebenen müssen Christus in der evangelischen Armuth nachfolgen. Keinem Cleriker[8]) ist es für die Zeit des Gesetzes der Gnade[9]) erlaubt, bürgerlich zu herrschen. Es ist dem Stande des Papstes und jedes Bischofs (pontificis) Christi entgegen, bürgerlich zu herrschen. Hingegen ist es ihnen gestattet

---

1) Filii dei possunt uti officio sacerdotis licet ab episcopo Caesaris non fuerint consecrati. XVII argumenta Wycliffe. Ms.

2) Speculum dominorum secularium. Cod. Bibl. Prag. M. G. 11. p. 67.

3) Über den Glauben der letzteren hat er auch nach dem Trialogus seltsame Vorstellungen.

4) Cod. Un. Prag. III. G. 11. p. 64.

5) Quod tenentes simplices forent in sua libertate debita per seculares dominos defensati etc. l. c. p. 170.

6) Et talis mendicatio est instinctu diaboli introducta.

7) Sie finden sich als Nachtrag zu dem Werke: De officio pastorali. Bibl. Un. Prag. Cod. X. E 9 (Ed. Lechler, Lipsiae 1863); auch im Cod. III. G. 11.

8) Puro clerico.

9) Quo est huius modi.

(dem Papste und den Andern Prälaten) Gebrauch zu machen[1]) von allen Herrschaften, sei es aus bürgerlicher Schenkung, (sei es) aus dem Titel verdienten Almosens weltlicher Herren. Wenn aber er oder die Priester Christi von den Kirchengütern Missbrauch machten[2]), entfällt ihnen das Recht auf diese.

Es wäre für die englische Kirche, wie für jede andere eine Todsünde, dem Papste Kirchengüter zur Bekämpfung von Christgläubigen zu geben, damit er über sie oder ihre Güter bürgerlich herrsche[3]). Es ist weder dem Papste noch irgend einem Geistlichen erlaubt, jemanden blos wegen Geldes oder etwas Weltlichen zu bannen. Aller kirchlichen Censuren ungeachtet muss der Christ die Räthe und Befehle Christi sollziehen. Den Laien, welche geistlich unterwiesen sind, ist es erlaubt, ihrem Vorstande wirksam das ihrem Wirken angemessene zuzuwenden[4]). Wie Gott einem Geschöpfe nicht eine Herrschaft über jeden geben kann, sondern nur, indem er ausdrückt oder zu verstehen gibt, dass der Beschenkte ihm in Gnaden diene, so ist es dem weltlichen Herrn nicht erlaubt, einem Cleriker ein Glücksgut zu schenken, als unter der Bedingung, dass er Gott in Gnade diene und der Kirche nütze, und dem Cleriker ist es nicht erlaubt wegen einer derartigen Schenkung die evangelische Armuth zu verlassen. Wenn auch die Beschenkung der Kirche überall verdienstlich sei, so sei doch der Stand der Enteignung, in welchem Christus die Kirche einrichtete, vollkommener, verdienstlicher und sicherer. Das Mittel, zu untersuchen ob Cleriker mehr als erlaubt den Temporalien zugewandt seien, besteht darin, ihre Sorge um ihren Erwerb, ihren Fleiss um ihre Erhaltung, ihre Traurigkeit bei ihrem Verluste zu beobachten. Es ist den Fürsten der Welt gestattet, dem römischen Papste sowohl die Temporalien zu entziehen, als wegzunehmen für den Fall, dass er regelmässig (habitualiter) Missbrauch mit ihnen treibe.

Wenn irgend ein Cardinal oder ein anderer Prälat[5]) durch seinen Missbrauch der Temporalien der Kirche zur Last wird und ihr Gefahr des Umsturzes bringt, so sind die weltlichen Herrn und die ihnen unterworfenen Laien gehalten, ihn brüderlich zurechtzuweisen und dann, wenn er fortfährt, ihm die Gaben oder kirchlichen Almosen mit Consequenz[6]) zu entziehen. Jedem Bischofe, welcher nach Gewohnheit oder notorisch von den Kirchengütern Missbrauch macht, dürfen die weltlichen Fürsten zu seiner Zurechtweisung und zur Erhaltung der Güter für die Armen erstere entziehen.

Derselbe Satz gelte auch für einen Abt oder Vorstand einer religiösen Genossenschaft, welchen weltliche Herrn oder der König nach Verhältniss das Almosen entziehen können; ebenso von jedem Rector, Pfarrer, Caplan. Es sei falsch, dass es den Laien nicht zustehe, die Fehler der Geistlichen nicht zu erkennen und zurecht zu weisen. Es sei dem Könige und den weltlichen Herren nicht erlaubt, einen Priester Christi, insbesondere aber einen Religiosen oder einen Pfarrer zum weltlichen Dienste zu verwenden. Bischöfe machten sich dann verdammungswürdig, wenn sie verabsäumten, die weltlichen Herren in den weltlichen Geschäften zu instruiren oder einen Pfarrer darin nicht zurecht zu weisen. Ein geringeres Übel wäre, wenn alle Temporalien der englischen Kirche entäussert wären, so dass von ihrem Einkommen die

[1]) Habere licite usum.

[2]) Abutitur.

[3]) S. 13 wird auseinandergesetzt unter welchen Umständen die Pfarrkinder den Pfarrern ihre Einkünfte entziehen könnten.

[4]) Decorum operibus judicare.

[5]) Im Ms. heisst es einmal cocus plutum (vielleicht coetus praelatorum), ein andermal p. 70, CCCC plurium, ein Beweis dass die Abschreiber die Stelle nicht lesen konnten.

[6]) Constanter.

Diener des Königs Besoldungen erhielten, als dass Bischöfe und Pfarrer von den Weltlichen in die Geschäfte des Königreichs verwickelt würden. Es wäre eine grössere Gefahr für den Einbruch der Irreligiösität, wenn der Clerus zu sehr auf weltliches Glück bedacht wäre, als zwischen dem wahren Glücke und dem Reichthum nicht unterscheiden zu können. Es ist unmöglich den Frieden im Volke zu befestigen, ehe nicht der Friede mit Gott befestigt ist. Als hauptsächlichster Grund des Mangels an wahrem Frieden erscheint die Aufgeblasenheit, der Geiz und die Schlüpfrigkeit der Geistlichen. Wie die geistige Hurerei stärker ist, als die leibliche, so ist auch die körperliche Ausschweifung eines Geistlichen ärger, als die eines verheiratheten Laien, und deshalb sind zu ihrer Bestrafung so harte Gesetze gegeben worden.

Die Zurechtweisung (rectificatio) der Geistlichen durch die Laien zur Beruhigung des Gemeinwesens ist durch die authentische Schrift einfach mit Beispielen erhärtet. Als genügendste Zurechtweisung erscheine aber Entziehung des Almosens und Wegnahme der Gaben (collatarum). Das Gebet eines Almosenspenders, wenn er tödlich sündigte, ist nicht ohne Verdienst weder für den Betenden, noch für den, dem das Gebet gilt, auch wenn er ungerecht den Nächsten beschädigt oder ungerecht die geistliche Hilfe zurückhält, welche er nach dem Gesetze Christi entrichten soll.

Ob die Vorfahren von lebenden Herrn im Himmel, im Fegefeuer oder in der Hölle sind, immer ist es in dem Falle eines Missbrauches ihrer Almosen zweckmässig, diese wegzunehmen und sie zu anderen guten Zwecken zu verwenden. Man kann mit Wahrscheinlichkeit glauben, dass die Kirchengüter durch die weltlichen Herren weniger schlecht verwendet werden, als es gegenwärtig durch die Geistlichen geschieht[1]. Die hauptsächlichste Pflicht weltlicher Herren und der Könige ist, das evangelische Gesetz mit Macht zu vertheidigen[2]) und dasselbe in seiner Bewahrung nachdrücklich zu erhalten.

Was die Temporalien betrifft, so ist es den Geistlichen erlaubt, die Einkünfte von Landgütern, Burgen, so zu haben, dass sie von ihrem Gebrauche leben und getreue Vorsorger der Armen in Betreff des Übrigen seien und dass das weltliche dominium bei dem Geber bleibe[3]. Die Ausführungen dieser Sätze mit rücksichtsloser Kühnheit und steter Beziehung auf das, was Wycliffe das evangelische Gesetz nennt, scharf packend und, ehe er nicht selbst angegriffen wurde, meist würdig vorgetragen, dabei von einem Manne herstammend, welcher, obwohl unansehnlich von Gestalt, durch die Festigkeit seiner Überzeugung, ein grosses Wissen und die Unbeflecktheit seines Lebens Achtung einflösste, konnten nur ein ganz ungewöhnliches Aufsehen hervorrufen. Wycliff galt nicht ohne Grund für die Blume von Oxford. Er verstand es, die Wissenschaft zur Macht zu erheben, so dass die angesehensten Personen des Staates bei ihm Rath erholten und sich ein bemerkenswerther Unterschied zwischen ihm und denen bildete, welche in England an der Spitze der Kirche standen, das Ansehen einer hohen, kirchlichen Stellung aber nicht das des Geistes und der Gelehrsamkeit besassen.

Und wahrlich waren seine Irrthümer noch so gross und das Beginnen, den ganzen historischen Zustand der Dinge als antichristlich und teuflisch auszugeben, war kein geringer Fehler! — es war auch nichts Geringes in den Zeiten allgemeiner Verwilderung, der päpstlichen Herrlichkeit nach Aussen und der Unordnung des inneren Lebens in der avignonesischen Zeit fort und fort das Evangelium als die allgemeine Richtschnur von Geistlich und Weltlich zu

---

[1]) In manibus clericorum.

[2]) Nonne brachii secularis interest insolentes clericos ad statum primaevum reducere. p. 38. b.

[3]) p. 49.

betonen, immer wieder darauf zurückzukommen und nicht abzulassen, selbst auf die Gefahr hin, dass „das evangelische Gesetz“ in vielen und folgenreichen Stücken mehr Wycliffs Meinung als den Geist des Evangeliums selbst aussprach. Die ganz ungemeine Thätigkeit, welche ihn beseelte, eine geistige Fruchtbarkeit, die fast unbegreiflich ist, brachte ihn dazu, unablässig sein Gebiet zu erweitern und wie er von der Philosophie zur Theologie überging, der er sich in den letzten Jahren ganz widmete[1]), so immer neue Fragen in den Kreis seiner Erörterung zu ziehen. Natürlich vermehrte er dadurch auch den Kreis seiner Gegner, da er überall den evangelischen Massstab anlegte und doch wirklich die Kenntnisse nicht besitzen konnte, über alle Dinge mit gleicher Umsicht zu sprechen. Dann verhinderte ihn auch seine Ansicht von der Wirksamkeit des Teufels, welchem er, chiliastischen Anschauungen huldigend, nach dem ersten Jahrtausende der christlichen Aera eine Macht beilegte, dass man glauben sollte, der Weltordner habe diesem zu lieb die Herrschaft niedergelegt, viele Verhältnisse unbefangen zu betrachten. Sein Hang, die gewöhnlichen menschlichen Gebrechen teuflischen Einflüssen unterzubreiten, hat überhaupt wesentlich beigetragen, die Satanologie zu befördern, welche im nächsten Jahrhunderte zu so entsetzlichen Verirrungen Anlass gab. Die constantinische Schenkung, die Päpstin Agnese spielen in seinen Argumentationen eine grosse Rolle. Jerusalem galt als der Mittelpunkt der Erde. Bischöfe, Priester, Älteste waren vor der Dotation der Kirche eins[2]). Sieht er in einer geistlichen Herrschaft den äussersten Übelstand, so muss es ihm zufolge doch einen Papst geben und zwar bis zum Ende der Welt, Ein Haupt der allgemeinen Kirche; nur ist die römische Kirche da, wo immer die Allgemeinheit (universitas)[3]) der gläubigen Pilger weilt, andererseits empfing sie das Primat nicht von den Aposteln, sondern von Gott. Nichtsdestoweniger war der Papst ein Genosse (consocius)[4]) der übrigen Bischöfe (pontifices) bis zur Schenkung Constantins, die selbst 4 Tage nach seiner Taufe erfolgte. — Übrigens war denn doch seit der Ankunft der päpstlichen Schreiben in England Wycliffs Stellung nicht fester geworden. Sein Gönner, der Herzog Johann von Lancaster fortwährend beargwohnt, nach dem Leben seines Neffen K. Richards zu streben, zog sich von den Geschäften zurück; der Earl Marschall that dasselbe. Der Bischof von London und der Graf von March, Tochtermann des Herzogs Lionel, traten in den geheimen Rath ein. An der Spitze der Gemeinen stand jener Peter de la Mar, den der Herzog von Lancaster 1375 in das Gefängniss hatte werfen lassen. Die Dinge neigten sich einer Entscheidung zu, als wie oben bemerkt, der saumselige Erzbischof von Canterbury sich mit dem Bischofe von London entschloss, Wycliffe nochmal vorzuladen.

§. 3.

Steigende Gährung. Blutiger Ausbruch derselben.

Die Vorladung des Erzbischofs konnte nicht umgangen werden und Wycliffe erschien daher auch vor dem Erzbischof und zwar in dessen Palast zu Lambeth[5]). Es erschien aber auch Sir Ludwig Clifford vom Hofe der Prinzessin von Wales und verlangte, die Bischöfe sollten keine

[1]) Seit der zweiten Hälfte der sechziger Jahre. Lechler l. c.
[2]) Tractat. de potestate papae.
[3]) l. c. f. 176.
[4]) f. 177.
[5]) Anfang 1378 Vaughan I. S. 395.

Sentenz gegen den Vorgeladenen aussprechen[1]). Seinen Worten mehr Nachdruck zu geben, drang das Volk in die Capelle. Auf dies unterblieb die Verhaftung. Während aber die Sache gewöhnlich so dargestellt wird, dass der Einfluss der Prinzessin-Witwe und die drohende Haltung des Volkes die für Wycliffe günstige Wendung hervorriefen, so fehlte den Bischöfen, die als Delegaten des Papstes auftraten, durch seine Erklärung der 18 Artikel, als der eigentlichen Grundlage seiner Beschuldigung, ein weiterer Anhaltspunkt gegen ihn einzuschreiten. Mochten Eiferer die beiden Bischöfe deshalb tadeln, dass sie nicht stärkere Massregeln gebrauchten, noch gab es in England Gesetze, welche ein willkürliches Vorgehen nicht gestatteten, besonders da Wycliffe seine geistlichen Richter durch seine katholischen Erläuterungen entwaffnet hatte.

Es kamen noch mehrere andere Gründe dazu. Als das päpstliche Schreiben gegen Wycliffe in Oxford anlangte, wurden unter den Regenten und Nichtregenten der Universität Berathungen gehalten, was zu thun sei? Anfänglich meinte man, es sei gar nicht anzunehmen; dann wandte sich die Berathung, der auch Wycliffe beiwohnte[2]), der Frage zu, ob ein Engländer auf Andringen des Papstes verhaftet werden könne, ohne dass es scheine, dass der Papst Herr von England sei? Da man aber doch der Meinung war, es müsse etwas nach dem Befehle des Papstes geschehen, so forderte der Vicekanzler Wycliffe auf, die schwarze Aula nicht zu verlassen. Er habe der Universität Gehorsam geschworen und müsse daher auch etwas für sie leiden. Darauf wurden die 18 Artikel den regierenden Magistern der Theologie zugestellt. Diese gaben dann dem Kanzler ihre Meinungen darüber ab (determinationes) und letzterer erklärte nun im Namen aller: sie seien wahr, lauteten aber nicht gut. Wycliffe aber meinte, die katholische Wahrheit dürfte, weil sie für manche nicht gut laute, nicht verurtheilt werden. Der Vicekanzler, ein Mönch, liess ihn jedoch nichts destoweniger festsetzen; doch wurde er später auf Bitten seiner Freunde wieder freigegeben und der Vicekanzler, welcher dem Befehle des Papstes nachgekommen war, verhaftet.

Nun entstand aber erst noch ein neuer Streit. Ein Ritter des Königs, welcher sich in dem Auftrage seines Herrn nach Oxford begeben hatte, wurde nicht blos von den Studenten insultirt, sondern sie hatten selbst mit Pfeilen nach seinem Fenster geschossen. Das königliche Ansehen war auf das Schmächlichste beschimpft. Der König befahl daher den Kanzler und den Vicekanzler nach London vorzuladen, weil sie die königliche Ehre hatten beschimpfen lassen. Der Kanzler, welcher vom Papste und vom Könige ernannt wurde, berief sich auf seine Unabsetzbarkeit, wurde aber nun, in wieferne ihn der König ernannt hatte, von dem Reichskanzler abgesetzt und Oxford mit Entfernung der Universität bedroht[3]). Der Schmach der Absetzung zuvorzukommen, legte der Kanzler Wilhelm von Barton seine Stelle selbst nieder und stattete er nun an den Nachfolger P. Gregors Urban VI., in wie ferne die Theologen an dieser Sache sich betheiligt hatten, Bericht ab[4]).

[1]) Walsingham I. p. 356. — Vaughan machte bereits aufmerksam, dass damals die von Lewis angeführten antipäpstlichen Schriften von Wycliffe nicht verfasst waren, somit auch die Anklage sich vereinfachte. I. S. 381.

Es kam noch dazu, dass, um für häretisch zu gelten und dafür die Strafe zu erhalten, ein festes Beharren auf dem einmal ausgesprochenen Satze vorhanden sein musste. Gerade dies vermied aber Wycliffe und seine oftmaligen Protestationen vom kirchlichen Gehorsam retteten ihn von der Gefahr, häretisch zu erscheinen.

[2]) Cont. eulogii p. 348.

[3]) l. c. p. 349.

[4]) Apud Rayn. 1379. 21.

Die Angelegenheit diente dazu, die Verwirrung zu bezeichnen, welche in der ersten Zeit der Regierung K. Richards bei seiner Unmündigkeit und dem Einflusse seiner Mutter herrschte. Der Papst gebot Wycliffe gefangen zu nehmen, die Princessin verbot kirchlich wider ihn einzuschreiten, die Professoren traten gegen den Vicekanzler, die Studenten gegen den Abgesandten des Königs auf; der Pöbel Londons will die Entscheidung in seine Hände nehmen. Die Sache wurde jedoch nicht blos durch den Kanzler an den Papst gebracht. Allein P. Gregor war schon Anfang 1378 erkrankt, starb Ende März desselben Jahres und sein Nachfolger sah sich sehr bald mit den Cardinälen im heftigsten Streite begriffen.

Alles schien sich zu vereinigen den Lehrmeinungen Wycliff's Vorschub zu leisten. Ungehindert entfalteten die Wanderprediger, Lollarden, ihre Thätigkeit, bis endlich der Erzbischof eingriff und den Ärgsten, einen Geistlichen, John Ball, gefangen setzen liess. Von beiden Seiten stieg der Grimm immer höher. Einerseits beschuldigte man Wycliffe der Doppelzüngigkeit. Erst habe er erklärt für seine Sache Kerker und Feuertod zu bestehen, dann aber Ausflüchte ergriffen, von falscher Auffassung gesprochen, oder seine Sätze geradezu abgeläugnet[1]). Jetzt nahm seine Sprache an Schärfe zu. Er verfasste die zehn Conclusionen, in welchen er seine Lehre über das Eigenthum des Clerus zusammenfasste. Er konnte in Betreff seines eigenen Schicksales vorderhand ruhig sein. Einerseits nahm die Gewaltthätigkeit der vornehmen Herren gegen den Clerus zu. Johann Arundel, Hugo Calverlee und andere hatten gerade damals ein ganzes Nonnenkloster sammt den dahin geflüchteten Frauen ausgehoben, auf ihre Schiffe gebracht, was geschändet werden konnte, geschändet, und dann aber, als ein Sturm ausbrach, Mädchen und Frauen, an welchen sie ihre viehischen Lüste ausgelassen, in das Meer gestürzt[2]). Wicliffe aber der diese Thatsache nicht berührt, sandte im Anschlusse an das Verhör zu Lambeth durch die beiden Bischöfe, März 1379, eine freilich sehr geschraubte Erklärung, welche jedoch diese als genügend angesehen haben müssen, an P. Urban VI. und erkannte ihn hiebei als Haupt der streitenden Kirche an[3]); dann stellte er 32 Conclusionen lateinisch und englisch auf. Als er aber von dem Erzbischof aufgefordert wurde, an irgend einem Orte des Erzbisthums zu erscheinen, sich zu rechtfertigen, erklärte er, er fürchte sich dahin zu gehen, man möge ihn verbrennen oder sonst in irgend einer Weise tödten[4]).

Die Gewaltscenen nahmen zu. Am 11. August 1378 liess der Herzog von Lancaster während des Gottesdienstes die Westminsterkirche überfallen[5]), um 2 Engländer, die sich in dieselbe geflüchtet, herausreissen zu lassen. Der eine von diesen wurde im Chore der Kirche erschlagen, der andere aus der Kirche weg in den Tower geschleppt. Auf dieses excommunicirten der Erzbischof und fünf seiner Suffragane Urheber, Anstifter und Vollstrecker des Sacrilegiums, nahmen jedoch den König, dessen Mutter und den Herzog namentlich aus. Der Bischof von London verkündete 3 Male in der Woche den Bann und bezeichnete dabei auch den Herzog. Vor den geheimen Rath geladen, weigerte sich der Bischof zu erscheinen, worauf der Herzog zu Windsor sich erbot, nach London zu eilen, und den Bischof eigenhändig wegzuschleppen. Man entschloss sich aber, das Parlament zu berufen, jedoch nicht nach London,

---

[1]) Knyghton p. 2647.
[2]) Walsingh. I. p. 41.
[3]) In Prager und Wiener Handschriften. Gedruckt bei Shirley aus einem Ms. Bodleian p. XXXIV.
[4]) l. c. XXXIV. timui ire ut combustiva occasione vel morte alia sim extinctus.
[5]) Nach Walsingham geschah dies an zwei verschiedenen Tagen.

wo man die Stimmung der Bürger fürchtete, da eine alte Tradition das Schicksal der St. Peterskirche in Westminster mit dem des Königreichs in Verbindung setzte. Man berief es auf den 18. October nach Glocester und gedachte durch eine Reihe von Anträgen Macht und Einfluss der Kirche zu brechen, ihr ihre Besitzungen abzunehmen und für den Staat grosse Geldsummen zu erpressen. Allein die Haltung der Bischöfe war so fest, dass die Partei des Herzogs sich begnügen musste, eine Auflage von 1 Mark auf jeden Sack Wolle von den Kaufleuten zu erheben. Wycliffe stand damals auf Seite des Herzogs, den er in seiner Schrift: de ecclesia vertheidigte, gestand aber zu, dass bei der Ermordung jener Menschen gräuliche Thaten vollbracht worden waren. Bereits hatte Wycliffs Lehre vom Altarsacramente ebenso grossen Widerspruch bei den Theologen in Oxford gefunden, als sie sich unter dem Volke verbreitete, in dessen Schoosse nach John Balls Geständnisse[1]) eine geheime Gesellschaft zum Umsturze des Königreichs sich bildete und dasselbe mit einer allgemeinen Revolution bedrohte.

Sie kam wie ein Dieb in der Nacht.

Die englische Verfassung hatte unter der kriegerischen Regierung K. Eduards III. insoferne Fortschritte gemacht, als der König, fortwährend geldbedürftig, wohl an siebenzig Male das Parlament einberief. Man gewöhnte sich daran, dass dasselbe sich jährlich versammle, wenn auch noch lange Zeit — und selbst unter seinem Enkel die Klage andauerte, dass der König und der geheime Rath sich um die Beschlüsse des Parlamentes und der Commons zumal nicht mehr kümmerten, als sie unumgänglich thun mussten. Die hohe Geistlichkeit pflegte in einem eigenen geistlichen Parlamente, der convocatio, ohne Weltliche zusammenzukommen und dort über Parlamentsangelegenheiten zu berathen. Unter den weltlichen Mitgliedern des Parlamentes waren zunächst die Magnaten (Lords), Barone, die Ritter aus den Grafschaften (Knights of the shire), endlich die Repräsentanten der Städte und Flecken (les petits de la commune) begriffen. Der hohe Adel ging wie gewöhnlich seinen eigenen Weg. Er wollte Fortsetzung des französischen Krieges, Herrschaft und Beute. Für ihn waren die Kleinen der Commune, Kaufleute und Bürger, die mit den Knights allmälig zu einem Körper zusammenschmolzen, Gegenstand der Verachtung. Über diese hinaus die Repräsentation des Volkes auszudehnen, kam vollends Niemanden in den Sinn, und „den Kleinen", welche ihre Blicke auf die Grossen hefteten, vielleicht am wenigsten. Der Bauernstand war und blieb dadurch isolirt, geistlichen und weltlichen Herren durch Verpflichtungen preisgegeben, die das Parlament nicht berührten, sondern nur den Herrn und den Knecht. Zu den grossen Missbräuchen und Übelständen, welche den Bauern unmittelbar betrafen, gehörte nun ganz besonders die sogenannten purveyance, nicht festgestellte Leistungen, die in willkürlichen Erpressungen bei den Reisen des Königs, dem Marsche und der Einquartirung königlicher Truppen bestanden; die Bestechlichkeit und Willkür der königlichen Gerichte, über welche freilich die Parlamente oft genug klagten; in jüngster Zeit aber noch die Steuerbewilligung des Parlamentes, von welcher nur das zartere Alter befreit sein sollte. Aber eben die Untersuchung, wer dazu gehöre und wer nicht, gab den Steuerbeamten Anlass zu höchst unanständigen und vexatorischen Untersuchungen junger Bauernmädchen, welche geradezu an den Ausbruch der sicilianischen Vesper (vor 99 Jahren) erinnerten. Man wollte die Väter zwingen, für ihre Töchter Steuer zu zahlen, zu welcher diese nach ihrem Alter noch nicht verpflichtet waren.

---

[1]) Fasc. zizan. f. 273.

Geschah es nicht, so konnten die Mädchen sehen, wie sie einer öffentlichen Prostitution entgingen. Waren die Gemüther schon vorher aufgeregt, wurden sie es noch mehr durch die Wanderprediger, so gab diese Schändlichkeit den Zunder zu dem von allen Seiten zusammengetragenen Brennstoffe.

Plötzlich, Mai 1381, begann, gerade während der Herzog von Lancaster den Frieden mit den Schotten unterhandelte, in der Umgebung von London der Aufstand und sammelten sich die Bauern unter ihren Häuptern Jakke Carter, John Wraw, Thomas Baker[1]), Watt Taylor (Wat Tyler), Jakke Trewman, Jakke Strawe, den Bauernkönigen[2]). Zuerst galt er den Gerichtspersonen ohne Unterschied, dann den überhaupt verhassten Persönlichkeiten, wie dem Herzoge von Lancaster, und wer in Verdacht kam, auf den König in einem den Bauern feindlichen Sinne einzuwirken. Wer von den Bauern nicht mitwollte, wurde mit Gewalt gezwungen sich anzuschliessen. London war ihr Ziel, Vernichtung aller Urkunden und Verträge, durch welche die Hörigkeit bindend geworden war, zunächst ihre Absicht, gewaltsame Revision des Bauernrechtes, freie Berechtigung zu Wald und Flur, zu Wasser und Luft ihr Begehren. Rasch fanden sich in Kent und Essex die leitenden Persönlichkeiten. Die Justitiare, deren man habhaft wurde, wurden erschlagen. Man hatte es aber nur mit Landesverräthern zu thun, man sprach mit Ehrerbietung von dem Könige, wünschte eine Unterredung mit dem Knaben Richard und sei es auch nur, sich seiner zu bemächtigen und dann gedeckt durch die königliche Autorität das Bauernprogramm in Ausführung zu bringen.

Als der Haufe auf 100.000 Menschen angeschwollen war, die Masse das Selbstvertrauen steigerte, die Umgebung des Königs von dem Ereignisse überrascht, ohne Vorkehrungen getroffen zu haben, dem Aufstande rathlos gegenüberstand, wurde eine Unterredung zugesagt. Schon nahte sich der König auf der Themse den Aufständischen, als im Angesichte der trotzigen Menge zwei Männer es nicht über sich bringen konnten, Richard gleichsam den Bauern zu überliefern. Der Erzbischof Simon Sudbury und der königliche Schatzmeister Robert Hales geboten plötzlich das Schiff umzulenken. Darauf ertönte ein betäubendes Geschrei; Verrath, Verrath, schrie man von allen Seiten. Es war das Todesurtheil der beiden Räthe, welche den König nach dem Tower zurückbrachten. Unaufhaltsam strömte nun die Menge nach London; die Lehrlinge von den Gewerben — das Proletariat schloss sich an sie an. Die Bürger wankten. Ehe sie zu einem Entschlusse kamen, waren die Bauern in der Stadt, London in ihren Händen und begann das Morden in den Strassen. Am liebsten hätten die Bauern „den König Johann", den Herzog von Lancaster erschlagen. Da dies nicht möglich war, plünderten sie seinen Palast, the Savoy, das reichste und schönste Haus Europa's, wie man meinte, und legten es mit all seinen grossen Kostbarkeiten in Asche. Nichts durfte entwendet, alles musste vernichtet werden; die Eiferer für Wahrheit und Gerechtigkeit, hiess es, seien keine Diebe. 13. Juni 1381. Es war nur der Anfang. Die Bauern verwüsteten den Tempel und alle Gebäude, in welchen juristische Studien getrieben wurden, verbrannten oder verschleppten Urkunden und Rechtsbücher; sie zwangen den König den Tower zu öffnen und

---

[1]) Knyghton nennt diesen primus motor en postea principalis ductor. p. 26, 37.

[2]) Capgrave bezeichnet als Bauernkönige vor Allem Robert Westbron, als Capteyn Wat Tyler und John Wraw. p. 237. In dem Gedichte on the slaughter of Archbishop Sudbury heissen die ductores in plebe priores:

Jak Chep, Tronche, Jon Wrau, Thom Myllere, Tyler, Jak Strawe.
Erle of the Plo, Rak to, Deer et Hob Carter, Rak Strawe.

ihnen eine Urkunde über Freiheit von aller Hörigkeit, Amnestie und das Recht zu kaufen und zu verkaufen, wo sie wollten, auszustellen [1]).

Während Richard mit ihnen unterhandelte, drangen die Bauern in den Tower; die eigene Mutter des Königs war vor ihren Brutalitäten nicht sicher, der Erzbischof wurde aus der Capelle geschleppt, auf den Towerhügel gebracht und dort enthauptet. 14. Juni. Erst auf den achten Hieb fiel sein Haupt vom Rumpfe [2]). Ein gleiches Schicksal traf Robert von Hales. „Lasst euch sagen", rief ein Unbekannter dem Mönche von St. Denys (Geschichtschreiber K. Ca r(V II.szu, welcher sich damals in London befand und sah, wie das Haupt des Erzbischofs durch die Strassen der Stadt geschleift, fünf Ritter gleichfalls enthauptet wurden, — „im Königreiche Frankreich wird es bald noch schrecklicher zugehen"!

Die Nachkommen der Sieger von Cressy und Poitiers liessen alles geschehen, als gebe es keinen Adel, keinen königlich gesinnten Bürger, keine Ritter in England, die das Schwert für ihren König zu zücken den Muth gehabt hätten. Der Herzog von Lancaster schloss eilig den Frieden mit den Schotten ab und flüchtete sich dann zu ihnen. Seine Gemalin wurde von ihrem eigenen Schlosse Pomfret ausgeschlossen. Die Besatzung fürchtete die Bauern auf sich zu lenken, wenn sie die Herzogin aufnehme. Der Abt von Leicester weigerte sich, das reiche Gepäcke des Herzogs in seinen Schutz zu nehmen. Nur der Bischof von Norwich, le Spenser, verlor den Muth nicht. An der Spitze der Seinigen griff er einen Trupp Aufständiger auf dem Wege an. Er selbst drang der Erste in ihre Verschanzungen, schlug die Widerstrebenden nieder, machte die Übrigen zu Gefangenen, verurtheilte die Rädelsführer zum Tode, hörte aber nun selbst als Bischof ihre Beichte, begleitete sie zur Hinrichtung, stützte die Köpfe der zum Richtplatze Geschleiften, dass sie nicht an Steine anschlugen, und liess sie dann hängen. Er bestrafte die Schuldigen, sandte die Reumüthigen dem Himmel zu, selbst überzeugt, die Pflichten eines Bischofes mit denen eines Ritters einträchtig erfüllt zu haben!

Sieben Tage war London in den Händen der Bauern, die noch immer hofften, den König in ihre Gewalt zu bekommen. Sie mordeten die vlämischen Kaufleute, befreiten John Ball aus dem Gefängnisse und gedachten nun, ihn zum Erzprälaten zu erheben, den König im Lande herumzuführen, bis der Adel erschlagen worden wäre, dann auch ihn zu beseitigen und ein Bauernkönigthum (Wat Tyler's) aufzurichten. Doch hatte Richard die Essexer, als er das grosse Bauernprivilegium gewährte, bereits zum Abzuge gebracht. Allein Wat Tyler mit seinen bewaffneten Haufen blieb in London, das er nöthigenfalls in Brand zu setzen gedachte. Er unterhandelte zu seinen Zwecken mit dem Könige, welcher am 15. Juni mit nur 60 Reitern nach dem Smithfield kam. Die Frechheit Wat Tyler's war soweit gestiegen, dass er den Abgesandten Richard's mit dem Messer folgte und plötzlich Miene machte, das Pferd des Königs am Zügel zu ergreifen und zu sich zu ziehen. Da befahl der fünfzehnjährige Fürst dem Mayor von London, Johann von Walworth, den Unverschämten in Gegenwart seiner 20.000 Bewaffneten zu ergreifen. Ein tüchtiger Hieb, den Walworth führte, brachte den Bauernanführer zum Wanken; er stürzte vom Pferde und wurde dann vollends erschlagen. Als jetzt die Bauern riefen: wo ist unser Führer, die Armbrüste gespannt wurden, sprengte muthvoll der

---

[1]) Quod omnes per totum regnum Angliae ab omni bondagio et jugo servitutis liberos faceret et quietos, ita quod de cetero nullus foret nativus (servus). Mon. Evesh. p. 28.

[2]) Es dauerte nur 24 Jahre und auf Befehl Heinrichs IV. fiel das Haupt eines andern Erzbischofes von York, Richard Scrope. Clementis Maydestone hist. de martyrio Richardi Scrope. Anglia Sacra II p. 369. (8. Juni 1405.)

König vor. Ich bin euer Führer, folget mir! rief er den Bauern zu, die, ihres Anführers beraubt, rathlos dastanden.

Ihr Zaudern liess dem Mayor von London Zeit, die Bürger zu den Waffen zu rufen. Sie eilten unter Anführung Sir John Knolle's dem Könige zu Hilfe. Jetzt war es an diesem, wenn er wollte, die Aufständischen zu vernichten. Er durfte nur den Befehl zum Einhauen geben, und der Aufstand wäre im Blute der Meuterer erstickt worden. Es beweist Richards hohen Sinn, dass er ihn verweigerte. Es genügte, die Masse zu zerstreuen. Wer zauderte, wurde durch Schläge und das Vorrücken der Reiterei ermahnt, sein Heil in der eiligsten Flucht zu suchen. An der Stelle, wo das Haupt Sudbury's aufgerichtet worden, sah man jetzt das Wat Tyler's. Wilhelm Walworth und einige andere Bürger Londons erhielten den Ritterschlag. Schon war auch in Northfolk, in Southfolk, in Hutingdon der Aufstand losgebrochen. Wo es noch nicht geschah, konnte es in der nächsten Zeit geschehen. Das Feuer glimmte nicht mehr unter der Asche. Vereinzelte Mordthaten gingen voraus, alle Strolche rührten sich und erwarteten den Augenblick mit Ungeduld, loszubrechen. Da dämpfte der König selbst den Aufstand, er rettete London vom Brande, der nach John Straw's Bekenntniss am 15. Juni erfolgen sollte, das Reich vom Untergange.

Am 5. November 1381 versammelte sich in Westminster das Parlament; William de Courtenay, erwählter Erzbischof von Canterbury, Kanzler des Reichs, eröffnete es vor dem Könige. Richard liess erklären, dass er nach dem Rathe des Parlamentes die Übelstände des Reiches zu bessern wünsche. Die Anführer hätten erklärt, sie wollten keinen andern König als Richard, es sei nothwendig, die Ursachen der Rebellion ausfindig zu machen und zu beheben[1]). Der König sei gezwungen gewesen, gegen die Gesetze des Reiches Freiheitsbriefe zu erlassen, er habe dieselben nach der Meinung seines geheimen Rathes bereits zurückgenommen[2]), weil sie auf die Enterbung der Prälaten und Herren gerichtet gewesen. Das Parlament möge nun sagen, ob er Recht gehandelt habè oder nicht. Wollten sie die Hörigen frei lassen, so werde der König auf diese Bitte eingehen[3]).

In wenigen Worten lag die Entscheidung über die Zukunft Englands. Sprach sich das Parlament für die Freiheit der Bauern aus, so war das Übergewicht des Adels und der Geistlichkeit gebrochen, die aristokratische Verfassung Englands von Grund aus verändert, aber auch das Reich vor jenen Scenen der Selbstzerfleischung gesichert, welche im Laufe des XV. Jahrhunderts dasselbe erschütterten, und den übrigen Staaten, namentlich Frankreich, mit seinem herabgekommenen, geknechteten Bauernstande ein Zeichen gegeben, das möglicher Weise eine weit grössere Umwälzung erzeugen konnte, beinahe möchte ich sagen, erzeugen musste, als die verlorenen Schlachten von Cressy und Poitiers. Gegen die Wirkung dieser Massregel schwanden Wycliffe, seine Conclusionen und Wanderprediger.

Der König liess zugleich vorstellen, er sei durch die Kriege und andere Dinge (et en autre diverse manere) stark verschuldet (grantement endettez).

Auf dieses antworteten Prälaten, weltliche Herren, Ritter, Städter, Bürger einstimmig, die Zurücknahme der Freiheitsbriefe der Bauern sei wohlgethan, niemals würden sie in die

---

[1]) Rotuli p. 99.

[2]) Am 2. Juli zu Chelmesforde. Walsingh. II. p. 68, der hiebei als Augenzeuge spricht.

[3]) Si vous desirez d' enfraunchiser et manumettre les dits Neifs de vostre commune assent comme ce lui ad este reportez que ascuns de vous le desirent, le Roi assentera ovesque vous a votre priere. Rot. p. 99.

Befreiung der Hörigen einwilligen[1]). Sie baten sämmtlich die erlassenen Freiheitsbriefe vernichten zu wollen. Eine grössere Übereinstimmung, die einst freien Bauern niederzuhalten, die englische Verfassung nach den untern Schichten sich nicht entwickeln zu lassen, im Gegentheile zu einem gewaltsamen Abschlusse zu bringen, war kaum denkbar.

Noch immer hatten die Bauern gehofft, das königliche Wort werde aufrecht erhalten werden. Es war ein trauriges Omen für Richards Regierung, als das Parlament ihn zwang mit einem Wortbruch zu beginnen. Wohl empfand man nach der heftigen Krise der jüngsten Zeiten, dass das Reich einer Reform dringend bedürfe; das Parlament sprach es auch unumwunden aus, dass, wenn die Regierung nicht bald gebessert würde, die Monarchie gänzlich der Auflösung verfalle. Man klagte über die ausserordentliche Masse von Familien, welche sich am königlichen Hofhalte befänden und von ihm ernährt würden[2]).

Jetzt auf einmal wusste man, dass Niemanden Recht noch Gesetz gegeben werde (que droit ne loye est a poy fait a nully), dass Pourveiours und Maintenours sich alle möglichen Bedrückungen erlaubten; dass die Chancellerie, bank le Roi, commune bank und Eschequier einer Reform bedurften; dass die Gesetze künftig gleichmässig gehandhabt werden müssten, sollte nicht das Reich noch grösseren Stürmen preisgeben werden. Die Commons baten den König und die edlen Herren um Christi willen[3]) die schlechten Beamten aus den erwähnten Stellen zu entfernen, dadurch die Übel, welche zum Aufstande[4]) Anlass gegeben, zu beseitigen, indem sonst das Königreich in die Länge nicht mehr bestehen könne.

In der That wurde jetzt auch eine Commission niedergesetzt, welche mit dem Könige, d. h. mit der Reform des königlichen Haushaltes beginnen und so von Stand zu Stand herabsteigen und die nöthigen Reformen einführen sollte. Sie begann damit, dem königlichen Beichtvater zu verbieten, ferner am königlichen Hofe zu wohnen. Nur an den vier grossen Festen sollte er sich daselbst aufhalten dürfen! Hatte er dem Könige den Rath gegeben, den Freibrief der Bauern auszustellen?!

Die Commons wurden jedoch nicht müde, Vorschläge zu machen und den grossen Herren, in deren Händen die Regierung lag, in ihrer Art den Text zu lesen. Sie rechneten ihnen die grossen Verluste in den Kriegen, der Ausfuhr, der Verschlechterung der Münzen, der Vernichtung der Flotte vor; die Nothwendigkeit die Reformen mit aller Consequenz durchzuführen und jetzt gewisse Gnadenbezeugungen zu erlassen; namentlich mussten diejenigen Herren, welche auf eigene Faust sich den Aufrührerischen widersetzt und sie ohne Process getödtet hatten, von aller gesetzlichen Ahndung befreit werden.

Ein zweiter Pardon traf die aufrührerischen Gegenden selbst. Von diesem aber wurden speciell ausgenommen diejenigen, deren Namen bereits als Rädelsführer aufgezeichnet worden waren[5]); dann die Mörder des Erzbischofes, des Prior-Schatzmeisters und des Chief justice (Johann de Cavendisch), sowie diejenigen, welche aus den Gefängnissen ausgebrochen und noch nicht dahin zurückgekehrt waren. Der Pardon, welcher sich namentlich auf Canterbirs, Bury de Seint Esmon, Bewerleye, Scardebourgh, Bruggewater, Cantebrugg erstreckte, wurde

---

1) Ne jamais ne ferroient par vivre et murrir touz en un jour. p. 102. Bestimmter konnte man sich nicht ausdrücken.

2) L. c. p. 100.

3) Pour la mercy Jesu Christi.

4) Rumour.

5) Rot. p. 111—115. Aus Norfolk 17, Suffolk 20, Cambridge 4, Essex 12, Hertford 4, Midlesex 23, London 150, Winchester 8, Kent 20, Sussex 8, Somerset 18, Canterbury 8, im Ganzen 287.

aber erlassen in Ehrerbietung gegen Gott, seine süsse Mutter Sancta Maria und **auf besonderes Verlangen der edlen Dame**, Dame Anna, Tochter des edlen Fürsten Charles, ehemals Kaisers von Rom, Königin von England, welche, wenn Gott will, bald kommen werde [1]).

Das war das erste Mal, dass von der Braut des Königs in Parlamentsacten die Rede war. Sie konnte nicht schöner erfolgen.

Auch bei dem dritten Pardonbriefe ward ihr Name genannt [2]). Er betraf Vergebung aller bei dem letzten Aufruhr stattgehabten Vergehungen [3]) in den ruhig gebliebenen Districten bis zum 14. December — auf Andringen und Verlangen der erwähnten Dame. Der König verlangte nun, da er sich durch die Kosten seiner Vermählung und der bevorstehenden Krönung in Schulden gestürzt, Abzahlung derselben. Allein die Commons, ärgerlich, dass ihre Reformpläne in Stocken gerathen waren, verweigerten ihre Mitwirkung und verlangten Vertagung des Parlamentes, da Weihnachten vor der Thüre sei.

Da nun auch die Nachricht einlief, dass Madame la Roigne, die Königin Braut, in das Königreich gekommen sei und die Herren nun ihr entgegeneilen mussten, sprach sich auch Richard für die Vertagung aus. Es wurde bestimmt, dass der Graf von Arundell und Michael de la Pole, ein bewährter Diener K. Eduards, und der ja selbst an der Brautwerbung Antheil genommen, um die Person des Königs bleiben sollten, ihn zu leiten [4]). Fortwährend wurde aber noch unterhandelt, die Commons, welche ihren Vortheil wohl gewahrten, zur Nachgiebigkeit zu bewegen, ohne dass mehr, als eine Verlängerung der früheren Bewilligungen erzielt werden konnte.

§. 4.

Die Vermählung der Königin. — Rückkehr des Friedens.

Es war keine Phrase, dass die Ankunft der jugendlichen Königin die Rückkehr des Friedens, eine weitreichende Versöhnung bedeute.

Der Herzog von Lancaster wurde von dem Könige aus dem schottischen Exil auf das Ehrenvollste zurückberufen; der Graf von Northumberland, welcher ihm selbst die gewöhnliche Hospitalität verweigert hatte, erhielt den Auftrag, ihm das Geleit zu geben. Der Herzog entliess jetzt, durch das Unglück gebeugt, die Katharina von Swynford, mit welcher er bisher gelebt hatte und begab sich zu dem Könige nach Redynges. Fand in dieser Beziehung eine Restauration statt, so fehlte es andererseits nicht an blutiger Ahndung. Der königliche Justitiar Robert Tressylian hatte den Auftrag erhalten, die Untersuchung über die Meuterer zu führen; er entledigte sich seines Auftrages in fürchterlicher Weise; Galgen und Scheiterhaufen wurden verwendet. Das einfache Köpfen genügte nicht; Viertheilen und Ausweiden schienen noch passender zu sein, die Strenge des Gerichtes den Schuldigen vor Augen zu führen. Unter denjenigen, welche geviertheilt wurden, befand sich auch John Ball, der Priester der seyute

---

[1]) Si dieu pleist procheinement à venir, ein klarer Beweis, dass die Königin Braut noch nicht nach England gekommen war, wie man ohne Grund bisher annahm.

[2]) A l' instance et especiale requeste de ladite dame.

[3]) Toutes maneres de felonies.

[4]) Pour conseiller et gouverner sa persone p. 104.

Marye von Zorke, der die Bauern von Essex, Southfolk und Northfolk aufgewiegelt hatte[1]). Wer der Thätigkeit an dem Aufstande angeklagt wurde, war verloren. Es gab keine Schonung; 1500, nach dem Mönch von Evesham 7000 Personen verloren so ihr Leben; eine ausserordentliche Zahl, aber nicht geradezu unverhältnissmässig zu dem Morde in London, dem allgemeinen Attentate. Man hatte im Parlamente den Antrag gestellt, den Hörigen zu verbieten, ihre Kinder in die Schule zu schicken, um etwas zu lernen oder gar sich dem geistlichen Stande zu widmen — ein Princip, das später in slavischen Ländern zur Herrschaft kam.

Die Bauern aber hatten die Schullehrer zu einem Eide gezwungen, ihren Knaben keinen theologischen Unterricht zu geben[2]) und ihren Hass gegen die Juristerei offen bethätigt[3]). Die Extreme berührten sich.

Ein mit Blut gedüngter Boden war es da, den die Königin betrat. Nach zwei Seiten hin war der Versuch gemacht worden, Urzustände zu schaffen, von den Bauern, wie von den Anhängern Wycliffes, den John Ball als eigentlichen Urheber, principalis autor, des Aufstandes bezeichnete und das Lied von den Lollarden in ähnlicher Weise hervorhob[4]). Es wäre absurd, zu sagen, Wycliffe habe den Aufstand veranlasst, geschürt und gewollt. Aber auch nicht minder absurd wäre es, zu läugnen, dass seine Principien eine ungemeine Revolution in sich schlossen, wenn auch er dieselbe durch den König, den Adel, das Parlament, seine Wanderprediger, und nicht durch Bauern durchzuführen gedachte, wie es später Hus in Böhmen wollte. Es war begreiflich, dass da binnen Kurzem die Prälatur nach dieser Seite nicht minder einschritt, als die weltliche Behörde es nach der andern gethan hatte.

Vor der Hand gab es jedoch noch etwas anderes zu thun. Die Vermählungsfeierlichkeiten gestalteten sich ja zu einem grossen Siegesfeste des Adels und der Bischöfe, welche beide von den Bauern bedroht worden waren, jetzt sich sagen konnten, dass der Umsturz des mittelalterlichen Staates ohne Umsturz der Kirche, der Umsturz letzterer ohne Umsturz des ersteren nicht denkbar sei. Aber wer hatte nicht Ursache sich der Wendung der Dinge zu freuen, da der König erschlagen, die Besitzenden ermordet, London in Brand gesteckt werden sollten! Die Vermählung selbst setzte ferner allen ungemessenen Ansprüchen der Seitenlinien ein Ziel. Sie knüpfte in dem noch nicht beendeten Streite Englands und Frankreichs das luxemburgische Kaiserhaus an das Interesse Englands. Was versprach man sich nicht noch damals von K. Wenzel?

War nicht K. Eduard III. kaiserlicher Reichsvicar gewesen? Sie löste die brennende Frage der Zeit, das päpstliche Schisma, oder führte sie doch, wie man damals hoffen konnte, einer raschen Lösung entgegen, da die Anerkennung P. Urbans VI. im deutschen Reiche wie in England stattfand. England trat aus seiner Isolirung heraus und zog nun K. Wenzel zur Kaiserkrönung nach Rom, so sank die Bedeutung der Gegner Urbans VI. auf Null herab.

Erst am 14.[5]) Januar, somit 8 Tage nachdem Richard sein 15. Lebensjahr vollendet hatte, tauschten er und die Kaisertochter die Ringe; am 22.[6]) erfolgte die Krönung Anna's als Köni-

[1]) Knyghton p. 2638. Walsingh. II. 31. Über J. Straw, der Ähnliches bekannte, Mon. Evesh. p. 31.

[2]) Mon. Evesh. p. 30.

[3]) Her entent was to kille alle the men that lerned ony lawe. Capgrave l. c.

[4]) Monstrans (Joh. Ball) Wycliffi familiam (causam brigae primarium), quae totum regnum terruit. Thom. Wright political poems and songs I. 1859. p. 235. Vergl. auch n. 47, p. 243. In ähnlicher Art spricht sich auch Walsingham gegen Wycliffe aus.

[5]) Nach dem lat. Gedichte auf K. Eduard III. und Richard II. bei Wright p. 458 hätte die Vermählung erst am 13. Febr. stattgefunden.

[6]) Das Datum der Krönung erhellt aus Richards Proclamation bei Rymer VII. p. 398.

gin von England und wohl auch von Frankreich, da Richard diesen Titel wieder angenommen hatte. Den Glanz dieser Tage zu erhöhen, folgten Turniere zwischen englischen und böhmischen Rittern nicht ohne beiderseitigen Schaden, und da der englische Chronist nur von der Tapferkeit, nicht aber auch von dem Siege der Seinigen Erwähnung macht, ist wohl mit Recht anzunehmen, dass eine hübsche Anzahl von Engländern durch die Böhmen in den Sand gestreckt wurden und denselben unfreiwillig, wenn auch nicht mit ihren Leichen, doch mit ihren Leibern deckten.

Am 8. Februar waren die Hochzeitsfeierlichkeiten zu Ende gekommen[1]), die Fortsetzung der Parlamentssession auf den 11. bestimmt. Da schifften sich die Landgräfin von „Lucembergh" (Leuchtenberg), die Barone, Ritter und Knappen, die Fräulein und die gesammte Dienerschaft, welche das Gefolge der Landgräfin bildeten, wieder ein, um nach Böhmen zurückzukehren, nicht ohne grosse Kostbarkeiten für die Kaiserin Mutter und die Königin Johanna mitzunehmen, die auf das Schiff Fliquet geladen wurden, das Johann Mutin von Dünkirchen führte. Die Landgräfin konnte nach Prag berichten, wie sie 3 Tage nach der Landung in Dower die Brautreise nach London angetreten, wie die Braut in Canterbury von dem jüngsten der Oheime des Königs Thomas, nachher Herzog von Glocester, mit welchem Anna später in so unfreundliche Berührung kommen sollte, begrüsst wurde, wie an der Schwelle von London der Mayor, die Bürger, ihre Frauen und Mädchen im endlosen Zuge ihrer harrten und sie von ihnen in einer nicht enden wollenden Cavalcade in das Innere der Stadt geleitet wurde, ihren schönen Bräutigam zu empfangen. Wie die Goldschmiede Londons allein sieben Minstrels zu ihrer Begrüssung festlich gekleidet hatten, am oberen Ende der cheapside ein Castell mit Thürmen errichtet war, aus denen Wein strömte. Wie, als die Begrüssung des Brautpares erfolgte, schöne Mädchen ihnen Blattgold in das Gesicht und nachgemachte Goldstücke vor das Pferd der Königin streuten. Wie die Braut unter die Obhut der Prinzessin von Wales und ihrer Tochter, der Herzogin von Bretagne, sowie des Ritters Sir Robert Namur gestellt wurde, der sie von Prag bis London geleitet hatte, wie das königliche Paar sich nach der Vermählung nach Windsor begeben und welche Festlichkeiten der Krönung folgten.

Rasch nahmen die Dinge eine andere Wendung an. Am 10. März 1382 kam das Schutz- und Trutzbündniss K. Richards und K. Wenzels zu Westminster zu Stande[2]). Bereits im J. 1381 sagte sich Anna's Bruder Sigmund von Ungarn von dem Bündnisse seines Vaters mit dem französischen Königshause los. Eine eigene Gesandtschaft war desshalb nach Paris gekommen, von dem Könige Karl in Gegenwart des Herzogs von Anjou empfangen worden und es schien den Herren und dem königlichen Rathe, dass das von Seite der Ungarn sehr sonderbare Manieren seien, so von dem Bündnisse mit dem Könige von Frankreich sich loszusagen, ohne dass man ihnen einen Anlass gegeben hatte![3])

Ende Januar 1382 erklärte P. Urban VI. alle Bündnisse, welche K. Wenzel oder Kaiser Karl mit Königen geschlossen hatten, die seitdem schismatisch wurden, — für null und nichtig[4]) und setzte hievon K. Richard in Kenntniss. Letzterer aber trat nicht bloss mit P. Urban VI., sondern auch mit K. Karl von Sicilien (Neapel) in Verbindung. Am 12. Febr. machte er dem

[1]) Lit. patentes des Königs darüber, Westminster 8. Febr. 1382, bei Rymer VII. p. 343.
[2]) Rymer VII, p. 383.
[3]) Hist. de Charles VI. roi de France par Jean Juvenal des Ursins.
[4]) Rymer VII, p. 352.

Johann Hawod, Anführer des englischen Söldnerheeres in Italien, zu wissen, dass er mit K. Wenzel ein Bündniss abgeschlossen habe, dem zufolge der englische Condottiere in keiner Art und Weise ein Bündniss mit Wenzels Gegnern in Italien schliessen, sondern vielmehr ersteren unterstützen sollte[1]). Am 25. März bewilligte das Parlament dem Könige die verlangten Subsidien, erklärte sich aber aufs Neue gegen päpstliche Provisionen und willkürlichen Ankauf von Gütern durch Religiose. Von dem Clerus erlangte jedoch Richard nur unter der Bedingung einen Zehenten, dass der König ihn bei Verhaftung der wycliffitischen Ketzer unterstütze[2]).

Das königliche Paar hatte sich Anfang März von Westminster nach Windsor, von da am 14. März wieder nach Westminster begeben. Hier übergab der König dem treuen Simon von Burley wegen der grossen Ausgaben, die ihm die Reise nach Böhmen und Deutschland bereitet hatte mit Zustimmung des (Titular-) Königs von Castilien und Leon (des Herzogs von Lancaster), des Grafen von Stafford, des Michael de la Pole und Johanns von Montagu Schloss Emelyn auf Lebenszeit[3]), später (3. November) in Gegenwart der theuersten Gemahlin Anna und des Herzogs von Lancaster für ewige Zeiten[4]).

Andererseits musste aber die Königin schon am 24. Juni erleben, dass eine grosse Anzahl von Kostbarkeiten, eine goldene Krone mit Diamanten und Saphiren u. a. m. von dem Könige der Stadt London verpfändet wurde. Vielleicht stand es mit dieser Ebbe im königlichen Schatze in Verbindung, dass im August 1382[5]) auch der Herzog von Teschen mit seinem ganzen Gefolge von Bannerherren, Rittern, Knappen und andern Untergebenen England verliess und nach Böhmen zurückkehrte. Mit ihm reiste eine königliche Gesandtschaft, Nicolaus von Shernefeld, Bernard von Zeiles (Sedlec) und Mag. Richard Rouhale, um mit K. Wenzel ein Bündniss gegen Karl, der das Königreich Frankreich in Besitz genommen, und gegen Robert, der sich König von Schottland nannte, abzuschliessen[6]). Richard confiscirte das Eigenthum der Cardinäle des Gegenpapstes in England, unterstützte die päpstlichen Sammler, welche auch Gegenstände der Kunst und des Gewerbfleisses nach Italien nahmen, während Urban VI. einen Engländer Adam de Eston aus Norwich zum Cardinal erhob[7]). Mit voller Aufrichtigkeit konnte P. Urban VI. am 22. April 1383 dem Könige seinen Glückwunsch zur Vermählung darbringen[8]).

Sie hatte bewirkt, dass in Prag wie im Westminsterpalaste dieselbe kirchliche Politik, eine Übereinstimmung in den wichtigsten und massgebendsten Fragen herrschte[9]). Alles eher, nur keine Vorliebe für Wycliffe und seine Genossen oder für Frankreich und den Gegenpapst.

---

1) Rymer VII. 345.

2) Mon. Evesh.

3) Rymer l. c. p. 348.

4) p. 370.

5) Königl. Geleitsbrief vom 6. August bei Rymer VII, p. 364.

6) Königl. Geleitsbrief vom 12. August 1382.

7) Mon. Evesh.

8) Rymer p. 393.

9) War es zu wundern, wenn in Frankreich in Betreff Englands die Meinung galt: c'est une nation, qu'il faut faire agir contre autrui de peur qu'elle ne se dévore elle—mesme et qui est plus à craindre par ceux qui la gouvernent quand elle est dans le calme, que dans l'agitation et dans l'orage. — Eine höchst treffende Anschauung, welche die Lage des Königthums unter Richard treu wiedergibt.

Histoire de Charles VI. par un auteur contemporain, ad 1383 (herausgegeben von Le Laboureur).

III.

Die ersten Jahre nach der Vermählung der Königin Anna.

§. 1.

Die Periode der politischen Reaction.

Zwei Thatsachen traten jetzt zunächst hervor. Als der König im Waltham war, sandten die Bauern von Essex eine Deputation zu ihm und stellten das Begehren in gleiche Freiheit wie der Adel gesetzt zu werden [1]). Richard gab jedoch den Bescheid: Bauern wart ihr und Bauern seid ihr. Ihr werdet in der Hörigkeit (bondagio) bleiben, nicht nur wie bisher, sondern in einer unvergleichbar schlechteren. Der König gedachte nicht, dass die Zeit kommen könne, in welcher er der starken Arme der Bauern und ihrer sicher treffenden Pfeile sehr wohl gegen die Herren benöthigen werde.

Die zweite Thatsache war, dass im Westminster Parlamente sehr scharfe Massregeln gegen diejenigen Personen beschlossen wurden, welche unter dem Scheine grosser Heiligkeit in eigenen Kleidern ohne Erlaubniss des Papstes und des Ordinarius auf Kirchhöfen und in Kirchen predigten zur Zerstörung der Kirche, des Volkes und des ganzen Königreiches. Man constatirte, dass die Predigten Zwietracht und Uneinigkeit zwischen Geistlichen und Weltlichen stets und zur Aufregung des Volkes führten. Es wurden Commissionen bestimmt für Viscónts und andere königliche Beamte, um auf Anweisung der Prälaten solche Prediger und ihre Gönner [2]) zu verhaften und so lange in festem Gewahrsam zu halten, bis sie den Gesetzen der Kirche Genüge gethan. Da die Opposition auf dem weltlichen Gebiete, die zur Befreiung des Bauernstandes führen sollte, fehlgeschlagen war, nahm gerade im Kreise der Bauern die kirchliche Opposition zu. Die Anzahl der Lollardengenossen (Wycliffiten) stieg ganz ungemein, das Ansehen der Mönche nahm ebenso ab, sie mussten es sich gefallen lassen geradezu als Lügner bezeichnet zu werden [3]).

War es doch, als hätte sich der Clerus den Beruf auserwählt, Wycliffe in die Hände zu arbeiten, als in der nächsten Zeit von dem Papste Urban begünstigt der kriegerische Bischof von Norwich seinen Kreuzzug gegen Frankreich in Scene setzte und nun seine Geistlichen, um Geld dazu zu erlangen, dem Erzengel Michael befahlen, die Seelen derjenigen in den Himmel aufzunehmen, welche sich an diesem Kreuzzuge gegen — den allerchristlichsten König betheiligten. Auch der König und die Grossen sprachen sich für diesen Zug aus, welcher eben so unrecht unternommen als kopflos geführt wurde. Ja, hätte der Bischof Schaaren befreiter englischer Bauern nach Frankreich geworfen und daselbst eine Bauern-

---

1) Ut essent in libertate pares dominis et quod non essent cogendi ad curias nisi tantummodo ad visum francipiegii bis in anno. Walsing. II. 18.

2) Leurs fautours mainteneurs et abbettours. Rot. III. p. 125.

3) Hic est frater ergo mendax. Vergl. den song against the friars, bei Wright I. p. 263.

revolution entzündet, dann hätte sich ein günstiger Erfolg voraussagen lassen. Nicht bloss Wycliffe, jeder Besonnene musste das tolle Unternehmen tadeln[1]).

Gerade jetzt und unterstützt durch den fortwährenden, wenn auch verbissenen Groll der Bauern, die scharfen Massregeln des Episcopates, welche diesen steigerten, die Zerwürfnisse unter den hadernden Päpsten und den Mangel an apostolischem Sinne bei dem englischen Clerus, entwickelte Wycliffe eine gesteigerte Thätigkeit. Er befand sich wie in einem wohlverschanzten Lager, von dem aus er der wider ihn gerichteten Angriffe spotten konnte. Seine Protestationen kirchlicher Ergebenheit umzogen ihn wie mit einem dreifachen Panzer. Während man in London Massregeln gegen die Lollarden und ihre Gönner berieth, stellte Wycliffe in einer Predigt am Palmsonntage 30. März 1382 zu Leicester 54 Sätze auf[2]). Er erklärte, dass diejenigen, welche wegen einer Excommunication zu predigen oder eine Predigt zu hören unterliessen, selbst gebannt seien und am Tage des jüngsten Gerichtes für Verräther Gottes gehalten würden. Eine derartige Excommunication sei ein Bann des Antichrists. Kein Prälat dürfe Jemanden bannen, er wisse denn zuerst, dass derselbe von Gott gebannt sei und auch nur aus Pietät und für das Heil seiner Seele. Ein Prälat, der einen Cleriker banne, der an den König oder den geheimen Rath appellire, sei ein Verräther Gottes und des Landes. Die Prälaten erlangten ihre Beneficien durch Geld und seien somit Simonisten und Häretiker. Es sei gegen den alten und gegen den neuen Bund, dass Geistliche Temporalien besässen. Niemals werde in England ein guter Friede walten, bis nicht den Geistlichen die Temporalien weggenommen würden, wobei Wycliffe, wie Walsingham berichtet, die Hände zum Volke ausstreckte und dasselbe aufforderte, in dieser Beziehung das Möglichste zu thun. Geistliche, welche in Reichthümern und Vergnügungen lebten, seien untauglich für das Volk zu beten. Besässe der König die Kirchengüter, so brauchte er keine Taxen aufzulegen, noch „die Gemeinde des Reiches", ein Ausdruck, der stark an den Sprachgebrauch der Bauern erinnert, zu berauben. Die Religiosen sollten wie der h. Petrus ihren Lebensunterhalt durch Händearbeit verdienen; die neuen Orden, die er gewöhnlich als Secten bezeichnet, hielten ihr Leben für vollkommener als das Christi und der Apostel und machten dadurch ersteren zum Narren. Dann kam er auf das Sacrament des Altares zu sprechen und erklärte es (nach der Consecration) für wahres Brod und wahren Leib Christi. Das sei die alte Kirchenlehre. Die Religiosen aber, die dieses nicht predigen wollten, seien Häretiker, denen kein Almosen gegegeben werden sollte.

Am 4. April predigte er über den Zehenten als Almosen, das einem schlechten Pfarrer entzogen werden müsse. Niemals dürfe man Jemanden wegen Schulden einsperren. Banne ein schlechter Pfarrer seine Parochianen wegen Zurückhaltung der Zehenten, so heisse das unrechtmässig Geld eintreiben. Ein Kind sei ungetauft, wenn der taufende Geistliche oder die Gevattern sich bei der Taufe in Todsünde befänden! Ein Bischof könne die Weihe nicht entziehen, wenn sie nicht auch von Gott entzogen werde[3]). Niemals habe Gott befohlen Messe zu lesen und besser wäre es, wenn weniger Messen gelesen würden. So am Charfreitag 1382.

Im Anfange Mai[4]) überreichte Wycliffe den Lords sieben Conlusionen. Der König und das Königreich seien keinem Stuhle, d. h. dem römischen oder Prälaten zu gehorchen ver-

---

[1]) Man sehe z. B. den Unwillen des Verfassers des Eulogium hist. p. 357.

[2]) Walsingh. II, p. 53.

[3]) Walsingham II, 56.

[4]) Circa festum S. Johannis ante portam latinam (6. Mai).

pflichtet als in wie weit dies die heilige Schrift verlange, was direct gegen die Lehensabhängigkeit Englands gerichtet war. Nur in wie ferne es die heilige Schrift zugebe, solle nach Rom oder Avignon oder sonst einem auswärtigen Hof Geld ausgefülut werden. Weder ein Cardinal noch sonst Jemand beziehe von einer Pfründe Früchte, ausgenommen er residire im Lande oder es sei seine Abwesenheit in königlichen Angelegenheiten (in causa regis) durch die Grossen gestattet. König und Königreich seien gehalten die Reichsverräther zu vernichten und die Ihrigen gegen trotzige Feinde zu vertheidigen. Die Gemeinde des Reiches solle nicht früher mit Auflagen behelligt werden, ehe nicht das ganze Kirchengut dazu verwendet sei. Der König sei verpflichtet, jedem Bischofe oder Pfarrer, welcher zur Schmach Gottes sündige, seine Temporalien zu confisciren; der König aber solle weder den einen noch den andern zu seinem Dienste ausschliesslich verwenden. Unter den Sätzen, welche Walsingham anführt, dass sie Wycliffe damals veröffentlichte, befindet sich übrigens auch der, die weltlichen Gesetze seien ungiltig, wenn sie mit der heiligen Schrift nicht übereinstimmten! Es fehlte nur noch, dass die mosaische Gesetzgebung als bindend erachtet worden wäre.

Der Gedanke, erst die Kirchengüter anzugreifen und dann erst zu Steuern seine Zuflucht zu nehmen, das alles aber in friedlichen gesetzmässigen Zeiten, stimmte so ziemlich mit den Ansichten J. Straw's überein, jedoch mit dem Unterschiede, dass wenn dieser und seine Genossen statt des besitzenden Clerus nur Bettelmönche wollten, Wycliffe seine Lollarden eingeschoben hätte. Freilich, nahmen die Lords den kirchlich-politischen Vorschlag an und ward die Freiheit der Bauern verkündet, so sah England einerseits die Säcularisation und andererseits was man die Exheredation nannte, der geistliche und der weltliche Besitz ging in andere Hände über und die gar nicht zu berechnende Veränderung im Grundbesitze führte dann von selbst zu einer gar nicht zu berechnenden Veränderung der Verfassung des Königreiches. Mochten die Lords fürchten, dass den Vorschlägen Wycliffe's eine Tragweite innewohne, die einen sehr gefährlichen Charakter in sich schliesse, sie scheinen gar nicht in Berathung gezogen worden zu sein.

Hielt es aber der Rector von Lutterworth für seine Aufgabe den Streich, welcher gegen die Lollarden geführt wurde, zu pariren und die Lords zum Umsturze der kirchlichen Verfassung aufzufordern, so lag es ganz in der Natur der Dinge, dass auch der Nachfolger des ermordeten Erzbischofes von Canterbury nicht zögerte, alle Massregeln zu ergreifen, die zur Abwehr eines Sturmes geeignet waren, welcher die Kirche nicht weniger bedrohte, als der Bauernaufstand das Königreich bedroht hatte. Erzbischof Wilhelm, selbst einer der besten Familien des Landes entsprossen und als Glied derselben ebenso betheiligt bei Allem, was den weltlichen Besitz betraf, wie als Kirchenfürst verpflichtet, die Rechte seiner Würde zu vertreten, verfuhr hiebei mit grosser Umsicht. Er versammelte am Tage des heiligen Dunstan, 19. Mai 1382[1]), bei den grauen Brüdern zu London ein Concil von 9 Bischöfen, 10 Doctoren der Theologie, 14 des canonischen und bürgerlichen Rechtes nebst einer Anzahl von Baccalauren. Wycliffe selbst wurde nicht vorgefordert, wohl aber zur dritten Versammlung am 14. Juni die Magister Nicolaus Hereford, Philipp Repyngdon und John Aston berufen und als sie auf die ihnen vorgelegten Sätze nicht antworten wollten, ihnen ein peremptorischer Termin gestellt.

---

[1]) Nach Pauli V. S. 548. 17. Mai. Synod at the grey friars. Vaughan II, 70.

Als aber das Concil, sei es am 19., sei es am 21. Mai[1]) versammelt war, setzte ein in England ganz ungewohntes Erdbeben die Anwesenden in so grossen Schrecken, dass die Angelegenheit auf dem Punkte stand, aufgegeben zu werden. Ein Gottesgericht, meinten Viele, löse das menschliche ab. Man befürchtete eine neue Empörung und zwar unmittelbar in Folge der Lehre Johns von Wycliffe. Der Bischof von Lincoln, welcher Wycliffe wegen seiner jüngsten Predigten das Recht die Kanzel zu besteigen entzogen hatte, war durch den wüthenden Haufen bereits eingeschüchtert worden[2]). Es war kein Geheimniss, dass Wycliffe die Lords und das Volk wider den Clerus aufgestachelt hatte, berechnete man doch die Anzahl der Wanderprediger auf mehr als 200[3]), die in ganz England gegen den Clerus predigten. Man erinnerte sich sehr wohl, dass John Ball von den Bauern als Primas von England bezeichnet worden war, dass er, welcher in St. Albans geschleift, gehängt, geviertheilt worden war, ein Freund und Schüler Wycliffe's gewesen. Wycliffe's Sprache selbst wurde immer kühner, nur mit Hohn und Verachtung sprach er sich über das Verfahren des Erdbebenconcils aus. Allein die Bischöfe hatten einen grossen Vorsprung gewonnen. Unter dem Eindrucke der jüngsten Revolution fühlten sich die Lords doch nicht bewogen, Wycliffe's Grundsätze zu den ihrigen zu machen. Das Concil schritt ruhig zur Untersuchung und Verurtheilung von 24 Sätzen Wycliffe's, die theils als häretisch, theils als irrthümlich oder den Entscheidungen der Kirche widerstreitend bezeichnet wurden. Davon bezogen sich drei auf die Eucharistie und Wycliffe's Lehre darüber. Der vierte Satz lautete dahin, dass ein in Todsünde begriffener Bischof oder Priester weder ordinire, noch consecrire noch taufe, d. h. somit alle seine kirchlichen Functionen ungiltig seien, was zu einer beispiellosen Verwirrung Anlass geben musste; der fünfte erklärte die äussere Beicht für unnöthig und verlangte nur innere Zerknirschung. Der neunte verlangte, dass seit Urban VI. Niemand als Papst anerkannt werde, sondern man (im Abendlande) wie die Griechen leben sollte, ein Satz, welcher so recht die Höhe der Verwirrung erkennen liess, zu der das Papstschisma schon damals geführt hatte. Es sei gegen die heilige Schrift, dass Geistliche weltliche Besitzungen besässen. Es folgten die wycliffitischen Sätze, dass Gott dem Teufel gehorchen müsse, über Excommunication und Entziehung der Kirchengüter durch die weltlichen, über die Freiheit des Predigtamtes, über die Verwerflichkeit der Mönchsorden und der Ertheilung von Almosen an die Mendicanten.

Schon am 28. Mai machte der Erzbischof diese Sätze in einem Schreiben an den Karmeliten, Peter Stokys bekannt[4]) und trug demselben zugleich auf, in Oxford das Verbot zu verkünden, diese Sätze zu lesen, zu halten, zu vertheidigen oder zu predigen, in der Erzdiöcese wie im ganzen Königreich England. Wilhelm von Courtenay vermied jedoch in dem Schreiben den Namen Wycliffe's zu nennen; nur in dem Ausschreiben an die Suffraganen ist von den Conclusionen Wycliffe's die Rede[5]). Er sprach von Leuten, welche sich das Recht zu predigen anmassen, während Wycliffe schrieb, die Mönche hätten im Londoner Concil das ganze Reich vergiftet, sich wie Herodes und Pilatus mit den Bischöfen verbündet, die Brüder seien Söhne

---

[1]) Das erste nach dem fascic. ziz., das andere nach Walsingham. Thorn gibt ganz bestimmt den 21. Mai (feria IV hora meridiana) an als Ausbruch des Erdbebens. Lechler proleg. setzt das Erdbeben auf den 17. Mai (p. 3).

[2]) Walsingh. II, 55.

[3]) Mon. Evesh. p. 37.

[4]) Walsingham stellt zuerst 10, dann 12 Sätze zusammen. II. S. 58. Der Mönch von Evesham zählt 14 häretische Sätze auf. S. 38.

[5]) Bei Knyghton p. 2655.

Belials, Teufel, die Christus zum Häretiker gestempelt hätten[1]). Ja sie hätten das ganze Königreich, den König und den Adel zu Häretikern gemacht und versucht den Gegenpapst Robert einzuschmuggeln[2]). Letzteres war vollständig unwahr und eines Mannes von Wissenschaft unwürdig. Allmälig verliess ihn seine Haltung. Eine Verbitterung ohne Gleichen bemächtigte sich seiner. Sie blieb der Grundton seines Lebens. Nun befand sich bereits seit dem Anfange des Jahres die Universität Oxford im Zustande wachsender Aufregung, ja beinahe der Auflösung in Folge der beispiellosen Kühnheit, mit welcher die Anhänger Wycliffe's aufgetreten waren. Schon am 15. Februar 1382 hatten sich die Doctoren aus dem Prediger-, Karmeliter-, Augustiner- und Minoritenorden mit einer Beschwerdeschrift an Wycliffe's hohen Gönner, den Herzog von Lancaster, Titularkönig von Castilien und Leon, gewendet, den Umfang der Zerwürfnisse vorgelegt, so wie die vorhandene Absicht enthüllt, die Mönche als Ursache des Aufstandes von 1381 zu bezeichnen und damit sie dem Verderben zu weihen. Es werde in Oxford Alles aufgeboten, um glauben zu machen, dass das Reich durch die Mönche und deren Almosensammlung bei Weitem mehr der Verarmung zugeführt werde, als durch die Steuern und Abgaben. Die Mönche seien somit die Ursache jenes Elendes, das die Armen zum Aufstande gegen die Vornehmen vermocht habe. Sie gäben ferner den Hörigen (servis) und den Bauern Anlass gleichfalls die Arbeit zu verlassen und des Bettelns wegen umher zu schweifen. Da aber der Adel sich ganz besonders des Rathes der Mönche bediene, so würden sie als diejenigen verschrieen, welche einerseits die Herren gegen das Volk, andererseits das Volk gegen die Herren aufreizten. Sie müssten Ursache sein von Pest und Schisma, Simonie, Wucher und Landesverrath. Vor Allem aber sei es Nicolaus von Hereford (sacrae paginae professor) in Oxford, welcher das Volk so wider sie aufreize und verlange, dass sie mit dem Schwerte verfolgt würden. Der Herzog möge daher den Professor Nicolaus vorfordern und über sein Benehmen verhören[3]).

Es war somit ein neues Moment zum Streite hinzugekommen. Nicht bloss dass Nicolaus von Hereford wie Philipp Repyngdon Canonicus von Lancaster auf das Entschiedenste Partei für Wycliffe nahmen[4]) und dessen Lehre, wo sie konnten vertheidigten, Nicolaus ging selbst noch über Wycliffe hinaus, vertheidigte geradezu die Ermordung des Erzbischofes Simon, war aber nicht zu bewegen, seine Aufzeichnungen einem andern Doctor mitzutheilen, als Peter Stokys wider ihn aufstand und ihn widerlegte. Er war beständig dem Verlangen ausgewichen, bis er endlich am Himmelfahrtstage 1382 (15. Mai) in S. Fredewyde geradezu das Volk zum Aufruhr aufreizte und Wycliffe vertheidigte. Als nun am 5. Juni (Frohnleichnam)

---

[1]) In ultimo concilio terrae motus illudebant episcopi Christum D. N. cum membris suis triumphantis ecclesiae tanquam haereticum condemnando regem nostrum et proceres. Thom. Wald. I. p. 275. Die Bischöfe sind ihm nur maniaci, satrapae. I. p. 361. Die obige Stelle findet sich im supplem. Trialogi p. 416. Vergl. auch p. 447.

Wycliff kommt im Trialogus mehrmals auf das Erdbebenconcil zu sprechen, einmal wo er die Mönche als Häretiker bezeichnet (ponunt enim — quod ipsa consecrata hostia sit accidens sine substantia subjecta sive nihil et hoc publicarunt sed tacite (!) Londoniis in generali eorum concilio terrae motus. Lechler p. 339). Sie hätten Christus, die vorzüglichsten Heiligen und die ganze streitende Kirche zu Häretikern gemacht. Dann kommt er noch p. 371 darauf zu sprechen, die Brüder hätten das ganze Reich damals vergiftet, die Bischöfe, welche früher die Mönche gehasst hätten, für sich gewonnen, weshalb viele glaubten in ista damnatione ad ostendendum defectum attestationis humanae fuit insolito motus terrae. p. 376 und gleich darauf wieder p. 378.

[2]) Trialog. p. 378.

[3]) Das Document trägt in dem fasc. 707 das Datum MCCCLXXXI. Wie aber schon Shirley p. 295 nachwies, muss es 1382 heissen.

[4]) Fasc. p. 296.

Philipp Repyngdon, der früher ruhig und demüthig gewesen war, gleichfalls in S. Fredewyde die Lehre Wycliffe's zu vertheidigen beabsichtigte, wandten sich die Katholiken Oxfords an den Erzbischof und baten ihn, er möge vor der Predigt Repyngdons die Verkündigung des Concilsbeschlusses durch Peter Stokys vornehmen lassen. Auf dieses machte der Erzbischof dem Kanzler der Universität Vorwürfe, dass er bei einem feierlichen Anlasse den Nicolaus Hereford habe predigen lassen, versicherte ihn, dass der König und der Adel den Bischöfen die ausgiebigste Hilfe gegen die Lollarden versprochen hatten und verlangte von ihm, dem Peter Stokys in der Veröffentlichung seines (erzbischöflichen) Schreibens alle Hilfe und Unterstützung zu gewähren. 30. Mai 1382[1]). Nun erklärte aber der Kanzler, dass der Erzbischof nach den Privilegien Oxfords auch in Sachen der Häresie keine Gewalt über die Universität habe und Peter Stokys die Freiheiten derselben beeinträchtige. Er hielt eine Berathung mit den Procuratoren und anderen Regenten derselben und sagte zwar dem Stokys seine Hilfe zu, umgab sich aber mit 200 Bewaffneten, wie man meinte, Peter zu tödten oder zurückzutreiben, endlich berief er den Mayor zu sich, mit welchem und den Bewaffneten er Repyngdon nach S. Fredewyde geleitete. Dort hielt letzterer zur grossen Freude der Lollarden eine Predigt über das Altarsakrament im Sinne Wycliffe's, verhiess ihnen den Schutz des Herzogs von Lancaster und bezeichnete sie als die heiligen Priester. Dann führte ihn der Kanzler, welcher ihn an der Kirchenthüre erwartete, lachend wieder zurück. Stokys wagte gar nicht auszugehen, sondern berichtete nur am 6. Juni, dass er dem Kanzler feierlich das erzbischöfliche Schreiben übergeben, wohl seine Zusicherung erhalten habe, aber selbst in Todesgefahr schwebe und daher den Erzbischof bitte, ihm nichts weiteres in dieser Sache aufzutragen. Nichts desto weniger trat Stokys am 10. Juni in der Schule gegen die Behauptung Repyngdone's, dass zuerst die Weltlichen und dann erst Papst und Bischöfe zu erwähnen seien, auf, befürchtete jedoch fortwährend getödtet zu werden, da sich Bewaffnete vermummt in die Schule begeben hatten. Nicolaus aber hatte bereits am 7. Juni seine Sätze weiter vorgetragen, die sich auf die Wahrheit der Behauptungen Wycliffe's, die Falschheit der Mönchsregeln, die Unterwürfigkeit des Papstes unter dem Kaiser, Gottes unter dem Teufel bezogen[2]).

Schon am 9. Juni war das Abberufungsschreiben Peter Stokys' ausgefertigt, worauf nach wenigen Tagen der Kanzler der Universität mit dem Magister Thomas Brythwall sich nach London verfügten, ihre Entschuldigung bei dem Erzbischofe vorzubringen. Er konnte aber erst am 12. Juni Audienz erhalten, wobei ihm selbst und seinem Genossen Gelegenheit gegeben wurde, sich über ihr Benehmen zu vertheidigen. Die Sache musste nothwendig zum Bruche kommen. Der Kanzler und die Procuratoren hatten bisher Nicolaus von Hereford wirken lassen wie er wollte. Er konnte die Mönche, welche einen Universitätsgrad erlangten, öffentlich für Apostaten erklären; er wurde erst noch darin gegen diejenigen beschützt, welche sich darüber beschwerten. Für ihn gab es keine Statuten noch Privilegien der Universität. Der Kanzler wusste, dass Nicolaus erklärte, es könne in Wycliffe's Lehre kein Irrthum gefunden werden und hatte ihm dennoch am 15. Mai die Hauptpredigt in englischer Sprache, dem Repyngdone die am 5. Juni angewiesen, letzterer diese Gelegenheit benutzt, um zu sagen, Wycliffe's Lehre vom Abendmahle sei ganz wahr und die Kirche habe nie anders ge-

---

[1]) Fasc. p. 292.
[2]) l. c. 301.
[3]) l. c. p. 303.

lehrt. Als Wilhelm Janys (regens in artibus) Wycliffe beistimmend vor den Oxforder Magistern von der Idolatrie im Altarsakramente sprach, hatte ihn der Kanzler als Philosophen bezeichnet[1]), wie denn er und die Procuratoren, so wie der grössere Theil der Regenten denjenigen feind wurden, welche gegen Nicolaus oder Repyngdone auftraten. Wenn aber die Anhänger Wycliffe's, wie kein Zweifel ist, auf die Unterstützung des Königs und des Herzogs von Lancaster gerechnet hatten, so erwies sich jetzt diese Hoffnung als irrig. Knieend bat jetzt der Kanzler Robert Rygge den Erzbischof um Vergebung, die er auch auf die Fürbitte des Bischofs von Winchester erlangte. Er erhielt aber bei Strafe der grossen Excommunication die strenge Weisung Niemanden zu belästigen, welcher den Concilsbeschluss ausführen wolle, und weder John Wycliffe (Wycclyff), noch Nicolaus Hereford, Philipp Repyngdon, Johann Aston, oder Lorenz Bedens, die der Häresie verdächtig seien, zur Predigt oder einem Schulacte zuzulassen, bis sie nicht ihre Unschuld dargethan. Der Kanzler erhielt ferner den Auftrag, den Concilsbeschluss latein und englisch in der Marienkirche wie in den Schulen zu verkünden und denjenigen, welcher die bezeichneten Sätze begünstigen würde, zum Widerrufe zu zwingen. Der Erzbischof bezeichnete die Universität als Begünstigerin von Häresie, der ärgste Vorwurf, den man einer hohen Schule damals machen konnte. Damit kein Zweifel obwalte, wie ernst die Sache gemeint sei, erhielt der Universitätskanzler noch am 13. durch den königlichen Kanzler den gemessenen Befehl Richards II. das Gebot des Erzbischofs in Ausführung zu bringen[2]). Als er aber dieses am 15. Juni in Oxford that, erklärten die Studenten, die Mönche wollten die Universität zerstören, so dass diese fürchteten ermordet zu werden und Heinrich Crumpe, Magister der Theologie, welcher die Lollarden Häretiker genannt hatte, von allen Schulacten suspendirt wurde. Er begab sich nach London, daselbst Klage zu führen.

Das Einschreiten des Königs, freilich in einem anderen Sinne so lange gewünscht, war erfolgt und zwar lautete dasselbe streng und hart und gab sich der ganz entschiedene Wille kund, alle diejenigen zu bestrafen, welche die Frechheit hätten, die verkehrten Doctrinen und die verurtheilten Conclusionen zu halten oder zu verkünden. Nicht eine Spur ist vorhanden, welche zur Annahme berechtigte, dass der Einfluss der Prinzessin von Wales oder gar der Tochter Kaiser Carls IV. sich zu Gunsten Wycliffe's damals bemerkbar gemacht hätte. Der König befahl eine Generaluntersuchung in Betreff aller zu verhängen, welche die verurtheilten Sätze vertheidigten, mit Wycliffe und seinen Genossen verkehrten, sie in ihre Häuser aufnähmen; solche seien binnen sieben Tagen aus Oxford zu vertreiben. Alle Tractate Wycliffe's und des M. Nicolaus sollten in allen Hörsälen der Universität weggenommen und dem Erzbischofe überliefert werden. Der Vicegraf, der Mayor und alle königlichen Beamten in Oxford hatten über die Ausführung des Befehles zu wachen. Am 14. Juli wurde das gegen M. Crumpe eingeschlagene Verfahren vernichtet und dem Kanzler so wie den Procuratoren von dem Könige aufgetragen, ihn, Stokys, Stefan Patryngtone, einen Carmeliter, und ihre Freunde zu schützen, ja Alles aufzubieten, damit der Friede zwischen den Mönchen und Weltlichen hergestellt und erhalten werde.

Der geschlagenen Partei blieb nichts anderes übrig, als sich in Spottgedichten zu rächen, ihre Gegner lächerlich zu machen, sie als Dummköpfe darzustellen, was denn auch von

[1]) Jam loqueris ut philosophus. Fasc. p. 307.
[2]) Die Urk. bei Knyghton p. 2654.

Späteren blind angenommen wurde, ohne dass man sich die Mühe gab, die oft sehr gemeinen Schimpfreden der Unterliegenden nach ihrem wahren Werthe abzuwägen. Wer schimpft, hat selten Recht. Wilhelm von Conrtenay war nicht gewillt, auf halbem Wege stehen zu bleiben. Er hielt in London am Donnerstage in der Pfingstwoche eine grosse Procession, welcher der ganze Clerus und die Laien baarfuss beiwohnten. Die als häretisch oder irrthümlich erkannten Sätze wurden feierlich als solche verkündet und den Suffraganen des Erzbisthums mitgetheilt. Die entscheidende Wendung folgte erst nach.

Kaum hatte der Universitätskanzler nach seiner Rückkehr von London dem M. Nicolaus und dem Canonicus Philipp ihre Suspension angekündigt, so machten sich diese auch schon auf den Weg nach London, um dem Herzoge von Lancaster vorzustellen, dass aus diesem Vorgehen die Vernichtung der weltlichen Herrschaft und der Könige erfolgen müsse. Aber auch die Gegenpartei war nicht müssig. Schon einen Tag später kamen mehrere Doctoren der Theologie gleichfalls in London an und forderten den Herzog auf, die Hand zur Unterdrückung der Häresie zu bieten, wobei sie Nicolaus und Philipp namentlich bezeichneten. Anfänglich war ihnen der Herzog sehr ungnädig. Als er sie aber vollständig vernommen, urtheilte er, Nicolaus und Philipp müssten entweder Laien (Ungelehrte) oder geradezu besessen sein. Als er dann noch ihre Ansichten vom Altarsakramente vernommen, wandelte sich seine frühere Vorliebe in Hass um. Er liess sich die Conclusionen vorlesen und als er sah, dass die beiden ihm Unwahres vorgeredet, befahl er ihnen sich vor den Erzbischof zu stellen. Das war die erste Frucht der Bemühungen Wycliffe's, kirchliche Angelegenheiten in die Hände des hohen Adels zu legen. Man kann sich vorstellen, mit welchen Gefühlen sich Nicolaus und Philipp dem Erzbischofe vorstellten. Er befahl ihnen am 24. Juli im Predigerkloster zu erscheinen, gewährte ihnen aber dann noch Frist[1]), worauf sie ihre Zustimmung zu den Beschlüssen des Concils gaben. Die Sache nahm auf den kühnen Anlauf einen kläglichen Ausgang. Die beiden bisher so kampfmuthigen Vertreter Wycliffe's erklärten es für Häresie zu sagen, dass die Substanz des materiellen Brodes und Weines nach der Consecration im Altarsakramente bleibe, während sie bis dahin das Gegentheil behauptet hatten. So erklärten sie noch bei neun anderen Sätzen, die übrigen aber für Irrthümer. Auch hätten sie dieselben weder aufgestellt, noch in Schulen oder Predigten behauptet. Diese Erklärungen genügten jedoch nicht. Es wurden ihnen erst noch Fragen über acht Punkte vorgelegt. Sie verharrten jedoch bei mehreren in Stillschweigen. In Betreff des so anstössigen Wycliffischen Satzes, dass Gott dem Teufel gehorchen müsse, erklärte sich selbst M. Nicolaus unter Strafe des Feuertodes bereit zu beweisen, dass Gott dem Teufel den Gehorsam der Liebe schuldig sei, mit welcher er ihn liebt und bestraft[2]). Bei anderen Sätzen nahmen sie den vorgelegten Sinn an. Ihre Antworten erschienen jedoch als gar nicht genügend, vielmehr wurden sie theils als häretisch, theils als irrthümlich und hinterlistig bezeichnet, die Sache für abgeschlossen erklärt, jedoch nicht zur Verkündigung des Urtheiles geschritten, das unter diesen Verhältnissen nichts weniger als günstig lauten konnte. Von Repyngdone wissen wir, dass er sich am 24. Nov. 1382 vollständig bekehrte, dass er im Jahre 1405 Bischof von Lincoln wurde und mit grossem Eifer gegen die Wycliffiten auftrat[3]). Die Sache blieb nicht bei diesen beiden Männern stehen.

---

[1]) Usque ad XII. cal. Jul., was offenbar irrig ist.

[2]) Fasc. p. 328.

[3]) Wright, p. 262 u. 7.

Auch Johann Aston hatte anfänglich alle Antworten verweigert. Als er aber in den Kerker geworfen wurde, bezeichnete er sich sehr bald als einen armen Gefangenen[1], der seine und des verblendeten Volkes Sünden beseufze. Er erklärte sich für die katholische Abendmahlslehre und dass die Speculation hierüber über sein Verständniss gehe. Er nahm in einer eigenen Schrift alle seine Irrthümer zurück und erklärte in Betreff der 24 Conclusionen zu denken wie die katholische Kirche[2].

Nicht so leicht unterwarf sich William Swinderby, welcher namentlich in der Diöcese Lincoln Häresie verbreitet hatte. Vor das Gericht des Bischofs geladen, appellirte er an den König, er verlangte ein Verhör vor dem Herzoge von Lancaster, die Sache kam an das Parlament, aber von da zurückgewiesen an den Bischof zurück. Auf dies nahm Swinderby seine Sätze, die sich namentlich auf die Verpflichtungen gegen die Pfarrer, die Giltigkeit der Taufe, die Priesterweihe bezogen, vollkommen zurück[3].

Der Abfall der Seinen machte die Sache Wycliffe's nicht besser. Auf die 12 Sätze, durch welche er die Kirche von dem Götzendienste zurückzurufen gedachte, war die Auseinandersetzung in den Schulen gekommen, dass jenes materielle Brod, welches durch die Hand des Dieners auf den Altar gelegt wird, weder in der Consecration noch nachher aufhört, sondern in seiner Natur bleibt, nach der Consecration wie früher, und wenn es durch die Consecration aufhörte es zu bleiben, diese kein Segen, sondern eine Verwünschung wäre. Sonst müsste auch das Kreuz ein Sakrament sein. Weiter konnte er kaum gehen und länger konnte die Universität, wollte sie sich nicht geradezu in Opposition zu der Kirche stellen, auch nicht diesen Doctrinen stillschweigend zusehen. Der Kanzler berief daher 12 Doctoren zu sich, hielt mit ihnen eine Berathung und verfasste in Folge derselben ein Mandat (Proclamation), wobei jedoch der Name Wycliffe's nicht genannt, sondern nur das Bedauern ausgedrückt wurde, es seien in den letzten Tagen besonders zwei Häresien hervorgetreten:

1. Dass im Sakrament des Altars die Substanz des materiellen Brodes und Weines wie sie früher vor der Consecration war, auch nach derselben wirklich bleibe;

2. dass im Sakramente Leib und Blut Christi weder der Essenz noch der Substanz nach körperlich, sondern nur figürlich und tropisch vorhanden seien[4].

Der Kanzler verbot nun unter Strafe der Suspension, des grossen Bannes und der Verhaftung diese Sätze zu lehren und diese Lehre anzuhören. Wycliffe sass gerade auf seinem Katheder und lehrte diese Sätze, als das Mandat verlesen wurde. Anfänglich betroffen, fasste er sich und erklärte[5], dass weder der Kanzler noch einer von dessen Theilnehmern seine Meinung brechen könnten, dann legte er von der Sentenz des Kanzlers, welche leider nicht mit dem Datum versehen auf uns kam, die Appellation an den König ein, um nicht dem kirchlichen Gerichte zu verfallen. Jetzt aber kam sein früherer Gönner, der Herzog von Lancaster selbst nach Oxford, ihm anzudeuten, die Zeit des Schweigens sei für ihn gekommen. Wir haben ein Schreiben Wycliffes an den Erzbischof von Canterbury, in welchem er auseinandersetzt, dass die Priester von Zehenten und freiwilligen Gaben (oblationibus) leben

---

[1]) Monach. Evesh. p. 11.
[2]) Wright, p. 304.
[3]) l. c. p. 334—340.
[4]) Sic quod Christus non sit ibi veraciter in sua propria persona corporali. Fasc. p. 110.
[5]) l. c. 113.

und auf die Temporalien verzichten sollten. Die consecrirte Hostie sei wahrhaft und wirklich (vere et realiter) der Leib Christi[1]). Der Erzbischof möge die Wahrheit über dieses Sakrament offen bekennen, indem er sonst den Verdacht auf sich ziehe, dem Irrthume beizustimmen.

Die Erklärung erfüllte insoferne ihren Zweck, als der eigentlich charakteristische Stempel der Häresie, ein festes Beharren auf einem falschen Dogma, dadurch entfiel. Die weitere Betheuerung, dass er sich demüthig der katholischen Doctrin der Prälaten unterwerfe, erlaubt freilich noch die Deutung, derjenigen Doctrin der Prälaten, welche nach Wycliffe's Ansicht katholisch sei, aber ihr Wortlaut lautete denn doch nur auf demüthige Unterwerfung, und da Wycliffe auch an Papst Urban VI. geschrieben, offen seine Unterwerfung unter diesen bekannte, war einem scharfen Einschreiten gegen ihn die Spitze gebrochen. Er hatte seinen Rückzug angetreten. Man mag sich darüber streiten, ob er bei diesem wichtigen Schritte mit voller Überzeugung oder nur mit menschlicher Klugheit, aus jener Furcht handelte, von welcher später bei Gelegenheit des Erzbischofs Sbinco in seinem Streite mit Huss gesagt ward, sie befalle auch den Stärksten; ob dieser Charakterzug zu dem Bilde eines Reformers und Propheten passe, wie englische und deutsche Geschichtforscher Wycliffe auffassten? die Thatsache selbst kann nicht beanständet werden[2]).

Dem Erzbischofe war die Sache wesentlich erleichtert worden. Er bezeichnete Wycliffe einen Tag in Oxford vor ihm zu erscheinen und sich zu rechtfertigen. Dadurch war alle und jede Ausflucht, sich vor das kirchliche Tribunal nicht zu stellen, dem Gelehrten, in welchem die Universität bisher ihren Stolz erblickt hatte, entzogen. Die Bischöfe von Lincoln, Norwich, Winchester, London, Salisbury, Hereford kamen nach Oxford, ebenso der Erzbischof. Die Spannung der Gemüther muss begreiflich eine ganz ungewöhnliche gewesen sein, als Wycliffe am 18. November 1382 vor der Synode, dem Kanzler, einer grossen Anzahl von Geistlichen und Laien erschien. Unwillkürlich werden wir an Johannes Huss und das Concil von Constanz erinnert. Die Berufung an den König, den Herzog von Lancaster war vergeblich gewesen. Die Commons hatten den Beschluss der Bischöfe, die Lollarden und ihre Beschützer verhaften zu lassen, als ohne ihr Zuthun gefasst für ungiltig erklärt, Lords und König ihnen darin beigestimmt. Allein dieses rettete Wycliffe nicht vor dem Kerker noch vor Ärgerem. Nur die persönliche Intervention des Herzogs von Lancaster hatte Wilhelm von Swinderby das Leben gerettet. Auf ihn konnte Wycliffe nicht mehr rechnen. Er erschien am 18. November 1382 vor der Synode und leistete Widerruf in allen Punkten[3]), d. h. in allen den Sätzen, welche die Londoner Synode als häretisch oder irrthümlich bezeichnet hatte.

---

[1]) Et quod non sit accidens sine subjecto vel sub aliquo genere accidens sine materia. Cod. Univ. Prag. X. 9, f. 209.

[2]) Dictus autem sacerdos, wie Wycliffe sich bezeichnet, libenter secundum posse suum atque notitiam doceret in ista materia et in cunctis aliis fidem sanam et ipso ignorante quaesitum propriam ignorantiam humiliter confitetur et in ista materia sicut in aliis quibuscunque publice protestatur quod humiliter vult se subjicere doctrinae Katholicae praelatorum et specialiter si ex fide scripturae sit doctrina quae praetenditur confirmata, certus ex fide quod solum ex scriptura sacra discerni possit haereticus vel dampnari, cum haeresis sit dogma falsum scripturae sacrae pertinaciter defensatum, nec deus potest nisi ex illa lege praemiare aliquem vel dampnare et mirum foret quod alias homo extolleret se supra illud quod diceret deus et fieret in materia fidei extraneus legislator. Cod. Univ. Prag. X. E. 9. p. 210.

[3]) Qui (Wycliff) eis (conclusionibus) omnino renuncians nec eas tenuisse neque tenere se velle protestans. Henr. de Knyghton p. 2649. Letzterer führt zwei Revocationsinstrumente Wycliffe's an, p. 2647 u. 2649 pro refugio mortem evadendi. Es gehört aber nur das erste hieher.

Diese Thatsache ist durch das positive Zeugniss Knyghtons erhärtet; erhärtet durch Wycliffe's vielfachen Unterwerfungen, so dass die vom 18. November 1382 in keinem Widerspruche zu den zahlreichen übrigen steht; erhärtet durch das was nachher erfolgte[1]).

Es ist begreiflich, dass Wycliffe nicht in derselben Art widerrief wie es jetzt John Aston und Repyngdom thaten. Auch in dem Schreiben an Papst Urban VI. sagt er, der Papst solle auf das weltliche Dominium zu Gunsten des weltlichen Armes entsagen. Aber er fügt hinzu, das sei eben nur sein Rath und wenn er darin gefehlt, wolle er demüthig auch durch den Tod gebessert werden[2]).

Konnte man billiger Weise von einem Manne, auf welchen die Universität mit Stolz hinblickte und der so lange sich der Gunst der Mächtigsten erfreute, einen grösseren Act der

---

[1]) Die Thatsache beruht zunächst auf der positiven Angabe Knyghtons. Wenn aber, um den Widerruf zu beweisen (protestans — ad maternalis virgae documentum quod ei antea pro refugio praesto fuerat, advolavit iterum sub forma quae sequitur), Einige sich auf die nachfolgende Erklärung Wycliffe's bezogen, so hat der H. Bischof von Hefele in der Geschichte der Concilien VI, S. 828 ganz recht, wenn er sagt, es sei unbegreiflich, dass man auf diese englische Berufungschrift behaupten könne, Wycliffe habe widerrufen. Ich gehe noch weiter und sage, diese englische Berufungsschrift passt gar nicht zum Texte Knyghtons. Die Stelle: for they put an heresie upon Crist and seynts in hevyne wherefore the erthe tremblide fayland maynnes voys ansueryde for god als id dide in tyme of his passione when he was dampnyde to bodely deth, zeigt, dass Wycliffe diese angebliche Revocation, in Wahrheit aber Darlegung seiner Meinungen unter dem Eindrucke des letzten Concilea und in der Ueberzeugung geschrieben, dass Gott selbst mit einem sichtbaren Zeichen sich für ihn erklärt habe, wie es bei dem Leiden Christi u. angeblich auch am 6. Juli 1415 bei dem Tode des Johannes Hus geschah. Also diese Schrift beweist den Widerruf nicht, sondern nur Knyghtons Zeugniss. Mir scheint, dass Knyghton die Urkunden verwechselte und eine Erklärung Wycliffe's über das Londoner Concil statt der eigentlichen Unterwerfungsurkunde aufnahm. Zu diesem kommt aber noch die wiederholte Unterwerfung Wycliffe's, von welcher seine Biographen freilich Umgang nehmen, da sie ihnen nicht in das System passt; er muss nun einmal ein Held ohne Furcht und Tadel selbst ohne menschliche Schwächen sein. Dagegen sprechen nun nicht blos die im Anhange angeführten Zeugnisse, sondern auch der Schluss des Tractates de apostasia (Cod. Un. III. F. 11. f. 134. ff.)

Prima conclusio:

hostia consecrata quam videmus nec est Christus nec aliqua sui pars sed efficax ejus signum (Correctorium). Ex quo videtur quod illi qui videntur (docent?) esse aliquid, ignorant fidem ecclesiae de quiddidate hostiae consecratae.

Secunda conclusio:

nullus viator sufficit oculo corporali sed fide videt Christum in hostia illa (Correctorium). Ex quo videtur quid in multis latet haeresis ydolatriae per praelatos praecipue destruenda.

Tertia conclusio:

Olim fuit fides ecclesiae Romanae in professione Berengarii quod panis et vinum qui remanent post benedictionem sunt hostia consecrata (Correctorium).

Ex quo videtur sequi cum viris (verbis) quod fidelis filius Romanae ecclesiae tenetur sicut potest faciliter sententiam istam defendere contra ecclesiam Avinionicam vel quoscunque ejus complices adversantes. Sed protestor publice in his scriptis quod si aliqua persona ecclesiae, etiam Robertus Gebbonensis (Clemens VII. antipapa) vel aliquis de suis complicibus et multo magis, s i p a p a n o s t e r U r b a n u s VI. v e l a l i u s C a t h o l i c u s d e s i b i f i d e l i t e r a d h a e r e n t i b u s d o c u e r i t a l i q u a m p a r t e m h u j u s s e n t e n t i a e e s s e f a l s a m, v o l o p a r a t i s s i m e r e v o c a r e.

Quarta conclusio:

Eukaristia habet veritatem verborum sacramentalium tam corpus Christi quam sanguinem vere et realiter ad quemlibet ejus punctum.

Quinta conclusio:

Transsubstantiatio, idemptificatio et inpanatio quibus utuntur baptistae signorum in materia de eukaristia non sunt fundabiles in scriptura.

Sexta conclusio:

Repugnat sententiis sanctorum asserere quod sit accidens sine subjecto in hostia veritatis.

Ich schliesse daraus nur, dass Wycliffe sich wie Anderen den Weg erleichtert hatte, sich, einer Strafe wegen Häresie zu entkommen, Anderen, ihn als Häretiker zu bestrafen. Das pertinaciter asserere falsum dogma, welches die Häresie zur Häresie machte, fand sich aber bei ihm bis dahin nicht vor. Die Unterwerfung schützte ihn vor weiterer Strafe, nur blieben ihm die Hörsäle von Oxford verschlossen. Hätte er nicht revocirt, so kann kein Mensch behaupten, dass es dabei geblieben wäre. Wanderte doch Nicolaus von Hereford in den Kerker P. Urbans VI. Rayn. An. XVII. p. 116 (1385, 12).

[2]) Si autem in istis erravero, volo humiliter etiam per mortem si oporteat emendari. Fasc. Ziz. p. 342.

Unterwerfung verlangen, als ein Schreiben an den Papst, an den Erzbischof und die Erklärung, dass er sich der katholischen Kirche unterwerfe. Der Sieg der Bischöfe war um so vollständiger, je mässiger sie sich selbst benahmen. Wycliffe hatte sich auf seine Pfarre Lutterworth zurückzuziehen; er hörte auf Universitätslehrer zu sein, wurde aber weder dem Papste ausgeliefert, noch wie John Aston und andere in das Gefängniss geworfen oder sonst als Ketzer behandelt, der Streit in Oxford zur Ruhe gebracht[1]). Es war die bischöfliche Reaction gegen die Bewegungen des Jahres 1381.

§. 2.

Die ersten Zerwürfnisse am königlichen Hofe.

Der Name der Königin Anna war genannt worden, wo es sich um Beruhigung der in den Aufstand Verflochtenen handelte. Bei der darauf folgenden Ordnung der Universität, welche der Herd der geistigen Aufregung geworden war, tritt ihr Name nicht hervor. Wohl aber hatte sie sehr bald die Liebe ihres Gemahles errungen, welcher bei seinem leicht auflodernden Charakter einer sanften unmerklichen Leitung sehr wohl bedurfte und von Altersgenossen und Gespielen seiner Jugend umgeben, vor einem Sich völlig gehen lassen nur durch eine verständige, seiner Person wie seinen Interessen gleich anhängliche Frau bewahrt werden konnte. Die Aufgabe der Königin — selbst noch halb Kind wie ihr Gemahl — war daher keine geringe. Der König war prachtliebend und freigebig. Wir wissen dass er ihr „das Gold der Königin in Irland", ein Zehntel der königlichen Einkünfte bestimmte[2]). Es ist von Schlössern der Königin die Rede[3]). Man hat in der Geschichte des Ordens vom Garter aufgezeichnet, dass die Königin im Jahre 1384 in einem mit Edelsteinen übersäeten Kleide von violetter Farbe, umgeben von Damen in gleicher Tracht, dem Ordensfeste beiwohnte. Es herrschte am Hofe etwas von den Traditionen von König Arthurs Hofhaltung vor. Kein Wunder, wenn das Kleid der Königin allein auf 30.000 Mark geschätzt wurde[4]).

Gerade als Wycliffe so sehr dagegen eiferte, dass Prälaten zu weltlichen Ämtern verwendet wurden, nahm K. Richard dem Ritter William Scrop, dem nach dem Wunsche des Parlamentes die Kanzlerschaft übertragen wurde, das geheime Siegel ab und übergab es dem Bischof von London Mag. Robert Braybrok, so dass wie in alten Zeiten aufs neue ein Geistlicher die hohe weltliche Würde bekleidete. Dann gestattete Richard dem Bischofe von Norwich, den Kreuzzug gegen den Gegenpast Clemens VII. anzutreten und nach dem Wunsche Urbans VI. in England das Kreuz zu predigen. Mit vollem Rechte schrieb Wycliffe dagegen, fand im Parlament Opposition gegen dieses Unternehmen statt, das kopflos geführt mit Unehre endete. Allein man hoffte dadurch den Franzosen Schaden zuzufügen, den französi-

[1]) Dass Wycliffe damals verboten wurde zu predigen, ihm überhaupt Stillschweigen auferlegt werde, liegt in der Natur der Sache. Er selbst rechtfertigt sich in einer später folgenden Stelle, warum er nicht schweigen könne, oder, wie er sagt, nicht schweigen dürfe.

[2]) Rymer VII. p. 398.

[3]) In einer Dotation Simon Burleys.

[4]) Nach Sir Harris Nicoby hist. of the garter bei Miss Strikland, lives of the queens of England I. 416. Nach Miss Strikland hatte K. Anna zur Devise einen: Ostrich with a piece of iron in his mouth (Österreich bedeutend) zur Devise gehabt! Doch kommt der Verfasserin selbst darüber ein gerechtes Bedenken.

schen Papst, in welchem man in England einen doppelten Gegner erblickte, zu stürzen, und so drang denn auch die Opposition nicht durch. König und Königin unternahmen gleichzeitig mit dem bischöflichen Kreuzzuge ihre grosse Rundreise durch England, welche aber nach Walsinghams Darstellung sich zu einer grossen Klosterreise gestaltete, und den Abteien, deren schönen Wiesen und vollen Kellern gerade nicht Vortheil brachte. Noch immer hatte die Königin ihr böhmisches Gefolge um sich und begleitete dasselbe ihre Gebieterin[1]). Walsingham, welcher darüber sehr aufgebracht ist und seinen Ärger, wo er kann, zu erkennen gibt, berichtet, dass der königliche Aufenthalt der Abtei in Bury, wo die hohen Personen 10 Tage blieben, 800 Mark kostete[2]), Richard erst die Besetzung der Abtei auf dem Wege der päpstlichen Provision zugestand, dann aber als die Gesandten bereits nach Rom abgegangen waren, den Erwählten durch den Bischof von Landaff 1385 consecriren liess[3]). Wohin König und Königin kamen, nach Thetford, Norwich oder sonst wo, wurden ihnen reichliche Geschenke zu Theil. Anstatt aber diese für sich zu verwenden, seien sie den Fremden, den Böhmen, zu Theil geworden[4]), König und Königin aber, nachdem sie die grosse Rundreise vollendet, so arm zurückgekehrt, als sie ausgegangen waren. Die Königsreise selbst nahm in mehr als einer Beziehung einen ungünstigen Verlauf. Auf sie bezog sich wohl das Einbringen der Commons im Parlamente zu Westminster 1383, man möge das Statut des Pourveours aufrecht erhalten und weder für den König noch für die Königin ohne Bezahlung durch einen pourveour Lebensmittel eingetrieben werden[5]). Als sich der König in Daventre bei Tische befand, erhielt er so üble Nachrichten über den Ausgang des neuen Kreuzzuges, dass er von der Tafel aufsprang, spornstreichs mit unterlegten Pferden nach St. Albans, von da nach Westminster eilte[6]), ohne jedoch an der Sache selbst etwas ändern zu können. Der Bischof von Norwich hatte die Ehre des Königreiches comprimittirt und anstatt Flandern für England zu erobern, das Heer, welches aus dem Ablassgelde besoldet worden war, mit Schmach bedeckt zurückgeführt. Die Sache hatte noch eine andere Bedeutung. Die Urbanisten hatten vor den Clementinern das Feld geräumt. Weit entfernt, dass das Schisma getilgt wurde, gewann es jetzt erst Bestand und die Franzosen verlangten nun als Bedingung eines dauernden Friedens nichts Geringeres als Abtretung von Guines und Calais, Cherbourg und Brest und aller Schlösser, welche die Engländer noch in der Normandie und Bretagne, Poitou, Saintonges und Rochellois besassen. Ja der Gedanke, den Kreuzzug mit einem Einfalle in England selbst zu erwidern, trat selbst in gar nicht langer Zeit hervor. Der Process, welcher jetzt dem Bischofe von Norwich und den vornehmsten Theilnehmern an dem Kreuzzuge gemacht wurde, beschloss vorderhand das Ganze mit einem seinem Anfange würdigen Scandale. Der König

---

[1]) Böhmen befanden sich auch im Dienste vornehmer Engländer. So noch 1388 Jacques Ferlun ung escuier de Behaigne im Dienste des Herzogs von Norfolk. Williams p. 18. n. 1 u. p. 149. Er erscheint auch unter dem Namen Jakob Folis u. Feles.

[2]) II. p. 96. 97.

[3]) Mon. Evesh.

[4]) Non enim regi magna donaria suffecerant nisi et Reginae aequalia praeberentur. Sed quidquid hausit eorum manus avida, mox alienigenis de gente Reginae scil. Boemis prodigaliter erogavit, unde contigit ut post regni circuitionem magis inopes reverterentur quam egressi fuerant, et cunctis verum esse constaret illud proverbium Sapientis: Vae terrae cujus rex puer est. Wals. II. 97.

[5]) Rot. III. p. 143.

[6]) Sequentibus cum paucis. Wals. II. p. 103.

nahm die bischöflichen Temporalien so lange in die Hand, bis voller Schadenersatz geleistet worden wäre.

Der König feierte sodann mit seiner Gemahlin Weihnachten in Eltham. Die Königin hatte um diese Zeit die Nachricht von dem Tode ihres Oheims Herzog Wenzels von Brabant erhalten, welcher am 7. December 1383 das Zeitliche segnete. Dann brachte der Herzog von Lancaster die Urkunde eines mit Frankreich abgeschlossenen Waffenstillstandes, aber nur bis zum 24. Juni des Jahres 1384. Die Einfuhr von Wein, Fischen und Früchten fand wieder statt, der Handel mit der Normandie belebte sich, aber Gold und Silber, heisst es, giengen dafür in grosser Masse in das Ausland. Dann erfolgte ein unglücklicher Zug des Herzogs von Lancaster und seines Bruders des Herzogs Thomas von Bukingham (Woodstocke) nach Schottland und in Folge desselben bereits der Anfang jener heillosen Zwistigkeiten unter dem hohen Adel, welche das Königthum zum Spielballe desselben machten und zuletzt das Königreich in ein Meer von Blut und Elend umwandelten.

Als 14 Tage nach Ostern 1384 das Parlament in Salesbury zusammenkam, legte ein Carmelit und Baccalar der Theologie dem Könige einen Zettel vor, auf welchem er hochverrätherische Pläne des Herzogs von Lancaster aufgezeichnet hatte, und erklärte auf das Sacrament, dass, was er niedergeschrieben, wahr sei; der Herzog trachte dem Könige nach dem Leben; Richard möge auf seine Entschuldigungen nicht hören. Der König glaubte am besten zu thun[1]), wenn er, statt die Sache an den geheimen Rath zu bringen, vorerst zwei seiner Capläne befragte. Gerade als es geschah, trat der Herzog in das königliche Gemach, zog sich aber, von dem Könige unfreundlich empfangen, bald wieder zurück. Die Capläne riethen jedoch dem Könige, den Herzog selbst darüber zu vernehmen. Richard versteckte daher den Mönch hinter einem Vorhange, während er den Herzog zur Audienz zuliess, und als letzterer die Anklage läugnete, trat der Mönch hervor und berief sich auf den Herrn Wilhelm la Zouche (le Souch de Hanworth), endlich auf einen Squire (armiger) aus der Grafschaft Oxford. Allein beide läugneten etwas davon zu wissen. Der Herzog beruhigte den König, verlangte aber von ihm, den Mönch in festen Gewahrsam zu bringen, was auch Richard zugestand. Der Mönch wurde dem Stiefbruder des Königs John Holland übergeben, bis er vor Gericht gestellt würde. Anstatt aber nun den Gefangenen dem Gerichte zu überliefern, ergriffen die Nacht vor dem Gerichtstage Johann Holland und Heinrich Grene den ihrer Hut übergebenen Gefangenen, hingen ihn an den Armen auf, jedoch so, dass er mit schweren Bleigewichtern nach abwärts gezogen wurde[2]), wo unter seinen Füssen Feuer brannte. So gräulich aber auch die Schmerzen waren, wollte der Gefolterte dennoch nicht widerrufen. Endlich brach ihm nach den Einen das Rückgrat, nach Anderen wurde er noch geschleift und enthauptet. Die ruchlose That war die Folge einer unaussprechlichen Wuth, die sich der Mitglieder der königlichen Familie über die Anklage bemächtigt hatte, so dass Thomas von Woodstocke (nachher Herzog von Glocester) in das königliche Gemach drang und schwor, Jeden zu tödten, welcher seinen Bruder, den Herzog von Lancaster, als Verräther bezeichnen würde, selbst den König nicht ausgenommen. Nur der Minderjährigkeit des Königs war es zuzuschreiben, dass dieses freche Benehmen un-

[1]) Walsingham, der keine Gelegenheit vorübergehen lässt, Richard einen Hieb zu geben, sagt: rex puer non dominus. II. p. 113. Wycliffe gebraucht de potestate papae p. 118 denselben Satz.

[2]) Plumbum magni ponderis ad sua genitalia erat appensum et ad utrumque pedem similiter. Wals. II. 114. Das Eulog. IV. p. 349 setzt die Sache fälschlich in das Jahr 1380 statt 1384.

bestraft blieb[1]). Wilhelm la Zouche reinigte sich durch einen Eid von jedem Verdachte der Mitwissenschaft an dem Anklageacte. Die Herzogin von Wales aber übernahm die Vermittlung zwischen ihren Söhnen und Schwägern.

Das Ansehen des Königs konnte durch derartige Vorgänge nicht gewinnen. Die Partei der Oheime mochte sich alles erlauben; sie beherrschte den Staat. Namentlich wollte Thomas von Woodstocke Fortsetzung des französischen Krieges und zürnte er seinem Neffen, der in Gesellschaft seiner Jugendgenossen und seiner Gemahlin, welche er nicht von seiner Seite liess, der Ansicht nicht huldigte, dass England aufs neue in den Continentalkrieg verwickelt werden müsse. Die Königin aber, durch Scenen wie sie in der nächsten Umgebung des Königs und von dessen nächsten Verwandten vorfielen, unmöglich an diese hingezogen, hatte um so lieber ihre Landsleute um sich, so dass sich mehr und mehr am Hofe zwei Parteien bildeten, die der Jungen, der Lieblinge des Königs nebst dem böhmischen Gefolge der Königin, und die Partei der Prinzen und des hohen Adels, der Nativisten gegen die Fremden[2]), der Herren von königlichem Geblüte gegen diejenigen, welchen Richard als Altersgenossen sein Vertrauen schenkte.

Wir besitzen von der Königin Anna kein Verzeichniss von Juwelen, Kronen mit Perlen und Edelsteinen und anderem Schmucke, wie nachher Isabella von Valois nach England brachte. Sie war an einen Hof gekommen, welcher die Pracht der Heimat weit hinter sich zurückliess; wo in der Küche allein 300 Personen beschäftigt waren, ebensoviele Ladies, Kämmerer und sonstige Dienerschaft, Yeomen und Kammerdiener in Scharlach und Grün mit Silber zum Dienste des Königs und der Königin gezählt wurden. Es ging heiter zu. Ob schon jetzt der Hang des Königs zu nächtlichen Schmausereien sich zeigte, ist schwer zu sagen. Wir wissen aus Richards eigenem Munde[3]), dass er nichts so sehr liebte, als die Süssigkeit des Privatlebens, und aus so manchen Andeutungen der englischen Schriftsteller, dass die Königin welche sich ganz in ihn zu finden wusste, sein Herz ausfüllte. Auch fehlte es nicht an Festlichkeiten aller Art, prachtvollen Tournieren und ähnlichen Aufzügen. Unter dem Vorwande Frieden zwischen der Krone England und Frankreich zu stiften, kam K. Leo von Armenien 1385 nach England. Richard empfing ihn zu Eltham und war nicht abgeneigt, ihm zu seiner Rückkehr nach Armenien Unterstützung zu verleihen. Da aber dieses nicht ausführbar war, bewilligte er dem vertriebenen Fürsten 1000 Pfund Sterling Jahresgehalt (3. Februar 1386) und überreichte ihm diese in einem goldenen Schifflein[4]). Froissard erzählt zwar, der König habe das Geschenk abgelehnt und nur einen Ring angenommen; es ist jedoch kein Grund vorhanden, dieses als wahr anzunehmen. Als K. Leo, Sommer oder Herbst 1386, wieder nach England kommen wollte, erklärten sich die englischen Herren dagegen; dass ihm wiederholt (1386 und 1392) Geleitsbriefe ausgefertigt wurden und des Königs Kämmerer öfter nach England kam, zweifelsohne um die fälligen Raten des Jahresgehaltes zu erheben, ist unzweifelhaft.

Übrigens hörte am Hofe zu Eltham fortwährend eine Partei nicht auf, Zwiespalt zwischen dem Könige und dem Herzoge von Lancaster zu säen, dessen Benehmen bald bei dem Volke,

---

[1]) Quod factum capitale fuisset, si rex habenas regni rite rexisset. Wals. II. p. 115.

[2]) Affuerant, sagt Wals. II. 119, et Boemi patriotae reginae qui gustata dulcedine terrae propriae regionis obliti, inverecundi et illaeti hospites repatriare nolebant; daraus machte dann Riley: shameless avarice of her (der Königin Anna) countrymen.

[3]) Williams p. LXV.

[4]) Davies notes p. 145.

bald bei dem Clerus, bald bei dem Hofe Widerwillen erregte. Als der König wie gewöhnlich Weihnachten in Eltham gehalten, wurde dem Herzoge gerathen Vorsicht zu üben, der König strebe ihm nach dem Leben. Nur mit grossem Gefolge zog daher Johann von Gaunt nach Eltham, erhielt aber von Richard die beruhigendsten Versicherungen. Die Sachen müssen aber doch eigenthümlich gestanden sein, da der Erzbischof von Canterbury, ein nicht blos gegen die Wycliffiten eifriger Kirchenfürst, sich in der Fastenzeit 1385 berufen fühlte, dem König sehr ernste Vorstellungen über sein Benehmen[1]) zu machen. Er sagte geradezu, der König arbeite an seinem und des Königreiches Verderben. Auf beiden Seiten des Canales führten Kinder die Zügel der Regierung. Karl VI. überliess sich mit seiner Gemahlin Isabella von Baiern allen möglichen Genüssen, bis er selbst dem Tode nahe kam und wahnsinnig wurde. Was der Prälat von Canterbury meinte, ist nicht näher angegeben, wohl aber, dass der Kanzler des Reiches, Michael de la Pole, für ihn eintrat[2]). Richard wurde jedoch auf das höchste gegen beide aufgebracht[3]) und nur der Einfluss des Grafen von Bukingham, seines Oheims, soll ihn von Thätlichkeiten abgehalten haben. Es hiess, der Erzbischof habe durch gewisse hohe Herren angestiftet, so gehandelt[4]). Gerade letzteres weist darauf hin, dass der Erzbischof aus dem Hause Courtenay dem Parteigetriebe wohl nicht ganz ferne stand. Die Feindschaft zwischen den beiden Hofparteien muss aus dem zu schliessen, was bald nachher erfolgte, im Stillen gross genug geworden sein. Man schrieb den Jungen die bösen Ausstreuungen wider den Herzog von Lancaster zu[5]). Der Erzbischof scheint sich in der nächsten Zeit vom Hofe und den Geschäften zurückgezogen haben. Als er aber Anfang 1386 die Consecration des neuen Bischofs von Lichfield vornahm, wohnten ihr in Westminster K. Richard, K. Leo und wohl auch die Königin mit 10 Bischöfen und allen Grossen Englands bei.

Noch immer war alles nur ein Vorspiel dessen, was die nächste Zeit bringen sollte.

§. 3.

John von Wycliffe's Ende. — Triumph der kirchlichen Reaction.

Wider seinen Willen war Wycliffe vom Schauplatze langjähriger Thätigkeit zurückgetreten. In der Einsamkeit von Lutterworth begann für ihn eine neue Periode, die letzte seines mühevollen Lebens. Er fühlte zuerst das Bedürfniss, seine Stellung zu klären. Er verfasste seine Confession, an deren Spitze er den Satz stellte, er glaube, derselbe Leib Christi, den die Jungfrau Maria geboren und der gelitten, und dieselbe Substanz seien wahrhaft und wirklich das sacramentale Brod und die consecrirte Hostie, welche die Gläubigen in den Händen des Priesters fühlen, nur wage er nicht zu sagen, der Leib Christi sei jenes Brod

---

[1]) de suis insolenciis et mala gubernationem facta et continuata circa ipsum et regnum ut adipsum pertinet. Mon. Evesh.

[2]) Walsingh. II. p. 128.

[3]) Walsingham weiss von sehr harten Ausdrücken zu berichten, die Richard gegen Thomas von Trivet und Johann Deveroux sich erlaubte, die für den Erzbischof eintraten. Von Michael de la Pole sagt er: ob quam causam idem cancellarius indignationem regiam vix evasit.

[4]) Mon. Evesh.

[5]) instinctu juvenum qui cum rege nutriti fuere.

wesentlich substantial körperlich oder identisch [1]). Seine Angriffe richteten sich somit namentlich gegen jene Meinung, dass ein Accidens den Leib Christi bilde, während das Brod des Sacramentes der Leib Christi sei. Innocenz III. und Raimund hätten sich geirrt, da sie ein Accidens ohne Subject annahmen, die frühere Kirche aber seine (Wycliffe's) Meinung getheilt.

Es ist begreiflich, dass da viele die Meinung Aston's zu hegen begannen, diese Dinge giengen über ihr Verständniss hinaus, gehörten gelehrten Erörterungen an, passten aber nicht für das Volk. Die Frage über die Remanenz des Brodes wurde nicht mehr berührt, sondern dem Ganzen der Schein der Katholicität und eines gelehrten Streites gegeben, welcher durch eine spätere falsche Auffassung der römischen Kirche nothwendig geworden sei.

Allein die Federn ruhten nicht. Da der Streit sich innerhalb gelehrter Abhandlungen concentrirte, schrieb auch der Minorit Mag. Johannes Tyssington eine Confession [2]), um die Consequenzen der Anschauungen Wycliffe's als im Wesentlichen mit deren Berengars übereinstimmend darzuthun. In gleicher Art schrieb auch der Augustiner Thomas Wyntirton einen Tractat gegen Wycliffe. Er bezeichnete ihn jedoch nicht geradezu als Häretiker, da man nicht wisse, ob er den Muth besitze, seine Meinungen nachdrücklich (pertinaciter) zu vertheidigen [3]) und ob er sich nicht, wenn er die Wahrheit erkenne, der Kirche unterwerfe. Er begnügte sich, ihm zehn grosse Widersprüche nachzuweisen.

Die Gefahr einer Häresie war beseitigt, aber der Donner der Schlacht noch lange nicht verhallt. Die Doctoren, welche dem Kanzler Wilhelm Berton ihren Beistand geleistet, waren Mönche gewesen, die ihre Ordensregeln wie ihre Überzeugungen gegen Wycliffe vertraten. Letzterer hatte ihren Orden die Religion der Vollkommenheit entgegengestellt. Bezeichnete der Carmelit dafür Wycliffe als Fuchs, so vergalt dieser den Ausfall damit, dass er den Benedictiner Willys von Ramsay als schwarzen Hund [4]) bezeichnete und sich freute, dass Herodes und Pilatus gute Freunde geworden. Nun ergiff aber auch der Kanzler die Feder, ebenso ein Mönch von Durham, und Simon Sutbraye, Mönch von St. Albans [5]). Jetzt begann erst die eigentliche Mönchsschlacht und hierauf ist doch wohl vor allem zu beziehen, wenn Schriftsteller berichten, dass Wycliffe mit den Mönchen so eifrig gekämpft. Wie man aber in seinem Ausdrucke der Hoffnung (im Trialogus) [6]), einige Mönche würden wohl von ihrer Treulosigkeit abstehen und zur ursprünglichen Religion Christi zurückkehren, eine Weissagung erblicken konnte, die Wycliffe in Entzückung niederschrieb, ist für den nüchternen Forscher schwer zu verstehen.

---

1) Wycliffe war überzeugt, dass ihm Gott den Satz: sacramentum subjectat naturaliter omnia illa accidentia quae sentimus zum Geschenke gemacht habe und er dadurch die Anzahl derer vermehre, die im Stande sind, die Wahrheit des Glaubens zu verstehen. (de apostasia.) Die einen hätten die consecrirte Hostie als quantitas sine subjecto, die anderen sie als qualitas sine subjecto, die dritten als accidens sine subjecto, die vierten als aggregatio accidentium sive nihil definirt, während sie naturaliter wahres Brod und figuraliter durch die Kraft der Worte des Herrn sein Körper sei. (de solutione satanae f. 22.)

2) Fasc. p. 133.

3) Fasc. p. 181.

4) Im Tractat de donis spricht Wycliffe nur von merdosus ordo 4 sectarum. Im Tractate sup. cap. Matth. XXIII fragt er höhnisch de verbis quibus consecrandae sunt bracchae papales vel ornamenta alia inventa. Um auf die Lachmuskeln einzuwirken, waren solche Ausfälle jedenfalls gut. Das Ärgste ist aber, dass Wycliffe nicht blos den Brüdern Schuld giebt: quare in Anglia sunt tantae terrae plus steriles quam solebant, sondern auch allen Ernstes sagt, sie seien Ursache der verpesteten Luft: inficientes aërem cum ingurgitato stomacho et sudoribus evaporatis indebite inficiunt aërem communiter. Trial. p. 370, ein Beweis, wohin die Leidenschaft auch ganz gescheite Männer bringen kann.

5) Fasc. p. 211.

6) Pauli IV. c. 30.

Im Ganzen, konnte man sagen, legte sich das Gewitter. Waren früher wie der Mönch von Evesham sagt: von Zweien, die einander begegneten, Einer ein Lollardo; hatte während des Processes gegen Aston noch der Pöbel Antheil genommen und sich mit Gewalt in den Versammlungssaal gedrängt[1]), so kehrte der Streit seit dem Oxforder Concil allmählig von der Gasse und den Hörsälen der Studenten in die Stuben der Gelehrten zurück. Er entzog sich seiner Natur nach dem Urtheile und der Betheiligung der Massen. Die Hoffnung Wycliffe's, das Parlament werde im Streite um die 18 Conclusionen sich für ihn entscheiden, war fehlgeschlagen und er selbst musste sich sagen, dass das Parlament nicht Richter in solchen Dingen sein könne. Der Versuch, auf den Trümmern der alten kirchlichen Ordnung eine neue aufzubauen, die mit seinen Begriffen vom dominium und der Abendmahllehre übereinstimmte, war gleichfalls wirkungslos geblieben. Der König[2]) war nicht auf seine Seite getreten, der Herzog von Lancaster hatte ihm zur Nachgiebigkeit gerathen; seine Anhänger hatten ihren Frieden mit der Kirche gemacht, er selbst endlich vorgezogen, statt auf dem Scheiterhaufen zu sterben oder im Kerker zu enden, sich nach Lutterworth zurückzuziehen. War es der Abgang des lebendigen Wortes, der magischen Wirkung, welche dasselbe von den Zuhörern zurück auf den Sprechenden ausübt, es trat, wenn mich nicht alles täuscht, eine Verknöcherung bei ihm ein. Sie besteht in dem Systeme des Trialogus, welches alle Freiheit entfernt[3]) und die absolute Nothwendigkeit lehrte, den Unterschied zwischen den praedestinati, den zur Seligkeit bestimmten und den Vorgewussten (praesciti), welchen das donum perseverantiae fehlt[4]), aufstellte, und bis zum Satze schritt, Gott wolle die Sünde[5]).

Da war denn freilich dem Teufel eine Rolle in der Weltgeschichte zugedacht, die im Laufe des XV. und XVI. Jahrhunderts um so grösser wurde, je mehr andererseits die Inspirationstheorie zunahm, auf welche Wycliffe allein, seinen und seiner Wanderprediger Beruf[6]) die ganze menschliche Gesellschaft zu reformiren, stützen konnte und stützte[7]). Wurden die Sätze des Trialogus, welche die Prädestinationslehre enthielten, später in Böhmen von Johannes Hus in dem Tractat von der Kirche verarbeitet, so gewann in England selbst ein an-

[1]) Wals. II. p. 65.

[2]) Rex Angliae, hatte er gesagt, primo et principaliter daret operam ad regulandum clerum suum et specialiter episcopos ut vivant similius legi Christi. Totum enim regnum est unum corpus quod tueri atque mederi spectat ad regal officium. De potestate papae. Cod. Univ. Prag. III. F. 11. p. 218. 7

[3]) Cum libertas et necessitas non sunt contraria. Trial. p. 107.

[4]) sunt aliqui praedestinati, hoc est post laborem ordinati ad gloriam, aliqui praesciti, hoc est post vitam miseram ad poenam perpetuam ordinati. p. 122.

[5]) Der Satz quod Deus debet obedire diabolo findet sich schon 1382 bei Knyghton p. 2648.

[6]) Hat man nicht ein volles Recht zu sagen, dass die Theorie von dem Eindringen des Teufels in die westlichen Nationen der Erde, wie sie der Tractat de solutione Satanae post mille annos enthält, eine sehr unglückliche war? Seit dem J. 1000 habe der Teufel grössere Gewalt erhalten, der Kaiserclerus, die Mönche, die Canonici, die Brüder seien seine Werkzeuge und durch ihre Verfolgung habe sich die Kirche in grösserer Gefahr befunden als zur Zeit der römischen Kaiser. Jene hätten nicht einmal den Muth, dem Volke in seiner Ursprache zu sagen was die consecrirte Hostie sei. Gog und Magog seien nach England gedrungen und da das Reich für die Diener des Antichristes jedes Jahr so viele tausend Marken verwendet, müssten die Könige, Herzoge, Grafen und alle anderen weltlichen Herren dagegen auftreten und bedenken, dass die Tropfen nur durch immerwährendes Niederfallen den Stein aushöhlen. Sie müssten als Söhne des Lichts eintreten und Magog die weltliche Unterstützung entziehen. (f. 220—223.)

[7]) Pauperes sacerdotes habent ex speciali dono dei notitiam et animum evangelizandi, sed nec licet deo nec homini impedire eos ne in hoc impleant verbum Dei ut currat sermo Christi liberius. Ergo non licet episcopis in hoc impedire dictos presbyteros. Wald. I. p. 561. Certum videtur quod unus idiota mediante Dei gratia plus proficit quam multi graduati in scolis sive collegiis. l. c. p. 552. Ipsi dant gratis verbum evangelii; ipsi sacerdotes mei habent super episcopos notitiam praedicandi, ipsos nec rex nec deus possunt impedire. (l. c. p. 369.) Sein Schüler Purvey erkannte consequent auch den Weibern das Recht zu predigen zu.

deres Werk Wycliffe's aus dieser seiner Periode der Zurückgezogenheit ungleich mehr Boden, es war die englische Bibelübersetzung.

Die Engländer waren in dieser wichtigen Sache hinter andern Völkern zurückgeblieben. Es wird zwar erwähnt, dass schon der Erzbischof Thoresby von York († 1320) durch einen gewissen Gatrike die Hauptwahrheiten des Glaubens in das Englische übersetzen und unter dem Volke verbreiten liess. Man habe in früherer Zeit kein Bedenken gehabt, die Bibel zu übersetzen; jetzt hatten zwei angesehene Doctoren das Für und Wider erörtert, ohne zu einem Schlusse zu kommen[1]). Man wies englischerseits darauf hin, dass die Deutschen, Franzosen und Spanier Bibelübersetzungen besässen, namentlich wird die niederdeutsche Jacobs von Merland hervorgehoben. Es gebe eine angelsächsische, warum sollte es nicht auch eine englische[2]) geben? Die welche Johann de Trevita gemacht, gelte mehr als ein verwegenes, denn als ein nützliches Werk. Es stand aber jedem derartigen Unternehmen jene Klage im Wege, zu deren Herold sich Heinrich von Knyghton gemacht hat, dass dadurch, was bisher nur den Gelehrten, der Kirche, den Geistlichen und Doctoren zugänglich gewesen, den Laien, Männern und Weibern eröffnet würde. Man fühlte eben instinctartig heraus, dass dadurch die clericale Ausschliesslichkeit gebrochen, der Begriff der Kirche selbst erweitert, der alte Bann gelöst werde. Für

---

[1]) Die Argumentationen desjenigen Doctors, welcher sich gegen die Bibelübersetzungen aussprach, beruhten auf folgendem. Cod. Pal. Vienn. N. 4133 f. 195—204:

1. Praeberetur occasio mulieribus docendi.

2. Laici simplices tunc docere praesumerent.

3. Praesumtio haereticorum extolleretur.

Haeretici nostri temporis non solum petunt translationem sibi fieri in vulgari sed ut fertur transferunt sacrum canonem prout placet translatisque utuntur.

4. Pari evidencia qua canon esset transferendus in vulgare, totum missale manualeque sacrorum cum toto servicio ecclesiastico possent sic transferri, sed hoc summum inconveniens. Tunc etenim vilesceret totus clerus, vilesceret cultus divinus vilescerentque omnia ecclesiae sacramenta. Tunc enim layci reputarent clericos inutiles, quemadmodum modo theologici a residua parte cleri inutiles judicantur. Tunc enim provecti clerici deficerent scaturiretque multitudo haeresium infinita.

5. Minueretur devocio fidelium. Sed multi laici devote dicunt orationes suas dominicas psalterium et alia quae in canone bibliae continentur. Quae si verterentur in vulgare essent multum insipida teperetque devocio.

6. Quando apostoli et sancti transtulerunt non leguntur transtulisse nisi in linquam grammaticatam, unde et in graecum vulgarium non transtulerunt sed solum in grammaticatum. Sed si in vulgare transferretur, sacer canon in ydioma non grammaticatum et barbaricum esset translatus.

7. Talis translatio esset simpliciter inutilis quia clericis non prodesset. Plus officeret quam prodesset. — Sicut videtur jam dudum ab experientia ingente nostra ubi innumerosa haeresium multitudo per libros anglicanos in populum est dispersa, a quibus semel infectum vulgus irrevocabile perseverat.

8. Nostri praedicatores mendicantes minus necessarium viderentur cum quilibet laicus esset in promptu praedicator.

9. Faceret linguam latinam vilescere.

10. Admissa tali translatione in vulgare sequeretur quod evangelium indifferenter populis omnibus vulgaretur.

Die Abhandlung wendet sich nun den älteren angelsächsischen Bibelübersetzungen zu, von welchen in den Klöstern sich noch einige Originalien befinden; auf die angelsächsischen Lehr- und Erbauungsbücher, welche William Thoresby, Erzbischof von York (quartus a praesente) den Seinigen in die Hand gegeben (f. 198) und widerlegt sodann die Argumente derjenigen, welche nicht wollten, dass die heilige Schrift in die Muttersprache übersetzt würde. Habe doch Baco schon die Logik ins Englische übersetzen wollen. Die Widerlegung stützt sich namentlich auf den Gebrauch der frühesten Zeit, welche in der allgemeinen Kenntniss der hl. Schrift weder Gefahr noch Missbrauch erkannte. Nur das scandalöse Leben der Geistlichen bringe sie in Verruf, nicht aber die Kenntniss der hl. Schrift. Die Auseinandersetzung schliesst mit einigen Conclusionen, deren Kern darin besteht:

1. Licitum est transferre legem Christi in linguam nostram anglicanam.

2. Non minus licitum est Anglorum genti habere sacram scripturam in vulgare suum translatum, quam gallicis Teutonicis Wandalicis (Slavis) seu Armonia.

[2]) Der Verfasser des Tractates weist auf eine Stelle des de Lyra hin, demzufolge die Wandalen oder Slaven eine Übersetzung der ganzen sacra pagina besassen. Sic enim dixerunt mihi viri fide digni qui fuerunt inter illos. Cod. Palat. N. 4133. f. 196.

die Gelehrten freilich war die Bibelübersetzung noch lange nur eine Barbarisirung des Evangeliums[1]). Hier mag es nun in der That von grosser Bedeutung gewesen sein, dass die Königin Anna mit einer Bibel in drei Sprachen herüber gekommen war und factisch die Einwendungen des Franciskaner Mönches William Buttler widerlegte[2]), welcher da meinte, die Prälaten sollten selbst nicht dulden, dass die heil. Schrift in Latein gelesen werde, da die Erfahrung beweise, wie viele Häresien daraus entstünden. Man hatte in Deutschland[3]) bei der grossen Bewegung der Geister ganz andere Anschauungen gewonnen. Ohne das Wort Gottes, das Licht der Seele, ohne das Sacrament, das Brod des Lebens, meinte Thomas von Kempen in jenen Tagen, könnte ich nicht leben. In dieser Zeit war es, dass am Hofe K. Wenzels jenes herrliche Prachtwerk, eines der bedeutendsten des Mittelalters verfertigt wurde, die grosse Bibelübersetzung Martin Rotlebens, welche mit Unrecht Wagen dem K. Wenzel zuschrieb, wenn sie auch dessen und seiner (ersten) Gemahlin Bildnisse trägt und die ebenso in sprachlicher Beziehung als in künstlerischer durch ihren reichen Schatz von Miniaturen eines der herrlichsten Denkmäler des XIV. Jahrhundertes und der Nachwirkung der karolinischen Periode in Böhmen ist, deren Glanz der aufgewärmte Wycleffismus, der Hussitismus zerstörte. Die christliche Welt fühlte sich überall beengt. Aber auch überall regte sich der Flügelschlag einer neuen Zeit; überall verstand man unter Kirche etwas anderes als blos die Entscheidung der persönlichen Frage, ob Urban VI., ob Clemens VII. im Geiste Bonifacius' VIII. und Clemens' VI. die christliche Welt zu beherrschen hätten. Hatte Wycliff sein ganzes Leben daran gesetzt, den Ideenkreis der Zeitgenossen zu erweitern, die Laien zu einem regeren Antheil an kirchlichen Verhältnissen zu bewegen, in ihnen das Verständniss für die grossen Fragen des Christenthums zu wecken, so konnte er — man mochte über die Resultate seiner Bestrebungen denken wie man wollte — den Abend seiner Tage nicht würdiger beenden, als indem er die hl. Schrift seinen Landsleuten zugänglich machte.

Er hatte auch in Lutterworth zu predigen fortgefahren. Zu leben und zu schweigen erschien ihm nicht nur unmöglich[4]), sondern auch ein Verrath gegen Gott. Es ist wohl kein Zweifel, dass es ihm zur Pflicht gemacht worden war und er eben deshalb einen neuen Schlag erwartete. Er kam von einer anderen Seite, als ihn am St. Thomasfeste, 29. December 1384 eine Lähmung befiel. Zwei Tage später war er eine Leiche. Über das Nähere berichtet nur Walsingham, es hätten diejenigen, die bei seinem Ende zugegen waren, Zeichen der Verzweiflung bei ihm bemerkt[5]). Walsingham wie Capgrave (geb. 1393), welcher ihn als ein

---

[1]) Barbarizatio evangelii. Wald. p. 432, 471.

[2]) Wie sehr man sich englischerseits in der Erörterung der Frage, ob es erlaubt sei, die Bibel in englischer Übersetzung den Laien in die Hand zu geben, erging mag man aus dem oben angeführten Tractat ersehen, der sich beständig auf das Beispiel anderer Nationen stützt.

[3]) Auch in Deutschland ward wiederholt die Frage aufgeworfen: utrum sit licitum sacros libros in vulgari editos seu ex latino in vulgare translatos legere vel habere. Cod. Palat. Vienn. n. DCXLVIII f. 8. ap. Denys. I. II. p. 2477. Der deutsche Verfasser erwähnt hiebei der Vorrechte der Slaven und ruft dann aus: Quae ergo est ratio quod in tot nationum linguis licet legi sacram scripturam et non in idiomate theutonicali? Sollten die Deutschen nur die Geschichte von Roland, vom trojanischen Kriege und vom treuen Eckard lesen?

[4]) Nach Vaughan II. S. 223: to live and to be silent is with me impossible — the guilt of such treason against the lord of heaven is more to be dreaded than many deaths. Let the blow therefore fall. Enough I know of the men whom I oppose of the times on which I am thrown and of the mysterious providence which relates to our sinful race, to believe that the stroke may ere long descend. But my purpose is unalterable. I wait its coming.

[5]) Ut ferunt hi qui affuerant morienti per signa forinseca moriens desperavit. II. p. 120. Der Wiener Codex 396 enthält eine expositio in apocalypsim, nach Denys von Wycliffe, in welcher es heisst, organinio carceris deputatum ac duplici

Organ des Teufels, Feind der Kirche betrachtet[1]) und ebenso der Mönch von Evesham haben ihm eine Grabschrift gesetzt, die fast auf das Bedauern hinausläuft, dass die strafende Hand Gottes früher eingetreten sei als die der Menschen. Seine Gebeine wurden später ausgegraben und verbrannt. Der Act bewies, welches Schicksal ihn bei längerem Leben betroffen hätte.

Als die Lollarden ihr Haupt verloren, sammelten sie sich unter Nicolaus Hereford. Sie fanden Unterstützung bei Wilhelm Neville, Ludwig Clifford, John Clanvowe[2]), Richard Sturry, Thomas Latimer, Johann Montagu Rittern. Man erzählt sich von einzelnen dieser Herren Sacramentsfrevel[3]), die zu den verworfensten Dingen gehörten. Ein Augustiner Mönch, welcher erst päpstlicher Caplan geworden war, schloss sich an sie an; sie vermochten selbst 1387 in der St. Christophkirche zu London vorübergehend einen grossen Scandal zu machen[4]). Schon 1385 hatte K. Richard die Franciskaner zu Oxford und Cambridge in seinen Schutz nehmen müssen[5]). Allein Wycliffe liess sich nicht ersetzen; sein Werk stand und fiel mit ihm. Die Pläne, welche der Herzog von Lancaster verfolgte, um die Krone von Castilien zu erwerben, und der Streit zwischen Adel und König, welcher jetzt unter Richard stattfand, drängten die Angelegenheit der Lollarden in den Hintergrund. Urban VI. verlieh dem Herzoge das Recht, einen Kreuzzug gegen Castilien anzutreten, sein Gegner Clemens das gleiche Recht dem Schottenkönige gegen Richard II. Als aber der Sohn Johanns von Gaunt zur Herrschaft kam, trat die entscheidende Wendung ein. Noch schlimmer, als die Gebeine Wycliffe's ausgraben zu lassen, war das Verbot des Erzbischofes Arundel, die hl. Schrift ins Englische zu übertragen, ein Buch oder eine Abhandlung darüber zu verfassen, sie öffentlich oder für sich zu lesen, bei Strafe der grossen Excommunication. Der zweite Lancaster, König Heinrich V. säumte nicht, seine Rechtgläubigkeit zu bekennen und von dem Bunde mit dem adeligen Erzbischofe den möglichsten Vortheil zu ziehen. Er bestimmte, dass jeder, welcher als Wycleffit überwiesen würde, als Hochverräther zu bestrafen sei. Weiter konnte in dieser Beziehung nicht gegangen werden[6]). An Scheiterhaufen fehlte es auch nicht.

Feindlicher als je standen sich durch das päpstliche Schisma die Nationalitäten gegenüber. Das Auftreten Wycliffe's hinderte auch noch eine Annäherung der grossen Lehrkörper, welche als Mittelpunkt des Ideenaustausches der Nationalitäten galten. Die Masse des Übels wuchs mit jedem Jahre und machte sich in Frankreich, wo der nationale Stolz vor allem bei der Anerkennung des Gegenpapstes den Ausschlag gegeben, auch am frühesten bemerkbar[7]). Der Ruf nach einem Concil zur Abhilfe der allgemeinen Noth ward wohl bereits vernommen, er konnte sich aber im allgemeinen Chaos nicht hinreichend bemerkbar machen. Vor der Hand mochte noch Thomas von Grat's frommer Wunsch[8]) am besten die Stimmung tiefer Fühlender

---

compede catenatum se jam vere solitarium mansisse per triennium et ultra. Was heisst dies? Ist dies nur bildlich zu nehmen, auf eine Krankheit, auf wirklichen Kerker zu beziehen oder gehört der Tractat Wycliffe gar nicht an?

[1]) Die ganze Grabschrift lautet: John Wiclef the organ of the devol, the enemy of the Church, the confusion of men, the ydol of heresie, the meroure of ypocrisie, the norischer of scisme. The chronicle of England by John Capgrave (geschr. unter Heinrich V.) edit. by Francis Charles Hingeston. Lond. 1858. p. 240.

[2]) Jon Clambowh, Richard Sturry, Thomas Latymer and werst of alle Jon Mountagu. Capgr.

[3]) Capgrave p. 245.

[4]) Wals. II. p. 157—159.

[5]) Rymer foedera. VII. p. 459. Vergl. auch p. 805.

[6]) Ut reus puniatur de crimine laesae majestatis. Thom. Wald. I. p. 242. Ein Jahrhundert später wurde nach diesem Gesetze gegen die Katholiken Englands verfahren!

[7]) Hist. de Charles VI. I. c. 11.

[8]) Im Briefe über das Schisma. Cod. Palat. Vienn. DCCCCLXIV f. 192.

bezeichnen: „möchten doch Urban VI. und Clemens VII. im Empyräum gloria in excelsis singen und ein zweiter Eleyachim der Welt Friede und Eintracht schenken". Von woher sollte aber die rettende That kommen? Von den Päpsten nicht. Von den weltlichen Fürsten aber war K. Wenzel 23 Jahre alt, sein Schwager K. Richard (1384) siebenzehn, König Karl VI. von Frankreich sechszehn. Allen dreien aber fehlte der rechte Ernst und die klare Erkenntniss dessen, was sie sich, was sie ihrer Zeit und ihren Völkern schuldig waren.

IV.

Die blutigen Tage des Parlamentes ohne Mitleiden.

§. 1.

Die Ermordung des Grafen Radulfs von Stafford. Tod der Prinzessin von Wales.

Bereits war der Rückschlag der Vermählung des Königs mit einer Kaiserstochter erfolgt.

K. Karl V. von Frankreich hatte es auf seinem Todtenbette den Seinen zur Pflicht gemacht, mit deutschen Fürstenhäusern Bündnisse anzuknüpfen und seinen Sohn Karl VI. mit einer deutschen Prinzessin zu vermählen. Er gedachte dadurch das englisch-luxemburgische Bündniss zu paralysiren.

In Folge dieser Verfügung wurde erst die Ehe der Kinder des Herzogs von Burgund mit denen Herzog Alberts von Baiern-Holland betrieben. Wilhelm von Hennegau heiratete Margaretha von Burgund, und Johann von Burgund Margaretha von Hennegau 1385. Dann wurde die Vermählung der Prinzessin Isabella von Baiern, deren Vater Stefan „so mächtig oder noch mächtiger war, als der König der Römer", mit dem jugendlichen König Karl VI. besprochen, die Prinzessin nach Brabant geführt, und dort von der verwittweten Herzogin der Untersuchung unterworfen, welche nach französischem Gebrauche alle Königsbräute sich gefallen lassen mussten[1]). Vergeblich hatte der Herzog von Lancaster gehofft, seine Tochter Philippa mit dem Sohne H. Alberts zu vermählen. Jetzt schien sich der französische König mit der schönsten Prinzessin Deutschlands auch den Weg in das Herz des Reiches und bis an die böhmischen Grenzen eröffnet zu haben. Wer hätte damals geglaubt, dass die Tochter Isabella's die Nachfolgerin der Königin Anna in der Liebe ihres Gemahles, die Theilnehmerin seines Unglückes werden würde?

Vorderhand schien jedoch für König und Königin das Unglück von Frankreich zu kommen. Es kam jedoch bereits selbst über das letztere Land; denn das Heer, welches K. Karl VI. zur Eroberung Englands sammelte, hauste so arg in Frankreich, dass man meinte, ein neuer Einbruch der Engländer hätte nicht Ärgeres hervorbringen können und die Verwünschungen der französischen Bauern verfolgten dasselbe ebenso, als andererseits die ungemessensten Hoffnungen sich an dasselbe anschlossen, jedoch unerfüllt blieben. Die Franzosen hofften durch einen, wie sie meinten, siegreichen Einfall alles Gold und Silber wieder zu er-

---

[1]) Il convient que elle soit regardée et avisée toute nue par des dames à savoir si elle est propice et formée à porter d'enfans. Froissart.

langen, das ihnen die Engländer auf ihren Feldzügen geraubt, und dann erst die Entscheidung der Dinge von England nach Spanien zu tragen. Allein fortwährend wollte kein günstiger Wind wehen, um die französische Flotte nach England hinüber zu tragen, bis der December kam und der Herzog von Berry, Bruder Karls V., die ganze Expedition[1]) wiederrieth, die dann in der That auch aufgegeben wurde. 1385.

Die Gefahr, welche England damals bedrohte, war nicht eine einfache gewesen. Sie drohte in nicht minderem Grade auch von den Schotten, den steten Verbündeten der Franzosen gegen die Engländer. K. Richard beschloss sich zuerst auf dieser Seite Luft zu machen. Ein Heer von Baronen sammelte sich in York, mit welchem der König in Schottland einbrach (Mitte Juli), Edinburg eroberte und verbrannte und erst beim Hereinbruch der schlechten Jahreszeit ohne vielen Verlust unter Morden nach Hause kehrte. Gleich im Anfange dieses Feldzuges und während die Königin sich in York befand, war aber im Schoosse der königlichen Familie selbst ein ganz unerwartetes Zerwürfniss, der Vorbote vieler anderer, eingetreten.

Ein böhmischer Ritter, den Froissart Messer Nicle nennt, befand sich auf dem Wege nach York zur Königin, als er Bogenschützen des jungen Grafen von Stafford, Radulf, und des Johann von Holland, Stiefbruders Richards, traf. Es entstand ein Streit zwischen beiden Theilen, in welchem der böhmische Ritter sein Leben rettete, aber einer der Bogenschützen Johann Hollands erschlagen wurde. Als letzterer den Ausgang des Streites vernahm, wurde er, der offenbar das böhmische Gefolge der Königin so sehr hasste als die Altersgenossen des Königs, so von Zorn erfüllt, dass er, weil er an dem Böhmen keine Rache nehmen konnte, geradezu den Liebling Richards, den jungen Stafford, welchen er zufällig auf dem Wege traf, sogleich anfiel und ermordete. Man kann als Motiv für die schändliche That nur die Abneigung annehmen, welche sich unter den nächsten Verwandten des Königs schon damals gegen diesen und seine jugendlichen Vertrauten überhaupt gebildet und offenbar von den Herren auf die Diener fortgepflanzt hatte. Der Graf befand sich auf dem Wege zur Königin, deren Ritter er war und die ihm ihre volle Zuneigung geschenkt hatte[2]), als ihn die Hand des Mörders traf. Johann Holland flüchtete sich in ein Asyl nach Bewerley. Der alte Graf verlangte von Richard strenge Bestrafung des Mörders seines Sohnes, während die eigene Mutter, die Prinzessin Johanna, des Königs Gnade für ihren Sohn erster Ehe anrief[3]). Richard, welcher wiederholt ersehen hatte, wie wenig Achtung seine nächsten Verwandten gegen ihn hegten, sich durch Strassenüberfall und Mord seines Altersgenossen und Gespielen beraubt sah, scheint zwischen der Fürbitte seiner Mutter und den Klagen des Vaters um Gerechtigkeit rasch die geeignete Stellung genommen zu haben. Er verbot seiner Mutter ihren Sohn zu schützen, befahl der Gerechtigkeit freien Lauf zu lassen, die Güter seines Stiefbruders einzuziehen, bedrohte ihn mit dem Tode, wenn er sein Asyl verlasse, empfing aber dafür nach einigen Tagen die Nachricht, seine ohnehin schwächliche Mutter sei in den ersten Tagen des Augusts dem Grame um ihren Sohn erlegen[4]). Wenige Tage, nachdem der Bote, den sie um Begnadigung ihres Sohnes an den König geschickt hatte, mit der abschlägigen Antwort nach

---

[1]) et demeurèrent les choses en tel état: qui plus y avoit mis, plus y perdoit. Frois. p. 333. Froissart erzählt über diese verunglückte Expedition als Augenzeuge.

[2]) cujus familiaris erat miles et ab eadem summa fuerat affectione dilectus. Wals. II. p. 129.

[3]) tenera et delicata et prae corporis sui sagina semetipsam vix portare valeret, bloss es schon bei Gelegenheit der von ihr bewerkstelligten Aussöhnung des Königs mit dem Herzoge von Lancaster. Wals. II. p. 126.

[4]) Mon. Evesh. p. 63. Pauli hat in der genealogischen Tabelle 8. Juli 1385.

Walyngford zurückgekehrt war, erlag sie ihrem doppelten Schmerze. Als der König aus Schottland zurückkehrte, das er bis Edinburg durchzogen, wurde die Freundin Wycliffes in Staunford bei den Franziskanern begraben[1]). Wahrscheinlich war es dieses unvorhergesehene Ereigniss, welches den König bewog, dem Stiefbruder, der nachher die zweite Tochter des Herzogs von Lancaster heiratete, zu verzeihen. Ehe noch die schottische Tragödie begann und ein Feuerstreif verwüsteter Landschaft sich bis zum schottischen Meere ausdehnte, hatte der König den Verlust seines Lieblings und seiner Mutter, die Königin den ihrer Schwiegermutter und ihres Vertrauten zu beweinen. Seit dieser Zeit dürfte Robert de Veer aus dem Hause der Grafen von Oxford unbestritten der Liebling Richards geworden sein[2]).

Die von Schottland drohende Gefahr war abgewendet; der französische Einbruch war nicht erfolgt, die französische Flotte ein Raub der Wellen und englischer Kaper geworden.

Mochte man Richard zürnen, dass er die Schotten, welche jedem Treffen auswichen, nicht in ihre äussersten Schlupfwinkel verfolgte und umkehrte, als Mangel an Lebensmitteln und schlechte Jahreszeit Umkehr geboten, die Dinge waren doch in ein besseres Stadium getreten. Seit der Ermordung Staffords hatte die adelige Opposition sich nur zu schämen, nicht aber fort und fort über den König zu zürnen, bald weil er die Jagden in Wales, bald weil er königlichen Glanz liebte und die Rechte der Jugend auch für sich verlangte.

Mit Würde und Umsicht leitete Michael de la Pole, Ritter, als Kanzler von England die Parlamentsverhandlungen seit dem Westminsterparlamente, 26. October 1383. Als dasselbe am 12. November 1384 wieder zusammenkam, machte er aufmerksam, wie die Verhandlungen wesentlich verkürzt werden könnten[3]), wenn 1. man jeden Morgen zusammenkäme, 2. man jeden Gegenstand des Hasses (melancoliae) und des Neides bei Seite lasse; 3. man mit dem Hauptgegenstande beginne und derselbe ohne Beimischung mit anderen zu Ende gebracht werde. Endlich sollten alle sogenannten manutenentia (Befestigungen gegen die öffentliche Sicherheit) im ganzen Reiche zerstört werden. Darauf wurde Robert de Veer, Graf von Oxford, Pair des Reiches und Kämmerer des Königs, selbst einer solchen manutenentia angeklagt. Der Ankläger verlor jedoch den Process und musste Genugthuung leisten. Nun hatte aber bereits im Parlamente von Novel Salesbira im Frühlinge 1384 John Cavendish von London den Kanzler gleichfalls fälschlich verklagt[4]).

Mögen dies Symptome jenes Neides gewesen sein, welcher de la Pole als Urheber der langsamen Verhandlungen des Parlamentes bezeichnet hatte, Richard glaubte am besten zu handeln, als er seine beiden jüngsten Oheime zu Herzogen gleich ihrem älteren Bruder ernannte[5]), den neuernannten Herzogen von York und Glocester, seinen Oheimen, im Westminster Parlamente die herzogliche Krone aufsetzte und ihnen den höheren Sitz anwies. Dasselbe geschah aber auch mit dem Kanzler des Reiches, Michael de la Pole, als Grafen von Suffolk und dem Markgrafen von Oxford[6]) Robert von Veer, 1. December 1385. Letzterer war wohl schon damals durch seine Vermählung mit Philippa von Coucy, Tochter der Prin-

[1]) Walsingh. II. p. 130.

[2]) qui equidem juvenis, meinte Walsingham mit Recht bei seinem Tode 1392, aptus fuerat ad cuncta probitatis officia, si in pueritia non defuit ei disciplina. II. p. 212.

[3]) p. 181.

[4]) Rot. p. 164.

[5]) 6. August 1385 zu Hoseloweclugh in Twydale während des schottischen Feldzuges.

[6]) Markgrafen von Dublin, Wals. II, p. 210.

zessin Isabella von England, die einst für K. Karl IV. bestimmt gewesen war, Mitglied der königlichen Familie geworden. Richard selbst war aus seiner Unthätigkeit erwacht, ohne jedoch sich dem übermächtigen Einflusse dieses seines Lieblings entziehen zu können[1]). Allein die Parteien standen einander unversöhnlich gegenüber. Es gelang den Feinden des Herzogs von Lancaster aufs Neue, seine Treue bei dem Könige zu verdächtigen.

Aber auch diesmal legte sich der Sturm. Als Richard für den Zug des Herzogs nach Spanien war, der Sohn seines Oheims Lancaster zum Grafen von Derby, der des Herzogs von York zum Grafen von Rutland, der zweite von den Stiefbrüdern des Königs, Johann Holland, zum Grafen von Hutington, Thomas Mowbray. Graf von Notingham aber zum Marschall von England erhoben wurden, konnte man hoffen, dass sich ein besseres Verhältniss zwischen den Mitgliedern des königlichen Hauses und dem Könige selbst bilden werde. Allein die Eifersucht gegen die Vertrauten des Königs, zu welchen der Erzbischof von York, der neue Graf von Suffolk, der Graf von Oxford und der Ritter Simon von Burley gehörten, liess die Prinzen nicht zur Ruhe kommen. Als dann Richard auch noch den Grafen von Oxford zum Herzoge von Irland erhob, kannte der Ärger keine Grenzen.

Bald gesellte sich zu den vielen anderen noch ein neues Zerwürfniss. Das auf Martini (10. Nov.) 1385 versammelte Parlament bewilligte dem Könige, welcher fortwährend in den Krieg mit Schottland und Frankreich verwickelt war, einen Zehnten und einen Fünfzehnten von den Laiengütern, jedoch unter der Bedingung, dass der Clerus dem Könige ebenso viel entrichtete. Dagegen widersetzte sich der Erzbischof mit aller Gewalt, er erklärte darin eine Beeinträchtigung der Kirchenfreiheit zu erblicken und wolle lieber sein Leben lassen, als einwilligen, dass die Laien die Kirche besteuerten. Diese Weigerung rief einen unerhörten Sturm bei den Gemeinen und einem Theile der Lords hervor, so dass die Verwirklichung der Idee Wycliffe's näher als je gerückt zu sein schien und die Lords schon im Geiste die Klöster unter sich vertheilten. Es kam nur auf den König an und die Säcularisation ging vor sich. In diesem Augenblicke erklärte der Schwiegersohn K. Karls, er werde an dem rechtlichen Bestande der anglikanischen Kirche nichts ändern. Darauf bot der Erzbischof dem Könige freiwillig einen Zehenten an, den auch Richard mit den Worten annahm, es sei ihm lieber, als wenn er das Vierfache in anderer Weise erhalten hätte[2]). Und so, meint Walsingham, ist für jetzt die unersättliche Habgier der Feinde der Kirche vereitelt worden. Es war dies nur 11 Monate nach Wycliffe's Tode. Selbst der Bischof von Norwich erhielt damals seine Güter zurück.

Nur selten tritt die Königin unmittelbar hervor, wie 1383, wo es sich um das sogenannte Königingold in Irland handelte, oder 1385, wo sie ihren Schatzmeister Thomas More ermächtigt, dem Dechanten und dem Collegium der franche chapelle in Westminster 20 Liv. Miethe für ihre Garderobe zu zahlen[3]), der König Leo von Armenien am königlichen Hofe gastliches Unterkommen fand und mit einer goldenen Krone geziert wurde, 1386[4]). Als der König Johann von Portugal, der Sieger über die Castilianer, sich mit K. Richard verband, der Herzog von Lancaster aber die Throne von Castilien, Leon, Toledo, Galizien, Sevilla, Cordova, Murcia, Jaen, Algarve und Algezira für sich in Anspruch nahm, sich König dieser Länder

---

[1]) Vergl. darüber den Appendix zu Walsingham II.

[2]) Walsingh. II. p. 140.

[3]) pour la loiver de nostre garderobe appelle la Royale. Rymer foed. VII. p. 463.

[4]) L. c. p. 494.

nannte, wie sich Richard König von Frankreich schrieb, schien das Geschick von Westeuropa so ziemlich in den Beschlüssen zu liegen, welche im Palaste zu Westminster, dem von Shene, dem Lieblingsaufenthalte des Königs und der Königin, gefasst wurden[1]). Es war eines der schönsten Feste Richards, als Richard Ostern 1386 dem Herzoge und der Herzogin Königskronen übergab[2]), dieser von ihm und der Königin Abschied nahm und mit einer Anzahl von Rittern aufbrach, das Recht seiner Gemahlin Constanze auf Castilien geltend zu machen. Doch wurde der Kampf mit K. Heinrich zuletzt friedlich ausgeglichen, indem letzterer dem Herzog zeitlebens eine grosse Summe Geldes zu zahlen versprach und dessen Tochter von Constanze de Padilla, Katharina heiratete, 1388; die älteste aus erster Ehe, Philippa war schon am 12. Februar 1387[3]) die Gemahlin des Königs Johann von Portugal geworden. Alle diese Dinge mussten jedoch schwer auf der Königin lasten, welche ihrem Gemahle noch immer keinen Thronerben geschenkt, und die also noch immer nicht die Hoffnungen des Landes erfüllt hatte. Es ist kein Zweifel, dass der ganze königliche Hof eine andere Haltung angenommen hätte, sobald den Hoffnungen der Prinzen, dereinst den Thron zu besteigen, Schranken angewiesen, und die Erhaltung des Hauses des schwarzen Prinzen verbürgt worden wäre. War es doch schon ein sonderbarer Umstand, dass der König keine Königin zur Mutter hatte und die Mutter des Königs nicht als Königin über Richards Oheimen gestanden, sondern als Prinzessin und Schwägerin, als Johanna von Kent nur gegenüber getreten war. Zu der Scheidung des Hofes in die Partei der Gespielen des Königs und der älteren Mitglieder des königlichen Hauses hatte sich aber noch eine andere politische Scheidung hinzugefügt, so dass sich auch auf diesem Gebiete zwei Parteien einander schroff unversöhnlich gegenüberstanden. Die eine ging von dem Standpunkte aus, dass K. Eduard und der siegreiche Prinz von Wales wohl K. Johann von Frankreich einst den Frieden zugestanden hatten, die Franzosen aber den beschworenen Frieden verrätherisch gebrochen und verletzt, und die Territorien, die sie in ihm abgetreten, wieder genommen, nicht einmal das Lösegeld für den gefangenen K. Johann bezahlt hätten.

Noch spät erklärte der Herzog von Glocester, wenn ihm diese Dinge in den Sinn kämen, so lasteten sie auf seiner Seele. Diese Partei wollte Frieden nur auf dem Fusse des früher abgeschlossenen, ohne zu bedenken, dass dieser Standpunkt selbst von dem Prinzen von Wales hatte aufgegeben werden müssen, und mit Ausnahme von Calais, Brest, Bordeaux und Cherbourg wenig mehr in den Händen der Engländer sich befand. Sie ging aber noch weiter und sah in jeder Beilegung des langen Streites beider Monarchen, die nicht auf dem Entscheide der Waffen beruhte, eine Art unverzeihlicher Schwäche, eine Preisgebung der Ehre des Königreichs[4]). Selbst als Richard die Eroberung Irlands als die wichtigste Aufgabe Englands ansah, um in nächster Nähe sich vor Feinden zu schützen, fand dieser Plan nicht die gehörige Zustimmung. Als aber vollends Robert de Veer ernannt wurde, die Eroberung zu vollenden, kannte der Neid der älteren Barone und der neuen Herzoge und Grafen vollends keine Grenzen. Man klagte fortwährend, Irland habe einst England 30.000 Mark St. jährlich eingetragen[5]), jetzt koste seine Erhaltung so viel. Als aber der König dagegen wirksame

[1]) 22. April.

[2]) Knyghton p. 276.

[3]) Buchon sagt, le jour de la purification 11. Feber 1387. Das ist aber 2. Feber 1387.

[4]) Many others are asthonished, sagte 1395 Glocester zum französischen Unterhändler, sprach aber dabei seine eigene Meinung aus, that our lord the king should be so childish, so weak, so forgetful of past events and so little attentive to the present as to ally himself with our enemies and thus to despoil the kingdom of England.

[5]) Capgrave p. 259.

Massregeln ergriff, zürnte man dem neuen „Marquis von Dublin" und verurtheilte die Anstalten des Königs. Dazu gesellte sich noch die Spannung, welche im Schoosse des Adels der Wycliffismus erzeugte und die nicht immer so gut sich ausglich, wie es mit Thomas Compemoth von Hydington der Fall war [1]). Die oben erwähnten Herren, von welchen William Neville, aus dem Geschlechte des Erzbischofs von York war, vor allen John Montagu hielten an Wycliff fest. Der letztere begann nicht blos den Bildersturm in seinem Gebiete, sondern befliss sich der höchsten Profanation des Altarsacramentes [2]), während er gleich den andern die Ceremonien der Kirche äusserlich mitmachte. In London predigten Lollarden öffentlich und überhäuften die Kirche mit allen denkbaren Schimpfreden, kurz es war, als sollte im Streite der Factionen mit einem Male alles aus den Fugen gehen.

Noch besass der König trotz seiner Jugend so vielen richtigen Sinn, dass er den neuen Zwistigkeiten durch einen auswärtigen Kampf einen Abzug zu geben beschloss. Er versammelte, als aufs Neue die Gefahr einer französischen Invasion zunahm, den grossen Rath zu Oxford und erklärte demselben seinen Entschluss, in eigener Person nach Frankreich zu ziehen, um die Vertheidigung des Reiches durch einen Offensivstoss zu unternehmen. Unstreitig war dieses besser, als die Art und Weise, wie bisher die Barone verfuhren, welche Grosses gethan zu haben glaubten, wenn sie Handelsflotten plünderten und sich des Kaufmannsgutes bemächtigten. Der König erklärte, er wolle den Gerüchten entgegentreten, als wenn er wohl sein Recht auf die französische Krone behaupte, aber die Mühe scheue, Ehre und hohen Muth (Houmout) [3]) zu gewinnen. Man konnte erwarten, dass die Partei des Herzogs von Glocester die Mittheilung mit Jubel aufnehmen werde. Man antwortete ihm, da es sich darum handle, Anstalten zu treffen, wie es während seiner Abwesenheit in England gehalten werden solle, möge er das Parlament auf den 1. Oct. 1386 berufen. Damit war dem Herzoge von Glocester die Möglichkeit gegeben, seine Vorkehrungen zu treffen.

Als aber nun im vollen Parlamente der Kanzler Graf von Suffolk das Begehren des Königs vorgetragen hatte, 1. Oct. 1386, zeigte sich, dass bereits gegen diesen ein Feldzug verabredet worden war, und statt des französischen Krieges vielmehr ein heftiger parlamentarischer Kampf bevorstand. Sämmtliche Commons brachten vor dem Könige, den Prälaten und Herren harte Beschwerdeartikel gegen den Kanzler vor. Er habe gegen seinen Kanzlereid königliche Ländereien für sich gekauft, die Beschlüsse der Parlamentscommission über den Stand des Hofes und des Königreiches nicht in Ausführung gebracht, die bewilligten Gelder zu anderen Zwecken verwendet, Freiheitsbriefe ausgestellt und andere Ungehörigkeiten sich zu Schulden kommen lassen. Als die Seigneurs meinten, der Kanzler solle sich auf diese Beschuldigungen mündlich verantworten, wies dieser gleich die erste Anklage siegreich zurück. Niemals habe er sich königliche Ländereien angeeignet, sondern der König habe ihm bei seiner Erhebung in den Grafenstand Ländereien gegeben, welche der Königin auf Lebenszeit angewiesen worden waren, worauf dann eine Ausgleichung mit ihr stattfand. Er selbst sei

---

1) Er bekehrte sich, weil ihn seine Gönner und Freunde im entscheidenden Momente im Stiche liessen. Mon. Evesh.

2) Capgrave p. 245.

3) So hat man wohl diese Stelle zu interpretiren, nicht Humanität, wie sie in den Acten lautet. Houmont (hoher Muth) war die Devise seines Vaters, welche Formel sammt dem nicht K. Johann entnommenen: ich dien, auf dem Grabmale des schwarzen Prinzen in der Cathedrale zu Canterbury zu lesen ist.

zweimal im Kriege gefangen worden, und ein drittes Mal in Deutschland [1]), als er vom Könige in Angelegenheit seiner Vermählung dahin gesandt worden war. Er erwähnte seine grossen Verluste im königlichen Dienste, worauf Richard le Scrop auf des Grafen dreissigjährigen Bannerdienst, seine Amtsführung als Gouverneur von Calais, Admiral und Botschafter hinwies, so dass jeder Unbefangene sich überzeugen konnte, welchem würdigen Manne der König sein Vertrauen geschenkt habe. So war es ihm auch nicht schwer, die übrigen Anklagen zurückzuweisen und auf der Redlichkeit seiner Absichten zu bestehen. Allein die Commons hatten sich wohl vorgesehen und bestanden auf einem Parlamentsgerichte. Da aber namentlich ihm zum Vorwurfe gemacht worden war, dass er wider seinen Eid Geschenke von dem Könige angenommen, wies er das Unsinnige einer derartigen Interpretation des Eides nach.

Die Acten des Parlamentes geben begreiflich von den geheimen Vorgängen keine Kunde, die hinter der Scene stattfanden, und deren Ergebnisse nur in den Parlamentsbeschlüssen an den Tag treten. Darüber hat uns Heinrich von Knyghton, Canonicus von Leicester, Aufschlüsse gewährt, die einen tiefen Blick in das Treiben der Parteien werfen lassen. Ihm zu Folge befand sich der König während der Sitzung des Parlamentes von Montag nach Sct. Hieronymus bis S. Andreastag 1386 in Eltham und verlangte von dem Parlamente, Abhilfe zu treffen gegen Frankreich und die auswärtigen Feinde. Da erhoben sich der Herzog von Glocester, die Grafen von Warwyk und Arundel mit ihrem Anhange und erklärten, zuerst müsse mit den Feinden im Innern aufgeräumt werden. Lords und Gemeine wandten sich an den König um Entfernung des Kanzlers, des Schatzmeisters; der König hiess sie jedoch davon schweigen. Sie sollten sich mit den an sie gestellten Anträgen befassen; er werde wegen ihrer keinen Küchenjungen entfernen. Richard befand sich aber damals so verschuldet, dass er ohne eine Auflage von $^1/_{15}$ von den Laien und $^1/_{10}$ vom Clerus, seinen Hofhalt nicht mehr bestreiten konnte. Nun aber erklärten Lords und Gemeine, sie würden, ehe nicht Michael von Pole entfernt würde, und der König in eigener Person in das Parlament käme, die Anträge nicht annehmen. Ja der König wurde in Kraft des Statutes, das die Absetzung über K. Eduard II. verhängte, aufgefordert, im Parlamente zu erscheinen, so dass also bereits die Gefahr der Entthronung über ihm schwebte. Jedermann aber wusste nach dem unglücklichen Ende Eduards, dass Entthronung und Tod nur der Zeit nach zwei verschiedene Momente Einer Massregel waren. Allein Richard liess sich so leicht nicht einschüchtern.

Jetzt verlangte der König, die Gemeinen sollten 40 ihrer erfahrensten Ritter zu ihm schicken, mit ihnen zu unterhandeln. Diese fürchteten sich aber zu erscheinen, weil sie um ihr Leben besorgt waren. Endlich wurde beschlossen, der Herzog von Glocester und Thomas von Arundel, Bischof von Ely sollten im Namen der Lords zu dem Könige gehen, was denn diese auch thaten. Sie stellten Richard vor, dass, wenn der König, ohne krank zu sein, innerhalb 40 Tagen das versammelte Parlament nicht besuche, dieses das Recht habe, auseinander zu gehen. Auf dieses unterbrach jedoch der König den Herzog, um ihm zu sagen, er sehe, wie man mit Aufruhr umgehe und dass es da für ihn besser sei, sich mit dem Könige von Frankreich zu vertragen, und von ihm Hilfe gegen diejenigen, die ihm nachstellten, zu begehren, als sich seinen Unterthanen zu unterwerfen. Der Herzog und der Bischof bekämpften diese Ansicht als die für das Reich und den König unglücklichste. Das Reich sei durch den Minister des Königs in Armuth gestürzt und gehe, wenn nicht rasch eingeschritten werde, zu Grunde.

---

[1]) Rot. p. 217.

Er möge bedenken, dass das Parlament das Recht habe, den König abzusetzen, wenn er sich hartnäckig von seinem Volke entferne[1]) und die Rechte des Reiches nicht achte. Er möge daher seine Räthe entfernen.

Der König musste erkennen, dass seine nächsten Verwandten zum Äussersten entschlossen waren, es sich zunächst um seine Räthe, schliesslich um ihn selbst handle. Der Herzog von Glocester hatte es durchgesetzt, dass eine Commission zur Untersuchung der Amtsführung des Kanzlers errichtet wurde, deren Haupt er selbst ward, und in der seine Anhänger sassen. Diese Männer, zugleich Ankläger und Richter, verurtheilten den Kanzler zum Tode, milderten aber dann dieses ihr Urtheil in lebenslängliches Gefängniss[2]). An seiner Stelle wurde der Bruder des Grafen von Arundel, Thomas, Bischof von Ely, Kanzler und an die Stelle des Johann Fordham, Bischofs von Durham und königlichen Schatzmeisters der Bischof von Hereford John Gilbert, eingesetzt. Endlich, was wohl dem Könige und der Königin am empfindlichsten war, wurde Richard auch noch gezwungen, eine Commission von Bischöfen und Mitgliedern des hohen Adels — unter diesen seine Oheime, die Herzoge von York und Glocester und die Grafen von Arundel und Warwyk — zu genehmigen[3]). (19. Nov. 1386.)

Diese sollte alle Regierungsmassregeln seit dem Tode K. Eduards durchgehen, und der König musste zuschwören, sich ihren Anordnungen fügen zu wollen. Sie nahm, mit ganz ausserordentlichen Vollmachten versehen, alle Einkünfte des Königs in ihre Hände, entfernte alle königlichen Beamten, setzte neue ein, die den ganzen königlichen Haushalt ordnen sollten. Wohl durfte in dieser Beziehung eine Reform am Platze gewesen sein, da täglich 6000 Personen, darunter freilich der grösste Theil Arme, aus der königlichen Küche versorgt wurden, letztere 300 Personen zählten ebenso viele, als zum Hofhalte der Königin gehörten. Zugleich wurden Anstalten getroffen, das Reich gegen einen Einfall der Franzosen wirksam zu vertheidigen. König und Königin waren in Abhängigkeit von dem hohen Adel gekommen. Die Königssöhne Edmund und Thomas mit ihrem Anhange liessen dem zweitgebornen Sohne des Prinzen von Wales ihr Uebergewicht fühlen. Allein auch Richard liess sich so leicht nicht wankend machen. Er gestand das Statut über die Commissionaire auf ein Jahr zu, liess jedoch in die Parlamentsacten den Protest eintragen für den Fall, dass das Statut über die Commission den Prärogativen der Krone und der freien Ausübung seiner Würde zuwider liefe, und als das Parlament 28. November geschlossen war, liess der König durch den Herold ausrufen, der Graf von Suffolk sei wieder Kanzler. Nicht ohne Grund berichtet jetzt Walsingham, der König und die Königin hätten mit ihren Böhmen Weihnachten gefeiert; der Ort ist nicht angegeben, wahrscheinlich aber Eltham. Obwohl der König das Seinige gethan durch Ehren und Auszeichnungen, die er seinen Oheimen, Vettern und Brüdern zukommen liess, ihre Eifersucht gegen die Männer seines Vertrauens zu mildern und unter diesen Michael de la Pole, Grafen von Suffolk, und Simon Burley, welche alle andern wohl durch ihre lange Erfahrung in Geschäften überragten, so reichte alles nicht aus, den Neid und die Eifersucht der Anderen zu beschwichtigen. Doch wäre es sicher nicht zu einem so gewaltigen Ausbruche der Leiden-

---

[1]) Knyghton p. 2683.

[2]) noluerunt ipsum morte plectere neque nomen comitis ei auferre. Knyghton.

[3]) Es heisst ausdrücklich, die Einkünfte der Grossen hätten abgenommen und die Bauern seien zur Verzweiflung getrieben worden. Wycliffe hatte ganz Recht, wenn er in seinen Schriften auf die Zeit hinwies, in welcher England noch einen freien Bauernstand hatte, und meinte, es müsse diese Zeit wiedergebracht werden. Die französische Urkunde über Einsetzung der Commission, bei Knyghton p. 2685 (28. Nov. 1387).

schaft gekommen, wenn sich nicht zu dem übermächtigen persönlichen Einflusse, den Robert de Veer über Richard erlangt hatte, noch etwas gesellt hätte, was in seiner Tragweite ausser aller Berechnung stand.

§. 2.

Die böhmische Helena. — Vermählung des Grafen von Oxford mit der Böhmin Lancekrona.

Robert de Veer, aus dem Geschlechte der Grafen von „Oxenforth", hatte sich mit Philippa von Coucy, Tochter des Herrn Ingelrame von Coucy und der Isabella, Eduards III. ältester Tochter, wir wissen nicht, wann, vermählt. Sie wird als eine jugendliche und schöne Dame beschrieben [1]), die Froissart unter ihrem gewöhnlichen Titel Madame d'Irland, seit ihr Gemahl Herzog von Irland geworden, anführt. Da ihre Mutter am 27. Juli 1365 den Herrn von Coucy, selbst schon 33 Jahre alt, heiratete, der Vater aber bald auf französische Seite trat und am französischen Hofe lebte, mag die Tochter im Alter der Königin Anna gewesen sein. Ihre Mutter hatte sie bereits 1379 verloren [2]). Dieser Umstand, und dass ihr Vater als französischer Partisan galt, mag ihre Heirat mit Robert de Veer veranlasst haben, welcher dadurch Mitglied der königlichen Familie wurde, in deren Reihe die Princessin Isabella, gleich nach dem schwarzen Prinzen geboren, den sieben nachfolgenden Söhnen K. Eduard III. im Alter voranging.

Diejenigen Personen, welche selbst vor keiner Gewaltthat zurückbebten, beschuldigten nun die anderen der schlimmsten Absichten und weil sie selbst ihrer fähig waren, glaubten sie auch alles Üble von ihren Gegnern. Da musste Michael de la Pole in Verbindung mit dem Ritter Nikolaus Brambre, welcher erst Mayor von London gewesen war, die Absicht gehegt haben, seinen Anklägern ein Henkersmahl zu bereiten, um sie sammt dem Herzoge von Glocester bei dem Mittagstische zu ermorden [3]). Nur Richard Exton, Mayor von London, habe noch das Verbrechen verhindert. Man verübelte es dem Könige, dass er Misstrauen gegen die Barone hegte, und bezeichnete den Herzog Robert und den Erzbischof von York als diejenigen, welche ihm vorstellten, er sei nur mehr dem Namen nach König, und bald werde er es gar nicht mehr sein. Jede Massregel, welche der König ergriff und die einen der Grossen betraf, wurde übel ausgelegt und seinem Rathgeber zugeschoben. Als Heinrich Percy den Auftrag erhielt, die Küste gegen die französischen Einfälle zu sichern, sei das nur aus Neid geschehen, ihn zu verderben und habe der Ritter Robert Berneres dem Könige von Frankreich deshalb verrätherischer Weise Winke gegeben. Um so schwerer musste bei einer derartigen Stimmung wiegen, als von dem jugendlichen Hofe eine That ausging, die zu allen Zeiten gerechte Entrüstung erregt hätte, nun aber den Gegnern desselben geradezu die Waffen in die Hand gab.

Die kleine Welt von Eltham, an deren Spitze ein neunzehnjähriger König stand, welcher seinem Lieblinge Robert de Veer alles nachsah, und einer zwanzigjährigen Königin, die nur ihrem Gemahle lebte, besass aber noch andere Frauen. Nicht blos ein Theil des männlichen,

---

1) juvenculam, nobilem atque pulchram, sagt Walsingh. II. p. 160. A fayre woman. Capgrave's chronikle of England. p. 248.

2) Genealogische Tabelle bei Pauli Geschichte Englands. K. Karl IV. traf sie noch 1378 zu Paris.

3) Mon. Evesh. p. 75.

sondern auch des weiblichen Gefolges, das die Königin aus Böhmen[1]) mitgebracht hatte, war zum Verdrusse der Engländer geblieben. Unter ihnen auch jene Lancecrone[2]), wie sie Walsingham und Capgrave nennen, oder Lancegrove, wie sie Froissart anführt[3]). Die Engländer nennen sie unadelig, und zwar eines Sattlers Tochter; doch fügten Walsingham und der Mönch von Evesham bezeichnend dazu: wie man sagt[4]). Sie nennen sie hässlich, während Froissart sie hübsch und gefällig nennt. Ein adeliges böhmisches Geschlecht von Landskron gibt es nicht[5]), hingegen dürfte der Ausdruck Froissarts auf Landgrafen führen und zwar auf die von Leuchtenberg, deren Namen unter den Begleiterinnen der Königin Braut 1381 ausdrücklich erwähnt wird. Mit dieser letzteren Erklärung lässt sich auch das sonst ganz räthselhafte Benehmen der Königin Anna erklären. Robert de Veer, seit 1386 auch Herzog von Irland, von heftiger Leidenschaft für dieses böhmische Fräulein ergriffen, verstiess seine jugendliche und edle Gemahlin Philippa, um mit Zustimmung des Königs[6]) und der Königin die Böhmin zu heirathen[7]). Die Nachricht, welche Miss Strikland[8]) mittheilt, die Königin habe sich an Papst Urban VI. gewendet, um die Auflösung der Ehe mit Philippa zu bewerkstelligen und die mit der Landgräfin zu bestätigen, ist nicht hinreichend begründet, würde aber, wenn erwiesen, selbst nur beweisen, dass der Königin Anna Bedenken über die Rechtlichkeit des Vorgehens des Herzogs von Irland gekommen wären. Es hatte übrigens König Eduard mit Alice Perers gelebt und diese doch einen Lord als Gatten gefunden.

Der Herzog von Lancaster, obwohl mit einer Königstochter vermählt, hatte seine Liebe Katharinen Swynford zugewendet. Als seine Tochter Lady Elisabeth Pembroke mit ihrem Vater nach Spanien ging und ihren jugendlichen Gatten verliess, heirathete dieser die Schwester des Grafen von March[9]), Elisabeth aber den Bruder des Königs, Johann von Holland.

Die unselige Verbindung des Herzogs von Irland mit dem böhmischen Mädchen wurde aber von den zahlreichen Mitgliedern des königlichen Hauses als die grösste und unmittelbarste Insulte gegen die Nachkommen K. Eduards III. angesehen. Der Neid und Zorn über seine Erhebung zum Herzoge und, wie man wissen wollte, zum künftigen Könige, bekamen auf einmal durch diese That ein gerechtes Ziel; alle Unzufriedenheit concentrirte sich in dem

---

[1]) Nach einem Tractate Wycliffe's (cod. Palat. CCCCVIII.) schrieben die Engländer den Böhmen und Polen Ess- und Trunksucht zu, den Franzosen Hochmuth, den Deutschen Geiz, den Flanderern Wollust.

[2]) quae cum regina de Boemia venerat, ut fertur cujusdam sellarii (vel cellarii) filiam, ignobilem prorsus atque foedam, cujus nomen erat in suo idiomate Launcecerra (vel Lancecrona). Mon. Evesh. p. 81.

[3]) III. c. 75.

[4]) ignobilem prorsus atque foedam, ut fertur, cujusdam sellarii filiam.

The woman cam oute of Boem, a sadelere doutir. Williams macht sie zur Landgravin of Luxembourg and lady of the bedchamber to the queen. p. 165.

[5]) Wohl aber noch heutigen Tages Grafen Lanckoronsky. Froissart bezeichnet sie: assez belle et plaisante.

Übrigens gibt es noch eine andere Spur. Unter den codices der Wiener Hofbibliothek befindet sich auch ein ausgezeichnet schöner Bibelcodex mit Bildern, Goldinitialen, ein, wie Denys sagt (cod. manuscripti I. 1. p. 121) patiemiae humanae monumentum saec. XIV., von Johannes de Opavia presbyter canonicus Brunnensis Plebanus in Lantskrona. Nun hat die Königin Anna eine dreifache Bibel, gewiss sehr schön geschrieben, von Böhmen nach England gebracht. Möglich, selbst nicht unwahrscheinlich von diesem Johann von Lantskrona geschrieben. Möglich, dass auch von hier das Mädchen, die angebliche Sattlerstochter, stammte. Doch das sind Vermuthungen!

[6]) Favebat sibi in his omnibus Rex nolens ipsum in aliquo contristare vel potius pro ut dicitur non valens suis votis aliqualiter obviare, quia maleficiis cujusdam fratris, qui cum dicto Roberto fuit, Rex impeditus nequaquam quod bonum est et honestum cernere vel sectari valebat. Walsingham. Bis dahin verstieg sich der Hass!

[7]) The woman w'hech he weddid. Capgrave.

[8]) Life of the queens of England.

[9]) Knyghton p. 2677

einen Punkte. Bei Niemanden mehr, als bei Thomas von Woodstocke, demselben, welcher schon auf dem schottischen Feldzuge, als die Treue seines Bruders Lancaster verdächtigt worden war, mit blossem Schwerte in das Zimmer des Königs gedrungen war. Die verstossene Herzogin fand eine Zuflucht bei ihrer Schwiegermutter, eine leidenschaftliche Unterstützung bei ihrem Oheime Glocester, welcher die Grafen von Warwyk, Arundel, Derby, Notingham und Salisbury zu seinen vertrauten Anhängern zählte.

Es kam die Eifersucht gegen den Herzog und den Zorn gegen seinen königlichen Beschützer zu erhöhen noch mehr als Ein Umstand hinzu. Die Königin hatte ihren Gemahl noch immer nicht mit Nachkommenschaft beschenkt, wohl aber eine grosse Vorliebe gegen „ihre Böhmen“ gezeigt. Wer sollte für den nun denkbaren frühen Tod des Königs nachfolgen? der Graf von March aus dem Hause Mortimer als Erbe Lionels von Clarence, des ältesten unter den Söhnen K. Eduards des III. nach dem schwarzen Prinzen? Oder dachte der König, wie die Gegenpartei meinte, etwa an den Herzog von Irland? Der Herzog von Glocester und Heinrich Derby, Sohn des Herzogs von Lancaster, sahen sich in ihren Aussichten auf die Krone beeinträchtigt; ersterer, welcher stets darauf pochte, dass er ein Königssohn sei, mochte sich auch sehr wohl überlegen, dass K. Richard ihm kaum die Rolle vergessen werde, die er im letzten Parlamente gespielt hatte, während er selbst den König missachtete. Die Abwesenheit des Herzogs von Lancaster hatte der Opposition alles Mass und alle Besonnenheit geraubt, dem Hofe gleichfalls. Man stürmte beiderseits voran. Eine Katastrophe ward unausbleiblich.

Der Process gegen den Grafen von Suffolk war voll Leidenschaft geführt worden. Man wollte den König erniedrigen und ihm für das, was geschehen war, einen Schimpf zufügen[1]). Er war schmählich mit Absetzung bedroht worden; ein Principienkampf war ausgebrochen, der, wenn der König nicht mit aller Festigkeit widerstand, zur äussersten Erniedrigung des Königthums und zur Herrschaft des Adels und der mit diesem verbundenen Commons führen musste.

Der Plan, welcher jetzt mehr und mehr in Umrissen hervortrat, beweist, dass im Rathe des K. Richard gar nicht so unreife Entschlüsse gefasst wurden, als diejenigen darzustellen sich bemühten, die von vornher Partei gegen den König ergriffen und alle seine Handlungen in ein falsches Licht zu setzen suchten. Der König war dem Volke bisher fremd geblieben. Er sollte mit demselben in unmittelbare Berührung treten, sich einen Anhang sammeln. Der Kampf mit dem Parlamente hatte nun begonnen; er sollte siegreich zu Ende geführt werden.

Schon im Winter treffen wir König und Königin auf Reisen. Schon den Tag nach Valentin kamen beide nach der Abtei Leicester (am 15. Februar 1387). Sie übernachteten daselbst auf dem Schlosse Bewmanner bei dem Herrn le Bowmont und begaben sich dann nach York, wo der König die Zwistigkeiten zwischen dem Erzbischofe und den Bürgern und zwar zu Gunsten der letzteren schlichtete. Der König kehrte sodann zurück, ohne sich in die Streitigkeiten des Erzbischofs mit dem Capitel von York und Beverley einzumischen, da er sich in einen rein kirchlichen Gegenstand nicht einmengen wollte.

Schon auf Ostern fand eine zweite Reise statt. Der Herzog von Irland hatte bis dahin immer verschoben, seine Reise auf der Schwesterinsel anzutreten. König und Königin begleiteten ihn nach Wales. Es war nothwendig, ihn bei der tödtlichen Feindschaft, welche die Partei Glocester gegen Robert de Veer hegte, und der Gewaltthätigkeit, zu welcher diese

---

[1]) On la mis à pension et la reine aussi. Brambre bei Froissard. III. 77.

Männer von Natur geneigt waren, ihrer Wuth zu entziehen. Indem so der König selbst seinem Lieblinge das Geleit gab, vereitelte er, wie Capgrave[1]) meldet, die Anschläge Glocesters, der Grafen von Warwyk, Arundel, Derby und Notingham. Da sie aber nun nicht ihre Plane ausführen konnten, schoben sie dem Könige die Absicht unter, er habe sich in Wales ungestört über die Massregeln besprechen wollen, wie der Herzog und sein gräflicher Anhang auf die Seite geschafft werden könnten, und der Mönch von Evesham weiss selbst genau zu erzählen, wie Michael de la Pole, der Grossrichter Tresilian, der Erzbischof von York, der Herzog von Irland mit mehreren andern eine Verschwörung zum Tode der Gegenpartei eingeleitet hätten.

Es handelte sich um eine andere Sache und zwar sehr einfach um die Frage, ob Herzog Glocester, ebenso Intriguant als gewaltthätig, der Königsohn, Herr von England sei oder der Sohn des Prinzen von Wales, Richard II. Letzterer sah wohl ein, dass er seinen Plan, nach Frankreich zu gehen, aufgeben müsse, dass es selbst, als sich in England ein Sturm vorbereitete, dessen Stärke und Tragweite sich nicht bemessen liess, für ihn am gerathensten sei, sich mit seinem französischen Gegner zu vertragen.

Wollte er nicht Spielball seiner Unterthanen werden, so musste er sich nach dieser Seite sicher stellen. An die Stelle eines Kriegszuges gegen Frankreich traten daher geheime Unterhandlungen mit K. Karl VI. Doch blieb der Herzog von Irland damals nicht[2]) in Wales zurück, so dass der Plan, wenn es zum neuen Kampfe käme, für den König ein Heer zu organisiren damals noch nicht gefasst war. Was aber der König wirklich beabsichtigte, tritt seit Anfang Sommer aus seinen Umrissen immer klarer hervor.

König und Königin begaben sich im Monate Juli nach Coventry, wo Richard den Bürgern Freiheitsbriefe bestätigte. William Whillorten führt in seiner Geschichte der Bischöfe von Coventry und Lichfield an, dass Bischof Scrop August 1386 in Gegenwart K. Richards in Lichfield installirt worden sei. Ich möchte glauben, es sei damals geschehen, wobei Richard, als der Bischof den gewöhnlichen Eid geleistet, die Rechte und Freiheiten des Bisthums zu vertheidigen, die veräusserten Besitzungen wieder zu erlangen, ihm zurief: Gewiss, Herr, du hast einen grossen Eid geleistet[3])!

§. 3.

Die Versammlung der Justitiare zu Notingham. Die Adelsverschwörung zu Haringeye.

Der König war der Commission, welche ihn zu beaufsichtigen hatte, und ihrem Einflusse entzogen. Er hatte in Salopesbury Besprechungen[4]) mit Sir Robert Bealknap (Chief justice de commune bank), mit den Justitiaren Sir John Holt, Sir William Burgh, Sir John Cary. Ihre Antworten wurden zu Papier gebracht und dienten dann zur Grundlage bei den Verhandlungen von Notingham.

Von Coventry ging die Reise dann über Groby, wo er 20. August[5]) übernachtete, nach Shenesbery, um noch mit anderen Justitiaren sich zu benehmen. Im Gefolge des Königs waren

[1]) p. 241.

[2]) Nach dem Mon. Ev. war auch der Herzog von Irland bei den Versammlungen, die nach ihm um das Fest Johann des Täufers in Notingham gehalten wurden.

[3]) Angl. Sacra I. p. 450.

[4]) Hot. p. 238.

[5]) Knyghton p. 2693.

der Erzbischof von York, Alexander Neville, der Herzog von Dublin, der Graf von Suffolk, Robert Tresylian und andere. Durch diese wurde den Justitiaren die Frage vorgelegt, ob der König an das gebunden sei, was er gezwungen im letzten Parlamente zugesagt hatte, und als die Justitiare ihm das Recht zuerkannten, sich davon los zu machen, wurden sie zu einem grossen Tage nach Notingham berufen. König und Königin aber setzten ihre Reise nach dem Norden fort, von wo sie sich nach Notingham begaben. Hier wurde nun am 25. August[1]) die grosse Berathung mit den Justitiaren gepflogen.

Der König legte ihnen daselbst zehn Fragen vor, aus welchen sich die wahren Gründe des Auftretens K. Richards gegen den Adel und das Parlament ergaben[2]). Zuerst, ob nicht die letzten Beschlüsse des Parlaments in die Regalien und Prärogativen des Königs eingriffen. Alle bejahten diese Frage. Sodann, wie diejenigen zu bestrafen seien, welche die Commission veranstalteten, welche ferner den König bewogen, der Commission beizupflichten[3]) und das Parlamentstatut anzunehmen? Die Antwort wies hiebei auf die königliche Gnade hin.

Drittens, wie diejenigen, welche den König an Ausübung seiner Regalien hinderten? Wie es ferner zu halten sei, wenn der König dem Parlamente Artikel vorlege, und ob nicht diese zuerst in Verhandlung genommen werden müssten; ob dem Könige nicht die Leitung des Parlamentes zustehe und er nicht das Recht habe, das Parlament aufzulösen? Ob es nicht dem Könige zustehe, Beamte und Justitiaren abzusetzen und zu bestrafen, und ob Adel und Gemeine das Recht hätten, ohne Zustimmung des Königs dieselben wegen ihres Verhaltens im Parlamente zu belangen? Wie derjenige zu bestrafen sei, der im Parlamente den Antrag in Betreff des Statutes gegen K. Eduard II. stellte? Ob das Urtheil gegen den Grafen von Suffolk irrig war und umgestossen werden könne?

Die Justitiare antworteten auf alle Fragen im Sinne des Königs und bezeichneten diejenigen, welche gegen den König aufgetreten waren, als Verräther. Die Erklärung wurde von den Justitiaren gesiegelt und von den Erzbischöfen von York und Dublin, den Bischöfen von Durham, Chichester und Bangor, dem Herzoge von Dublin, dem Grafen von Suffolk und zwei anderen gefertigt[4]). Eine Anfrage an die Sheriffs in Betreff eines Heeres, das gegen die Barone verwendet werden könnte, lautete aber nicht günstig. Die Commons, hiess es, stünden auf Seite des Adels. Ebenso wenig fand das Verlangen des Königs Anklang, dass nur diejenigen aus jeder Grafschaft in das Parlament gewählt werden sollen, welche der König und sein geheimer Rath bezeichnen würden. Von Seite derjenigen, die es mit dem Adel hielten, wurde behauptet, der König habe damals, um den Krieg mit Frankreich zu beendigen, welcher Englands Kräfte unnütz verschlang, selbst Calais, dessen Erhaltung ungeheuere Summen kostete, abtreten wollen, wenn es auch nicht zum Abschlusse des Vertrages kam, während der Adel es für ein Gebot der Klugheit hielt, einen festen Fuss in Frankreich nicht aufzugeben. So bildete sich ein neuer, grosser Zwiespalt aus. Gerade die Partei des Herzogs hielt es eben für eine Ehrensache, die letzte Errungenschaft so vieler glorreichen Kämpfe

---

[1]) Mon. Evesh. p. 84, wo auch die vorgelegten zehn Fragen angeführt sind.

[2]) Walsingham stellt sich ganz auf die Seite der Gloucester'schen Partei. Die Urkunde, welche die Justitiare besiegeln mussten, bei Knyghton p. 2694 und in Rot. Parl. p. 233.

[3]) Darunter war aber die Bewilligung gemeint, die der König dem Herzoge von Gloucester, dem Grafen Arundel und anderen gegeben, wider Michael de la Pole die Untersuchung einzuleiten.

[4]) Der Justitiar Johann „Belknappe" verweigerte seine Unterschrift. Der Herzog von Dublin und der Graf von Suffolk zwangen ihn jedoch dazu. Knyghton p. 2694.

nicht preiszugeben. Sie schmeichelte sich, die Nationalehre gegen einen unkriegerischen Fürsten zu vertheidigen.

König und Königin kamen erst am 10. November über Leicester in London an, wo sie mit der grössten Ehre aufgenommen wurden. Eine ungemeine Anzahl von Bürgern, in des Königs Farben gekleidet (roth und weiss), war ihm entgegengegangen. Fünf Bischöfe empfingen ihn in Procession bei Westminster. Doch soll der König keinen von ihnen angeblickt und sich sogleich nach seinem Palaste begeben haben.

Damals muss die Unterredung Richards mit dem Bischofe von London zu Gunsten des Herzogs von Glocester stattgefunden haben, der einen Eid leistete, dass er niemals etwas gegen den König unternommen habe und nur eine gerechte Abneigung gegen den Herzog von Irland seit der Verstossung seiner Nichte hege. Als der Bischof dieses dem Könige in Gegenwart Michael de la Pole's mittheilte und dieser sich gegen das Benehmen des Herzogs und seiner Genossen [1]) aussprach, wies ihn der Bischof zur Ruhe, da er nur durch die Gnade des Königs noch lebe; der König aber nahm sich des Grafen von Suffolk an und hiess den Bischof sich entfernen. Letzterer theilte dann dem Herzoge das unglückliche Resultat der Unterredung mit. Natürlich steigerte sich der Hass gegen de la Pole und trat bei dem Herzoge und dessen Partei die Besorgniss vor gewaltsamen Schritten seitdem um so stärker hervor. Sie waren im Parlamente zu weit gegangen, hatten die Person des Königs unmittelbar angegriffen, denselben zur Ohnmacht verurtheilt und wollten nun der ganzen Sache nur den Anschein einer Personalfrage geben.

Im Könige selbst, den man nur als das Werkzeug seiner Gespielen, als unselbstständigen Jüngling aufzufassen pflegte, war das Gefühl eines erlittenen schweren Unrechtes und der Ueberzeugung zum Bewusstsein gekommen, dass er der Ausfluss des Rechtes sei, ihm die Aenderung der Gesetze zukomme. Er befand sich mehr und mehr in einem principiellen Gegensatze zu dem Parlamente, dessen Anschauungen — und dessen Rechten.

Er müsste kein Plantagenet gewesen sein, wenn er nicht stets auf diese Ueberzeugung zurückgekommen wäre und so oft er auch an ihrer Durchführung scheiterte, sie nicht immer aufs neue versucht hätte.

Die Grundsätze des römischen Rechtes, die Lehren der Territorialhoheit [2]) waren auch ihm geläufig geworden. Die Frage, ob König oder Parlament in England regiere, drängte sich schon damals zur Lösung und trat seitdem mit verstärkter Gewalt immer offener hervor.

Was in Notingham geschehen war, sollte Geheimniss bleiben. Die Justitiare hatten sich dazu durch einen Eid gebunden. Nichtsdestoweniger vertraute Sir Roger Fulthorpe schon am 26. August [3]) die Beschlüsse dem Grafen Thomas von Kent, Stiefbruder des Königs, an; von diesem erfuhr sie der Herzog von Glocester, der sie den mit ihm verbündeten Grafen mittheilte. Der König war von seinem eigenen Stiefbruder verrathen. Von diesem Augenblicke an wurde die ganze Umgebung des Königs, der Graf von **Suffolk**, der Herzog von **Dublin**, der Erzbischof von **York**, der Grossrichter **Tresilian**, der Ritter **Brambre** von der Partei des Herzogs als Verräther bezeichnet. Der Grund der Reise des Königs nach dem Norden war bekannt.

---

[1]) Capgrave p. 248. Mon. Evesh. p. 89.

[2]) Ich zweifle nicht, dass die spätere Anklage viel Wahres enthielt: dixit expresso vultu austero et protervo, quod leges suae erant in ore suo et — in pectore suo et quod ipse solus posset mutare et concedere leges regni sui. Vita R. Ricardi II. p. 193.

[3]) Rot. p. 239.

Mit steigendem Argwohn wurde jeder neue Schritt beobachtet; jede Aufforderung des Königs, zu ihm zu kommen, als Ausführung des Complottes betrachtet. Es galt sich zu vertheidigen und jede Waffe zu gebrauchen, die passend schien. Als die Unterredung des Bischofs mit dem Könige zu keinem Zwecke führte, stärkte sich die Adelspartei durch Rüstungen, auch der König dachte an dieselben und der Bürgerkrieg stand mit all seinen Schrecken vor der Thüre. Wie immer in solchen Fällen, dachte jede Partei von der andern das Schlimmste. Es gehörte der ganze, fast unglaubliche Hass einer Partei dazu, welche sich gegenseitig erhitzt und keinen andern als einen der Ihrigen hört, um zu so handgreiflichen Unwahrheiten zu kommen, als damals ausgesprengt, geglaubt und verbreitet wurden. So berichtet allen Ernstes der Mönch von Canterbury, Wilhelm Thorn, Simon Burley habe als Befehlshaber der fünf Häfen und des Castells von Dover den König verrätherisch 1385 nach Schottland verlockt, um das Land unterdessen den Franzosen zu öffnen. Als Burley das kostbare Grab des heil. Thomas aus der offenen Stadt in die Feste Dover bringen liess, wo der Schatz vor einem Überfall der Franzosen geborgen war, so geschah dieses nur aus Habsucht. Als er ein königliches Decret veranlasste, das Sandwich als den Punkt bezeichnete, zu dessen Vertheidigung alle benachbarten zusammenströmen sollten, so war auch dieses nur ein Act des Verrathes; er habe ja Calais und selbst Dover den Franzosen übergeben wollen — und eben deshalb Anstalten zur Vertheidigung gegen ihre Einfälle getroffen! Allein Burley galt als Feind der Mönche von Canterbury und eben deshalb wurde das Unsinnigste, was der Adel gegen ihn erfand, gerne geglaubt und zum ewigen Gedächtniss der Nachwelt zu Papier gebracht[1]).

Der Adel beschuldigte den König, er habe durch falsche Einladungen die Häupter der Gegenpartei bethören und dann in London oder Middelsex überfallen lassen wollen. Namentlich sollte der Herzog von Glocester durch den Maire von London verhaftet und ihm durch Nickol Brambre und John Blake der Process gemacht werden[2]). Heinrich Percy soll den Auftrag gehabt haben, den Grafen von Arundel im Schlosse Raygate aufzuheben[3]). Der König war seit dem Gutachten der Justitiare überzeugt, dass ein hochverrätherisches Complott gegen ihn existire, dass seine Gegner Hochverräther seien, das Parlament seine Vollmachten überschritten habe und die Gegenpartei auf seine Absetzung hinarbeite. Es handelte sich nur darum, wie man sie ihren Verrath büssen lassen könne. Es bedurfte keiner grossen Überredungskunst, um Richard glauben zu machen, die Gegenpartei wolle das Verderben seiner Räthe und sein eigenes. Darf man den Angaben der Adelspartei Glauben schenken, so wurde der Kammerdiener des Königs, Nicolaus Southwell beauftragt, Briefe an den König von Frankreich wegen Übergabe von Calais und anderen Plätzen zu bestellen; als, wie es vielmehr scheint, eine Zusammenkunft zwischen beiden Königen zum Abschlusse eines fünfjährigen Waffenstillstandes beabsichtigt wurde, erblickten die Verschworenen darin nur die Absicht, über sie herzufallen und sie zu morden. Und doch lag es so nahe, als des Königs Plan, den Richard selbst in Oxford vor seinem grossen Rathe ausgesprochen hatte, nach Frankreich zu gehen und dort den Krieg zu führen, durch das Octoberparlament verhindert worden war, sich mit seinem Gegner zu verständigen, und, wenn kein Friede zu Stande kam, wenigstens einen längeren Waffenstillstand abzuschliessen!

---

[1]) Hist. Anglicanae scriptores X. p. 2183.
[2]) Rot. p. 234.
[3]) Mon. Evesh. p. 90.

Am Tage, nachdem der König und die Königin nach London zurückgekehrt waren, 11. November 1387, kam die Nachricht, der Herzog von Glocester und die Grafen von Arundel und Warwyk seien mit bewaffneter Mannschaft in der Nähe von London bei Bishopeswerde (Waltham) in dem Walde von Haringeye angekommen. Sie hatten dort, während der König nach Canterbury wollte, angeblich, um die Abtretung von Calais an Frankreich zu Ende zu bringen, eine feste Stellung genommen. Die Mitverschwornen eilten zum Sammelplatze.

Die Nachricht war der des Ausbruches des Bürgerkrieges gleich, London voll banger Erwartung, die Themse ohne Schiffe. Da verkündeten am 12. königliche Herolde das Gebot, dem Grafen von Arundel, als dem Urheber der Beschlüsse des Adels und der Commune gegen den König, weder Lebensmittel noch Waffen zu verkaufen. Ihrerseits sandten die Lords den Erzbischof von Canterbury an den König, um zu erklären, sie dächten nicht daran, seiner Ehre und Würde etwas zu vergeben, sondern verlangten nur Entfernung der Verräther. Entschlossen sich jetzt die Londoner, sich auf Seite des Königs zu schlagen, so war der Bürgerkrieg ausgebrochen, wohl aber auch die Macht des Adels vernichtet. Aber weder die Londoner waren dazu zu bringen, noch herrschte unter dem dem Könige zugethanen Adel selbst der Gedanke vor, man dürfe die Partei des Herzogs von Glocester als Feinde des Königs behandeln und es zum Bürgerkriege kommen lassen.

Der Graf von Northumberland, welcher sich vorzüglich für friedlichen Ausgleich aussprach, wurde von dem Erzbischofe von Canterbury, von dem Kanzler, Bischof von Ely und den übrigen Bischöfen unterstützt[1]). Andererseits bestand der Erzbischof von York, nachdem am 13. November die Conföderation des Adels zu Stande gekommen war, auf Niederwerfung des Aufstandes[2]). Er drang aber bei den königlichen Räthen nicht durch. Der König, im Jahre 1381 abgeneigt Blut zu vergiessen, wo es sich nur um Bauern handelte, war es auch jetzt. Er entschloss sich, die Gegenseite zu hören, welche übrigens bereits selbst eine Proclamation an die Londoner erlassen, ihre Treue gegen den König ausgesprochen, aber auch verkündet hatte, ihre Absicht sei, die Räthe des Königs, welche ihn verleitet, gegen seinen Eid zu handeln, zu bestrafen und zwar Alexander, den Erzbischof von York, (le Erchevek Deverwyk), Robert de Veer, Herzog von Irland, Michael de la Pole, Grafen von Suffolk, Robert Tresilian, den falschen Justitiar, und Nicolaus Brambulle, den falschen Ritter von London — die Falschen und Verräther (faux et trayteures).

Nichtsdestoweniger gelang es dem Erzbischofe von Canterbury, dem Bischofe von Ely und andern Abgesandten des Königs, den Herzog und die beiden Grafen zu bereden, (die veneris proximo) sich nach London zum Könige zu verfügen. Richard erwartete sie am 15. November, umgeben von Bischöfen und Lords, den Gemeinen und dem ganzen königlichen Hofstaate in der Westminsterhalle volle zwei Stunden auf dem Throne sitzend.

Der Herzog und die Seinigen hatten jedoch eine geheime Warnung vor einem feindlichen Überfalle[3]) erhalten und diesen befürchtend Vorsichtsmassregeln ergriffen und dadurch ihre Ankunft so lange verzögert. Als sie nun, gleichfalls begleitet von Lords und Commons kamen,

[1]) Walsingh. II. p. 164.

[2]) Nonne tu dixisti mihi apud Huntyndon ubi prius ad insurgendum eramus congregati, quod melius esset, ante omnia capere regem? sagte 1397 der Graf von Derby dem Grafen von Arundel. Mon. Ev. p. 137.

[3]) Der König bekräftigte eidlich, ihm sei davon nichts bekannt und sandte Beamte ab, Untersuchungen anzustellen. Diese fanden nichts von einem Hinterhalte; jetzt musste der irgendwo anders durch Thomas Trivet und Nicolaus Brambre gelegt, aber heimlich aufgegeben worden sein!

warfen sie sich bei dem Eingange in den Saal auf die Knie, schritten, wie es üblich war, zu den Stufen des Thrones vor, nochmals daselbst niederzuknien, worauf der König ihnen winkte, näher heranzutreten. Sie thaten es, knieten[1]) an der obersten Stufe nieder, worauf der König sich erhob und jedem freundlich die Hand reichte. Dem Mönche von Evesham zufolge, welcher ganz unverhohlen für die Lords Partei ergriff, nahm statt des Königs der Bischof von Ely das Wort und forderte die Lords auf zu erklären, mit welchem Rechte sie sich im Park von Haringeye versammelt? Es sei dem Könige ein Leichtes gewesen, über sie herzufallen, wenn nicht sein natürlicher Abscheu von Blutvergiessen ihn davon abgehalten hätte. Er habe nach seiner milden Natur vorgezogen, sie anzuhören und von ihnen zu vernehmen, warum sie so viele Leute zusammengebracht hätten.

Auf dieses suchte der Herzog sein Benehmen mit der Sorge um den Nutzen des Königs und des Königreiches zu entschuldigen und überreichte endlich dem Könige eine Klageschrift gegen die fünf Verräther, gegen welche die Lords die Handschuhe als Zeichen der Herausforderung auf den Boden warfen. Mit Würde machte der König sie aufmerksam, dass es sich hier um Recht und nicht um Gewalt handle. An ihnen sei es, sich zu rechtfertigen, warum sie auf diesem Boden gegen alles Recht sich erhoben hätten. Noch besitze er Macht genug, um, wenn er wolle, sie niederhauen zu lassen, und fügte endlich, wohl nicht als Drohung gegen den Herzog, sondern als seine Meinung hinzu, er kümmere sich um sie so wenig als um einen seiner letzten Küchenjungen[2]); eine Rede, welche die Lords auf das tiefste verletzte. Der Herzog erwiederte, dass er ein Königsohn sei, den Verdacht der Untreue von sich weise, aber auch erkläre, den Herzog von Dublin, welcher seine Verwandte unehrenhaft behandelt, nicht mehr freundlich anblicken zu wollen[3]). Endlich erklärte der König, er werde bewirken, dass die fünf Angeschuldigten sich dem nächsten Parlamente zur Verantwortung stellen sollten, erhob sich dann, um mit den Angekommenen in sein Gemach zu gehen. Dort liess er ihnen als Beweis seiner Gnade einen Labetrunk geben, worauf er sie entliess. Am 19. November[4]) verkündete eine königliche Proclamation, der Herzog von Glocester, die Grafen von Arundel und Warwyk hätten sich vom Verdachte des Verrathes gereinigt, die fünf Räthe würden vor dem nächsten Parlamente erscheinen, der König nehme die Einen wie die Anderen in seinen Schutz, Niemand solle der einen oder der anderen Partei etwas Übles nachreden oder zufügen. Richard hatte, wie einst den Bauern gegenüber, so dem Adel gezeigt, dass er sich nicht einschüchtern lasse. So gross war aber der Hass des letzteren gegen die Rathgeber des Königs, dass man glaubte, sie wären niedergemetzelt worden, wenn sie sich den Verschworenen gezeigt hätten.

Jetzt wäre es an den Lords und dem Herzoge gewesen, ihre Anhänger zu entlassen und die Entscheidung des Parlamentes abzuwarten, welches der König auf den 3. Februar 1388 einzuberufen versprochen hatte. Allein einerseits waren sie schon so weit gegangen, dass eine Rückkehr nicht mehr recht möglich war. Sie hatten den Aufruhr erhoben und mussten sich

---

1) Genu flexo adoraverunt eum. Knyghton p. 2706.

2) Nach dem Mönche von Evesham sagte der König: profecto non plus de vobis omnibus in hac parte reputo, quam de coquinae meo infimo garcione.

3) Capgrave p. 247. That he coulde not loke merely on the duke of Yrland which had so horribyly disparaged a lady that was ny cosyn to the king and to him. Nicht umsonst hatte Walsingham gesagt: ob quam causam magna surrepsit occasio scandalorum. II. p. 160.

4) XIII. Cal. Dec.

sagen, dass, wenn der König sie angegriffen, sich ihrer bemächtigt hätte, sie der Strafe des Hochverrathes verfallen wären. K. Heinrich IV. (Graf Derby) hätte nicht gezögert, den bewaffneten Adel mit Waffengewalt niederzuwerfen. Sie hatten des Königs Freunde als Verräther bezeichnet; sie mussten gewärtig sein, dass auch diese alles aufbieten würden, sich zu sichern. Da erhielten sie die Nachricht von Rüstungen des Herzogs von Irland in Wales und Chester, von seinem Herannahen. Sie befürchteten, die Londoner möchten sich mit dem Könige verbinden. Hatte der König gezögert sie anzugreifen, so waren sie nun entschlossen, nicht zu zögern, des Königs Truppen anzugreifen, den Bürgerkrieg zu eröffnen, sich mit Gewalt zu Herren der Ereignisse zu machen.

Was aber dann, wenn sie durch Appell an die Gewalt wirklich die Macht erlangten? Dann freilich, nachdem ihnen die Unterhandlungen von Notingham bekannt gemacht worden waren, konnten sie dem Parlamente als Sieger gegenüber treten, dasselbe beherrschen und ihrer Rache die Zügel schiessen lassen. Was aber dann? Dann trat über kurz oder lang doch der Moment ein, in welchem der König die Gewalt erlangte, seiner Milde entsagte und für ihre Rache seine Rache nahm! Der Entschluss, welchen die Lords jetzt in ihrem Zorne gegen Robert de Veer, seine böhmische Geliebte und seine Freunde ergriffen, konnte so der Anfang einer Katastrophe des englischen Königthums, ja des Hauses Plantagenet werden. Unabsehbare Folgen mussten sich daran knüpfen.

Seitdem der Bischof von London, selbst ein Arundel und Freund der aufrührerischen Lords, diesen das Resultat seiner Unterredung mit dem Könige mitgetheilt, seit sie die drohenden Worte des Königs im Westminster-Palaste vernommen und der Herzog den König aufmerksam gemacht, er, Glocester, sei ein Königsohn, reifte die eigentliche Verschwörung nicht blos gegen die Räthe, sondern auch gegen den König. Es ist sicher, dass der Herzog von Glocester, wenn auch vorderhand nur für acht Tage, den König abzusetzen gedachte! dass er zu diesem Endzwecke Truppen warb, sich mit den Lords zu bewaffnetem Widerstande, ja zum Angriffe gegen die königlichen Truppen verband, am 12. December die feierliche Verschwörung erfolgte[1]. Wie konnte ein vernünftiger Mann glauben, dass man einen König, einen Plantagenet, den Urenkel des vom Adel ermordeten Eduard II., auf acht Tage absetzen, dann wieder einsetzen könne? In jenen Tagen grenzten Thron und ein unfreiwilliges, vorzeitiges Grab so nahe aneinander, dass es als politischer Wahnsinn erscheinen musste, anzunehmen, ein Unterthan könne einen König nach Belieben ab- und dann wieder einsetzen. Der Herzog, welcher die Räthe des Königs als Verräther brandmarkte, war selbst der grösste Verräther, wenn er es auch sich in seiner blinden Wuth nicht gestand. Nachdem der König für beide Parteien den Rechtsweg verkündigt hatte, die verschworenen Lords aber, wie sich nachher mit aller Evidenz erwies, an der, wie sie jetzt sich vormachten, zeitweiligen Absetzung des Königs arbeiteten und, um sie herbeizuführen, nun gegen die königlichen Truppen ausrückten, wäre es unbegreiflich, wie fort und fort die englische Geschichte gefälscht und ihr Benehmen nicht als dasjenige bezeichnet wurde, was es wirklich war, offene Felonie, gäbe nicht die Erhebung des Grafen Derby auf den Thron (1399) auch dazu den Schlüssel.

---

[1]) Im späteren Processe wird jedoch der 13. November und die Truppensammlung im Walde von Haringeye als Ausgangspunkt des hochverrätherischen Unternehmens bezeichnet. Rot. Parl. III. p. 880. Williams gibt Waltham Cross und den 14. November an. Preface p. XVIII.

Dreissig Jahre hatte der Graf von Suffolk als Bannerherr untadelhaft gedient im Felde, dreimal sich in Feindes Händen befunden, er war Gouverneur von Calais, Admiral, Botschafter des Königs, geheimer Rath und Kanzler gewesen, ehe er Graf von Suffolk geworden war. Alle diese Verdienste sollten jetzt nichts mehr gelten. Man hatte ihn angeklagt, dass er Geschenke von dem Könige angenommen, dass seine Erhebung in den Grafenstand nicht vom Parlamente bestätigt worden war, während sie mit denselben Worten eingetragen war, mit welchen die Erhebung des Grafen von Bukingham zum Herzog von Glocester erfolgt war. Mit Mühe war er dem Tode entgangen. Er konnte überzeugt sein, dass, wenn er nochmals vor das Parlament gestellt würde, nichts ihn bei dem blinden Hasse der Lords zu retten vermöge.

Konnte man gegen den Grafen von Suffolk den Parlamentsbeschluss, der ihn verurtheilte, anführen, so war gegen Robert de Veer nichts Ähnliches erfolgt. Ihn traf der Fluch der bösen That, die Verstossung seiner Gattin, die Heirath der Böhmin eben so wie der Hass langgenährter Eifersucht, der Neid gegen den königlichen Günstling, der mehr Ehre genoss, als der Herzog von Glocester, der Graf von Warwyk, der Graf von Arundel.

Der Erzbischof von York, welcher sich ein grosses Vermögen gemacht, nahm Theil an dem Hasse der Percy gegen die Neville und wohl auch am Neide der Arundel, die in ihrer Mitte einen Bischof hatten, der es nicht verschmähte, über einen Neville hinweg Erzbischof zu werden. Der Grossjustitiar Tresilian war als der moralische Urheber der Beschlüsse von Notingham geächtet. Was konnte dem Parlamente Widrigeres begegnen, als dass die Justitiare aussprachen, es habe seine Vollmachten überschritten, es befände sich auf ungesetzlichem Wege? Man war von Seiten des Adels entschlossen, diesen Pfad nicht zu verlassen, eher bis zur Absetzung des Königs selbst zu schreiten. Der Herzog, unversöhnlich, seit seinem Hause durch Robert de Veer der Schimpf angethan worden, liess trotz der Aussprüche von Notingham Nachforschungen über die Absetzung K. Eduards pflegen. Am 12. December[1]) verband er sich zu Huntingdon mit dem Grafen von Arundell und Warwyk und Sir Thomas Mortimer zur Absetzung des Königs. Doch wollten so weit Heinrich Graf von Derby, Lancasters Sohn, und, wie es heisst, selbst der Graf von Notingham nicht gehen; ihnen genügte der Sturz des Herzogs von Irland. Unter solchen Verhältnissen konnten sich die fünf, von den Verschworenen bereits dem Tode Geweihten kein Hehl daraus machen, dass ihr Verhängniss nur aufgeschoben sei, der Zusammentritt des Parlamentes aber ihr sicheres Verderben in sich schliesse. Sie suchten daher auf den König einzuwirken, dass er sich von London ferne halte und damit die Vorbereitungen für das Parlament verhindere. Das Ärgste für sich besorgend[2]), entwich der Erzbischof von York, als einfacher Geistlicher gekleidet, in aller Eile mit wenigen Begleitern nach dem Norden, seine fahrende Habe in London zurücklassend. Robert de Veer ging mit fünf anderen, als Bogenschützen gekleidet, Armbrust und Köcher mit Pfeilen auf dem Rücken nach Chester, von dort den Widerstand zu organisiren und dem Könige hilfreiche Hand zu bieten. Seine Habe liess er nach Dortrecht bringen; ob auch die böhmische Helena, wissen wir nicht. Wahrscheinlich hat auch sie gesucht, das Meer zwischen sich und dem Herzog von Glocester zu bringen.

---

[1]) Nach Pauli. Nach Lingard 10. December.

[2]) Es kann darüber gestritten werden, ob die Flucht vor oder nach dem 20. December erfolgte.

Michael de la Pole rettete sich nach Calais, wo er, als Kapaunenhändler verkleidet, bei seinem Bruder, dem Festungskommandanten, Unterkommen suchte [1]). Simon von Barley hielt bei Richard aus. Der König selbst traf seine Vertheidigungsmassregeln und befahl dem Herzoge von Dublin, mit einem Heere aus dem Westen zu ihm stossen. Ihm entgegen boten nun der Herzog von Glocester, die Grafen von Derby, Arundel, Warwyk und Notingham auch ihren Anhang auf. Unstreitig war aber die Bevölkerung von London und auf dem flachen Lande dem Bürgerkriege abgeneigt. Die Masse sehnte sich nach Frieden, der Grund der Zwietracht lag ihr ferne; kein Wunder, wenn die Bürger, dem Könige selbst abgeneigt, seit sie sich vor den Franzosen fürchten gelernt hatten, die Sprache der Lords annahmen und den Anhang des Königs als Verräther und Schädiger des Reiches verwünschten.

§. 4.

Ausbruch des Bürgerkrieges. Der König Gefangener des Adels. Das Blutgericht.

In aller Heimlichkeit, bei Nacht und Nebel [2]) besetzten die Lords alle Pfade, auf welchen der Herzog von Irland dem Könige Verstärkungen zuführen konnte. Da erfuhren sie, der Herzog von Dublin rücke im Vereine mit Thomas Molineux, welcher die Chesterleute führe, mit seinen Wallisern gegen London vor. Gewann er die Themsebrücke bei Radcot, so war seiner Vereinigung mit dem Könige kein Hinderniss mehr entgegen zu stellen. Sorglos wie im Frieden nahte er am 20. December der Brücke. Als er Bewaffnete am jenseitigen Ufer gewahrte, liess er das königliche Banner entfalten, in die Trompeten stossen und sprengte muthvoll auf die Brücke. Allein bereits hatte der Graf von Derby sie besetzt, an drei Stellen die Balken ausgehoben und weitere Vertheidigungsanstalten getroffen. Der Herzog konnte nicht vorwärts. Da gab er, vielleicht zu früh, seine Sache verloren. In der freilich richtigen Überzeugung, dass die Gegner nur ihn suchten, wechselte er das Schlachtross mit einem Renner und eilte mit Zurücklassung seines Gepäckes davon. Seine Flucht war das Signal zur Auflösung seines Heerhaufens. Molineux, welcher den Kampf aufnehmen wollte, wurde mehr meuchlings als ritterlich von Mortimer erschlagen, das königliche Banner erobert. Der Herzog fand alle Fuhrten besetzt; ein kühner Schwimmer, stürzte er sich in die Themse und gewann das jenseitige Ufer. Man fand sein Pferd, seinen Harnisch, seine Handschuhe und glaubte, er sei ertrunken. Glücklich entkam er von da nach dem Continente und hielt sich nun in Utrecht auf, bis ihm der Herzog von Baiern-Holland, ein Anverwandter seiner Frau, den Aufenthalt aufkündigte. Dann begab er sich, von Karl VI. eingeladen, nach Frankreich, bis auch hier, wegen Andringens des Herrn von Coucy, seines Bleibens nicht war.

Von dem böhmischen Mädchen ist keine Rede mehr; die englischen Berichte erwähnen ihrer nicht mehr; die böhmischen Chroniken wissen von der ganzen Sache nichts zu berichten. Das Gepäck des Herzogs fiel, angeblich auch die Correspondenz des Königs mit ihm und Karl VI., in die Hände der Verschworenen [3]). Wenigstens wurde das Gerücht in Umlauf

---

[1]) Nach dem Mon. Evesh. liess ihn dieser zum König zurückbringen und entliess ihn letzterer aufs neue. Sein schöner Palast Cold Harborough in London kam nachher an John Holland und 1398 an Eduard Earl of Cambridge. Williams p. 127 n. 3.

[2]) Occulte et in noctibus. Mon. Evesh.

[3]) Es ist jedoch die Erzählung des M. von Evesham wahrscheinlicher, dass nur die Briefe des Königs an den Herzog aufgefangen wurden, des Inhalts, er möge kommen, Richard wolle mit ihm leben und sterben.

gesetzt und den Räthen des Königs wie diesem selbst der Plan, Calais auszuliefern, untergebreitet. Man konnte die Verachtung des Königs, seines Gebotes: Frieden zu halten, nicht ungescheuter treiben. Man hatte die Heerstrassen besetzt, den vom Könige befohlenen Heranzug aufgehalten, die Entfaltung des königlichen Banners mit dem Angriffe auf die Chesterleute erwiedert, Molineux erschlagen, sein Gefolge entwaffnet, den öffentlichen Frieden gebrochen, des Königs Correspondenz aufgefangen und gelesen, einen Boten des K. Karl VI. an den K. Richard gefangen genommen; es fehlte nur noch, auch die Hand gegen den König und die Königin auszustrecken. Auch dieses erfolgte; die Sieger eilten nach London.

Der König ward aller seiner Rathgeber beraubt. Zweihundert Mann der Aufrührer besetzten den Tower. Richard war rathlos geworden. Sein Herz blutete, da jetzt alle geächtet waren, an welche ihn Liebe, Freundschaft und Dankbarkeit fesselten. Die Verschworenen wiesen ihm seine Briefe an den nun im Auslande weilenden Herzog von Irland, der mehr als jeder andere seinem Herzen theuer war, beschuldigten ihn, in den Verhandlungen mit Frankreich das Reich und seine Ehre preisgegeben zu haben. Endlich machten Thränen seinem drückenden Gefühle Luft. Da verliessen sie ihn unter der Bedingung, am andern Tage nach dem Westminsterpalaste zu kommen, noch mehreres zu hören und die Geschäfte des Reiches zu besprechen. Der Einladung Richards, bei ihm und der Königin zu Nacht zu speisen und im Tower zu bleiben, entsprachen nur die Grafen von Derby und Notingham.

Als aber der König die an ihn gerichtete Forderung, in dem Westminsterpalaste zu erscheinen, reiflicher überlegte, weigerte er sich darauf einzugehen, und es bedurfte nicht des Zuredens seiner Umgebung[1]), um ihn davon abzubringen; es lag zu tief unter seiner Würde, ein Verhör vor seinen Baronen zu bestehen. Als aber letztere vernahmen, dass Richard seinen Entschluss geändert habe, liessen sie ihm sagen, wenn er nicht komme, würden sie einen andern König wählen[2]). Auf dieses verliessen König und Königin den Tower und übersiedelten nach dem Westminsterpalaste. Jetzt wurde zuerst von den Verschworenen die gewaltsame Veränderung des königlichen Hofes vorgenommen. Was dem Könige und der Königin theuer gewesen, ward nun Gegenstand der Verfolgung. Glücklich war bisher Robert Tresilian seinen Feinden entronnen. Durch langen Bart unkenntlich gemacht, konnte er aus einem Privathause Londons den Einzug der Verschworenen mit ansehen, bis sein Diener ihn verrieth und er in die Hände seiner schlimmsten Gegner fiel. Dieses Schicksal hatte gleich anfänglich den wackern Herrn Simon von Burley getroffen. Er war in die Hände des Herzogs und des Grafen Arundel gerathen, welche sich wider alles Recht sogleich seiner bemächtigten und, als wären sie, die Landfriedensbrecher, die obersten Richter Englands, ihn in festen Gewahrsam nahmen.

War das der Anfang, so ging es in den nächsten Tagen dahin, den König seiner geistlichen Rathgeber, seiner Freunde, die Königin ihrer weiblichen Umgebung, ihres Hofstaates zu berauben. Der Bischof von Durham, Johann Fordham, der Bischof von Chichester, Johann Rushoke aus dem Predigerorden, Beichtvater des Königs, mochten sehen, wie sie das Weite gewannen. Die Herren von Beaumont aber, von Haringworth, von Burnelle, Loveles Bereford, der junge Clifford, Alfred von Veer, Richard Addurbury, Johann de Worth, von Round[3])

[1]) Mon. Evesh.

[2]) Qui obtemperaret consiliis dominorum. Mon. Evesh.

[3]) Der Mönch von Evesham führt noch mehrere Namen an als Knyghton, p. 2706.

wurden unter der Bedingung auf freien Fuss gesetzt, dass sie sich bereit erklärten, dem Parlamente sich zu fügen.

Schlimmer war das Schicksal, welches den Hofstaat der Königin traf. Wahrscheinlich waren diese Ladies in die Heirathsangelegenheit der Böhmin verwickelt gewesen, weil die verbündeten Lords nicht nur auf die Entfernung[1]) der Gemahlin des Sir John de Worth (Lady Powygg, Pownyngis, Powyngus), der Lady Molynews (Molenys), welche ihren Gatten durch Thomas Mortimer verloren, der Lady de Moyne (Moun, Mown) vom Hofe drangen, sondern diese auch sogleich verhaftet und für die Entscheidung des Parlamentes gefänglich aufbewahrt wurden. In Haft wurde ferner noch versetzt der Seneschall des königlichen Hofes, der Ritter le Souchey, Johann Beauchamp, William Glyngham, Johann Salisbury, Thomas Trivet, Jacob Berneys, Nicol Dageworth, Nicol Brambre, dann von der Kanzlei des Königs Richard Clyfford, John Lincoln, Richard Midford, Nicol von Spate (Lake), der vielvermögende Dechant der königlichen Capelle und der Rechtsgelehrte John Blake[2]). Die Ritter wie die Kanzleibeamten wurden in verschiedenen Gefängnissen in strenger Haft gehalten.

Unter den Eindrücken dieser gewaltsamen Massregeln begingen König und Königin den sechsten Jahrestag ihrer Vermählung, begann das blutige Jahr 1388, erfolgte der Zusammentritt des Parlamentes.

Am 13. Februar 1388 war das Parlament eröffnet worden. Es dauerte mit kurzer Unterbrechung bis Anfang Juni[3]) und eröffnete seine Sitzungen damit, dass alle Justitiare, welche sich bei der Versammlung von Notingham betheiligt hatten, mit Ausnahme von Will. Skypwich, verhaftet und in den Tower gebracht wurden. Dann wurden Robert de Veer, der Erzbischof von York, Michael de la Pole und Robert Tresilian vor das Gericht der Grafen und des Herzogs von Glocester, ihrer Todfeinde, berufen. Wer sich nicht stellte, wurde als verbannt bezeichnet, ohne dass er je zurückkehren dürfte. Dann wurde gegen die Wycliffiten[4]) eingeschritten und in jeder Grafschaft Inquisitoren aufgestellt, welche namentlich die englisch geschriebenen Bücher untersuchen und die Widerstrebenden (rebelles) einkerkern sollten. Indem dadurch für die Reinheit des Glaubens gesorgt werden sollte, wurden wohl mit gleicher Aufrichtigkeit der Gesinnung weitere Massregeln ergriffen, um „die Ehre der Krone zu retten, der Verarmung des Staates und der Entziehung der Gerechtigkeit zu steuern". Eine eigene Denkschrift an den König klagte die Justitiare der Pflichtvergessenheit an. Sie entwarf ein entsetzliches Bild von dem Zustande der Armen, als wenn Richard die Schuld der Kriege treffe, die sein Ahnherr bis zur Erschöpfung des Landes geführt hatte und die durch einen Frieden zu beendigen, gerade die Adelspartei ihn verhinderte[5]). Jetzt, hiess es auf einmal, müssten die Mittel zur Abhilfe getroffen werden; man that es, indem man die Schleussen eines dynastischen Kampfes eröffnete, der nicht wieder endigen wollte.

Die Vorladung der als Verräther Bezeichneten erfolgte. Das Parlament constituirte sich als oberstes Gericht gegen die des Hochverrathes Angeschuldigten. Jetzt reichte der Erzbischof von Canterbury im Namen seiner Suffragane und der Bischöfe von Durham und Card-

---

1) Expulsae sunt et Dominae tanquam inutiles curiae — quae cunctae manucaptae sunt objiciendis in proximo Parliamento responsurae. Walsingh. II, p. 173.

2) Juris apprenticium.

3) Pridie non. Jun.

4) Ex insana doctrina — Johannis Wycliffe dum vixit. 23. Mai 1368. Knyghton p. 2709.

5) l. c. p. 2711.

will eine Protestation ein und erklärte er (5. Februar 1388), sie würden sich von der Untersuchung ferne halten. Die fünf Kläger aber verlangten, dass, nachdem die Vorgeforderten nicht erschienen waren, sie als Hochverräther verurtheilt werden sollen. Schon am 13. Februar wurde das Urtheil dahin gefällt, dass der Erzbischof, der Herzog von Irland, der Graf von Suffolk und Robert Tresilian als Verräther überwiesen seien, in Betreff der Person des Erzbischofs noch ein Beschluss zu fassen sei, die andern aber verurtheilt seien, geschleift und gehängt zu werden. Mit dem Ritter Nicolaus Brambre, welcher in die Hände der Barone gefallen war, wurde das Blutgericht eröffnet. Am 17. Februar wurde der Ritter vorgeführt, ihm die Anklageartikel vorgelesen. Er habe den Namen London mit dem von Kleintroja umgetauscht und sich zum Herzoge von Neutroja ernennen lassen wollen, eine Anklage, welche eher auf trunkenen Muth als auf ein Staatsverbrechen hinweist. Er habe Tausende zu tödten gedacht, um seinen Plan auszuführen[1]). Er erklärte alles für falsch und erbot sich als Ritter, mit seinem Körper seine Aussage (durch Zweikampf) zu vertreten. Auf dieses wurde beschlossen, die Sache in weitere Untersuchung zu ziehen. Plötzlich hiess es, Robert Tresilian, Grossjustitiar von England, sei in seinem Verstecke von London entdeckt und gefangen worden. Sein Tod war in Voraus beschlossen. Er wurde am 19. Februar vor das Parlament gebracht und befragt, was er gegen seine Verurtheilung sagen könne und, da er, wie es heisst, zur Verhinderung der Vollstreckung[2]) nichts sagen konnte, in den Tower gebracht, von da durch die Stadt bis zum Galgen von Tybourn geschleift und dort gehängt. Process und Hinrichtung erfolgten an einem und demselben Tage. Der Tag von Notingham kostete ihm das Leben. Fast konnte man sagen, die Hinrichtung sei früher als der Process erfolgt. Die blutige Bahn war eröffnet.

Am 20. Februar ward auch Sir Nicol Brambre schuldig befunden und sogleich geschleift und gehängt. Man fügte den Beschluss hinzu, dass im Hinblick auf die Jugend und Unschuld[3]) des Königs die Hinrichtungen und Urtheile ihm nicht zur Unehre gereichen, die Sentenzen aber volle Kraft haben sollten, was man auch dagegen einwende. So summarisch als das Verfahren, sind auch die Aufzeichnungen in den Parlamentsacten. Man hatte die Gewalt und übte sie rücksichtslos.

Dann ging es über die obersten Richter des Königreichs, welche in Salopesbury oder Notingham sich gegen das Parlament ausgesprochen hatten. Sie redeten sich sämmtlich auf Drohungen aus, die ihnen gemacht worden waren, ihre Unterschrift zu erzwingen. Da Sir Robert Bealknap den König, die andern die „Verräther“ preisgaben, wurden sie zwar zum Tode wie die andern verurtheilt, aber durch Intervention der Bischöfe gerettet (6. März). Hingegen John Blake, den der Herzog von Gloecester in seinem Gewahrsame hatte und Thomas Usk, welchen der Graf von Arundel gefangen hielt, am 4. März enthauptet.

Jetzt traf es den Beichtvater des Königs, Thomas, Bischof von Chichester, vor Gericht zu erscheinen. Dieser vertheidigte sich und den König und erklärte, Niemand sei veranlasst worden, etwas gegen das Gesetz zu thun[4]), so dass das Gericht sich genöthigt sah, das Urtheil zu verschieben (6. März). Hingegen wurden nun der Ritter Simon von Burley, John de

---

[1]) Mon. Evesh.
[2]) En destourbance de dor. P. A. p. 238
[3]) p. 238
[4]) p. 240

Beauchamp von Holl, Ritter, John Salisbury und James Berners vor Gericht gezogen. Die Anklage lautete auf 16 Artikel [1]). Die Ritter hätten die Unschuld des Königs missbraucht und ihn zum Hasse gegen seine treuen Diener verleitet, während aus früheren Aussagen (der Justitiare) hervorgegangen war, dass die Niedersetzung der Parlamentscommission den König mit Hass gegen ihre Urheber erfüllt habe. Sie seien ferner Schuld, dass der König sich mehrere Tage vom Parlamente ferne gehalten habe und mit diesem nicht in Berührung treten wollte, bis nicht letzteres den Rittern Sicherheit gewährt hätte. Burley habe den Kanzler, als dieser bereits abgesetzt war, vermocht, seine Ernennung als Befehlshaber von Dover zu siegeln. Burley habe ferner den Kanzler in das Schloss Windsor bringen und dann entkommen lassen. Letzteres zumal, dass der Graf von Suffolk entronnen, war in den Augen der verschworenen Lords das grösste Verbrechen. Burley habe ferner das Unternehmen des Herzogs von Irland begünstigt und einen Prälaten abgehalten, den König davor zu warnen. Er habe ferner in den früheren Jahren seinen Einfluss als Kämmerer des Königs benützt, diesen zu Schenkungen und Vergabungen zu verleiten. Die vier Ritter hätten den Tod der anderen Herren gewollt, hätten bewirkt, dass der Graf von Suffolk so lange im Amte blieb, den Verrath nicht angezeigt. Burley habe ferner dem Könige eine Unterstützung von 1000 M. von Dover zugesagt; er habe, nachdem er schon einmal aus der Nähe des Königs durch den Rath desselben entfernt worden war, Robert de Veer eingeführt, der dann Güter von dem Könige erlangte, die dem Herrn von Coucy gehörten, selbst aber von dem Herzoge von Irland Lunhales erhalten. Die Ritter seien Ursache der Reise des Königs um sich ein Heer [2]) zu sammeln. Sie hätten in die Gerichtsbarkeit eingegriffen. Sie endlich seien Ursache, dass der König die Continentalbesitzungen an Frankreich habe abtreten wollen; zu diesem Ende hätten John Salisbury und John Lancaster bereits Pässe nach Frankreich gehabt.

Die Ritter leugneten jedoch jede Schuld und erboten sich zu ritterlichem Austrage. Noch fand eine Vertagung des Parlamentes durch den König selbst über Ostern (29. März) bis zum 13. April statt; als aber der 5. Mai gekommen war, wurde Simon Burley, angeblich weil er nach dem Tode der Mitglieder der Parlaments-Commission gestrebt habe, verurtheilt, geschleift, gehängt, enthauptet zu werden. Im Hinblicke auf seine früheren Verdienste aber und als Mitglied der Gesellschaft der Gartier [3]) sollte nur die Enthauptung eintreten, die nun auch sogleich unter dem grössten Jammer des Königs und der Königin vollzogen wurde [4]).

Am Dienstage nach Christi Himmelfahrt wurden die drei andern Ritter zu gleicher Todesart verurtheilt, jedoch dem John von Beauchamp, weil er von adeliger Herkunft und Seneschall des königlichen Hauses gewesen war, und dem James Berners, weil er in der Garde des Königs und so viel und oft bei diesem gewesen, gleichfalls erlassen, geschleift und gehängt zu werden. Wohl aber geschah dies mit John Salisbury. Die drei Ritter wurden am am 12. Mai 1388 hingerichtet; der Beichtvater des Königs und die Justitiare, unter ihnen auch Fulthorp, der die Anzeige gemacht, wurden nach Irland auf Lebenszeit verbannt.

[1]) p. 241.

[2]) Gentzd'armes et archers p. 243.

[3]) Hosenbandorden.

[4]) Nachdem der Justizmord geschehen war, weiss der Mönch von Evesham nicht genug über ihn zu schimpfen: In omni apparatu ducem et principem se ipsum exhibebat. Eratque custos castelli de Doveria, quod ad autum regis consenserat Gallis vendidisse (das war denn doch eine abgeschmackte Erfindung dummen Hasses), fueratque intolerabiliter superbus et arrogans oppressor (et) pauperum, osor ecclesiae, moechus et adulter. Was das letztere betraf, hätte man den Vater des Grafen Derby zuerst hinrichten müssen.

Ausdrücklich erwähnt Walsingham, den Herrn von Burley habe das blutige Schicksal zuletzt getroffen; Wilhelm Thorn, der Mönch von Canterbury, Burley's Feind, er sei, die Hände auf den Rücken gebunden, am 15. Mai mitten durch die Stadt nach Tourhell (Towerhill) geführt und dort enthauptet worden. Sir John Salisbury, Jacob Berners und John Blake wurden bis Tybourne geschleift und dann gehängt. Man hatte sie einmal vernommen, ihnen jeden Rechtsbeistand verweigert, keine Zeugen verhört. Dann wurden sie vorgefordert, das Urtheil verkündigt und sogleich in Ausführung gebracht. Es galt als Verbrechen, dass Simon Burley, in langjährigem Dienste ergraut sich von 20 Mark Einkünften zu 3000 emporgeschwungen hatte.

Dann, nachdem die treuesten Diener des Königs, seine Vertrauten und Freunde hingerichtet worden waren, erklärten die fünf Lords im Parlamente, sie hätten alles dieses nur zur Ehre Gottes und der Rettung des Königs, des Königreiches und des eigenen Lebens unternommen. Alle Prälaten, Seignieurs und Commons leisteten dann einen Eid die fünf Herren auf Leben und Tod zu schützen. Es genügte auch dieses nicht.

Die Commons brachten eine Bitte ein: es möchten alle Personen vom Hofe des Königs entfernt werden, welche den Herren (seigneurs) entfernbar (removables) erschienen, damit Niemand sich in die Angelegenheiten des Reiches mische, als die Herren[1]). In Folge dieses Umstandes fand eine neue grosse Purification des Hofes statt. Den Gespielen des Königs, Brambre, den Erzieher und Brautwerber hatte der Tod, den Beichtvater die Verbannung, den Liebling de Veer und seine Rathgeber Suffolk und Neville die Blutsentenz getroffen. Jetzt fanden noch die geeigneten Vorkehrungen statt, dass König und Königin nur solche Gesichter um sich sahen, welche den Lords genehm, von ihnen abhängig waren. Wie sorgfältig weiss man zu registriren, dass Richard in fröhlicher Jugend mit Altersgenossen sich belustigte. Gedachte er jetzt der Tafelrunde früherer Tage, so grinsten ihm nun die verzerrten Züge der Geschleiften, der Gehängten, der Enthaupteten entgegen. Noch immer hatten sich Lords und Commons nicht genug gethan. Alle Massregeln wurden ergriffen, die Rückkehr der Flüchtigen zu verhindern, eine grosse Anzahl von Personen noch von der Amnestie ausgeschlossen, welche der König gleichfalls noch — nebst den Todesurtheilen zu erlassen hatte. Noch wurde damals auf Bitten der Commons der Mörder des jungen Stafford, Monsieur Johann Holland, zum Grafen von Huntingdon erhoben[2]). Man fand darin keinen Widerspruch zu den ergriffenen Massregeln, den Confiscationen und Verboten neuer Schenkungen, den neuen Grafen mit Gütern auszustatten, bis zur Rente von 2000 Mark jährlich. Der König ward gebeten, seinen Krönungseid zu erneuern, was er am 3. Juni, dem 121. Tage dieses Parlamentes that. Die Königin musste 10 Pfd.[3]) täglich zum Hotel des Königs zahlen und dann noch dulden, dass die beaumers — Böhmen — mit Ausnahme derjenigen, welche die Herren des Conseils zu ihren Diensten lassen wollten, bis zum 24. Juni das Reich verliessen[4]). Das war noch von allen Massregeln die gelindeste.

Nicht leicht war in irgend einem Lande das Gerichtsverfahren so sehr als Werkzeug des Parteihasses missbraucht, waren Anklage, Verurtheilung und Hinrichtung so rasch gegen

---

[1]) R. p. 245.
[2]) Der Mönch von Evesham versetzt dies in das nächste Jahr und in das Canterbury-Parlament, p. 105.
[3]) R. p. 246.
[4]) R. p. 247.

Privatfeinde in Anwendung gebracht, die Macht des Adels auf Kosten der Krone so schmählich aufgerichtet worden, als damals in England. Wir haben die Anklageartikel in den Parlamentsacten, sie sind zum Theile auch in Walsingham übergegangen. Allein die Vertheidigung fehlt, obwohl die Beschuldigten ihre Unschuld betheuerten, während die Absicht, das Amt der Kläger und der Richter zugleich zu versehen, die Angeklagten zu verurtheilen offen da liegt. Wohl aber gibt uns ein anderer Process, welcher 9 Jahre später über die Urheber dieser blutigen Katastrophe stattfand, wenigstens den einen oder den andern Lichtstreifen über das ganze Complott, zu dessen Vollstreckung sich „das wundervolle Parlament" oder wie man es auch und zwar mit Fug nannte, das Parlament ohne Mitleiden hingegeben hatte. Die blutige Katastrophe des J. 1649 findet hier ihr Vorspiel, man glaubt sich mehrmals in die Zeit der Puritaner versetzt, auch dann, wenn die Blutrichter des J. 1388 sich bemüssigt fühlen, bei ihren Sentenzen von der Ehre Gottes und ihrem Eifer für die Kirche zu reden.

Am 28. September 1397 fand eine Art von Revision des Processes von 1388 statt. Damals klagten Eduard Graf von Rutland (Roteland), Thomas Graf von Kent, John Graf von Huntingdon, Thomas Graf von Notingham, John Graf von Somerset, John Graf von Sarum, Thomas Sire Despencer und William le Scrop den Grafen Thomas von Warwyk des Hochverrathes an. Er habe sich mit den andern Lords am 13. Nov. 1387 im Walde von Haringeye in Middlesex versammelt und in den verschiedenen Theilen des Reiches ein Heer gegen den König zusammengebracht. Sie hätten vor dem Könige nicht erscheinen wollen, ehe er ihnen nicht einen Eid für ihre Sicherheit geleistet. Dennoch seien sie bewaffnet in den Palast des Königs gedrungen, den sie verrätherisch zwangen, sie wider seinen Willen in seinen Schutz zu nehmen. Der Herzog von Glocester und der Graf hätten Vasallen des Königs gefangen genommen, unter ihnen den Symon von Burle Ritter, und diesen vor das Parlament gestellt, dort jeden Herrn über das Verbrechen befragt, dessen sich dieser schuldig gemacht hätte. Der Herzog und die Grafen von Warwyk und Arundel hatten hierauf auch den König befragt, dieser aber geantwortet, Simon sei in keinem einzigen der Anklagepunkte schuldig[1]). Das genügte aber den drei Herren nicht. Sie liessen den König in ein abgelegenes Gemach des Westminsterpalastes kommen und befrugen ihn nochmals über Burley's Schuld und wieder antwortete der König, er sei in keinem Punkte schuldig. Darauf nahmen es die drei Herren über sich, den König zu zwingen, das Todesurtheil auszusprechen. Sie hatten die königliche Gewalt an sich gerissen, um das Todesurtheil über Burley zu verhängen ohne Zustimmung und in Abwesenheit vieler Pairs[2]). Damals erfolgte das Geständniss, dass es sich in der That Donnerstag nach St. Nicolaus 1387 darum gehandelt habe, den König abzusetzen, und nur Heinrich von Lancaster und der Graf von Notingham hätten diesen Plan Glocesters, Warwyks und Arundels verhindert. Letztere liessen sodann die Absetzungsurkunde K. Eduards II. im Schatze suchen und zeigten sie im Parlamente dem Könige mit dem Bemerken, sie hätten hinreichend Ursache ihn abzusetzen, aber aus Ehrfurcht für K. Eduard III. und den schwarzen Prinzen, und in der Hoffnung, dass er besser regieren werde, wollten sie es nicht[3]). Im J. 1397

[1]) Rot. p. 280.

[2]) Der Graf wurde, seines Verbrechens geständig, verurtheilt, geschleift, gehängt, geköpft, geviertheilt zu werden. Richard begnadigte ihn zu ewigem Gefängnisse auf der Insel Man.

[3]) Rot. p. 377. Der Graf von Arundel, verurtheilt, als Verräther geschleift, gehängt, geviertheilt zu werden, wurde geköpft 21. September 1397. Der Herzog von Glocester, vor das Parlament gefordert, konnte nicht kommen. Er war in Calais gestorben. Bericht des Earl Marshal Thomas vom 21. Sept. 1397: ibidem in eadem (in custodia mea in prisona D. Regis) morabatur. Rot. p. 378.

freilich meinte H. Gloecester, er habe untreu und unrecht (untrewly and unkyndely) gegen den König gehandelt, der ein so guter und freundlicher Herr gegen ihn gewesen und gestand, dass von Richards Absetzung die Rede war.

Es wäre, so scheint es nach Froissart, dem Ritter von Burley unschwer gewesen, ehe der Zusammenstoss an der Themse erfolgte, nach Deutschland zu entrinnen. Es konnte sich, wenn man nicht geradezu, wie es denn wirklich geschah, ganz falsche Anklagen zusammenstellte, höchstens darum handeln, Rechenschaft über 220.000 Franken zu geben, die er nach seinem eigenen Geständnisse für die Heirath des Königs in Deutschland und Böhmen ausgegeben. Die Verwendung derselben war bei der Redlichkeit Burley's klar. Der Herzog von Dublin hatte ihn aber, als er selbst nach Chester ging, vermocht, als Stütze des Königs, der ihn nicht verlassen werde, zurückzubleiben. So war er das Opfer seiner Treue geworden[1]). Kein Wunder, wenn der König den gegen ihn geführten Streich nie vergass und den Tag sehnlichst herbeiwünschte, der die in's Verderben stürzte, welche sich zum Morde Burley's verschworen.

Vergeblich waren alle Bitten bei Gloecester gewesen. Wolle er König bleiben, war die Antwort, so müsse er Burley's Hinrichtung geschehen lassen. Dieselbe Gnade sollst du haben, rief nach neun Jahren der König Gloecester zu, als dieser im Schlosse Plashy gefangen ihn um Gnade bat, die du dem Simon Burley zu Theil werden liessest als die Königin vor dir auf den Knien lag und in Thränen dich um sein Leben anflehte.

Nicht blos, dass der Graf von Arundel diese unwürdige Scene duldete[2]) und ruhig zusah, wie die Tochter Karls IV., die Königin von England, drei lange Stunden vor einem Vasallen ihres Gemahles auf den Knien lag, das Leben des treuesten Ritters von dem zu erflehen, welcher die Absetzung seines Neffen und königlichen Herrn beabsichtigte; er scheint auch drohende Worte gegen die Königin Anna ausgesprochen zu haben[3]). Sie thue besser, für sich und den König zu bitten. Alle Bitten waren umsonst. Mehr als hundert Personen wurden vom Hofe entfernt[4]) und in Betreff der den drei Lords Verhasstesten dem Hasse freie Zügel gelassen. Selbst Lord Derby gerieth wegen Burley's in Zwist mit dem Herzoge von Gloecester. Er wurde jedoch, wie Walsingham und der Mönch von Evesham schändlich genug sich ausdrücken, Gott sei Dank, bald wieder gestillt. Man kann sich vorstellen, welche Gefühle der König und die arme Kaisertochter, die sich einer Blutgier fast ohne gleichen gegenüber gestellt, selbst mit dem Tode bedroht sah, erfüllten, als der Anfang Mai 1388 kam, der beide ihrer treuesten Freunde und Diener beraubte.

---

[1]) A worthi knyghte of the garter, for whom the queene kneled befor the V lords to have saved his live, but she myght not be herd. Davies, an english chronicle p. 5.

[2]) So nach dem von Williams in der preface citirten Ms. p. XII. Der König warf ihm vor, im J. 1397, dass vor allem er den Herrn von Burley verrätherisch gemordet habe.

[3]) On the morow began the great parliament (17. Sept. 1397) which the king opened by complaining of the government of those lords and that they had deprived him of the crowne in his youth and that the queen was three hours on her knees interceding for one of her knyght named John (Simon) of Burley who notwithstanding was beheadid, wich Earl answered the queen: my friend pray for yourself and for your husband, you had much better! Williams p. 133. Es ist ein charakteristisches Zeichen des in England herrschenden Wycliff-Fiebers, dass Williams dies auf die Mutter Richards als einer Freundin Wycliffe's bezieht, nicht bemerkend, dass die Prinzessin von Wales damals schon todt war.

[4]) ad regale latus non est status immaculatus,
quo plus quam centum removentur abinde clientum. Gower.

Als die Nachricht eintraf, der Erzbischof von York sei gefangen worden, musste Richard die beiden Hafenwächter, welche es gethan, beloben und belohnen, 4. Juli 1388 [1]). Vier Tage später wurde der Bischof von Chichester nach Cork abgeführt und dabei verkündet, er, der Beichtvater des Königs, sei grosser Verräthereien schuldig erachtet worden [2]). Die Absetzung des Erzbischofs von York wurde bei dem Papste durchgesetzt, an seiner Statt wurde Thomas von Arundel ernannt [3]), am 3. Mai 1389 das Siegel des Kanzleramtes ihm übergeben [4]).

Es genügt hinzuzufügen, dass das Parlament selbst den Beschluss fasste: da gewisse Dinge während der Session für Hochverrath erklärt worden seien, welche bis dahin kein Gesetz als solche bezeichnet, solle für künftig kein Richter ermächtigt sein, hierauf einen Präcedenzfall zu begründen. Es krönte das ganze Verfahren, dass zuletzt auf Antrag der Commons noch den fünf Lords 20.000 Pfd. Sterlinge bewilligt, ein Generalpardon erlassen, damit sie für die Zukunft gedeckt seien und derselbe auf die Gegenseite erstreckt wurde mit Ausnahme von 18 Personen, natürlich die Ermordeten nicht mit einbegriffen; nicht blos dass der König den Krönungseid wiederholen musste, Prälaten und Lords huldigten aufs Neue. Alle schwuren, nie zu gestatten noch zu dulden, dass ein Urtheil dieses Parlamentes umgestossen, ein Statut desselben widerrufen werde, als ob nach einem ewigen Gesetze nicht eine Ungerechtigkeit eine andere gebäre, unschuldig vergossenes Blut wieder nach Blut schreie. Das war das wundervolle Parlament, der blutige Sieg des englischen Adels über die Krone [5]). Der König hatte bei allen Verurtheilten geltend gemacht, sie hätten keine Felonie verübt, man müsse ihre Appellation gelten lassen. Er wollte, dass die Anklageacten den Rechtsgelehrten — justices et sergeants et autres sages du ley de roialme et auxint les sages de la ley civile — vorgelegt würden. Das aber war es eben, was nicht geschehen sollte; da wäre die Unschuld der Angeklagten herausgekommen. Man entzog ihnen das natürlichste Rettungsmittel. Sie sollten sterben und der König das Bluturtheil unterzeichnen. Richard hatte, soweit es möglich war, seine Fassung, seine Würde behauptet, aber alle Personen verloren, an welchen sein Herz von Jugend auf gehangen hatte. Kein Wunder, wenn in ihm eine tiefe Umwandlung vor sich ging, die Verstellung sich seiner bemächtigte, der von Natur heitere und lebensfrohe Fürst nunmehr ins Unabänderliche sich fügend, nach Aussen freundlich, im Innern Rachegedanken nährte.

Man hat aus dem Umstande, dass die übrigens spärlichen Chronisten sich für die siegende Partei erklären, Rückschlüsse auf die Wahrheit der Beschuldigungen gemacht, welche von den fünf Lords ausgegangen sind. Mann darf jedoch nicht vergessen, dass Knyghton sich sehr vorsichtig in Betreff dieser Anklagen ausspricht und, da Heinrich von Derby, nachher K. Heinrich IV., einen sehr regen Antheil an der blutigen Geschichte genommen, die Londoner mit einer Charakterlosigkeit sich benahmen, welche den Chronisten nicht entgeht, die geschlagene Partei auf Schaffot und in Kerkern unterging, Richard II. selbst nachher im

---

1) Rymer VII. p. 590.

2) l. c. An seiner Stelle wurde das episcopus Assavensis Beichtvater.

3) p. 606.

4) p. 616.

5) Es muss hier bemerkt werden, dass, als im 21. Jahre der Regierung Richards die Reaction gegen das Parlament von 1388 eintrat, nach Richards Sturz sogleich auf die Beschlüsse des letzteren wieder eingegangen wurde. Walsingh. ad 1399. Es bildet dieses den rothen Faden, der in die Streitigkeiten der Lancaster und York hinüberreicht. Hier mag man den Ausgang für ein Gewebe suchen, das sich immer mehr und mehr verschlingt, bis das Haus Plantagenet in beispiellosen Gräueln untergeht. Das Jahr 1388 hat die Blutsaat ausgestreut.

Kerker starb, dieses alles auf die Beurtheilung und Darstellung der Ereignisse einen grossen Einfluss nahm. Glower, welcher sich zuerst für Richard aussprach, ging dann zur siegenden Partei über; ebenso verfuhren Andere. Die Lancastrische Periode hatte ein grosses Interesse das Andenken Richards zu verunglimpfen und verunglimpfen zu lassen. Die Angeklagten vom J. 1388 waren gleich anfänglich dem Tode geweiht; ihre Vertheidigung kennen wir nicht, nur was ihre erbittertsten Feinde, welche nicht einmal ihr Blut beruhigte, gegen sie vorbrachten. Da der Herzog von Irland entkommen war, mussten um so mehr diejenigen es büssen, an welchen der Adel seine Wuth auslassen konnte. So erfolgte nicht blos die traurige Wirksamkeit des Parlamentes „ohne Mitleiden", sondern der Anfang einer endlosen Periode der englischen Geschichte, welche mit Blut geschrieben ist und 300 Jahre lang sich in gleicher Art fortzog.

Vom Feste Maria Reinigung bis Johannes Baptista [1]), 121 Tage lang, dauerte das Parlament. Es zwang den König zu versprechen, nach dem Rathe der Lords und der Parlamente zu regieren, endlich auch durch Patente ihnen Verzeihung zu gewähren. Welcher Zustand aber wirklich erfolgte, geht daraus hervor, dass die drei vornehmsten Anstifter des Blutbades, der Herzog von Glocester, der Graf von Arundel und der von Warwyk unter einander ausmachten, nie alle drei zugleich zu dem Könige zu kommen, damit sie nicht desselben Schicksals theilhaftig würden [2]).

Wenn die Königin noch bis dahin sich ihrer Jugend und ihres Glückes erfreut hatte, von jetzt an trennte ein Blutgraben ihre Vergangenheit von der Gegenwart. Das böhmische Gefolge scheint verschwunden zu sein. Alle Poesie hatte aufgehört. Sie sah diejenigen um sich, denen sie tief grollen mochte, und ihr Auge suchte vergeblich nach den Männern, wie nach den Frauen, in deren Mitte sie glückliche Tage zugebracht hatte. Diejenigen, welche sie umgaben, die Oheime, die Vettern ihres Gemahles, waren die Mörder ihrer Freunde, ihrer Vertrauten. Wie blutig hatten die Träume von Macht und Hoheit, Glanz und Herrlichkeit geendet! Und doch war das alles nur ein Vorspiel noch ärgerer Scenen.

Das an Veränderungen so reiche Jahr brachte auch in der englischen Hierarchie einen förmlichen Umsturz hervor. An die Stelle des Erzbischofs von York, der von dem Papste nach St. Andrews in Schottland versetzt wurde, welches Urban VI. nicht anerkannte, kam der Bischof von Ely, Thomas von Arundel. Er nahm an dem Siege seines Hauses und seiner Partei den gebührenden Antheil. Der Papst erhob ferner den 1381 erwählten Bischof von Durham, Johann Fordham zum Bischof von Ely, Walter Skirloke [3]), welcher ganz auf Seite der Verschworenen getreten war, wurde aus einem Bischofe von Bath Bischof von Durham; Bischof von Bath wurde der Mag. Radulf Ergon (Arguin), bisher Bischof von Salisbury und der Cleriker Johann Waltham auf dem Wege der Provision Bischof von Salisbury. Wenn der Papst nur diejenigen zu Bischöfen erhob, welche der Partei angenehm waren, so durfte er Bischöfe ernennen, versetzen und von allen Taxen beziehen! Als der Bischof von Rochester starb und an seine Stelle einstimmig M. Johann von Bernet gewählt wurde, cassirte der Papst diese Wahl

[1]) Eigentlich pridie Non. Jun. Knyghton p. 2728.

[2]) Eulog. p. 307. Gower's tripartite chronicle versteht unter den Dreien, welche des Königs Zorn besonders auf sich zogen, den Grafen Marschall (Notingham), den Grafen Derby und den Grafen von Northumberland.

[3]) Wilh. de Chambre hist. Dunelmensis p. 774.

[4]) Intercessione baronum Angliae rebellium, quorum partes Walterus plus justo favebat. Canonicus Waltensis de episcopis Bathon. et Waltens. (Anglia sacra. I. p. 570 n.: m.)

und ernannte den Bischof von Landaff, Johann von Botelesham zum Bischofe von Rochester und den Edmund von Bromfeld zum Bischofe von Landaff[1]) ganz nach seinem Ermessen und Vortheile[2]).

Als dann Weihnachten 1388 kam, feierten es König und Königin im Palaste von Westminster, mehr Gefangenen gleich als Fürsten, beide in ihren eigenen Augen wie vor dem Volke herabgewürdigt, gedemüthigt, misshandelt und einem ohnmächtigen Grolle überlassen.

Gerade im Sommer dieses verhängnissvollen Jahres war der Tod Peters von Luxemburg, Bruder des Grafen Enguerrand von St. Paul, Bischofs von Metz, und mit 18 Jahren durch seinen Vetter, den Gegenpapst Clemens VII., Cardinal, (4. Juli 1387) erfolgt[3]). Der jugendliche Kirchenfürst starb im gerechten Rufe grosser Heiligkeit. Es gehörte auch dieses zu den Eigenthümlichkeiten der tiefgespaltenen und zerrissenen Zeit, dass ein so hohes Beispiel persönlicher Reinheit, apostolischer Einfachheit und Selbstaufopferung, aber auf der Gegenseite stehend, unbemerkt und unbeachtet bleiben konnte. Sein Leben, eine Kette von Entbehrungen und freiwilliger Abtödtung und dadurch früher beendigt, als es eigentlich zur natürlichen Entfaltung kam, steht in jener Zeit der Auflösung und sittlichen Verwirrung fast vereinsamt da. Es ist der Glanz höherer Tugenden, der im Staubwirbel der Parteiung sich ausserhalb des nächsten Kreises nicht bemerkbar machen kann[4]).

Als im Februar 1388 sich das Parlament zu Cambridge versammelte, trat es aufs neue gegen die Provisoren auf, die sich bei dem Papste um Pfründen bewarben. Es war nach dem, was sich bei der neuesten Veränderung bischöflicher Sitze in England zugetragen, fast ein Spiel zu nennen. Der Mönch von Evesham meint, es sei damals viel beschlossen, aber wenig gehalten worden[5]).

V.

Friede und Glanz, der Königin Tod, des Königs Rache und sein Untergang.

§. 1.

Der König übernimmt die Zügel der Regierung.

Der König besass ein weiches und gefühlvolles Gemüth, das zu allem Guten geneigt und sowohl der Liebe als der Freundschaft bedürftig war. Erst die schlimmsten Erfahrungen, welche er an denjenigen machte, die ihm im Leben am nächsten standen, die Gewalt, welche

---

[1]) Monach. Evesh. p. 101. 108.

[2]) Selbst der Mönch von Evesham ärgert sich über diese Bischöfe, welche der Ausbreitung des Wyclifismus unthätig zusahen. Dem Papste aber genügten die grossen Taxen Englands nicht. Er schrieb jetzt erst noch nach dem mystischen Jahre Christi ein Jubiläum aus (alle 33 Jahre). Ärger als in den Tagen des Schisma's wurde die Christenheit nicht ausgebeutet. Der Mönch von Evesham tröstet sich in dieser Calamität mit einem Wunder, p. 114 ff., das jedenfalls zur rechten Zeit kam.

[3]) Die quinta nach der prima vita Clementis VII. Vergl. Acta SS. 4. Juli.

[4]) Die Histoire de Charles VI. widmet ihm lib. VII 1. achtzehn Zeilen wohlverdienter Lobeserhebung. Seine Tugenden hebt rühmend hervor die prima vita Clementis VII. ap. Baluz. I p. 515.

[5]) Über die Zeit sind Knyghton und der Mönch von Evesham im Widerspruche. Walsingham sagt post festum nativitatis B. Mariae (8. Sept. 1388) II. p. 177.

man ihm anthat, der schauderhafte Zwang, diejenigen dem Tode zu weihen, welche ihm persönlich die Liebsten waren, konnten eine derartige Natur gleichsam gegen sich selbst kehren und bewirken, dass nach aussenhin sich eine Glätte bemerkbar machte, die das verbarg, was in seinem Innern vorging. Ihm selbst fehlte es nicht an Muth und Entschlossenheit, und hatte er diese seine königlichen Eigenschaften am Tage der Gefahr den Bauern gegenüber gezeigt, so sollte der Tag auch nicht ausbleiben, an welchem er den Grossen bewies, dass er der König sei.

Vorderhand fügte er sich in das Unvermeidliche. Der Graf von Arundel erhielt das Commando über die Canalflotte[1]) und reinigte fortan das Meer von den feindlichen Schiffen, die die englische Küste in Blokadezustand hielten.

Unterdessen bereitete der König den Staatsstreich vor[2]), dessen Ausführung er selbst auf sich nahm[3]). Er berief den geheimen Rath, trat plötzlich am 3. Mai 1389 in denselben und richtete die Frage an die Anwesenden: wie alt er sei?

Der Herzog von Gloecester, Connetable des Reiches, antwortete erstaunt: 22 Jahre. Der König frug weiter, wie es komme, dass er noch immer Vormünder habe? Er sei schlimmer daran, als jeder andere im Reiche, der mit 20 Jahren mündig sei. Als man ihm bemerkte, die Regierung stehe ihm mit Recht zu, erklärte er, er werde auch jetzt, nachdem er lange genug durch Vormünder regiert worden sei, in seinen Rath aufnehmen, wen er wolle, und seine Geschäfte selbst besorgen. Er nahm sogleich dem Thomas von Arundel, Erzbischof von York, das Kanzlersiegel ab und entfernte sich auf dieses von den bestürzten Anwesenden[4]). Als er nach einiger Zeit zurückkam, übergab er das Siegel dem bewährten Bischofe von Winchester, William Wykeham, ernannte neue Räthe und neue Justitiare.

Wenn irgend eine That im Leben Richards geeignet war, zu zeigen, was an ihm war, so muss die Erhebung Williams von Wykeham zu dieser einflussreichen Stelle als solche bezeichnet werden. Statt sich wie John von Wycliffe der scholastischen Theologie zu widmen, hatte William seine gelehrte Bildung mit dem Studium der Architectur verbunden, war früh Aufseher bei den grossen Bauten von Windsor und Queenborough Castle, dann K. Eduards Secretär geworden und fortwährend von diesem zu wichtigen Geschäften verwendet in die Lage gekommen, mehr als ein anderer Personen und Zustände Englands auf das genaueste zu kennen. Als Bischof hatte er durch Visitation seiner Diöcese, durch Reform der für die Armen gegründeten Stiftungen, endlich durch die Stiftung des Winchester Collegs zu Oxford (Seinte Marie College of Wynchestre in Oxenford) für 20 Juristen, 50 Artisten und Theologen, 2 Mediciner, 2 Astronomen, dazu 10 Priester, 3 Cleriker, 16 Chorknaben und den Warden als Oberhaupt ein segensvolles Andenken hinterlassen. Kaum war letzteres vollendet, so begann er den Bau eines neuen Collegiums in Winchester selbst (26. Mai 1387) für 10 arme

---

[1]) Vergl. Froissart. III. c. 105.

[2]) O Rex si rex es, heisst es in einem Gedichte aus dieser Zeit, rege te vel eris sine re rex. Nomen habes sine re nisi te recteque regas rex. Wright I, p. 278.

[3]) In the XIII zere of this King, the Kyng sodeynly cleped his houshold togidir and inquired of hem what age he was. And sum saide XX, sum saide XXII. Then saide the Kyng: Sith I am of sufficient age, it is not wel that my condicioune schuld be worse than othir that dwelle in my land. Iam as ze sey of sufficient age to governe my lordis and my puple. Before this tyme I have lyved undir governaunce; now will I take the governanns upon me. Capgrave p. 251.

[4]) Es ist für Walsingham bezeichnend, dass er den König diesen wichtigen Schritt wie ductus a quorundam consilio susurronum geschehen liese; nachher ist wieder der König gegen Glocester aufgebracht, weil quidam detractores regem circumvenientes tantum dementaverunt etc. So geht es fort. Ebenso der Mönch von Evesham.

Schüler, unter diesen Henry Chicheley, nachher Erzbischof von Canterbury und Begründer des Allerseelencollegiums zu Oxford. Die grossen Tugenden Williams, seine Umsicht, Ruhe und Geschäftskenntniss bewirkten, dass, sobald der Einfluss des Herzogs von Lancaster etwas gebrochen war, er regelmässig als Mitglied der wichtigsten Parlamentscommissionen erscheint, und man sich bereits die Regierung Englands ohne ihn nicht denken konnte. Es war unstreitig die glücklichste Wahl, die Richard treffen konnte, und ehrte den König wie den Bischof selbst.

Es folgte eine Proclamation am 8. Mai 1389, durch welche Richard dem Herzog von Lancaster und allen Vicegrafen zu wissen machte[1]), er habe die volle Regierung in seine Hände genommen und wolle besser, als es bisher geschehen, für Recht und Gerechtigkeit sorgen, gedenke übrigens die im Parlamente bestimmten Ordnungen aufrecht zu erhalten.

Der Herzog von Glocester zog sich, aus dem Rathe entfernt, auf das Land zurück. Es fehlte nicht an Personen, die damals selbst eine neue Verschwörung witterten und deshalb den Herzog beschuldigten[2]). Glocester vertheidigte sich deshalb vor dem Könige, die Versöhnung fand äusserlich statt, aber der Spannung blieb. Der König hatte sich von seinem Einflusse frei gemacht, den Grafen von Warwyk gleichfalls aus dem Rathe entfernt. Dafür wurde am 3. October 1389 dem Herzog von Lancaster der Wunsch Richards ausgedeutet, nach England zurückzukehren.

Neue Ehren erwarteten ihn daselbst. Mit Frankreich wurde ein Waffenstillstand abgeschlossen und der Graf von St. Paul kam im Namen K. Karls zu seinem Schwager K. Richard den Eid für Aufrechthaltung desselben in Empfang zu nehmen, 5. September 1389. Um diese Zeit erlag in Paris der Graf von Suffolk seinem Kummer. Die Habe, welche er geflüchtet hatte, fiel an seinen Unglücksgeführten Robert de Veer[3]).

Als dann Weihnachten kam, feierten es König und Königin in Woodstocke, zweifelsohne mit dem Gefühle, dass denn doch die Dinge sich gebessert hätten. Nicht bloss der König und die Königin fühlten dieses. Es zeigte sich sehr bald eine Besserung nach allen Beziehungen. Die schweren Erfahrungen[4]) hatten Richard zum Manne gereift und die Königin unterliess es, Privatneigungen den Vorzug vor dem allgemeinen Interesse zu geben.

Schon bei der Eröffnung des Parlamentes zu Westminster am 17. Januar 1390[5]) wies der Kanzler Pierre en Dieu, William von Wykeham, Bischof von Winchester, darauf hin, dass der König sich in jenem Alter befünde, in welchem er grösseren Sinn und Unterscheidung habe. Er wolle sein Volk in Frieden und gerecht regieren und alle bei ihren Freiheiten lassen. Er wolle wissen, ob die Gesetze in Ausführung gebracht werden, und die Commons seien gehalten ihn zu unterrichten und die Missbräuche aufzudecken.

Kanzler und Schatzmeister gaben ihre Siegel zurück[6]) und nahmen ihre Ämter nur wieder auf, als ihre Verwaltung gut befunden worden war. Ebenso thaten die Herren vom

---

[1]) Rymer. VII. p. 618.

[2]) Walsingh. II. 182.

[3]) Im Parlamente von 1390 wird dann eine Bitte Michels de la Pole und seiner Frau Katharina, geb. Gräfin Strafford, bewilligt. Rot. p. 274.

[4]) Damals war es, dass der erlle of Penbroke im Parke von Woodstocke im Turnier mit Sir John Saint Johann (in the presens of the Kyng) erschlagen wurde. Davies p. 7. Capgrave fügt, was sehr bezeichnend ist, hinzu: it was seid of that Kynrod, that fro that tyme of Eymere of Valauns — unto this Jon that there was nevir erl of Penbrok that saw his fader p. 253.

[5]) Anno XIII. Rot. p. 257. Da der Bischof von St. Davids Treasurer wurde, so schien die wycliffitische Bewegung keine weitere Folge gehabt zu haben als die, wenn ein Stein ins Wasser geschleudert wird. Bischöfe regierten England aufs Neue.

[6]) Rot. p. 257.

geheimen Rathe, welche dann der König wieder berief. Man fühlte die Anwesenheit des Herzogs von Lancaster, welchen Richard im vollen Parlamente am 2. März zum Herzog von Aquitanien auf Lebenszeit erhob, worauf der Herzog dem Könige als König von Frankreich für Aquitanien den Lehenseid leistete[1]). An demselben Tage wurde auch der älteste Sohn des Herzogs von York, Eduard, zum Grafen von Ruteland erhoben. Die beiden Erzbischöfe aber übergaben im Namen ihrer Bischöfe eine Protestation, der zufolge sie keinem Statute beipflichteten, durch welches die Rechte der apostolischen Macht[2]) geschmälert würden. Es bezog sich dieses auf eine Erklärung des Parlaments und Königs gegen die päpstlichen Provisionen, so wie auf das Verbot in Betreff der letzteren päpstliche Censuren zu verkünden[3]). Auch für den Bischof von Chichester, der nach Kork verbannt war, erfolgten damals günstige Bestimmungen[4]).

Überhaupt fällt in diese Zeit ein oder das andere Streiflicht auf die Vertrauten, namentlich auf Robert de Veer und seine Gemahlin Philippa von Coucy. Leider verdanken wir die Nachricht dem unzuverlässigsten aller Chronisten, dem Sire Jean Froissart, welcher positiv behauptet, der Herzog von Irland habe mit Zustimmung P. Urbans das Edelfräulein der Königin geheirathet, Philippa habe jedoch bei ihrer Schwiegermutter Aufnahme gefunden, letztere habe sie von dem Herrn von Coucy zu sich und in ihre eigene Begleitung genommen. Damals muss sich der entsetzte Herzog bereits von dem baierisch-niederländischen Hof an den K. Karls begeben haben, und zwar auf Einladung dieses Fürsten, der sich wohl seiner gegen England zu bedienen suchte.

Dort traf er aber auch mit dem Herrn von Coucy, seinem Schwiegervater, zusammen[5]), welcher Alles aufbot, ihn vom französischen Hofe zu verdrängen. Wir wissen aus zuverlässiger Quelle, dass der Herr von Coucy am 24. Juli 1389 von König Richard die Erlaubniss erhielt[6]), den Ritter Johann von Chastelmurant mit 12 Begleitern nach England zu senden, um mit Madame d'Irlande, wie man die Princessin Philippa nannte, Rücksprache zu nehmen, jedoch unter der Bedingung, dass weder Briefe noch sonst Botschaften an den Verbannten (Robert de Veer) herübergetragen würden[7]). Als es dann zu dem Friedenscongresse von Amiens kam, den englischerseits die Herzoge von Lancaster und York besuchten, kam auch Philippa, ihren Vater zu sehen, welchen sie, wie Froissart meint[8]), wenig gesehen hatte. Sie kam, sagt er, wie eine Wittwe, die in ihrer Ehe wenig Freude hatte. Der ehemalige Herzog von Irland konnte sich vor dem Vater seiner verstossenen Gemahlin in Paris nicht halten. Seine Zurückberufung wagte K. Richard nicht. So blieb Robert de Veer nichts anderes übrig, als sich von Paris nach Löwen zu begeben, den Aufenthalt des Exils zu vertauschen. Mit ihm befand sich der abgesetzte Erzbischof von York; sie bewohnten zusammen ein Schloss. Plötzlich hörte man, der Herzog sei auf der Schweinejagd getödtet worden, arm und verlassen, wie Capgrave sagt, gestorben. Seinem Oheim und Erben bewilligte der König den Titel eines

[1]) Rot. p. 263.

[2]) potestatis apostolicae.

[3]) Die Commons verlangten damals unter anderem auch: chescun artifices sois constreint par mesmes les Justices qu'il ne gaigne mes que en 12. deniers un denier!

[4]) Rot. p. 274.

[5]) Froissart. lib. IV. c. 3.

[6]) Rymer VII. p. 636.

[7]) n'adgair duc d'Irlande.

[8]) lib. IV. c. 27.

Grafen von Oxford, den schon seine Vorfahren geführt, führen zu dürfen. Das Parlament stimmte bei [1]).

So endete Robert de Veer tief betrauert von K. Richard, über den er alles vermochte, nicht ohne eine grosse Schuld auf sich geladen zu haben, da er durch seine leichtfertige und frevelhafte Verbindung mit dem böhmischen Mädchen Anlass zu einer Katastrophe gab, die schon jetzt beinahe zum Umsturz des Throns geführt hatte und in ihren Folgen unabsehbar, von Geschlecht zu Geschlechte nur Schlimmeres gebar.

Die Rückkehr des Herzogs von Guyenne und Lancaster, des ersten Mannes im Reiche nach dem Könige, und dessen vertrautester Rathgeber, beschnitt der kriegerischen Partei im Lande die Flügel. Die Unterhandlungen mit Frankreich wurden fortgeführt, um, sei es Frieden sei es nur Waffenstillstand zu bewirken. Im Innern näherten sich die Parteien.

Nach der Rückkehr des Herzogs von Lancaster und Aquitanien aus dem letzteren Lande ging von diesem Fürsten, welcher das ganze Vertrauen des Königs besass, in Verbindung mit 4 Herzogen, 10 Grafen, 6 Baronen und 8 Rittern, von ihnen unterschrieben und vom Könige selbst gesiegelt, eine Denkschrift über den Zustand der englischen Kirche an P. Bonifacius IX. ab, die zu dem Stärksten gehört, was in solchen Dingen bekannt wurde. Der Adel bezeichnete die auf dem Wege der Provision ernannten Bischöfe Englands als Götzenbilder und Miethlinge; das Verfahren, wie es jetzt Sitte geworden, die Bischöfe zu versetzen, die Verleihung der fetten Pfründen an Ausländer, das Aufhören der freien Wahlen, das Einreissen der Simonie, das Fernebleiben der so Bepfründeten von ihren Pfründen, die Unberücksichtigung gelehrter Männer bei den Prälaturen, so dass deshalb die Universitäten verlassen würden und die Kenntniss der Wissenschaft, die Achtung vor dem Clerus abnehme, für höchst beklagenswerthe Zustände; der königliche Schatz werde erschöpft. Es sei ein Unrecht, dass, was aus freier Schenkung als Almosen gegeben worden, für den römischen Stuhl verwendet werde, für welchen dann auch mit demselben Rechte die Temporalien verwendet werden könnten. Dem Papste wurde angekündigt, dass der so grosse Nachtheil, welcher das Reich treffe, von dem Systeme der Provisionen und Reservationen herrühre und dass ebendeshalb beschlossen worden sei: 1. zum Systeme der freien Wahl zurückzukehren, 2. dass Nichteinheimische ihre englischen Pfründen in England zu verwalten hätten, 3. dass das Patronatsrecht ungeschmälert geübt werden solle. Dem Papste wurde gesagt, der König sei durch seinen Krönungseid verpflichtet, diesen Übelstanden entgegenzutreten; der Papst sei da, die Schafe zu weiden, nicht zu scheeren und er möge daher schleunige Abhilfe bringen [2]). (Westminster 26. Mai 1390.)

Man kann darin, wenn man will, wycliffitische Grundsätze erblicken, inwieferne nämlich Wycliffe gegen die erwähnten Missbräuche auch aufgetreten war. Genau besehen waren sie aber gutkatholische Grundsätze und nur einem Systeme entgegengesetzt, das in den avignonesischen Zeiten und unter französischen Päpsten Rechtskraft gewonnen, aber auch den von nun an immer stärker werdenden Ruf nach Reform hervorgerufen hatte. Hätte man sich damals von allen Seiten zu ähnlichen Schritten vereinigt und hätte sich insbesondere der Bruder der Königin Anna, der Vogt der römischen Kirche, nicht auf seine böhmischen Schlösser zurück-

[1]) Rot. p. 302. Es ist nicht nothwendig, hervorzuheben, wie sehr Davies p. 147 irrt, wenn er Robert durch das Parlament von 1385 Herzog von Irland werden liess.

[2]) Rymer VII. p. 672—675.

gezogen und im Jagdschlosse Betlern die edelste Zeit mit Jagen verträumt[1]), P. Bonifacius wäre zu einer Reform genöthigt worden, die der Zeit den Ausbruch von Gewaltscenen erspart haben würde.

Nachdem aber der Friede hergestellt war, sollte es auch nicht an Friedensfesten fehlen. Schon im Mai 1390 wurde der Herzog von Geldern mit grossem Gepränge in Windsor zum Ritter des Garters erhoben. Im Monate Juli ging der König nach Leicester und ertheilte Londoner Bürgern, die verbannt worden waren, die freie Rückkehr; dann aber wurden Anstalten getroffen zu einer prachtvollen Feier eines allgemeinen Rechtstages (10., 11., 12. October), der auf dem Smithfielde gehalten werden und ein prächtiges Turnier in seinem Gefolge haben sollte[2]).

Nach allen Seiten waren Einladungen ergangen und kamen denn nun auch Ritter mit prächtigen Pferden aus Frankreich, Deutschland, Seeland (Skandinavien) und anderen Theilen. Allen denen, welche auf des Königs Seite waren, war das gleiche Abzeichen gegeben, der weisse Hirsch mit goldener Krone um den Hals. Ein prachtvoller Zug eröffnete das Fest, alle Ritter des Garters mit goldenen Ketten, 23 Ladies, 22 Edelfräulein, alle mit dem weissen Hirschen, geleiteten den König und die Königin zum Turnier. Dann hielt Richard erst noch am St. Eduardstage in Kenington grossen Hof und zeigte sich mit der Königin in vollster Herrlichkeit mit der Krone auf dem Haupte bei der Messe, wie bei der Tafel. Der Graf von St. Pol wohnte mit seiner schönen Gemahlin, Richards Schwester (Mathilde) der Festlichkeit bei, und der wittelsbachische Graf von Ostrevande erhielt damals den Garter[3]). Schon früher am Feste St. Peter in Vinculis 1390 hatte der Herzog eine grosse Jagd veranstaltet, zu der der König und die Königin, seine Oheime von York und Glocester, der Erzbischof von York, die Grafen von Arundel und Huntingdon, mehrere Bischöfe, Herrn und Edelfrauen kamen, am 31. Juli. Die Versöhnung war wenigstens äusserlich eingeleitet. Der Herzog kam nach Rading, wo der König mit den Baronen Rath pflegte und bestärkte dort die Eintracht zwischen Richard und den Lords. Der König gewährte seinen Oheimen von York und Glocester grössere Sicherheit im Betreff der ihm zugewiesenen herzoglichen Renten[4]), ging aber schon am 3. August über Notingham nach Lowhteberowe, wo er bei dem Herrn de Bewmonte übernachtete. Der König schien nicht bloss versöhnlich; er war es.

Es ist aber hier um jedes Missverständniss zu entfernen, nothwendig, einzuschalten, dass damals ebenso sehr das Ansehen des Herzogs von Lancaster bei Richard gross war, als dieser durch neue Verfügungen zu Gunsten seines Beichtvaters[5]), über die Predigermönche, die abgefallen waren[6]), und seine Verfügung zu Gunsten Jakob Dardanis, des päpstlichen Collectors[7]), sich über jeden Verdacht gestellt hatte, den Grundsätzen Wycliffs, welche kirchlicherseits verurtheilt waren, beizupflichten. Ungeachtet des Statutes contra provisiones vom 29. Jänner

---

[1]) Wenzel sandte am 21. Nov. 1391 eine Gesandtschaft an P. Bonifacius IX., um sich mit ihm auf das engste zu verbinden; als aber der König nach Italien gehen sollte, war er wieder nicht dazu zu bringen. Rayn. 1390, 3—6.

[2]) Weihnachten feierten 1390 König und Königin in Woodstocke. Mon. Evesh. p. 120. Der König schwur in Langley in Gegenwart der Herzoge von York und Lancaster und vieler anderer Herren dem Herzoge von Glocester Verzeihung zu. Vita Richardi R. p. 202. Die Angabe, dass dies im 11. Jahre seiner Regierung geschah, dürfte jedoch kaum richtig sein. Rot. p. 278.

[3]) Davies p. 6.

[4]) Mon. Evesh. und das chronicle bei Davies p. 6.

[5]) 1. Febr. 1390.

[6]) 1. Dec. 1389.

[7]) 1. Dec. 1389.

des 13. Regierungsjahres bewilligte der König fortwährend in passenden Fällen Ausnahmen, ein Beweis, dass er nicht daran dachte, es zu einem Bruche mit dem Papste kommen zu lassen[1]).

Als das Parlament sich am 12. Nov. 1390 wieder versammelte, legte der Lordbischof Kanzler demselben die Lage des Reiches und den Abschluss eines Waffenstillstandes mit Frankreich vor. Mit dürren Worten wurde darauf hingewiesen, dass die Erhaltung der Grenzen gegen Schottland und Irland, Calais, Brest, Cherbourgh und Guyenne fortwährend grosse Summen erforderten, welche der König ohne Unterstützung des Parlamentes nicht aufbringen könne. Die Antwort des letzteren war nur eingehend: der König möge in seinen Entschlüssen so frei sein, wie seine Vorfahren. Lords und Commons dankten dem König für seine gute Regierung und den grossen Eifer, welchen er für das Wohl des Volkes entwickle.

Leider gab der Mann, welchem vorzüglich diese Wendung zum Guten zu danken war, dem Könige schon am 27. September 1391 das grosse Siegel zu Windsor zurück, und wurde jetzt Thomas von Arundel, welcher mit der Adelspartei so innig zusammenhing, aufs Neue Kanzler[2]). Sah William eine Opposition heranziehen, welcher er nicht gewachsen zu sein fürchtete, oder glaubte er die Angelegenheiten in das richtige Geleise gebracht zu haben, er zog sich, 67 Jahre alt, von den Geschäften zurück. Vielleicht, dass in diesem seinem Alter allein der eigentliche Grund eines Schrittes liegt, der als erste Wendung der Dinge in den Angelegenheiten des Königs zu betrachten war. Das Werk der Versöhnung der grossen Parteien im Staate schien vollbracht. Ein anderer aus der Mitte des hohen Adels konnte fortsetzen, was der Bürgerliche begonnen.

Damals konnte sich vor allem zeigen, ob Richard oder seine Gemahlin für Wycliffe's Sache hegten. Knyghton, welcher die Jahre 1390 und 1391 überspringt, berichtet mit grosser Ausführlichkeit, wie Wilhelm von Courtenay, Erzbischof von Canterbury, Bruder des Grafen von Dover, in seiner Erzdiöcese gegen die Lollarden auftrat, nach Oxford ging, dort gegen die Lollarden einschritt und sich jene englischen Bücher ausliefern liess, die William Smyth seit acht Jahren abgeschrieben hatte und die offenbar die Bibelübersetzung enthielten[3]). Andererseits traf aber das Parlament Bestimmungen gegen die Vermehrung der Güter in todter Hand, um die Rechte des Königs gegen Missbrauch zu schützen (1391)[4]).

Am 2. December 1391 nahm das Parlament jedes Statut seit Eduard II. zurück, welches die Freiheit der Krone beeinträchtigen würde[5]). William Brian Ritter, welcher eine päpstliche Bulle für sich erlangt hatte, musste deshalb in den Tower[6]). König und Commons schienen in voller Eintracht begriffen, so dass letztere ihm im Parlamente zu Winchester die volle Gewalt ertheilten, das Statut über die Provisionen nach Bedürfniss zu modificiren (1393)[7]). Rief doch der Erzbischof von Canterbury selbst den König gegen den Papst auf, als dieser engli-

[1]) Vergl. auch das Schreiben des Capitels von Canterbury, dass für K. Richard und die Königin Anna für den Fall ihres Hinscheidens Todtenmessen gelesen werden würden. Rymer VII, p. 711.

[2]) Lowth. p. 230. Er starb gerade 13 Jahre später, am 27. Sept. 1404, nachdem er alle seine Angelegenheiten auf das Beste geordnet, seiner Sinne bis zum letzten Augenblicke mächtig, einer der hervorragendsten Bischöfe des XIV. Jahrhunderts.

[3]) Knyghton p. 2735.

[4]) l. c. p. 2738. Rot. p. 291.

[5]) Rot. p. 286.

[6]) l. c. p. 286.

[7]) l. c. p. 301, 304.

schen Bischöfen den Process machte, weil sie gewissen Mandaten nicht gehorchen. Er bewies, dass dies gegen die englischen Kronrechte sei. Er erklärte sich ebenso dagegen, dass der Papst ausserhalb Englands englische Prälaten versetze. Es schien, als habe der Primas von Wycliff gelernt, als er auseinandersetzte, würden solche Versetzungen geduldet, so würden die Statuten des Königreichs vernichtet, die Gesetzverständigen gegen den Willen des Königs aus dem Reiche entfernt, Habe und Schatz derselben weggenommen, das Reich des Rathes wie seiner Schätze beraubt, endlich seiner Vernichtung entgegengeführt. Dadurch geschehe es, dass die Krone von England, welche zu allen Zeiten frei war und niemals einen irdischen Souverain hatte, sondern unmittelbar von Gott abhängt, in allen Sachen, die Regalien betreffen, dem Papste unterworfen wäre. Letzterer könne die Gesetze und Statuten des Reiches nach seinem Willen (defaitz) machtlos machen und vernichten, zu ewiger Zerstörung der Souverainetät des Königs, der Krone, der Regalien, des ganzen Reiches, wo Gott dagegen sei.

Der Primas erklärte schliesslich, er wolle das Recht des Papstes, Bischöfe aus England ins Ausland zu transferiren, nicht bestreiten, nicht aber dürfe dieser es ohne Zustimmung des Königs thun. Ebendeshalb werde er in diesem Falle auf Seite des Königs stehen und loyal die Rechte der Krone vertheidigen.

Es war eine der wichtigsten Erklärungen in der Geschichte Englands. Damit war England wie mit Einem Schlage aus dem päpstlichen Staatensysteme herausgetreten[1]). Der Erzbischof bat, die Erklärung in die Acten des Parlamentes aufzunehmen; der König gewährte es 1393[2]). — Das Parlament endigte am 10. Februar 1393.

Es ist unbegreiflich, dass man bisher an diesem Actenstücke vorübergehen konnte[3]). Die Verpflichtungen Heinrichs II., K. Johanns und seiner Nachfolger waren im Anfange des Schisma zu Grabe getragen worden.

Der Primas von England und John Wycliffe waren sich in einem der wichtigsten Punkte in ihren Anschauungen begegnet. England war jetzt erst selbstständig geworden. Schon am 10. October 1389 waren scharfe Befehle ergangen gegen diejenigen, welche die neuen päpstlichen Bullen, die Auflagen ausschrieben, zum Nachtheile des Reiches, in das Land brächten. In Folge dessen waren im Jahre 1391 alle Engländer, welche Pfründen hatten und sich am römischen Hofe aufhielten, von da zurückgerufen wurden. Da sich der Nachfolger P. Urbans VI., Bonifacius IX. gegen diese Beschlüsse erklärte und einen eigenen Abgesandten nach England schickte[4]), kam es zu weiteren Unterhandlungen, bei welchen Bonifacius dem Könige von England die Pläne des Gegenpapstes und des Königs von Frankreich in Betreff des deutschen Reiches und K. Wenzels mittheilte. Es handelte sich um nichts Geringeres, als den Gegenpapst durch einen Zug nach Italien unter Anführung der Herzoge von Burgund

[1]) Vergl. das ausführliche Schreiben P. Bonifacius' IX. gegen die königl. Verleihung der Bisthümer in Rayn. 1391. 15. Trotz aller Klagen ist von dem früheren Abhängigkeitsverhältnisse der engl. Krone von den Päpsten keine Rede mehr.

[2]) Nur durfte man, wenn man sich von Rom frei machen wollte, nicht später vom Papste (Bonifacius IX.) verlangen, er solle die Beschlüsse des Parlamentes von 1397 confirmiren und mit Kirchenstrafen gegen Übertreter schirmen. Vita R. Ricardi ed. Hearne p. 140.

[3]) Die Engländer, welche eine Art von Schamgefühl befällt, wenn sie angestehen sollen, ihr Reich sei 200 Jahre lang päpstlicher Lehenstaat gewesen, schleichen gerne über diese Periode hinweg, während es zu Richards Ruhm gehört, sie beendet zu haben.

[4]) Wahrscheinlich bezieht sich hierauf der Brief Bonifacius' IX. an Wilhelm Grafen von Salesbury über die Rückkehr des päpstlichen Nuntius Damian de Cathaneis aus England, und die bösen Rathschläge, welche dem Könige beigebracht worden waren. Cod. Palat. Viennae CCCXXIX, jetzt 4217.

und Tours[1]) nach Rom zu führen, dafür sollte letzterer mit allen Kirchenländern belehnt, K. Karl römischer Kaiser, der Herzog von Anjou König von Sicilien, ein anderer, zweifelsohne französischer Fürst König von Tuscien und der Lombardei werden. Gelinge es aber den Franzosen, das Kaiserthum in ihre Hände zu bringen, so gehöre die Welt ihnen und auch England könne ihnen dann nicht widerstehen. Richard möge daher, wenn er einen Frieden mit Frankreich abschliesse, darauf dringen, dass die Franzosen keine Mission nach Italien senden, noch sich K. Karl in die Reichsangelegenheiten mische. Richard möge ferner Gesandte zu K. Wenzel schicken und denselben auffordern, gemeinsam mit ihm zur Vertheidigung der Kirche und des Reiches zu schreiten.

Der König verwies den päpstlichen Abgesandten an das nächste Parlament. Obwohl aber Richard und der Herzog von Lancaster sich für das Begehren des Papstes aussprachen, war das Parlament nur für Vertagung seines früheren Beschlusses, nicht für Aufhebung desselben zu gewinnen. — Im Ganzen hatten sich die Dinge denn doch für den König viel günstiger gestaltet, so dass er in Langley[2]) bei St. Albans in glänzender Weise Weihnachten feierte. Mit der Königin waren 4 Bischöfe, 4 Grafen, der Herzog von York, des Königs Oheim, und mit vielen Baronen 15 Baroninen gegenwärtig[3]).

Eine glänzende Gesandtschaft ging unter dem Herzoge von Lancaster und dem Bischofe von Durham über Calais nach Amiens zum Könige von Frankreich, den Frieden zu unterhandeln. Aber auch diesmal kam nur ein einjähriger Waffenstillstand, kein dauernder Friede zu Stande 1392. Die Friedensliebe Richards blieb ohne Resultate[4]).

§. 2.

Streit und Aussöhnung mit London.

Nun aber bildete sich durch die steigenden Bedürfnisse des Königs, der einen kostbaren Hofhalt führte und fortwährend Summen benöthigte, ein neues Zerwürfniss, als Richard 1000 Pfd. von den Londonern zu leihen nehmen wollte und diese das Begehren rund abschlugen, ja einen Lombarden, welcher dem Könige die Summe vorschiessen wollte, misshandelten, beinahe tödteten. Der gerechte Groll des Königs fand an dem der Barone einen Wiederhall, welche den Bürgern theils als Begünstigern der Lollarden, theils wegen ihres unerträglichen Hochmuthes gram waren. Wie auf dem festen Lande in Frankreich und den Niederlanden der Adel jeder Maassregel gegen das Bürgerthum gerne beipflichtete, so auch jetzt in England. Richard, welcher in Staunford[5]) grossen Hof hielt, befand sich dadurch auf einmal im Stande, seine volle Autorität London gegenüber geltend zu machen; er verfügte am 30. März zu Staunford die Versetzung der Kingsbench nach York[6]), berief dann

---

[1]) Walsingh. II. S. 201. Offenbar eine Namensverwechslung. Vielleicht bezog sich darauf das oben erwähnte Bündniss K. Wenzels mit dem Papste.

[2]) Walsingh. II. p. 204.

[3]) Monach. Evesh. p. 123.

[4]) On s'amusa, sagt der Mönch von St. Denys zum J. 1391, sciemment à perdre du temps après des differends qui n'estoient point accommodables. Fin du unzieme libre.

[5]) Mon. Evesh.

[6]) Rymer VII. p. 713.

am 24. Juni Mayor und Aldermen von London zu sich nach Notingham und sistirte am 22. Juli von Windsor aus die Freiheiten Londons[1]).

Er liess den Mayor verhaften, setzte statt desselben einen königlichen Warden ein und, da der erste von diesen den Bürgern einen ihnen günstigen Eid geleistet hatte, wurde er durch einen andern ersetzt. Der König dachte selbst noch an weitere und sehr scharfe Massregeln, denen sich jedoch im Rathe die Herzoge von Lancaster und Glocester widersetzten. König und „Herren" kamen endlich überein, dass nur nach gemeinsamer Übereinkunft gegen die Londoner vorgegangen werden solle. Um so mehr boten diese, als sie die kriegerischen Anstalten Richards bemerkten, alles auf, den Sturm zu beschwichtigen. Endlich gelang es auch, wie es scheint, vor allem der Königin, Richards leicht aufgeregtes Gemüth zu besänftigen. Auf Bitten seiner Gemahlin entschloss sich dann der König, nachdem am Sonntag nach M. Himmelfahrt alle bedeutenden Bürger zu ihm gekommen waren, Mittwoch nach London zu gehen, seinen Weg vom Shene zum Westminsterpalast durch die Stadt zu nehmen und dieselbe am 29.[2]) August zu betreten. London rüstete sich zum feierlichsten Empfange. An der Spitze von 20.000 Berittenen[3]) empfing den König der Mayor (Warden) der Stadt mit den sechs Aldermann selbst in Weiss und Roth gekleidet, mit den Schlüsseln und dem Schwerte. Es folgten die Zünfte, jedwede für sich gereiht und zwar zählt Maydiston deren 38 auf, die mit dem Abzeichen ihrer Kunst oder ihres Handwerkes sich aufgestellt hatten[4]). Der König kam auf einem Schimmel in rothem Gewande mit Gold daher, das Haupt geziert mit einem Kranze auf den blonden Locken, die Königin von zahlreichem, jungfräulichem Gefolge umgeben, in einem Kleide, das mit Edelsteinen übersäet war, Diamanten, Carbunkel, Berylle in den Haaren und als Ohrgehänge, nicht weit hinter ihm. Als der König sein Pferd anhielt, entstand allgemeine Stille. Der Mayor wandte die Spitze seines Schwertes gegen sich, so dass er den Handgriff dem Könige darbot, und flehte im Namen der Bürger Richard um Verzeihung. Der König nahm Schlüssel und Schwert an und erklärte seine Bereitwilligkeit, die Stadt zu betreten.

Dann wandten sich die Bürger an die Königin. Vierundzwanzig bildeten ihr Gefolge. Auf ihre Bitte um Fürsprache bedauerte sie, dass des Königs Zorn so sehr hervorgerufen worden, gab jedoch Hoffnung, dass er besänftigt werde.

Bereits hatten sich die Zünfte in ihren verschiedenen Farben an den König angeschlossen, eine nach der andern, wie sie aufgestellt waren, mit Musik und Gesang. Nun empfing der Clerus den König und gab ihm wie der Königin das Kreuz zu küssen. Der früher heftige Regen hörte auf, der König näherte sich Southwark und ertheilte einem Manne, welcher eines Mordes wegen verbannt war, jetzt aber sich mit einem grossen Kreuze vor das königliche Pferd warf, Verzeihung; die Königin empfing eine kostbare, goldene Krone zum Geschenke, der König aber zwei weisse Streitpferde, die er mit freundlicher Miene annahm und mit der Erklärung, dass er Frieden mit der Stadt London haben wolle. Auch die Königin empfing ein mit Purpurdecken geschmücktes Pferd, worauf der Zug über die Londonbrücke fortgesetzt wurde. Dort wurde das Gedränge so arg, dass der eine von den zwei Wagen mit Edelfräulein

[1]) l. c. p. 726.

[2]) Wright und Miss Strikland sagen am 29., es heisst aber bei Richard Maydiston de concordia inter regem Ric. II. et civitatem London: „mensis ut Augusti ter septima fulsit in orbem."

[3]) Millia viginti; Wright macht daraus 1020.

[4]) Mille quatuor stadiis omne repletur iter.

geradezu umgestürzt wurde und die armen Mädchen zum Gelächter der Menge kopfüber zu Boden fielen[1]).

War schon vorher Haus für Haus geschmückt, die Menge in fortwährendem Wachsen begriffen, so war das noch mehr der Fall, als der Zug in die innere Stadt kam und nun die Tausende hübscher Mädchenköpfe sich an den Fenstern zeigten, bis die Pracht des Marktes und seine Ausschmückung mit Teppichen und Bildern, mit einem Doppelbrunnen, der Wein spendete und einer Schaar von Engeln, die Gold(papier) auswarfen, aller Blicke auf sich zogen. Hier aber (in Cheapside) mussten König und Königin vor einem grossen Thurme halten, auf welchem ein gekröntes Mädchen und ein Jüngling, beide im Schmucke vollendeter Schönheit, standen. Plötzlich senkten sich beide in Wolken eingehüllt herab, der Jüngling überreichte den fürstlichen Personen einen goldenen Becher mit Wein, das Mädchen aber dem Mayor zwei Kronen mit Edelsteinen, worauf beide wieder in der Höhe verschwanden. Der Mayor übergab die Kronen dem Könige und der Königin, welche die Gaben lächelnd in Empfang nahmen. Als der Zug sich St. Paul näherte, wurde er von einer Schaar Knaben und Jünglingen mit allen möglichen musikalischen Instrumenten empfangen, die selbst unter der Leitung eines weissgekleideten Jünglings intonirten, der mit flammendem Gesichte da sass und Orgel spielte. Bei St. Paul stiegen König und Königin von ihren Pferden und begaben sich, geführt von dem Erzbischofe und Bischofe und ihrer Clerisei zum Grabe des hl. Erchenwald. Dann bestiegen sie wieder ihre Pferde, fanden bei der Lutgate einen neuen himmlischen Chor, welcher sie an der Flekbridge mit Weihrauch und Blumen empfing und so sie über den übelriechenden Fluss (Fleetditch) geleitete. An der Temple-Barriere angekommen, gewahrten sie über dem Thore eine „Wildnis" in Gestalt eines Waldes mit allen möglichen wilden Thieren und in der Mitte St. Johannes Baptista, mit dem Finger auf das Lamm Gottes weisend. Während der König aufmerksam diesen seinen Lieblingsheiligen betrachtete, senkte sich plötzlich vom hohen Dache ein Engel mit zwei kostbaren Altartafeln mit dem Bilde des Gekreuzigten zwischen den Schächern und der in Ohnmacht gesunkenen Mutter des Erlösers. Der Mayor (Warden) nahm die beiden Tafeln, überreichte sie mit pathetischer Anrede dem Könige und bat ihn als Zeichen des Friedens sie anzunehmen. Auf dieses berührte der König mit der Hand die Altartafeln und verkündete im Hinblicke auf den gekreuzigten Erlöser, seine Mutter und Johann den Täufer den gewünschten Frieden, den sie im Palaste erhalten sollten. In ähnlicher Weise wurde die Königin empfangen, welche ihrerseits verhiess, zu thun, was an ihr liege. Als der König Westminster erreichte, fand er den ganzen Palast mit den schönsten Teppichen belegt. Der König bestieg, das Scepter in der Hand, den wie ein Tribunal errichteten Thron und wartete die Ankunft der Königin ab. Sie nahte sich umgeben von ihren Edelfräulein; anstatt aber neben ihm auf dem Throne Platz zu nehmen, fiel sie ihm zu Füssen und hielt, von ihm aufgerichtet, eine Anrede an ihn, die die Bitte um Verzeihung für London, um Rückgabe der alten Freiheiten in sich schloss. Richard erklärte, gerne in das einzugehen, was die Königin wünsche, hiess sie neben sich setzen und hielt nun selbst eine längere Anrede an das Volk, das schweigend in ehrerbietiger Stille seinem königlichen Herrn zuhörte. Er warf den Londonern ihren Übermuth vor, forderte sie auf, sich zu bessern und

---

[1]) Foemina foeminea sua dum sic foemina nudat,
Vix poterat risum plebs retinere suum.
Maydist. p. 290. (Wright political poems and songs.)

gab ihnen endlich in Anbetracht dessen, was sie nun gethan, seinen Zorn zu versöhnen und der Bitte der Königin, das Recht, den Mayor zu wählen, zurück, Schlüssel und Schwert. Er forderte sie auf, bei den alten Gewohnheiten zu bleiben, den alten Glauben zu wahren[1]) und ruhig nun auseinander zu gehen. Ein gewaltiger Ruf: „es lebe der König!" erfüllte die Luft und wollte nicht enden. Es war der schönste Tag der Regierung Richards, als er auf Bitten der Königin Anna die Londoner wieder in Gnaden aufnahm.

Die Urkunde des Königs von Woodstocke aus, welche den Generalpardon näher bestimmte, enthält viermal den Zusatz, dass dies auf Bitten der Königin geschehe.

Die drohende Gefahr hatte sich dadurch verzogen; von einer Belagerung oder gar Zerstörung Londons war keine Rede mehr.

Die Londoner waren, nachdem sie in Windsor für 10.000 Pfd. Bürgschaft geleistet, noch voll betrübten Herzens nach Hause gegangen, da erfuhren sie, dass der König, welcher zuerst durch den Herzog von Lancaster hatte besänftigt werden müssen, die Worte hatte fallen lassen: „Ich werde nach London gehen, die Bürger trösten und nicht dulden, dass sie an meiner Gnade verzweifeln." Der König aber hatte nicht nur sein Ansehen gewahrt, sondern in die Verzeihung auch die Königin verflochten, welche nun auch an den kostbaren Geschenken theilnahm, die die Londoner bei dieser Gelegenheit machten. Dann freilich mussten sie dem Könige noch 10.000 Pfd. zahlen. Das habe alles der Delphin bedeutet, den man Weihnachten vorher auf der Themse erblickt hatte[2])! Allein nur zu sehr wechselten die Entschlüsse bei Richard.

Wenn am 15. August 1392 K. Richard, die Königin Anna in vollster Pracht und Herrlichkeit, die Krone auf dem Haupte, von Bischöfen und Herren begleitet, im Refectorium der Minoriten zu Salisbury Tafel gehalten, so war Grund vorhanden zu solcher Freude und Festlichkeit. Die Versöhnung war im besten Zuge, man sah fröhlichen Zeiten entgegen, wenn auch schon seit 1390 „die fünfte Post" in England ihre Opfer forderte[3]).

Der König hatte bei der Verzeihung, welche er den Londonern zukommen liess, vorzüglich den Bitten der Königin nachgegeben und damit gegen den Beschluss des geheimen Rathes gehandelt. Der hohe Adel war gar nicht mit dem Wechsel des königlichen Entschlusses einverstanden und zürnte deshalb dem Könige. Leider tritt, wie so viele andere Momente im Leben Richards, so auch dieser nur wie im Streiflichte hervor. Wir erfahren nur vorübergehend von Zerwürfnissen, ohne sie ihrem Ursprunge oder ihren Folgen nach näher angeben zu können. Wir hören fortwährend Töne, ohne sagen zu können, nach welcher Seite das Gewitter sich entladen werde.

Der König beauftragte in der nächsten Zeit den Herzog von Glocester, nach Irland zu gehen (1392) und die dortigen Häuptlinge zu Paaren zu treiben, nahm dann aber wieder zum grossen Schaden des Reiches den Befehl zurück. Er empfing gegen Ende des Jahres (1392) den Besuch des Königs Leo von Armenien, sorgte für seinen Pathen Richard von York nach dem Tode von dessen Mutter Isabella, und steuerte den geheimen Zusammenkünften,

[1]) Antiquam servate fidem, nova dogmata semper
Spernite, quae veteres non didicere patres. Maydist. p. 299.

[2]) Walsingham II. p. 211.

[3]) Cont. eulogii p. 369. Übrigens geht dieser Stelle voraus: A S. 1391 nihil scribitur quia regnum Angliae fuit in malo statu und folgt die andere nach: quid autem actum est in regno annis D. 1393 et 1394 hic non scribitur propter varietatem regni Angliae. Bezieht sich diess auf den nachherigen Thronwechsel und dessen Folgen?

die zum Sturze des Adels (ad proceres regni, quorum nobilitate dignitatis nostrae diadema maxime fulcitur et honoratur, destruendos[1]) stattfanden. Er traf auf Bitten der Königin Maassregeln für das irländische Königinengold[2]), gab Cherbourg an K. Karl von Navarra zurück[3]), sandte den Grafen von Hutingdon Johann Holland an K. Sigmund von Ungarn[4]). Fortwährend wurde mit Frankreich wegen eines Friedens unterhandelt. Allein die Franzosen dachten niemals denselben abzuschliessen, ohne Calais wieder zu gewinnen[5]). Da erlitt K. Karl auf dem Maskenballe die grosse Gefahr lebendig zu verbrennen, die die Störung seines Geistes herbeiführte. Dieses Ereigniss, so ganz der Gegensatz zu dem, was Richard in London erlebt, veranlasste sodann, dass im Jahre 1394 der Herzog von Lancaster einen vierjährigen Waffenstillstand abzuschliessen vermochte.

Das Parlament des J. 1394 eröffnete Thomas von Arundel, Erzbischof von York, als Kanzler des Reiches. In Gegenwart seines Bruders und des Erzbischofes von Canterbury, des Herzogs von Glocester, der Bischöfe von Winchester und Salisbury, des Grafen von Warenwyk und anderer erbat sich Richard Graf von Arundel von dem Könige das Wort, Dinge, die ihm am Herzen lägen, aussprechen zu dürfen. Sie betrafen die Ehre und den Nutzen des Königreiches. Als er die Erlaubniss erhalten, erwähnte er nach den Parlamentsacten: 1. Es sei gegen die Ehre des Königs, dass sein Onkel, der Herzog von Lancaster und Guyenne, ihm so oft die Hand drücke und ihn umhalse (alast sovent en mayne et brace du Roi). 2. Dass der König sich in die Farben des Halsschmuckes des Herzogs kleide. Ebenso kleideten sich die Leute des Königs. Im Conseil und im Parlamente gebrauche der Herzog oft so derbe und harte Worte, dass der Graf und andere Personen es nicht wagten, ihre Meinung auszusprechen. Es sei gegen das Interesse des Königs, dass der Herzog Guyenne erhalten habe. Endlich habe ihm auch der König eine so grosse Summe für die spanische Reise ertheilt. Der König antwortete Artikel auf Artikel. Er erklärte seinen Onkel Lancaster zu behandeln, wie alle seine Onkel. Er habe das Halsgeschmeide Lancasters genommen und sich als Zeichen seiner Liebe umgehängt, so auch es mit „der Livere“ gehalten. Nur nach seinem Willen handelten hierin seine Diener. Alle Mitglieder des Conseils könnten ihre Meinung offen aussprechen. Die Verleihung von Guyenne sei mit Zustimmung des Parlaments erfolgt; ebenso die Hälfte der Kosten für die spanische Reise; die andere Hälfte sei ihm geliehen worden. Seine Verdienste um Brest und den königlichen Dienst betrügen aber viel mehr, so dass sie ihm nachgesehen worden sei. In Betreff des Friedensvertrages habe der Herzog nach seinem Auftrage gehandelt[6]). Der Rath beschloss, dass der Herzog durch die Bemerkungen des Grafen keine Unehre erleide, verlangte aber, dass letzterer ihm Abbitte leiste, was denn auch in bestimmter Form geschah.

Der Angriff auf den Herzog war damit von dem Könige abgeschlagen. Die Stellung Arundels zu seinem ohnehin auf das Tiefste erbitterten Lehensherrn hatte sich aber dadurch nicht gebessert und der Tag, an welchem sich dieses zeigen konnte, rückte rascher heran,

---

[1]) Westminster 6. Mai 1393.
[2]) Walsingham. Appendix. II. p. 405.
[3]) Westminster 20. Oct. 1393. Rymer VII. p. 755.
[4]) Westminster 18. Jan. 1394.
[5]) Paix n'aves ja s'ils ne rendent Calays, ist der stete Refrain des französischen Gedichtes über den Waffenstillstand mit England. Wright political poems and songs I. p. 300. Das Gedicht hat Eustache Deschamps zum Verfasser.
[6]) Item touchant la traitée de Paix. Rot. 313.

als damals beide Theile ahneten. In Betreff des Vertrages mit Frankreich aber ward nun von den Seigneurs festgesetzt, dass dem französischen Könige für die Continentalbesitzungen keine Lehenshuldigung geleistet werden sollte[1]). Die Communs aber meinten, es solle für Guyenne geschehen.

Es ward ferner dem Könige überlassen, die nach Irland verbannte Justitiare zu begnadigen[2]), und dem vom Papste ernannten Bischofe von Landaff zu gestatten, das Bisthum auf dem Wege der Provision anzunehmen.

Die Verschworenen vom J. 1387 mochten den Boden unter sich wanken fühlen. Der Herzog von Lancaster besass das ganze Vertrauen Richards, ihre Macht war im Sinken. Schon war es, wie Walsingham berichtet[3]), zu einer Anklage gegen Arundel gekommen, als begünstige er heimlich den Aufstand der Chestermänner, die zu den Waffen gegriffen hatten. Auch diese Sache wurde beigelegt und Monsieur de Guyenne, wie der Herzog officiell genannt wurde, reiste im Mai nach Frankreich ab, den Tractat zwischen den beiden Kronen zu Ende zu bringen.

§. 3.

Der Tod der Königin Anna.

Es ist uns nicht bekannt, welche Eindrücke die unfreiwillige Rückkehr des böhmischen Gefolges der Königin nach ihrem Vaterlande daselbst hervorrief.

Wir haben einen Brief K. Wenzels an seine Schwester in England; ist er wirklich echt und nicht eine gewöhnliche Stylübung, so muss ihm nachgesagt werden, dass er sich nicht über das Allergewöhnlichste erhob. Hingegen klangen die Nachrichten, welche aus der Heimath nach dem Westen drangen, nichts weniger, als erfreulich. Schon am 31. December 1386 war die erste Gemahlin K. Wenzels unvermuthet gestorben. Wie Edmund von Dinter, der Belgier, welcher vom Herzog Anton von Brabant nach Prag zu K. Wenzel geschickt worden war, nach Hause brachte, war sie entweder bei nächtlicher Weile von einem der grossen Hunde zerfleischt worden, die zu den Füssen der königlichen Bettstätte zu ruhen pflegten, oder an den Folgen des Bisses eines tollen Hundes gestorben[4]). Sechs Jahre später heirathete K. Wenzel aufs Neue eine baierische Prinzessin, Sophie, die Tochter des Herzogs Johann von Oberbaiern (1392), dieselbe, deren Caplan und Günstling nachher der Magister Johann Huss geworden ist. Als zu Pfingsten desselben Jahres (2. Juni) K. Wenzel den Grund zur Domkirche auf dem Hradschin legte, sein Bruder Johann von Görlitz, Markgraf von Brandenburg, sich nebst dem dritten Erzbischof von Prag bei der feierlichen Handlung befanden, geschah dieselbe, wie die Inschrift heutigen Tages noch sagt, im Namen Sigmunds, des Königs von Ungarn und Dalmatien, der Kaiserin Elisabeth und der Königin Anna von England[5]) und ihrer Schwester Elisabeth, Burggräfin von Nürnberg, der Kaisertöchter, so dass

---

[1]) l. c. p. 315.
[2]) l. c. p. 315.
[3]) II. p. 254.
[4]) Cum urinae causa de lecto regio surgere seu vasculum capere conaretur. Magnum chronic. Belgic. ap. Pistor. Struv. III. p. 356.
[5]) Sie heisst nur regina Angliae, nicht Franciae

die ganze Familie K. Karls theils wirklich, theils im Geiste versammelt war, das von ihm und seinem Vater 1345 begonnene Werk fortzuführen[1]). Wenige Monate darauf, am 14. Februar 1392, hatten der König von Ungarn, der Kurfürst von Brandenburg, die Königin von England und Frankreich, die Burggräfin von Nürnberg den Tod ihrer Mutter Elisabeth zu beklagen[2]). Ihr zu Ehren wurde aber erst im Monate Juli zu St. Paul in London grosse Trauerfeierlichkeit gehalten[3]). Gerade drei Tage nach dem Kirchenfeste auf dem Prager Schlosse war im Schoosse der Luxemburgischen Königsfamilie eine neue Katastrophe vor sich gegangen.

Anna's Schwägerin, die Gemahlin K. Sigmunds, hatte ein sehr hartes Loos getroffen. Durch den neapolitanischen König Karl 1385 entsetzt, gelang es der Königin Marie von Ungarn, sich des Thrones von Ungarn wieder zu bemächtigen, als die Königin in Abwesenheit ihres Gemahles in die Hände der Gegenpartei fiel und von achtundzwanzig vornehmen Ungarn auf das Empörendste misshandelt wurde. Schmachbedeckt und von Kummer erdrückt schrieb die jugendliche Fürstin ihrem Gemahle, dass sie nicht würdig sei zu ihm zu kommen und bei ihm zu sein noch bei anderen ehrbaren Leuten.

Ihre Mutter war erdrosselt worden, sie selbst befürchtete ein noch entsetzlicheres Schicksal, als sie den Venetianern ausgeliefert, von diesen König Sigmund übergeben wurde, worauf die hohe Frau, die Tochter K. Ludwigs von Ungarn, erst zweiundzwanzigjährig, tiefgebeugt nach den Einen am 5. Juni, nach Andern schon am 17. Mai 1392 kinderlos starb[4]). Um zu verhindern, dass der Ausländer Sigmund nicht durch Marie König werde, entehrten die vornehmen Ungarn die Tochter des König Ludwigs, ihre rechtmässige Fürstin und übergaben sie dem todbringenden Grame[4]).

Zeitgenossen berichten, wie im Westen von Europa damals eine grosse Seuche wüthete. Stadt und Land waren mit Schrecken erfüllt. War es eine Vorahnung der hereinbrechenden Katastrophe, die den König, als er Weihnachten 1393 mit der Königin zu Windsor gefeiert, veranlasste, am 20. Jannar 1394 ein grosses Familienfest im Palaste des Bischofs von Durham zu veranstalten. Königliche Breve vertheilten die Einladungen. Jeder Eingeladene aber hatte, ob er kam oder nicht kam, 20 Schillinge zu zahlen. Es kamen König und Königin, der Erzbischof Primas mit anderen Bischöfen und Prälaten, die drei herzoglichen Oheime des Königs, Lancaster-Guyenne, York und Glocester, Grafen, Barone, Ritter und andere Herren, die Herzogin Constanze von Lancaster und mehrere andere Frauen. Es war das letzte Mal, dass diese Mitglieder des königlichen Hauses einander in so festlicher Weise sahen.

Wenn dieselbe Hand, welche bei Belsazars Gastmahle das Mene Tekel schrieb, bei dem grossen Gastmahle des Hauses Plantagenet über jeden Tafelgast jetzt die kurze Zeit seines Lebens und den jammervollen Wechsel, welchen die Meisten erlitten, aufgezeichnet hätte, welches Entsetzen wäre in Mitten der Fröhlichen entstanden und mit welch gläsernen Blicken

---

[1]) Dr. Aug. Ambros: Der Dom zu Prag. S. 164.

[2]) Zwischen beiden Ereignissen fällt der Kriegszug gegen Strassburg, deren Bürger Bruno von Rappoltstein, einen englischen Ritter, gefangen gesetzt hatten. K. Richard beklagte sich darüber bei seinem Schwager Wenzel, und als nun die Strassburger nicht gehorchten, kam es noch 1392 zur Acht wider die Stadt und zum Reichskriege. Pelzel I. S. 256.

[3]) Mon. Evesh.

[4]) Deutsche Chronik in der Münchener Hofbibl. CGM. 369.

[5]) Am 18. Januar 1394 sandte König Richard seinen Bruder, den Grafen von Hutyngdon (pro certis negotiis regem et regnum suum tangentibus) an K. Sigmund von Ungarn. Rymer VII. p. 764.

hätte jeder den Andern angestiert! Damals aber war noch Alles voll festlicher Laune. Von der Octave von Christi Himmelfahrt bis zum Tage nach der Trinitätsfeier weilten König und Königin in Begleitung von Herzogen, Erzbischöfen, Bischöfen, Grafen und Baronen und unter Zuströmen einer grossen Masse Volkes im Kloster vom heil. Augustin zu Canterbury. Am Tage der Pfingsten oder dem demnächstfolgenden Festtage des Apostels der Angelsachsen nahm der König sowohl an der Procession als an der Tafel Antheil und zwar in vollem königlichen Ornate[1]). Damals befahl er es, möge das Gedächtniss des Königs Ethelbert täglich begangen werden[2]).

Es ist aufgezeichnet worden, wie glänzend die Hofhaltung K. Richards gewesen, welcher Reichthum an Kleinodien, welche Herrlichkeit der Tafel, welche Pracht der Bauten stattgefunden hatte[3]). Man sagte ihm nach, er habe Salomon übertreffen wollen, ein Kleid mit Perlen, Gold und Edelsteinen besetzt nach eigener Angabe verfertigen lassen, dreissig tausend Mark im Werthe[4]). Allein der äussere Glanz verbarg nur mühsam den Grund eines tiefen Kummers. Einerseits galt der König bei der kriegerischen Partei der Lords, dem Herzoge von Glocester und seinen Freunden zumahl, als Schwächling, wo nicht als noch Ärgeres, da er keine Stadt erobert, keinen Sieg erfochten; andererseits schien keine Aussicht vorhanden, dass die Königin ihrem Gemahle einen Erben schenke. Das Haus des Prinzen von Wales, des Siegers von Poitiers, beruhte noch immer auf zwei Augen, und der Ehrgeiz der Söhne und Enkel K. Eduards III. gewann dadurch mehr Spielraum, die Anordnung der Thronfolge in ihr Bereich zu ziehen. Im Parlamente zu Westminster wurde offen erklärt, dass Calais mehr koste, als es nütze, und ebenso es zu nichts diene, das Wappen Frankreichs zu führen. Dieser Ansicht traten aber der Herzog von Glocester, die Grafen von Arundel und Warwyk mit aller Schärfe entgegen[5]).

Vielleicht war es unter dem Einflusse der herrschenden Seuche, dass jetzt der Herzog von Lancaster verlangte, es möge sein Sohn, der Graf von Derby zum Thronerben erklärt werden, und der innere Zwist des Hauses Plantagenet offen hervortrat. Der Graf von March verlangte in Kraft seiner Abstammung von Lionell, Herzog von Clarence, dieses Recht für sich. Dagegen führte der Herzog eine Geschichte an von zwei Söhnen, welche Heinrich III. gehabt und wie der erstgeborene Edmund seine Rechte dem zweitgeborenen Eduard abgetreten habe; von Edmund aber stamme das Haus Lancaster, worauf der Graf von March ihn wiederlegte. Man konnte sehen, welche Stürme im Anzuge seien, wenn nicht eine kräftige Hand das Scepter führe. K. Richard gebot den Streitenden Ruhe, der Streit aber blieb und die Partei Glocester erklärte sich nun gegen den Herzog von Lancaster.

Man kann sich vorstellen, wie bitter die Verhandlungen über die Erbfolge für die Königin sein mussten, die weder an Achtung noch an Liebe gewann, als sie ihre natürliche Aufgabe nicht zu erfüllen vermochte. Es kam die Betrübniss ihres Gemahles über den Tod des

---

[1]) Guill. Thorn. Chr. p. 2197 a. 1393.

[2]) Um diese Zeit starb auch Leo König von Armenien (prince lyon de lisingnen quint roy latin du royaume darmenie) zu Paris, 29. Nov. 1393, derselbe welcher K. Richard 1392 besucht hatte. Du Cange les familles d'outre-mer p. 158.

[3]) Appendix IX zu Davies: an english chronicle 1856, p. 133. Vergl. dazu auch die englischen Verse John Hardyngs bei Lowth p. 203—206.

[4]) Mon. Evesh.

[5]) Davies p. 127.

Herzogs von Irland dazu, während im September 1393 die Seuche in Essex mit grosser Gewalt ausbrach. Der König, wahrscheinlich, um der Gesellschaft derjenigen zu entgehen, die ihm seit dem Tode Roberts de Veer doppelt zuwider waren, und um kriegerischen Ruhm zu erlangen, bereitete einen Kriegszug gegen Irland vor. Da trat das Ereigniss an ihn heran, das mehr als jedes andere geeignet war, den tiefsten Eindruck auf ihn zu machen.

Gerade jetzt öffneten sich plötzlich die Gräber des Hauses Plantagenet. Da starb in Abwesenheit ihres Gemahles die Herzogin von Lancaster aus dem castilianischen Königshause [1]), ihre Schwiegertochter Marie, Gräfin von Derby, Gemahlin Heinrichs von Lancaster, von welchem es heisst, dreimal habe er das Schwert nach dem Könige gezückt, dreimal die Königin den König vor ihm befreit. Schon 1393 [2]) starb Isabella, Herzogin von York, gleichfalls aus dem castilianischen Königshause [3]). Es sollte sich zeigen, dass, was im Hause York oder Lancaster vor sich ging, nur zur Begleitung eines noch grösseren Übels diene.

Plötzlich zog die Seuche in den Palast Shene, den Lieblingsaufenthalt Richards, ein und ergriff die jugendliche Königin. Sie starb, ohne dass wir Näheres anzugeben wüssten, erst achtundzwanzig Jahre alt am 7. Juni 1394 [4]) zum unsäglichen Leidwesen ihres Gemahles, der die Gefährtin seiner Freuden wie seiner bisher sorgfältig verheimlichten Leiden an ihr verlor, das Liebste, das er auf Erden besass.

Was noch weiter Räthselhaftes vorgegangen, ist uns nur aus Andeutungen bekannt. Am 10. und 14. Juni erfolgten von dem Manoir de Sheno aus, die königlichen Einladungen zum feierlichen Begräbnisse der Königin in der Westminster-Kirche für Montag den 3. August, doch sollten die Aufgebotenen sich bereits Mittwoch den 29. Juli zu den Exequien einfinden [5]). Sie waren prachtvoll. Da England nicht genug Wachs besass, wurde nach Flandern geschrieben, von da die Wachskerzen zu schicken.

Wieder trübte der Graf von Arundel die traurige Feier. Hatte er sich in der schon von ihm bekannten Weise der Verschwendung entgegengestellt, die jetzt zu Ehren der Todten stattfand, oder ist es richtig, dass er von den Grossen der letzte war, welcher zum Begräbnisse kam, der erste, welcher sich entfernte: der König sah sein Benehmen als einen Schimpf gegen ihn und die Verstorbene an.

Es kam zum Wortwechsel mit dem Könige, die zur Verwundung des Grafen führte [6]). Actenmässig wissen wir nur, dass am 3. August Richard im Zustande besinnungslosen Schmerzes befahl, den Grafen in den Tower zu bringen [7]). Am 10. August jedoch erfolgte schon wieder seine Befreiung, am 21. September 1397 seine Enthauptung.

---

[1]) Dam Constanns — a woman ful blessed and devoute. Capgrave p. 258.

[2]) Rymer VII. p. 740.

[3]) Doutir to king Petir of Spayn. And ser Jon Hakwod the nobil knyte, moost named in manhod and werre. l. c.

[4]) Walsingham, der ihr besonderer Gönner nicht war, sagt nur: obiit quoque anno regina. Nach Froissart starb sie am weissen Sonntage; das wäre aber der 7. März gewesen.

[5]) Rymer foedera VII. p. 776 parceque nôtre Tresamee compaigne la Royne (qu'est a Dieu commandee) serra ensevelez a Westmouster. Nach Mon. Evesh. fand das Begräbniss am Annatage, 26. Juli, statt.

[6]) Cujus exequiae, sagt Walsingham, quanto celebriores fuerant in expensis, tanto notabiliores infamiis, quia rex polluit locum sanguine comitis Arundeliae in principio officii funeralis.

[7]) Rymer VII. p. 784—785. Mandamus vobis, quod Ricardum, C. A. ab eo, qui ipsum vobis ex parte nostra liberabit, recipiatis et in Turri praedicta salve et secure quousque aliud a nobis pro ejus deliberatione habueritis in mandatis, custodiri faciatis.

Es wird berichtet, der König habe in seinem Schmerze befohlen, den Ort (Shene) zu verwüsten, an welchem er mit der Königin so glückliche Stunden verlebt. Er betrieb bei dem Papste, dass der Annentag in England feierlich begangen werde. Er liess in der Westminster-Kirche ein prachtvolles Grabmal für die Königin setzen; ein Soldat Cromwells hieb später dem steinernen Standbilde der Königin den Hauptschmuck ab.

Schon im J. 1383 bei seiner Rückkehr aus Schottland hatte Richard bei Coventry den Grundstein zum St. Annakloster der Carthäuser gelegt. Die Mönche sollten 12 arme Studenten von 7—17 Jahren erhalten, für den König und die Königin beten[1]), sowie für seinen früh verstorbenen Vater. Jetzt ward ihnen der Auftrag zu Theil, der früh Verstorbenen im Gebete zu gedenken.

Diese Königin, schrieb der dem Hause Arundel so freundlich gesinnte Mönch von Evesham, wurde, obwohl sie ohne Kinder starb, doch als angenehm (graciosa) und dem Königreiche, soweit sie konnte, nützlich erachtet, weshalb auch Vornehme und Geringe bei ihrem Tode trauerten. Mit ihr, setzt er hinzu, kamen aus Böhmen jene verabscheuenswerthen Misbräuche, Schuhe (sotulares) mit langen Schnäbeln (Cracowys oder Pykys), eine halbe Ruthe (virgam) breit, so dass man sie mit silbernen Ketten an die Waden befestigen musste, um nur gehen zu können[2]).

Man konnte in der That noch Besseres sagen, da ihr milder Einfluss den sonst jähen König in Schranken hielt, ihr früher Tod aber bei Richard alles, was die Königin mit ihm gemeinsam erduldet, wieder wach rief und alle Untiefen seiner Seele in stürmische Aufregung versetzte. Was an ihr war, empfand man erst, als sie nicht mehr war.

Bereits war Michael, Graf von Suffolk, gestorben, der Herzog von Irland hatte vor diesem in der Verbannung sein Leben früh geendet. Von Richards Gespielen war der Graf von Stafford durch seinen Bruder erschlagen, Brembre und Salisbury hingerichtet worden. Sein treuester Freund und Diener Simon von Burley hatte auf dem Schaffote geendet. Jetzt war auch die gute Anna ihm entrissen, aber Gloccster, Arundel, Warwyk hatten die Leiche umstanden. Wir wissen nicht, wie tief die Königin die Schmach des Jahres 1388 fühlte; nichts aber ist wahrscheinlicher, als dass der König in den Verschworenen die Mörder seines Glückes sah. Der Gedanke der Rache mag in diesen Tagen in ihm aufgestiegen sein, als er ohne Kind, ohne Weib, ohne Freund den vornehmen Schelmen gegenüber stand, die sich durch Generalpardon und besondere Charten[3]) ihre Straflosigkeit gesichert hatten. Der König ging nach Irland. Als er zurückkehrte, liess er die Leiche des Herzogs Robert de Veere von Löwen kommen, sie in der Priorei Colne in Essex auf englischem Boden zu bestatten. Ehe sie der Erde übergeben wurde, befahl der König, den Sarg, aus Cypressenholze, zu öffnen.

Lange starrte er die wohlerhaltenen theueren Züge an. Ein siebenjähriger Kummer trat vor seine Seele. Der Schlag war für ihn zu heftig gewesen. Seine ganze Natur stand auf dem Punkte sich umzuwandeln und in unwürdigem Zerstören einen Ersatz für das verlorene Glück zu suchen[4]).

---

1) Monast. Angl. VI. 15.

2) p. 128.

3) Darauf berief sich Arundel 1397. Rot. p. 376.

4) Maining some times till mitnight and some times till morning in drinking and other excesses that are not to be named. The monk of Evesham by Williams. p. 294. Darauf gründete dann wieder der Herzog von Gloccster die Aufreizung der Londoner Bürger gegen den König. Williams p. 130.

Damals war vielleicht noch eine Möglichkeit, den König umzustimmen. Der Erzbischof von Canterbury, Wilhelm von Courtenay, die meisten Bischöfe, Äbte, Prioren und viele Religiosen waren nach Colne gekommen. Sie sahen, wie der König seinem Schmerze freien Lauf liess, wie er das Gesicht des Todten mit dem Finger berührte[1]). Aber nur die Gräfin von Oxford, die Mutter des Herzogs, war gekommen. Die Anwesenheit der Princessin Philippa wird nicht erwähnt, wohl aber gesagt, wie ganz wenige von den Vornehmen hier erschienen, da der Hass, welchen sie gegen Robert de Veere gefasst, noch nicht überwunden war (November 1395).

Philippa, Herzogin von Irland, erhielt später von K. Richard das Norfolkische Wilton[2]).

Die Herren hatten in ihrer Verbissenheit nicht bemerkt, welche unübersteigliche Scheidewand sich zwischen ihnen und dem Könige aufthürme. Doch wusste letzterer sich zu bezwingen. Er nahm vor der Hand die auswärtige Politik wieder auf, wo er sie 1388 gelassen. Es war eine grosse und schöne That K. Richards, als durch seine Bemühungen am 28. October 1396 die Aussöhnung zwischen Frankreich und England erfolgte und zur Besiegelung des glücklichen Einverständnisses die achtjährige Tochter seines bisherigen Gegners, Isabella von Valois mit K. Richard verlobt, ihm als Braut übergeben wurde, er auf die blutigen Eroberungen seines Vaters und Grossvaters Verzicht leistete. Wieder trat, wie bei der ersten Vermählung, ein gewaltiges Ungewitter ein. Der König, welcher das ihm anvertraute, zarte Mädchen nach England führte, verlor damals durch einen Orcan seine Zelte und einen grossen Theil seines Tafelgeräthes. Auf derselben Brücke, auf welcher bei dem feierlichen Einzuge der Königin Anna in London (1392) der Wagen mit den Edelfräulein umgestürzt wurde, verloren jetzt bei dem Einzuge der Königin Isabella durch das Gedränge des gaffenden Volkes neun Menschen ihr Leben.

Damals starb auch Wilhelm von Courtenay, Erzbischof von Canterbury, dem nun auf Verlangen des Capitels Thomas Graf von Arundel, bereits Kanzler des Reiches, nachfolgte.

Der König befand sich auf dem Gipfel seiner Macht. Ein dreissigjähriger Friede mit Frankreich sicherte die blühende Zukunft des Landes. Es verbreitete sich das Gerücht, der König werde statt K. Wenzel — römischer Kaiser[3]). Mitten in dieser Spannung der Gemüther beschloss Richard, die lang bedachten Plane, für die Katastrophe des J. 1388 Rache zu nehmen, durchzuführen. Er hatte seinen Oheim Lancaster, seine Brüder, die Grafen von Kent und Huntingdon, seinen Vetter, den Grafen von Rutland, den Grafen-Marschall Thomas Mowbrey, den Grafen von Somerset, Thomas Beaufort, den Grafen von Sarum Johann von Montague, den Thomas Herrn von Spencer, den Wilhelm Scrop auf seine Seite gezogen.

Der neue Erzbischof verlor das Kanzleramt. Die nach Irland verwiesenen Justitiare wurden zurückberufen, der Herzog von Glocester, die Grafen von Warwyk und Arundel wurden verhaftet, ihnen in Notingham der Process gemacht. Der Herzog von Lancaster lieh dazu Amt und Namen. Da wurde der Graf von Arundel enthauptet, Warwyk nach der Insel Man, Lord Cobham nach Jersey verbannt für ewige Zeiten. Es war die Strafe für den Mord Simon Burley's. Diejenigen, welche im Processe gegen sie aufgetreten, wurden mit Gütern und Titeln bedacht, der Graf von Derby, Herzog von Hereforth, der Earl-Marschall Herzog

---

1) Walsingh. I. p. 219.
2) Williams p. 160.
3) Walsingh. ad 1397.

von Norfolk, der Graf von Rutland, Herzog von Albemarle, der Graf von Kent, Herzog von Suthery, der Graf von Huntingdon, Herzog von Exeter (Exetir)[1]. Eine Depesche des Gouverneurs von Calais meldete den unfreiwilligen Tod des Herzogs von Glocester 1396[2]. Der Bruder des Grafen von Arundel, der Erzbischof von Canterbury, wurde verbannt, bald aber auch Heinrich Herzog von Hereford, Sohn des Herzogs von Lancaster, und der Herzog von Norfolk. Die Sühne für die nichtswürdige, blutige That des J. 1388 war vollkommen.

Aber schon zwei Jahre später trat eine neue Reaction ein. Während der König sich in Irland befand, kehrte erst der Herzog von Lancaster — der verbannte Derby, dessen Vater gestorben war — dann Thomas Arundel, Bruder des hingerichteten Grafen, bald auch die übrigen Verbannten nach England zurück und bewirkten Richards Absetzung, seine Einkerkerung, durch Parlamentsbeschluss die Erhebung Heinrichs von Lancaster auf den englischen Thron. Der Erzbischof weidete sich jetzt an dem Schauspiele der Abdankung seines königlichen Herrn. Er setzte den neuen König auf den Thron. Er salbte ihn mit dem Öle der Mutter Gottes, mit welchem Richard einst vergeblich gesalbt zu werden gewünscht hatte. Jetzt erfolgte die Revision der Processe von 1397, während Richard, im Gefängnisse von seiner Gemahlin getrennt, vergeblich wenigstens Vereinigung mit dieser verlangte.

Es war in seiner Hand gelegen, den Bürgerkrieg zu eröffnen, er hatte das Heer entlassen und damit sich in die Gewalt seiner erbittertsten Gegner gegeben. Dies war sein letzter, nicht mehr gut zu machender Fehltritt! Das Verhängniss, dem er erlag, der allgemeine Abfall erfolgte, als er sich selbst aufgegeben hatte. Jetzt als er nur mehr John von Bordeaux[3] hiess, gaben die Anhänger K. Richards die Hoffnung nicht auf, das scheussliche Gewebe von Verrath und Nichtswürdigkeit zu durchhauen, das Heinrich von Lancaster auf den Thron, den rechtmässigen König in den Kerker von Pomfret gebracht hatte. Die arme Königin war von den grössten Hoffnungen erfüllt und zählte bereits die Anhänger ihres eingekerkerten Gatten nach Hunderttausenden. Sie sollte rasch enttäuscht werden. Der neue König war siegreich auf allen Punkten und vernichtete seine Gegner, wo er konnte. Der Graf von Rutland, Sohn des Herzogs von York und Vetter Richards, der letzteren in unerhört schändlicher Weise verrathen, erhielt sammt dem Sir Thomas Erpingham den Auftrag, den Lord Despencer, welchem K. Heinrich bereits den Titel und die Rechte eines Grafen von Glocester genommen, zu enthaupten. Es geschah und der Kopf des Grafen wurde nach London gesandt. Der Herzog von Exeter, Earl of Huntingdon, einst John Holland, Richards Stiefbruder, fiel in die Hand der Schwester des enthaupteten Grafen von Arundel, Johanna Wittwe Humphreys de Bohun, Earls of Hereford (Lord constable of England). Sie berief ihren Neffen, den Sohn des Grafen Richard zu sich, den einst K. Richard nach seines Vaters Hinrichtung dem Grafen von Huntingdon zur Huth übergeben hatte. Er überhäufte den Gefangenen mit Schmähungen, während seine Tante einen Ritter auswählte, das Amt des Henkers zu üben. Vergeblich suchte

---

[1] Siehe das ganze Verzeichniss bei Capgrave 1397 p. 267. And to these lords, gave he mech of the lifiod of the duk, erl of Gloucetir, erl of Warwik and erl of Arundel. Später folgten unter Heinrich IV. die Entschuldigungen wegen Theilnahme an dem Processe von 1397. Siehe Walsingh.

[2] Capgrave S. 266. Dazu noch zum Jahre 1397: He (the king) purchased eke bulls of the Pope whech confermed al that was do in the Parlament and grete censuris were there ageyn alle that schuld breke hem!

[3] That John of Bordeaux who has been called Richard king of England be sentenced and contenced to be imprisoned in a royal castle. Williams. p. 223, 29. Oct. Davies p. 167. Heinrich IV. war so erbärmlich, seinen Vetter, den König, für unterschoben auszugeben.

dieser das blutige Amt von sich zu wälzen, die Gräfin drohte ihm selbst mit Enthauptung, wenn er nicht den Nachrichter mache. Da hieb er auf den Herzog, aber statt den Hals zu treffen, hieb er achtmal in die Schulter.

Endlich trennte sie mit einem Messer das Haupt des Unglücklichen vom Rumpfe. Minstrels und Trompeter des Grafen von Arundel spielten auf, als letzterer im feierlichen Zuge das Haupt des Gemordeten nach London brachte (19. Jän. 1399).

Am 4. Februar wurden der von Richard für Thomas Arundel ernannte Erzbischof von Canterbury, Roger Walden, der Bischof von Carlisle, der Abt von Westminster, zwei Capläne K. Richards, W. Fereiby[1]) und Mandeleyn, Sir Bernard Brocas, einst Lieutenant von Windsor Castle in der Zeit, als Sir Simon Burley Constable war, und Sir Thomas Shelley, Haushofmeister des hingerichteten Grafen von Huntingdon, vor Gericht gestellt. Die Richter konnten keinen Grund zu ihrer Verurtheilung finden. Walden verdankte sein Leben der Vermittlung des Erzbischofes Arundel; der Bischof und der Abt wurden aber eingekerkert, die übrigen nach der Weise des Jahres 1387 von den Commons zum Tode verurtheilt, vom Tower nach Tyburn — 2 Stunden weit, — geschleift mit Ausnahme des Ritters Brocas, der den Todesweg zu Fuss zurücklegen musste und dann enthauptet wurde. Die übrigen wurden erst gehängt, dann herabgelassen und enthauptet.

Wie K. Richard starb, ist ein Geheimniss, das aus den Mauern des Schlosses Pomfret nicht in die Öffentlichkeit drang. Nach den Einen endigte der unglückliche Fürst im Handgemenge mit Sir Peter Exton, den K. Heinrich zu seiner Ermordung abgesandt hatte, und dessen Gefolge, nach tapferer Gegenwehr durch einen Axthieb[2]) in sein Haupt getroffen, erschlagen von Extons Hand 6. Januar 1400[3]). Nach Walsingham[4]) ging die Rede, er habe im übergrossen Jammer über sein Schicksal Speise und Trank von sich gewiesen und so den Tod selbst veranlasst. Nach Capgrave[5]) und dem Mönch von Evesham ist anzunehmen, nicht freiwillig habe sich K. Richard der Nahrung enthalten, sondern sie sei ihm so lange entzogen worden, bis ein nach London abgesandter Ritter nach dem Schlosse zurückgekehrt war. Er überlebte nur kurze Zeit seine Getreuen, die sich für ihn erhoben und blutig geendet hatten. Heinrich hatte ihn schon früher gemordet, als er ihn nur mehr John of London nannte und der Obhut des jungen Herzogs von Glocester und des Grafen Arundel übergab[6]). Als er nicht mehr König war, wurde ihm selbst die eheliche Geburt abgesprochen; er sei der Sohn der Johanna von Wales und eines Canonicus von Bordeaux und heisse eigentlich Johann von Bordeaux. Er war wie ein Dieb und Mörder verwahrt worden[7]). Er wurde nur mehr als Edelmann bestattet. Man brachte die Leiche des Gemordeten vom Schlosse Pomfret nach London, wo

---

1) Nach dem chronicle of the betrayel p. 290: master John Derby receiver of Lincoln.

2) Williams p. 250.

3) Nach Stowe 14. Febr. Mon. Evesh. p. 169.

4) II. p. 246. Siehe auch Davies p. 134. In solchen Dingen pflegen Spätere mehr zu sagen, als die Zeitgenossen.

5) p. 276. The Kirkstall chronicle bei Williams p. LXXVI sagt: pane et aqua sustentatus tandem fame necatus est secundum communem famam. Aliter tamen dicitur et verius, sagt der Mönch von Evesham, quod ibidem fame miserabiliter interiit. p. 103.

6) My cousins take the king, who put your fathers to death unjustly. Williams p. 210. Man sieht, Heinrich wollte seinen entthronten Vetter und König nicht selbst morden; aber wenn es andere gethan hätten, wäre es ihm sehr lieb gewesen; ob nun der Londoner Pöbel oder die Herren vom Adel, konnte ihm gleichgiltig sein.

7) Williams p. 211. So lange er in London gefangen war, durfte er seine Kleider nicht wechseln.

sie, das Angesicht ohne Hülle, ausgestellt wurde[1]), damit jeder sich überzeugen konnte, K. Richard sei nicht mehr unter den Lebenden[2]).

Auf demselben Markte, auf welchem 1392 bei ihrem festlichen Einzuge König und Königin die Repräsentanten der himmlischen Heerscharen empfangen hatten, lag nun der dreiunddreissigjährige Fürst auf schwarzer Bahre, todt wo nicht ermordet anzuschauen. Nicht in Westminster, sondern in St. Pol fanden die Exequien statt, denen K. Heinrich beiwohnte. Wie bei der Beerdigung Roberts de Veer vermieden es die Barone, bei der des Königs zugegen zu sein. Was hatten ein Rutland, ein Arundel dabei zu thun! Schweiften doch die Gedanken des Königs über Richards Leiche hinweg nach dem Besitze Isabellas von Valois[3]). Der Bischof von Chester, zwei Äbte, einige wenige Herren wohnten der Beerdigung des Königs bei. Sie fand ohne viel Gepränge in Langley in der Kirche der Prediger statt[4]). Richard hatte die Kirche von Westminster aufgebaut[5]), sie zum Heile seiner Seele reich dotirt. Es war ihm nicht gestattet, an der Seite der Königin Anna bestattet zu werden, obwohl er sein Grabmal neben dem ihrigen bereits hatte errichten lassen. Beide Gatten schienen Hand in Hand neben einander zu ruhen. Erst als auf den blutigen Heinrich, der sein Anrecht auf den Thron auf die directe Abstammung von Heinrich III.[6]) gegründet hatte und sich als rechtmässigen Thronerben ausgab, Heinrich V. nachgefolgt war, wurde die Überführung der Leiche Richards in das Grab von Westminster gestattet.

Um die Hand der zarten Wittwe, welche zuerst den König, dann den Gemahl verloren und sich vergeblich in den Traum einer glücklichen Reaction eingewiegt hatte, warb jetzt derselbe, welcher sie und ihren Gatten entthront und des letzteren Tod veranlasst hatte. Als Isabella von Valois den K. Heinrich verschmähte, gestattete er nur zögernd ihre Auslieferung an Karl VI., ihre Befreiung. Er entzog ihr ihr Witthum, selbst die Juwelen, welche sie nach England gebracht. Am 26. Juli 1402 erfolgte endlich ihre Übergabe durch Sir Thomas Percy, welcher sich durch Zweikampf zu erhärten erbot, Isabella sei jetzt, als sie zurückkehrte, so jungfräulich wie einst, als sie nach England gekommen war. Damals übernahm es Philippa von Coucy, die Wittwe des Herzogs von Irland, der unglücklichen Fürstin das Geleit zu geben. Ihre Schwester Marie hatte sie als Braut im J. 1396 nach England geleitet. In Thränen zerfliessend betrat die unglückliche Witwe Richards, die nie Frau gewesen war, den Boden Frankreichs. Voll Thränen reichte sie 1406, achtzehnjährig, dem viel jüngeren Herzoge von Angoulême (Orleans), Neffen ihres Vaters, geboren 1391, die Hand zum zweiten Ehebündnisse (29. Juni).

---

[1]) Et facies sua ostensa est populo. Appendix XI zu Davies: an english chronicle of the reigns of Richard II., Henry IV., V., VI. 1856. Es fiel auf, dass nur das Gesicht gezeigt wurde. Chronicle of the betrayel p. 262 n. 1.

[2]) L'an 1399 le 12 jour de mars fut amenés en l'eglise de st. Pol a Londres en estat de gentil homme le corps du noble Roy Richard. Et est veritez que le cafiet fut convert tout d'an drap noir a tout quatre banieres dessus, de quoi les deux furent des armes de saint Jorge et les autres deux de saint Edouart c'est assavoir d'azur atout d'une croix d'or a cinq mailles d'or. Et yavoit cent homes tout vestus de noir et portoient chacun une torse et XXX homes qui estoient vestus de blanc, qui alerent a lencontre du corps du noble roy Richart et fut amenés a saint Pol la maistre eglise de Londres affin que ils eussent pour certain que il fust mors. Catal. Lugdun. Batav. (1474) p. 4 n. 402. Ea pars saltem corporis wurde gezeigt, per quod cognosci poterat facies, scilicet ab ima parte frontis usque ad guttur. Script. vol p. 229. Das Haupt blieb bedeckt! Es war eine Procedur wie bei der Ermordung K. Eduards II.

[3]) Capgrave l. c. Den Schatz, 900.000 Nob.; Juwelen und Silber in noch höherem Werthe, hatte bereits K. Heinrich in Händen; ebenso 150000 Nobels im Schatze von England und die kostbaren Edelsteine der Königin.

[4]) Sine magnatum praesentia, sine populari turba; nec erat, qui eos invitaret ad prandium post laborem. Walsingh.

[5]) Almost entirely Williams p. 295.

[6]) Mon. Evesh. p. 160.

Schon im nächsten Jahre, 1407, erlebte sie die meuchlerische Ermordung ihres Schwiegervaters, von dem es hiess, dass er mit der Königin Isabeau von Baiern in sträflichem Verhältnisse stehe, durch Johann, Herzog von Burgund, auf offener Strasse von Paris, bald auch den Tod ihrer Schwiegermutter, Valentine Visconti, die mit ihr vergeblich den König um Gerechtigkeit gegen den Mörder ihres Gatten, seines Bruders, angefleht hatte[1]), nun gebrochenen Herzens starb. Dann endlich schienen sich bessere Zeiten für Isabella zu gestalten[2]), als die Heirath mit ihrem dichterischen Gemahle wirklich vollzogen wurde und ihr das lang ersehnte eheliche Glück an der Seite eines gleichgesinnten Gatten in vollem Masse winkte. Am 13. Septemb. 1410 gebar sie ein Töchterchen, Jeanne, nachher Herzogin von Alençon. Wenige Stunden später war die glückliche Mutter eine Leiche.

Zwei Jahre später lag K. Heinrich IV. auf dem Todbette. Da mahnten mehrere Lords den Doctor John Tille, königlichen Beichtvater, den Sterbenden zu vermögen, für drei Dinge Busse zu thun, für die Ermordung K. Richards, für die Hinrichtung des Erzbischofes Scrope, für die Usurpation der Krone. Da antwortete der König, er habe dem Papste — wahrscheinlich Johann XXIII., in Betreff der ersten beiden Punkte sein Gewissen eröffnet, von ihm die Absolution erlangt und die auferlegte Busse erfüllt. Was aber den schlechten Anspruch auf die Krone betreffe, so sei es schwer die Sache rückgängig zu machen, da sein Sohn nicht dulden werde, dass die Krone dem Hause Lancaster entfalle[3]).

Damit war der Bürgerkrieg in Aussicht gestellt.

Die Geschichte, meinte einst Marcus Fabius Quintilianus, steht der Poesie zunächst und ist selbst gewissermassen ein Gedicht in ungebundener Rede (quodammodo carmen solutum est).

Beilagen.

1. Richard von Armagh.

In Betreff Richards von Armagh gibt ein Codex des Prager Capitels, welcher erst jetzt näher untersucht werden konnte, folgende interessante Aufschlüsse:

Erzbischof Richard in Geschäften seiner Kirche in London anwesend, fand dort einige Doctoren in heftigem Streite über den Bettelzustand des Erlösers. Wiederholt eingeladen, zu predigen, that er es und stellte 9 Sätze auf, wegen deren die Minderbrüder sich nach Avignon wandten.

1. Quod Dns. Jesus Christus in conversatione sua humana semper pauper erat non quia propter se paupertatem dilexit aut voluit.

2. Quod D. N. J. Ch. nunquam spontanee mendicavit.

3. Quod Christus nunquam docuit spontanee mendicare.

4. Quod D. N. J. Ch. docuit non debere hominem spontanee mendicare.

5. Quod nullus potest prudenter et sancte spontaneam mendicitatem super se assumere perpetuo observandam.

---

[1]) Dixon, der Tower von London I. S. 56. Deutsch. Berlin 1870.

[2]) Williams p. 166. not.

[3]) Die Erzählung bei Capgrave p. 302. Heinrich IV. starb 20. März 1412. Über seine angebliche Busse siehe Maydestone de martyrio Richardi Scrope.

6. Quod non est de regula fratrum minorum mendicitatem spontaneam observare.

7. Quod bullam D. Alexandri IIII, que magistrorum libellum condempnat, nullam premissarum conclusionum impugnat.

8. Quod pro confessione parochianorum alicujus ecclesie facienda cum exclusione loci alterius eligibilior erat parochialis ecclesia quam fratrum oratorium sive ipsorum ecclesia.

9. Quod ad confessionem parochianorum cujusvis ecclesie unius persone singulariter faciendam eligibilior erat persona ordinarii quam fratris persona.

Der Primas vertheidigte diese Sätze in einem Consistorium zu Avignon, welchem der Papst Innocenz, die Cardinäle und Prälaten beiwohnten, mit grosser Schärfe. Er trat dem Hauptsatze der Bettelorden, dass Christus selbst ein Bettler gewesen, ebenso entschieden entgegen, als den von den Päpsten den Mendicanten bewilligten grossen Privilegien, welche ihnen die Seelsorge, das Recht Beicht zu sitzen, Begräbnissstätten zu halten einräumten. Er wies hin, von welch grossem Nutzen ihnen letztere gewesen, wie sie, seitdem sie Beicht sassen, die schönsten Klöster und königliche Paläste gebaut. Niemals legten sie ihren Beichtkindern die Verpflichtung auf, etwas für die Ausbesserung der Pfarrkirchen, der Strassen und Brücken zu thun, sondern sie verwendeten alles zu ihren eigenen Zwecken. Er habe in seiner Diöcese jährlich 2000 Menschen, welche von den kirchlichen Sentenzen gegen Mörder, Diebe, Brandstifter getroffen, gebannt würden[1]). Höchstens 40 kämen zu ihm, Busse zu thun, die andern holten sich ihre Absolution durch die Brüder. Am meisten schade das Privilegium, dass die Brüder ⅓ von der Verlassenschaft erlangen dürften, nur ⅙ der Pfarrer, weshalb es beinahe überall zu den heftigsten Streitigkeiten zwischen beiden Theilen, ja zu Schlägen komme. Werde der Streit vor Richter (conservatores) gebracht, so brächten sie denselben vor die entferntesten und zwängen zuletzt die Kläger aus Furcht vor Vexationen von ihrer Klage abzustehen. Sie verlockten ganz junge Leute in ihren Orden einzutreten und liessen dann selbst die Ältern nicht mehr allein mit ihnen reden, noch dieselben aus dem Orden treten. Die Folge davon sei, dass die Ältern ihre Söhne nicht mehr nach Oxford zum Studiren schicken wollten, sondern viel lieber sie zum Ackerbau bestimmten, so dass die Anzahl der Studirenden in Oxford von 30,000 auf 6000 gesunken sei[2]), was ein grosser Schaden für den ganzen Clerus sei. Man könne bereits für die Artisten, die medicinische und Rechtsfacultät kein ordentliches Buch mehr auftreiben, sondern die Klöster schafften sich alle kaufbaren Bücher an[3]) — freilich ein Vorwurf, der in unseren Augen eher als das Entgegengesetzte erscheint. Der Primas erwähnte, er habe drei oder vier Rectoren zum Studium abgesandt, da sie aber weder eine taugliche Bibel noch andere theologische Bücher hatten auftreiben können, seien sie unverrichteter Dinge nach Hause gekehrt. Es komme dahin, dass es zuletzt keine Cleriker gebe, sondern nur Brüder[4]). Sie drängen sich in alle Häuser, essen und trinken daselbst. Ihre Inquisitoren (haereticae pravitatis) missbrauchten ihre Gewalt[5]), gegen deren Missbrauch es keine Hilfe gebe. Wie die Geier stürzten sie sich auf Begräbnisse, besonders der Reichen. Nur sie, aber nicht die andern Orden verlangten sich wie sie den Beichtstuhl. Spöttisch setzt er hinzu, sie drängen in alle Häuser und philosophirten in den Gemächern mit den schönsten Frauen. Er drang darauf, dass sie das Testament des hl. Franciscus beobachteten, der von denjenigen, welche arbeiten könnten, verlange, dass sie arbeiteten.

Der Papst übergab die Sache vier Cardinälen zur Untersuchung, der Primas aber rastete nicht, sondern widerlegte noch in einer Rede an das Volk[6]), dann am Tage des hl. Thomas (Martyr), 29. December 1357, die wider ihn erhobenen Einwürfe[7]).

---

[1]) p. 6.

[2]) p. 29.

[3]) Ut in singulis conventibus sit una grandis et nobilis libreria, ut singuli fratres habentes statum in studiis, quales sunt innumeri, nobilem etiam habeant libreriam. p. 29

[4]) Et sic peribit fides ecclesie nisi quatenus residebit in fratribus. p. 20.

[5]) Vexantes sepe diversas personas literatas et laicas.

[6]) Siehe den zweiten Theil des Capitelcodex.

[7]) Sein Gegner war besonders Mag. Jordanus de Anglia. Rayn. 1358, n. 6.

2. Wycliffe's achtzehn Conclusionen.

Von den 18 Conclusionen richtete der erste Satz seine Spitze mehr gegen den Kirchenstaat und die Stellung, welche der Papst als angeblicher monarcha mundi in der Christenheit einnahm, als gegen den Glauben. Er lautete: Das ganze menschliche Geschlecht, Christus ausgenommen, habe nicht die Macht, einfach anzuordnen, dass Petrus und sein ganzes Geschlecht in Ewigkeit die politische Herrschaft über die Welt führen. Die Absicht war klar, die päpstliche Herrschaft, welche Augustinus Triumphus u. A. als göttlich darstellten, als vergänglich erscheinen zu lassen. Die Ausrede, welche jetzt Wycliff gebrauchte, es sei klar, dass es gar nicht in der menschlichen Macht stehe, die Ankunft Christi zum jüngsten Gerichte zu hindern, ist fast läppisch. Klarer ist der weitere Erklärungsgrund, die politische Herrschaft gehöre den — Laien [1]).

Der zweite Satz: Gott selbst könne einem Menschen die bürgerliche Herrschaft für sich und seine Erben nicht für alle Zeiten geben, sollte nach der Erklärung den Sinn haben, dass Gott selbst sich nicht in Betreff der Vollendung der Zeiten durch eine derartige Vorkehrung die Hände binden könne. Zusammengenommen hiessen dann beide Sätze, die geistliche und die weltliche Macht auf politischem Boden sind vergänglich, eine Behauptung, die wenigstens uns sehr einfach erscheint.

Daran schloss sich der dritte Satz, der aber verschieden lautet: viele von Menschen erfundene Urkunden über eine beständige bürgerliche Herrschaft [2]) sind unmöglich. Ob Wycliff hiebei auf die vermeintliche Schenkung Constantins anspielte, mag man dahingestellt lassen. Er behauptete, den Satz nur einem Doctor gegenüber aufgestellt zu haben, welcher die menschlichen Urkunden höher stellte, als das Bekenntniss der heiligen Schrift. Der vierte Satz lautet nach Böhringer: Wer in der schliesslich begnadenden Gnade steht (wer ein Prädestinirter ist), der hat nicht blos Recht zu allen Gütern Gottes, sondern hat auch in der Sache (in Wahrheit oder in einer Sache) alle Güter Gottes.

Dieser Satz lautet unter den römischen Sätzen: quilibet existens in gratia gratificante finaliter nedum habet jus, sed in re habet omnia dona, wobei also das Recht dem wirklichen Besitze entgegengestellt ist. Nach Walsingham [3]) und der Erklärung Wycliffe's [4]), welche so viel als möglich mildert und einlenkt, lautet er aber: quilibet existens in gratia gratificante finaliter — der also bis zum Ende ausharrt — nedum habet jus in rem, sed pro suo tempore jus in re super omnia bona dei. Wycliffe beruft sich zur Erklärung auf Mathaeus XXIV, 17 und fügt bei, die drei ersten Sätze drückten den Weltlichen den Glauben Christi auf, damit sie nicht im Meere der mit ihren Begierden vorübergehenden Welt ertränken. Der vierte Satz leite zur Liebe Gottes, der uns zu so vielen wahren Reichthümern führe [5]).

Auch der fünfte Satz lautet verschieden. Nach der römischen Version: homo potest solum ministratorie dare tam naturali filio quam invitationis in schola Christi tam temporale dominium quam aeternum. Nach Walsingham folgt auf invitationis sogleich temporale dominium et aeternum und ebenso nach den fasciculis, aber noch implicitum. Der Satz dürfte somit heissen, der Mensch kann seinem Sohne der Natur nach wie dem nach dem Geiste (der himmlischen Einladung) weltliche und geistliche Herrschaft nur zum Dienste Gottes geben [6]).

---

[1]) Totum genus humanum concurrentivus, ein schwer verständlicher Ausdruck, den Böhringer übergeht — citra Christum non habet potestatem ordinandi simpliciter ut Petrus et omne genus suum in perpetuum dominetur politice super mundum. — Intelligo autem dominationem politicam vel civilem dominationem saecularem pertinere laicis activè viantibus dum peregrinantur, a domino. Wals. I. p. 257.

[2]) Bei Walsingham I. p. 354 de haereditate civili potentia. In den fasciculis: de haereditate civili perpetua. p. 246. Bei Walsingham multae cartae, bei den letzteren nur cartae. Non oportet canonizare cartas singulas scripturam fidei contemnendo. Fasc. p. 247.

[3]) I. p. 358.

[4]) Fasc. p. 247.

[5]) Dilexit. fasc. p. 247. Offenbar irrig statt dixerit.

[6]) Tanquam ministro dei. fasc. l. c.

Dieser Satz war nach Wycliffe's Erklärung gegen den Papst gerichtet, der sich nicht schämen soll, den Dienst der Kirche zu verrichten[1]), da er der Knecht der Knechte Gottes sei und sein solle.

Die nachfolgenden Sätze beziehen sich auf die Kirchengüter und deren richtige Verwendung. Wenn es einen Gott gibt, lautet der sechste, sollte aber nach der Erklärung Wycliffe's heissen: wenn es einen Gott gibt, so ist er allmächtig und kann er den Weltlichen die Gewalt geben, von welcher hier die Rede ist — können die weltlichen Herren von der sündigen Kirche rechtmässig und verdienstlich die Glücksgüter[2]) wegnehmen. Der Satz lautet aber wie eine Betheuerung, dass, so war es einen Gott gebe, so wahr könnten die Weltlichen so handeln und es ist auch wohl kein Zweifel, dass die Weltlichen ihn so verstanden. Jetzt, aber auch erst jetzt fühlte sich Wycliff bewogen, die Erläuterung hinzuzufügen, man möge ja nicht glauben, dass er damit die Meinung verbinde, dass die weltlichen Herren wie sie wollten, licite, oder auf ihre nackte Autorität hin diese Güter wegnehmen dürften, sondern[3]) durchaus nur auf das Ansehen der Kirche, in den vom Rechte bestimmten Fällen und in der vom Rechte bestimmten Form.

War aber das wirklich Wycliffe's wahre Meinung, wozu wirbelte er so viel Staub auf? Jetzt wurde der Satz dahin modificirt, die weltlichen Herren hätten das Recht, ihr Almosen der Kirche zu entziehen, wenn sie es missbrauche und diese Entziehung sei verdienstlicher als das frühere Geschenk[4]).

VII. Wir wissen, dass es nicht möglich ist, dass der Vicar Christi aus seinen Bullen oder aus denen des Cardinal-Collegiums, aber mit seinem Willen und seiner Zustimmung, jemanden befähigt oder nicht befähigt (habilitat). Hier liegt der Nachdruck nach Wycliffe's Erklärung darin, dass der Papst als Vicar nur im Namen Gottes der Kirche notificiren könne, wen Gott befähigt; thue er es aus sich, so sei es eine teuflische Anmassung. Es bleibt hiebei nur im Unklaren, ob der Papst durch eine specielle Offenbarung in den Stand gesetzt werden solle, dieses zu thun.

Daran schloss sich mit ähnlicher Logik der VIII. Satz an: Es ist nicht möglich, jemanden zu seinem Schaden[5]) zu excommuniciren, wenn er nicht zuerst und hauptsächlich von sich selbst excommunicirt werde. Dieser Satz, welcher wie der VI. in Böhmen besonderen Anklang fand, wurde von Wycliffe zweimal ganz verschieden erläutert. Seine Meinung scheint gewesen zu sein, dass zuerst eine Sünde vorangegangen sein müsse und diese excommunicire. Die Prälaten aber sollten nicht leichtsinnig, aus Eifer sich zu rächen oder aus Habsucht bannen. Damit in Einklang war dann der IX. Satz: Niemand darf, ausgenommen in Gottes Sache, jemanden bannen, suspendiren, interdiciren oder mit irgend einer geistlichen Censur bestrafen und gegen ihn einschreiten. Die Erläuterung sagt: die gerechte Sache sei die hier genannte Sache Gottes. Dagegen liess sich nichts sagen, als: was eben jedesmal gerecht war?

X. Fluch oder Bann binden einfach nur dann und inwieferne sie gegen einen Gegner des Gesetzes Christi gerichtet sind. Dieser Satz sollte dazu dienen, das Gesetz Gottes angenehmer zu machen.

XI. Die Macht, einen Untergebenen zu bannen wegen Verweigerung von Temporalien, ist durch kein Beispiel Christi erhärtet, sondern im Gegentheile. Die Erklärung sagt, dass es dem Vicar Christi überhaupt nicht erlaubt sei, seinen Nächsten zu excommuniciren als wegen der Liebe, mit welcher er ihm (Christus) mehr zugewendet ist, als allen weltlichen Gegenständen. XII. Schüler Christi haben keine Macht, mit weltlichem Zwang durch Censuren Temporalien einzutreiben, was sich aus dem Leben Christi ergebe. Doch könnte man (accessorie — nebenbei) durch kirchliche Censuren es thun[6]), wo die Erklärung den Satz aufhebt. XIII. Es ist nach der absoluten Macht Gottes nicht möglich, dass, wenn ein Papst oder ein anderer Christ prätendire, dass er in jeder Weise lösen oder binden könne, er auch von selbst dadurch binde oder löse, wobei Wycliffe die Erklärung begütigend hinzufügt, es falle ihm nicht ein, der Macht des Papstes etwas entziehen zu wollen[7]). Die

[1]) Fungi ministerio ecclesiae.
[2]) Bona fortuna. Böhringer übersetzt: Kirchengüter.
[3]) Walsingham I. p. 359.
[4]) Fasc. p. 249.
[5]) Damnum, wohl Verdammung.
[6]) Wals. p. 361.
[7]) l. c.

Erklärung in den fasciculis aber führt an¹), es könnte hiebei jeder Christ, mit der triumphirenden Kirche nicht übereinstimmend (difformiter) einen Irrthum begehen. XIV. Wir müssen glauben, dass nur dann der Vicar Christi einfach bindet oder löst, wenn er in Übereinstimmung mit dem Gesetze Christi handelt. Daran schloss sich XV an: das müsse katholisch geglaubt werden, dass jeder nach dem Gesetz der Gnade rechtmässig ordinirte Priester Macht besitze, so weit er es vermag, jedes Sacrament (secundum speciem) zu verwalten und in Folge dess jeden zerknirscht Beichtenden von jeder Sünde loszusprechen. Hier kommt die Erklärung in Verlegenheit. Die eine sagt, alle Priester seien einander gleich; die bei Walsingham erkennt aber doch ein höheres oder geringeres Amt an, nur nicht eine essentielle Verschiedenheit der priesterlichen Macht²). XVI. Den Königen ist es erlaubt, in den vom Rechte festgesetzten Fällen den Geistlichen, welche die Temporalien gewohnheitsmässig (habitualiter) missbrauchen, dieselben zu entziehen. Hierüber folgt in den fasciculis eine weitläufige Erklärung Wycliffe's, die sich zur eigenen Sicherstellung auf das civile, das canonische und evangelische Gesetz beruft. XVII. Den Weltlichen, Herren und anderen ist es erlaubt, in einem Falle zur Heilung und Vorsorge vor Sünden dieselben zu entziehen, ohne Rücksicht auf Excommunication oder andere kirchliche Censur, wenn jene nur nicht unter besonders eingefügter Bedingung geschenkt sind³). Dieser Satz wurde dann durch die nachfolgende Erklärung so viel als aufgehoben: es solle dadurch durchaus nicht den weltlichen Herren Gelegenheit geboten werden, zum Nachtheile der Kirche der letzteren die Güter wegzunehmen. Diese Erläuterung findet sich jedoch merkwürdiger Weise in der für das Volk bestimmten Erklärung, in den fasciculis, nicht vor. Es heisst daselbst nur, der Satz sei klar, weil die Bedingung dieser Schenkungen sei, dass Gott geehrt, die Kirche aufgerichtet werde. Falle das eine weg, so falle auch das andere.

XVIII. Ein Geistlicher, auch der römische Papst, könne von seinen Unterthanen zurechtgewiesen werden und zum Nutzen der Kirche sowohl von Geistlichen als von Laien angeklagt werden. Die Erklärung in den fasciculis sagt nun, die Kirche sei unter dem Papste, Christus aber habe sich selbst den Fürsten unterworfen, bis zum Verluste der Temporalien. Es weile Gift unter dem Clerus, teuflischer Hochmuth, der in der Herrschsucht bestehe und mit Vermählung der Söhne der evangelischen Freiheit Kinder des Teufels erzeuge. Man könne dieses darin sehen, dass selbst viele Söhne der Armuth die Partei des Teufels redend oder schweigend verstärkten und entweder für die evangelische Armuth wegen des Samens des Sündensohnes, der in die Herzen geworfen wurde, nicht einstehen wollten oder nicht den Muth hätten es zu thun. Davon ist aber in Wycliffe's Erklärung bei Walsingham keine Rede, sondern nur von brüderlicher Zurechtweisung und der kirchlichen Wohlfahrt, indem man ohne offene Evidenz einen derartigen Fall des Fehlens gar nicht annehmen dürfe.

Fast war es, als wenn Johann von Wycliffe mit zwei Zungen zugleich sprechen würde.

3. Wycliffe's Protestationen.

Cod. Univ. Pragensis. N. XI. E. 3. f. 58.

Protestationes multiplices Magistri Johannis Wikleff.

Magister Johannes Wicleff in tractatu suo de potestate pape dicit in hac forma: ista pauca dixerim alia recitative, alia reputative alia assertive ad honorem matris ecclesie, unde super omnibus dictis meis in ista materia testem conscientie mee invoco deum meum quod intendo primum⁴) honorem et utilitatem sancte matris ecclesie. Ad hoc enim obligatur strictissime ex mandato domini quilibet christianus cum quodam modo infinito⁵)? debemus matrem illam diligere quam parentes carnales vel temporalia aut nosmetipsos.

¹) p. 253.

²) Bei Walsingham heist es: Credere debemus quod tunc solum ligat vel solvit Christi sacerdos, simpliciter quando agit conformiter legi Christi.

³) Cum nonnisi sub conditione impliciter vel donata.

⁴) Primo. Cod. X. H. 12.

⁵) Infinite plus.

Intendo secundo quod honor et profectus predicte sententie[1]) stat principaliter in similitudine conversandi et sequendi sponsum ecclesie examinando[2]) omnes traditiones humanas extraneas, que ab expeditione illius itineris retardarent. Et cum ista ambo sint articuli fidei christiane quae cuncti fideles ultra opinionem magnificare tenentur ac tamen in mediis ad hunc finem contingit multipliciter oberrare.

Intendo tertio et protestor quod docto per papam per quodcunque membrum ecclesie vel aliquam creaturam, quod erro in mediis volo humillime ac patientissime revocare, verum ut procedam securius innitor fundamentaliter summo lapidi qui est veritas et vita, D. J. Christo capiens[3]) testimonium a sanctis doctoribus, de quanto consonant legi suae. Alia vero ab istis tanquam retardancia vel contraria parvipendo, unde credo ut fidem ecclesie, quod quicunque non observat statum et legem quam Christus[4]) instituit, quam etiam in se et in suis apostolis vite (vita) et verbo docuit et servavit, non sequitur Christum per rectam viam que ducit ad coelum sed incedit per latam viam que ducet membrum[5]) diaboli ad inferum.

Item ante 18 conclusiones:

Protestor publice ut sepius alias quod propono et volo esse ex integro christianus et quam diu manserit in me alitus profitens verbo et opere legem Christi quod si ex ignorantia vel quacunque alia causa in isto defecero, nunc prout extunc illud revoco et retracto submittens me humiliter correctioni sancte matris ecclesie.

Item in tractatu de veritate sacre scripture XI capitulo protestatus sum quidem in scriptis et missum est per manum dominorum episcoporum ad curiam domini pape quod volo inniti in sententia quam explico in modo loquendi scripture et sanctorum doctorum.

Item in tractatu de eukaristia cap. 1 in medio dicit:

Unum tamen protestor publice quod si Robertus Gebbenensis vel quicunque de suis fautoribus docent contrarium, paratus sum ut fidelis filius ecclesie ad credendum.

Item in eodem tractatu cap. 6 in fine:

Protestatus sum publice quod volo humiliter corrigi per quoscunque et specialiter per episcopos qui docuerint in ista materia veritatem.

In eodem tractatu cap. 8° prope finem:

unde tamen ut sepe protestatus sum volo parate obedire docto quod quantum ad veritatem illius sive fuero superfluus sive parcus.

Item in eodem tractatu cap. 9 et ultimo:

ideo in istis paratus sum stare decreto sancte matris ecclesie.

Item in tractatu de blasfemia 2°.

persona ista accusatur de haeresi protestatur et est parata continue revocare si debeat[6]) si legem dei non esse hereticus.

Item in eodem tractatu c. 18

hic dico ut si quis alias docto quod sit contrarie fidei quamcunque sententiam quam assero volo paratissime revocare.

Item super epistolam (ad) Ephes. X prope finem dubii:

paratus sum tamen sentire utrobique catholicus si in ista materia vel quacunque alia ab illa ecclesia vel creatura aliqua fideliter sim instructus.

Item super illo Apostoli prima Corinthiorum tercio.

[1]) Femine.
[2]) Excuciendo.
[3]) Capiendo.
[4]) Sponse sue. Cod. X. II. 12. f. 76.
[5]) Membra. l. c.
[6]) Fehlen offenbar ein paar Worte.

Notum vobis facio etc. paratus sum tamen in verbis scripture quiescendo contendere quod iste panis est in natura sua quidquid fuero doctus esse[1]). Et infra:

nunquam autem pertinaciter defendebam, quod esset substantia panis materialis, sed quod sit panis ex autoritate apostoli usque ad mortem volo defendere.

Item in epistola ad Episcopum Cantuariensem ubi loquitur de hostia consecrata:

in ista materia sicut in aliis quibuscunque publice protestatur quod humiliter se vult subjicere doctrine catholice prelatorum et specialiter, si ex fide scripture sit doctrina que pretenditur confirmata.

Item in epistola ad Papam ubi loquitur de temporali dominio: si autem in istis erravero, volo humiliter et quidem per mortem si oporteat emendare.

Item in secundo libro de civili dominio c. XI. a.

protestor publice quod non intendo personam aliquam diffamare vel in dehonorationem vel dedecus status papalis quidquid asseverare[2]) ac aliquem clericum esse et nunc pro isto peccato[3]) puniendum temere affirmare, sed eas veritates quas leges et cronice referunt tractare[4]) et ex illis conditionales vel de possibili veritates sequentes ex legibus tractare (recitare) nec video quomodo id offenderet pias aures.

Item super illo I Petri 10: Estote prudentes etc.

Ego autem protestor sicut saepe confessus sum si quidquid scripsero vel dixero in quacunque scientia quod non sit fundabile in scriptura, id dolenter revoco confitens sepe erraveram et rogo[5]) quod id ecclesia habeat ut erroneo.

Item in tractatu de fratribus CCLX in principio: admittemus veritatem scripture sacre ex integro tanquam (ad) fidem et quantum ad partes ejus de quarum sensibus opinionem habemus, vel humiliter ambigimus, dicimus sensus nostros opinativo ut[6]) humiliter recitemus parati semper humiliter ad concedendum sensum catholicum sive per personam (prelatum?) sive per fratrem aliquem sum (sive) per laycum sic edoctus. In isto autem sensu exponimus[7]) modo quo dictum est opinative quiescimus quousque sensus probabilior huic contrarius, sit edoctus.

Item in tractatu de quatuor sectis frivolis et earum erroribus cap. 4:[8])

hic profiteor et protestor quod volo ex integro servare fidem catholicam ac si quidquid dixero contra illam committo me correctioni superioris ecclesie et cujuscunque militantis persone quod me in hoc docuerit erravisse.

Item in tratatu de cruciata cap. 1° prope finem:

protestatur persona quod si docta fuerit vel aliquis viaucium docere sciverit quod ista scientia sit fidei scripture vel rationi contraria, vult ipsam humiliter revocare.

Item in tractatu de poenitentia et confessione in fine.

non sumus autem sic desponsati ut istam sententiam quam adhuc credimus catholicam quin docto contrarie velimus eam humiliter dimittere et contrarium constantius confiteri[9]).

Item super Matthaeum cap. penultimo in fine:

protestamur ut saepe alias quod si aliqua nostra expositio contraria sententie quam spiritus sanctus intenderat, volumus ipsam humiliter revocare et inniti quantum sufficimus verbis et sententie Christi ut veritas plus elucescat.

---

[1]) Potius tamen concederem quod sit caput fratris vel quaecunque substantia signanda antequam concederem quod sit aliquid dictum de generibus accidentium sive nihil.

[2]) Asserere. Cod. X. II. 12.

[3]) Periculo l. c.

[4]) Recitare. l. c.

[5]) Rogo etiam quod habeant illud ut errorem. l. c. Sed credo quod nec in logica nec in philosophia nec in theologia totiens infundanter erraverim a scriptura sicut religiones novelle in suis adinventionibus ac ritibus erraverint. Ideo vellem quod ipsi supersederent ab illis sicut ego propono ab erroribus philosophicis quousque ipsis fundaverint in scriptura.

[6]) et recitative comparati l. c.

[7]) Exposito modo.

[8]) Cod. X. II. 12. f. 76.

[9]) Cod. X. II. 12. f. 76.

Item in expositione cap. 24 Math. in principio protestatur quod si aliqua persona ecclesie docuerit sensum magis probabilem, illi volumus humiliter consentire.

Item in tractatu de Christo et suo adversario antichristo cap. 4° Persona tamen hoc asserens protestatur quod si docta fuerit vel si aliquis viancium docere sciverit, quod ex sententia sit fidei scripture vel rationi ecclesie contraria vult quidquid humiliter revocare.

Item in libro dialogi quasi in medio libri:

Unum tamen si per impossibile fuero doctus contrarium volo veritati katholice humiliter consentire et omnino si doctus fuero a papa vel superioribus ecclesie[1]).

Item in tractatu de ydeis: paratus tamen sum semper revocare quidquid dixero docto quod sit contrarium veritati[2]).

Item in tractatu de universalibus cap. 3°.

Ego statui mihi ipsi pro regula quod quotiescunque viderim rationem vel scripturam praevalidam declino ab opinione priori non obstante fama vel assecutione verborum[3]) quos sequor considerans quod ex infirmitate nature longe plus habeo ignorancie quam certitudinis.

Item in tractatu de ypotheticis cap. 1 de propositionibus temporalibus.

Quia vero ista materia scil. sacramenti eukaristie est isti loco impertinens, ideo non tracto ipsam ulterius sed respecto determinationem ecclesie de sensibili quiditate istius sacramenti sensibilis determinantis.

Confessio fidei Magistri Johannis (Wiclephi?)[4]) de venerabili sacramento altaris.

Credendum est quod in divinissimo eukaristiae sacramento est totus Christus verus deus et homo sua propria natura et substantia sue naturalis existentie quam sumsit de virgine maria in qua residet in celo in dextera dei patris.

4. Literarische Hilfsmittel.

Acta sanctorum (Petri de Luxemburg, Episcopi metensis).

Ambros, Dr., Aug., der Dom zu Prag.

Anglia Sacra. Londini 1695. f. 2106.

Anglicarum rerum scriptores post Bedam. Francof. 1631.

Anonymi chronicon regum Franciae.

L'art de vérifier les dates. T. I.

Baluzius, vitae Paparum Avinionensium. Paris 1693. 20. 4.

Barant histoire des ducs de Bourgogne.

Baronius, annales ecclesiastici.

Belgicum, magnum chronicon. (Ap. Pist. Sm. III.)

Benessii de Weitmil chronicon. (Script. rerum bohemicorum. T. II.)

Birchington Stefani vitae Archiepiscoporum Cantuariensium.

Böhringer, die Vorreformation. II. Bd. IV. 1. 2.

Bouquet recueil des historiens. T. XXI. XXII.

Branche, la, des royaux linguages (franz. Reimchronik).

Buchon vide Froissart.

Bzovius, annales ecclesiastici.

Camden, Anglica, Normannica etc. scripta. Francof. 1603 f.

Capgrave, the chronicle of England. (—1417) Edit. Fr. Charles Hingeston.

Catarina de Siena, epistole devotissime.

Chambre, Wilh. de, hist. Dunelmensis 1333—1359.

Chartham, hist. de vita Simonis Sudbury Archiep. Cantuar.

Chesterfield, Thomas de, hist. de episcopis Coventiensibus et Lichfeldens.

Chandler Thom., vita Wilh. Wykham.

Chronicon episcop. Verdens. Ap. Leibnitz II.

Chronique de Reims.

Clementis VI. Sermones. Cod. Bibl. Palat. Vindob.

Clementis P. VI. vita.

---

[1]) Ut praelatis. Cod. X. H. 12. f. 76.
[2]) Cod. X. H. 12. f. 76.
[3]) Virorum. l. c.
[4]) Remanentia. l. c.
[5]) l. c. f. 77.

Clementis P. VII. vita.
Complaint, the, on the ploughman.
Cotton Barthol., de rege Johanne. Edit. by H. Richard Luard. 1859. De episcopis Angliae.
Dachery, spicilegium. Paris 1661.
Davies, an english chronicle of the reigns of Richard II. Henry IV. V. VI. 1856.
Denys, codices manuscripti.
Des champs, Eustache, chant sur l'armistice de Calais.
Deutsche Chronik von Ungarn. Ms. der Münchener Hofbibl. Cgm. 369.
Dixon, der Tower von London. Berlin 1870. Bd. 1.
Döllinger, Papstfabeln.
Du Cange, les familles d'outremer. Publiées par E. G. Rey 1869.
Eliensis monachi hist. Eliensis. (1169—1388.)
Eulogium historiarum. Ed. Frank Scott Haydon. Contin.
Evesham de, monachus., hist. vitae et regni Richardi II.
Evesham abbatiae chron. Ed. Will. Dunn. Macray. 1863.
Fasciculi zizaniorum Mag. Johannis Wyclif cum tritico. Lond. 1859. Ed. Shirley.
Froissart, les chroniques de Sire Jean. Ed. Buchon.
Girardus de Frachato, chron. cum continuatione.
Gowers, tripartite chronicon. Carmen (on king Richard).
Gregorovius, Geschichte der Stadt Rom im Mittelalter. Bd. VI. 1867.
Gregorii P. XI vita. I. II. III. IV.
Guigniant et De Wailly, recueil des historiens des Gaules et de la France. f.
Hardt, van der, Acta concilii Const.
Hearne, vide Evesham de monach.
Hefele, von, Conciliengeschichte Bd. VI.
Hegel, Städtechroniken.
Hist. Anglicanae scriptores X.
Historiae Anglicanae scriptores varii. Lond. 1723. f.
Historia fundationis Waldensis coenobii. (Grabstätte der Bohun.)
Höfler, K. Ruprecht von der Pfalz. 1861.
Mag. Joh. Huss und der Abzug der deutschen Professoren und Studenten aus Prag. 1864.
Concilia Pragensia.
Geschichtschreiber der hussitischen Bewegung in Böhmen. 3 Bde.
Heinrich, Truchsess von Diessenhofen. Chronik.
Jean Juvenal des Ursins, hist. de Charles VI., roy de France.
Johannis abbatis S. Petri de Burgo chronic.
Knyghton, de eventibus Angliae lib. V. Ed. Twysden.
Krones, Umrisse des Geschichtlebens der deutsch-österreichischen Ländergruppe. Innsbruck 1863.
Le Laboureur, hist. de Charles VI., roy de France.
Lechler, Joh. Wyclif de officio pastorali. Lips 1863.
Ejusd. Trialog. Oxon. 1867.
Liber de illustribus Henricis.
Lichfeldensis canonicus, hist.
Lingard, hist. of England.
Livre, le, des fais et bonnes meurs du sage roy Charles V.
Lowth, the life of William of Wykeham. 3. edit. 1777.
Mansi magna conciliorum collectio.
Mathaeus, Paris. hist. mayor. Paris. 1644. f. London.
Maydiston Rich., de concordia inter regem Richardum II. et civitatem Lond. De martyrio Richardi Scrope Archpi Eborac.
Memorial verses on the reigns of Eduard III. and Richard II.
Michaud, nouvelle collection des mémoires. Paris 1857.
Monasticon Anglicanum. 3 Bde. f.
Moor, de la Thomas, de vita et morte Eduardi II.
Norwicensis monaci hist. de episcopis Norwicens.
Palgrave, the rise of Commonwealth.
Papencordt, Gesch. der Stadt Rom im Mittelalter.
Pauli, Gesch. v. England. Bd. IV. Gotha 1855.
Aufsätze zur englischen Geschichte. 1870.
Pelzel, K. Karl IV.
K. Wenzel IV.
Rodulfus de Diceto imagines historiarum.
Raymundi Capnani vita di S. Catarina da Siena.
Raynaldi annales ecclesiastici.
Reumont, Geschichte der Stadt Rom.
Richardi Armacensis tractatus. Ms.
Riley (v. Walsingham).
Robertus de Boston, chr. Angliae. (— 1368.)
Roffensis, hist. continuatio ab a°. 1350—1540.
Rotuli Parliamenti. T. III. f.
Rymer, foedera. Ed. Clarke.
Salisburiensis Joh. opera. Ed. Giles. 5 vol.
Savile scriptores. London 1596 f.
Schwab, Johannes Gerson.
Shirley Waddingdon v. fasciculi.
Song on the concil of London against the Lollards. On the slaughter of archbishop Sudbury.
Strikland, Miss, lives of the queens of England. T. I.
Successio episcoporum Roffensium.
Tabulae codicum Mss. in bibl. Palat. Vindob. T. 3.

Thorn. Wilh. Chr. Cantuar.
Tractatus de translatione S. Bibliae. Cod. B. Pal. Vindob. Nr. 4133.
Twysden, hist. Anglicanae scriptores X.
Vaughan, the life and opinion of John de Wycliffe. 2 edit. Lond. 1831. 2 vol.
Waizsäcker, Deutsche Reichstagsacten.
Waldensis Thomas, doctrinale antiquitatum fidei. Venetiis. 1571. f.
Walsingham hist. Anglicana. Ed Riley (—1422). 2 vol.
Wigorniensium episcoporum historiae.
Williams, chronicle of the betrayel 1846.
Wright Thomas, political poems and songs I. 186.
Wycliffe, John de.
Communis querela.
Contra malos sacerdotes simoniacos.
De absolutione.
De apocalypsi.
De apostasia.
De citationibus frivolis.
De corpore Christi.
De daemonio meridiano.
De duobus sacramentis.
De eucharistia.
De fide catholica.
De imaginibus.
De magisterio.
De novis ordinibus.
De officio pastorali.
De perfectione statuum.
De potestate Papae.
De religione privata.
De septem donis.
De solutione satanae.
De vaticinatione.
dyalogus.
quaestio ad fratres.
sententia de incarcerando fideles.
speculum dominorum saecularium.
trialogus.
Zengg Burkard, Augsburger Chronik. (Ap. Öfele I. p. 245 in Hegel Städte Chr.).

ÜBER DEN TEXT

EINES

JAPANISCHEN DRAMA'S.

ZWEITE ABTHEILUNG (SCHLUSS).

VON

Dr. AUGUST PFIZMAIER,

WIRKLICHEM MITGLIEDE DER KAISERLICHEN AKADEMIE DER WISSENSCHAFTEN.

VORGELEGT IN DER SITZUNG DER PHILOSOPHISCH-HISTORISCHEN CLASSE AM 19. OCTOBER 1870.

Gleich dem früher bearbeiteten Werke *Sasa-iro-no tsio-ku kojomi-de* ist die hier gelieferte Beleuchtung des Textes eines japanischen Drama's hauptsächlich als ein Beitrag zur Kenntniss der neueren, mit chinesischen Wörtern stark gemischten Sprache, wie sie in den östlichen Gegenden Japans, namentlich den Städten *O-ozaka* und *Jedo* gesprochen wird, zu betrachten. In Bezug hierauf mögen bei der Darlegung des Schlusses des siebenten Theiles der in Rede stehenden Polylogie noch einige Bemerkungen Platz finden.

In dieser zweiten Abtheilung wurde im Ganzen wie bei der ersten vorgegangen und auch, was für das Verständniss der in Sylbenschrift geschriebenen Werke unerlässlich ist, die Scheidung der Wörter und Wortbestandtheile nach Gruppen so wie die Aussprache ersichtlich gemacht. Was die letztere betrifft, so waren die Abweichungen der Mundarten zwar genugsam bekannt, allein es war zweifelhaft, ob die von Collado und anderen alten Missionären gebrauchte portugiesische Umschreibung den japanischen Lauten genau entspricht. Unter den Wünschen, zu deren Äusserung bei Abgang der k. k. Expedition nach Ostasien die von der phil.-hist. Classe der kaiserl. Akademie der Wissenschaften eingesetzte Commission noch Zeit hatte, befand sich desshalb auch der, etwas Zuverlässiges über die lebende Aussprache in den von der Expedition berührten Gegenden zu erfahren. Durch die Güte des Herrn Barons Eugen von Ransonnet, Mitgliedes der Expedition, erhielt der Verfasser die Gewissheit, dass die in den Schriften der Missionäre angewendete portugiesische Schreibweise allerdings bestimmt ist, die japanischen Laute genau auszudrücken, mit Ausnahme von *chi* und *gi*, die *tschi* und *dschi* lauten[1]) und durch welche die Sylben ツ *tsi* und ヅ *dzi* dialektisch wiedergegeben werden.

[1]) In *chi* wurde die spanische, in *gi* die italienische Aussprache zu Grunde gelegt, weil die diesen Sylben zu gebenden Laute dem Portugiesischen fremd sind.

Ferner wurde festgestellt, dass die labialen Anlaute ハ *fa* u. s. f. in den meisten Dialekten durch die gutturalen Anlaute *ha* u. s. f. ersetzt werden[1]), mit Ausnahme der Sylbe フ *fu*, welche unverändert bleibt. Eben so werden die ursprünglichen Laute von オ *o* und エ *e*, die sonst mit ヲ *wo* und ヱ *je* verwechselt werden, wenigstens in *Jedo* beibehalten. Der Verfasser ist indessen mit Rücksicht auf die Schrift und die übrigen Mundarten von seinem für die Umschreibung der japanischen Wörter bisher beobachteten Verfahren nicht abgewichen, und er führt nachstehend einige Beispiele an, durch welche dargethan wird, auf welche Weise die von ihm verzeichneten Wörter in den Fällen, wo man sich der Mundart von *Jedo* bedienen will, gelesen werden können.

セ ラ シ *sirase*	dial.	*schirasche*	port.	*xiraxe*
チ ニ チ イ *itsi-nitsi*	„	*itschi-nitschi*	„	*ichi-nichi*
ジ ウ ヤ シ *siô-zi*	„	*schô-ži*	„	*xôji*
コ ウ コ シ *siû-ko*	„	*schô-ko*	„	*xôco*
ウ ヤ シ ツ ユ シ *siussiô*	„	*schusschô*	„	*xuxxô*
シ ク ヤ シ *siaku-si*	„	*schaku-schi*	„	*xacuxi*
ヤ シ シ *si-sia*	„	*schi-scha*	„	*xixa*
ン セ ヨ シ *sio-sen*	„	*scho-schen*	„	*xoxen*
ツ ブ ク ヨ シ *sioku-but*	„	*schoku-but*	„	*xocubut*
ン ワ ヤ チ *tsia-wan*	„	*tscha-wan*	„	*charan*
ル ズ ウ ヤ チ *tsiô-zuru*	„	*tschô-zuru*	„	*chôzuru*
ウ ヨ ウ チ *tsiû-jô*	„	*tschû-jô*	„	*chûyô*
ウ ロ ウ ヨ チ *tsiû-rô*	„	*tschô-rô*	„	*chôrô*
ウ ヤ ヂ ク ヨ チ *tsioku-dziô*	„	*tschoku-dschô*	„	*chocugiô*
ン ガ ク ヤ チ *tsiaku-gun*	„	*tschaku-gan*	„	*chacugan*
〱 ン ジ *zin-zin*	„	*žin-žin*	„	*jinjin*
イ ス ヤ ジ *zia-sui*	„	*ža-sui*	„	*jasui*
ゲ ウ ヤ ジ *ziô-ge*	„	*žo-ge*	„	*jôgue*
ウ ラ ヨ ジ *zio-rô*	„	*žô-rô*	„	*jorô*
ク ヨ ジ チ *tsi-zioku*	„	*tschi-žoku*	„	*chijocu*
チ シ ウ ジ *ziû-sitsi*	„	*žû-schitschi*	„	*jûxichi*
ン デ キ ヂ *dziki-den*	„	*dschiki-den*	„	*gigiden*
ハ ク ウ ヂ *dziû-kua*	„	*dschû-kua*	„	*giûqua*
ウ ヤ ヂ ツ ヒ *fit-dziô*	„	*hit-dschô*	„	*fitgiô*
リ シ ハ *fasiri*	„	*haschiri*	„	*faxiri*
ド エ *je-do*	„	*e-do*	„	*yedo*
ヨ リ ン エ *jen-rio*	„	*en-rio*	„	*yenrio*
カ ホ *foka*	„	*hoka*	„	*foca*
リ ヘ *feri*	„	*heri*	„	*feri*
ト ヒ *fito*	„	*hito*	„	*fito*

---

[1]) Nach Prof. J. J. Hoffmann ist die labiale Aussprache in Mijako, ferner in der Provinz Sasuki und in dem nordöstlichen Theile Japans die gebräuchliche.

フタリトモウゴキヤアガルナ

Futari-to-mo ugoki-ja-a-garu-na.

— Versuche es keiner von euch Beiden, sich zu rühren!

ウゴキガル *ugoki-garu*, sich rühren wollen, ist hier durch die Interjection ヤア *ja-a* getrennt.

コレハシタリ左四ラドノオソメトデツチノ久松ヲトラヘテナントサツシヤルノダト

Kore-wa si-tari, sa-si-ra-dono o-some-to dettsi-no fisa-matsu-wo torajete nan-to sassi-jaru-no-da-to.

— Dies ist eine geschehene Sache. Herr *Sa-si-ra*, was bezwecket ihr damit, dass ihr *O-some* und den Knecht *Fisa-matsu* festnehmet?

サツシ *sassi* steht für サシ *sasi*, mit dem Finger zeigen. Hierbei Anhängung des Hilfszeitwortes ヤル *jaru* „schicken“ und der Partikeln ノ *no* und ダ *da*.

太ラ助ガトドムルヲミゝニモイレズナヲタカゴエチツトコツチデアヤシイトニランダコトガアルユエニオソメガキガヘヲスルトキニマキアゲタコノシヲヒマモリウチニハコレオソメ様久ヨリトイフキシヤウモウアラガハレヌカクゴシロト

Ta-ro-suke-ga todomuru-wo mimi-ni-mo irezu nawo taka-goje tsitto kottsi-de ajasi-i-to nirunda koto-ga aru juje-ni o-some-ga ki-gaje-wo suru toki-ni maki-ageta kono sio-fi-mamori utsi-ni-wa kore o-some-sama fisa-jori-to iû ki-siû mo aragawarenu kaku-go-siro-to.

Ta-ra-suke, diese Worte, die ihn zurückhielten, nicht beachtend, schrie noch lauter: In diesem Schrifttafelbewahrer, den ich, als *O-some* die Kleider wechselte, eines hier stattgefundenen seltsamen Schielens willen aufrollte, sind unleugbare Merkmale, dass Fräulein *O-some* diesen Entschluss schon lange gefasst hat.

リ モ マ ヒ ヨ シ *sio-fi-mamori* hat die muthmassliche Bedeutung: Schrifttafelbewahrer, wobei ヒ ヨ シ *sio-fi* (chin. *schu-pai*) „eine steinerne Schrifttafel" zu Grunde liegen würde.

リ ヨ サ ヒ *fisa-jori*, seit langer Zeit.

フ ガ ラ ウ *uragô*, leugnen.

ロ シ ゴ ク カ *kaku-go-siro*, die feste Stadt des Erwachens.

トビカヽツテ久松ガエリガミツカンデヒキヨスルウシロヘスツクリバントウキウベヱ左四ラガ手ヲモギハナシドツカリスハルヲシリメニ見ヤリナンゾトイフトキウベヱメイクラヒイキガシタクテモコレカイタモノガモノヲイフキシヤウノモンクハヨムニオヨバズオソメヘヒサヨリトヘヽソレカラゴラウジロト

Tobi-kakatte fisa-matsu-ga jeri-gami tsukande fiki-josuru usiro-je sukkuri ban-tô kiû-beje sa-si-ra-ga te-wo mogi-fanasi dokkari suwaru-wo siri-me-ni mi-jari nan-zo-to iû-to kiû-beje-me iku-ra fi-iki-ga si-taku-te-mo kore kaita mono-ga mono-wo iû ki-siô-no mon-ku-wa jomu-ni ojobazu o-some-je fisa-jori-to fe-fe sore-kara go-rô-zi-ro-to.

Indem er im Fluge *Fisa-matsu* beim Kragen fasste und ihn herbeizog, drehte *Ban-tô-kiû-beje* die Hand *Sa-si-ra*'s nach rückwärts und setzte sich fest nieder. Jener blickte ihn mit scheelen Augen an.

— Schändlicher *Kiû-beje*! Indem ihr so oft den Beschützer spielen wollet, spricht hier das Geschriebene, und ehe man die Sätze des Entschlusses noch lesen kann, ist dem Fräulein *O-some* längst die Pforte — möget ihr deshalb unbesorgt sein.

ル ク ツ ス *sukkuru*, winden. Die Zusammenziehung von ル ク リ ス *suri-kuru*, reibend winden.

ス ナ ハ ギ モ *mogi-fanasu*, verdrehen und loslassen.

リ カ ツ ド *dokkari*, so viel als ト カ ツ ド *dokka-to*, eine Partikel, durch welche die Beständigkeit des Sitzens oder Verweilens bezeichnet wird.

ツ ノ ナ ド ル ズ モ ク モ ケ リ ナ
シ オ タ ア ホ ナ セ ト ビ テ カ ジ

ヤルトヲリカ イタモノハモノ ヲイヘドソリ ヤヨミヤウガ チガヒマシタ ヒサヨリデハナ イソリヤキウ ヨリオソメサ マトフギシタ ハ此キウベエ デゴザリマス

Naziri-kakete-mo biku-to-mo sezu naru-fodo anata-no ossijaru towori kaita mono-wa mono-wo ije-do sori-ja jomi-jō-ga tsigai-masi-ta fisa-jori-de-wa nai sori-ja kiū-jori o-some-sama-to fugi-sita-wa kono kiū-beje-de gozari-masu.

Als er ihn mit diesen Worten zur Rede stellte, erwiederte Jener, ohne Lärm zu machen: So ist es. Obgleich das Geschriebene, das ihr vorbringt, spricht, ist es nicht lange her, dass dieses anders gelesen wurde. Derjenige, der mit dem Fräulein *O-some* schon lange Ungebührlichkeiten verübte, bin ich *Kiū-beje.*

ル ケ カ リ ジ ナ *naziri-kakeru,* Verweise anhängen, zur Rede stellen.

リ ヨ ウ キ *kiū-jori,* so viel als ル ヨ サ ヒ *fisa-jori,* seit langer Zeit.

く ヤ ヤ *ja-ja ja-ja.*

— Ei! Ei!

サアシヨセン ノガレヌトコ ロトアキラ メゲンザイノ タウニンガナ ノツテデタレ バモウゴセン ギヲナサルモ オムダデゴザ リマセウ

Sa-a sio-sen nogarenu tokoro-to akirame gen-zai-no tō-nin-ga na-notte de-tare-ba mō go-sen-gi-wo nasaru-mo o-mu-da-de gozari-maseō.

— Da ich etwas, das schliesslich nicht zu vermeiden ist, aufkläre, und das gegenwärtige Oberhaupt es beim Namen genannt und ausgesagt hat, so wird es auch vergeblich sein, bei ihr Untersuchungen anzustellen.

ニ ン ウ タ *tō-nin,* sonst auch ニ ン ウ ト *tō-nin* (chin. *teu-jin*) ein Mensch des Hauptes, ein Oberhaupt.

ト ノ ド エ ベ ウ キ ハ デ レ ソ 、 ア

A-a sore-de-wa kiū-beje-dono-to.

— Ei, hierin ist Herr *Kiū-beje* —

カケヨルヒサ松オシヘダテイラザルトココヘサシデズトモマアオレガザニ
ゲバナシヒトトヲリキイテクレア、イコハシアニノホカトイフコトワザハ
タガイヒフメテイクツニナツテモヨマフハ此レチマシテヤワカイレソラデ
ハト。サ。オレガワカクハスコシハフビニニ思テクレルヒトモアラウニモウサ
ウイフトシデモナシコトニアナラハコシユジユナリイヒナヅケモキマツテゴ
ザルダイジノ〱オツメサマ又此レユヱニクラウクゲヲスル女バウノアル
コトモワスレタガカノシアニノホカデフワトホレタガイニゲワノハジメワ
タクシガ此キシヤウゼヒユウケテクダサラチバアナタヲコソシテソノバ
デスグニハラキツテシユマスルトムリオシツケヲムスメギデコヽ〱モン
テゴザツタバカリマクラハオコカシレ〱トハナシサヘセヌウチニアナタ
ノオメニカ、ツタハオシユウノゴバツテニノトガメモウ〱オモヒキリマス
ル。ナ。キリマスルカラオツメサマサ四ラサマトスヱナガクオソヒナサ
ツテクダサルガヤツハリアレガイヤ此キウベヱガヤツハリレノタメコレヒサ
松ワルイコトシタミノナルハテヨク見テオキヤト

Kake-joru fisa-matsu osi-fedate irazaru tokoro-je sasi-de-zu-to-mo ma-a ore-ga zan-ge-banasi fito-towori ki-ite kure a-a iro-wa si-an-no foka-to iû koto-waza-wa taga i-i-somete iku-tsu-ni natte-mo majô-wa kono mitsi masi-te-ja wakai mi sora-de-wa to, sa, ore-ga wakaku-wa sukosi-wa fu-bin-ni omôte kureru fito-mo arò-ni mô sò-iû tosi-de-mo nasi koto-ni atsi-ra-wa go-siû-zin-nari i-i-na-dzuke-mo ki-matte gozaru dai-zi-no-dai-zi-no o-some-sama mata kono mi juje-ni ku-rò ku-ge-wo suru nio-bò-no aru koto-mo wasureta-ga kano si-an-no foka-de futto foreta-ga in-gua-no fazime watakusi-ga kono ki-siû ze-fi-ni ukete kudasarane-ba anata-wo korosi-te sono ba-de sugu-ni fara-kitte sini-masuru-to mu-ri-osi-tsuke-wo musume-gi-de kowa-gowa motte gozatta bakari makura-wa oroka simi-zimi-to fanasi saje-senu utsi-ni anata-no o-me-ni kakatta-wa o-sijû-no go-bat ten-no toga-me mô-mô omoi-kiri-masuru, na, kiri-masuru-kara o-some-sama sa-si-ra-sama-to suje-nagaku osoi nasatte kudasaru-ga jaffari are-ga ija kono kiû-beje-ga jaffari mi-no tame kore fisa-matsu warui koto situ mi-no naru fate joku mite oki-ja-to.

Er schob *Fisa-matsu,* der mit diesen Worten anhob, bei Seite.

— Indem ich nichts Unnöthiges andeute, habe ich eine Verleumdung ausgesprochen. Höret den einen Umstand! Wenn aus einem Gegenstande, der anders aussieht, als man vermuthet, mehrere Dinge werden, so ist man auf den Wegen des Irrthums noch mehr kindisch, und bei uns selbst ist Verstellung — Ja — so — Indem, wenn ich kindisch wäre, es Menschen geben würde, welche meiner ein wenig mit Mitleid gedächten, befinde ich mich nicht in diesen Jahren. Die dort eigens als Vorgesetzte zur Verlobung kam und wartete, war das sehr angesehene Fräulein *O-some.* Ich vergass ferner, dass es ein Weib gab, das meinetwegen sich abmühte und trauerte. Während ich nicht einmal sagte, dass die Unterstellung, als ob ich, wider Vermuthen nach jener ersten Blüthe und Frucht plötzlich Begehr tragend, indess ihr mit diesem meinem Entschlusse nicht einverstanden waret, unter der Drohung, euch zu tödten, mir dann sogleich den Bauch aufzuschneiden und zu sterben, die ungeordnete Annäherung nach Weise der Mädchen mit Gewalt erlangt hätte, nur dummes Durcheinander gewesen, war die Thatsache, dass ich euch unter die Augen kam, eine Strafe von Seite der Menge, eine Heimsuchung durch den Himmel. Seit ich hieran tiefsinnig, ja tiefsinnig denke, hat man dem Fräulein *O-some* die bis zum Ende dauernde Verbindung mit Herrn *Sa-si-ra* aufgedrungen, und dieses ist noch immer der Fall. Ja, es ist noch immer meinetwegen der Fall. Hört, *Fisa-matsu!* Ich bin dahin gekommen, dass ich Böses that, und möget ihr endlich gut dazu sehen.

ル デ シ サ *sasi-deru,* nach einem Punkte hervorkommen.

ス ナ バ ゲ ン サ *zan-ge-banasu* steht für ス ナ バ ン ゲ ン サ *zan-gen-banasu*, Verleumdungen aussprechen.

ル ム ソ イ イ *i-i-somuru,* mit Worten färben, in der Rede ausschmücken.

ヤ テ シ マ *masi-te-ja,* auf zunehmende Weise, immer mehr.

ン ゲ ク *ku-gen* (chin. *khu-yen*), eigentlich „bittere Worte“, auch in dem Sinne von Sorge, Trauer.

ニ ヒ ゼ *ze-fi-ni,* jedenfalls. Von ヒ ゼ *ze-fi* (chin. *schi-fei*), so und nicht so.

デ バ ノ ソ *sono ba-de,* auf diesem Platze, alsdann.

ギ メ ス ム *musume-gi,* die Weise eines Mädchens.

ル ク マ *makura,* das Polster, die Unterstellung, die Voraussetzung.

ヾ ミ シ *simi-zimi,* mancherlei, ein Durcheinander.

ル キ ヒ モ オ *omoi-kiru*, überdenken, tief nachdenken.
ク ガ ナ ヱ ス *suje-nagaku*, lang bis an das Ende.

ハラ〱ナミダイツノマ
ニカハゴケオツヤオモ
ヒガケナイキウベヱガ
フラチシカシ今ノイ
ヒブンデハムスメガフ
ギトイフデモナイコレ
オソメナイテバツカ
リヰテハスマヌキヲ
オチツケテイヒワケシ
ヤト

Fara-bara namida itsu-no ma-ni-ka-wa go-ke o-tsuja omoi-gake-nai kiû-beje-ga fu-ratsi sikasi ima-no i-i-bun-de-wa musume-ga fu-gi-to iû-de-mo nai kore o-some naite bakkari ite-wa sumanu ki-wo otsi-tsukete i-i-wake-si-ja-to.

In der Zwischenzeit Thränen vergiessend, sprach die Witwe *O-tsuja*: O die unvermuthete Ausschreitung *Kiû-beje*'s! Jedoch aus dem, was er jetzt sagt, folgt nicht die Ungebührlichkeit meiner Tochter. *O-some*, es geht nicht an, dass du nur weinst. Sei aufmerksam und rechtfertige dich!

チ ラ フ *fu-ratsi* (chin. *pû-liuë*), nicht zur Reitbahn gehörig, eine Ausschreitung, etwas Unpassendes.

ル ケ ツ チ オ *otsi-tsukeru*, herabfallend annähern.

トリツクロヘバ太
ラ助モ母ジヤ人
ノオツシヤルトヲ
リトシモチガツ
タキウベヱトイモ
トガフギセウワ
ケガナイ。ナ。サ
四ラドノサヤウデ
ハゴザラヌカト

Tori-tsukuroje-ba da-ra-suke-mo fawa-zia fito-no ossi-jaru towori tosi-mo tsigatta kiû-beje-to imoto-ga fu-gi-seû wake-ga nai, na, sa-si-ra-dono sa-jô-de-wa gozaranu-ka-to.

Als sie mit diesen Worten die Sache ausbesserte, sagte auch *Da-ra-suke*: Wie die Mutter angegeben, ist es nicht der Fall, dass die jüngere Schwester mit dem in einem

Alter stehenden *Kiū-beje* Ungebührlichkeiten verüben wird. Nun, Herr *Sa-si-ra*, ist es nicht so?

イハレテシブくウチ
ウナヅキヱヘコレツラ
ノカハヲヒユムイテツ
ダくニキサンデモア
キノナイヤツナレド
アラダテ、ハダイジ
ノコチノオソメヘモキ
ズガヅクソシテオウ
フクロ。キウベヱメハ
コ、カラスグニ

Iwarete sibu-sibu utsi-unadzuki je-je kore tsura-no kawa-wo fimmuite tsuda-tsuda-ni kisande-mo aki-no nai jatsu nare-do aradatete-wa dai-zi-no kotsi-no o-some-je-mo kizu-ga tsuku so-site o-fuku-ro, kiū-beje-me-wa koko-kara sugu-ni.

Der Angeredete nickte schroff mit dem Haupte.

— Ja, da es hier einen Sclaven gibt, der nicht satt wird, die Haut des Angesichts mit den Fingern zu schälen und stückweise abzuschneiden, so hängt offenbar unserem sehr werthen Fräulein *O-some* ein Flecken an. Im Allgemeinen möge die Hausmutter — der schändliche *Kiū-beje* soll von hier stracks —

シ ブ く *sibu-sibu*. herb, schroff.

ク ム ユ ヒ *fimmuku*, so viel als ク ム リ ネ ヒ *fineri-muku*, mit den Fingern erfassen und schälen.

く ダ ツ *tsuda-tsuda*, stückweise.

ハ ヽ テ ダ ラ ア *ara-datete-wa*, wenn man offen hinstellt, offenbar, augenscheinlich.

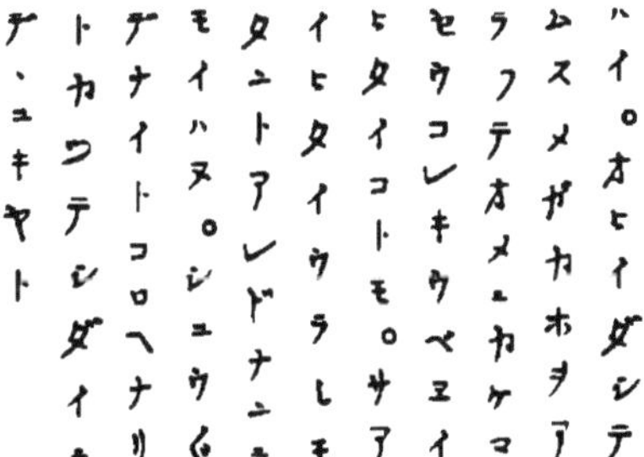

ハイ。オヒイダシテ
ムスメガカホヲア
ラフテオメニカケマ
セウコレキウベヱイ
ヒタイコトモ。サア
イヒタイウラミモ
タントアレドナンニ
モイハヌ。シユウく゛
デナイトコロヘナリ
トカツテシダイニ
テ、ユキヤト

Fai, oi-dasi-te musume-ga kawo-wo arōte o-me-ni kake-maseō, kore kiū-beje i-i-tai-koto-mo, sa-a i-i-tai urami-mo tan-to are-do nanni-mo iwanu, sijū-ziū-de nai tokoro-je nari-to katsu-te si-dai-ni dete juki-ja-to.

— Ja, ich werde ihn hinausjagen, das Angesicht meiner Tochter waschen und sie euch vor die Augen bringen. Hört, *Kiū-beje!* Was ich sagen möchte, ja, der Unwille, den ich ausdrücken möchte, ist vielfach, allein ich sage nichts. Weil es sich trifft, dass verschiedene Dinge nicht vorhanden sind, möget ihr ganz rechtzeitig austreten.

ト ユ タ *tan-to* (chin. *tschen*), in Menge, gewichtig und bedeutend.

テ ツ カ *katsu-te* (chin. *sching-schen*), die überwindende Hand, ganz, durchaus.

コトバ、リツパニメハナミダニコ
くモノデドロ八ガイヤモウシオ
フクロ樣サイゼンカラアノヒト
マデヤウスハキイテヲリマシタ
サゾオハラガタチマセウ。イヤ
キウベエア、ワリヤシアワセモ
ノヂヤナアヌシアルモノニフギス
レバクビノトブノガアタリマヘソ
レヲ此マ、スグニオイトマアリ
ガタイトサイパイシテドツチヘ
ナリトデ、ウセロト

Koto-ba-wa rippa-ni me-wa namida niko-niko-mono-de doro-fatsi-ga ija mōsi o-fuku-ro-sama sai-zen-kara ano fito-ma-de jō-su-wa ki-ite wori-masi-ta sazo o-fara-ga tatsi-maseō, ija kiū-beje a-a wari-ja si-awase-mono-dzia na-a nusi aru mono-ni fu-gi-sure-ba kubi-no tobu-no-ga atari-maje sore-wo kono ma-ma sugu-ni o-itoma ari-gatai-to sai-pai-site dottsi-je nari-to dete use-ro-to.

Ihre Worte waren hierbei kräftig, ihr Auge voll Thränen. Mit lächelnder Miene sprach *Doro-fatsi*: Hört, Frau Hausmutter! Ich habe schon früher in jenem Zimmer gehört, um was es sich handelt. Solltet ihr vielleicht böse werden? *Kiū-beje!* Ich bin ein Mann der guten Gelegenheit. Wenn man an der zu den Gebietern gehörenden Person eine Ungebührlichkeit verübt, so hat man zu gewärtigen, dass dafür der Kopf hinwegfliegt. Unter diesen Umständen möget ihr indessen geradezu, für den Abschied dankbar, euch zweimal verbeugen und euch wo immer hin trollen.

ノ モ く コ ニ *niko-niko-mono*, Jemand, der lächelt.

ノ モ セ ワ ア シ *si-awase-mono*, Jemand, der die gute Gelegenheit abwartet.

ヘ マ リ タ ア *atari-maje*, das Vordere des Zutreffenden, was zu gewärtigen ist.

チ ツ ド *dottsi* ist die Zusammenziehung von チ ノ ド *dono tsi*, welches Land, welcher Boden.

ル セ ウ 、 デ *dete useru*, herausgehend verloren sein.

アシゲニケトバ
シソラウソフク
カホヲオツヤガ
サシノゾキドロ
八ヌシアルモノ
ヘフギスレバク
ビキラルヽトイ
フコトハオヌシモ
シツテハヰヤル
ノカ

Asi-ge-ni ke-tobasi sora-uso-fuku kawo-wo o-tsuja-ga sasi-nozoki doro-fatsi nusi aru mono-je fu-gi-sure-ba kubi-kiraruru-to iû koto-wa o-nusi-mo sitte-wa i-jaru-no-ka.

Hiermit warf er den gebogenen Fuss empor und pfiff in die Luft. *O-tsuja* blickte hervor. — *Doro-fatsi!* Wenn Jemand an der zu den Gebietern gehörenden Person eine Ungebührlichkeit verübt und dafür sein Haupt abgeschlagen wird, muss da die Gebieterin auch davon wissen?

ゲ シ ア *asi-ge*, eigentlich „das Hufhaar des Pferdes", auch der in die Höhe gebundene Fuss des Pferdes.

ソレシラヌモノ
ガゴザリマセウ
カカタイカホニ
ニアヒヲラヌキ
ウベヱメガフシ
ダラゼンタイコン
ナ人デナシハコツ
ピドイメニアハ
セルガアトノシ
メシデコザリマ
スト

Sore siranu mono-ga gozari-maseû-ka katai kawo-ni ni-ai-woranu kiû-beje-me-ga fu-si-da-ra zen-tai konna fito-de nasi-wa koppidoi me-ni awaseru-ga ato-no simesi-de gozari-masu-to.

— Sollte Jemand dieses nicht wissen? Dass der schändliche *Kiû-beje*, dessen feste Miene hiermit nicht übereinstimmt, kein Mensch ist, der durchaus bewusstlos wäre, wird sich, wenn man mit scharfem Auge Vergleiche anstellt, aus der späteren Darlegung ergeben.

イ タ ン ゼ *zen-tai* (chin. *tsiuen-ti*), der ganze Leib.

ナ ン' コ *konna* ist die Zusammenziehung von ナ ウ ヤ ノ コ *kono jô-na*, was von dieser Art ist, ein solcher.

イ ド ピ ツ コ *koppidoi*, schnell wie starkes Feuer. Aus シ ド ヒ *fi-dosi*, „schnell wie Feuer" und イ コ *koi* „tief, stark" zusammengezogen.

又タチカヽルヲオシトドメアトノシメシノタメナレバキウベエヨリマダホカニステヽオカレヌモノガアル

Mata tatsi-kakaru-wo osi-todome ato-no simesi-no tame nare-ba kiû-beje-jori mada foka-ni sutete okarenu mono-ga aru.

Als Jener sich nochmals erhob, hielt sie ihn zurück.

— Wenn es um die spätere Darlegung zu thun ist, so gibt es ausser *Kiû-beje* noch Jemanden, der nicht verstossen ist.

ヘエソリヤドコニゴザリマス

He-e sori-ja doko-ni gozari-masu.

— Ei, wo ist dieser?

ホカデモナイサウイフドロ

Foka-de-mo nai, sô iû doro-fatsi.

— Er befindet sich nicht auswärts. Ein gewisser *Doro-fatsi* —

エ *e.* — Ei!

今オクニハデザレルコイヌガナニヤラクチニクハヘテ井ルヲトラセテ見レバコレコノフミヌシアラオステヘムタイノレンボ

Ima oku-ni-wa de-zareru ko-inu-ga nani-jara kutsini kuwajete iru-wo torasete mire-ba kore kono fumi nusi aru o-sute-je mu-tai-no ren-bo.

— Jetzt hatte ein kleiner Hund, in das Innere laufend, sich in einen Gegenstand verbissen. Als er mich diesen nehmen liess und ich ihn sah, war es dieser Brief. Derselbe bekundet eine gehaltlose Leidenschaft für die zu den Gebietern gehörende *O-sute.*

アヽソレハ *a-a sore-wa.* — Ei, dieses! —

イヤクビノトブガアタリマヘ°チヤガ此ニヽニナガノイトマアヽドコ八フナタハシアハセ

モノサンパイトヤラヲシテハヤウデヽユキヲレト

Ija kubi-no tobu-ga atari-maje, dzia-ga kono ma-ma-ni naga-no itoma a-a doro-fatsi sonata-wa si-awase-mono san-pai-to jara-wo site fajô dete juki-wore-to.

— O, man hat zu gewärtigen, dass der Kopf hinwegfliegt. Unterdess ist ein langer Abschied. *Doro-fatsi*, ihr seid ein Mann der guten Gelegenheit. Möget ihr euch dreimal verbeugen, schnell hinaustreten und fortgehen.

イハレテゴンクモイデバコソアタマカヽヘテウヅクマル太ラ助ハサシヨツテドロ八ガツトメカタドウモツネカラガテンガユカズホツ〱トチヤウメンヲシラベテ見レバアンノジヤウ百兩アマリコイツガヒキオヒソノコトモオヤヂサマノ百カニチガスギテカラトムネニヲサメテオキマシタソノカハリニマルハダカデハヤクデヽマセヲレト

Iwarete gon-ku-mo ide-ba koso atama kakajete udzukumaru ta-ra-suke-wa sasi-jotte doro-fatsi-ga tsutome-kata dô-mo tsune-kara ga-ten-ga jukazu fot-fot-to tsiô-men-wo sirabete mire-ba an-no ziô fiaku-riô amari ko-itsu-ga fiki-oi sono koto-mo oja-dzi-sama-no fiakka-nitsi-ga sugi-te kara-to mune-ni wosamete oki-masi-ta sono kawari-ni maru-fadaka-de fajaku dete mase-wore-to.

Als der so Angeredete mühsam hinaustrat, setzte sich *Ta-ra-suke*, das Haupt mit den Händen stützend, nieder und zeigte auf ihn.

— Auf welche Weise *Doro-fatsi* diente, war mir vom gewöhnlichen Standpunkte unbegreiflich. Als ich die Rechnungen in Eile ordnete und nachsah, bemerkte ich, dass er über hundert Tael an sich gezogen hatte. Ich habe mir wohl eingeprägt, dass dieses seit der Zeit geschehen, wo die hundert Tage des Herrn Vaters vorüber waren. Dafür möget ihr ganz nackt alsbald austreten.

ル ヨ シ サ *sasi-joru*, mit dem Finger zeigend sich an etwas halten.

タ カ メ ト ツ *tsutome-kata*, die Seite des Dienstes.

ラ カ ネ ツ *tsune-kara*, nach dem Gewöhnlichen, vom gewöhnlichen Standpunkte.

ン メ ウ ヤ チ *tsiô-men* (chin. *tschang-mien*), so viel als ウ ヤ チ *tsiô* (chin. *schang*), ein Rechnungsbuch, eine Rechnung. Eine muthmassliche Erklärung.

ウヤジノユア *an-no ziò* (chin. *ngan-schang*), der Vermuthung gemäss.
カダハルマ *maru-fadaka*, rund nackt, ganz nackt.

オビゲルくト
ヒツポドキコ、
ニサツキトン
松メガワルアガ
キシテヒザヲ
ヌラシヌイデオ
イタヌノコガア
ルコレデモナサ
ケニキセテヤラ
ウト

Obi guru-guru-to fippodoki koko-ni sakki ton-matsu-me-ga waru agaki site fiza-wo nurasi nuide oita nuno-ko-ga aru kore-de-mo nasake-ni kisete jarò-to.

Er machte rings umher den Gürtel los.

— Hier ist ein Stück Leinwand, das früher der schändliche *Ton-matsu*, als er einen schlechten Esskorb verfertigte und sich die Knie befeuchtete, abgelegt hat. Mit diesem werde ich euch aus Mitleid bekleiden.

クドホツヒ *fippodoku*, die Zusammenziehung von クドホキヒ *fiki-fodoku*, ziehend auflösen.

キガア *agaki* scheint für キガユア *an-gaki* zu stehen und einen Esskorb zu bezeichnen. Von ユア *an* (chin. *kien*), ein Speisenbehälter. Ähnlich ist das sonst gebräuchliche キガイ *i-gaki*, ein Esskorb, das die Zusammenziehung von キガヒイ *i-i-gaki*.

スラヌ *nurasu*, befeuchten, das Transitivum von 、スヌ *nururu*, feucht sein.

スルキ *kisuru*, bekleiden, das Transitivum von ルキ *kiru*, sich kleiden.

ムナダカオビニトニバウムスビ
サスガニメニポクナゲクビシ
テスゴくトタチアガリア、
コレタドモイナレマイヤツハリ
コフウニイツシユヨモウカウ
モアラウカ。タチアブラ人
ヲシメギノムクヒニテオノレガ
カホヘカ、ルドロ八。ナニヨウ
イハツシヤルジモニジタフノタド
ヒトリコソくトシテ川テ
ユク

Muna-daka-obi-ni ton-bô musubi sasu-ga-ni men-boku nage-kubi-site sugo-sugo-to tatsi-agari a-a kore tada-mo inare-mai jaffari ko-fû-ni isiû jo-mô kô-mo arô-ka, tane-abura fito-wo sime-gi-no mukui-nite onore-ga kawo-je kakaru doro-fatsi, nani-jô iwassi-jaru zi-mon-zi-tô-no tada fitori koso-koso-to site idete juku.

Jener knüpfte es lose in der Brusthöhe um den Gürtel. Schliesslich warf er das Schamgefühl von sich und erhob sich ganz ruhig.

— Hier wird nicht blos weggegangen werden. Es ist noch immer nach alter Sitte eine Art Welt, es wird sich schon so verhalten. Zur Vergeltung dafür, dass man die Menschen wie das Öl der Samen presst, hänge ich es vor mein eigenes Angesicht. *Doro-fatsi!* Ich sage es auf keine Weise.

So im Selbstgespräch begriffen, trat er ohne Umstände hinaus.

ビオカダナム *muna-daka-obi*, ein Gürtel in der Höhe der Brust.

ウバント *ton-bô*, eigentlich eine „Libelle“. In Zusammensetzungen für „überstürzend“ gebraucht.

ルスビクゲナ *nage-kubi-suru*, bewirken, dass das Haupt weggeworfen wird.

ヽルナイ *inaruru*, es wird gegangen. Das Passivum von ルヌイ *inuru*, gehen, weggehen.

ギメシ *sime-gi*, eine Presse.

ウヨニナ *nani-jô*, so viel als ウヤニナ *nani-jô* (chin. *ho-yang*), auf welche Weise.

フタジンモジ *zi-mon-zi-tô* (chin. *tse-wen-tse-tä*), selbst fragen und selbst antworten, ein Selbstgespräch.

オツヤハ心ニトツオイツオモヒガケナイモヤ〱デサ四ラサマニモゴタイクツザシキヲカヘテサヽヒトツ

O-tsuja-wa kokoro-ni to-tsu o-itsu omoi-gake-nai moja-moja-de sa-si-ra-sama-ni-mo go-tai-kut za-siki-wo kajete sa-sa fito-tsu.

O-tsuja, mit den Gedanken schnell erfassend, sprach: Bei der unerwarteten Betrübniss hat auch Herr *Sa-si-ra* Verdruss. Lasst uns den Saal wechseln, so ein Raum —

ナル程ソレモヨカラウカ太ラ助ドノ

Naru-fodo sore-mo jo-karô-ka, ta-ra-suke-dono.

— Ja wohl! Das wird auch gut werden. Herr *Tara-suke!*

マアオサキヘイモトモイツシヨニサアオヂヤト

Ma-a o-saki-je imoto-mo issio-ni su-a o-dzia-to.

— Nur vorwärts! Die jüngere Schwester wird auch zugleich — kommt!

心ノコシテオクヘ
イルオステハヒ
トマヲハシリイ
デキウベヱニスガ
リツキカナラズ
コヽヘデマイゾト
クレ〱ノイフテ
ヂヤユヱシンバウ
シテハヰタモノ、
ヒヨンナコトニナリ
マシタト

Kokoro-nokosi-te oku-je iru o-sute-wa fito-ma-wo fasiri-ide kiñ-beje-ni sugari-tsuki kanarazu koko-je de-mai-zo-to kure-gure-no iíte dzia juje sin-bô-site-wa ita mono-no fi-jonna koto-ni nari-masi-ta-to.

Die Gedanken zurücklassend, trat sie in das Innere. *O-sute* lief aus einem Zimmer und schloss sich an *Kiñ-beje*.

— Ich sagte immerdar, dass ich hier durchaus nicht eintreten werde. Dass ich anderen Sinnes ward und dass es dabei blieb, ist eine missliche Sache geworden.

スコノロヽコ *kokoro-nokosu*, das Herz zurücklassen, mit den Gedanken zurückbleiben.

ルヅイリシハ *fasiri-idzuru*, hinauslaufen.

ナゲキ
ニヒサ
松ヒザ
スリヨ
セコレト
イフモ
此身
ノアヤ
マリ

Nageki-ni fisa-matsu fiza suri-jose kore-to iñ-mo kono mi-no ajamari.

Bei dieser Wehklage rückte *Fisa-matsu* mit den Knien näher.

— Bei dem, was hier gesagt wird, wurde meinerseits ein Fehler begangen.

イヤヒサ松ヨ
リ此ソメガミ
ナイタヅラカ
ラオコツタコト
ソノワビコト
ガシダイバツ
カリヂキニザ
シキヲヌケテ
キタキウ兵
ヘナンニモイハ
ヌト

Ija fisa-matsu-jori kono some-ga mi-na itadzura-kara okotta koto sono wabi-koto-ga si-dai bakkari dziki-ni za-siki-wo nukete kita kiñ-beje nanni-mo iwanu-to.

— Was durch *Fisa-matsu* aus meinem, *Some's*, Müssiggange entstanden, davon sagt *Kiû-beje*, der zur Zeit der Anrufung gerade aus dem Saale hervorkam, nichts.

ナ ミ *mi-na*, was an dem Leibe befindlich ist.

手ヲアワセバア、コレオフタリナガラカベニミ、メツタナコトヲイ
フマイヅマアドコガドコマデモトガニユハキウ兵ヘヒトリ。ナ。ゴガ
テユガマ井リマシタカサイゼユモマウストヲリシユジユニフギシタ
メウバツハカウイフモノヂヤトイフコトヲヨクミテオクガフノミノ
コウガクワカイドシデハナヲノコトツ、シマネバナリマセヌオフメサ
マモ日ゴロカラオ心ヤスダテガスギマスルアケテモヒサ松ク
レテモヒサ松オフバチカウオツカヒナサルトタトヘサウイフコト
ガナウテモ人ノクチハユツイカ、ツテアレモフネ・ミヲウケマス
ルコレコナタハマダネユキノウチイトイリジマヤツムギジマフノキ
リモノガフサウオウオレガ今キテ井ルハセユダユナノオメシオロ
シアノクラ井ナオクラシデイツシヤウガイモメユモノコレデナケ
レバアキユドハユカヌモノヂヤトオテヅカラクダサツタオイヘノ
モユツキオイトマノデタカラタデキテ井ルハモツタイナイドレフ
ナタノキリモノトトリカヘテユキマセウト

Te-wo awase-ba a-a kore o-futari nagara kabe-ni mimi metta-na koto-wo iû-mai-zo ma-a doko-ga doko-made-mo toga-nin-wa kiû-beje fitori, na, go-ga-ten-ga ma-iri-masi-ta-ka sai-zen-mo môsu towori siû-zin-ni fu-gi-sita meô-bat-wa kô iû mono-dzia-to iû koto-wo joku mite oku-ga sono mi-no kô-gaku wakai dosi-de-wa nawo-no koto tsussimane-ba nari-masenu o-some-sama-mo fi-goro-kara o-kokoro-jasu-date-ga sugi-masuru akete-mo fisa-matsu kurete-mo fisa-matsu o-soba-tsikô o-tsukai-nasaru-to ta-to-je sô iû-koto-ga nôte-mo fito-no kutsi-fa-ni tsui-kakatte are-mo sone-mi-wo uke-masuru kore konata-wa mada nen-ki-no utsi ito-iri-zima-ja tsumugi-zima sono kiri-mono-ga fu-sô-ô ore-ga ima kite iru-wa sen-danna-no o-mesi-orosi ano kurai-na o-kurasi-de issiô-gai mo-men-mono kore-de na-kere-ba akindo-wa jukanu mono-dzia-to o-te-dzukara kuda-satta o-ije-no mon-tsuki o-itoma-no deta-kara ta-de kite iru-wa mottai-nai dore sonata-no kiri-mono-to tori-kajete juki-maseô-to.

Sie legte die Hände zusammen, und Jener sprach: Ihr habt hier Beide die Ohren an der Wand. Ich werde von der unseligen Sache nichts sagen. Wo und bis wohin sollte ich *Kiû-beje*, der schuldige Mensch, für mich allein — nun, ihr habt es wohl verstanden? Indem Jener gut einsah, dass die dunkle Strafe dafür, dass ich, wie früher gesagt, an der Gebieterin des Hauses Ungebührlichkeiten verübte, so beschaffen sein werde, kann es nicht anders geschehen, als dass man seine Einsicht bei seiner Jugend noch mehr hochschätzt. Da das Fräulein *O-some* seit einer Zeit sich überaus befriedigt zeigte, am Morgen *Fisa-matsu*, am Abend *Fisa-matsu* nahe an ihrer Seite diente und dieses bei Anderen nicht der Fall war, so kam er endlich bei den Menschen ins Gerede und erweckte dafür den Neid. Ihr befindet euch noch in dem Dienste. Das Kleid mit seidenen eingewirkten Streifen und dasjenige mit Streifen von Seidenflor ist unpassend. Dass ich es jetzt trage, ist deswegen, weil der frühere Gebieter es getragen und abgelegt hat. Indem er seiner Rangstufe gemäss die Tage verbrachte, diente sein ganzes Leben hindurch Baumwollstoff. Da dieser nicht vorhanden war und kein Kaufmann umherging, hat er es mir mit eigener Hand geschenkt. Seit der Zugetheilte an dem Thore seines Hauses den Abschied erhalten hat, ist es mir unerträglich, mich mit etwas anderem zu bekleiden. Ich möchte es mit eurem Kleide vertauschen und dann weggehen.

ツ バ ウ メ *meô-bat*, so viel als ツ バ ウ ヤ ミ *miô-bat* (chin. *ming-fa*), eine dunkle, verborgene Strafe.

ク ガ ウ コ *kô-gaku* (chin. *heu-hiŏ*), das nachträgliche Lernen, Sachkenntniss, Einsicht.

シ ド イ カ ワ *wakai-dosi*, die Jahre der Jugend.

ト コ ノ ヲ ナ *nawo-no koto*, noch mehr.

テ ダ ス ヤ ロ ヽ コ *kokoro-jasu-date*, das Aufstellen der Ruhe des Herzens, Befriedigung, Zufriedenheit.

テ ケ ア *akete*, wenn es Morgen wird.

テ レ ク *kurete*, wenn es Abend wird.

シ カ チ バ ソ *soba-tsikasi*, nahe zur Seite.

ハ チ ク *kutsi-fa*. Mund und Zähne.

ル ヽ カ イ ツ *tsui-kakaru*, endlich angehängt sein.

キ ン ネ *nen-ki* (chin. *nien-ki*), die letzten Jahre. Ein Wort, das auch den Dienst bezeichnet.

マ ジ リ イ ト イ *ito-iri-zima*, die seidenen eingewebten Streifen eines Kleides.

マ ジ ギ ム ツ *tsumugi-zima*, die Streifen von Seidenflor an einem Kleide.

ノ モ リ キ *kiri-mono*, so viel als ノ モ ル キ *kiru-mono*, ein Kleidungsstück.

ナ ン ダ ン セ *sen-danna*, der frühere Gebieter.

ス ロ オ シ メ *mesi-orosu*, ein Kleid anziehen und ablegen. ス メ *mesu* „zu sich rufen“ steht hier in ehrender Bedeutung für „kleiden“.

ノ ヰ ラ ク *kurai-na*, was zu der Rangstufe gehört.

シ ラ ク *kurasi*, das Verbringen der Tage, eigentlich das Verbringen des Tages bis zur Nacht.

イ ガ ウ ヤ シ ツ イ *issiô-gai* (chin. *yi-seng-ngai*), das Ufer des ganzen Lebens, lebenslänglich.

ノ モ ン メ モ *mo-men-mono*, ein baumwollenes Kleid.

オビヲトク
〱ヒサ松ガ
ウハギトカ
ヘテミヅクロ
ヒオステモ
カヽヘヒキ
アゲテサア
コチノ人ソ
ンナライツ
シヨニ

Obi-wo toku-toku fisa-matsu-ga uwa-gi-to kajete mi-dzukuroi o-sute-mo kakaje-fiki-agete sa-a kotsi-no fito sonnara issio-ni.

Indess er den Gürtel löste, wechselte er das Kleid mit dem Überkleide *Fisa-matsu's* und machte sich zurecht. *O-sute* umschloss den Gürtel und zog ihn empor.

— Der Unsrige wird also in Gesellschaft —

く ク ト *toku-toku*, während man löst. Die Wiederholung des Präsens.

ル ゲ ア ヒ ヘ ヽ カ *kakaje-fiki-aguru*, umschliessend in die Höhe ziehen.

ト ヒ ノ チ コ *kotsi-nofito*, der Mensch dieses Ortes, der Unsrige. Ein Ehrenausdruck.

イヤ〱オレハ
チツト用モ
アリコトニコ
ノミノフラチ
カライトマガ
デタレバトガ
ニンドウゼン
モウトウチニ
一チニチモア
シヲトメテハ
ギリガスマヌ.

Ija-ija ore-wa tsitto jô-mo ari koto-ni kono mi-no fu-ratsi-kara itoma-ga de-tare-ba toga-nin dô-zen mô tô-tsi-ni itsi-nitsi-mo asi-wo tomete-wa gi-ri-ga sumanu.

— O, ich bin wenig zu brauchen! Besonders da mir in Folge meiner Ausschreitungen der Abschied zu Theil ward, ist es nicht statthaft, dass ich, der schuldige Mensch, in dieser Gegend auch nur einen Tag mit den Füssen weile.

ソレデハ小トミヤオチヨサンノ

Sore-de-wa ko-tomi-ja o-tsi-jo-san-no.

— Hiedurch ist für die kleine *Tomi* und das Fräulein *O-tsi-jo* —

コレトオサヘテメデシラセオソメガマヘヲマギラスシハブキウシロノシヤウジホソメニアケスクナイケレドモチアハセト

Kore-to osajete me-de sirase o-some-ga maje-wo magirasu siwabuki usiro-no sio-zi foso-me-ni ake sukunai kere-do motsi-awase-to.

— So ist es.

Er beschwichtigte sie und deutete mit den Augen. Mit einem Husten, der *O-some* von der Vorderseite ablenkte, öffnete man in einer kleinen Ausdehnung das rückwärts befindliche Schubfenster.

— Es ist zwar wenig, allein ich stelle es euch zu.

マヘヲマギラス *maje-wo magirasu*, die Vorderseite verdrehen, von der Vorderseite ablenken.

ホソメニ *foso-me-ni*, mit dünnem Auge, in einer geringen Ausdehnung.

スクナイケレド *sukunai kere-do* „obgleich es wenig ist“ sollte regelmässig durch スクナケレド *sukuna-kere-do* ausgedrückt werden.

モチアハスル *motsi-awasuru*, etwas erfassen und zukommen lassen.

オツヤガナゲダスツヽミガネオステガチヤツトトリアゲルトタンニタテキルシヤウジノオト此シクミヨロシクチヨン〱トヒヤウシマクアマグルマ時ノカネスグニヒツカヘス

O-tsuja-ga nage-dasu tsutsumi-gane o-sute-ga tsiatto tori-aguru to-tan-ni tate-kiru sio-zi-no oto kore siku-mi-jorosi-ku tsion-tsion-to fio-si maku ama-guruma toki-no kane sugu-ni fikkajesu.

O-sute hob das Geld, welches *O-tsuja* mit diesen Worten hinauswarf, hastig auf. Man hört den Ton des an der Stufe der Thüre kräftig aufgestellten Schubfensters. Hier zeigt sich auf eine ausgedehnt und gut ersichtliche Weise vorläufig der pappene Vorhang. Die Zeitglocke des Himmelswagens heisst geraden Weges den Rückzug antreten.

ナゲダス *nage-dasu*, hinauswerfen.

ネガミヽツ *tsutsumi-gane*, eingewickeltes Metall oder Geld.

トツヤチ *tsiatto*, sogleich, eilig.

ヽシロヨミクシ *siku-mi-jorosi-si*, was in einer Ausdehnung gut gesehen werden kann.

トくンヨチ *tsion-tsion-to* scheint mit トツヨチ *tsiotto* „vorläufig" gleichbedeutend zu sein.

マルグマア *ama-guruma*, ein Regenwagen oder Himmelswagen. Ein unbekannter Gegenstand.

ンサ八ツド

Doro-fatsi-san.

— Herr *Doro-fatsi!*

ヌカ助カ又ト
ウくシクジツタソ
レハサウトワリ
ヤサ四ラサマニ
タノマレタヲヽサ
ヒサ松ヲシメルツ
モリデシヤミセン
ヒキノイト六モ
サソヒアハセテ
サツキニカラガ
ンバツテヰルコノ
ミチスヂ

Nuka-suke-ka mata tô-tô si-kuzitta sore-wa sô-to wari-ja sa-si-ra-sama-ni tanomareta wo-wo-sa fisa-matsu-wo simeru tsumori-de sia-mi-sen-fiki-no ito-roku-mo sasoi-awasete sakki-ni kara ganbatte iru kono mitsi-sudzi.

— Ist es *Nuka-suke?* Ich habe auch alles ausgestöbert, das ist wahr. Ich wurde von Herrn *Sa-si-ra* gebeten. Wohlan! Bei dem Auftrage, *Fisa-matsu* zusammenzudrücken, habe ich auch den Lautenspieler *Ito-roku* hinzugeholt. Auf diesem Querwege, der sich von der vor uns liegenden Gegend her in Krümmungen windet —

ルヂクシ *si-kuziru*, ausgraben, ausstechen, durchstöbern. Mit シ *si* „thun" und ルヂク *kuziru* „ausgraben" zusammengesetzt.

リモツ *tsumori*, ein Haufen. Hier in dem Sinne von „Last, Auftrag".

キヒンセミヤシ *sia-mi-sen-fiki*, ein Lautenspieler.

ルスハアヒソサ *sasoi-awasuru*, holen und hinzugesellen.

テツバンガ *ganbatte* scheint für テツマガカ *kagamatte* „sich krümmend" zu stehen.

トイナハヒガチニルクテツドモ

Modotte kuru-ni tsigai-wa nai-to.

— Kommt er unzweifelhaft zurück.

コトバヲツゲモウシロカラテマヘヽトニ吉ノニィマニ

Koto-ba-wo tsugu-mo usiro-kara te-maje-wa ton kitsi-itsu-no ma-ni.

Hiermit setzte er jene Worte fort. Von rückwärts rief eine Stimme: Ihr seid *Ton-kitsi.* Binnen welcher Zeit —

ヌケガケシテコヽノアナゴデイツパイノンデイマノサブリヲヽラシテヰタガ又ドウカバラくトエサウエワラテヒクラサハクラシカニラズヽモ

Nuke-gake-site koko-no ana-go-de ippai nonde ima-no saburi-wo farasi-te ita-ga mata dô-ka bara-bara-to kiso-no sora-ai-kurasa-wa kurasi kanarazu-to-mo.

— Indem ich mich schnell losmachte, habe ich in dieser kleinen Bude einen Becher getrunken und die gegenwärtige Kühle vertrieben. Dann ist es, als ob er aus der Ferne herbeikäme. Bei der Verdunkelung des Himmels ist es dunkel, und gewiss —

ルスケガケヌ *nuke-gake-suru*, indem man sich entzieht, enteilen. Mit Zugrundelegung von ルケカ *kakeru*, einherjagen. In der Wörterschrift wird auch ルケカ *kakeru* chin. *kien* „anhängen“ zu Grunde gelegt.

ゴナア *ana-go*, eine kleine Höhle, eine kleine Bude.

リブサ *saburi*, so viel als リムサ *samuri*, die Kühle.

サラクヒアラソ *sora-ai-kurasa*, die Dunkelheit des gesammten Himmels.

ナニ人チガヒヲスルモノカイトイリジマノスヂ立チトツクリト見オイタアレくムカフハホカブリタシカニツノト

Nani-ito-tsigai-wo suru mono-ka ito-iri-zima-no mi-sudzi-tatsi tokkuri-to mi-oita are-are mukô-wa fô-kaburi tasika-ni sô-da-to.

— Ich habe die dreifädigen Reihen der seidenen eingewirkten Streifen, durch welche er sich von den Menschen unterscheidet, richtig gesehen. Dort gegenüber die Wangenbedeckung, er ist es zuverlässig.

ヒガチトヒ *fiso-tsigai*, der Unterschied von anderen Menschen.
チタヂスミ *mi-sudzi-tatsi*, das Hervorstehen dreier Fäden.
リブカウハ *fô-kaburi*, eine Wangenbedeckung, eine Kopfbedeckung, welche zugleich die Seiten des Gesichtes verhüllt.

ヌカ助ガスリチガヒサマアマ戸モル火カゲニスカシテヲヽソダ〱

Nuka-suke-ga suri-tsigai-sama ama-do moru fi-kage-ni sukasi-te wowo so-da-so-da.

Nuka-suke drang in dem Augenblicke, wo er entgegenstand, zu dem an der Regenthüre ausströmenden Scheine des Feuers vor.

— O, er ist es, er ist es!

フチリス *suri-tsigô* (chin. *tšo-to*), entgegengesetzt sein.

ウヌヒサ松トサユウヨリウツテカヽルヲヒツパツシヒサ松ナリヤワリヤドウスル

Unu fisa-matsu-to sa-jû-jori utte kakaru-wo fippadzusi fisa-matsu nari-ja wari-ja dô-suru.

— Ja es ist *Fisa-matsu!*

Hier trennte Jemand von rechts und links die Angreifer auseinander.

— Derjenige, der *Fisa-matsu* ist, was soll er?

スジパツヒ *fippadzusu*, die Zusammenziehung von スジハキヒ *fiki-fadzusu*, ziehend lostrennen.

エヘウキニカシタハエコフイウサ°ヤ

Ja, sô-iû koje-wa tasika-ni kiû-beje.

— Ei, nach der Stimme ist es gewiss *Kiû-beje.*

ハヽア。メタドロ八メガサ四ラニタノマレテヒサ松ヲシメルツモリノマチブセルチウトトシマデマヘガノナイガフフクカシラ子ヘガアデヲヒカレタマチガヒモタシヤウノエユノイトイリジマコレカラアニサユオトウ

コトバヲツグモウシロカラテマヘハトン吉イツノマニ

Koto-ba-wo tsugu-mo usiro-kara te-maje-wa ton kitsi-itsu-no ma-ni.

Hiermit setzte er jene Worte fort. Von rückwärts rief eine Stimme: Ihr seid *Ton-kitsi.* Binnen welcher Zeit —

ヌケガケシテコヽノアナゴデイッパイノンデイマノサブリヲハラシテ井タガ又ドウカバラ〱トキサウナソラアヒクラサハクラシカナラズトモ

Nuke-gake-site koko-no ana-go-de ippai nonde ima-no saburi-wo farasi-te ita-ga mata dô-ka bara-bara-to ki-sô-na sora-ai-kurasa-wa kurasi kanarazu-to-mo.

— Indem ich mich schnell losmachte, habe ich in dieser kleinen Bude einen Becher getrunken und die gegenwärtige Kühle vertrieben. Dann ist es, als ob er aus der Ferne herbeikäme. Bei der Verdunkelung des Himmels ist es dunkel, und gewiss —

ル ス ケ ガ ケ ヌ *nuke-gake-suru*, indem man sich entzieht, enteilen. Mit Zugrundelegung von ル ケ カ *kakeru*, einherjagen. In der Wörterschrift wird auch ル ケ カ *kakeru* (chin. *hiuen*) „anhängen" zu Grunde gelegt.

ゴ ナ ア *ana-go*, eine kleine Höhle, eine kleine Bude.

リ ブ サ *saburi*, so viel als リ ム サ *samuri*, die Kühle.

サ ラ ク ヒ ア ラ ソ *sora-ai-kurasa*, die Dunkelheit des gesammten Himmels.

ナニ人チガヒヲスルモノカイトイリジマノミスヂ立チトツクリト見オイタアレ〱ムカフハハウカブリタシカニソレト

Nani fito-tsigai-wo suru mono-ka ito-iri-zima-no mi-sudzi-tatsi tokkuri-to mi-oita are-are mu-kô-wa fô-kaburi tasika-ni sore-to.

— Ich habe die dreifädigen Reihen der seidenen eingewirkten Streifen, durch welche er sich von den Menschen unterscheidet, richtig gesehen. Dort gegenüber die Wangenbedeckung, er ist es zuverlässig.

ヒトチガヒ *fito-tsigai*, der Unterschied von anderen Menschen.
三スヂタチ *mi-sudzi-tatsi*, das Hervorstehen dreier Fäden.
ハウカブリ *fô-kaburi*, eine Wangenbedeckung, eine Kopfbedeckung, welche zugleich die Seiten des Gesichtes verhüllt.

ヌカ助ガスリチガヒサマアマ戸モル火カゲニスカシテヲヽソダく

Nuka-suke-ga suri-tsigai-sama ama-do moru fi-kage-ni sukasi-te wowo so-da-so-da.

Nuka-suke drang in dem Augenblicke, wo er entgegenstand, zu dem an der Regenthüre ausströmenden Scheine des Feuers vor.

— O, er ist es, er ist es!

スリチフ *suri-tsigô* (chin. *theo-to*), entgegengesetzt sein.

ウヌヒサ松トサユウヨリウツテカヽルヲヒツパツシヒサ松ナリヤワリヤドウスル

Unu fisa-matsu-to sa-jû-jori utte kakaru-wo fippadzusi fisa-matsu nari-ja wari-ja dô-suru.

— Ja es ist *Fisa-matsu!*

Hier trennte Jemand von rechts und links die Angreifer auseinander.

— Derjenige, der *Fisa-matsu* ist, was soll er?

ヒツパジス *fippadzusu*, die Zusammenziehung von ヒキハジス *fiki-fadzusu*, ziehend lostrennen.

ヤ。サウイフコヱハタシカニキウベヱ

Ja, sô-iû koje-wa tasika-ni kiû-beje.

— Ei, nach der Stimme ist es gewiss *Kiû-beje*.

ハヽアヨメタドロ八メガサ四ラニタノマレテヒサ松ヲシメルツモリノマチブセルツトトシマデマヘガノナイガフフクカシラヨヘガフデヲヒカレタマチガヒモタシヤウノエユノイトイリジマコレカラアニサユオトウ

ウ サ キ キ ト ノ キ レ ツ ト
カ シ ヒ ト ハ ヒ ル ダ ダ ヽ
テ ニ ウ オ ナ ! リ リ カ
コ リ ボ ラ ガ シ リ ワ
ヤ ダ ウ エ チ オ メ ガ イ
ラ エ ホ ノ ツ コ テ ラ ガ

Fa-fa-a jomita doro-fatsi-me-ga sa-si-ra-ni tanomarete fisa-matsu-wo simeru tsumori-no matsi-buseru tsitto tosi-made maje-gami-no nai-ga fu-soku-ka sirane-je-ga sode-wo fikareta ma-tsigai-mo ta-siò-no jen-no ito-iri-zima kore-karu ani-san oto-uto-to kawai-gattari garare-tari si-mete neru-no-ga o-konomi-nara tsitto-wa oboje-no ki tô-riô fone-mi-ni kotaje-sasi-te jarò-ka.

Ha, der den Namen *Doro-fatsi* führende Mann, von *Sa-si-ra* gebeten, wartet im Hinterhalte mit dem Vorhaben, *Fisa-matsu* zusammenzudrücken. Da das Gebrechen der bis vor wenigen Jahren bestehenden Abwesenheit des Vorderhaares nicht bekannt ist, sind zum Unterschiede die seidenen eingewirkten Streifen des Verhältnisses einer anderen Familie. Deswegen hat man gewünscht, dass Mitleid wie dasjenige des älteren Bruders mit dem jüngeren Bruder stattfinde, und dieser schläft fest. Soll ich bei der Liebe zu ihm ein wenig mit der Kraft des Gedächtnisses verweilen und mit Leib und Knochen als Antwort hinzeigen?

ア ヽ ハ *fa-fa-a*, eine gewisse Interjection.

ダ メ ヨ *jomita*. gelesen, ausgesprochen, auf gewisse Weise benannt.

シ ド ト ツ チ *tsitto-dosi*, wenige Jahre.

ヘ キ ラ シ *sirane-je*, zu dem Nichtwissen.

ヒ ガ チ マ *ma-tsigai* (chin. *kien-wei*), Zwischenraum und Gegensatz.

ト ウ ト オ *oto-uto*, der Mensch, welcher der jüngere Bruder ist. Sonst ヽ ト オ *ototo.*

リ ダ ツ ガ *gattari*, der Umschwung, das Stattfinden.

リ ダ レ ラ ガ *garare-tari*, was gewünscht worden. Von dem den Wunsch bezeichnenden Worte ル ガ *garu* abgeleitet.

ル キ テ メ シ *simete neru*, zusammendrückend, d. i. fest schlafen.

ヒ キ ホ *fone-mi*, Knochen und Leib.

ス サ エ ダ コ *kotaje-sasu*, antwortend mit dem Finger zeigen.

ロ メ チ ツ フ゛ ナ ウ ド ユ メ ヘ エ

E-je, men-dô-na buttsi-me-ro.

— Ei, Verworfener, schlage zu!

ナ ウ ド ユ メ *men-dô-na*, verworfen. Von ウ ド ユ メ *men-dô*, so viel als ウ ダ ユ メ *men-dò* (chin. *mien-tao*), auf das Angesicht fallen.

ル メ チ ツ フ゛ *buttsimeru*, peitschen oder schlagen. Von チ ツ フ゛ *buttsi*, so viel als チ フ゛ *butsi*, Peitsche.

ト セ カ マ ト ツ オ

Otto makase-to.

— Ja, ich überlasse es euch.

テン〱ニワリ木ヒツ下ゲメツタウチ心ヘヒラリト身ヲカハシウデク
ビツカンデネヂカヘサレカラダハモヂレテキウベエガエリガミツカン
デヒツタツルヲヒヂデオトシテヅデンドウ又イレカハツテアリアフカラ
カサコダテンヒライテタチヨルヲヒツバヅサレテヒヨロ〱ドツコイト
マツタマツカセトスキモアラセズウシロカラクマントスルヲカイクヾリア
シヲスクツテケドリガケバツタバタツキオキカヘレバタヲレカヽリ
シアナゴノアンドンウケヌクツマヅクフミヤブルイツシヨンカレトヨ
ツタリガシハウヘワカレバキウベエハヲドリアガツテサカダルノウヘン
ドツクリミブクロヒトコロヲウヌトドツハガトルムナゲラヲフリホド
ケバチカラアマツテベツタリトコケテモタグルアタマノウヘアシデ
フマヘテヒラタグモフノマンヌカ助タチマハリイダキツク手ヲミギヒ
ダリミゴトンハラツテカツギナゲシヤウコリモナクイト大ガミヂン
ンナレトヲガミウチカホヲフムケテクウヲウタセスゲニワリキヲヒ
ツタクリナギタテラレテ三八ニハオモヒ〱ニニゲテユク

Ten-den-ni wari-ki fisage metta utsi kokoro-je firari-to mi-wo kawasi ude-kubi tsukande nedzi-kajesare karada-wa modzirete kiû-beje-ga jeri-gami tsukande fittatsuru-wo fidzi-de otosi-te dzu-den-dô mata ire-kawatte ari-ô kara-kasa ko-date-ni firaite tatsi-joru-wo fippadzusarete fi-joro-fi-joro-fi-joro dokko-i tomatta makkase-to suki-mo arasezu usiro-kara kuman-to suru-wo kai-kuguri asi-wo sukutte tsi-dori-gake batta-bata tsuki-oki-kujere-ba tawore-kukari-si ana-go-no an-don utsi-nuku tsumadzuku fumi-jaburu issio-ni kare-to jottari-ga si-fô-je wakare-fu Kiû-beje-wa wodori-agatte saka-daru-no uje-ni dokkuri mi-dzukuroi tokoro-wo unu-to doro-fatsi-ga toru muna-gura-wo furi-fodoke-ba tsikara amatte bettari-to kokete motaguru atama-no uje asi-de fu-majete fira-ta-gumo sono ma-ni nuka-suke tatsi-mawari idaki-tsuku te-wo migi-fidari mi-goto-ni faratte katsugi-nage sô-ko-ri-mo naku ito-roku-ga mi-dzin-ni nare-to wogami utsi kuwo-wo somu-kete kû-wo utase sugu-ni wari-ki-wo fittakuri nagi-taterarete san-nin-wa omoi-omoi-ni nigete juku.

Überzeugt, dass man das gespaltene Holz niederfahren liess und den vernichtenden Schlag führte, wechselte er hurtig den Leib und fasste den Hals des Vorderarmes. Während sie zurückgebogen und mit verdrehtem Leibe *Kiû-beje* an dem Kragen fassten und ihn aufhielten, warf sie jener mit dem Arme kopfüber zu Boden. Indem sie ferner, den in einer anderen Richtung hereingebrachten vorhandenen Sonnenschirm als einen Schild ausbreitend, gegen ihn andrangen, trennte er sie auseinander. Es ihnen überlassend, unter rascher Bewegung irgendwo stehen geblieben zu sein, liess er ihnen keinen Durchgang. Als sie von rückwärts schöpfen wollten, tauchte er sie unter, und nachdem er, die Füsse erhaschend, mit dem Fluge des Raubvogels ihnen mit Schlägen wieder zugesetzt, zogen sie die Laterne der den Einsturz drohenden kleinen Bude heraus und zertraten sie im Ausgleiten mit den Füssen. Indess sie zugleich an diese Stelle gebannt und nach allen vier Seiten getrennt waren, sprang *Kiû-beje* empor, brachte sich auf dem Weinzuber ruhig zurecht und nachdem er mit dem Rufe: Wohlan! die von ihm erfasste Brust *Doro-fatsi's* schnell losgelassen, war dieser, mit dem Übermasse der Kraft anderwärts hinstürzend und auf einen erhobenen Scheitel mit dem Fusse tretend, eine flache Spinne. Unterdessen machte jener die Hände, mit denen *Nuka-suke* im Aufstehen und Umkreisen ihn umschlossen hatte, rechts und links mit Geschicklichkeit los, nahm ihn auf die Schulter und warf ihn weg. Während *Ito-roku*, ohne einen Anhalt zu haben und in der Meinung zu Staub zu werden, sich zu Boden geworfen hatte und das Angesicht wegkehrte, liess er jene den leeren Raum schlagen. Indem sie die gespaltenen Hölzer geradezu an sich rissen, fanden es die drei Menschen, nachdem Ruhe eingetreten, für gut, sich auf die Flucht zu begeben.

キ リ ワ *wari-ki*, ein gespaltenes Holz, ein Stab zum Schlagen.

ル ゲ サ ッ ヒ *fissageru*, die Zusammenziehung von ル ゲ サ キ ヒ *fiki-sageru*, ziehend herniederlassen.

タ ッ メ *metta* (chin. *miĕ-tai*), vernichtend und gross.

ビ ク デ ウ *ude-kubi*, der Hals des Vorderarmes.

ス ヘ カ ヂ ネ *nedzi-kajesu*, zurückdrehen.

ヽ ル ヂ モ *modziruru*, verdreht sein.

ル ツ タ ッ ヒ *fittatsuru*, die Zusammenziehung von ル ツ タ キ ヒ *fiki-tatsuru*, ziehend hinstellen, zum Stillstand bringen.

ル ハ カ レ イ *ire-kawaru*, eingehen machend wechseln.

ウ ア リ ア *ari-ô*, bei etwas vorhanden sein.

ル ヨ チ タ *tatsi-joru*, indem man sich erhebt, sich stützen, gegen etwas vordringen.

く く ロ ヨ ヒ *fi-joro-fi-joro-fi-joro*, in fortwährender Bewegung.

ル マ ト イ コ ツ ド *dokko-i-tomaru*, irgendwo weilen und stehen bleiben. コ ツ ド *dokko*, so viel als コ ド *doko*, wo.

セ カ ツ マ *makkase*, so viel als セ カ マ *makase*, der Auftrag.

ズ セ ラ ア *arasezu* steht für ズ セ ラ イ *irasezu*, nicht weilen lassen.

ル グ ク イ カ *kai-kuguru* steht für ル グ ク キ カ *kaki-kuguru*, kratzend einweichen oder untertauchen.

テ ツ ク ス *sukutte* steht für テ フ ク ス *sukûte*, wie mit einem Netze schöpfend.

ケ ガ リ ド チ *tsi-dori-gake*, das Anhängen oder der Anfall eines Raubvogels.

く タ ツ バ *batta-bata*, klopfend oder schlagend.

ル ヘ カ キ オ キ ツ *tsuki-oki-kajeru*, von neuem sich nähern.

ル ス リ ヽ カ レ ヲ タ *tawore-kakari-suru*, den Einsturz drohen.

ン ド ン ア *an-don*, so viel als ウ ド ン ア *an-dô* (chin. *hang-teng*), eine tragbare Lampe, eine Laterne.

ク ヌ チ ウ *utsi-nuku*, mit Gewalt herausziehen.

ル ブ ヤ ミ フ *fumi-jaburu*, durch Fusstritte brechen.

リ タ ツ ヨ ト レ カ *kare-to-jottari*, was dort sich gestützt oder angelehnt hat.

ウ ハ シ *si-fô* (chin. *sse-fang*), die vier Gegenden, alle vier Seiten.

ル ダ カ サ *saka-daru*, ein Weinzuber.

ク ド ホ リ フ *furi-fodoku*, im Schwunge loslassen.

ト リ タ ツ ベ *betturi-to* (chin. *wei-piě*), anderwärts.

ル ケ コ *kokeru*, hinstürzen, straucheln.

ル グ タ モ *motaguru*, die Zusammenziehung von ル ク ア チ モ *motsi-aguru*, etwas erfassen und erheben.

ル ユ マ フ *fumajuru*, sich auf etwas mit den Füssen stützen.

モ グ タ ラ ヒ *fira-ta-gumo*, eine flache Spinne. Sonst auch durch モ グ ラ ヒ *fira-gumo* (chin. *pi-tsien*, Wandmünze) ausgedrückt.

ク ツ キ ダ イ *idaki-tsuku*, umfassen und sich anschliessen.

ル ゲ ナ ギ ツ カ *katsugi-nageru*, auf den Schultern tragen und wegwerfen.

リ コ ウ ヤ シ *siô-ko-ri* (chin. *tsching-khiü-li*), die Ordnung der Bestätigung, des Beweises.

ウ ク *kû* (chin. *khung*), die Leere, der leere Raum.

ル ク タ ツ ヒ *fittakuru*, sonst auch ル ク タ ヒ *fitakuru*, rauben, zusammenraffen.

ツ タ ギ ナ *nagi-tatsu*, windstill werden.

ムヲナデオロシキ
ウベエハホツト
ヒトイキツキシ
ロノクモマニ出ル
ヲサイハヒトニ
ゲノコツタルト
ニ松ザカノスリ
カヘシホウノウ
ノタニタウヌイ
テツツカクルヲ
アヤフクサケテ

カホ見アハセサシタル井コンモアルマイニ人ソバヘハヨシニシヤレト

Mune nade-orosi kiû-beje-wa fotto fito-iki tsuki siro-no kumo ma-ni idzuru-wo saiwai-to nige-nokottaru ton-matsu-ga kano suri-kajesi fô-nô-no tan-tò nuite tsukkakuru-wo aja-uku sakete kawo mi-awase sasi-taru i-kon-mo aru-mai-ni fito soba-je-wa josi-ni si-jare-to.

Seine Brust erleichternd, kam *Kiû-beje* endlich zu Athem. Es für ein Glück haltend, dass der Mond zwischen weissem Gewölk hervorkam, zog der von den Flüchtlingen zurückgebliebene *Ton-matsu* jenes wieder übergebene kurze Schwert der Darreichung und setzte ihm damit plötzlich zu. Jener wich ihm in der Höhe aus und näherte, ihn anblickend, das Angesicht. — Da der Hass, auf den man gedeutet hat, nicht vorhanden sein wird, mag ein Grund dafür sein, dass man sich zur Seite der Menschen befindet.

ト ツ ホ *fotto* steht in dem Sinne von ト ツ ハ *fatto*, hervorbrechend.

キ イ ト ヒ *fito-iki*, ein Athemzug.

ル コ ノ ゲ ニ *nige-nokoru*, fliehend übrig bleiben, von den Fliehenden zurückbleiben.

ス ヘ カ リ ス *suri-kajesu*, reibend zurückgeben, hurtig zurückgeben.

ウ ノ ウ ホ *fô-nô*, so viel als ウ ナ ウ ホ *fô-nò* und ウ ノ ウ ホ *fô-nô* (chin. *fung-nâ*), darreichen.

ル ク カ ツ ツ *tsukkakuru*, die Zusammenziehung von ル ク カ キ ツ *tsuki-kakuru*, plötzlich anhängen, jemandem zusetzen.

ク ウ ヤ ア *aja-uku*, gefährlich, steht hier in dem Sinne von „hoch".

ル ク サ *sakuru* (chin. *pi* oder *hoei*), aus dem Wege gehen, etwas vermeiden.

ル ス ハ ア ミ *mi-awasuru*, sehend vereinigen.

ツキハナセシガオチヽリシタンタウノフクロトリアゲ。コリヤオボエアル大ウチキレドウシテワレガモツテ井タト

Tsuki-fanase-si-ga otsi-tsiri-si tan-tò-no fukuro tori-age, kori-ja oboje-aru owo-utsi-kire dô-site ware-ga motte ita-to.

Hier hob er den beim schnellen Anreden zu Boden gefallenen Sack des kurzen Schwertes auf. — Dieses ist, wie ich mich erinnere, ein Stück Tuch des grossen Inneren. Wie habt ihr dieses bekommen?

ル セ ナ ハ キ ツ *tsuki-fanaseru*, plötzlich oder mit Heftigkeit anreden. ル セ ナ ハ *fanaseru*, so viel als ス ナ ハ *fanasu*, auseinandersetzen, reden.

ル チ チ オ *otsi-tsiru*, herabfallen und sich zerstreuen.

レ キ チ ウ ホ オ *owo-utsi-kire*, ein abgeschnittenes oder übrig gebliebenes Stück Tuch aus dem grossen Inneren.

イヒサマヨツ
テトン松ガ
手ニモツタン
タウトラン
トスコレガホ
シクバ五十
両ミヽヲソロ
ヘテコヽヘダ
セタヾヤツテ
ナルモノカト

I-i-sama jotte ton-matsu-ga te-ni motsu tan-tô toran-to su kore-ga fosiku-ba go-ziû-riô mi-mi-wo sorojete koko-je dase tada jatte naru mono-ka-to.

Indem er dieses sagte, wollte er das kurze Schwert, das *Ton-matsu* in der Hand hielt, nehmen.

— Wenn man dieses begehrt, so bearbeite man durch fünfzig Tael das Ohr und schaffe sie her. Man braucht sie wohl nur zu schicken.

又ヒツタクルタンタウニテト
キノハヅミカトン松ハワレト
ワガデニフヱノクサリグツト
ツツコミシツテンバツトウア
レキウベヱノ人ゴロシトサケブヲ
ヨソヘキカセシトソデニテクチ
ヲシツカリトオサヘラレテコキ
ウモトマリホドケダヲシニハツタ
リトコケルトキシモ又月ハク
モニカクレテシンノヤミヤヤコ
リヤトン松メハモウイキ
ガト

Mata fittakuru tan-tô-nite toki-no fadzumi-ka ton-matsu-wa ware-to waga de-ni fuje-no kusari gutto tsukkomi sitten-battô are kiû-beje-no fito-gorosi-to sakebu-wo joso-je kikase-si-to sode-nite kutsi-wo sikkari-to osajerarete ko-kiû-mo tomari fodoke-dawosi-ni fattari-to kokeru toki-si-mo mata tsuki-wa kumo-ni kakurete sin-no jami ja-ja kori-ja ton-matsu-me-wa mô iki-ga-to.

Mit dem kurzen Schwerte, das man ihm noch raubte, durchstiess *Ton-matsu* nach einer Weile selbst und mit eigener Hand gänzlich das Schloss der Kehle und lag nahezu am Boden. Weil er durch seinen Aufschrei vernehmen liess, dass *Kiû-beje* ein Mörder sei, wurde ihm der Mund fest mit dem Ärmel zugedeckt, und der Athem blieb ihm weg. Aufgelöst und zum Falle gebracht, stürzte er zuletzt nieder. Um die Zeit verbarg sich auch der Mond in dem Gewölk, und es war tiefe Finsterniss.

— He! Ist der schändliche *Ton-matsu* am Leben?

ミヅハ *fadzumi* (chin. *tu-han*), das Insichfassen, das Enthalten.

デガワ *waga-de*, die eigene Hand.

リサクノエフ *fuje-no kusari*, das Schloss der Kehle, ein gewisser Theil der Kehle.

ムコツツ *tsukkomu*, die Zusammenziehung von ムコキツ *tsukki-komu*, einstossen.

シロコトヒ *fito-gorosi*, ein Mörder.

シゼカキヘソヨ *joso-je kikase-si*, indem man nach aussen hören lässt.

トリカツシ *sikkari-to*, fest, dicht. Scheint von クシ *siku* „ausbreiten“ abgeleitet zu sein.

スヲダケドホ *fodoke-dawosu*, aufgelöst zum Fallen bringen.

モシキト *toki-si-mo*, so viel als モシリヲ *wori-si-mo*, um diese Zeit.

ミヤノンシ *sin-no jami*, tiefe Finsterniss. ノンシ *sin-no* (chin. *schin*) „tief“ steht für キカフ *fukaki*.

カヽグケヨツテ
オドロクキウベ
ヱヲリモコソア
レ半平ハチヤ
ウチンモタセキ
カヽリシガノリ
ニスベツテツマ
ヅクセキスケ
オダンナタレ
ヤラコヽニシガ
イガ

Kakagu ke-jotte odoroku kiū-beje wori-mo koso are naka-fira-wa tsiō-tsin motase ki-kakari-si-ga nori-ni subette tsumadzuku seki-suke o-danna tare-jara koko-ni si-gai-ga.

Kiū-beje, der ihn rüttelte und trat, war erschrocken. Um die Zeit liess daselbst *Naka-fira* die Laterne tragen und *Seki-suke*, an dem Standplatze, wo er eben angekommen war, ausgleitend und strauchelnd, rief: Gebieter! Hier liegt ein Todter.

ロヨケ *ke-joru*, einen Fusstritt versetzen.

モリヲ *wori-mo*, um diese Zeit.

ルヽカキ *ki-kakaru*, eben ankommen.

イガシ *si-gai* (chin. *sse-hiai*), Todtenknochen, ein Gerippe, ein Todter.

コレト立ヨルドタン
ノヒヤウシコイシヲ
ツカンデキウベヱガ
サソクノツブテウ
チケスチヤウチン
スハクセモノト半
平ハヒラリトナグ
ルツカブクロフリウ
チカケラレキウベ
ヱハアトズサリシ
テハウカブリ此モ
ヤウヨロシク築

Kore-to tatsi-joru do-tan-no fiō-si ko-isi-wo tsukande kiû-beje-ga sa-soku-no tsubute utsi-kesu tsiō-tsin-su-wa kuse-mono-to naka-fira-wa firari-to naguru tsuka-bukuro sori utsi-kakerare kiû-beje-wa ato-zusari-site fō-kaburi kono mo-jō jorosi-ku maku.

— Man hebe ihn auf.

Einen kleinen Stein an der Pappe der Thürstufe, wo jener herbeikam, ergreifend, löschte *Kiû-beje* mit einem geraden Wurfe das Licht der Laterne aus. *Naka-fira* rief dabei: Bösewicht! — Der hurtig weggeworfene Sack des Griffes hängte sich an seine Stelzschuhe, und *Kiû-beje* blieb rückwärts stehen. Die Wangenbedeckung ist in diesem Muster passend. Der Vorhang.

ン タ ド *do-tan*, so viel als ン ダ ト *to-dan*, die Thürstufe.

ク ソ サ *sa-soku*, so viel als ク ソ ツ サ *sassoku* (chin. *tsao-sŏ*), zeitlich und schnell, geraden Weges.

ス ケ チ ウ テ ブ ツ *tsubute-utsi-kesu*, durch einen Steinwurf auslöschen.

ス ン チ ウ ヨ チ *tsiō-tsin-su*, das Nest, d. i. das Licht einer Laterne.

ロ ク ブ カ ツ *tsuka-bukuro*, der Sack des Schwertgriffes, ein mit einer Handhabe versehener Sack.

ル ケ カ チ ウ *utsi-kakeru*, schlagend oder mit Heftigkeit anhängen.

ル サ ズ ト ア *ato-zusaru*, sonst auch ル サ ジ ト ア *ato-zisaru*, im Gehen nicht vorwärts kommen.

ウ ヤ モ *mo-jō*, so viel als ウ ヨ モ *mo-jô* (chin. *mu-yang*), ein Formmuster, das Blumenmuster des Stoffes.

イ ヤ ン サ メ ソ オ く ノ ゴ イ マ

Mai-go-no-mai-go-no o-some-san-ja-i.

— Wo seid ihr? wo seid ihr? Fräulein *O-some!*

ゴ イ マ *mai-go*, ein Wort von ungewisser Bedeutung. Es mag statt ロ シ ウ ヘ マ *ma-je-usiro* (chin. *tsien-heu*) „vorwärts und rückwärts" gesetzt und dabei ロ シ ウ *usiro* (chin. *heu*) durch den Laut ゴ *go* ausgedrückt sein.

イ ヤ *ja-i*, eine gewisse Interjection.

コレくしニナモウヨ
イカゲンヘシタガヨ
イコチノデツチノヒ
サ松ガカケオチセシ
タアトオソテオソ
メサマモプウイトイ
ヘデシヨセンアノノラ
ギツヲヘサソハレタ
イタヅラモノコドモ
デハアルマイシカヲ
タイコデソノヤウン
タヅヲタトテナンノ

デヨウシドコ
ゾテフタリ
ハチンくカモ
コナベタテヾ
タノシムニ
ユヅケモクハ
ズニヨルガヨ
ナカカケア
ルイテタマ
ルモノカト

Kore-kore minna mô joi ka-gen-ni sita-ga joi kotsi-no dettsi-no fisa-matsu-ga kake-otsi-sita ato-fite o-some-sama-mo pû-i-to ije-de sio-sen ano nora-gitsune-ni susowareta itadzura-mono kodomo-de-wa aru-mai-si kane-tai-ko-de sono jô-ni tadzuneta tote nan-no de-jô-si doko-zo te futari-wa tsin-tsin-kamo-ko-nabe-tate-de tanosimu-ni ju-dzuke-mo kuwazu-ni joru-ga jo-naka kakearuite tamaru-mono-ka-to.

Möget ihr hier alles zu einem guten letzten Ursprünglichen machen! Unser Knecht *Fisamatsu* ist entlaufen, man verfolgte ihn, und auch Fräulein *O-some* that, was man nicht vermuthete. In dem Hause wird es zuletzt leichtfertige Kinder, die von Feldfüchsen verleitet werden, nicht geben. Da wir mit ehernen Trommeln auf diese Weise gesucht haben, was hätte dieses für ein Ergebniss? Während die beiden irgendwo bei dem kostbaren Gerichte der Pfanne der Wildenten sich erfreuen und wir nicht einmal Reis in Wasser verzehren, sollten wir von unserer mitternächtlichen Wanderung abstehen.

ゲン カ *ka-gen* (chin. *hia-yuen*), das untere oder letzte Ursprüngliche. Der fünfzehnte Tag des zehnten Monates des Jahres.

イ ウ フ° *pû-i* scheint für イ フ *fu-i* (chin. *pû-i*) „unvermuthet“ zu stehen.

ネ ツ ギ ラ ノ *nora-gitsune*, der Fuchs der Pflanzenwildniss.

コ イ タ ネ カ *kane-tai-ko*, eine eherne Trommel.

シ ウ ヨ デ *do-jô-si*, die herauskommende Weise. シ ウ ヨ *jô-si* (chin. *yang-tse*), die Weise, die Art.

テ タ ベ ナ コ *ko-nabe-tate*, eine Zubereitung in der kleinen Pfanne.

ケ ヅ ユ *ju-dzuke*, Reis in heissem Wasser.

カ ナ ヨ ガ ル ヨ *joru-ga jo-naka*, in der Nacht, um Mitternacht.

ク ル ア ケ カ *kake-aruku*, im Laufe einherwandeln.

イヘバツバカラ男
ドモコレくオミヘ
ハウチノテダイワ
タシドモガツシル
ヲモトメ子バナラ
ヌドシバイデサキ
ヘタツテノツノワ
ルクチモシオトナ
ザナウキコエマ
スト

Ije-ba soba-kara otoko-domo kore-kore o-maje-wa utsi-no te-dai watasi-domo-ga sosiru-wo-mo tomene-ba naranu dosi-bai-de saki-je tatte-no sono waru-kutsi mosi otona-ge-nô kikoje-masu-to.

Als er dies gesagt, sprachen die Männer von der Seite: Ihr seid der Stellvertreter des Hauses. Wir sind in einem Alter, in welchem wir nicht umhin können, den Scheltenden zurückzuhalten. Die vorgebrachten Schmähworte hören wir, ohne auf das Verhältniss des Ältesten zu achten.

イ パ セ ド *dosi-bai* steht für イ パ シ ト *tosi-bai*, das Alter.

テ ツ タ ヘ キ サ *saki-je tatte*, was gegen die Vorderseite sich erhoben hat, das Vorgebrachte.

トメラレテモナヲヘラ
ズクチシユジニノコトデ
モワルイコトハワルイト
イフガマツスグナ此
トフウ次ガウマレシヤ
ウオレガセツカクアヒ
クチナドロ八ハオヒダサ
レルトニ松ハコロサレルモ
ウシヨセニアブラヤニハ
ナセルヤツハヒトリモナ
イト

Tomerarete-mo nawo ferazu kutsi siû-zin-no koto-de-mo warui koto-wa warui-to iû-ga massugu-na kono to-sô-zi-ga umare-siô ore-ga sekkaku ai-kutsi-na doro-fatsi-wa oi-dasareru ton-matsu-wa korosareru mô sio-sen abura-ja-ni fanaseru jatsu-wa fitori-mo nai-to.

So zurückgehalten, liess er noch immer mit seiner Rede nicht nach.

— Dass ich in Angelegenheiten der Gebieter schlechte Dinge schlecht nenne, dieses ist meine, *To-sô-zi's* ganz gerade, angeborne Gemüthsart. *Doro-fatsi*, der genau so wie ich redete, wurde hinausgejagt, *Ton-matsu* wurde getödtet. Zuletzt wird es in dem Hause *Abura-ja* nicht Einen redenden Menschen mehr geben.

チ ク ズ ラ ヘ *ferazu kutsi*, der nicht abnehmende Mund, die nicht nachlassende Rede.

グ ス ツ マ *massugu*, ganz gerade.

ウ ヤ シ レ マ ウ *umare-siô* (chin. *seng-sing*), die angeborne Gemüthsart, der Charakter.

チ ク ヒ ア *ai-kutsi*, ein gemeinschaftlicher Mund, die gleiche Rede.

ス ダ ヒ オ *oi-dasu*, hinausjagen.

ル セ ナ ハ *fanaseru*, so viel als ス ナ ハ *fanasu*, auseinandersetzen, reden.

レ ウ ア デ サ レ ホ ク ノ バ ラ フ ツ

ド ケ ラ モ ウ ハ フ ガ ド キ セ ク ラ

タヅネニデタモシウジンノイヒツケモチツトシンバウサツシヤリマセ。マイゴノ〱オソメサンヤアイ。ヨバヽリ〱ハシリユク。

Tsura fukurase-ba ki-no doku-gawo sore-wa sô-de-mo arô-kere-do tadzune-ni deta-mo siû-zin-no i-i-tsuke-mo tsitto sin-bô sassi-jari-mase, mai-go-no-mai-go-no o-some-san ja-a-i, jobawari-jobawari fasiri-juku.

Als er das Angesicht aufblähte, sprachen jene mit trauriger Miene: Wenn dieses sich auch so verhalten mag, sind wir zum Suchen ausgezogen und werden bei dem Auftrage der Gebieter wenig ein neues Verfahren beobachten. Wo seid ihr? wo seid ihr? Fräulein *O-some!* — Unter fortwährendem Rufen liefen sie hiermit weiter.

ルスラク·フ *fukurasuru*, aufschwellen machen, das Causativum von ヽルク フ *fukururu*, aufschwellen, aufgeblasen sein.

クユリシハ *fasiri-juku*, laufend fortgehen.

アトヘウロ〱コヂヤウチンミジカバオリノモメンモノリチギジタテハキウ、サクガニハコトヨバルヽシモ男ジウ平ガソコラ見マハシテイヤ又コンヤホド人ヲタヅネルバンハナイアヽカケオチヲサツシヤツタラウチヘモドツテゴザルハヅシタガアノカミナリバヽガナリワメクヲウルサガツテドコゾヘカクレテゴザルノカアリヤ又ソコヘモタヅネテキタト

Ato-je uro-uro ko-dziô-tsin mizika-ba-ori-no mo-men-mono ritsi-gi-zi-tate-wa kiû-saku-ga niwa-ko-to jabaruru simo-otoko ziû-fei-ga soko-ra mi-mawasi-te ija mata kon-ja fodo fito-wo tadzuneru ban-wa nai a-a kake-otsi-wo sassi-jattara utsi-je modotte gozaru fadzu sita-ga ano

kami-nari-bawa-ga nari-wameku-wo uru sagatte doko-zo-je kakurete gozaru-no-ka ari-ja mata soko-je-mo tadzunete kita-to.

Nach ihnen erschien rollenden Blickes, mit einer kleinen Laterne, Baumwollstoff von regelrechtem Schnitte an dem kurzen Mantel tragend, ein zu dem Ruheplatze des Vorhofes *Kiû-saku's* berufener Diener, Namens *Ziû-fei*. Derselbe sah sich rings in der Gegend um.

— Auch in dieser Nacht ist keine Wache, welche die Menschen sucht. Wenn sie die Absicht hatte, zu entlaufen, hätte es sich gebührt, dass sie nach Hause zurückgekehrt ist, und jene Donnermutter verkauft dann sie, die mit lauter Stimme Rufende. Sollte sie wohl herabgestiegen sein und sich irgendwo verborgen haben? Man ist auch dorthin gekommen, um zu suchen.

リ オ バ カ ジ ミ *mizika-ba-ori*, ein kurzer Mantel.

テ タ ジ ギ チ リ *ritsi-gi-zi-tate*, die regelrechte Herstellung eines Kleides. Mit ギ チ リ *ritsi-gi* (chin. *liö-i*) „die Weise des richtigen Masses" zusammengesetzt.

ヽ ハ リ ナ ミ カ *kami-nari-bawa*, die Donnermutter, ein Ausdruck, durch den eine Stiefmutter bezeichnet zu werden scheint.

ク メ ワ リ ナ *nari-wameku*, mit lautem Tone rufen.

カホヲソムケテカタ
ヨルミチスヂ万九ガ
テダイノ候七サキ
ニ男ドモガクチ〲ニ
ハナガタヤハジマッ
テオチヨゲラヰテコ
デモユカヌホウコウ
ニニモナイモノヂヤ四
ノゴノイフテヒトバユ
モキヤクヲツトメタ
コトハナシ

Kawo-wo somukete kata-joru mitsi-sudzi man-ku-ga te-dai-no soro-sitsi saki-ni otoko-domo-ga kutsi-gutsi-ni fana-gata-ja fazimatte o-tsi-jo-gurai te-ko-de-mo jukanu fô-kô-nin-mo nai mono-dzia jo-no go-no iûte fito-ban-mo kiaku-wo tsutometa koto-wa nasi.

Auf dem zur Seite befindlichen Wege stand mit weggewandtem Angesicht *Soro-sitsi*, der Stellvertreter *Man-ku's*. Die vor ihm stehenden Männer sprachen unter einander: In dem Hause *Fana-gata* gibt es keine Diener, die anfänglich nicht mit dem Stabe vor der Rangstufe *O-tsi-jo's* gegangen wären. Bei vier- oder fünfmaligem Auftrage haben sie nicht ein einziges Mal den Gästen Dienste geleistet.

〲 チ ク *kutsi-gutsi*, verschiedene oder allerlei Reden.

テ ッ マ ジ ハ *fazimatte*, anfänglich. Von ル マ ジ ハ *fazimaru* „anfangen, den Anfang nehmen" abgeleitet.

コ テ *te-ko* (chin. *mô-ting*), ein hölzerner Handstab.

ソレくアゲクノハテニカケオチシテサウドウヲイラセヲル今デモアイツヲ見ツケタラヒツハリダコニシテオイテ

Sore-sore age-ku-no fate-ni kake-otsi-site sô-dô-wo irase-woru ima-de-mo a-itsu-wo mi-tsuke-tara fiffari-da-ko-ni site oite.

— Dabei entläuft sie an dem Ende des letzten Abschnittes und versetzt uns in Unruhe. Wenn wir sie gefunden haben, werden wir uns einen ausgespannten Papierdrachen machen.

ヒツハリダコ *fiffari-da-ko*, ein ausgespannter Papierdrache. Von ヒツハル *fiffaru*, sonst auch ヒツパル *fipparu*, die Zusammenziehung von ヒキハル *fiki-faru*, ziehend anspannen und タコ *ta-ko* „Tintenfisch", das auch einen Papierdrachen bedeutet.

コレくアレハダイジノウリモノドウシテワレガマヽニナラウ

Kore-kore are-wa dai-zi-no uri-mono dô-site ware-ga ma-ma-ni narô.

— Sie ist eine Waare, auf die man sehr viel hält. Sie wird wohl irgendwie muthwillig werden.

ワレガマヽ *ware-ga ma-ma*, so viel als ワガマヽ *waga ma-ma*, muthwillig.

サアヒツハリダコトイウタノハヲヽコノハヅレテ見テオイテサカヤデチヨツトヤダイジン

Sa-a fiffari-da-ko-to iû-ta-no-wa wowo kono fadzurete mite oite saka-ja-de tsiotto ja-dai-zin.

— Wohlan! Da ich sie einen ausgespannten Papierdrachen genannt habe, so ist, indem ich ihn im Fehlgehen zu Gesicht bekommen, in dem Weinhause einstweilen dieser Gast des Hauses.

ハヅルヽ *fadzururu*, fehlgehen, verfehlen.

ヤダイジン *ja-dai-zin*, der grosse Mensch des Hauses, der Gast eines Hauses.

ナルホドソイツハヨカラウト

Naru-fodo so-itsu-wa jo-karô-to.

— Ja wohl. Der wird gut sein.

アダクチグニユクアトヲジユ平ハ見オクリメニナミダサアアタヅ子ヲルハテツキリ〱サウデアラウトオモフタダイジノウチノムスメゴヲイカニカ子デカツタトテヨウマアタコニタトヘヲツタオノレユビデモツケサフウカオレガサキヘサガシダシテオトモシテカヘツテ見セウ。トハイフモノヽドコニドウシテゴザルヤラオチヨサマイノウ〱ヨブモゼンゴニ心ヲツケクツタクガホニユキスグル

Ada-kutsi-gutsi-ni juku ato-wo ziû-fei-wa mi-okuri me-ni namida sa-a tadzune-woru-wa tekkiri-tekkiri sô-de arô-to omôta dai-zi-no utsi-no musume-go-wo ika-ni kane-de katta tote jô ma-a ta-ko-ni ta-to-je wotta onore jubi-de-mo tsuke-sasô-ka ore-ga saki-je sagasi-dasi-te o-tomo-site kajette mi-seô, to-wa iû mono-no doko-ni dô-site gozaru jara o-tsi-jo-sama i-nô-i-nô jobu-mo zen-go-ni kokoro-wo tsuke kuttaku-gawo-ni juki-suguru.

Unter eitlen Reden gingen sie fort. *Ziû-fei* blickte ihnen mit Thränen in den Augen nach. — Ja, sie suchen mit grosser Eindringlichkeit. Dass es so sein werde, habe ich mir gedacht. Da man die werthe Tochter des Hauses um Geld gemiethet hat, ist es gut. Sie ist als Papierdrache für Andere geblieben. Werde ich sie mit genähertem Finger zeigen? Ich werde sie früher aufsuchen, sie begleiten und meinerseits sie vorstellen. Wo mag sie wohl sein? Fräulein *O-tsi-jo!* Hört!

Mit diesem Rufe war er nach vorwärts und rückwärts aufmerksam und ging mit zuversichtlicher Miene weiter.

チ ク ダ ア *ada-kutsi*, eine eitle Rede.
リ キ ツ テ *tekkiri*, das Einschneiden des Eisens, eindringlich.
ス サ ケ ツ *tsuke-sasu*, anlegen und mit dem Finger zeigen.
ス ダ シ ガ サ *sagasi-dasu*, suchend herausnehmen, hervorsuchen.
ホ ガ ク タ ツ ク *kuttaku-gawo*, eine zuversichtliche Miene. Mit ク タ ツ ク *kuttaku* (chin. *khiŏ-tŏ*), sich mit Zuversicht anvertrauen.

ヲリカラアシマノ
ヤ子ブ子ニシヤウ
ガハフタツモンム
ツゴトモレンリト
イフハカタクロシ
ヒヨクジタテノ子
マキニハサムヒト
オビホンニヒタチ
ノ神サンハスヰナ
コトシテツマサダメ

Wori-kara asi-ma-no ja-ne-bune-ni siô-ga-wa futa-tsu mon mutsu-goto-mo ren-ri-to iû-wa kata-kurosi fi-joku-zi-tate-no ne-maki-ni fasamu fitoje-obi fon-ni fi-tatsi-no kami-san-wa su-i-na koto site tsuma-sadame.

Um die Zeit ertönten auf einem zwischen dem Schilfrohr befindlichen gedeckten Schiffe die folgenden zwei Abschnitte eines Gesanges:

Des Kleides der trauten Rede fortlaufende Streifen sind zur Seite schwarz. An dem Nachtrocke des Zuschnittes der vereinten Flügel der zusammendrückende einzelne Gürtel bestimmt eigentlich bei dem Gotte von *Fi-tatsi* durch glückliche Zeichen die Gatten.

マ シ ア *asi-ma*, zwischen Schilfrohr befindlich.

子 ブ 子 ヤ *ja-ne-bune*, ein gedecktes Schiff.

ガ ウ ヤ シ *siô-ga*, sonst auch カ ウ ヤ シ *siô-ku*, ガ ウ ヨ ジ *ziô-ga* und ガ ウ サ *sô-ga* (chin. *tschang-ko*), ein Gesang.

モ ト ゴ ツ ム *mutsu-goto-mo*, das Kleid der freundlichen Rede.

リ ン レ *ren-ri* (chin. *lien-li*), fortlaufende Streifen.

シ ロ ク タ カ *kata-kurosi*, auf einer Seite schwarz.

テ タ ジ ク ヨ ヒ *fi-joku-zi-tate*, in Gestalt des Paradiesvogels zugeschnitten. Von ク ヨ ヒ *fi-joku* (chin. *pi-yi*), der vereinte Flügel, der Vogel der vereinten Flügel, der Paradiesvogel.

ナ ヰ ス *sui-na*, was ein glückliches Zeichen vorstellt.

ワカレニハ
オリキセ
ナガラソデ
トソデト
ノモロハガ
イシメレバ
シメテカサ
ヽギノホシ
ニタイヘシ
フタツモン

Wakare-ni fa-ori kise-nagara sode-to sode-to-no moro fa-gai simere-ba simete kasasagi-no fosi-ni tatoje-si futa-tsu mon.

In den getheilten Mantel wie er sich kleidet und die beiden Flügel, die der Ärmel mit dem Ärmel, zusammendrückt, sind, indess er zusammendrückt, der Älster Sternen vergleichbar die zwei Streifen.

ミギトヒダリノホソミチヲイヒアハセネドイツトキニタドリクルノハオソメトオチヨオモハズバツタリユキアタリタガヒニビツクリドウブルヒハイ。カンニンシテクダサリマシト

Migi-to fidari-no foso-mitsi-wo i-i-awasane-do itsu-toki-ni tadori-kuru-no-wa o-some-to o-tsi-jo omowazu battari juki-atari tagai-ni bikkuri dō-burui fai, kan-nin-site kudasari-masi-to.

Auf einem der zur Rechten und Linken befindlichen schmalen Wege begegneten sich ohne Verabredung, indem sie zu einer Zeit daher wankten, unvermuthet im Umdrehen *O-some* und *O-tsi-jo*. Sie waren gegenseitig erschrocken und zitterten zugleich.

— Ja. Möget ihr mit mir Geduld haben.

キトツイ *itsu-toki* (chin. *ho-schi*), welche Zeit, irgend eine Zeit. Sonst durch ロゴツイ *itsu-goro* (chin. *ho-pi*) ausgedrückt.

ルクリドタ *tadori-kuru*, wankend herankommen. ルドタ *tadoru*, nicht gerade gehen, einen Gang wie Kinder haben.

リテツバ *battari* (chin. *wei-pŏ*), sich umdrehend, im Umdrehen.

リタアキユ *juki-atari*, im Gehen sich begegnen.

フルブウド *dō-burū*, zugleich zittern. Mit ウド *dō* (chin. *tung*), zugleich, gemeinschaftlich.

イフモドウオンヒザワナヽオソメハコハサニハノネモアハズウチニヰルノモナニヤカヤセツナイワケガカサナツテツイソノマヽハシツタハミンナワタシガイタヅラカラカンニンシテクダサンセト

Jū mo dō-on fiza wana-wana o-some-wa kowasa-ni fa-no ne-mo awazu utsi-ni iru-no-mo nani-ja ka-ja set-nai wake-ga kasanatte tsui sono ma-ma fasitta-wa minna watasi-ga itadzura-kara kan-nin-site kudasan-se-to.

Bei dem Laute dieser Worte zitterten ihre Knie. *O-some* sprach mit Zwang und indess die Wurzel des Fächers sich nicht anlegte: Während ich zu Hause weilte, wiederholte sich auf irgend eine Weise die regelwidrige Sache, und ich bin endlich in der Zwischenzeit entlaufen. Dies alles ward durch meine Leichtfertigkeit verschuldet. Möget ihr mit mir Geduld haben.

ニオウド *dô-on* (chin. *tung-yin*), der gleiche Laut.

〱ナワ *wana-wana*, zitternd. Sonst durch ク丶ナワ *wana-naku* ausgedrückt.

サハコ *kowasa*, Gewalt, Zwang.

ネノハ *fa-no ne*, die Wurzel des runden Fächers. ハ scheint für ハチウ *utsi-fa* (chin. *tuan-yü*) „ein runder Fächer" zu stehen und hier die Schleppe des Kleides zu bezeichnen.

イナツセ *set-nai*, regelwidrig. Von ツセ *set* (chin. *tsië*), der Abschnitt eines Zweiges, die Regelmässigkeit.

キイテオチヨハタヾウロ〱ワタシガイフコトソノヤウニオマヘニサキヘイハレテハホンニキエテモナクナリタイオヤカタサンヘワビコトヲドウゾヨウシテクダサンセ

Ki-ite o-tsi-jo-wa tada uro-uro watasi-ga iû koto sono jô-ni o-maje-ni saki-je iwarete-wa fon-ni kijete-mo naku nari-tai oja-kata-san-je wabi-koto-wo dô-zo jô-site kudasan-se.

Als sie dieses hörte, liess *O-tsi-jo* bloss die Augen rollen und sprach: Nachdem meine Angelegenheiten auf diese Weise durch euch früher mitgetheilt worden, so will ich, was mich betrifft, vergehen und zu nichte werden. Möget ihr an den Hausvater gehörig eure Bitten richten.

イヘ〱オヤカタサントヤラノコトハコチヤナントモオモヤセヌタヾハヽサンガハラタテヽヰヤシヤンセウトソレバカリガキガヽリデゴザンスハイナ

Ije-ije oja-kata-san-to jara-no koto-wa kotsi-ja nan-to-mo omo-ja senu tada fawa-san-ga fara-tatete i-ja si-jan-seô-to sore bakari-ga ki-gakari-de gozan-su faina.

— O nein! Was die Sache des Hausvaters betrifft, so denke ich an sie gar nicht. Dass die Mutter fortwährend zornig sein werde, dies allein ist es, um das ich besorgt bin.

ル ス ヤ モ オ *omo-ja-suru* steht für ル ス ヤ ヒ モ オ *omoi-ja suru*, bei welchem die Partikel ヤ *ja* eingeschaltet worden, und das nach seiner Bedeutung so viel als das einfache フ モ オ *omô*, denken.

ウ セ ン ヤ シ ヤ ヰ *i-ja si-jan-seô*, man wird bleiben. Mit der Partikel ヤ *ja* und dem doppelten ル ス *suru* „thun“ zusammengesetzt.

サイナアカヽサンハアノヤウナゾンキナオヒトデゴザンスカラナゼウチヘモコトワラズカケオチシタトタイテイヤオホカタデハゴザンスマイ

Sai na-a kaka-san-wa ano jô-na zon-ki-na o-fito-de gozan-su kara naze utsi-je-mo kotowa-razu kake-otsi-sita-to tai-tei-ja owo-kata-de-wa gozan-su-mai.

— Wohlan! Da eure Mutter eine so verständige Frau ist, warum entscheidet man die Sache nicht zu Hause? Ein Grund zum Entlaufen wäre dann wahrscheinlich nicht vorhanden.

キ ン ゾ *zon-ki* (chin. *tsün-khi*), ein bedächtiger Geist, ein verständiger Sinn.

イ テ イ タ *tai-tei* (chin. *ta-ti*), die grosse Wesenheit, der Grund.

ク ナ リ ワ ト コ モ ヘ マ オ ラ ナ ン フ ウ フ

Fû sonnara o-maje-mo kotawari-naku.

— Also seid auch ihr ohne Entscheidung —

アイ。カケオチシタノデゴザンスガオマヘモヤツパリヒトメヲシノンデ

Ai, kaka-otsi-sita-no-de gozan-su-ga o-maje-mo jappari fito-me-wo sinonde.

— Ja. Indem ihr entlaufen seid, ertraget ihr noch die Blicke der Menschen.

イ ア *ai.* — Ja.

サウトハシラズウチカタノオツテトオモフテワタシハビツクリ

Sô-to-wa sirazu utsi-kata-no otte-to omôte watasi-wa bikkuri.

— Indem ich nicht wusste, dass es so ist, glaubte ich, es seien Verfolger aus dem Hause und war erschrocken.

ウチカタ *utsi-kata*, die innere Seite, das Haus, der Wohnort.
オツテ *otte* steht für オフテ *ôte*, ein Verfolger.

ワタシモイマニムネガドキ〱

Watasi-mo ima-ni mune-ga do-ki-do-ki.

— Auch ich habe jetzt Herzklopfen.

ドキ *do-ki*, so viel als ドウキ *dô-ki* (chin. *tung-khi*), die Luft der Bewegung, eine innerliche Bewegung, Herzklopfen.

ドウイフワケカシラネドモミニツマサレテ

Dô iû wake-ka sirane-domo mi-ni tsumasarete.

— Da ich die Sache nicht kenne, fühle ich mich beengt.

ツマサルヽ *tsumasaruru*, beengt werden, das Passivum von ツマス *tsumasu*, das seinerseits das Causativum von ツマル *tsumaru*, beengt sein.

オイトシウゴザンス

O-itosiû gozan-su.

— Ich bedauere euch.

フタリガトイキヲツクモイツトキムネナデオロスムカフノカタ。オソメサマイノウオソメサマイト

Futari-ga to-iki-wo tsuku-mo itsu-toki mune nade-orosu mukô-no kata, o-some-sama-i-nô o-some-sama-i-to.

Während beide seufzten und eine Zeitlang ihre Brust erleichterten, ertönte ihnen gegenüber der Ruf: Fräulein *O-some!* Fräulein *O-some!*

カネタイコミツケラレジトカタハラニツナギトメタルトマブネヘアタフタトシテカクルヽオソメオチヨハコノマニオヽソレト

Kane-tai-ko mi-tsukerare-zi-to katawara-ni tsunagi-tome-taru toma-bune-je atôa-to site kakururu o-some o-tsi-jo-wa kono ma-ni o-o sore-to.

Indess sie bei dem Klange der ehernen Trommeln nicht gefunden wurde, lief *O-some* einem seitwärts befindlichen festgebundenen mit Stroh gedeckten Schiffe zu und verbarg sich. *O-tsi-jo* rief unterdessen: Ah, da ist es!

ル メ ト ギ ナ ツ *tsunagi-tomeru*, durch Anbinden zum Stillstehen bringen.

ネ ブ マ ト *toma-bune*, ein mit Stroh gedecktes Schiff.

ル ス ト タ ウ ト ア *atôta-to suru*, bewirken, dass man nachgesetzt ist. タ ウ タ ア *atôta*, die Zusammenziehung von タ ウ オ ト ア *ato-ôta*, nachgesetzt.

ヽ オ *o-o*, eine gewisse Interjection.

カクゴキハメテシタジメノヒモヲミギリノヤナギヘウチカケクビヲシメントスル所ヘチヤウドヲリヨクウシロカライダキトメテマヽマツタ〱

Kaku-go kiwamete sita-zime-no fimo-wo migiri-no janagi-je utsi kake kubi-wo simen-to suru tokoro-je tsiô-do wori-joku usiro-kara idaki-tomete ma-ma matta-matta.

Sie hängte mit äusserster Sorgfalt das unten festhaltende Band an einen zur Linken befindlichen Weidenbaum. Als sie den Hals zusammenschnüren wollte, umfasste sie zu ganz gelegener Zeit Jemand von rückwärts und hielt sie ab.

— Ich habe unterdessen gewartet! Ich habe gewartet!

メ ジ タ シ *sita-zime*, was unten zusammendrückt.

ク ヨ リ ヲ *wori-joku*, zu guter Zeit, zu gelegener Zeit.

ル メ ト キ ダ イ *idaki-tomeru*, mit den Armen umfassen und aufhalten.

モ タ テ シ ロ コ テ シ ナ ハ ニ ケ サ ナ

Nasake-ni fanasi-te korosi-te tamo.

— Aus Mitleid lasset mich los und tödtet mich!

ハテサタンキナオチヨサマシナスコトハナリマセヌト

Fate-sa tan-ki-na o-tsi-jo-sama sinasu koto-wa nari-masenu-to.

— In der That, es geschieht nicht, dass ich das unbesonnene Fräulein *O-tsi-jo* sterben lasse.

サ テ ハ *fate-sa*, in der That. Mit テ ハ *fate* (chin. *ko*) „wirklich“ und der Interjection サ *sa* zusammengesetzt.

ス ナ シ *sinasu*, das Causativum von ス ヌ シ *sinuru*, sterben.

イハレテビツクリホシアカリヤヤ゛サウイフソナタハタシカニジユ平

Iwarete bikkuri fosi-akari ja-ja sô iû sonata-wa tasika-ni ziû-fei.

Die mit diesen Worten Angeredete erschrak und kam zur Besinnung.

— Ei, ihr heisset — ihr seid gewiss *Ziû-fei.*

リ カ ア シ ホ *fosi-akari*, das Licht der Sterne. Ein Wort, das hier ungefähr das Kommen zur Besinnung bezeichnet.

ヲ、ジユ平ヂヤオチヨサマヱヘマアコノオ子ハト

Wo-wo ziû-fei-dzia o-tsi-jo-sama je-je ma-a kuno o-ko-wa-to.

— Ja, ich bin *Ziû-fei.* Und Fräulein *O-some*, sie ist dieses Kind.

ムナグラヲトツテカシコヘムリニヒキスヱ。ヒヨユナコトヲサツシヤルトオトシヨラレタキウサクサマヨウマ、イキテゴザラツシヤラウコレ手ヲダシテゲユザイノオヤヲコロスモオナジコト、イフハオレガイハイデモヨウシツテ井サツシヤラウニ。ナ。ナ。ナユデシヌノヂヤソレキカウト

Muna-gura-wo totte kasiko-je mu-ri-ni fiki-suje, fi-jonna koto-wo sassi-jaru-to o-tosi-jora-reta kiû-saku-sama jô ma-a iki-te gozarassi-jarô kore te-wo dusi-te gen-zai-no oja-wo korosu-mo onazi-koto-to iû-wa ore-ga i-fai-de-mo jô sitte i-sassi-jarô-ni, na, na; nande sinu-no dzia sore kikô-to.

Hiermit fasste er sie an der Brust und zog sie ohne Umstände zu einer anderen Stelle, wo er sie hinsetzte.

— Indem ich auf die unliebsame Sache hindeute, wird der in Jahren vorgerückte Herr *Kiû-saku* wohl am Leben bleiben. Hört! Einer Sache, die so viel ist, als ob ihr die Hand ausstrecktet und euren gegenwärtigen Vater tödtetet, widersetze ich mich, und indem ich es dahin bringen werde, dass er gut weiss — Nun, ich möchte hören, warum es euch um das Sterben zu thun ist.

スユスキヒ *fiki-sujuru*, ziehend hinstellen.

、ルラヨシト *tosi-joraruru*, altern, in der ehrenden Form des Passivums.

ルヤシツサヰ *i-sassi-jaru*, bewirken, dass etwas bleibt. Ein Ausdruck, durch den die Dauer des vorhergehenden テツシ *sitte* „wissend" angedeutet wird.

ウカキレソヤヂノヌシデンナ *nan-de sinu-no dzia sore kikô*, wörtlich: Wie ist es mit dem Sterben? Ich werde dieses hören.

イハレチナしダカキハラヒト、サユノオトモシテフナタモ
アフしヘユキヤツタルスカ、サユニダマサレテフキザキヘ
ウリワタサレツトメヲシテハイヒナヴケノヒサ松サニヘギ
リタ、ズト、サユモ半平サヨヘイヒワケガナイトイフテキ
ウヘヱヘフノコトヲテガしデシラテヤラシヤユシテモコレモ
カネガト、ノヒカネフレガモツレテキウヘヱガムスメノ小
トしモカワイサウニフキザキノオナジ内ヘシケトヤラニ
キテヰヤルヲケフハムカヒニクルコトカアスハタヨリガア
ラウカトトモニコテドモオトサタノナイノモダウリヤウス
ヲキケバヒサ松サユノしノツしヲキウヘヱガヒキウケテア
ブラヤヲヒイダサレユクヘガシレネバウカ〱トマツテヰ
タトテカネト、ノヘムカヒノコヨウハヴモナシアノしユウケタ

ヒサマツサンノツミトイフハムスメゴノオソメサンカラオコツタトハタレシラヌモノハナイワタシヤツヒゾオソメサンアフタコトハナケレドモサイモンヤウタニサヘウタハレルホドウツクシイムスメゴサンジヤトイフウハサソンナオカタヲフリステ、ナンノワタシガヤウナモノヲ女ボニモツテクダサンセウイキテ井タトテヒサ松サントシヨセンソハレヌミノイングワフタツニハ小トミサンガクルシイツトメボウコウヲワタシニヱサシヤンスヲドウコアレテ井ラレウブフレヂヤニヨツテシヌホドニ、トサンヘ此ワケヲヨイヤウニイフテタモト

Iwarete namida kaki-farai toto-san-no o-tomo-site sonata-mo ōmi-je juki-jatta ru-su kaku-san-ni damasarete so-ne-zaki-je uri-watasare tsutome-wo site-wa i-i-nadzuke-no fisa-matsu-san-je gi-ri tatazu toto-san-mo naka-fira-sama-je i-i-wake-ga nai-to iū-te kiū-beje-je sono koto-wo te-gami-de sirasete jarasi-jan-site-mo kore-mo kane-ga totonoi kane sore-ga motsurete kiū-beje-ga musume-no ko-tomi-mo kawai sō-ni so-ne-zaki-no onazi-utsi-je sitsi-to jara-ni kite i-jaru-wo kō-wa mukai-ni kuru koto-ka asu-wa ta-jori-ga arō-ka-to tomo-ni mate-domo oto-sa-ta-no nai-no-mo dō-ri jō-su-wo kike-ba fisa-matsu-san-no mi-no tsumi-wo kiū-beje-ga fiki-ukete abura-ja-wo oi-idasare juku-je-ga sirene-ba uka-uka-to matte ita tote kane totonoje mukai-no ko-jō fadzu-no nusi sono mi-ni ukete fisa-matsu-san-no tsumi-to iū-wa musume-go-no o-some-san-kara okot-ta-to-wa tare siranu mono-wa nai watasi-ja tsui-zo o-some-san-ni ōta koto-wa na-kere-domo sai-mon-ja uta-ni suje utawareru fodo utsukusi-i musume-go san-zia-to iū uwasa sonna o-kata-wo furi-sutete nan-no watasi-ga jō-na mono-wo nio-bo-ni motte kudasan-seō iki-te ita tote fisa-matsu-san-to sio-sen sowarenu mi-no in-gua futa-tsu-ni-wa ko-tomi-san-ga kurusi-i tsutome-bō-kō-wo watasi juje sasi-jan-su-wo dô ma-a mite irarô-zo sore-dzia-ni jotte sinu fodo-ni toto-san-je kono wake-wo joi jô-ni iûte tamo-to.

Auf diese Rede antwortete sie, die Thränen trocknend: Während in der Begleitung des Vaters auch ihr nach *Ômi* gegangen und abwesend waret, wurde ich durch die Hausmutter getäuscht und nach *So-ne-zaki* verkauft. Als ich den Dienst verrichtete, waren die Beziehungen zu meinem Bräutigam, Herrn *Fisa-matsu*, nicht von Bestand. Der Vater, der meinte, dass er dem Herrn *Naka-fira* nichts zu erklären habe, setzte *Kiû-beje* von der Sache durch ein Schreiben in Kenntniss, und dieser bereitete das Geld. Da es mit dem Gelde einen Anstand hatte und die Tochter *Kiû-beje's*, die kleine *Tomi*, bedauerlicher Weise nach *So-ne-zaki* in das nämliche Haus als Geissel gekommen war, erwartete ich zugleich, dass heute das Abholen, morgen Hilfe sein werde, allein es verlautete nichts, und es gab dafür auch einen vernünftigen Grund. Nach dem, was ich über den Sachverhalt erfuhr, nahm *Kiû-beje* ein Verbrechen, dessen Herr *Fisa-matsu* schuldig war, auf sich und ward aus dem Hause *Abura* gejagt. Da man nicht weiss, wohin er sich begeben hat, ist, weil ich sehnlich gewartet habe, noch keine Gewissheit, dass er das Geld bereitet hat und uns abholen wird. Was das Verbrechen des Herrn *Fisa-matsu* betrifft, das er auf sich genommen hat, so weiss Niemand, dass dasselbe von der Tochter, dem Fräulein *O-some*, ausgegangen ist. Ich bin zuletzt zwar mit Fräulein *O-some* nicht zusammengetroffen, allein es heisst, dass, so viel in dem Liede der Opferschrift immer nur gesungen wird, dieses eine Lobpreisung der schönen Tochter ist. Er wird eine so vornehme Frau verwerfen und Jemanden, wie ich bin, zum Weibe erhalten. Weil ich am Leben geblieben bin, wird zu Herrn *Fisa-matsu* schliesslich ihre Blüthe nicht gesellt. Dann auch würde man fortwährend sehen, dass man den beschwerlichen Dienst der kleinen *Tomi* meinetwegen veranlasst. Da ich aus diesen Gründen sterbe, möget ihr dem Vater diese Sache auf eine gute Art mittheilen.

フ ラ ハ キ カ *kaki-farô*, kratzend wegwischen.

ス タ ワ リ ウ *uri-watasu*, was man verkauft hat, an einen Ort bringen.

ル ス ン ヤ シ ラ ヤ *jarasi-jan-suru*, das Hilfszeitwort ル ヤ *jaru* in der ehrenden Form des Causativums.

ウ サ イ ワ カ *kawai sô*, eine bedauerliche solche Weise.

チ ウ ジ ナ オ *onazi-utsi*, dasselbe Innere, dasselbe Haus.

ル ク ニ ヒ カ ム *mukai-ni kuru*, entgegen kommen.

タ サ ト オ *oto-sa-ta*, Laut und Gerücht, das Verlauten.

ル ケ ウ キ ヒ *fiki-ukeru*, ziehend aufnehmen, auf sich nehmen.

ウ ヨ コ *ko-jô*, das Futurum von ル ク *kuru*, kommen.

ン サ *san* (chin. *tsan*), eine Lobpreisung, eine geschriebene Lobrede.

ナ ン ソ *sonna* steht für ナ ウ ソ *sô-na*, ein solcher.

ル テ ス リ フ *furi-suteru*, mit einer schnellen Bewegung verwerfen.

ハ ニ ツ タ フ *futa-tsu-ni-wa*, zweitens.

ウ コ ウ ボ メ ト ツ *tsutome-bô-kô*, ein gezwungener Dienst.

ガ ヌ ワ ワ フ マ ニ シ ウ カ ト サ
ド コ カ ケ ン モ ウ サ ラ ホ ナ メ
ウ ト ラ ノ ナ リ チ ウ メ ヲ ク ヘ

シテマアダンナサマヘヨイヤウニイハレマセウアハウクト名ノヤウニヨパツシヤル此ジン平ヨリオマヘノハウガヨツホドアハウヂヤクワシイワケハシラネドモアチラコチラデアラマシハ此ゴロウチカラキイテサルフノフネザキノオヤカタガコチヘカヽヘタホウコウニンノオチヨガシンデシマウタカラサア小トミハカツテシダイツレテモドレトイヒマセウカオマヘノ、シンダニクシミデ五年ノモノナラ十年モ小トミニツトメヲサセルハチヤウコトニチイサイ子ヂヤトヤラツキダシマデノコヂヨクホウコウナガイクルシミサセルトキハキウベヱヘアナタノギリガタチマスカタチマセヌカヨウカンガヘテゴラウジマセ又オフメトヤラカテンニンノヤウナビジンデアラウトマ、ソレハホンノトウザノイタヅラヒサ松サマノ女バウハドコガドコマデモオマヘサマヂヤハテイマデコフデツチボウコウシテゴザレノガミ半平サマトイフキツトシタオサムラヒノオト、コノヒサ松サマオヤダンナキウサクサマガコチノムメニフハシタイフンナラヤラウノイヒヤクフクドウシテホゲニナリマセウ今ニコンレイサセマスルトコロデソノオソメトヤラガフリコンデキデモスルトオトヽイコイトハキダシテカドグチヘモヨセツケヌモウくシヌノシノジヲバカナラズイツテクダサリマスナト

Same-zame-to naku kawo-wo uramesi sô-ni utsi-mamori-sonna wake-no wakaranu koto-ga dô-site ma-a dannu-sama-je joi jô-ni iwaré-masô a-fô-a-fô-to na-no jô-ni jobassi-jaru kono ziû-fei-jori o-maje-no fô-ga joffodo a-fô-dzia kuwasi-i wake-wa sirane-domo atsi-ra kotsi-ra-de aramasi-wa kono goro utsi-kara ki-ite iru sono so-ne-zaki-no oja-kata-ga kotsi-je kakaj-ta fô-kô-nin-no o-tsi-jo-ga sinde simôta kara sa-a ko-tomi-wa katte si-dai tsure-te modore-to i-i-maseô-ka o-maje-no sinda nikusi-mi-de go-nen-no mono naru ziû-nen-mo ko-tomi-ni tsutome-wo saseru-wa two-koto-ni tsi-isai ko-dzia-to jura tsuki-dasi-made-no ko-dzio-ku fô-kô nagai kurusimi-saseru toki-wa kiû-beje-je anata-no gi-ri-ga tatsi-masu-ka tatsi-masenu-ka jô kungajete go-rô-zi-mase mata o-some-to jara-ka ten-nin-no jô-na bi-zin-de arô-to ma-ma sore-wa fon-no tô-za-no ita-dzura fisa-matsu-sama-no niô-bô-wa doko-ga doko-made-mo o-maje-sama-dzia fate ima-de koso detsi-bô-kô-site gozare no-gami naka-fira-sama-to iû kitto sita o-samurai-no ototo kono fisa-matsu-sama oja-danna kiû-saku-sama-ga kotsi-no musume-ni sowasi-tai sonnara jarô-no i-i-jaku-soku dô-site fo-gu-ni nari-masô ima-ni kon-rei sase-masuru tokoro-de sono o-some-to jara-ga furi-konde ki-de-mo suru-to ototo-i koi-to faki-dasi-te kado-gutsi-je-mo jose-tsukenu mô-mô sinu-no si-no zi-wo-ba kanarazu itte kudasari-masu-na-to.

Jener betrachtete das Angesicht der in Thränen Ausbrechenden mit einem Ausdrucke der Trauer.

— Das Unentschiedene einer solchen Sache wird wohl auf gute Weise dem Herrn Gebieter mitgetheilt werden. Man benennt es mit einem Namen, wie: thöricht und wieder thöricht. Obgleich man die näheren Umstände, in deren Folge ihr ziemlich thöricht seid, durch mich *Ziû-fei* nicht kennt, hat man doch sowohl hier als dort das Hauptsächlichste um diese Zeit durch das Haus erfahren. Weil die Dienerin *O-tsi-jo*, welche der Hausvater von *So-ne-zaki* dem eigenen Hause angeschlossen hat, gestorben ist, würde man wohl die kleine *Tomi* zur geeigneten Zeit in Begleitung zurückkehren lassen? Wenn sie bei eurem verhassten Tode fünf Jahre alt ist, ist es in der Sache der Rechnung begründet, dass man die kleine *Tomi* zehn Jahre dienen lässt. Sie ist ein zartes Kind, und bis zu der Zeit, wo man sie plötzlich herausgibt, währt der Dienst der kleinen Schalen lang. Möget ihr wohl überlegen, ob zur Zeit, wo man ihr Ungemach bereitet, eure Beziehungen zu *Kiû-beje* von Bestand sind oder nicht von Bestand sind, und möget ihr abstehen. Indem *O-some* eine Schönheit von der Art der Himmelsmenschen sein wird, ist dieses ihre eigene gegenwärtige Leichtfertigkeit. Das Weib des Herrn *Fisa-matsu*, wo immer und bis wohin immer, seid ihr. In der That möge er jetzt nur den Dienst des Knechtes verrichten. Diesen Herrn *Fisa-matsu*, den jüngeren Bruder des Herrn *Naka-fira* von *No-gami*, eines pünktlichen Angestellten, will der Vater und

Gebieter, Herr *Kiû-saku*, zu unserer Tochter gesellen. Das gegebene mündliche Versprechen würde also zu nichte werden. Weil man jetzt die Vermählung stattfinden liesse, würde *O-some* hereinstürzen, sich mit Leidenschaft zudrängen und dabei die Worte: Bruder komm! ausstossend, in ihrer Verblendung ihn nicht einmal dem Ausgang des Thores nahe bringen. Das Wort „sterben" dürfet ihr nicht nothwendig haben.

ト く メ サ *same-zame-to*, überströmend, mit zu Grunde liegendem メ サ *same*, einer veränderten Form von メ ア *ame*, Regen.

ニ ウ サ シ メ ラ ウ *uramesi-sô-ni*, in trauriger Weise.

ル モ マ チ ウ *utsi-mamoru*, streng bewachen, genau beobachten.

ル ヤ シ ッ バ ヨ *jobassi-jaru* steht für das einfache ブ ヨ *jobu* „rufen", wobei シ ッ バ ヨ *jobassi* so viel als シ バ ヨ *jobasi*, die ehrende Form des Causativums.

ミ シ ク ニ *nikusi-mi*, das Verhasstsein.

ク ヨ チ コ *ko-dzio-ku*, eine kleine Trinkschale. Von dem zu Grunde liegenden ク ヨ チ *tsio-ku* (chin. *tschü-keu*), eine Trinkschale. Eine muthmassliche Erklärung.

ザ ウ ト *tô-za*, sonst auch ザ ウ タ *tô-za* (chin. *tang-tso*), der gegenwärtige Sitz, in dem Sinne von „die gegenwärtige Zeit".

ク フ ク ヤ ヒ イ *i-i-juku-soku*, ein mündliches Versprechen.

ム コ リ フ *furi-komu*, zitternd oder in Eile hereinkommen.

ス ダ キ ハ *faki-dasu*, ausspeien oder durch Erbrechen von sich geben.

ル ケ ツ セ ヨ *jose-tsukeru*, nähernd anfügen.

ジ ノ シ *si-no zi*, das Schriftzeichen シ *si* (chin. *sse*), sterben.

ワツツクドヽツイ
サメラレオチヨハヤ
ウくカホヲアゲア
ンマリ心ガセイタン
ヱ小トミサンノナン
ギトイフコトトント
キガツカナンダカン
ニンシテタモヤイノ。
トハイフモノヽ今サ
ラニウチヘハドウモ
モドラレズ

Wattsu ku-doi tsui samerare o-tsi-jo-wa jû-jô kuwo-wo age anmari kokoro-ga seita juje ko-tomi-san-no nan-gi-to iû koto ton-to ki-ga tsukanandu kan-nin-site tamo jaino, to-wa iû mono-no ima-sara-ni utsi-je-wa dô-mo modorarezu.

Bei dieser plötzlich hervorkommenden scharfen Rede besann sich endlich *O-tsi-jo* und erhob allmählig das Angesicht.

— Weil meine Sinne überaus verschlossen waren, ist es mir gar nicht eingefallen, dass das Fräulein, die kleine *Tomi*, sich in Gefahr befindet. Möget ihr mit mir Geduld haben. Diejenige, der ihr dieses saget, wie sollte sie jetzt nicht wieder in das Haus zurückkehren?

ツ ツ ワ *wattsu* (chin. *hoë*), aus der Verborgenheit plötzlich hervorkommen.

イ ド ク *ku-doi* steht für シ ド ク *ku-dosi* (chin. *keu-li*), scharf von Mund, scharf von Rede.

イヤソコニ氣ヅカヒ
ナサレマスナマヅ
アナタヲバキノツ
カヌトコロヘ四五
日カクシテオキ花
ガタヤヘハ人ヲタ
ノムデ手ノイレヤウ
ガゴザリマセウワ
タクシニナニモカモ
マカセテオヽキナサ
レマシト

Ija soko-ni ki-dzukai-nasare-masu-na madzu anata-wo-ba ki-no tsukanu tokoro-je si-go-nitsi kakusi-te oki fana-gata-ja-je-wa fito-wo tanonde te-no ire-jō-ga gozari-maseō watakusi-ni nani-mo ka-mo makasete o-oki-nasare-masi-to.

— O, bekümmert euch nicht um dort! Früher werde ich euch an einem Orte, auf den man nicht aufmerksam wird, durch vier oder fünf Tage verbergen, und in dem Hause *Fana-gata* wird, indem ich Leute ersuche, ein Anlegen der Hand stattfinden. Möget ihr euch auf mich jedenfalls verlassen.

フ カ ヅ キ *ki-dzukō*, sich um etwas bekümmern.

ク ツ キ *ki-tsuku* oder ク ツ ノ キ *ki-no tsuku*, aufmerksam werden, in neutraler Bedeutung.

ウ ヤ レ イ ノ テ *te-no ire-jō*, das Einbringen der Hand, die Weise, die Hand im Spiele zu haben.

オチヨガ
オビヲヒ
キホドキ
チヤツト
マアソノ
ウハギヲ
ヌイデオ
ヨコシナサ
レマシ

O-tsi-jo-ga obi-wo fiki-fodoki tsiatto ma-a sono uwa-gi-wo nuide o-jokosi-nasare-masi.

Er machte den Gürtel *O-tsi-jo*'s los.

— Möget ihr schnell das Überkleid ausziehen und mir übergeben.

ス コ ヨ *jokosu*, eine Sache übergeben.

サアヌ
ギハヌ
ガウケ
レドサ
ウシテ
フナタ
ドウシ
ヤル

Sa-a nugi-wa nugō-kere-do sō-site sonata dō-si-jaru.

— Ausziehen — wenn ich es ausziehen würde, was würdet ihr dann beginnen?

ドウシヤル *dō-si-jaru* steht für ドノヤウスル *dono jō suru*, auf welche Weise thun. ヤル *jaru* „schicken" ist hier ein Hilfszeitwort.

ソコガコウメ
イクスノキモ
ハダシデニゲ
ルハカリコト
イヤソノハダ
シデ思ヒダシ
タソノザウリ
ヲモヌイタ〱
オツトヨシ〱
サアカウヂ
ヤト

Soko-ga kō-mei kusu-no ki-mo fadasi-de nigeru fakari-koto ija sono fadasi-de omoi-dasi-ta sono zō-ri-wo-mo nui-tari-nui-tari otto josi-josi sa-a kō-dzia-to.

— „Dort der erlauchte *Kusu-no ki* fasst den Anschlag, barfuss zu entfliehen." O, ich habe mich an die Barfüssigkeit erinnert. Auch diese Strohschuhe ausgezogen! Ja, gut! gut! So ist es.

コウメイ *kō-mei* (chin. *khung-ming*), sehr glänzend.

クスノキ *kusu-no ki*, Kampherbaum, der Name eines Geschlechtes.

ザウリ *zō-ri* (chin. *tsao-li*), ein aus Pflanzen verfertigter Schuh. Das Wort sollte eigentlich サウリ *sō-ri* ausgesprochen werden, findet sich aber überall mit der oben angegebenen Aussprache.

ヤナギノエダヘウハギヲウチカケ
シタヘザウリハホドヨクナヲシ。キ
ヤウゲユデモヱサウシデモヽヲナ
ゲタトコロニハウハギトザウリガ
此ヤウニノコシテアルカラ思ヒ
ツキアナタノオツテガ此ハヅレ
ノサカヤニノユデ井ルトノコトオ
レガカホヲシラヌガサイハヒフコ
ヘヤスユデヨフゴトノヤニウカウ〱
イフ女ガ今アフコデヽヲナゲタ
トイチバニチヤリデアイツラヲ
ハマラセテモドシコスモシアナタ
ハナト

Janagi-no jeda-je uwa-gi-woo utsi-kake sita-je zô-ri-wa fodo-joku nawosi, kiô-gen-de-mo je-sô-si-de-mo mi-woo nageta tokoro-ni-wa uwa-gi-to zô-ri-ga kono jô-ni nokosi-te aru-kara omoi-tsuki anata-no otte-ga kono fadzure-no saka-ja-ni nonde iru-to-no koto ore-ga kawo-woo siranu-ga saiwai soko-je jasunde jo-so-goto-no jô-ni kô-kô iû wonna-ga ima asoko-de mi-woo nageta-to itsi-ban tsia-ri-de a-itsu-ra-woo famarasete modosi-masu mosi anata-wa na-to.

Er hängte das Unterkleid an die Zweige eines Weidenbaumes, und stellte unter diesen die Strohschuhe auf passende Weise zurecht. Nachdem an der Stelle, wo sie sowohl in dem Schauspiel als auf dem mit Zeichnungen versehenen Doppelpapier sich hingeworfen, das Überkleid sammt den Strohschuhen auf diese Weise zurückgelassen worden, kam ihm ein Gedanke.

— Bei dem Umstande, dass eure Verfolger in jenem äussersten Weinhause trinken, sage ich, da sie glücklicher Weise mich von Angesicht nicht kennen, und indem ich dort ausruhe, ganz nebenbei, dass ein elternliebendes Weib sich jetzt dort hineingestürzt habe, lasse sie bei der ersten Theegasse sich versenken und heimkehren. Hört! Ihr — Wohlan!

シ ウ サ ヱ *je-sô-si* (chin. *hoei-schuang-schi*), das mit Zeichnungen oder Gemälden versehene Doppelpapier. Man sagt auch シ ウ ザ ヱ *je-zô-si* (chin. *hoei-tsao-schi*), das mit Zeichnungen versehene Pflanzenpapier.

ル ゲ ナ ヲ ミ *mi-wo nageru*, den Leib wegwerfen, sich irgendwohin, wie in einen Fluss, stürzen.

ク ツ ヒ モ オ *omoi-tsuku*, beifallen, wie ein Gedanke, einen Gedanken haben.

ト ゴ ソ ヨ *jo-so-goto*, ein anderweitiges Wort, eine nebenbei angebrachte Rede.

リ ヤ チ *tsia-ri* (chin. *tscha-li*), eine Theegasse. Eine muthmassliche Erklärung.

ル マ ハ *famaru*, sonst auch ル マ バ *bamaru* (chin. *tschen-ji*), einsinken, versinken.

マ ナ オ ク チ ク ミ
セ サ イ レ 。 チ 、
レ デ テ カ 。 ニ

Mimi-ni kutsi, ne, kakurete o-ide-nasare-mase.

Hier näherte er ihrem Ohre den Mund.

— Wohlan! Verberget euch!

ル ヅ イ オ *o-idzuru* „hinaustreten“ ist hier ein ehrendes Hilfszeitwort.

ト ン サ ツ マ サ ヒ ゾ ウ ド ラ ナ ン ソ

Sonnara dô-zo fisa-matsu-san-to.

— Wie werde ich also mit Herrn *Fisa-matsu* —

マ イ ウ 今 ヘ チ ガ タ ド ハ
ス タ ト ン テ ン イ ク イ テ
シ ン メ モ カ ノ シ ワ ク

Fate kudoi watakusi-ga inotsi-ni kajete-mo ima-ni meó-to-ni itasi-masu.

— In der That, ich habe euch durch scharfe Worte wieder zum Leben gebracht und mache jetzt euch Beide auch zu Gatten.

カナラズジユ平タノンダゾヨ

Kanarazu ziù-fei tanonda-zo-jo.

— Gewiss hat man *Ziù-fei* gebeten!

ヱヘカナラズモジユヘイモイラヌハヤウ〱ト

Je-je kanarazu-mo ziù-fei-mo iranu fajò-fajò-to.

— Ei, gewiss! Und *Ziù-fei* ist auch nicht nöthig. Schnell! schnell.

ミギヒダリワカレテフタリハイソギユク。

Migi-fidari wakarete futari-wa isogi-juku.

Rechts und links sich trennend, eilten Beide davon.

ヲリカラヒヾクヱユジノカネオフ
メハフネヲタチイデ、アタリミ
マハシヒトリゴトフユナライマノ
ガオチヨサンデゴザンシタカアノ
人ノイフタトヲリオヤノユルシ
タメウトナリワシヤウラヤマシ
イ〱ドウヨクナハアノヒサ松ド
コヘンキヤツタコトヂヤヤラウ
チン井レバイヤラシイサ四ラ
サユンイビラレテイツフシナウト
オモツテモドウヅマイチドヒサ
松ガカホヲ見テカラオフテカ

ラトミレンガオコツテシナレヌハイノフホンニソレ〱オチヨサンノアノコソデヲワタシガキカヘテ此川ヘミヲナゲタトオモハセタラソレギリオツテハカヽルマイソレカラハイノチカギリヒサ松ヲタヅネルヨリモウホカニシアンハナイヒトツニハイヒナヅケノオチヨサンニアヤカルタメト

Wori-kara fibiku jen-zi-no kane o-some-wa fune-wo tatsi-idete atari mi-mawasi fitori-goto somara ima-no-ga o-tsi-jo-san-de gozan-sita-ka ano fito-no iita towori oja-no jurusi-ta meô-to nari wasi-ja urajamasi-i-masi-i dô-joku-na-wa ano fisa-matsu doko-je juki-jattu koto-dzia jara utsi-ni ire-ba ijarasi-i sa-si-ra-san-ni ibirarete isso siuô-to omotte-mo dô-zo ma-itsi-do fisa-matsu-ga kawo-wo mite-kara ato-kara-to mi-ren ga okotte si-nareru fai-nô fon-ni sore-sore o-tsi-jo-san-no ano ko-sode-wo watasi-ga ki-kajete kono kawa-je mi-wo nagete-to omowase-tara sore gi-ri otte-wa kakara-mai sore kara-wa inotsi-kagiri fisa-matsu-wo tadzuneru-jori mô foka-ni si-an-wa nai fito-tsu-ni-wa i-i-nadzuke-no o-tsi-jo-san-ni ajakaru tame-to.

Um die Zeit ertönte die Glocke des fernen Tempels. *O-some* verliess das Schiff, blickte umher und sagte zu sich selbst: Also ist dieses jetzt das Fräulein *O-tsi-jo* gewesen? Wie jener Mensch gesagt hat, ist sie mit der Einwilligung ihres Vaters das Weib. Ich bin auf sie sehr eifersüchtig. Wohin jener begehrende *Fisa-matsu* auch gegangen sein mag, wenn ich in dem Hause bleibe, glaube ich, dass ich, von dem widerwärtigen Herrn *Sa-si-ra* fortgetragen, sterben werde, und nachdem ich irgend ein anderes Mal *Fisa-matsu* von Angesicht gesehen und mit ihm zusammengetroffen, würde Kleinmüthigkeit entstehen und ich dieses nicht gewohnt sein. Eigentlich — so — so, wenn ich, mich umkleidend, dieses kleine Ärmelkleid des Fräuleins *O-some* anzöge und glauben machte, dass ich mich in diesen Fluss gestürzt habe, so würden mir auf diese Weise die Verfolger nicht zusetzen. Ich hätte dadurch die bestimmte Grenze des Lebens. Ich habe auf nichts anderes zu denken, als wie ich *Fisa-matsu* suchen könne. Zugleich thue ich es, um mit dem verlobten Fräulein *O-tsi-jo* Ähnlichkeit zu haben.

ジ ン ヱ *jen-zi* (chin. *yuen-sse*), ein ferner Tempel. Eine muthmassliche Erklärung.

ク ヨ ウ ド *dô-joku* (chin. *tung-yô*), das leibliche Begehren.

ル ビ イ *ibiru*, sonst auch ル ビ オ und ル ブ オ *oburu* (chin. *tai*), an den Gürtel hängen, forttragen.

ソ ツ イ *isso*, so viel als ウ ヤ セ ツ イ *issiô* (chin. *yi-seng*), das ganze Leben.

ド チ イ マ *ma-itsi-do*, ein anderes Mal. マ *ma* hat hier die Bedeutung „zwischen“.

フ ノ イ ハ *fai-nô* steht für フ ナ イ ハ *fai-nô*, eine gewisse Endpartikel.

ル ユ カ キ *ki-kajuru*, mit der Kleidung wechseln, sich umkleiden.
ハ ツ ト ヒ *fito-tsu-ni-wa*, unter Einem, zugleich.

イヒツヽコソデトリオロシテバヤニキカヘテ
ワガウハギヲモトノゴトクニヤナギニウチカ
ケザウリモソコヽヌギカヘルムカフノカタニ
又ヒトオトテダイノトソウジシモ男ドヤ
〱クルハウチノチヤウチンミツケラレジト
タチモドルコナタノミチヨリ母オツヤ下女
ノオタマニシモ男オソメサマイトヨバヽルコ
ヱ〲センカタナガレニモスソヲヒタシアタフ
シノブモトノトマブネカクトハシラズツヽ
ミノウヘサユウノ人ガユキアヒテオフクロサ
マデゴザリマスカ

I-i-tsutsu ko-sode tori-orosi-te te-baja-ni ki-kajete waga uwa-gi-wo moto-no gotoku-ni janagi-ni utsi-kake zô-ri-mo soko-soko nugi-kajeru mukô-no kata-ni mata fito-oto te-dai-no to-sô-zi simo-otoko do-ja-do-ja kuru-wa utsi-no tsiô-tsin mi-tsukerare-zi-to tatsi-modoru konata-no mitsi-jori fawa o-tsuja ge-dzio-no o-tama-ni simo-otoko o-some-sama-i-to jobawaru koje-goje sen-kata nagare-ni mo-su-so-wo fitasi atata sinobu moto-no toma-bune kaku-to-wa sirazu tsutsumi-no uje sa-jû-no fito-ga juki aite o-fukuro-sama-de gozari-masu-ka.

Als sie dieses gesagt, nahm sie das kleine Ärmelkleid herunter, kleidete sich hurtig um und hängte ihr eigenes Überkleid, wie jenes ursprünglich gewesen, an den Weidenbaum. Sie zog auch die Strohschuhe dort aus und wechselte sie. Auf der entgegengesetzten Seite hörte man wieder die Stimmen von Menschen. Während der Stellvertreter *To-sô-zi* und die Diener auf demselben Wege kamen, riefen die Diener auf die Mutter *O-tsuja* und die Magd *O-tama*, die bei den Laternen des Hauses unentdeckt auf dem diesseitigen Wege zurückkehrten, mit lauter Stimme: Fräulein *O-some!* — Sie kannten den Umstand nicht, dass diese eben in der Strömung die Schleppe des Kleides eintauchte, und dass es das eigene mit Stroh gedeckte Schiff war, in welchem sie hineilend sich versteckt hatte. Die Menschen zur Rechten und Linken begegneten einander auf der Höhe des Dammes.

— Ist es die geehrte Frau Hausmutter?

スロオリト *tori-orosu*, mit den Händen herabnehmen.

ニヤバテ *te-baja-ni*, schnellhändig, hurtig.

ヽコソ *soko-soko*, mehrere dortige Stellen.

ルヘカギヌ *nugi-kajeru*, sonst auch ルユカギヌ *nugi-kajuru*, ein Kleidungsstück ausziehen und gegen ein anderes vertauschen.

トオトヒ *fito-oto*, der Laut, die Stimme von Menschen.

ヤド ヤド *do-ja-do-ja*, scheint so viel als ヾウド *dô-dô*, sonst auch ウダウド *dô-dô* (chin. *tung-tao*) „derselbe Weg" mit der doppelt eingeschalteten Partikel ヤ *ja* zu sein.

タカニセ *sen-kata* (chin. *tsiuen-fang*), die Gegend der Lösung, das Mittel.

ヲヽトフウ次ミンナノモノモ
タイギデアツタオヤヲステ
ヽカケオチスルニクイムスメ
ドウナツテモワシヤカマイハ
セヌケレドキンジヨノオカタ
ヤデイリノモノガシンセツニ
夜ルヨナカタヅネテクダサル
人サマヘオキノドクナバツ
カリニワタシモコヨヒハアチ
コチト心アタリヲアルイタ
レド

Wo-wo to-sô-zi minna-no mono-mo tai-gi-de atta oja-wo sutete kake-otsi-suru nikui musume dô natte-mo wasi-ja kamai-wa senu kere-do kin-zio-no o-kata-ja de-iri-no mono-ga sin-set-ni joru jo-naka tadzunete kudasaru fito-sama-je o-ki-no doku-na bakkuri-ni watasi-mo ko-joi-wa atsi-kotsi- to kokoro-atari-wo arui-tare-do.

— Ja, *To-sô-zi*, alles zusammengenommen, war es eine Sache von Bedeutung. Dass es mit der abscheulichen Tochter, die ihre Eltern zurücksetzt und entläuft, so geschehen ist, darum möchte ich mich zwar nicht kümmern, jedoch in den benachbarten Häusern der Herren ein- und austretenden Menschen suchen sehr angelegentlich um Mitternacht. Bei der Betrübniss der geehrten Menschen bin ich auch in dieser Nacht sowohl hier als dort, wo ich etwas bemerkte, einhergeschritten —

ヌセハイマカ *kamai-wa senu*, so viel als ヌハマカ *kamawanu*, man bekümmert sich nicht.

マヒ人 *fito-sama*, die Herren Menschen, die geehrten Menschen.

リ カ ツ バ *bakkari*, so viel als リ カ バ *bakari* (chin. *so*), das Ermessen, das Thun, die Haltung.

イヤモウトントシレマセヌ太ラ助
サマハテンノウシアベカイダウカ
ラ○堺サカノハウヘムケテユクトオ
ッシヤルマシタア、ヒヨンナコトカ
ラオマヘサマハイカウゴクラウナ
サレマスニクイ〱トウハベデハオツ
シヤツテモゲンザイノワガ子ヲニ
クイト思フモノガデンチノアヒダニ
ゴザリマセウカツヽムニアマルオメ
ノウルミソレヲミルト此ムネガイ
ッパイニナリマスト

Ija mô ton-to sire-masenu ta-ra-suke-sama-wa ten-no usi a-be kai-dô-kara, sakai-saka-no fô-je mukete juku-to ossi-jari-masi-ta a-a fi-jonna koto-kara o-maje-sama-wa i-kô go-ku-rô-na-sare-masu nikui-nikui-to uwa-be-de-wa ossi-jatte-mo gen-zai-no waga ko-wo nikui-to omô-mono-ga ten-tsi-no aida-ni gozari-maseô-ka tsutsumu-ni amaru o-me-no urumi sore-wo miru-to kono mune-ga ippai-ni nari-masu-to.

— Nein, es ist gar nicht bekannt. Herr *Ta-ra-suke* thut, als ob er von dem Seewege des Himmelsvorstehers *A-be* sich dem abgrenzenden Vorgebirge zuwenden wollte. Ach, in Folge des ungewöhnlichen Ereignisses leidet ihr grosses Ungemach. Gibt es zwischen Himmel und Erde Jemanden, der, des Wortes „sehr abscheulich" nach aussen sich bedienend, die gegenwärtige Tochter für abscheulich hielte? Das beim Einschliessen übrig bleibende Aufgedunsensein eures Auges, wenn ich es sehe, wird mir die Brust ganz voll.

シ ウ *usi*, so viel als シ ヌ *nusi*, ein Vorgesetzter.

テ ケ ム *mukete* steht für テ ヘ カ ム *mukajete*, sich entgegen kehrend.

ウ カ イ *i-kô*, so viel als ウ カ ツ イ *ikkô* (chin. *yi-hiang*), ganz zugekehrt, durchaus, in hohem Grade.

ベ ハ ウ *uwa-be* (chin. *piao-pu*), die äussere Abtheilung, die Aussenseite.

イ パ ツ イ *ippai* (chin. *yi-pei*), ein Becher voll, ganz voll überhaupt.

クチニマカセルシンジツゴカ
シイヤモウイマモイフトヲ
リフカウナムスメニツユホ
ドモミレンナ心ハナケレド
モミナサマノシンセツヲム
ニシテコンヤモタヅネアハズ
スゴ〱トモドルカトオモヘ
バソレガカナシウテ。アイ
タ、タヨツユニアタツテヒエ
タセイカア、双サシコンデ
アユマレヌコレタマシツカリ
コ、ヲオサヘテタモト

Kutsi-ni makaseru sin-zit-gokasi ija-mō ima-mo itu towori fu-kō-na musume-ni tsuju fodo-mo mi-ren-na kokoro-wa na-kere-domo mina-sama-no sin-set-wo mu-ni-site kon-ja-mo tadzune-awazu sugo-sugo-to modoru-ka-to omoje-ba sore-ga kanasiūte. aitata ta jo-tsuju-ni atatte fijeta sei-ka a-a kō-gai sasi-konde ajumarenu kore tama sikkari koko-wo osajete tamo-to.

Sie brachte die der Rede anvertraute Wirklichkeit zu Wege.

— Wohlan! Obgleich ich, wie ich jetzt sage, wegen der unkindlichen Tochter nicht im Geringsten kleinmüthig bin, halte ich euren Eifer für eine Sache ohne Gleichen, und ich suche diese Nacht nicht mit euch. Da ich denke, ob ich in Stille zurückkehren solle, ist dieses traurig. Ja, ich bin von dem Nachtthau angegriffen und friere. Ich habe nicht die Kraft, die gespaltene Haarnadel aufzustecken und einherzuschreiten. *Tama!* Drücke dieses so nieder!

スカゴツジンシ *sin-zit-gokasu*, sich den Schein der Wirklichkeit geben. Der Ausdruck mag mit スカコ *kokasu*, dem Causativum von クコ *koku* „schöpfen" zusammengesetzt sein.

ドホユツ *tsuju-fodo*, der Betrag des Thaues oder eines Thautropfens, im Geringsten.

マサナミ *mina-sama*, alle Herren, Alle, in ehrender Bedeutung.

ニム *mu-ni* (chin. *wu-ni*), ohne einen Zweiten, ohne Gleichen.

タ、タイア *aitata-ta*, eine gewisse Interjection.

イセ *sei* (chin. *schi*), die Kraft.

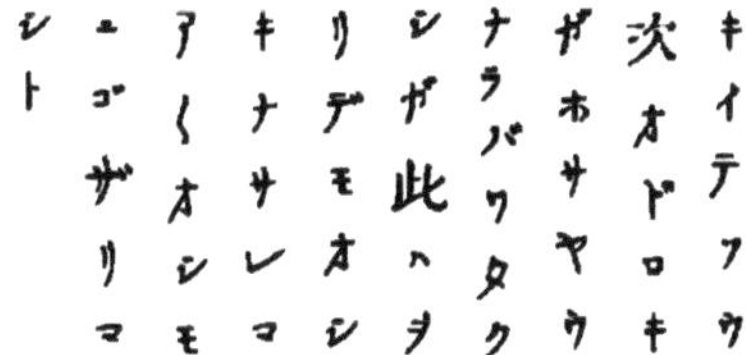

キイテフウ
次オドロキ
ガホサヤウ
ナラバワタク
シガ此ハヲ
リデモオシ
キナサレマ
ア〱オシモ
ニゴザリマ
シト

Ki-ite to-sô-zi odoroki-gawo sa-jô nara-ba watakusi-ga kono fa-wori-dô-mo o-siki-nasare ma-a-ma-a o-simo-ni gozari-masi-to.

Dieses hörend, sprach *To-sô-zi* mit erschrockener Miene: Wenn es so ist, möget ihr diesen meinen Mantel ausbreiten. Wohlan! Ich bin euch dabei behilflich.

ルザゴニモシオ *o-simo-ni gozaru*, unter einer geehrten Person sein, Dienste wie ein Diener leisten.

カイハウスルウチ
候七ヲツレテジユ
平ガタチモドリ今
イソタハアレアソ
コヂヤムラサキノ
アサボノゾメツルブ
ドウノスソモヤウ
ノウハギヲシルシノ
タメトイフテヤナ
ギノエダニカケテド
ンブリ

Kai-fô-suru utsi soro-sitsi-wo tsurete ziû-fei-ga tatsi-modori ima iûta-wa are asoko-dzia murasaki-no ake-bono-zome tsuru bu-dô-no su-so mo-jô-no uwa-gi-wo sirusi-no tame-to iûte janagi-no jeda-ni kakete donburi.

Während er sie hiermit verwahrte, kehrte *Ziû-fei* in Begleitung *Soro-sitsi*'s zurück. — Wie ich jetzt sagte, hat sie dort ein geblümtes Überkleid mit einer fortlaufende Weinreben von der Färbung der purpurnen Morgenröthe zeigenden Schleppe zum Wahrzeichen an einen Weidenzweig gehängt und sich kopfüber —

ウハイカ *kai-fô*, so viel als ウホイカ *kai-fô* (chin. *kiai-pao*), schützen und bewahren.

メザノボケアノキサラム *murasaki-no ake-bono-zome*, eine Färbung wie die purpurne Morgenröthe.

ソス *su-so* (chin. *khiû*), die Schleppe eines Kleides.

フレガホユデハタマ
ラヌハセメテシガイ
ヲサガシダシテモツテ
ユカキバオホゼイカ、
ツテタヅ子タヰタガ
ウフノヤウデオヤカ
タノマヘ、タ、ヌタ
ノニダカゴハキテヰ
ルカノナルホドコフデ
ガアノエダユドウカ
カ、ツテアルヤ.ウ
ナト

Sore-gà fon-de-wa tamaranu-wa semete si-gai-wo sagasi-dasi-te motte jukane-ba owo-zei kakatte tadzunete ita-ga u-so-no jō-de oja-kata-no maje-je tatanu tanonda kago-wa kite iru-kano naru-fodo ko-sode-ga ano jeda-ni dō-ka kakatte aru jō-na-to.

— Dieses ist etwas, das uns nicht angeht. Da man nicht wenigstens den Leichnam aufgesucht und mitgebracht hat, so tritt man, nachdem mit grosser Anstrengung gesucht worden, nicht gleichsam mit einer Lüge vor die Eltern des Hauses. Die erbetene Sänfte kommt herbei. Gewiss, es hat das Aussehen, als ob ein Ärmelkleid an jenen Zweig gehängt wäre.

ヌラマタハデンホ *fon-de-wa tamaranu*, was bei dem Ursprünglichen nicht zurückbleibt, oder sich nicht aufhält, was eigentlich nicht angeht.

スダシガサ *sagasi-dasu*, heraussuchen.

クユテツモ *motte juku*, erfassend gehen, etwas mitbringen.

イゼヲオ *woo-zei* (chin. *ta-schi*), grosse Stärke.

候ヒハトツパカ
ハタチヨツテチ
ヤウチンサシア
ゲ。コレソコナ人
イマイツタコソ
デノイロアヒモウ
イツペンコヽヘコ
ズニソコカライ
ツテキコカセテ
クレ

Soro-nitsi-wa toppa-ka-wa tatsi-jotte tadō-tsin sasi-age, kore soko-na fito ima itta ko-sode-no iro-ai mō ippen koko-je kozu-ni soko-kara itte kikasete kure.

Soro-nitsi trat eigens hinzu und erhob die Laterne.

— Mann von dort! Ich bin jetzt da. Indem, was das Aussehen des kleinen Ärmelkleides betrifft, von keiner Seite etwas uns hier zukommt, so tretet von dort herein und lasset hören.

ヒアロイ *iro-ai*, die Übereinstimmung in Farbe oder Aussehen.

ハテシレ
タコトス
ソハブド
ウノジウ
ゼンイリ
ムラサキ
ノアケボ
ノチリ
メン

Fate sireta koto su-so-wa bu-dō-no jū-zen-iri murasaki-no ake-bono tsiri-men.

— Nun, es ist etwas Bekanntes. Die Schleppe ist Seidenflor von der Färbung der purpurnen Morgenröthe mit eingesetzten Weinreben von Baumwollfäden.

リインゼウジ *jū-zen-iri*, ein Einsatz von baumwollenen Fäden. Von ウジ *jū*, so viel als フジ *jū* (chin. *mō-mien*) „Baumwolle" und ンセ *sen* (chin. *sien*), Faden. Eine muthmassliche Erklärung.

ハヽコノ イロハロ カウチヤ デユヒワ タノチウ ガタダメ ダマヲア ケテヨク 見ヲレト

Ha-ha-ha kono iro-wa ro-kô-tsia-de jui-wata-no tsiû-gata-da me-dama-wo akete joku mi-wore-to.

— Ha, ha! Diese Farbe ist echtrother Thee, und es ist eine mittlere Zeichnung von gebundener Baumwolle. Öffnet die Augen und seht es gut an.

ヤチウコロ *ro-kô-tsia*, gleicher oder richtiger rother Thee. Mit ウカロ *ro-kô*, das für ウコクロ *rokkô* (chin. *lô-hung*) „gleiches oder richtiges Roth" zu stehen scheint, zusammengesetzt. Eine muthmassliche Erklärung.

タワヒユ *jui-wata*, gebundene Baumwolle.

タガウチ *tsiû-gata*, eine mittlere Gestalt, eine mittlere Zeichnung. Eine muthmassliche Erklärung.

マダメ *me-dama*, der Augapfel.

ナゲツケラレテジウ平 ハビツクリホニコレハシ カモフリソデ山ノイモ ガウナギニナリ五両ノ トコバナ小ギクニナルト ハゲツレイニ見エタレド ムラサキノアケボノガロ カウチヤニヘンズルトハ イマダワカンニタメシ ヲキカズコイツハドウ チヤト

Nage-tsukerarete ziû-fei-wa bikkuri fon-ni kore-wa sika-mo furi-sode-jama-no imo-ga unagi-ni nari go-riô-no toko-bana ko-giku-ni naru-to-wa get-rei-ni mije-tare-do murasaki-no akebono-ga ro-kô-tsia-ni fen-zuru-to-wa imada wa-kan-ni tamesi-wo kikazu ko-itsu-wa dô-dzia-to.

Als es ihm hiermit zugeworfen wurde, erschrack *Ziû-fei.*

— Eigentlich ist es dieses. Indessen hat man in den Vorbildern der Monate gesehen, dass die Yamwurzeln des Berges des zitternden Ärmels sich in Aale verwandeln, dass die beständigen Blumen der fünf Tael sich in kleine Goldblumen verwandeln; allein dass die purpurne Morgenröthe sich zu echtrothem Thee verändert, hiervon ist in Japan und China noch kein Beispiel vorgekommen. Dieser da mag irgendwie —

ルケツゲナ *nage-tsukeru*, Jemanden etwas zuwerfen.

マヤデソリフ *furi-sode-jama*, der Berg des zitternden Ärmels.

ナバコトノウヤリゴ *go-riô-no toko-bana*, die beständige Blume der fünf Tael, eine unbekannte Pflanze. Sonst vorkommend nur ナハノツナコト *toko-natsu-no fana* (chin. *sse-schi-hoa*, die Blume der vier Zeiten), wobei ツナコト *toko-natsu* (chin. *tschang-hia*) „der beständige Sommer", nämlich die Pflanze des beständigen Sommers, d. i. des sechsten Monates des Jahres zu Grunde liegt.

クギコ *ko-giku* (chin. *siao-kiô*), das kleine Chrysanthemum.

イレツゲ *get-rei* (chin. *yuë-li*), die Vorbilder der Monate. Eine muthmassliche Erklärung.

ルズンヘ *fen-zuru* (chin. *pien*), sich verändern, sich verwandeln.

ハタトウツヨコデハソレテクチアングリオツヤハキイテ心ナラズモシくイマノコソデノチウモンハチットコツチニ心アタリドウゾ見セテクダサリマセ

Fata-to utsu joko-de-wa sorete kutsi anguri o-tsuja-wa ki-ite kokoro-narazu mosi-mosi ima-no ko-sode-no tsiû-mon-wa tsitto kottsi-ni kokoro-atari dô-zo misete kudasari-mase.

Hiermit drehte er die Hände, in die er schlug, zurück und verzog den Mund. *O-tsuja*, welcher dieses hörte, verlor die Fassung.

— Hört! Was jetzt die Zeichnung auf dem kleinen Ärmelkleide betrifft, so bin ich ein wenig aufmerksam geworden. Habt die Güte, es mir zu zeigen.

ツウトタハ *fata-to utsu*, heftig oder plötzlich schlagen.

デコヨ *joko-de*, die schräge Hand, die schräg gehaltene Hand.

ルレソ *soreru* (chin. *siuo*), zurückdrehen.

リグンアチク *kutsi-anguri*, das Verziehen des Mundes. リグンア *anguri* steht für リグア *aguri*, das seinerseits die Zusammenziehung von リグタミア *ami-taguri* „netzschleppend" und sonst nur in dem Worte ネブリグア *aguri-bune* (chin. *kang-kao-tschuen*) „ein netzeschleppendes Schiff" vorgekommen ist.

ズラナロヽコ *kokoro-narazu*, kein Herz fassen, die Fassung verlieren.

ンモウチ *tsiû-mon* (chin. *tschung-wen*), die auf einem gewebten Stoffe befindliche Zeichnung.

見ルトモクウトモカツテニシヤソイツハナンデモウサンナヤツトリニガスナト

Miru-to-mo kû-to-mo katsu-te-ni si-ja so-itsu-wa nan-de-mo u-san-na jatsu tori-nigasu-na-to.

— Um zu sehen und zu bereuen, möget ihr es jedenfalls thun. Ihr dort, ein auf irgend eine Weise umherirrender Mensch, machet mich nicht böse!

フク *kû*, so viel als ルユク *kujuru* oder ユク *kuju*, bereuen.

ンサウ *u-san* (chin. *u-san*), wie Raben sich zerstreuen.

スガニリト *tori-nigasu*, aufbringen, böse machen, erbittern.

候七ハオツヤノ
マヘニコソデヲナ
ゲヤリヨツテタ
カツテジユ平ヲ
ヒツタテモトキ
シミチヘイソギ
ユクオツヤハイソ
ギ手ニトリアゲ
ヤアコリヤムス
メガ小ソデヂヤ
ハイノ

Soro-sitsi-wa o-tsuja-no maje-ni ko-sode-wo nage-jari jotte takatte ziù-fei-wo fittate moto-ki-si mitsi-je isogi-juku o-tsuja-wa isogi te-ni tori-age ja-a kori-ja musume-ga ko-sode-dzia faino.

Soro-sitsi warf vor *O-tsuja* das kleine Ärmelkleid, drängte *Ziù-fei* auf die Seite und zog eilig des Weges, auf dem er ursprünglich gekommen war. *O-tsuja* erhob es hastig mit der Hand.

— Ah, dieses ist das kleine Ärmelkleid meiner Tochter!

ルヤゲナ *nage-jaru*, werfend übermitteln.

テツカタテツヨ *jotte takatte*, sich anlehnend und aufsitzend. In dem Texte steht, wie es scheint, fehlerhaft テツヽタ *tatatte*.

ナル程オ
ソ・メサマ
ノオザウ
リモコヽニ
ヌイデゴ
ザリマス
ソンナラ
川ヘミヲ
ナゲテ

Naru-fodo o-some-sama-no o-zô-ri-mo koko-ni nuide gozari-masu sonnara kawa-je mi-wo nagete.

— Ja wohl! Hier sind auch die Strohschuhe des Fräuleins *O-some* ausgezogen. Sie hat sich also in den Fluss gestürzt und —

ハアヒヨユ
ナコトシ
テカクレ
タナアフ
レホドナ
コトナラ
バナゼカ
ウくヂヤ
ト此ハ、
ニウケア
ケチハイ

ヤラヌゾ太
ラ兵ヘドノ
、ユヰゴン
ヲマモリス
ギテソナタ
ヲサキダテ
ナンノワシモ
イキテヰヨ
ウ今ニユクマ
ツテヰヤト

Fa-a fijon-na koto-site kakureta na-a sore-fodo-na koto nara-ba naze kô-kò dzia-to kono fawa-ni utsi-akete-wa ijaranu-zo ta-ra-beje-dono-no jui-gon-wo mamori-sugi-te sonata-wo saki-date nanno wasi-mo iki-te i-jô ima-ni juku matte i-ja-to.

— Ei, die geheimnissvolle Sache blieb mir verborgen! Wenn es so weit gekommen ist, warum hat sie als elternliebende Tochter nicht mir, ihrer Mutter, sich entdeckt? Ich habe an dem letzten Willen des Herrn *Ta-ra-beje* über die Massen festgehalten und dich in den Vordergrund gestellt. Wozu sollte ich am Leben bleiben? Ich gehe jetzt fort — wartet!

ル ヤ イ ハ テ ケ ア チ ウ *utsi-akete-wa ijaru*, eröffnend sagen oder mittheilen. ル ヤ イ *i-jaru* ist die Zusammenziehung von ル ヤ ヒ イ *i-i-jaru*.

ル ツ ダ キ サ *saki-datsuru*, voraussstellen.

トビイラン
トスルウシロ
カラマア〱
マツテトト
ドムルオタ
マ男ドモギヤ
ウテンシス
ガリツクヲ
イヤ〱ハナシ
ヤト

Tobi-iran-to suru usiro-kara ma-a-ma-a matte-to todomuru o-tama otoko-domo gyô-ten-si sugari-tsuku-wo ija-ija fanasi-ja-to.

Als sie hineinspringen wollte, hielt sie von rückwärts mit den Worten: Wartet doch! *O-tama* zurück. Auch die Männer staunten und klammerten sich an sie. Sie rief: Lasset mich los!

ル イ ビ ト *tobi-iru*, hineinfliegen, hineinspringen.

ク ツ リ ガ ス *sugari-tsuku*, sich fest anhalten, sich anklammern.

ミヲモミ
アセルヲ
ミルカナ
シサトマ
ハ子ノク
ルオソメ
ガカホ。
ヤアソコ
ニヰヤツ
タカト

Mi-wo momi-aseru-wo miru kanasi-sa toma fane-nokuru o-some-ga kawo. ja-a soko-ni i-jatta-ka-to.

Indem sie sich so abhärmte, erschien das Angesicht *O-some's*, die in ihrer Traurigkeit bei diesem Anblicke das Dachstroh wegschob.

— Ah! Hast du dich dort aufgehalten?

ル セ ア ミ モ *momi-aseru*, wie mit einem Bohrer durchbohren und zugleich vertrocknen.

ル ク ノ ネ ハ *fane-nokuru*, zurück- und wegschaffen.

オツヤハウレシクニドビツクリナニガソコニヲリマシタト

O-tsuja-wa uresi-ku ni-do bikkuri nani-ga soko-ni wori-masi-ta-to.

So rief *O-tsuja* zweimal freudig und war erschrocken.

— Dort ist etwas gewesen!

トソウ次ガサシダスチヤウチンオツヤハ手バヤクウチオトシソコニ井タトハ此レブノソコニムスメガ井ヤラウトカレラヌコトヲヲナゴノゲチコレオソメタトヘソナタガイハヒデモナニモカモシツテ井ルネガヒノトヲリソハセテヤラウモウ〱人ノイノチホドダイジナモノハナイハイノコレコノヅキンデ人メヲシノビイクヒサシウサカエヲマツ。ナ

To-sô-zi-ga sasi-dasu tsiô-tsin o-tsuja-wa te-bajaku utsi-otosi soko-ni ita-to-wa kono midzu-no soko-ni musume-ga i-jarô-to kajeranu koto-wo wonago-no gu-tsi kore o-some ta-to-je sonata-ga iwai-de-mo nani-mo ka-mo sitte iru negai-no towori sowasete jarô mô-mô fito-no inotsi-fodo dai-zi-na mono-wa nai faino kore kono dzu-kin-de fito-me-wo sinobi iku-fisasiû sakaje-wo matsu na.

— *O-tsuja* schlug die Laterne, die *To-sô-zi* mit diesen Worten vorstreckte, hurtig zu Boden.

— Dass ich sagte, man habe sich dort aufgehalten, bedeutet das Nichtwiederkehren, da meine Tochter sich auf dem Boden des Wassers aufhalten wird. Es ist die Albernheit eines Weibes. *O-some!* Bei dem Umstande, dass dein Gebet anderswohin gerichtet wurde, werde ich das, was du wünschest, insofern ich es weiss, dir zukommen lassen. Wohlan! das Ausmass des Lebens des Menschen ist keine wichtige Sache. Mit diesem Kopftuche verberge ich dich vor den Augen der Menschen, wie lange warte ich auf deine Verklärung?

ストオチウ *utsi-otosu*, zu Boden schlagen.

ルスハソ *sowasuru*, hinzufügen, zukommen lassen.

モシ〳〵オフクロサマソリヤナニヲオツシヤリマス

Mosi-mosi o-fukuro-sama sori-ja nani-wo ossi-jari-masu.

— Hört, hört! Geehrte Frau Hausmutter, was beginnt ihr hier?

イヤノウオソメガイキテヰヤツタナラマヅ此ヤウニイヒキカセオトシテヤラウトオモフタレドア、ウキヨハハカナイモノコレ此ハナガミブクロニハアヒグスリノユウタングワンチイサイトキカラムモチデ今モフツトトリツメルトソレハ〳〵ツヨイシヤク此クスリガサウオウシデチカゴロハオコラヌガナニヤカヤニキヲモンデ又ワヅラヒハセマイカト心ヅイテモツテキタモカウナツテハユメノユメドレステヽユキマセウト

Ija-nô o-some-ga iki-te i-jatta nara madzu kono jô-ni i-i-kikase otosi-te jarô-to ombôtare-do a-a uki-jo-wa faka-nai mono kore kono fana-gami-bukuro-ni-wa ai-gusuri-no jû-tan-guan tsi-isai toki-kara mu-motsi-de ima-mo futto tori-tsumeru-to sore-wa-sore-wa tsujoi xiaku kono kusuri-ga sô-ô-site tsika-goro-wa okoranu-ga nani-ja ka-ja-ni ki-wo monde mata wadzurai-wa semai-ka-to kokoro-dzukite motte kita-mo kô natte-wa jume-no jume dore sutete juki-maseô-to.

— O, ich hatte mir gedacht, dass, wenn *O-some* sich am Leben befunden hätte, ich vorerst auf diese Weise sie anreden und Gegenstände fallen lassen würde. Doch ach! die schwimmende Welt ist etwas Vorübergehendes. In dieser Brieftasche sind die dunklen mennigrothen Kugeln des gemeinsamen Heilmittels. Du hast sie seit deiner Kindheit nicht genommen, und wenn du dich jetzt plötzlich zwingst, sie zu nehmen, so sind sie ein kräftiger Trunk. Dieses Heilmittel, wo es angemessen ist, wirkt nicht alsbald. Weil es die Luft zerreibt, und das Unwohlsein beengt wird, bin ich darauf aufmerksam geworden und habe es mitgebracht. Dass es so geschehen, ist der Traum eines Traumes. Ich werfe es hin und werde von dannen gehen.

ウノヤイ *ija-nô*, eine gewisse Interjection.

ルスカキヒイ *i-i-kikasuru*, Worte zu Ohren bringen.

リスグヒア *ai-gusuri*, ein gemeinsames oder vereinigtes Heilmittel.

ンワグンタウヂ *jû-tan-guan* (chin. *yen-tan-hoan*), dunkle mennigrothe Kugeln. Eine muthmassliche Erklärung.

チモム *mu-motsi*, was man nicht besitzt. Die Partikel ム *mu* (chin. *wu*) wird sonst nur mit Wörtern chinesischen Ursprungs zusammengesetzt.

ルメツリト *tori-tsumeru*, zwingen, indem man etwas nimmt.

クヅロヽコ *kokoro-dzuku*, auf etwas aufmerksam werden.

ヅキンモロトモフネノ
ウチソツトナゲヤリオ
ソメガコソデモタセテ
シホ〱立アガルトソウ
次ハミヅクロヒコレ男
ドモアンナイシツタト
コロノモノヲ四五人ソ
コラデヤトフテコイオ
ソメサマノオシガイヲ
チツトモハヤウサガサ
ウト

Dzu-kin moro-to-mo fune-no utsi sotto nage-jari o-some-ga ko-sode motasete siwo-siwo tatsi-agaru to-sô-zi-wa mi-dzukuroi kore otoko-domo an-nai sitta tokoro-no mono-wo si-go-nin soko-ra-de jatôte koi o-some-sama-no o-si-gai-wo tsitto-mo fajô sagasô-to.

Sie warf das Kopftuch mit Allem plötzlich in das Schiff, liess das kleine Ärmelkleid *O-some*'s behalten und erhob sich mit Anstand. *To-sô-zi* machte sich zurecht.

— Ihr Männer, miethet Leute, die sich auf die Führerschaft verstehen, vier oder fünf Menschen, in jener Umgebung und kommt her. Wir werden den Leichnam des Fräuleins *O-some* ziemlich bald aufsuchen.

〱ホシ *siwo-siwo*, zierlich, mit Anstand.

サワグヲオツヤガオシトヾメナンノアンナフカウナヤツカマウコトハナイハイノ

Sawagu-wo o-tsuja-ga osi-todome nanno anna fu-kô-na jatsu kamô koto-wa nai faino.

Als er so sich rührte, hielt ihn *O-tsuja* zurück.

— Man braucht sich um eine gegen die Eltern so sehr lieblose Dirne nicht zu kümmern.

アンナ *anna*, so viel als アナ *ana*, eine die Bedeutung des Adjectivums verstärkende Partikel.

カマウ *kamô*, sonst auch カマフ *kamu* (chin. *keu*), umbegen, umschliessen, sich um etwas kümmern.

ヂヤトイフテコノマヽデ

Dzia-to ifute kono ma-ma-de.

— Da es so hiess, ist unterdessen —

ハテヨガアケテノコトニミヤ

Fate jo-ga akete-no koto-ni mi-ja.

— Thut es zuletzt bei Tagesanbruch.

ヘヱタツタイマツヾイテ川ヘミヲナゲヤウトオツシヤツタオマヘサマガコノヤウニ

Fe-e tatta ima tsudzuite kawa-je mi-wo nage-jô-to ossi-jatta o-maje-sama-ga kono jô-ni.

— Ei, eben jetzt habt ihr mehrmals nach einander gethan, als ob ihr euch in den Fluss stürzen wolltet. Dass ihr auf diese Weise —

タツタ *tatta* steht für タヾ *tada*, nur.

ナゲヤウ *nage-jô*, so viel als ナゲウ *nageô*, das Futurum von ナゲル *nageru*, werfen.

オモヒキルヒハカウシタモノ○ワシヤモウイヌルカナラズマメデ

Omoi-kiru fi-wa kô-sita mono. wasi-ja mô inuru kanarazu mame-de.

— An den Tagen, wo ich tief denke, bin ich ein solcher Mensch. Ich gehe schon fort — sie war gewiss rechtschaffen —

ヱ *e.* — Ah!

サアマメデヰタトキトハカホモオホカタカハツタデ

Sa-a mame-de ita toki-to-wa kawo-mo owo-kata kawatta-de.

— Ja, im Vergleiche mit der Zeit, wo sie rechtschaffen war, hat sich ihr Angesicht zum grossen Theile verändert.

ソレヂヤニヨツテオシガイヲ

Sore-dzia-ni jotte o-si-gai-wo.

— Demgemäss werden wir ihren Leichnam —

エヘモウグチナイツシヨニオヂヤト心ノコシテヒトヾヲオツヤハヒキツレイル

E-je mô gu-tsi-na issio-ni o-dzia-to kokoro-nokosi-te fito-bito-wo o-tsuja-wa fiki-tsure-iru.

— O, ich bin schon blödsinnig — kommt zugleich hierher!

Die Gedanken zurücklassend, nahm *O-tsuja* die Menschen als Begleiter mit sich und trat in das Haus.

ヒキツレイル *fiki-tsure-iru*, als Begleiter an sich ziehen und eintreten.

アトニフネヲイヅルモユメゴ、チオソメハアトヲフシオガミカヽサンカンニンシテクダサンセナニカノオワビヲシタイニモウチノモノニワタシヤカホヲアハスルノガメニボクナサアフコデナイテヲリコシタイチニチノカウ〱ヲツクシタコトノナイ此ミヲオニクシミモアフバサズオコヽロザシノコノフタシナアリガタウゴザリマスト

Ato-ni fune-wo idzuru-mo jume-gokotsi o-some-wa ato-wo fusi-ogami kaka-san kan-nin-site kudasanse nani-ka-no o-wabi-wo si-tai-ni-mo utsi-no mono-ni watasi-ja kawo-wo awasuru-

no-ga men-boku-nasa asoko-de nai-te wori-masi-ta itsi-nitsi-no kō-kō-wo tsukusi-ta koto-no nai kono mi-wo o-nikusimi-mo asobasazu o-kokoro-zasi-no kona futa sina ari-gatō gozari-masu-to.

Nach ihr trat *O-some* aus dem Schiffe und warf sich unter träumerischem Schluchzen vor ihren Fussspuren zu Boden.

— Mutter, möget ihr Geduld haben! Wie ich auch Willens war, euch anzuflehen, es wäre eine Unehre gewesen, wenn ich mit den Leuten des Hauses von Angesicht zusammengetroffen wäre. Indem ich dort weinend verblieben, hätte ich nicht die Elternliebe eines einzigen Tages erschöpft. Sie verabscheut mich nicht, und für die beiden Werthgegenstände, die ihre Absicht bekunden, bin ich dankbar.

ケ ヽ ゴ メ ユ *jume-gokotsi*, ein Schluchzen wie im Traume.

サ ナ ク ボ ン メ *men-boku-nasa*, Unehre.

ナ シ *sina* (chin. *pin*), eine Ordnung, ein Werthgegenstand.

ナイツクドイツヒト
リゴトヲリカラム
カフニ又人オトハツ
トオドロキソデヅキン
カブルトコロヘニゲク
ルジユ平アトオツカ
ケテ候ヒサキニ花
ガタヤノ男ドモナン
デモソイツガウサン
クサイ

Nai-tsu kudoi-tsu fitori-goto wori-kara mukō-ni mata fito-oto fatto odoroki sode dzu-kin kaburu tokoro-je nige-kuru ziū-fei ato okkak-te soro-sitsi saki-ni fana-gata-ja-no otoko-domo nan-de-mo so-itsu-ga u-san kusai.

So sprach sie für sich unter Weinen und Stöhnen. Um die Zeit hörte man ihr gegenüber wieder das Geräusch von Menschen. Als sie, heftig erschreckend, sich mit dem Ärmel und dem Kopftuche bedeckte, erschien fliehend *Ziū-fei* und hinterher, ihm nachsetzend, *Soro-sitsi* und die früheren Männer des Hauses *Fana-gata*.

— Was läuft dieser so widerlich herum.

ル ク ゲ ニ *nige-kuru*, fliehend herbeikommen.

ル ケ カ ツ オ *okkakeru*, die Zusammenziehung von ル ケ カ ヒ オ *oi-kakeru*, verfolgend zusetzen.

イヤ
オリ
ヤナ
ンニモ
シラ
ヌく
モウ
カン
ニント

Ija ori-ja nanni-mo siranu-siranu mō kan-nin-to.

— Nein, ich weiss nichts, ich weiss nichts. Habt Geduld!

ジユ平ガウロ〳〵ソレニガスナト

Zü-fei-ga uro-uro sore nigasu-na-to.
Hiermit blickte *Zü-fei* umher.
— Machet mich nicht böse!

ドツタバタオソ
メニハタトユキア
タレバコナタモビ
ツクリソムクル
カホ候七ハコソ
デニメヲツケムラ
サキノアケボノ
ゾメコレハオチ
ヨハコヽニ井タ・

Dotta-bata o-some-ni fata-to juki-atare-ba konata-mo bikkuri somukuru kawo soro-sitsi-wa ko-sode-ni me-wo tsuke murasaki-no ake-bono-zome kore-wa o-tsi-jo-wa koko-ni ita.

So rief er lärmend. Als er *O-some* plötzlich begegnete, war auch diese erschrocken und hatte das Angesicht weggewendet. *Soro-sitsi* heftete das Auge auf das kleine Ärmelkleid.

— Die Färbung der purpurnen Morgenröthe. *O-tsi-jo* ist hier gewesen!

ドツタバタ *dotta-bata*, lärmend und polternd. Mit zu Grunde liegendem ドツ *dot* (chin. *ta*) „anschreien, schelten" und ハタ *fata* oder ハツタ *fatta* (chin. *pa-ta*), schlagend.

ソムクル *somukuru*, sonst auch ソムケル *somukeru*, wegwenden, von dem Angesicht. Das Causativum von ソムク *somuku*.

ソンナモノデハゴザンセヌト

Sonna mono-de-wa gozan-senu-to.
— Ich bin keine solche Person.

イフノモキカズヨ
ツテタカツテム
リニオシコレカキ
ダスカゴジユヘイ
ハギヤウテニエヘ
サツキアレホドイ
フテオイタノニフ
レヤツテハト

Iû-no-mo kikazu jotte takatte mu-ri-ni osi-komi kaki-dasu kago ziû-fei-wa giô-ten e-je sak-ki are-fodo iûte oita-no-ni sore jatte-wa-to.

Ohne auf diese Worte zu hören, drängte er sie mit Gewalt in die Sänfte, die man hinaustrug. *Ziû-fei* gerieth hierüber in Staunen.

— Ei, indem man mich fortgeschickt hat, als ich früher eben dieses sagte —

スタキカ *kaki-dasu*, heraustragen, wie eine Sänfte.

ドホレア *are-fodo*, so viel als jenes, eben das.

トリツクヲジ
ヤマヒヨクナ・ト
フミトバサレ
ツヽミヲスベ
ツテコロ〱〱ソ
ノマニカゴハイ
チモンジ

Tori-tsuku-wo zia-ma firoku na-to fumi-tobasare tsutsumi-wo subette koro-koro-koro sono ma-ni kago-wa itsi-mon-zi.

Als er sich anklammerte, ward er mit den Worten: Unseliger, Platz gemacht! durch einen Fusstritt weggeschleudert, strauchelte auf dem Damme und rollte mehrmals herum. Indessen entfernte sich die Sänfte schnell.

スバトミフ *fumi-tobasu*, durch einen Tritt wegfliegen machen.

〱〱ロコ *koro-koro-koro*, mehrmals sich herumwälzend. So viel als das früher vorgekommene トリロコ *korori-to*.

ジンモチイ *itsi-mon-zi* (chin. *yi-wen-tse*), das Schriftzeichen チイ *itsi* oder シヤハ *fajasi* (chin. *yi*), schnell.

トレクチマレヲチマヘエ

E-je matsi-wore matsi-kure-to.

— He, wartet! Wartet doch!

ヤウ〱キシ
ニハイアガ
ルジユ平ハビ
ツシヨリヌ
レネズミアト
ヲシタフマ
幕

Jô-jô kisi-ni fai-agaru ziû-fei-wa bisiori nure-nezumi ato-wo sitô-maku.

Indem er allmälig das Ufer hinankroch, bog sich *Ziù-fei* zurück und folgte gleich einer nassen Ratte nach. (Der Vorhang.)

ル ガ ア イ ハ *fai-agaru*, in die Höhe kriechen. イ ハ *fai*, von フ ハ *fô* „kriechen" abgeleitet, sollte eigentlich durch die Sylben ヒ ハ *fa-fi* ausgedrückt werden.

ル ヨ シ ツ ビ *bissioru*, zurückgebogen oder umgebogen sein. Ist auch in den Formen ル ヲ ツ ヒ *fissoru* und ル ゾ ヒ *fizoru* vorgekommen.

ミ ズ ネ レ ヌ *nure-nezumi*, eine befeuchtete Ratte.

ALBANISCHE FORSCHUNGEN.

III.

DIE FORM ENTLEHNTER VERBA IM ALBANISCHEN

UND EINIGEN ANDEREN SPRACHEN.

VON

Dr. FRANZ MIKLOSICH,
WIRKLICHEM MITGLIEDE DER K. AKADEMIE DER WISSENSCHAFTEN

(VORGELEGT IN DER SITZUNG DER PHILOSOPHISCH-HISTORISCHEN CLASSE AM [illegible]. JUNI 1870.)

Bei der Aufnahme von Wörtern einer fremden Sprache gilt als Regel, dass ihnen alle Flexion abgestreift wird. So wird aus dem griech. ἄγγελος goth. aggilu, asl. anъgelъ; aus dem lat. scribere ahd. scrib und aus dem goth. gildan, ganisan asl. žlěd, gonьz; aus dem griech. διάβολος, δρόμος asl. dijavolъ, drumъ. Von dieser Regel gibt es jedoch eine nicht geringe Anzahl von Ausnahmen, indem Wörter nicht in ihrer durch Abstreifung der Flexion gewonnenen Stammform, sondern in irgend einer Flexionsform aufgenommen werden: aus dem griech. Χριστός asl. Kristosъ neben Hristъ; aus dem lat. plebanus slov.-kroat. plebanuš, pol. plebanusz; dagegen kroat. und serb. plovan; bulg. nur im Bellum Troianum aus dem vierzehnten Jahrhundert nachweisbar: Prějamušъ aus Priamus. Diese Ausnahmen hinsichtlich der Verba in einigen Sprachen nachzuweisen ist Gegenstand dieser Abhandlung.

Die bekannteste Ausnahme bilden die Verba auf ieren im deutschen, welche in der franz. Infinitivform auf ier, die eigentlich nur in er besteht, aufgenommen sind: parlieren. ier gewann bald die Geltung eines deutschen Suffixes, und es entstanden Verba wie halbieren, stolzieren.

Genau so wie diese deutschen Verba aus französischen, sind zahlreiche neugriechische aus italienischen entstanden: ἀριβάρω neben ἀριβαρίζω aus dem ital. Infinitiv arrivare.

Das albanische eignet sich slavische Verba in der Infinitivform an: grabit raube vom Infinitiv grabiti, daher grabites räuberisch; grabtšár aus grabitšár Räuber; grabetlj Raub.

Das neugriechische ist bei einigen aus dem türkischen entlehnten Wörtern von der Regel gleichfalls, jedoch in anderer Weise abgewichen, indem es statt der Stammform den mittelst d gebildeten Aorist (so glaube ich seiner Bedeutung gemäss das entsprechende türk. Tempus nennen zu sollen) aufgenommen hat: καζαντίζω erwerbe beruht auf dem türk. Aorist kazandym, dessen Infinitiv kazanmaq lautet.

Ebenso nimmt das serbische einige griechische Verba in ihrer Aoristform auf: lipsati verrecken vom ngriech. Aorist ἔλειψα.

So verfahren auch das bulgarische, das rumunische in beiden Dialekten, dem dacischen und dem macedonischen, und das albanische: bulg. deksam nehme an vom Aorist ἔδεξα statt ἐδεξάμην; rum. kentisésk sticke vom Aorist ἐκέντησα; alb. ďiďáks lehre vom Aorist ἐδίδαξα. Das s, is wird, ähnlich dem ier im deutschen, als ein einheimisches Suffix angesehen und zur Stammbildung verwendet: serb. saborisati concilium habere von sabor concilium.

Dieselben Wege schlagen das finnische und das lappische ein, indem sie germanische Verba in ihrer durch d gebildeten Präteritalform aufnehmen: finn. Infinitiv lukita verschliessen vom anord. lykja; lapp. Infinitiv galddit entmannen vom anord. gelda.

Dabei bleiben jedoch manche Sprachen nicht stehen: man findet nämlich im bulgarischen, serbischen und albanischen Verba, in denen mit der türkischen Aoristform das griechische Aorist-s verbunden erscheint: bulg. alaštisam gewöhne mich und alb. bojatis färbe beruhen auf den türk. Aoristen alyštym, Infinitiv alyšmaq, und bojädym, Infinitiv bojämaq, indem an den Aorist alyšty und bojädy das griech. Aorist-s und an die so gewonnene Form erst die einheimische Flexion tritt: das bulg. imperfective alaštisuvam lautet in der ersten Person des Plurals im Imperfect alaštisuvahom, das in folgende acht Bestandtheile zerfällt: alaš-ti-s-uv-a-h-o-m; serb. azdisati ausarten entsteht aus dem türk. Aorist azdym, Infinitiv azmaq, und dem griech. Aorist-s.

Die Häufigkeit einer Form allein scheint nicht genügend, um diese befremdende Erscheinung zu erklären; es scheint noch der Umstand hinzutreten zu müssen, dass der Sprache durch Aufnahme von viel fremdem Material der Sinn für die Form verloren oder abgeschwächt sei.

Die hieher gehörigen Erscheinungen zerfallen in drei Kategorien: *A.* Die entlehnte Form ist der Infinitiv. *B.* Die entlehnte Form ist der Aorist. *C.* Die entlehnte Form ist eine Verbindung des türkischen mit dem griechischen Aorist.

A. Die entlehnte Form ist der Infinitiv.

I. **Deutsch.** Aus dem französischen werden Verba in der Infinitivform auf -ier, eigentlich nur -er, entlehnt.

Die Entlehnung fand statt mit der höfischen, aus altfranzösischer Quelle schöpfenden Poesie in der zweiten Hälfte des zwölften Jahrhunderts. Beispiele anzuführen ist nicht nothwendig. J. Grimm, Über das Pedantische in der deutschen Sprache. Kleinere Schriften. 1. 343. F. L. K. Weigand, Wörterbuch. 1. 520. Im slavischen fügen diese Verba an ier entweder a oder ova: afz. marchier, fz. marcher; nhd. marschieren: nsl. marširati, russ. marširovatь, čech. marširovati u. s. w.

II. **Neugriechisch.** Aus dem italienischen werden Verba in der Infinitivform auf are entlehnt.

ἀριβάρω, αριβαρίζω Pass. arrivare; βελεταντζάρω Pass. volteggiare; κιαμαρίζω Pass. chiamare; κομπασάρω Pass. compassare; κογιονιαρίζω Pass. coglionare; κουμανταρίζω Pass. commendare, ῥακομαντάρω Gazl; κουμπανιάρω Pass. accompagnare; μαϊνάρω Pass. ammainare; μεριταρίζω Pass. meritare; μπουτάρω Pass. buttare; ξεμπαρκάρω Pass. sbarcare; παρασαρτάρω Pass. praeterire, it. saltare, wofür auch σαρταίνω, σαλταίνω vorkommt; πρεζάρω Pass. prezzare; ῥιζικάρω Vent. risicare; σαλιβάρω Pass. salivare, Speichel von sich geben, in der Bedeutung, Speichel hervorbringen, zügeln, frenare; σιγουράρω Bent. sicurare; σονάρω Pass. sonare; σουλατσάρω Pass. sollazzare; στριγγάρω Gazi stringare; στιμάρω Gazi stimare; ταχάρω Pass. attaccare. Aus dem it. Substantiv bonaccia ist gebildet μπουνατσάρω mare tranquillum reddere. Pass. und aus *la mâla* quibus verbis nautae lente vela contrahere sive ancoras tollere iubentur ist μολάρω, μολαρίζω in altum navigare entstanden: man füge hinzu ἀναζωνάρω Pass. succingo. γλεντάρω neben γλεντάω oblecto Pass. ist aus dem türk. eglenmek entstanden. Aus der Sprache der Jonischen Inseln führt D. Comparetti, Saggi dei dialetti greci. Pisa. 1866. 85, an πενσάρω penso, πενσάρισμεν pensiamo, ἐπερδονάρησε perdonò. Seltener ist diese Erscheinung im alb. kalär demittere, im Medium descendere. Stier, womit man lampärẹm fulgidus. Stier. vergleiche, das ein Verbum lampär, it. *lampare, voraussetzt.

III. Albanisch. Aus dem slavischen werden Verba in der Infinitivform auf -iti entlehnt.

gẹrdit meide: serb. grditi verunstalten, schimpfen; gobit strafe um Geld: serb. globiti; godit treffe: serb. pogoditi; gostit bewirthe: serb. gostiti; grabit raube: serb. grabiti greifen, raffen; korit beschimpfe: serb. koriti; kosit mähe: serb. kositi; mẹrzit hasse: serb. mrziti; pẹrzit brate: serb. pržiti rösten; porosit trage auf: serb. poručiti sagen lassen; totšit schenke aus: serb. točiti; tšudit mache staunen: serb. čuditi se sich wundern.

B. Die entlehnte Form ist der Aorist.

IV. Neugriechisch. Aus dem türkischen werden Verba in der Aoristform auf -d entlehnt.

ἀσδίζω bin übermüthig: azmaq. azdym. bulg. azdisam, serb. azdišem: καζαντίζω erwerbe: kazanmaq, kazandym, bulg. kazandisam; μπαϊλντίζω neben μπαϊλίζω werde ohnmächtig: bajilmaq, bajildym; μπαϊαντίζω färbe: bojâmaq, bojâdym; μπεγεντίζω würdige, schätze: bejenmek, bejendim; σαστίζω erstaune: šašmaq, šašdym.

V. Serbisch. Aus dem griechischen werden Verba in der Aoristform auf -s entlehnt.

kanonisati canonizare. Mik.: κανονίζω in anderer Bedeutung: Busse auferlegen; lipsati, polipsati pf., lipsavati, lipsivati impf. verrecken: λείπω; malaksati pf., malaksavati impf. schwach werden: agr. μαλάσσω mache weich, verweichliche; pedepšem se, pedepsati se plage mich: παιδεύω; prokopsati gut fortkommen: προκόπτω; stasati pf. kommen: φθάνω. iti statt ati: litrositi liberare: λυτρώνω. Man vergleiche tronosati pf. impf. eine Kirche einweihen, das mit θρόνος zusammenhängt. ambisati pf. bersten, das ich ehedem vom gr. ἄβυσσος ableitete, möchte ich nun mit dem alb. g. ẹmbụs ersticke, erdrossle zusammenstellen. Man füge hinzu pokorisati impf. Schande bringen vom serb. pokoriti unterwerfen; vragolisati impf. muthwillig sein neben vragovati; ferner karlisati impf. oft ein- und ausgeben; kanjerisati impf. vorsingen.

s wird als ein eigenes Verbalsuffix angewandt. begenisati, in Bosnien bijenisati, pf. Gefallen finden: türk. begenmek; belaisati übel ankommen: serb. belaj Unfall, türk. belâ; bitisati pf. vergehen: türk. bitmek; budalisati neben budaliti impf. thöricht reden: serb. budala Thor, alb. budaλ-i. Rossi, ngr. μπουνταλᾶς, türk. budala; ciganisati neben ciganiti impf. zigeunern: serb. ciganin; dišerisati pf. hinausschaffen: serb. dišer, türk. dyšery hinaus; dumenisati impf. steuern: serb. dumen Steuerruder, türk. dümen; djavolisati impf. Muthwillen treiben: serb. djavo, ngr. διαβολίζομαι; djakonisati impf. angenehm, eig. wie ein Diakon leben: serb. djakon; gledjeisati pf. impf. glasieren: serb. gledja Glasur; isleisati impf. fliessen (von der Wunde): türk. išlemek arbeiten (von der Wunde); jeglenisati impf. schwätzen: serb. jeglen Geschwätz, türk. eglenmek, jetzt ejlenmek; kalajisati pf. impf. verzinnen: serb. kalaj, türk. kalaj Zinn: kaldrmisati neben kaldrmiti impf. pflastern: serb. kaldrma, türk. kaldyrym; kaparisati pf. ein Angeld geben: serb. kapara; kavraisati pf. umnieten: türk. kavramaq; krkleisati pf. stutzen: türk. kyrklamaq geschoren werden; krunisati pf. impf. krönen: serb. kruna; lakrdisati impf. scherzen: serb. lakrdija Tändelei, alb. lacherdij-a chiachierata, agr. λακίρδα. Θύνη. Gazi, türk. lakyrdy Gespräch; lenjirisati impf. linieren: serb. lenjir; majstorisati impf. Meister sein: serb. majstor; manisati impf. anszusetzen finden: serb. mani neidig, türk. mani; mukaetisati impf. Acht geben: serb. mukaet aufmerksam, türk. mukajet; murleisati pf. impf. siegeln: türk. mühürleinek; naćordisati pf. mit einem Säbel versehen; ograisati, nagraisati pf. übel ankommen: türk. ogramaq auf etwas stossen; rendisati, erendisati, rendeisati impf. hobeln: serb. erende, türk. rende Hobel; saborisati impf. ein Concil halten: serb. sabor; saktisati pf. verderben: serb. sakat verkrüppelt, türk. sakat; saplaisati neben saplahati pf. überwältigen: türk. saplanaq hineinstechen; sefteleisati neben sefteisati pf. den ersten Verkauf machen: serb. sefte der erste Verkauf, türk. seftelemek anfangen; testerisati neben testerati impf. sägen: türk. testera Säge; ntleisati pf. bügeln: türk. ütlemek; vajdisati pf. nützen: serb. vajda, türk. fajde; varisati, uvarisati pf. errathen: türk. varmaq ankommen.

VI. Bulgarisch. Aus dem griechischen werden Verba in der Aoristform auf -s entlehnt. Neben den perfectiven Verben auf sam bestehen imperfective auf suvam: aforesam, aforesuvam; amboljasam, amboljasuvam u. s. w. In dem Vocal vor s finden Abweichungen vom griechischen statt.

aforesam excommuniciere. Ger. statt aforisam: ἀφορίζω, asl. aforesovati aus *aforesati; amboljasam neben boljasam pfropfe. Ger.: ἀμπελιάζω, ἐμβολιάζω, wofür auch ἐγκεντρίζω, φυλλιάζω, ἐμφυλλίζω und ἐφθαλμίζομαι vorkommt; anatemntisam excommuniciere. Ger. natemisam. Verk.: ἀναθεματίζω; aresam finde Gefallen. Ger. Milad. 164. Morse. resam. Verk.: ἀρέσκω, ἤρεσα; argasam gärbe. Ger.: ἀργάζω bearbeite für ταριχεύω. Gazi; argosam suspendiere. Ger.: ἀργεύω; armasam traue (Braut und Bräutigam). Ger. Verk. 86. 261, daher armas Trauung. Verk. armasnik. Milad. 517. armasnica 323. Verk. 179. neben armosam. Verk. 216: ἁρμάζω im Dialekt der Cyprioten und der italienischen Griechen. Morosi 170; arnisam verlasse. Ger.: ἀρνοῦμαι; balosam störe. Ger.: vergl. μπαλώνω flicke. Bent. Firm. 2. 192; deksam nehme an. Milad. 511: δέχομαι; ftasam, doftasam, priftasam komme an. Milad. 4. 13. 25. 68. 151. 366. ftasal reif. Verk. Morse: φθάνω: bulg. τούρκ τά φθάσααι ngr. ἕως νά φθάσουν (τά σταφύλια). Tetr. 9; ftesam verletze, beleidige. Verk. 236. 237: πταίω; kalesam rufe. Milad. 113: καλῶ; lipsam sterbe; izlipsam. Milad. 46. lipsuvam. Sprache der Bulgaren in Siebenbürgen 20: λείπω; magjepsam verzaubere. Verk., daher magepsnik. Milad. 31: μαγεύω; martirisam bezeuge. Verk. 172: μαρτυρῶ; mirisam rieche. Verk. 87. Milad. 146. Bezs. namirisam I perfume. Morse. obmirisam. Milad. 340: μυρίζω flairer. Bent.; maćesam gleiche. Verk. 115: ὁμοιάζω, ὡμοίασα neben mjazam se vom Präsens; muhlćsam schimmelig werden. Morse: μουχλιάζω von μούχλα. Firm. 2. 190; prokopsam mache Fortschritte. Leake 400: προκόπτω; psojisam crepiere. Milad.: ψοφῶ; rukanisam hoble. Morse: ῥουκανίζω, ῥοκανίζω von ῥοκάνι rabot. Bent.; sosam, dososam beendige. Milad. 133. 334: σώνω; taksam verspreche. Milad. 24. 335: τάσσω; ćerdosam, kerdosam nehme, gewinne. Milad. 148. Bezs. Verk. 191: κερδαίνω, κερδίζω; ćinisam, kinisam breche auf. Milad. 1. 76. 316. Verk.: κινῶ. Firm. 2. 4; 2. 32; valsamosam balsamiere ein. Morse: βαλσαμώνω; vapsam färbe. Milad. 523. Cank. Ger.: βάπτω; varakosam vergolde. Milad. 518: βαρακώνω dorer, couvrir de feuilles d'or von βαράκι de l'or appliqué. Bent.; vlasfimisati, vlasfimisovati neben vlasfimljati lästern. asl.: βλασφημῶ; zalisam mache schwindelig. Morse: ζαλίζω; zalćpsuvam tadle. Verk.: ζουλεύω für ζηλεύω. Pass.

s wird als ein eigenes Verbalsuffix angesehen. babićjasam werde runzlicht: babica altes Weib; banosam neben banjam bade. Ger.: banję Bad; bataljasam veralte, veröde: batal (tova loze batal), türk. batal; bělisam schminke weiss. Ger.; bělosam weisse. Ger.; biljosam verzaubere: jeli si mi konja biljosala? Milad. 509: asl. bylije venenum; borčljasam und borćjasam gerathe in Schulden. Ger.: türk. bordžly Schuldner; burjanjasam bedecke mich mit dem burjan genannten Kraute. Ger.; dzizdosam (dzizd dzizdosano) mauere. Milad. 531; gleźosam glätte. Morse; jadosam erzürne. Morse. Ger. 186. jadosam se. Milad. 10; krastosam kreuze. Morse; kurtulisam befreie. Milad. 18: türk. kurtulmaq; mirćsam werde ruhig. Cank. Morse; ohkolisam umgebe. Milad. 158. 515; očervjasal wurmig. Morse; ręźdćsam roste: ręźdę Rost; śikerosam (serb. šićariti) erbeute: parvi šiker, što ke šikerosět. Milad. 334; štamposam, štamposuvam drucke. Ger.; vampirjasam, vepirjasam werde ein Vampyr. Ger.; varosam weisse mit Kalk. Morse: zid zazidi, var varosa. Verk. 55; varzosam färbe die Eier roth. Ger.: vkotljasam I become coppered, poisoned. Morse; zdravisam grüsse. Morse.

VII. Rumunisch. Aus dem griechischen werden Verba in der Aoristform auf -s entlehnt. Als Thema der rumunischen Verba wie agonisésk hat man durch σι (aus τι) gebildete griechische Nomina: ἀγώνισις angesehen; für das albanische hat man das griechische Futurum auf σω herangezogen: ἀγωνίσω für ἀγωνίζομαι. Die Erwägung der hier zusammengestellten Bildungen berechtigt uns diese Ansichten als unrichtig zurückzuweisen.

afurisésk excommunicicre. drum.: ἀφορίζω, türk. aforos; agunisésk gewinne. drum.: ἀγωνίζομαι: apukrisésku antworte. mrum.: ἀποκρίνομαι: vergl. συγχρίζω für συγχρίνω Gazi; aresésku, arisésku gefalle. mrum.: ἀρέσκω. ἤρεσα; arnisésku leugne. mrum.: ἀρνοῦμαι; didęksésku predige. mrum.: διδάσκω; dikisésku mit dem Nöthigen versehen. drum.: διοικῶ; djoręsésku lese. mrum.: διαβάζω. ἐδιάβασα; ehtrevsésku hasse. mrum.: ἐχθρεύομαι; folosésku nütze. drum., felisésku. mrum. Kab. 238: ὠφελῶ, ὠφέλησα; gongusésku murre. mrum. Kab. 190: γογγύζω; herisésku freue mich. mrum. Tetr. 4. Kab. 235: χαρίζω in abweichender Bedeutung neben hęrzésku dono. Kab. 236; katafronisésku verachte. drum.: καταφρονῶ; katihisésku unterrichte. mrum.: κατηχῶ. κατηχίζω; kintisésku sticke. mrum. Kab. 200. 210: κεντῶ; keudisésku gebe aus mrum.: ἐξοδεύω, ἐξοδιάζω; lagurisésku kläre, läutere. mrum.: λαγαρίζω. Korai, Atakta 2. 216; lipsésku deficio. Kab. 207. λείπει. ἔλειπε. Boj. 107: λείπω, lipsę defectus; litrosésku befreie. drum.: λυτρώνω; liturgisésku lese Messe. mrum. Kab. 207: λειτουργῶ; magipsésku bezaubere. mrum.: μαγεύω; mirosésku rieche. drum.: μυρώνω in der Bedeutung von μυρίζω; męrturisésku bezeuge. drum.: μαρτυρῶ. Kab. 215; oreksésku verlange. mrum.: ὀρέγομαι; pedepsésku strafe. drum, pedevsésku. mrum. Kab. 216: παιδεύω; pelekrasésku bete. mrum. Leake: παρακαλῶ; perdosésku verwickele, ęmberdosésku. Kab. 212. mrum.: μπερδαίνω, μπερδεύω; periorisésku beschränke. mrum.: περιορίζω; plękosésku: plukosésku opprimo. mrum. Kab. 210: πλακώνω; propseáște: prepsiáște decet. mrum. Kab. 221: πρέπει, ἔπρεψε; protimisésku ziehe vor. mrum.: προτιμῶ; prisosésku habe Überfluss. drum.: περισσεύω; prokopsésku mache Fortschritte. drum. prukupsésku. mrum.: προκόπτω; pausésku krepiere. mrum. Kab. 238: ψοφῶ; pęstosésku salze ein. mrum.: παστώνω; sfeterisésku entwende. mrum.: σφετερίζω; skorpisésku zerstreue. mrum. Kab. 225: σκορπίζω; sunhusésku verwirre. mrum. Kab. 220: συγχίζω; tęgisésku nähre. mrum.: ταγίζω; tęksésku verspreche. mrum.: τάσσω; Ͽręsésku hoffe. mrum. Kab. 194: θαρρῶ; uręsk setze fest. drum.: ὁρίζω; vępsésku färbe. drum.: βάπτω.

VIII. Albanisch. Aus dem griechischen werden Verba in der Aoristform auf -s entlehnt.

anakatós mische. Stier. nakatós. Hahn: ἀνακατώνω; anankás zwinge. Hahn: ἀναγκάζω; apikás vermuthe. Leake 208. Hahn: ἀπεικάζω; apofasis beschliesse. Hahn. Cam. 2. 22: ἀποφασίζω; armatós waffne. Leake 209. Hahn. me armatissune. Rossi: ἀρματώνω; armenis lande. Hahn. Cam. 1. 140: ἀρμενίζω navigo. Pass. schiffe, segle ab: τὰ καράβι' ἀρμένισαν. Firm. 2. 122, ἄρμενον Segel, Schiff, ἄρμενα, τὰ πανία τοῦ πλοίου. Korai, Atakta 1. 11. ἄρμενον Odyss. E. 254; arnis verneine. Kab. 185: ἀρνοῦμαι; arravonias verlobe. Hahn: ἀρραβωνιάζω. Tetr. 25. Pass.; varés langweile. Cam. 1. 115: βαρῶ, βαρύνω falle beschwerlich. Cam. 1. 211; vevaiós bestätige. Hahn: βεβαιώνω; vlasfimis lästere. Hahn: βλασφημῶ; vyϑis tauche unter. Hahn: βυθίζω; gremis Hahn. gremisę, gromisę stürze. Cam. 1. 46. 66. kremis. Tetr. 21: γκρεμνίζω. κρεμνίζω, κρημνίζω; δaimonis mache rasend. Hahn: δαιμονίζω; δaskal'épa bin Lehrer. Hahn: δασκαλεύω; δiavás lese. Hahn: διαβάζω; δiδáks lehre. Hahn: διδάσκω; δioris bestimme. Hahn: διορίζω; δiplós falte zusammen. Hahn: διπλώνω; δokimás prüfe. Hahn: δοκιμάζω; δrosis erfrische. Cam. 1. 141: δροσίζω; elefϑerós, lefterós befreie. Hahn: ἐλευθερώνω; evharistis stelle zufrieden. Hahn: εὐχαριστῶ; ęmboδisę hindere. Cam. 1. 45. mboδis. Hahn: ἐμποδίζω, daneben ęmboδiásę. Cam. 1. 338; ęngépsę koste. Cam. 1. 142: γεύομαι; ęndrelikę verwirre. sic. Cam. 1. 80. ndreliks. Reinh. 2. 57: ἀντελίσσω; ęnkalésę, ęngalésę klage an.

Cam. 1. 15. 145: ἐγκαλῶ; zalis mache schwindelig, zalisem bin schwindelig. Hahn: ζαλίζω; zèpeç spanne in das Joch. Cam. 1. 90: ζεύγω; zijás wäge. Leake 314. Hahn. Cam. 1. 66: ζυγιάζω; zilis beneide. Hahn: ζηλῶ; zil'éps desiderio flagro. Stier: ζηλεύω; zugrafis male. Hahn: ζωγραφίζω; ϑemel'ós gründe. Hahn: ϑεμελιώνω; ϑumjatós, ϑumjatis räuchere. Hahn. ϑimjatis. Stier. neben tumjás, tumnás, timnás, timós: ϑυμιάζω; kakaris gackere. Hahn: κακαρίζω; kalafatis verstopfe. Hahn: καλαφατῶ; kamburjás krümme. Hahn: καμπουριάζω werde buckelig, türk. kambur buckelig; kanonis ordne. Hahn: κανονίζω; kataδikás verurtheile. Hahn: καταδικάζω; katafronis verachte. Hahn: καταφρονῶ; k'endis sticke. Leake 321. 396. Cam. 1. 56. Hahn. me cendissun. Rossi. me chiendissune. L. 60. cendisi. Macr. κεντίς. Kab. 200. κιεντίς 219: κεντῶ; k'erás heschenke, besonders eine Braut bei der Hochzeit. Hahn., eig. trinke zu. Cam. 1. 56: vergl. κέρασμα Geschenk. Firm. 2. 28; k'ilis wälze. Hahn. Cam. 1. 141: κυλίζω; k'iriks verkündige, predige. Hahn: κηρύσσω; klironomis erbe. Hahn: κληρονομῶ; kolis, im Medium hänge mich an. Luc. 15. 15. Cam. 2. 5: κολλῶ; konéps kehre ein. Hahn. κονεύω für καταλύω; kopanis zerstosse. Reinh. 2. 8: κοπανίζω; korδós mache stolz. Hahn: κορδώνομαι; kumbis stütze. Cam. 1. 110: ἀκουμβίζω; kuturis wage. Hahn: κουτουρῶ, κουτούρισμα Wagniss: κουτουρσό. τυχόντως. Gazi, türk. kudurmaq toll sein; kuvernis regiere, lenke. Hahn: κυβερνῶ; lamps leuchte. Hahn: λάμπω; lipis habe Mitleid. Cam. 1. 241: λυπῶ, λυποῦμαι; l'ipsem, l'ypsem ich muss. Hahn. lipsem, l'ipsemę mangle, bedarf. Leake 328. 360. Cam. 1. 43. 142; II. 69: λείπω; l'eimonis bemitleide. Hahn: λεημονοῦμαι; logaris rechne. Hahn: λογαριάζω; logis denke. Hahn: λογίζομαι; marmarósę betäube. Cam. 1. 133: vergl. μαρμαρώνομαι werde zu Marmor; marturis t., martyrèps g. bezeuge. Hahn. Cam. 1. 145: μαρτυρῶ; embol'ásę pfropfe. Cam. 1. 52. 11: μπολιάζω; metanois, metois bereue. Hahn: μετανοῶ; miriolojis beklage einen Todten. Hahn: μυριολογῶ; μυρολόγιον; μυρομένη für ὀδυρομένη. Hesychius. μυριολόγιον. Firm. 2. 12; mihis begehe einen Ehebruch. Hahn: μοιχεύω; molojis, molois bekenne. Hahn. Cam. 1. 98: ὁμολογῶ, μολογῶ. Firm. 2. 4; mungrisę brülle. Cam. 1. 82. mügris. Hahn: μουγγρίζω; murdarèps, murdaròj, murdaris besudele. Hahn: μουρδαρεύω Beut. μουρδαρώνω. Korai, Atakta 1. 336, türk. murdar; murmurisę murmele. Cam. 1. 133: μουρμουρίζω; navlós miethe ein Schiff. Hahn: ναυλώνω; nis fange an. Hahn. nisem mache mich reisefertig, reise ab. Hahn. Cam. 2. 5: κινῶ: belehrend ist, dass dem ngriech. νὰ κινήσῃς dass du aufbrechest, mrum. σὶ γκινίστη, bulg. τὰ κίνησας und alb. τὰ νίσεις gegenübersteht. Tetr. 7. Leake 386; nomis meine, denke. Cam. 2. 74: νομίζω; ksetáks erforsche. Hahn: ἐξετάζω; ksijis erkläre. Hahn. Cam. 1. 141: ἐξηγοῦμαι; ksomolojis. Hahn. Cam. 1. 141. skomolisę. sic. Cam. 1. 141, 241. beichte: ἐξομολογῶ, ἐξομολογοῦμαι; ksompl'ás ahme ein Muster nach. Hahn. Cam. 1. 44; 2. 130: ξομπλιάζω aus ξόμπλι exemplum; orδinás befehle. Hahn. Cam. 2. 9: ὀρδινιάζω; ormis bereite vor, schmücke. Hahn. Cam. 1. 130. 141; vgl. ὁρμῶ; oxtik'ás bin schwindsüchtig. Hahn: ἐκτικιάζω und ἔχτικας phthisis; palavósę verunreinige. Cam. 2. 205: vergl. παλαβώνω werde närrisch, palavíj-a dissolutezza. Rossi; pápsę beruhige, pápsemę werde ruhig. Cam. 1. 90. 142: παύω; parakalés, parkalés bitte. Hahn. Cam. 1. 40. 145: παρακαλῶ; parigoris tröste. Hahn: παρηγορῶ; patáks mache staunen. Hahn: πατάσσω schlage; pelek'is behaue mit dem Beil. Hahn. Cam. 1. 50. 241; 2. 164: πελεκῶ; perifanéps mache stolz. Hahn: περιφανεύομαι; pefrikósemę inorridisco. Cam. 1. 283: agr. πέφρικα; piráks necke. Hahn: πειράζω; planésę. sic. planépsę, pjanépsę. cal. betrüge. Hahn: Cam. 1. 145: πλανῶ neben πλάνεμα, πλανεμένος für πλάνευμα u. s. w.; pleks flechte. Hahn. pjéksę. Cam. 2. 116. bleks. Leake 343: πλέκω; pl'akós überfalle. Hahn. Cam. 1. 141. 146. Leake 342: πλακώνω; pornéps hure. Hahn: πορνεύω; potis tränke. Hahn: ποτίζω; pohtis erwerbe. Hahn: ἀποκτῶ. Pass.; proδós verrathe. Hahn: προδίνω, aor. πρόδωσα Firm. 2. 84; prokóps mache Fortschritte. Leake 400. Hahn: προκόπτω; proksonisę, proskonisę nehme auf. Cam. 1. 241: προξενῶ; prosékęę gebe Acht. Cam. 1. 142: προσέχω; profitéps prophezeie. Hahn: προφητεύω; psofis, spovis. Leake 361. Cam. 1. 90. tsof geg. krepiere: ψοφῶ; psunis verproviantiere. Leake 361: ψωνίζω; rufis schlürfe. Hahn: ῥουφῶ; sakatéps verkrüppele. Hahn: σακατεύω. σακάτης, türk. sakat; samarós sattle ein Saumthier. Hahn: σαμαρώνω; sapunis seife ein. Hahn: σαπουνίζω; siguréps bringe in Sicherheit. Hahn: *σιγουρεύω. σιγουράρω; skalis behäckele, geg. schneide in Holz. Hahn: σκαλίζω; skandalis ärgere. Hahn: σκανδαλίζω; sklavós nehme gefangen. Hahn: σκλαβώνω; skolás beendige. Hahn. feiere. Leake 352;

τχελάζω, σκολάζω; sos rette, beendige. Hahn. Cam. 1. 142. 146. me sosúne complere. Bl. me soss completare. Rossi: σώνω sanver, finir; stereós befestige. Hahn: στερεώνω; sterks, streks willige ein. Hahn: στέργω; stis stelle, errichte. Hahn. Cam. 1. 146: ἔστησα: νὰ στήσῃς τὸ θρόνι. Firm. 2. 80; stolis schmücke. Hahn. Cam. 1. 141. 146: στολίζω; stupós verstopfe. Hahn: στουπώνω; strangulisę spremo. Cam. 2. 148: στραγγουλίζω; sunkris vergleiche. Hahn: συγκρίζω für συγκρίνω; sulolsem denke nach. Hahn: συλλογίζομαι; sumfonis stimme überein. Hahn: συμφωνῶ; sunoréps grenze an. Hahn: συνορεύω; tagis nähre. Cam. 2. 191: ταγίζω, ταΐζω von ταγή Futter, eig. eine bestimmte Portion. Korai. Atakta 1. 587. alb. tagij-a profenda. Rossi; taks ordne, verspreche. Hahn. verspreche. Cam. 1. 142: τάσσω; tapinós demüthige. Hahn: ταπεινώνω; tarákse verwirre. Cam. 2. 130. 131. 164: ταράσσω, ταράζω; tel'ós endige. Hahn: τελειώνω; tiganis backe in der Pfanne. Hahn: τηγανίζω; turk'éps mache zum Türken. Hahn: τουρκεύω: κ' ἂν τὰ δερβίνια τούρκεψαν. Firm. 2. 24; trivolis reisse den Brachacker mit dem Pfluge auf. Hahn sub voce ugar: τριβόλια ronces; tremáks schrecke. Hahn: τρομάζω; tsimbis zwicke. Hahn: τζιμπῶ, vergl. türk čimdetmek; tširis, tsiris kratze. Cam. 1. 87: ξυρίζω; favmás, famás mache staunen. Cam. 1. 65: θαυμάζω; fantáks prunke. Hahn: φαντάζω; feks leuchte. Hahn: φέγγω: ἔσεν νὰ φέξῃ. Firm. 2. 2; filonikis hadere. Hahn: φιλονεικῶ; foveris schrecke. Hahn: φοβερίζω; fles fehle. Hahn. Stier: πταίω, πταίγω, φταίω. Firm. 2. 36. φταίγω; fytéps pflanze. Hahn. Cam. 1. 131: φυτεύω; hairetis grüsse. Hahn: χαιρετῶ; halásę io dilascio, sic. dei tessuti, rallento. Cam. 1. 111; 2. 166: χαλῶ, χαλνῶ zerstöre. Firm. 2. 6; hal'inós g. ralniere. Hahn: χαλινώνω; harnkopis schwelge. Hahn: χαρακοπῶ; baráks tage. Stier: χαράζει; haristis sic. danke. Cam. 1. 98: εὐχαριστῶ; hol'ás tranere. Hahn: χολιάζω; honéps verdaue. Cam. 1. 142: χωνεύω.

s wird als ein eigenes Suffix angewandt. aratis erschaffe. Hahn. Cam. 1. 40. jeretiss Rossi: türk. jaratmaq; begenis: begheniss approvare. Rossi: türk. begenmek; bitis: bitiss compiere. Rossi: türk. bitmek; varavaris mache gleich, ἰσιάζω. Hahn: barabar uguale. Rossi, türk. baráber gleich, bulg. haraberi als Verbum; vendós placiere, empfehle. Hahn: alb. geg. vend, tosk. vęnd Platz; vul'ós siegele. Cam. 1. 146: alb. vül'ę, vúlę Siegel, doch auch ngriech. βουλλώνω; ęndurisę erhalte mich. Cam. 1. 146; kaparós gebe ein Angeld. Hahn: alb. kapás-i, ngriech. καπάρο. Gazi, türk. kapara; kavris: caurissuno neben cavardiss abbrustolare. Rossi: kaurmaq; lafós spreche. Hahn: alb. laf-i Gespräch. Hahn. laff-a chiachiera. Rossi, türk. lâf; l'arós t. neben l'aroj g. färbe bunt. Hahn: alb. l'áręę bunt; l'erós beschmutze. Hahn. Cam. 1. 146: l'era unto. Cam. 1. 146, ngriech. λερώνω beschmutze, λέρα, λαίρα, μόλυσμα. Gazi, ἀλαρῶναι. ῥυπᾶναι. Hesychius; marazós mache krank. Hahn: alb. marás-zi Krankheit. Hahn. catarro. Rossi, türk. maraz Krankheit; mirós g. verbessere. Cam. 1. 142: alb. mirę; mozéps mache lausig. Hahn: alb. mos-i Laus; myhyrlis: mühürliss sigillare. Rossi: türk. mühürlemek; piskol'is schiesse mit der Pistole: alb. (piskol'ę-a) Hahn; prušis attizzo i carboni. Cam. 1. 146: alb. prúšę carbone acceso; sikletis langweile. Hahn: ngriech. σεκλέτ, στενοχωρία. Gazi, türk. siklet Belästigung; sitsilis bestimme, vertheile. Hahn. sitšilis διορίζω 1 mark the boundary. Leake 310: türk. sidzil Register; surjunis verbanne. Hahn. ἐξορίζω. Leake 312: ngriech. σουργούνι. ἐξορία, türk. sürgün der Verbannte; šeherlis: me sceberliss civilizzare. Rossi: türk. šeherly städtisch; hapsós t. setze gefangen. Hahn.

IX. Finnisch, Lappisch. Aus dem deutschen werden Verba in der Präteritalform auf -d (goth. -da) entlehnt.

lukita Infinitiv neben lukkia, verschliessen, anord. lykja; valita neben valia, wählen, anord. velja; mainita neben mainia, erwähnen, anord. maina; nautita neben nauttia, geniessen, anord. neyta u. s. w. Eben so im lappischen: Infinitiv arbbit, erben, anord. erfa; galddit, entmannen, anord. gelda; laddit, landen, anord. lenda u. s. w. W. Thomsen. Den gotiske sprogklasses indflydelse på den finske. København. 1869. 96. 110—161. der deutschen Übersetzung. Halle. 1870. 111. 128—185.

C. Die entlehnte Form ist eine Verbindung des türkischen mit dem griechischen Aorist.

X. Bulgarisch. Aus dem türkischen werden Verba in der Aoristform entlehnt, indem an diese Form das auf dem griechischen Aorist beruhende -is (isa, isi) angefügt wird: ačtisam öffne Ger. besteht aus ač (ačmaq öffnen) t für d (ačdym öffnete) und isa. Neben den perfectiven Verben auf isam bestehen imperfective auf isuvam: ačtisam, ačtisuvam u. s. w.

adžedisam bedauere. Ger.: adžymaq, adžydym; alaštisam gewöhne mich. Ger.: alyšmaq, alyšdym; ašladisam pfropfe. Ger.: ašlamaq, ašladym; azdisam werde übermüthig. Ger.: azmaq, azdym; bajaldisam werde ohnmächtig. Ger.: bajilmaq, bajildym; baraštisam versöhne. Ger.: baryšmaq, baryštym; bastisam überfalle. Ger.: basmaq, bastym; bašladisam schenke. Ger.: bašlamaq, bašladym; baterdisam tauche ein. Ger.: battyrmaq, battyrdym; beendisam, bendisam finde Gefallen. Ger. bendisam. Milad. 266: bejenmek, bejendim; bezdisam langweile mich. Ger.: bezmek, bezdim; bojadisam, bojdisam färbe. Ger.: bojâmaq, bojâdym; bozdisam verderbe. Ger.: bozmaq, bozdym; bujurdisam befehle. Ger.: bujurmaq, bujurdym; duzdisam ordne. Milad. 29: düzmek, düzdim; kazandisam erwerbe. Milad. Verk. Leake 390: kazanmaq, kazandym; kondisam kehre ein, lasse mich nieder. Milad. 199. 212. 498. kundisam. Verk.: konmaq, kondym; varakladisam vergolde oder versilbere. Ger.: varaklamaq, varakladym von varaq Gold- oder Silberplatte.

XI. Serbisch. Aus dem türkischen werden Verba in der Aoristform entlehnt, indem an diese Form das auf dem griechischen Aorist beruhende -is (isa) angefügt wird.

azdisam pf. ausarten. Bosnien: azmaq, azdym; bastisam pf vernichte: basmaq, basdym; bojadisati impf. färbe: bojâmaq, bojâdym; kidisati impf. thue Gewalt an: kynmaq; krdisati, ćordisati pf. verderben, vernichten: kyrmaq brechen, kyrdym; sevdisati pf. Liebe fassen: sevmek, sevdim.

XII. Albanisch. Aus dem türkischen werden Verba in der Aoristform entlehnt, indem an diese Form das auf dem griechischen Aorist beruhende -is angefügt wird: braktis verlasse abbandono. Rossi. besteht aus brak (brakmaq verlassen), t für d (braktym verliess) und -is.

alestis pflege συνηθίζω. Leake 352: alyšmaq, alyšdym, bulg. alaštisam; bezdis: besdiss, bisdiss scomodare, conturbare, nojare, fastidiare. Rossi: bezmek, bezdim; bojatis färbe. Hahn. bojatiss, bojattissun tingere. Rossi: bojâmaq, bojâdym; bojaldis werde ohnmächtig. Hahn: bajilmaq, bajildym; ǵezdis: ǵendisę, ǵestisę mi slancio, mi muovo, passeggio. Cam. 1. 65: gezmek, gezdim; kavardis: cavardiss cafen abbrustolare il caffè. Rossi: kaurmaq, kaurdym; kalajdis, kalais verzinne. Hahn: kalajmaq, kalajdym; kondis kehre ein. Hahn. mi riduco, discendo, mi trovo. Caff. 1. 146. kundiss alloggiare, dimorare. Rossi. kondis. Leake 323: konmaq, kondym sich niederlassen; ogradis belästige. Hahn: ogramaq, ogradym neben dem transitiven ogratmaq, ogratdym; uidis ordne. Hahn. uidiss concordare, ụidiss accordare. Rossi: ujmaq, ujdym convenire; sajdis: saidiss onorare. Rossi: sajmaq, sajdym zählen, schätzen; sųrdis: sųrdiss sbandeggiare, confinare. Rossi: sürmek, sürdim treibe; šastis mache staunen. Hahn. sciastiss disperdere. Rossi. šastis ξιπάζω I terrify. Leake 336: šašmaq, šašdym staunen; talantis. Hahn. talandisę, dalandisę, dalẹndisę. Cam. 1. 36. 73. beunruhige: dolanmaq, dolandym verwickele in unangenehme Geschäfte; čaltis: cialtiss dilombare, affaticare. Rossi: čalmaq, čaldym stehlen; hazdisem: χατζίσεμ g. nehme zu. Hahn: hazetmek, hazetdim sich freuen; analog gebildet ist haberdis benachrichtige. Hahn: haber Nachricht.

Eigenthümlich ist λαmparis von λάμπω. Reinh. 2. 16, in welchem Worte an λamp-ar, und daran -s gefügt erscheint. Noch überraschender jedoch ist beffardis: na beffardisj'ne ils se moquent de nous. Reinh.

2. 41, worin an ital. beffare das türk. d und an dieses das griech. s gefügt ist. Wer die analogen Erscheinungen überblickt, wird dieser Ansicht den Vorzug einräumen vor der, nach welcher als Thema ital. beffardo angenommen würde.

Einleitung.

A. Infinitiv.

I. Deutsch: ieren franz.
II. Neugriechisch: ἄρω ital.
III. Albanisch: it slav.

B. Aorist.

IV. Neugriechisch: ντίζω, δίζω türk.
V. Serbisch: sati griech.
VI. Bulgarisch: sam griech.
VII. Rumunisch: sesku griech.
VIII. Albanisch: s griech.
IX. Finnisch, Lappisch: d goth.

C. Türkischer und griechischer Aorist.

X. Bulgarisch: tisam, disam.
XI. Serbisch: tisati, disati.
XII. Albanisch: tis, dis.

WIEN.
AUS DER KAISERLICH-KÖNIGLICHEN HOF- UND STAATSDRUCKEREI.
1871.